U0579132

让 我 们 一 起 追 寻

西方思想如何看待资本主义

The Mind and the Market :

Capitalism in Western Thought

市场与大师

〔美〕杰瑞·穆勒 (Jerry Z. Muller) / 著

佘晓成 芦画泽 / 译

社会科学文献出版社
SOCIAL SCIENCES ACADEMIC PRESS (CHINA)

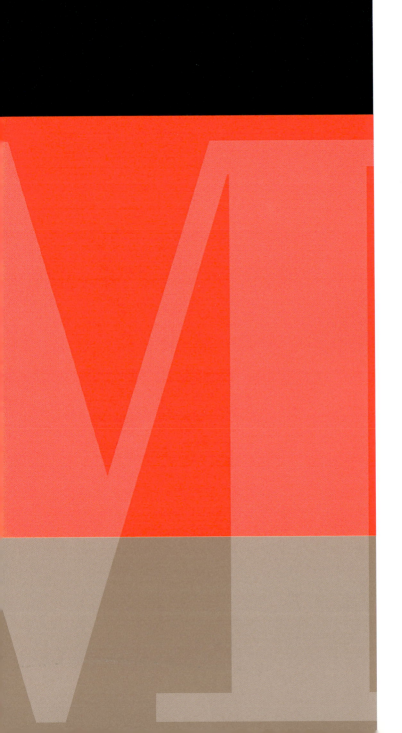

出版说明

　　《市场与大师：西方思想如何看待资本主义》是一部思考资本主义在文化、道德和政治方面衍生影响的学术著作。在学科广度上，作者杰瑞·穆勒将"市场"置于更加多元化的学科背景之中，如社会学、哲学、历史学、文学、政治学，而不拘囿于经济学家的独力诠释。在时间跨度上，作者从18世纪商业和物质追求逐渐在知识分子的观点中占据重要位置写起，着力铺陈近三个世纪中知识分子对资本主义概念及其形象的创造与改造。

　　本书视野广阔、史料扎实，值得向国内学术界和普通读者推荐。作者关于马克思主义理论的一些观点，我们并不认同；但为更全面地展现西方知识分子对市场与资本主义的思考和认识，我们对这一部分予以保留，请读者在阅读时细加鉴别。

　　限于编辑水平，难免存在错漏之处，欢迎读者批评指正。

献给我的孩子们，
伊莱，萨拉和塞菲

目 录

导　读

　　我们生活在一个被资本主义浸染的世界里。资本主义不断
变换着外衣已经陪伴我们度过了三个世纪，并且还将继续。20
世纪源自欧洲的共产主义和法西斯主义均未能切实可行地替代
资本主义，其他非欧洲的类似思想也都未能更进一步。在我们
努力尝试理解资本主义的当代动态关系和未来寓意时，了解历
史上那些已知的杰出思考和言论是大有裨益的。这正是本书的
写作初衷。我们认为资本主义是如此重要而复杂的思想，以至
于不应仅托付于经济学家去独力诠释。批判性地全面理解资本
主义所需的洞察力远非当代经济学所能够独立提供。所以说
本书不是一部经济思想史，而是一部关于资本主义经济的思考
的历史。在后亚当·斯密时代，经济学作为一门独立学科蓬勃
兴起，部分归功于暂时搁置了本书中诸多思想家所关心的核心
问题。这样的搁置促进了分析研究的精确深度和跨学科之间的
交流。然而，在思考市场问题时，我们虽然获得了分析技巧和
经济学科内聚力方面的巨大进步，却忽视了先前哲人关于市场
问题思考的诸多重要议题。

　　撰写本书的想法起于20世纪80年代中期。20世纪70年
代，一部分最为犀利的当代社会分析家用文化评论的形式猛烈
评判着资本主义在道德、文化和政治方面的衍生影响。他们中
有左派，如尤尔根·哈贝马斯；有右派，如欧文·克里斯托；
也有中间派，如丹尼尔·贝尔和克里斯托弗·拉什。[1]他们的观
点各式各样、五花八门：例如，商业的力量正在侵入家庭观念

x

的核心；公民的美德正在消亡；资本主义所依赖的延迟享乐意愿正在下降；个人主义和自私自利正在摧毁集体意识；劳动正在丧失意义；男人和女人正在沉迷于他们根本不需要的各式各样的消费品；国际化大市场正在摧毁各具特色的地方历史文化，仅留下毫无生气的融和主义或快乐论的虚无主义；市场价值的广泛传播正在侵蚀资本主义赖以生存的传统和惯例；科技对于经济增长的促进作用业已达到极限，再也无能为力；富人更富而穷人更穷——由于所有这些原因和其他更多的原因，资本主义正深处危机之中。

带着对于这些现代热点问题的浓厚兴趣，通过探索当代欧洲学术历史，我发现同样的疑问至少从 18 世纪起就一直萦绕着知识分子阶层的思想意识。在研究反对资本主义的历史学家中，激进的左派和右派引起了我的关注，使我意识到对于资本主义衍生影响的思考完全可以形成当代欧洲学术史的一条主线。[2]我发现对于资本主义在文化、道德和政治方面的思考并非仅仅来自被认为是"经济学家"的知识分子，如亚当·斯密和约瑟夫·熊彼特，也往往是被认为与市场问题无关的相当一部分重要人物的中心议题，从伏尔泰到黑格尔，从埃德蒙·伯克到马修·阿诺德等。当代评论文章对于如此丰富的历史学术财富认识淡薄，通常认为关于资本主义及其衍生影响的议题在历史上未曾提出过。评论员们倾向于多此一举地重新搭建分析架构，将本源上就一直存在的紧张对抗错误地描述成当代新出现的致命矛盾，或者将过去曾经提出的潜在有益的质疑彻底遗漏。与此同时，在苏维埃帝国解体之前，我们已经清晰地认识到整个世界正在向着资本主义方向发展，而不是背离。在欧洲学者和他们的美国追随者们认为的"资本主义晚期"，当时的所谓第一、第二和第三世界的政治和经济力量就已经引领所有国家不是远离，而是朝着市场导向的经济和社会方向发展。[3]因此，我开始重新发现并着手复兴欧洲最优秀和最睿智的学者们——伟大的和接近伟大的——关于资本主义在道德、文化和政治方面衍生的影响所进行的思索。

　　尽管这是一本关于欧洲思想家的书，但其并非仅适用于欧洲读者。虽然本书将每一位思想家置身于特定的历史背景之下，但所涉及的关于市场问题的辩论的逻辑和有效性却不一定局限于某一国家的特殊性。实际上离我们最近的几位现代思想家是在美国完成了他们的重要著作，正是因为他们认为正在美国发生的事情同样具有跨越国界的衍生影响力。

　　本书中讨论的思想家来自西欧和中欧，代表着广泛多样的思想意识形态，既包括资本主义的提倡者，也不乏反对者。事实上，本书将证明，由于思想家评判资本主义的道德前提大相径庭，相同的分析既可被用于支持亦可被用于驳斥资本主义。因为对于资本主义道德重要性的评判很大程度上取决于其经济成就价值，所以本书有必要讨论当代欧洲学者对于资本主义经济运行方式和既得利益阶层的思考。在研究反复出现的议题中，贫穷和财富是一个核心议题。市场的出现使我们更加富有抑或贫穷？如果它确实有利于使人们更加富有，那么就必定是件好事情吗？"我曾经富有过，也曾经贫困过。相信我，富有更好。"弗里茨·朗导演的影片《大内幕》（1953）中的女主角这样大声宣告。然而正如我们认识到的，古典共和主义和基督教苦行主义的根深蒂固的传统观点却不以为然。不管怎样，形形色色的思想家从卢梭到马尔库塞都一致认同富裕优于贫穷，同时认为物质上的获得是以道德上的损失为代价的。

接下来还有关于资本主义和文化的议题。市场力量造就的社会是否更加适合解决现世关心的问题，而非超脱尘世的深层次问题？资本主义造就的如此社会是好还是不好？市场力量是否拥有独特的思想力量？如果有，这种思想力量是否外溢影响到其他领域，如果是的话，这样的外溢是可喜还是可悲？

市场制度与我们现在所说的"文化多元主义"是什么样的关系？"文化多元主义"可用在多种截然不同的情况之下。首先它可存在于国际范围内，表明不同国家间文化上彼此迥异。每个政府均努力使用行政力量创造或保持一个单一的、具有凝聚力的国家文化。而国与国之间存在的文化差异与同一国家疆域之内通过强制力而统一起来的文化是相兼容的。多元文化主义存在的第二种情况是在一个单一政体内存在多种生活方式：这种差异与社会团体内部强制统一的文化相兼容，在社会团体内部人们使用社会的、文化的以及其他约束来保障社会团体内部的个体在文化上合乎统一规范。多元文化主义存在的第三种情况是，用于指明在个人层面上通过综合不同文化和传统的元素而形成的个体发展。多元文化主义在这些情况下被资本主义加强了还是摧毁了，仍是一个尚在不断发展中的议题。正如我们即将看到的，在"全球化"的名义下，集体的历史特性正在受到威胁。关于此威胁的许多议题在欧洲学者的思想中业已存在了两个多世纪。

市场经济如何影响家庭是资本主义分析家长期关注的另一焦点。市场关系的传播将女性推向新的商品以及家庭以外新的就业可能，这样的变化是否有助于女性的自由？对此，保守派、民主派和激进分子的评判各不相同。市场制度对于生育力的影响同样是饱受争议的主题之一：在不同的环境下，生育力的上升或者下降都被解释为对社会秩序的破坏。

资本主义和社会平等的关系是另一个反复出现的主旋律。资本主义是促进了平等，还是造就了新的不平等？无论你的答案是什么，更高程度的平等或者不平等有什么意义吗？资本主义是依赖于所有人的平等贡献，还是依靠于成功驾驭杰出个体的天才能力和精力？由政治民主所保障的平等与资本主义引擎所需要的成功驾驭创造力和勤劳力之间存在紧张对抗的关系吗？

将我们业已提到的若干议题合并起来就形成了一个更大的主题，即市场力量对于市场形成之前的制度惯例产生了何种影响——包含政治、宗教、文化、经济和家庭方面。资本主义是否需要依靠之前的制度惯例才能得以正常运行呢？如果确实需要，那么市场力量是加强了、削弱了还是改造了过去的制度惯例呢？如此的变化是好，是坏，还是在道德上模棱两可呢？对于这些问题的大多数评价，如我们即将看到的，与当时的社会环境是鼓励变化还是趋向稳定有关。

市场力量的崛起并逐步占据现代欧洲社会的中心位置，这一过程与知识分子作为一个个性鲜明的社会群体的出现是同步的，因此，另一个反复出现的主题是：本书讨论的思想大师是如何看待他们自身在资本主义社会的作用的。在文化生活领域，知识分子是企业家的对立还是对等的群体？知识分子应该发挥怎样的作用，是推翻、促进、改良，还是为资本主义的价值观创造出制度上的制衡物？如何培养人们的警觉性，促使每个人对于市场力量及其带来的后果保持积极的思考呢？

自中世纪起，西方基督教就把犹太人和操纵金钱联系在一起。知识分子对于经济的评价与对于犹太民族或犹太教的态度经常纠结在一起。考虑到货币在经济中起到的核心作用，这样的纠结也就不足为奇了。在基督教统治的欧洲，正是因为犹太人被排除在拥有共同价值观的社会之外，教会才允许犹太人从事被认为是耻辱行业的收息放贷。本书讨论的思想大师中部分人认为，犹太人即是隐喻的资本主义的化身。当时的社会观点认为，唯有当共享共有的社会不复存在时，才可以鼓励诸如收息放贷这样的利己经济行为。将犹太人和资本主义同时作为攻击目标，反而将犹太人中的小部分积极分子引向了社会主义和共产主义。这也成为反犹太主义给犹太人加上的一个新身份。因此，本书中另一断断续续出现的主题即是资本主义概念与犹太民族的形象和命运的联系。

《市场与大师》穿梭于现实具体的资本主义和知识分子对资本主义的抽象思考之间。

我对关于资本主义的最优秀的、高频反复出现的和最有影响力的辩论一一做了研究。有时我专注于某一作者的单独一段文字，有时将作者的著作作为一个整体加以探究。我尽可能将有助于理解和展现作者思想原旨的背景知识逐一呈现。这样做需要经常做很多解释，或是政治事件，或是经济发展，或是社会和人口变化，也可能是知识分子生活的环境变化。通常也需要研究知识分子的文化传统和每个作者参与的当代辩论的内容。这就是为什么读者将接触到似乎与思想史牵强附会的事件，包括股市泡沫、农民迁徙、消费者革命、东印度公司、商品期货、基于"按结果付费"原则的教育改革，以及社会主义革命分子。迈克尔·奥克肖特（Michael Oakeshott）曾经将历史理解定义为"在还原迄今为止被忽视的各种关系后获得的重现一段过去的机会，并且可以身临其境地展开联想"。[4]在过去三个世纪中关于资本主义的辩论喋喋不休，本书正是尝试探究那些常常被忽视的各种关系，从而提供更为鲜活和明显的历史理解。

在本书内容的架构过程中，我尝试着使每一章节可以独立阅读，同时力图展现核心议题在章节之间跨越时间和空间的发展。通过一系列的历史案例，本书将证明资本主义市场已经发展成为在道德上颇为复杂和模棱两可的实体。这一论断已经长期被资本主义最激烈的反对者和最热衷的提倡者所认同。如果我们在思考资本主义问题时，没有汲取前人的智慧，没有理解他们的逻辑推理就简单地引用大师们的声名，那么我们就是错待了他们——同时也是欺骗了自己。

本书的目的不是提出对于资本主义的支持或者批判，而是力图说明关于资本主义问题的讨论一直以来都是现代学术历史的核心议题，通过再造那些过往的辩论，将历史上关于资本主义的重要观点重新呈现在读者面前。

本书中提及的思想大师是依照历史时间顺序先后出场的，但这绝不代表后来的学者比之前的更加睿智和深刻。我认为，即使他们之间的观点是相互对立的，绝大多数思想家也都有他们的可取之处。例如，你可能阅读过本书最后提及的思想家弗里德里希·哈耶克的所有著作，却从未接触到倒数第二位出场的思想家赫伯特·马尔库塞的重要观点之一，即市场中充斥着想方设法说服你购买你根本不需要的商品的人，以至于牺牲了你的时间、快乐和创造力。这一观点是生活在资本主义社会的我们必须要认识到的。也有可能你通读马尔库塞的作品却从未听过哈耶克的核心观点：市场制度通过特有的信息传递功能有效地

xiv

协调不同个体间迥异的行为，使得各自目标截然不同的人们通过专注于资源共享而实现合作，从而大大降低了达成共识的需要。认同马尔库塞观点的读者更易于理解哈耶克的思想，反之亦然。

关于方法：本书致力于重新发现先前大师们的思想精神，以期在思考资本主义带给我们的道德的、文化的和政治的影响时，可以从他们的思想光芒中汲取力量。在每一章节中，我的目标就是发现这些大师是如何看待市场的，是怎样思考市场的，以及市场在当时对于他们意味着什么。讨论如何思考的问题要求我们研究他们更为关心的议题和他们的意志。讨论市场对于他们意味着什么的问题，则需要我们去追寻他们当时所处的经济历史背景。

我的工作方法前提（思想史学家几十年的方法论研究成果）是唯有还原当时的历史背景才有可能正确地理解内容核心。在历史真空下去理解"资本主义"或"市场"（或"自由"或"家庭"或大多数其他的类似概念），截然不同的现象仿佛是如出一辙，不同时代背景下具有不同含义的词语似乎毫无差别，这样的研究工作只能是徒劳无益。本书遵循的历史研究前提是历史学家必须还原作者的本意。大师们的思想精髓唯有与作者更为广泛关心的议题相联系，唯有还原到思想产生那一刻的文化、政治、经济和社会现实之中，方能被正确解读。

然而这种被称为"背景分析法"的学术历史研究方法并未解决那些背景知识值得研究的问题。[5] 有时，理解作者论点的相关背景就在同一著作的下一章节；有时，存在于作者的其他著作中；有时，需要探寻文章撰写时的学术环境。有时，这样的背景来自作者同时代其他作家的文章；有时，来自作者对于当时传统观点的批判。相关背景也可能是经济方面的，或来自作者本人，或来自作者所属的学术界，或来自作者所属的阶层，或来自他的种族或国家抑或政治背景；还有的时候，是文化的和宗教的背景。这样的背景知识也有可能是作者所处的制度惯例的集合。如何判断哪些背景知识才是值得研究的呢？

在十几年前开始写作此书时，我曾经设想在每一章节中对于大师们的个人经历、政治、经济、社会和学术背景做全面的研究。但是这样的想法不仅正如伏尔泰所说的那样，"如果你希望让读者兴趣索然，那么就告诉他们一切"，同时也被证明是不切实际的。最终，选择相关背景知识的判断依据一方面是通过不断试错，另一方面是通过我自身不断演进的对于相关背景的认知程度。

对于作者和文章的选择遵循以下标准。首先，我希望可以囊括所有关于资本主义重要且反复出现的论点中最具有洞悉力的评论。其次，我希望能够展现这些评论不断发展的轨迹，以 xvi 说明随着文化、经济和政治背景的变化，它们的重要意义也在变化。如果大比例的作者来自德语区域，也许是因为在这里发生的关于资本主义的学术辩论最为激烈。德语区域的几位重要人物——如黑格尔、马克思和熊彼特——是所有类似书目中不可或缺的。其他章节中关注的焦点人物（如穆勒、桑巴特和弗莱尔）则拥有在不同的国家背景下持类似思想观点的学者同僚。但是相比较思想产生的地域差别（或者作者的性别差异），我对于思想的广泛多样性更加感兴趣。

在努力寻找对于当代社会的借鉴意义和客观描述历史史实之间，始终存在不可避免的矛盾。因为在以"借鉴意义"为标准选择历史研究素材时，与当代社会总体上最为关心的议题有关，尤其与思想家们关心的议题相关。研究历史问题的方法是有一个架构的、选择研究对象的标准，哪些需强调，哪些又需忽略，是与历史学家的个人兴趣相关的。假设学者们关心的议题部分归因于他们所处的历史背景，那么他们关心的议题和我们眼下关心的是极为不同的。处理这样的矛盾关系时，我的方法是即使历史背景大不一样，尽管我们关心的议题不尽相同，但是我们仍可以通过研究他们的问题而从中获益。另外，他们的问题往往与我们的是如此相近，以至于通过思考他们的答案我们亦可获益匪浅。

在没有充分参考思想产生的背景的情况下去理解思想观点即是对思想本身的一种背叛。但是，过分依赖于历史背景也是有副作用的，因为过分聚焦于历史背景会使我们难以理解思想的连续相关性和可持续的影响力量。[6]我希望，本书在当代相关性和历史细节方面的不足之处可以被对于历史观点更深的理解以及它们对于现在和将来的潜在利益所弥补。

资本主义是由它19世纪的敌人为了描述（并诋毁）它而创造的一个词语。但是在我们的常用词语中许多很有用的概念若不是被冠以招致不满的名称，就只能在这一词语所表述的现象存在很久之后才进入我们的常用语。资本主义现象在这一词语被创造之前很久就已经存在了。在马克思之前，它既被称作"商业社会"（亚当·斯密），也被称为"文明社会"（黑格尔）。在这里，我使用"资本主义"和"市场"来描述本书中分析研究的对象，同时不断尝试表达每一位大师在他们所处的时间和空间中所理解的"市场"的含义。

一个关于资本主义的实用定义是"基于财产私有制度和

法律上自由个体之间的交换，主要委托市场体制调配的商品生产和分配体系"。值得注意的是这一定义并不是纯粹"经济的"，因为只有在能够保护个人人身和财产不受肆意掠夺的政治体制下，"私有"财产和法律上的自由个体才可能存在。这一定义是一个理想状态的类型——一种抽象的模型用以强调在现实中形式上并不完美的某些特征。例如，几乎没有哪里是完全由市场自由交换来决定生产和分配的；资本主义与某种程度的非自由劳动力共存（例如南北战争前的美国南部）；市场主导的经济还经常与国有产业并存。

　　自从进入石器时代，人类就开始了互相交换物品。但是直至18世纪，人们才开始一种新的经济形式。在这种新的经济形式中，为交换而生产比为自身需要而生产更加重要，而市场则成为商品生产和分配的中心。在此之前的封建欧洲，土地是主要的生产资料，对土地的控制是基于建立在军事力量之上的政治权力。在土地和附着在土地之上的劳动力作为政治权力的战利品和物质保障的背景下，将土地和劳动力，无论其来源如何，售卖给任何有支付能力的人是不可想象的事情。[7]至1700年，对于此种封建社会结构的侵蚀已经延续了一段时间，在欧洲经济最为发达的地区，旧的封建制度业已显得不合时宜甚至绝迹。大多数历史的"开始"都有霸道的成分，但是事情必须有个开始。至18世纪初，资本主义制度的萌芽已经开始受到学术界持续的关注和思考。但是这样的思考是发生在当时传统习惯的大背景之下的，我们的研究就从这里开始。

第一章　历史背景：权利、正义和美德

那些毫无目的、不择手段积累财产的人们；那些马不停蹄地在他们的遗产中增加土地和房屋的人们；那些为了在所谓的"最佳时机"出售而囤积大量谷物的人们；那些向穷人和富人放贷收息，认为这样做毫不违反理性、违反平等，并最终没有违反神圣的法律，因为他们想象认为他们没有伤害任何人，而且帮助了那些不如此就会陷入巨大困难的人们……（然而）如果没有人攫取或者拥有超过他和他的家庭生活所需要的物质的话，这个世界上根本就不会有赤贫者。正是这种希望拥有的越来越多的冲动，使得越来越多的穷人成为赤贫。这样巨大的贪婪可以被认为是清白的，或者只是轻微的犯罪吗?[1]

——托玛逊神父，*TRAITE DE NEGOCE ET DE L'USURE*，1697

贸易，毫无疑问，本质上是个有害的东西；它带来了财富的同时导致奢靡；它滋长了欺骗和贪婪，同时消灭了美德和质朴；它使人道德堕落，并且为腐败铺就了道路，引向最终的奴役，无论国内还是国外。吕库古（生于公元前7世纪，创立了斯巴达的政体形式），曾经创立了有史以来最完美的政府形式，在他的共和国完全禁止贸易。[2]

——查尔斯·戴维南特，《论贸易均衡中可能的获利方法》，1699

当代社会是围绕市场制度而建立的，在讨论社会道德价值的辩论中区分创新见解和历史上的陈词滥调时，我们必须回顾那些传统欧洲思想中对于商业和通过贸易追求物质利益的鲜明态度。因为这些构成了当代知识分子所创作的概念和形象的大背景。尽管这些传统的观点并不再具有明显的先进性，它们仍然徘徊在学术讨论中，影响流行的观念和更加有力的辩论。

4

在传统的古典希腊和基督教描绘的美满社会形象中，商业和物质追求是没有——或至少是很小——位置的，这一传统影响着知识分子的生活一直延续至18世纪及以后的一段时期。但是当讨论从勾画理想社会转为通过法律规范男人和女人时，发展商业和追求物质利益就不得不扮演很重要的角色了。源自帝国内部的罗马民法，其重点在于保护财产，成为有利于保卫和积累财富的重要保障。现代社会早期的标志性宗教战争，既有意识形态之争，也有兵戎相见，是这些传统观念的转折点。因为当人们认识到统一观念的成本过于昂贵时，就越来越像罗马人那样，更加专注于给每个人自己想要的，而不会将大家不再共同信仰的观念强加于每个人。

本章开始引用的两段话写于17、18世纪之交，反映了欧洲思想中对贸易和赚钱持有敌视态度的两种最古老的传统。天主教神职人员的观点反映了基督教传统中对于商业的主流态度。第二段话，由一位英国政治经济学家所述，反映了古典共和主义的传统。这两种立场都是经典希腊和罗马思想的改良。两种传统对于商业均持有怀疑态度，认为商业对于追求美德是有毒害的。

对于商业的轻蔑可以追溯到西方思想的古典根源。在古希腊的城邦国家，美德意味着为了城市的利益而做出奉献。首先是奉献给军事防御，在当时的社会里，准备战争和实际参战是政治生活的常见内容。[3] "人们对于赚钱越是看重，他们就会对美德越发轻视。"在柏拉图的《理想国》一书中，苏格拉底这样告诫他的对话者。[4]亚里士多德清晰地阐明了一个广为流传的希腊的自由概念，即有着良好管理的城市是由众多自由人的共同参与而实现的，而每一个自由人也是一个经济上自给自足的家庭的户主。物质上的需求由家庭奴隶或者独立匠人提供，而他们是不配有市民资格的。[5]拥有足够的财富是参与高级别文明社会活动的前提，也是做出慷慨善举的必要条件。亚里士多德认为成为富人是件好事，但是通过做生意来追逐财富在道德上是危险的。因此，那些以做生意谋生的人是不可以在出色的政权里占据政治地位的，而应当由最佳市民和与之相称的美德来管理。亚里士多德写道："在管理最佳的城市里，市民们不应粗俗地或者像商人一样生活，因为这样的生活方式是不高贵的，并且与美德相悖。"[6]尽管亚里士多德的雅典同胞们都是依赖国外的谷物，希腊人的理想城邦却没有给国内商业或跨境贸易留下空间。[7]希腊人也许可以容忍商业作为必需而存在，但是他们害怕它，怀疑商业带来的专业分工将导致兴趣的变异并摧毁共同的价值观和城邦所赖以生存的牺牲奉献意愿。[8]在雅典有商人、银行家和专事借款放贷的人，但他们被看作外来人，而且不被允许获得市民地位。[9]

　　亚里士多德把商业看作"商品走私"——金钱成为交换的工具和目的——不仅有损政治美德，同时也危害个人的道德健康。亚里士多德的道德理论强调中庸，一种介于极端冗余和缺乏的中间状态。不同于在道德上的追求，他坚持认为，对于财富的追求缺乏天然的、内在的约束，因此趋向于过度。那些为了金钱而从事商业的人们倾向于贪婪狂（贪婪或者过于雄心勃勃）；他们趋向于将生命奉献给攫取越来越多的物质，毫无底线或忘却了生命的意义。[10]

大多数古典作家并不认为商人因从事买卖商品的角色而获取利润的做法有着经济方面的合理解释。因为人类的物质财富被认为是多多少少固定不变的，某些人的获利意味着其他人的损失。因此，贸易产生的利润被认为在道德上是不相容的。

商业中最受诟病的形式就是以财生财。为了赚取利润而放贷被称作"高利贷"，亚里士多德把这种借贷行为称作非自然的。"虽然商业交换的技巧因违背了自然法则从他人手里掠夺而受到指责，"亚里士多德写道，"但高利贷是最有理由被憎恨的，因为某人的财富是来自金钱自身，而并非来自由提供金钱而产生的财富……所以在所有生意中，这是最为违背自然的商业形式。"[11]对高利贷的谴责占据了基督教神学家和法学家的经济类著作的中心位置，直至当代早期。

如果说古典的希腊思想对于贸易和商人持有怀疑态度的话，那么基督教福音书和早期的教堂神父们则是积极地和强烈地敌视它们。[12]

圣经福音书尖锐地反复告诫人们财富是对于救赎的威胁。"不可为自己在地上积聚财宝"，据说耶稣在圣山的布道中如此传教，"珍宝在何处，心也在何处"。"不能既侍奉上帝又侍奉财神"（马太福音，6∶19－24），他警告道。广为人知的还有这句，"骆驼穿过针眼，比财主进神国还容易得多"（马可福音，10∶25）。圣保罗重申了这些教诲，"贪财乃是万恶之根"（提摩太前书，6∶10）。

与对于财富的诋毁紧密相连的是对于商人和追逐利润的怀疑。

耶稣进了神的殿，赶出殿里一切做买卖的人，推倒兑换银钱之人的桌子和卖鸽子之人的凳子。告诫他们说，经上记着："我的殿必称为祷告的殿，你们倒使他成为贼窝了"（马太福音 21：12～13）。针对这些诗节，早期教士多米努什大人宣称商人职业是与上帝永不相容的。[13]这些观点稍后被收集进了《敕令》（Decretum），一部由格拉提安（Gratian）在 12 世纪中叶编纂的教会法，这部法案从法律和宗教礼仪方面反映了教会对于商业的观点。格拉提安百分之百地反对贸易和它的利润。[14]他宣称："那些为了获利将产品原封不动地进行买卖的人，就是那些从神的殿中被扔出来的人。"[15]在复活节的前一个礼拜四（纪念耶稣受难的前一天）的祷文中，卖主的谋杀者犹大被认为是"最卑鄙的商人"。[16]

　　教会的神父们遵循着古典的假设，即因为人类的物质财富大致是一成不变的，所以某些人的获利就意味着他人的损失。圣热罗尼莫（St. Jerome）认为福音中将财富描述成"不义之财"是有道理的，因为它除了来源于人类的非正义之外不可能有其他的来源，并且除了来源于他人的损失之外是别无他法的。圣奥古斯丁（St. Augustine）的评价更加精辟："如果一人不失去，另一人就不会获得。"[17]这成了主流观点，尽管并不是基督徒们能够想到的唯一想法。安提阿（Antioch，是最先有"基督徒"这个称呼的地方，位于今天土耳其南部的哈塔伊省，邻近叙利亚）的利巴尼奥斯（Libanius）是一名老师，他是非基督教徒。他在公元 4 世纪提出商业是上帝设计的一部分，为的是让人们享受地球上广泛分布的不同水果，这一观点得到他的学生们的响应，包括早期教父圣巴西尔（St. Basil）和圣约翰·克里索斯托姆（St. John Chrysostom）。但是那样的观点转瞬即逝，很快就被遗忘了。[18]

在中世纪晚期，随着更加有活力的经济发展，基督教思想家们开始重新审视对于商业的态度。在 1100～1300 年的两个世纪中，欧洲的商业经济开始萌芽，城市开始兴起，金融工具也应运而生。那一时期经院神学家们逐渐形成了对于贸易仅有细微差异的观点，开始变得不再那么敌视，将合法的销售利润或者通过雇佣劳工而产生的利润与恶名昭著的高利贷利润区别对待。[19]托马斯·阿奎那（约 1225～1274 年），伟大的经院哲学家，复兴并扩展了亚里士多德的理论，认为私有财产是社会发展所必需的。他不仅开始将福音与亚里士多德哲学中新近发现的观点相融合，同时也将这两种根本上反商业的社会思潮与对于工作和财产的认可相协调，在中世纪更加商业化的城镇生活中这种认可开始涌现。私有财产因为有用而被认为是合法的，工作被看作创造价值过程的一部分。对于托马斯——以及后来的托马斯哲学主义者们——社会秩序的基础是家庭，对于自然赋予的性欲，家庭起到了传播和控制作用，这一作用可以得到理性的解释。城市生活的特征之一就是劳动分工，劳动分工"自然而然"地带来了社会地位的阶层差异，并且促进了以行会形式出现的职业协会组织的发展。在这样的观念下，经济生活理应为家庭的户主安排、提供与其社会地位相适应、符合社会习俗标准的足够收入。如此的安排促进了社会稳定，但是消费预期必须受到限制并与其个人在社会阶层中的地位相适应。[20]至少在 1891 年罗马教皇的《新通谕》（*Rerum Novarum*）和 40 年后发表的《四十年通喻》（*Quadragisimo Anno*）里面，天主教社会思想已经开始试图将现代资本主义经济分析师们的评判和主张放置于"天使博士"（中世纪意大利神学家阿奎那的绰号）创立的理论框架中了。

阿奎那和他的继承者们对于商业生活提出了更加友善的宗教观点，将不诚实和欺诈的邪恶与商业本身相区别。阿奎那、约翰·邓斯·司各特（John Duns Scotus，1266～1308 年）和天主教圣人锡耶纳的圣伯纳丁（Sanit Bernardino of Siena）（1380～1444 年）都认识到商人将远方的货物提供给他们的顾客，在这方面发挥着正面的作用，因此理应获得一些报酬作为他们服务的回报。[21]这一关于商业的更为正面的观点被广为接受。[22]尽管贸易被接受为一种长久的体制，追逐利润的商业通常仍然被贬低为不适合追求高尚道德生活的人，而且在各种场合，对于那些从事贸易的人的动机也充斥着不信任。

从奥古斯丁到阿奎那，直到后来很长一段时间，基督教传统认为骄傲是一种人类根本上的罪恶。[23]谦卑和温顺是获得上帝恩赐的救赎所必需的前提条件——而这些美德被认为与商人生活是格格不入的。与亚里士多德一样，阿奎那认为唯有当人们根据他在现存社会制度中的社会地位、职位和职业获得相应的物质分配时，才能称得上公平。[24]因此，对于通过积累财富提升个人在社会阶层中的地位的行为，阿奎那称之为贪欲，并公开表示反对。[25]逐利行为仍然与基督教神学中的贪婪和淫荡这样的重罪相关联。[26]阿奎那赞成亚里士多德的观点："贸易，只要是为了获取利润，就是应受谴责的，因为攫取的欲望是毫无底线的，最终只能滑向无限。"[27]

在基督教思想中，商业的天赋角色被对追求利润的敌视——如托玛逊神父在 1697 年传达的——所淹没。即使清教徒的圣人们对于贸易少一些怀疑，他们同样确信对于财富的追求威胁到了灵魂的救赎。宗教上反对财富的论述成为荷兰加尔文教徒和英国清教徒布道的主要内容。[28]在美洲新大陆，科顿·马瑟（Cotton Mather）在思考普利茅斯殖民地的命运时感慨道："宗教孕育了繁荣，女儿吞噬了母亲。"在此之后，这句话成为反复出现的新教徒哀世主题。[29] 在 19 世纪，约翰·卫斯理（John Wesley），卫理公会的创始人，担心"在那些财富增长的地方，宗教的精华也会相应地萎缩。因此，我无法看到在事物的自然属性中有任何真的宗教长期复兴的可能性。宗教完全有必要促进勤奋和节俭，而这些能够产生财富。但是随着财富的增加，骄傲、愤怒，以及对多彩世界的热爱也会增强。"[30] 追求利润就会危及救赎；在这个世界上追求财富的增加就会导致他人财富的损失。

在被古典作家们、教会的神父们和中世纪的神学家们贬低的各种形式的商业中，为赚取利息而放贷是最被痛斥的。这种被亚里士多德认为是应当被谴责的行为，基督教哲学家认为是有罪的。"你可以向陌生人放贷收取利息，但对于你的兄弟是不可以赚利息的。"这是圣经申命记第 23 章节的一段韵文，告诫犹太人不能互相放贷收息，但允许他们向非犹太人收取利息。

中世纪的基督徒和犹太神学家努力重新定义"兄弟"和"陌生人"，并且提供了实例。至 12 世纪，基督教神学家做出结论认为"兄弟"就是所有人，放贷生息永远都是犯罪。[31] 1139 年第二次拉特兰会议明确禁止高利贷行为。《敕令》在高利贷的章节标题下讨论了销售问题，而且指出高利贷对道德的玷污已经扩散到了其他种类的合同，尤其是那些与买卖谷物相关的合同。[32] 在更广为人知的层面，关于高利贷者的吝啬和走向地狱的内容是中世纪常见的题材类型，其同样出现在但丁的《地狱》（*Inferno*）中。[33]

即使神学家们通过维护私人财产、部分贸易合法化的方式逐渐适应新兴的城市商业经济，但教会对高利贷的抵制还是激化了。[34]阿奎那引用亚里士多德和罗马时代的先例论证了金钱不可再生的本质。"金钱不能产生金钱"是中世纪经院哲学经济学说的核心。从阿奎那时代到 18 世纪，天主教的诡辩家们都特别注意区别合法盈利与高利贷盈利，之后高利贷盈利被认为是不合法的。[35]的确，教会关于收利息的禁令在 1745 年罗马教皇的《论高利贷通谕》（*Vix Pervenit*）中重新声明了。[36]

重新强调禁止高利贷导致了宗教教义和经济发展之间的冲突。1050～1300 年，教会对欧洲生活的影响力上升到了新的高度。行政事务变得更加复杂，并逐渐被那些能读书写字的人——教士——接管。一些具有改革精神的教皇明确提出了教士有影响世界秩序的权利，而且将这种思想与教会法的编纂、经院哲学思想的阐释以及行政结构的发展结合起来，以此来强化教会的学说。教会影响力得到强化的时候正好也是新农业过剩为商业创造条件的时候，因而放贷对经济的作用变得更加重要。[37]教会通过基督徒来抵制高利贷，然而在当时，放贷对于欧洲经济的扩张比以往任何时候都更加必要。因此，神学中罪大恶极的事成为商业生活中的必需品。14 世纪，意大利的一位智者本维努托·德·伊莫拉（Benvenuti de Rambaldis de Imola）在评论但丁的《神曲》（*Divine Comedy*）时写道："从事高利贷的人坠入地狱；没有从事高利贷的人落得贫穷。"[38]

20 世纪初，教会处理这个困境的一种方法是通过允许犹太人从事这种被禁止的经济活动，从而避免基督徒陷入高利贷的罪恶。因为犹太人不遵从教会法的禁令，而且由于他们否认基督，不管怎样他们已经受到了永恒的诅咒。例如，教皇尼古拉五世（Nicholas V）表示，他更愿意让"这些人（犹太人）而不是基督徒相互进行高利贷交易"。[39]

所以，他们开始建立一个与犹太人做交易的放贷协会，这个协会将进一步恶化基督徒对商业的态度，如我们即将见到的，在现代知识分子的不断反思中它也有立足之地。在中世纪早期的图解里，金钱经常与粪土联系在一起，被描述为肮脏、让人厌恶的东西。现在，犹太人也经常被描绘为带有恶臭。在插图中典型的犹太人特质是贪婪。[40]在耶稣受难复活剧中，那天犹大与犹太领导人之间的谈判被描绘成了典型的中世纪犹太人与放贷人之间的讨价还价。[41]遭到斥责的高利贷行为被认定与犹太人密切相关。天主教西多会（the Cistercian Order）领导人圣伯纳德（St. Bernard of Clairvaux）在 12 世纪中期将高利贷视为"犹太行径"，而且将基督教放贷人当作"受洗礼的犹太人"那样进行严惩。[42]英法国王为了保护给他们提供了钱财的基督放贷人，建立了法律机制。按照这样的法律，放贷人（外行或神职的）都将被拟定为犹太人，因此他们都会单独归到皇室的权力管辖之下。[43]在中欧，基督教放贷人被贬低为挥舞高利贷"犹太之矛"的人。[44]这个鉴别"犹太"资本主义的方式持续了很长时间，具有象征意义，而且这种资本主义长期以来被看作是最不体面的。

欧洲的犹太人曾经靠农业和手工业生活，但是到了 13 世纪的时候，他们被逐渐转化成了重商人群，特别注重放贷。促成犹太人从事金钱交易，并且相对来说，让他们被这个行业吸引的因素有很多。教会剥夺了犹太人对土地的所有权，因为他们要对土地征收什一税，如果土地落到犹太人的手里，他们便没法征税了。随着中世纪晚期行业协会的发展，犹太人被逐出了手工业行业，因为政策规定会员仅限于基督徒，排除了犹太人。由于犹太人财产转让没有保障，要看信仰基督的贵族和君主的

11

容忍度，所以他们比较喜欢动产，特别是容易隐藏和方便运输的贵金属和宝石。犹太人总体走向商业，他们放贷的另一个间接原因是他们的宗教信仰，他们十分重视学习托拉（Torah，犹太律法）。比起从事农业或者手工业，经商能够给他们提供更多的时间去追求这方面的价值。另外，由于犹太人散落在欧洲和亚洲的各个地方，但共同遵从一部法典，使用希伯来语，这样他们便可以跨越广阔的区域，为他们从商做好了准备。[45]

放贷人的特殊角色使得犹太人对政治权威机构来说必不可少，这些机构会容忍他们、保护他们，同时这样也使犹太人遭到了基督人群的憎恶。犹太人经常被用来满足经济需求，特别是君主的经济需求，因为他们是犹太人的间接征税人。中世纪的欧洲，贵族和教士阶级免于向皇室缴税。这些人从犹太居民那里借钱，去偿还他们高利率的贷款。犹太人通过这种方式积累了大部分财富，但是由于皇室对犹太社会征税或者各种形式的没收，他们的财产最终进入了国库。因此，犹太放贷人就像一块海绵一样，从不缴税的阶层吸收钱财，然后财富又被君主那边挤走。犹太人索要的利率与中世纪经济中资本的匮乏和放贷人要承担的高风险相一致，因为他们的贷款经常会迫于公众压力而被取消，他们的资产经常被充公。按现代的标准来看，利率很高，通常为每年 33% ~ 66%。[46]

在西方所有信奉基督教的国家，那时候商业形象是与犹太人形象紧密联系在一起的，他们被认为是贪得无厌的局外人、流浪汉，他们从事备受谴责的放贷活动，原因是他们没有集体的共同信仰。

在信奉天主教的国家，直到 18 世纪，在教会法和民法中，放高利贷都是被谴责的行为，即使之后，它也饱受攻击。教皇本尼迪克十四世 1745 年在诏书《论高利贷通谕》中重申禁止收利息放贷。1891 年，教皇利奥十三世也在诏书中指责"贪婪的高利贷"，然后将高利贷与贪婪、贪欲联系起来。1789 年 10 月以前，法国法律还把高利贷作为一项罪名。虽说基督徒也放贷收利息，但他们通常在暗中进行，有时候会借助经院哲学的法理分析，因为其不把这类交易定义为高利贷。在一些地方，民事甚至教会法庭采用教会法的方式区分高利贷，按程度分为"适度"和"极端"。到了 19 世纪中叶，罗马教廷让那些对按照法定利率放贷存有疑虑的忠诚天主教徒不要担心这会影响到他们的灵魂，而要让内心变化的理论基础保持不变。[47]

　　宗教改革很久之后，新教神学家仍然将"高利贷"视作一种耻辱。路德教的经济思想在 1520 年的《关于高利贷的长篇讲道》（*Long Sermon on Usury*）、1524 年的小册子《论贸易和高利贷》（*On Trade and Usury*）中均有体现。这种经济思想总体上反对商业，特别是国际贸易，而且比那些宗教法规的专家对放贷的谴责更为严厉。[48]约翰·加尔文就经院哲学将金钱视为不能再生的观点提出了异议，并准许在最多不超过 5% 的利率下进行放贷，但是他对那些以放贷为职业的人持不友好的态度，将他们赶出了日内瓦。[49]荷兰宗教改革后的教会采取了类似的政策，同意确定利率上限，但是将银行家排除在教会之外，直到 17 世纪中期这一情况才改变。[50]在新教的英格兰，17 世纪时也有一个类似的区分——非法高利贷还是合法高利贷（在有限的利率之中）。[51]

　　然而，不管放贷收利息是理论上非法，实践中允许（如天主教国家），还是理论上合法，但一定限度下实践可行（如新教国家），高利贷的传统内涵和它与犹太人的关系依旧延续着。弗朗西斯·培根爵士在他 1612 年的文章《论放债》（*of Usury*）中建议所有放高利贷者"应该戴黄橙色的圆礼帽，因为他们被犹太化了"。在德国，那些从事高利贷的人被叫作"基督犹太"（*Kristenjuden*）[52]。自从犹太人成为标准的局外人之后，那些放贷收利息的加尔文教徒或者清教徒有时会被其他基督徒指责为高利贷者，因此会将他们降级为准犹太人[53]。1608 年一个反加尔文的讽刺文学《加尔文犹太人的镜子》（*Der Calvinische Judenspiegel*）声称要证明犹太人和加尔文教徒之间的密切关系。[54]在大众看来，"高利贷"不仅仅是收利息放贷，而且是所有不恰当或不平等商业交易的耻辱。[55]高利贷仍然是犹太人和犹太教的身份象征。

13   在对商人和放贷人的谴责中，人们持一种观点，认为只有靠劳力、血汗的工作才是真正的工作和生产。大多数人就是无法想象，可以通过在不同的地方、与不同的人，以及对不同的商品进行资源投资来提高生产。信息收集和分析的经济价值超出了大多数靠农产品生活或者靠双手劳作的人的想象。贸易的概念，甚至是放贷的概念，通常被描述为寄生，没有生产性。在《大洋国》（*Oceana*）中，17 世纪的英国政治理论家詹姆斯·哈林顿警告说，犹太人是那种"吸收培育自然、有用成员的养料"的人。[56]甚至一些知识分子也认为商业是违背自然、无用、寄生的。正如我们所见，很多人继续坚持这种商业寄生的观点，并将其扩展。

          贸易对整体团结不利，这是早期现代政治思想中公民共和主义思想的主要内容。当戴维南特写道，贸易和财富毁灭美德，他是在重复最古老的公民共和主义的陈词滥调。

如基督教传统一样，公民传统可以追溯到亚里士多德关于美德和商业的核心观点。亚里士多德将人视为基本的政治存在，他们的最终发展包括积极地参与政治社会。公民传统建立在希腊城邦中，它的独立和存在依赖于高度的军事动员。公民传统将政治社会的需求置于其他道德要求之上。人们认为只有对公共利益有共同的追求，社会才能团结在一起。集体存在的目的是人的政治本质的发展。[57]

马基雅维利（Machiavelli）重申并且将前基督教的这种传统改造成了后基督教的形式。基督教的思想家曾同意亚里士多德的观点，即政权应该实现一些共同的目标。但是对亚里士多德来说，政体最重要的目的是现世的公民参与。至少自圣奥古斯丁起，基督教的思想就将政权视作一个使人灵魂救赎、与上帝永生的中转站。[58]马基雅维利和后来的公民理论家使市民古典、异教的理想重新变得流行。马基雅维利强调了为共同利益而自我牺牲的必要性，这种美德在战时和战前最需要并且最受推崇。总之，公民传统将"美德"定义为公共利益的奉献，将"自由权"定义为政治生活的参与。共和的"自由权"是可以自由参与维护集体自由、免受外部势力控制的权利。美德和自由权需要解释为公民要有足够的财产支持他的独立，并且有闲暇时间参与政治。拥有财产——多数公民理论家指的是土地——这是成为公民的前提，因为这会使人从生产活动中解放出来，然后可以让他们为集体的命运去奉献。但是按照公民传统，个人致力于获得财产不足以成为公民。从亚里士多德到美国内战前南方的奴隶制捍卫者，公民传统的理论家认为，公民身份仅限为那些能够自由将精力投入生产活动中去的人。[59]

14

17、18 世纪的公民共和主义充满着斯巴达式的意味，古代希腊城邦的社会机构促成了一种力求在战争中自我牺牲的生活方式。斯巴达的形象与当时的历史现实情况不那么符合，它是一种集体、军事的生活方式，它的经济建立在平均分配土地、避免商业和工业，以及培养人们服从和勇气这两种美德的教育之上。城市的建造归功于莱克尔加斯（Lycurgus）——公元前 9 世纪的立法者，他取缔了奢侈、赚钱，甚至是货币的使用。斯巴达作为政权的神圣形象存在，代表着献身于保卫城邦的事业，它与平等、艰苦、反对商业和赚钱联系在一起。[60]

如果说鬼怪纠缠着那些将商业看作罪恶、贪婪的基督教理论家，那么坚信公民传统的人则被腐败和自私自利所纠缠。腐败是一个导致集体分化的条件，要么通过内部分解的方式，要么通过外在征服的方式。当那些应该投身于公共美德的人自己选择或者被环境所迫去追求个人物质利益的时候，腐败就会产生。腐败削弱了公民对共同利益的认同感，导致政治机构的腐朽。詹姆斯·哈林顿，17 世纪的英国公民共和主义者，重申了对商业的不信任，观察说"销售"的文化（他将其称为"犹太的幽默"）会破坏集体。[61] 尽管如此，一些与哈林顿同时代的英国人和荷兰人（如早先重商的佛罗伦萨市民人文主义者）得出了一个截然不同的结论，商业中得到的财富和经济繁荣会巩固集体，而不是腐蚀它。[62] 然而，公民传统重视公民对政治机构的奉献，它从言语层面提供了一个武器库，不断对抗商业。[63]

民法学传统与基督教传统、公民传统同时出现，有时又与它们相互交织。民法学也是传统的经典，是《民法典》的具体体现，这是一部 6 世纪由查士丁尼主持汇编的文献，该法典反映了一个高度商业化，并且由法律体系允许自由讨价还价的罗马帝国。[64]尽管基督教和公民传统本质上不信任商业，但罗马民法则不是这样。罗马民法在 12 世纪的文艺复兴中被重新发现，之后它成为欧洲大陆民法的基础。财产自由和法治是这种传统的特征，保护财产、避免政府的随意征收是自由的核心。[65]与强调参与政府机构的自由权不同，它重视从政府中解放、有法律保障的自由。它的重心不在于美德（无论是基督教公正意义上还是公众利益意义上的美德），而在于权利，意在保护对象不受政治权力所有者的压迫，并捍卫他的财产不被征收。

民法传统在欧洲学术界所产生的作用与基督教或者公民共和传统不一样。基督教神学和公民传统提供了一个神圣、有道德的标准理想生活，而民法却提供了一个追求个人所得的实际框架，而不是提供一个政权总体目标的远景。[66]民法中关注主体和他们的财产，它是潜在的个人主义。[67]

现代早期的历史剧变使民法传统的价值观念挑战了基督教和公民共和传统。西方基督教国家的整体在 16 世纪中期被打破，开创了一个由宗教推动国际国内战争的时代，这种情况一直持续了一个多世纪。历史证明，资本主义发展的道德背景不是工厂或者工场，而是战争。不是那种与国外侵略者对抗的战争，而是内战，发生在对最终救赎持不同看法的人之间，以及那些对他们自己的救赎观点确信不疑，并且准备屠杀他人来救赎自己灵魂的人之中。[68]在这种背景下，知识分子为自己设定了发展政治和社会理论的目标，这种理论要能让那些完全不同的美好和神圣生活的理想共存。这样的理

16

论也可以保护在多种宗教和国家文化中的知识分子免受宗教狂热分子的迫害。

　　教会曾经成功地利用政治力量去压迫、镇压、压制与宗教权威对立的人。但在宗教改革中，新教徒提出了一些论据，这些论据打破了天主教文化权威的垄断，而且西方信奉基督教的国家分化成了多个阵营。很快便出现了新教教会和其他不同派别，它们不仅对抗天主教会，而且相互对抗。然而，真正让托马斯·霍布斯和很多有影响力的人开始重新思考宗教与政治的关系的是宗教战争和宗教迫害。只要宗教派别一直将国家看成一个强加信仰的恰当工具，基于宗教的内战就有可能出现。只要国家给予自身合法权利去引导它的公民走向一个共同的目标和美好生活，国家就会遭受宗教内战的折磨。不管 17 世纪最伟大的政治思想家之间有多大不同，如雨果·格劳秀斯、霍布斯、约翰·洛克、斯宾诺莎，他们都同意维护和平、提高人类幸福这一策略。他们会通过指出神学差异的缺陷来打击宗教狂热，正是基于这些差异，基督徒们会相互残杀。众所周知，如果人们为了获得永恒救赎去迫害、杀害和被杀害，那么救赎就成了问题，必须要得到缓解。首先，要坚持不需要从神学上精确地区分新教和天主教，区分新教中的不同派别，甚至是区分犹太教和基督教。其次，更加极端的是，他们试着使人们从担心永恒救赎转移到担心他们现世的幸福，他们相信对现世幸福的憧憬会为达成广泛共识，或者至少是达成和平，提供基础。[69]

　　这些 17 世纪的思想家预想，在未来，国家会限制人们实现美好生活这一共同愿景。现代政治多数主张将美好生活作为政治目标。[70]正如我们即将见到的，这是一种实现自由目标的

方式。市场在这些自由目标中受到了最强的保护，然而，它也　17
最经常遭到攻击。攻击它的人认为市场的内在无用会导致人类
生活同样内在无用，并且他们还会去寻求左右派的一些极端
主张。

那些将民法传统发展成为之后众所周知的"自然法学"
理论家寻找一个能进一步限定的政治义务核心，这样有不同终
极承诺的人们便可能达成一致。[71]他们对大文化多元主义的政
治辩护在格劳秀斯的作品中有所体现，他是自然法学发展的核
心人物，其在《战争与和平法》中声称："生活方式有许多
种，有些比其他的好，每个人都需要从所有选项中选择自己喜
欢的方式。"[72]因而，格劳秀斯抛弃了这种观念，即认为一个公
正政权的任务是建立一个由圣人组成的社会或者一个由政治活
跃公民组成的贵族阶级。从这个角度，格劳秀斯另外给出了一
个公正的解释，即强调个人有权让世界为自己服务，而且他认
为国家的职责是保护这样的权利。[73]

尽管格劳秀斯最先稍微暗示了这些主题，但是托马斯·霍
布斯在他1651年的《利维坦》中做出了最尖锐、最清晰的表
达。[74]他试图通过证明基督教信仰基础的不稳定，消除人们对
永恒谴责的担忧，以此来摧毁宗教对政治统治的要求。因此，
人们可以将注意力更多地转到此时此地，而不是想着来世灵魂
会如何。[75]霍布斯也嘲笑公民共和主义的传统。它强调勇敢、
服从命令、勇猛战斗等美德，而这些会威胁和平相处。[76]它对
政治参与的高度评价让人们相信，只有基于直接政治参与的政
权才是公正的，所以这鼓励了他们发起叛乱、发动内战。[77]

对于虔诚教徒的宗教生活，或者那些负责斗争、命令、管
理的人的政治生活，霍布斯勾画了另外一个美好生活的愿景，

有一套自己的价值观。尽管教科书上只强调霍布斯的自我保护观点，但在《利维坦》中美好生活的愿景更丰富一些。这个愿景是现世的，而不是宗教的来世。它试图建造的世俗世界不是由勇士和领导者组成的，而是由生活平和的个人、繁荣和知识进步组成的。根据《利维坦》，霍布斯认为国家的目的是保证"人们的安全"，但是"这里安全并不仅仅是简单的自我保护，还包括所有其他生活上的满足，这种满足通过合法劳动创造，不危害集体，每个人都应该去追寻"。[78]那些"满足"包括物质上幸福的因素，也包括去追求恒久快乐的方法，精神上的满足。[79]

霍布斯知道他在做转换价值的判断，这其中涉及性格特征的重新定义。那些在基督教传统中被定义为美德的东西，如虔诚和信任，被描绘成了迷信和轻信。对名誉、荣誉和权力的热情在公民共和主义传统中被看作造成争论和战争的主要原因。[80]对霍布斯来说，真正的美德有利于"生活的和谐、交流和幸福"[81]，而这种谨慎的行为之前在基督教和公民共和传统中都被低估了。所以，《利维坦》中有些部分的表述，用与他同时代的修辞学家（霍布斯向他们学了很多）的话说叫"叠用"。这是一种修辞重述的方式，通过这种方法之前被定义为邪恶的事物可以被重新定义为美德，反之亦然。[82]

18世纪初期，荷兰裔英国作家伯纳德·曼德维尔（Bernard de Mandeville）也在他的讽刺诗《嗡嗡的蜂巢》（*The Grumbling Hive*，1714）中利用了这种修辞重述的技巧，之后集结成《蜜蜂的寓言：私人的恶德，公众的利益》一书。曼德维尔以叠用代替讽刺，他故意提出了惊人的论断，他说现代社会建立在强烈的自我关注情感之上，自利的性格特征很早就被谴责为"邪恶"，尤其是骄傲、奢靡和虚荣。诗的开头描述了一群蜜蜂由贫穷到富有的过程。这群蜜蜂没有安逸于它们舒适的环境，而是真心遵循了传统的道德规范，开始抵制骄傲、奢侈、虚荣以及其他的腐化事物。当天神朱庇特（Jove，又叫乔夫）答应让它们免除这些邪恶时，这些蜜蜂发现其实骄傲、奢侈、虚荣等是富裕的必要条件。重塑美德伴随着简朴、贫穷和艰苦的条件。

> 恶德就这样养育了机智精明，
> 它随着时代及勤勉一同前行，
> 并且给生活带来了种种方便，
> 它是真正的快乐、舒适与安然，
> 其威力无比，竟使那些赤贫者
> 生活得比往日阔人还要快乐。①

曼德维尔坚持说，如果不满足人们骄傲和奢侈的需求，商业和创新就会中断。接下来的一个世纪，市场的捍卫者和反对者都体现了曼德维尔关于将自我利益与奢侈联系起来的观点。商业社会的支持者，从伏尔泰到大卫·休谟和亚当·斯密，都探索了自我利益中潜在的集体利益。启蒙运动中最重要的商业批评家让－雅克·卢梭一方面表达了对经济繁荣的赞美之情，另一方面他也同意曼德维尔对商业邪恶本质的分析。[83]

19

---

① 此处译文出自曼德维尔《蜜蜂的寓言：私人的恶德，公众的利益》，肖聿译，中国社会科学出版社，2002，第19页。

第二章 伏尔泰："一位高贵的商人"

知识分子的兴起

20　　现代欧洲知识分子中兴起的对资本主义制度的研究应该始于伏尔泰。他为树立"知识分子"这个角色确实做了诸多努力。毋庸置疑，早就有学者、教授和许多作家做过不懈尝试，但是通过写作去塑造公众意见的独立文人仍然是一个陌生现象。直到伏尔泰的时代，并且在很大程度上是基于他的原因，独立文人和"公众舆论"现象才开始出现。

　　"知识分子"，作为一个有着特殊含义的名词，直到 19 世纪末才开始广泛应用。但知识分子的存在却远早于这个术语，或者说，它一直以一系列其他的名称存在着。在伏尔泰的时代，"启蒙哲学家"一词慢慢有了一个和"知识分子"相近的含义。伏尔泰出生于 1694 年，此时法国正处于路易十四统治后期，启蒙哲学家是把自己孤立于宫廷的轻率与奴性之外的"圣人"。而到 1778 年伏尔泰逝世时，启蒙哲学家则是指对现存制度持关键性立场并且努力探求相应的对公共舆论的影响的作家。[1]"政论作家"，曾指在公共法律方面的权威人士，要求探寻通过定义术语去塑造公共舆论的作家。[2]知识分子的兴起和公共舆论是同步发展的。雅克·内克尔（Jacques Necker）在伏尔泰逝世后成为法国财政总监，称公共舆论为"一种不靠
21　金钱、警察和军队的无形力量"，却对政府的政策产生有力的影响。[3]

正如伏尔泰给他在军队的同志达朗贝尔（Jean d'Alembert）的信中所述："人们大声疾呼反对政论家，这是正确的。因为，如果舆论是世界女王的话，那么政论家就是统领女王的人。"[4]

一个作家去塑造公共舆论的能力不仅取决于他所写的东西是什么，更取决于他是如何写出来的。伏尔泰的仰慕者和批评者都一致同意他的影响力与从阅读他的文章中所获得的乐趣相关联。亚当·斯密是伏尔泰的仰慕者，在他家中一直保留着伏尔泰的半身雕像。他曾对到访的法国客人说：

> 伏尔泰的不可估量归因于他的理性。那些对于狂热分子和所有教派伪君子的狂风暴雨般的冷嘲热讽，让人们的头脑已经准备好了接受真理之光的洗礼，为的是探求每个有智慧的头脑应该去渴求的东西。在这件事情上，相比于那些最不景气的政论家的几乎没人读的书，伏尔泰做的已经更多，其著作是写给大众的，所有人都应拜读。[5]

即使是埃德蒙·伯克这样一个认为伏尔泰的作品有恶性影响的人，也承认道："伏尔泰有愉快写作的优点，没有其他任何人能像他一样将亵渎和猥亵的语言如此完美地结合在一起。"[6]

18 世纪，两个相互平行的社会进展，使得知识分子能够以一个独立自主的作家身份，投身于塑造公众舆论的事业中去。这两个进展分别是：作家进行创作谋生的经济收入来源从赞助商转向直接面向市场；以大众精英群体为基础而不再是直接依附于皇家权威的新的政治格局。伏尔泰大师的事业推动了这两个进程向前发展并且也从中获益。

18世纪之前，文学创作者主要还是依赖于富翁们和当权者的慷慨赞助谋生。像埃蒙德·伯克一样，伏尔泰在其早期创作生涯也是依赖于赞助商们的赞助谋生，并且从某种程度上讲，亚当·斯密也一样。赞助的形式多种多样，有的来自政府机构，有的是通过为作家提供免费食宿等。比如，伏尔泰的早期成功史诗《俄狄浦斯》首先获得了来自法国摄政王的抚恤金奖励，而后在1725年又获得了来自法国女王的生活津贴奖励。二十年后，伏尔泰的作品《路易十四时代》出版，其中他对时任君主路易十五的阿谀奉承使他被任命为"法国内阁绅士"，紧接着成为一个有着可观年收入的政府官员——法国皇家史料编纂。伏尔泰有很多赞助人，包括普鲁士的国王腓特烈二世和英国富商埃弗拉德·法肯纳（Everard Fawkener）。所谓赞助是指建立在赞助商和其赞助对象之间高度私人化的关系。对于像伏尔泰和伯克这样有创新的知识分子而言，这个关系为他们提供了地位和收入；对赞助商而言，这种私人关系则为之提供了值得向人夸耀的荣誉。

伏尔泰通过预订销售的方式从一些文学作品中获利，比如史诗《亨利亚德》。预订销售是一个处于赞助商和书籍市场之间的媒介，并且人们通过这个媒介把限量的首版书籍作品卖给一定数量的订阅者。随着时代的发展，通过出版商和销售商，书籍很快就从作者那里到了读者手中。这是首次使得书籍到达大量读者手中并且通过书籍市场来谋生（通常是很贫困的生活）成为可能。市场的兴起减轻了作者对有力的赞助商的直接依赖，但同时也增强了对读者大众品味的依赖。[7]

"公众舆论"是新的社会机构的产物。许多市民通过它才开始了解政府的公共管理问题。读书俱乐部就是其中一种形式，那些买不起很多书的人可以聚集在这里阅读并讨论作家们的新作品。咖啡厅也起着相似的功能，它们提供多种书刊供人们阅读，从而也提供了另一个传播新思想的地方。共济会组织在社会阶层中的地位较高，能将贵族甚至皇室成员和中层社会的精英分子连通起来。在新的民意表达方式中，发表在杂志上的文章开始普及新思想并且报道与公共利益相关的事件。第一本这样的杂志就是创建于 1711 年的英国杂志《旁观者》（*The Spectator*），其目标是"把哲学从书架和图书馆中搬到俱乐部和集会中"。[8]正因为这些发展，政治影响公众的方式发生了历史性的变化——从传统的对拥有绝对权威的统治者的直接诉求转变为对"人民大众"裁决权的新诉求。[9]

伏尔泰的天赋在于他善于运用别人的观点进行大众化的文学创作，而不是去做一个原创者或者缜密的思想家。新兴的大众读者和公共领域的新体制恰恰高度重视这种才能。尽管对"系统的精神"存在疑虑，但在长期的写作生涯中，伏尔泰还是保持了他关注重点的一致性，即拥护人们对幸福的追求、对个人自由的发展、对法律制度的改进，以及效仿自然科学方法来运用人类理性去挑战宗教信仰的不合理要求。与其紧密相关的是，伏尔泰长期反对天主教并且对制度性宗教的政治要求相当反感。

伏尔泰对于本书话题的重要性，来自他作品中两个重要的受欢迎的主题：通过市场活动追求财富在政治立场上的合法性，以及消费财富在道德上的合法性。《哲学通信》是一部关于社会和政治批判的作品，而伏尔泰主张通过市场活动来追求财富的主题正是源于这部作品。该书同时也是法国启蒙主义开始作为公众力量的标志。

23

互换与宽容：政治争论

在《哲学通信》及其后来的著作《哲学辞典》中，伏尔泰从政治层面对市场活动进行辩护，而非出于经济性因素的考虑。他之所以这么看重市场活动，并不是因为市场活动能使社会更加富裕，而是因为追求经济上的个人利益要比追求其他目标安全得多，其安全性超过一切宗教狂热行为。

出于商业、文化和个人动机方面的原因，伏尔泰被吸引到了英国。在《亨利亚德》一书中，伏尔泰对天主教会的攻击使得该书成为法国政府出版审查的目标。这本书在法国只能秘密出版，但这将使该书出版所获的几乎所有收益都被出版商收入囊中，而不是作者。在英国，审查制度则比较宽松，使得《亨利亚德》一书能够公开出版。伏尔泰去英国的部分原因就是要通过让有钱有势的赞助商以预订的方式出版该书的一个豪华修订版本，从而使数量可观的收入落入伏尔泰的口袋。

虽然伏尔泰出访英国的目的是商业性的，但出访档期却由于他在法国被捕而被迫推迟。在巴黎歌剧院，他曾尖锐地反驳了傲慢的罗昂骑士（Chevalier de Rohan）——一个最有声望和权势的法国贵族的后代。为了给这个无礼的庶民一个教训，罗昂骑士坐在其停在附近的马车里，怒吼着命令两个仆人痛打了伏尔泰一顿。为了报仇，伏尔泰向他的贵族朋友和在凡尔赛的熟人求助。遭到拒绝后，年轻气盛的伏尔泰就开始自己行动了。他开始学习击剑术，打算与罗昂骑士决斗，并且购买了枪支。随着关于他要决斗的流言在巴黎迅速蔓延，法国政府将他逮捕并关入了巴士底监狱。被逮捕后，法国当局最终和伏尔泰达成协议，允诺将其驱逐出境流亡英国，而免去他在法国吃牢饭。[10]

在《哲学通信》中，伏尔泰希望向法国读者们展示的是，他对英国的印象以及对英国形象的理解，这都是和其文学关注点和政治哲学密切相关的。伏尔泰最重视的当代欧洲文明就是在强权下不断壮大的个人自由，这就要求政府对个人差异有更大的包容，更重要的是通过法律条文保证个人自由。按这个标准来讲，当时的英国是欧洲其他各国的典范。

只有结合主导了西欧和中欧两个世纪的焦点，即宗教迫害和宗教战争的历史背景，我们才能真正理解关于《哲学通信》这本书的争论。正是因为宗教信仰的不同，卢梭和伏尔泰才逐渐疏远。当所有的欧洲基督信徒都有一个共同的信仰时，正如准则"笃信一种信仰，遵从一部法律，拥护唯一的国王"，人们也就自然把使用国家力量来加强宗教义务当作理所当然的事情了。[11]犹太民族是唯一被天主教教徒组成的政治组织宽恕的外来者。作为一个处在社会底层的标志，他们在公民权和经济活动中毫无话语权。

在16世纪，各种新教主义（路德教派、加尔文教派、英国国教圣公会）的兴起打破了西欧天主教铁板一块的局面。当国家作为天主教主体的一部分时，要与不同的宗教信仰共享同一个政治团体的理念是难以想象的。因此，在最初的一段时间，天主教仍然是社会的主流宗教。但新教改革者和天主教反对者都坚持认为，政府的主要目标之一就是要维持"真正的宗教信仰"。他们反对贴着天主教标签的信徒就真的是天主的信徒。因此，16世纪和17世纪的欧洲历史便成了内战、残杀及驱逐宗教少数派的编年史。宗教宽容的理念并非产生于天主教的某一分支，而是源自对长期内战的恐惧和失望。在16世纪末期的法国，一群所谓的"政论家"首次明确提出了这种观点。其重要创新就是把维护国内和平构建于维护宗教正统之上，并建议只有通过降低对任何一种宗教信仰地位的支持才能维护国内和平。[12]该观点在 17 世纪伟大的思想家那里得到了进一步发展，其中最引人关注的是荷兰唯物主义哲学家斯宾诺莎和英国思想家洛克。

25 伏尔泰于 1726 年来到英国。关于拥有不同信仰的人们如何和谐生活在一起的问题一直困扰着他。其史诗作品《亨利亚德》中的男主人公，法国国王亨利四世，在 1578 年曾通过《南特赦令》（Edict of Nantes）暂时平息了宗教战争。该特赦令使人人平等的衡量法则在法国的加尔文教徒和胡格诺派教徒中得到普及。但亨利四世在 1610 年被一个狂热的天主教信徒暗杀，该信徒认为亨利是天主教信仰的潜在威胁。伏尔泰的写作故事透露了宗教斗争的政治和生命代价，并将其与长期处在世俗霸权下的宗教宽容的优点做了对比。

为了使英国读者做好阅读其著作的准备，伏尔泰在出版《亨利亚德》一书之前，先出版了一篇关于内战的文章。该文以"对读者的忠告"作为序言，同时预告了作品后续部分要涉及的内容将以"关于英吉利国的书信"为标题出版，人们将慢慢知道它的法语标题"哲学通信"。它是一个在英国旅游的法国游客为他的同胞所写的书。正如伏尔泰用他新学到的英式英语写道：

> 关系的真正目的是指导人们，而不是放纵人们的恶。我们应该主要忙于忠实地向人们列出一切有用的东西的账目清单以及报道那些非凡的优秀伟人的事迹。人们要去了

解和模仿他们，并终将也成为一个对其同胞有益的人。一个以这种精神写作的旅行者就是一种高贵的商人。他们把外国的优秀文化和美德发扬到了自己的国家。[13]

在这里，伏尔泰预先暗示，他将在这本书中把商业贸易置于崇高的道德地位。他刻画了开明的知识分子，比如商人，由于通过进口国外的有利润的商品，从而为他的同胞们做出一份贡献，而那些商品只是比国内商品更加耐用而已。整篇文章充分涉及了贸易活动，聪明的旅行者提供了"账目"，他关心"有用的东西"和潜在的"利益"。伏尔泰在作品里对商人的高估也反映在了现实生活中。他大部分时间都寄居在埃弗拉德·法肯纳的乡间庄园里。埃弗拉德·法肯纳是从事国际贸易和经营英格兰银行业务的富有的英国商业家族的一员。伦敦富商群体的新贵们在许多领域都对伏尔泰提供了支持。在《亨利亚德》精装版的购买用户中，商人和银行家占据相当大的比例，其中就有英国最大的羊毛制品出口商皮特·德尔姆（Peter Delmé）。[14]

在《哲学通信》中，伏尔泰对英国皇家交易所（英国伦敦证券交易所的前身）形象的勾勒，使得对英国有长期重大影响的发展资本主义的要求得到普遍拥护。多亏了伏尔泰的笔记和通信，我们才能通过那些基于他在英国的经历改编成的文学作品，寻觅到伏尔泰超卓智慧的蛛丝马迹。[15]伏尔泰在其作品中对英国皇家交易所的勾勒，并不是对其英国见闻的随意描述，而是通过对英国皇家交易所的描写来论证资本主义制度对政治的有利影响，尤其强调对存在最多争议的金融资本主义的呼吁。

伏尔泰的《哲学通信》关注的是各个宗教派别，其第六章题为"谈长老会信徒"。虽然这些信中没有哪一封明确针对罗马天主教，但提及贵格会的四封信却都是以嘲笑天主教仪式为目的。在第五封关于圣公会的信件中，伏尔泰也指责说："英国圣公会神职人员都保留了太多天主教仪式，尤其是认真细致地收什一税。"对于伏尔泰一生最大的热情——反教权，《哲学通信》中提供了很多证据。并且相对于他在四十年之后所写的《哲学辞典》，《哲学通信》拥有更多精妙之处。然而，在反教权问题上，伏尔泰走的是更偏重政治立场的路线。他声称宗教狂热是社会不和谐的主要源头：宗教狂热轻则导致不公平，重则引发内战。

致力于当代英国的繁荣与自由，伏尔泰对比了 17 世纪几次宗教战争造成的破坏性影响："当时，三四个教派正打着上帝旗号发起了内战，使得大不列颠帝国四分五裂。"（通信 3）。伏尔泰写道，英国人在经历了 17 世纪的挣扎与斗争之后，"每个人都厌烦并且痛恨宗派斗争"（通信 7）。"在我看来，似乎他们接受了残酷的教训，变得明智些了，而今以后，我看不出他们再会有为了三段论法而互相扼杀的欲望了。"（通信 8）他抓住每个机会去再三灌输他的论点，即宗教战争是毫无意义的，因为它们植根于根本没有明确、合理答案的神学问题。更多时候，人们并没有忽视宗教差异，正如伏尔泰描述道："一个叫勃利纳的医生过于小心谨慎，他自认为如果用一件长法衣代替短外套，就会被投入地狱，而且他希望半数的人民为了天主的光荣和布道去杀戮另一半人民……"（通信 23）
《哲学通信》记录并欢呼宗教狂热主义的逝去和宗教宽容气氛

对宗教狂热的替代。"一个英国人，作为一个自由人，可以以自己喜欢的任何路线走向天堂。"（通信5）这就是伏尔泰对宗教宽容教义的警句式总结。

伏尔泰想通过《哲学通信》向他的法国同胞传递的信息是，通过施加一定的条件，英国人民就能心平气和地接受宗教差异，那么法国也可以实现。在这些约束条件中，宗教宽容就是"有用的"东西之一。

对于伏尔泰来说，似乎正是宗教派别的多样性促进了英国的宗教宽容。"如果英国仅有一个宗教派别，那么将会有暴政的危险；如果有两个派别，那他们会彼此残害；但是如果有三十个教派，他们就会彼此和平幸福地相处下去。"（通信6）他高度重视这个观点，于是在他晚年所著的《哲学辞典》的"宽容"章节中重申了这个观点。这种微妙的平衡状态也是亚当·斯密在《国富论》中探索的一个主题。

伏尔泰认为，通过对财富和幸福的追求来替代对宗教的关注，与宗教宽容同等重要。在《哲学通信》的附录文章"谈帕斯卡的《思想录》"中，伏尔泰这样写道："人就是为行动而生的，就像火苗要向上升起或者石块总要向下沉落一样……人们的不同之处就在于各自从事的职业使他们变得温和或暴躁，危险或有用。"据伏尔泰所言，宗教狂热让人们变得暴躁和危险。与天主教和民间传统不同，伏尔泰认为自我利益比意识形态上的承诺，更有可能促进社会和平。[16]伏尔泰作品中对股票交易的描述，表明对经济利益的追求使人们变得更加温和。

伏尔泰并不是第一个在简报中评价股票交易的人。《旁观者》——一本发表观点的英国杂志——曾成为整个欧洲大陆所有类似杂志的典范，曾在1711年为英国皇家交易所写了一篇文章，1722 年该文被译成法语并出版。在这篇由英国人约瑟夫·艾迪生撰写的文章中，作者是这样描述的："英国皇家交易所是供本国人和外国人聚集在一起商议全球私人企业问题的场所，它使伦敦成了整个世界的商业中心，也使得世界各地的商人在这里云集。"[17]

在他去英国之前的四年里，伏尔泰还去过当时欧洲的另一个商业中心——荷兰。他被海牙这个城市深深震撼。海牙留给伏尔泰的印象印证了艾迪生的看法，他将海牙比作"整个宇宙的宝库"。伏尔泰在致巴黎友人的信中这样写道："这里的歌剧令人讨厌，但通过它，我看到了加尔文教的神父、阿民念派教徒、苏西尼派教徒、拉比们和浸礼教会教徒一起谈话，并且说得相当有道理。"[18]该想法同样照应了艾迪生的描述，却更加强调了不同信念的共同存在。

英国也给伏尔泰留下了相似的印象。在到访英国的早期笔记中，伏尔泰这样写道："正如英国皇家交易所是世界各国商人汇聚的场所一样，英国也是各种宗教派别的汇流地。"伏尔泰在总结出宗教宽容和自由市场行为之间存在某种联系时，他对资本主义的看法就已经取得了关键性的发展。在他的笔记中，一篇标题为"浴缸的故事"的文章提及了乔纳森·斯威夫特（Jonathan Swift）对罗马天主教和新教的宗教狂热的讽刺。他在笔记中用并不完美的英语写道：

> 没有道德良心的自由，就没有贸易的自由。对商业和对宗教逼迫的专政是一样的。在英联邦和其他自由国家，就像在海上港口看见很多船只一样，人们也会看见许多宗教。同样的上帝受到犹太教、伊斯兰教、天主教、贵格教

徒、再洗礼派和各种异教徒们的膜拜。各教派费尽心机地
用文章抨击对方，却用信任与和平的方式在市场上自由交
易；就好像运动员们既能迁就容忍伙伴在台前争锋，也能
在盛夏的时候一起喝酒吃肉一样。[19]

伏尔泰在《哲学通信》中用更长的篇幅来阐明宗教信仰
自由和商业活动之间的联系。他对作家斯威夫特的论点进行提
炼和扩展，那就是有着完全不同信仰的人们，有可能彼此为
敌，却能够在"交易时"，也就是在商业活动中，"彼此信任
地、和平地"自由生活在一起。最后一句话暗示，这种友好
关系依赖于一个隐含的信念：人们在商业活动中的表现比其公
开承认的坚定的宗教信仰更加真实；宗教职业之于他们正如台
词之于演员，都知道这只是一个编造出来供人娱乐的谎言。

商业活动和宗教宽容之间的关联并不是一个新话题。早就
有人指责不应将商业和宗教宽容联系在一起，因为他们认为政
治稳定应当与政府推行宗教的一致性关联在一起。1651 年，
安德鲁·马维尔（Andrew Marvell）就已经看到了海峡对岸的
荷兰并嘲笑道：

> 彼岸的阿姆斯特丹，土耳其人、基督教徒、异教徒和
> 犹太人鱼龙混杂，
> 教派活动、分裂意图郁郁葱葱；
> 有良知的银行，无论观点多么光怪陆离，
> 拥有信用，即可交易。[20]

伏尔泰分析了马维尔的看法并颠倒了其伦理上的结论。对于马
维尔来说，阿姆斯特丹的情形是一个威胁。对于宗教宽容的拥

29

护者来说，商业则应该受到欢迎。

伏尔泰决定把从事商业活动能带来政治利益的论证场所，从阿姆斯特丹转移到英国皇家交易所。此举意义重大，因为伦敦的交易所是金融资本主义的一种新形式化身，并且还与现代国家的兴起及国际远洋贸易密切相关。

> 虽然天主教和长老会是英国的两大教派，但其他所有教派也是受欢迎的，并且都相处得很好。同时，大部分传教士虽然彼此憎恶，其热诚程度正如詹森主义者诅咒耶稣教徒那样。

> 比如伦敦交易所，它是一个比许多英国地方法院都更受尊敬的地方。你将会看到来自世界各地为各自利益而来的代表们聚集在一起。在这里，犹太人、穆斯林教徒和基督教徒善待彼此，就好像他们有着相同的宗教信仰一样，甚至为那些濒临破产的人都预留了"异教徒"的名字。在这里，长老们会信任再洗礼派教徒，国教徒也接受贵格会教徒的允诺。一离开这些和平自由的集会，有人会去犹太集会；有人会去喝酒；也有人会去以上帝的名义通过子孙对圣灵的尊重接受沐浴洗礼；还有人会去割掉其孩子的包皮，并对孩子低语一些他根本不懂的希伯来语；而另外一些人则戴着帽子去教堂期待上天赐予的灵感。所有人都感到心满意足。（通信6）

在发展到股票交易阶段之前，《哲学通信》总是在提醒，当宗教差异成为情感宣泄的首要对象时，其结果往往是那些被视为异教徒的人受到强烈迫害。相比之下，证券交易所号召有着不同信仰的信徒们共同组成一个"和平自由的集会"。其友

谊的源头就是他们追求着一个相同的目标：财富。虽然宗教狂
热可能使他们诅咒彼此作为异教徒而下地狱，但对财富的追求
却使他们达成了一个新共识，即所有人都一致认为，只有破产
者才是"不值得信赖"的人。伏尔泰是这个利益动机的先知：
与大力追求救赎相比，对财富的追求更可能让人们"和平相
处并感到满足"。相比于无私的十字军东征圣战声称要强行拯
救邻国人民的灵魂的追求，即使最终仅留下一片废墟而已，对
财富的追求却仍然是一个潜在的、更和平的并令人满足的
追求。

　　这些商人都做些什么买卖呢？在"人类的私营企业"中，
他们又占多大比例呢？

　　在英国皇家交易所的贸易活动主要是关于政府安全方面和
所谓的"金融公司"——东印度公司和英格兰银行——的股
份。这两个公司是英国商业政策在国内外依靠的枢纽。[21]为政
府安全和"金融公司"的股份而形成的联合市场反映了政府
权力的扩张和商业活动之间的相互依赖关系。

　　像南海公司和东印度公司这样的公司，正如其名称所暗示
的那样，派遣船只前往世界各地，当这些船只返回欧洲的港口
时，船上载满香料、丝绸、瓷器、糖、烟草、咖啡和茶等只供
给富人们消费的"奢侈品"。这样的公司将政治和经济结合在
了一起。其所有权一部分属于皇家投资者，另一部分属于那些
共同分担风险又同时期望获得利润的私营股东。这些公司都是
受政府特批设立的，并被授予从指定地区进口商品的专属权。
在那些被指定的区域里，政府授予他们履行政府职能和征收税
款的权力，来支付维护当地统治的花销。越洋贸易要求，在可
以预期获利前的很长一段时间里，需要向这些充满风险的企业

投入大量的资金。在这种情况下，由国王授权的垄断就发挥了关键性的作用，使得海外贸易所能获得的潜在利润提高到对于投资者来说，值得对这些远洋贸易公司进行风险投资的水平上。[22]虽然尚无确凿的证据，但伏尔泰本人似乎已经投资法属印度公司。[23]他可能也已经做到了言行一致。

1694 年成立的英格兰银行，对于 18 世纪英国海军力量的崛起及其经济增长而言，都是一个重要的前提条件。在国家面向市场进行融资之前，战争的输赢往往都是由交战双方政府为其军队提供资金和维持军队开支的能力决定的。英国皇室之所以批准建立英格兰银行，不是出于经济原因，而是由于政治原因。威廉三世统治时，英国政府急需资金来维持与法国在佛兰德斯的战争支出。就像当时大多数的欧洲政府一样，英国政府也时常入不敷出。直到 17 世纪晚期，英国政府才用法国的方式来增加收入：从私人放债者手中借钱以弥补政府的财政赤字。然后，为了还债，政府把征收某些税种的权利变卖给"税吏"，比如红酒消费税。税吏只需把规定数额的税金上缴政府，其余的税收都归个人所有。这些税吏还扮演着金融家的身份，即把钱借给政府用以弥补短期财政赤字。政府依赖税吏和金融家的代价是高昂的，因为政府要以与市场上其他私人借款者相同的高利率来获得这些贷款。[24]

在 17 世纪末期，英国政府决定仿效意大利和荷兰政府的方法为其政府债务融资，批准设立了英格兰银行。英国政府允诺向英格兰银行支付每年 10 万英镑的永久年金并允许该银行吸收存款、发放贷款和发行票据。作为回报，英格兰银行向英国政府提供 120 万英镑的财政支持，并由此开始商业运作。该银行股东不仅包括来自伦敦市的投资者，还包括国王和王后、荷兰投资者、胡格诺派教徒以及犹太人。英格兰银行很快就成了付息债券（包括国家债券）的大买家。

在英国皇家交易所交易的都是英格兰银行和大型商业公司的股份、债券以及政府从其他私人货币市场上借鉴而来的金融工具，其中包括军队债券、海军票据、财政票据（如国库券）。[25]对每种票据，政府都允诺在将来的某个时候支付一部分票面金额和固定年利率，直到票据到期。政府借债的能力不是固定不变的，它取决于债权人对政府还款能力的信任程度。一个富有效率的税务系统的发展保证了债权人对政府支付能力的信心。这就为政府国库提供了大量有规律的现金流，反过来也为私人市场提供了可供购买的国债。[26]这种稳定的、公开的市场的出现，是当代历史上一个具有重大政治意义的经济创新。这种金融形式的出现，使得英国政府能够比之前依赖于私人放贷者和税吏时，以更低的利率来筹集资金，而当时的法国还处于旧体系之中。

虽然从海外贸易中获得的利益在英国经济发展中所起的作用曾在一定程度上被夸大，[27]但长期以来，那些从事购买、销售、运输和放债的人与机构所发挥的作用被资本主义历史学家忽视，或者只被看作一个非生产性的、寄生在"实体"经济的生产和分配上的"增长"。但是，伦敦不断增加的资本流通规模导致了利率的急速下跌，从而更大地刺激了商业的发展。[28]可靠的转移资金方法的发展、让跨越政治边界的贸易成为可能的货币市场的建立、通过汇票来扩张信贷以及引导现有资金用于商业目的的渠道的拓展等，这些都是伏尔泰时期金融的发展带来的结果并且伏尔泰也曾参与其中。[29]

对于英国政权和英国商业而言，"金融改革"所带来的那

32

些好处现在已经为历史学家所熟知。但在伏尔泰所处的时代，公众对资本主义体制的回应却是怀疑甚至是充满敌意。[30]尤其引起公众怀疑的是一些买卖交易的投机性本质。由于政府证券的价值随着英国海军和英国财政部的运气，或传闻的运气，而上下起伏，公司股票的价值也就随着公海上商船的命运，或者是公司不再续期垄断的可能性，而不断变化。[31]在交易方面，大多数人都以股东的身份，用自己的账户来做贸易，从而为了获得佣金而代客户购买和出售股票。到18世纪20年代，保证金和股票期权的交易都已发展完善。[32]史无前例地，各种因素综合在一起使做投机生意成为可能。

1720年，新南海公司向英国政府请求垄断南太平洋上的贸易权，并承诺承担国债作为对政府的回报。政府同意了该公司的请求，而该公司的股票价格也因此狂涨十倍。这掀起了在英国皇家交易所的投机热潮。阿姆斯特丹、巴黎和都柏林的投资也蜂拥而至，带动性地提升了伦敦交易所的各个怀有可疑目的的新公司的股价。英国议会通过了一项被后人称为"泡沫法案"（Bubble Act）的法规，试图制止此类活动。该法案的效应却意外导致了南海公司的股票崩盘，同时配合了投机热潮在阿姆斯特丹和巴黎的结束。交易所的繁荣和萧条导致了一波公众的道德说教——指责"南海泡沫事件"在贪欲上的崩溃和对奢侈的喜爱。[33]

投机活动在南海泡沫事件中达到了顶峰。这只是金融改革浪潮中的一个泡沫，但正是这次泡沫事件吸引了道德学家的注意。那些依赖于房地产富人的代言人，通过公众共和主义式的说教来解释事件，以谴责那些新兴的"金融利益"者，指责他们的财富是建立在虚无缥缈的"幻象"之上，而不是以坚实的房地产为基础。[34]

南海泡沫事件（及发生在巴黎和阿姆斯特丹的泡沫事件）还没有消退的时候，伏尔泰笔下的英国皇家交易所的场景不仅是对资本主义的政治辩护，更是投机活动发展到极致的金融资本主义的证明。伏尔泰捍卫那些对道德学家来说似乎是新金融世界的致命弱点的东西。伏尔泰把观察点从海上贸易转移到英国皇家交易所时，其关注的焦点并不在企业家身上，也不在努力奋斗的商人身上，而是在那些努力通过股票贸易、支票交易和国债来获利的人身上。

那些拥有土地这个传统财富之源的人，并不需要牵扯进在交易所发生的存在更大风险的经济活动中。因此，交易所中的最活跃分子很少有贵族，但包括一部分社会和宗教的外来者：胡格诺派、贵格派、异教徒和犹太人。[35]

犹太人曾于 1290 年被驱逐出英国，直到近来才重新获得认可。伦敦的犹太人小团体由相当一部分西班牙裔或葡萄牙裔的犹太人及其后裔组成。15 世纪，这些犹太人为了逃避宗教迫害而离开西班牙和葡萄牙，其中大部分人迁移到了阿姆斯特丹（那时它还属于西班牙），然后再从阿姆斯特丹转道英国。随着犹太人在不同国家间的来往，伦敦的犹太商人便专门从事国际贸易和股票买卖。他们尤其活跃在兑换外币业务上。通过兑换外币，某个国家的商品买家才能支付另一国卖家的货款，从而促进了国际贸易。艾迪生写道，这些在伦敦的犹太商人"就像是大厦中的钉子一样，虽然自身没有多大用处，但若要把整个大框架整合在一起，它们还是非常有必要的"。[36]

门德斯·达·科斯塔（Mendes da Costa）家族就是一颗这样的"钉子"。这是一个有着葡萄牙血统并且在伦敦和荷兰都有分支的显赫家族，这也是伏尔泰到达英国后不久就熟知的常识。约翰·门德斯·达·科斯塔，该家族的族长，拥有相当数量的英格兰银行和东印度公司的股票。[37] 为了做好到英国旅行的准备，伏尔泰购买了一张约翰的儿子——安东尼·门德斯·达·科斯塔——开的兑换支票。但是伏尔泰的旅行计划由于罗昂事件而搁浅了。在他到达英国前，安东尼早已经逃离了法国并被宣布破产，只留下其父亲作为法定债权人。"一来到伦敦，我就发现那个该死的犹太人破产了。"伏尔泰在给他朋友塞奥特的信中这样写道。伏尔泰的诅咒促使《哲学通信》新版本的出版。[38]

伏尔泰对英国皇家交易所场景的整体描写，通过颠覆人们习以为常的社会等级价值观而颠覆了读者们的预期。在文章一开始，伏尔泰就亲切地将英国皇家交易所这个被公众藐视的存在与处于最高社会等级且受人尊敬的法院做了对比。虽然在交易所买卖股票的行为常被描述成对自我利益的深切追求，伏尔泰却把那些从事证券的人看作是在追求"全人类的利益"。对大家早已接受的社会等级价值观的颠覆当然主要表现在对商业和宗教的关注，或者说是对财富和救赎的追求上。我们预期在伏尔泰书中看到的应是后者比前者更重要，但在伏尔泰的描写中，宗教似乎被认为是荒谬的，而商业则是高贵的。在这里，我们有个典型的关于伏尔泰艺术的例子，即宣传启蒙运动的艺术和说服公众观念的艺术。这里不存在任何会遭到批判或可能引起公众反感情绪的逻辑性前提。取而代之的是，整个场景就是一个论点，其问题的设置使得答案暗含其中且顺理成章，从而增添一剂令人愉快和难忘的幽默成分。正如苏格兰评论家詹姆士·比蒂（James Beattie）所提到的："伏尔泰的仰慕者们不会轻易变得理智，因为每一个论点都有幽默诙谐的故事在里边，他们不可能在不失去一些幽默段子的情况下略过任何一个论点。"[39]

文学评论家埃里希·奥尔巴赫（Erich Auerbach）用其称作"探照灯式的装置"的方式暗讽"宗教差异是荒谬的"这个前提。出于对每个宗教传统在知识上和仪式上的复杂性的考虑，伏尔泰号召人们关注唯一的仪式习俗。礼制的问题，如洗礼、静心、戴礼帽等，都被高度重视。但宗教仪式来源于哪里这个问题却无人问津，好像礼制就是随意而来的。宗教礼制和酒精的大众消费是同样受贬低的。[40]

伏尔泰书中描绘的场面打算告诉人们的是，市场机制允许多样性也就是宗教多样性的存在。但这里还暗含着对宗教体制的讽刺，因为至少相对来说，它相当于把所有宗教文化都进行了自我贬低，而使得每个宗教都能在市场环境下生存。因为事实上，对于那些在市场上做交易的人来说，对财富的追逐比对宗教救赎的追求更真实些。正如伏尔泰所写，宗教仪式已经变得僵化呆板，比如天主教混淆了三位一体，丑化了犹太人，其宗教仪式则强化了对犹太人的曲解。伏尔泰不仅关注宗教冲突的和解，而且致力于把提高世人的幸福作为最终目标，他对市场活动中怀有不同宗教信仰的人们能够和平共处感到欣慰。之前那个追求财富比追求救赎更加真实的观点在伏尔泰的笔记中以各种形式反复出现，而且对该主题的处理比之前更加柔和。随着对各个宗教派别的描述逐渐清晰，伏尔泰认为英国人并不是不认真对待宗教信仰，而是在认真对待各自宗教信仰的同时，依然能够和平相处。[41]

在伦敦交易所场景章节中提出的两个概念，伏尔泰在《哲学通信》的其他章节中加以详述。市场被称为一个"和平与自由的集会场所"，是一个出于自愿的社团形态。因此，伏尔泰把商业活动称为人们和平共存的一个基础。在对法国思想家帕斯卡（Pascal）的批判性评价中，伏尔泰指责帕斯卡反复重申社会秩序是建立在利他主义之上的错误观点。帕斯卡曾这样写道："每个人都倾向于为自己考虑，这是违背一切秩序的。我们必须注重大局，维护自身利益的倾向是一切混乱的开始，在战争中如是，在政府中如是，在经济中亦如是，等等。"伏尔泰对此的评论预示了其后思想家的观点。从亚当·斯密到哈耶克，他们都认为利己主义的偏好是社会秩序的基础，而并不是像基督徒和社会道德家所想象的利己主义会对社会秩序构成威胁：

> 要建成一个不追逐自我利益却能持久的社会是不可能的。这正如要培养出清心寡欲的孩子或者人们毫无食欲却能想到美味佳肴一样，凡此种种都是不可能的。正是对自己的爱才激发了人们对他人的爱，这正是通过彼此间的需要，才体现出我们每个人对整个人类而言还是有用的。这正是所有商业的基础，亦是人类之间永恒的关联。没有爱，就不能创造任何一种艺术，也不能建成一个甚至只有十个人的社会团体。正是这份大自然赋予每种动物的本能的自我爱护，才提醒大家要尊重他人的自我爱护。法律抑制了它，但宗教主义却使它更加完美。上帝在创造人类时，可能只考虑到了人们要顾及他人的利益，这也是相当正确的。但如果那样的话，商人们可能仅仅出于慈善就去了印度，石匠们雕刻石头也只不过是为了讨好近邻。但上帝却并不是这样安排的。让我们停止谴责上帝赐予我们的

本能天性，而将这些本能用在上帝期望我们能够利用的方　　36
面吧！（谈帕斯卡的《思想录》）

伏尔泰并没有使用术语"看不见的手"，但这一概念却已处于
酝酿期。

　　在《哲学通信》"论商业"中，伏尔泰回过头来重新探
讨了英国国家权力、商业活动和自由之间的联系。"商业，
使英国人民富裕了起来，也帮助人们获得了自由。反过来，
自由又促进了商业的发展，从而使得整个国家强大起来……
1723 年，一个除了少量铅和锡、一些贫瘠土地和劣质羊毛外
没有任何其他资源的小岛国，却能通过商业的发展强大到同
时派遣三支舰队到世界的各个角落……"伏尔泰将欧洲大陆
上贵族对商人的鄙视与英国贵族精英后代对从事贸易的意愿
做了对比。他夸张地说道："我不知道哪一个对国家来说是
更加有用的。一个有权的贵族会精确地知道国王几点几分起
床或睡觉，会在外面摆臭架子的同时在某些大臣的家里做着
奴才。一个让国家富裕起来的商人，在办公室处理着发往苏
拉特（印度西部港口城市）或开罗的订单，从而有利于全世
界的福祉。"在这里，伏尔泰确实扮作一个有想法的商人，
企图向他的法国读者兜售即将在英国舆论中兴起的一个标准
主题，那就是商人将是新一类英雄。[42]

　　偏爱商人而非贵族的态度为伏尔泰提供了一个大背景，而
这一背景促使伏尔泰鼎力支持文艺复兴时期的中心主题之一，
即"法律面前人人平等"。在《哲学通信》"谈政府"中，他
将"自由"优先的概念和人人自由的启蒙概念做了对比。他
写道：英国《大宪章》中提到"英国的自由人"这一事实，

是"一些不自由的人存在的一个败笔。我们在其第三十二条中也看到，这些所谓的自由人仍要为他们的领主服务。在这样的自由下，仍然会有很多奴隶"。因此，伏尔泰支持这样的政治组织——人们都不直接依赖于其法定主人而生存。他在对英国政府的描写中还强调，和法国相比，所有人都受制于税务。"每个人应该根据其收入而纳税，而不是根据其社会等级（这是荒唐的）。"伏尔泰认为依照社会地位来享有法定特权及纳税是法国旧体制不公平的根本，正是法国大革命搬开了这一社会不公的基石。

知识分子的求索

《哲学通信》中的反面人物是牧师、好战者和贵族，其正面英雄就是商人和知识分子，书中出现的进步人士和启蒙运动的代表人物成为伏尔泰和哲学家喜爱的共同主题。[43]艾萨克·牛顿就是伏尔泰及其之后启蒙运动时期许多知识分子的榜样。正如牛顿发现了自然界的规律一样，这些知识分子也着手去探索社会活动的规律。为了将知识分子和军队人物的价值进行比较，伏尔泰将牛顿和克伦威尔做了对比。"我们的尊重，是给予那些靠真理的力量来俘获人们心智的人，而不是那些仅靠暴力来奴役人们的人；是给予那些能理解宇宙的人，而不是那些只会毁坏宇宙的人。"（通信 12）培根、洛克和牛顿都是《哲学通信》中的真正英雄，是"能成为整个人类的老师"的哲学家（通信 22）。[44]伏尔泰希望法国从英国学到一些东西，其中就有如何对待"哲学家"。在英国，智慧、才能和功绩不仅被大家尊敬，而且还会被赏以重金。他写道：亚历山大·蒲柏（Alexander Pope，英国诗人）翻译的荷马作品就让他获得了 20000 法郎。"这就是，在英国这个国家，一个有才华的人既能拥有尊重，也能够获得财富。"伏尔泰还列举了一系列政府以丰厚回报被委任的杰出知识分子。如果他晚几十年后再写这本《哲学通信》，伏尔泰可能还会列举被授以海关税务局职员之职的亚当·斯密。

《哲学通信》本来打算去教法国人如何奖赏有学术价值的人，但伏尔泰并不是等着接受其同胞的奖励。"我见过太多贫穷并遭人冷眼的作家，所以很久之前我就决定不会加入他们的队伍。"伏尔泰在回忆录中这样记载："总是有这样或那样的方法让个人获得利润而不用对其他任何人承担责任；再没有比让自己发财致富更让人惬意的事情了。"[45]

伏尔泰旅居英国的后半段时间要比初到时富裕得多。其中一些财富源于其作品《亨利亚德》，但更多财产收入来自一系列的金融投机交易。对此，他没有公布于众，甚至连与其熟悉的很多商人也都认为伏尔泰的行为是阴暗和虚伪的。那些了解他的英国人甚至起诉伏尔泰伪造银行票据、更改合同和抵赖债务。当伏尔泰离开英国时，人们对其充满了敌意并且十分厌恶，大部分是因为其金融方面的"恶行"不断。[46]"正如我们后来看到的，二十年后伏尔泰的类似行为导致了他狼狈离开腓特烈大帝，并且同行及其崇拜者也多次评价伏尔泰是一个贪得无厌的人。"[47]

那么，一个作家能通过何种"这样或那样的方式"发财呢？伏尔泰在作品中透露出的好奇、叛逆和大胆的性格特征也表现在他的金融活动中。几乎很少有他不曾涉足的经济发展途径。皇室赞助、图书销售、国际粮食市场、放债、土地开发和金融投机：他在发财致富的道路上尝试了以上所有方法。伏尔泰的金融活动，正如其文学作品一样，往往都不是中规中矩的。

其中一个途径就是获取有钱有势者的赞助。没有任何人像君主一样富有和强大，因此伏尔泰一直都对君主曲意逢迎。我们看到，伏尔泰在旅居英国之前就获得了法国王室的赞助。早在1727年，英国国王在法院上就认可了伏尔泰。伏尔泰还将英国版的《哲学通信》赠予王后。王后还发现，在通信中，伏尔泰把王后描绘为"一位坐在王座上的令人愉快的哲学家"，并大方地赞美了王后给予的赞助。还有另一种更加现代的财富来源，那就是通过图书销售赚取利润，无论是通过图书预定的方式还是从图书销售商那里。

但是，伏尔泰首先通过公共债务这种连接君主和商人的机制来赚钱。为了支付公共债务而到处筹钱时，18世纪的英国政府往往就会发行彩票。通常，人们会认为这是最投机的金融活动形式，其获利全靠好运气。通过彩票这种方法，伏尔泰对如何获得真正的财富有了突破性的认识。但也正是依靠其推理能力，他在彩票上获利的成功概率达到最大值。

法国政府曾通过发行债券的方式从公众手里筹钱。为了掩饰政府债务，债券通过巴黎市政厅发行。在去英国前，伏尔泰明显还有一些政府债券。1728年他返回法国时，政府的财政危机已让债券失去了价值。为了恢复债券持有者的信心，政府决定，要以每月发行彩票的方式来分期偿还债务。发行彩票的方式仅对那些债券持有者来说是可行的。只需花费1法郎，债务人每持有1000法郎政府债券就可以获得1张彩票，并参加当月的抽奖活动。每月60万法郎的奖金大多来自政府本身。

伏尔泰和著名数学家查尔斯·德·拉·康达敏（Charles de la Condamine）合作，推算若想赢得一期彩票的奖金而需买下的当期彩票金额，以确保成功获得彩票奖金。他们还一起组织了一个财团，专门买断某些指定月份的所有彩票然后再瓜分奖金。1729 ~ 1730 年，该财团获利 600 万 ~ 700 万法郎，其中伏尔泰获得分红 50 万法郎。数月后，伏尔泰利用洛林债券发行中的一个漏洞又大开"杀戒"。[48]

国家的资金需求不断增长，其主要刺激因素就是建立和维持军队。供应军队，为其提供吃穿、武器和运输，是一个复杂的系统性任务。国家只拥有最基础的官僚机构，因此服务军队的工作就只能留给私人企业了，因为这项协调事业有很可观的利润收入。巴黎兄弟商会，伏尔泰的崇拜者之一，成为法国军队在 18 世纪三四十年代的供应商。伏尔泰很欣赏他们的业务创造能力。反过来，他们也使伏尔泰成了一个默默无闻却又非常愉快的合伙人。[49]

抵制奢侈品

在伏尔泰的时代，海外贸易是法国经济增长最快的领域，也是欧洲资本主义经济扩张的主要部分。大多数海外贸易的商品被称为"奢侈品"，这些商品来自欧洲海岸线之外的区域。[50]伏尔泰也涉足国际商业。1730 年，他加入了一家公司，该公司从北非进口粮食到法国的马赛港，然后再将粮食出口到意大利和西班牙。它也从美国进口可可、糖、烟草和青黛，再运到法国。此时，伏尔泰不再是一个沉默的合作者，而是一直都在不停收集在国际贸易中获胜所需的价格、市场和货币等各种信息。[51]

40

因此，伏尔泰在"奢侈品"进口贸易中有着经济利益，也对这种贸易非常感兴趣。因为在他的时代，商品进出口贸易在国际贸易中发挥着如此重要的作用，以至于关于新兴资本主义经济对道德情操影响的争辩也就集中在了"奢侈品"这个概念上。

在1734年出版的《哲学通信》中，伏尔泰拥护市场经济作为"宗教狂热的解药"，因为它促进了出于个人利益而相互合作的和平美德。在数年之后出版的两首诗中，他又一次为商业活动进行辩护：商业促进了物质财富的积累和提高了生活的舒适度。

对于我们来说，追求物质享受的观点似乎是毫无争议的。但在18世纪，物质繁荣经常被宗教人士和民间的道德家指责为"奢侈"。[52]它不是道德上的中性词，而是个贬义词，暗指舒服享受生活是对非必需品的过剩拥有。奢侈品的概念和公认的社会等级之间有着错综复杂的关系：地位高的人眼中的必需品，对地位低的人而言却被认为是奢侈的东西。奢侈品就意味着享受不适合一个人身份地位的物品，批判者将其视为社会阶层的混杂物。

道德家们认为，奢侈品会导致国家衰败。英国评论家则将古代的斯巴达视作一个通过武术美德和节约来保护其独立性的共和国楷模。在法国，古罗马共和国就是这些美德的典范。波里比阿关于罗马衰落的描述被视作对奢侈品腐败后果的警示。英联邦政府越富裕，那么即使在不惜牺牲公共利益的前提下，对个人物质追求的满足程度就越高。据称，物质上的享受会使人变得柔弱和女性化；因此，追求奢侈的国家将会被简朴、有声望和好战的国家的军队打败。

　　基督教道德学家将奢侈品描绘为让人从追求救赎中分散精力的东西。在《上帝之城》中，奥古斯丁就警告：繁荣会带来奢侈品并必然导致贪婪。随后的基督教思想家也警告说：奢侈会使肉体受到世俗和魔鬼的束缚。长久以来，就有一种从禁欲主义方面来解释美德的天主教传统：禁欲、困苦和谦卑才是人们要培养的性格特质。

　　世俗传统和基督教传统都谴责人们对物质财富的追求，但原因却是不同的。世俗传统认为，它会毁了有才德的公民，即那些本来应该准备好要为国家而牺牲个人利益、在捍卫联邦的战争中获得无限荣耀的人。基督教传统认为，它是原罪的一个诱惑，诱惑人们不再信仰上帝，不再坚守禁欲、谦卑和爱这些神圣的美德。[53]世俗传统和基督教传统，在相当程度上，是互不相容的。但这并没能阻止道德家在指责诱惑导致原罪和衰败的奢侈品方面，将两者统一起来。[54]

　　伏尔泰和中期启蒙运动的其他思想家领袖抵制以刚毅和战争为基础的政治文化，以及注重忠诚的宗教文化。在这里，他们赞成一种新出现的世俗文化，它重视更加融洽的社交关系并引导探索哲学、科学、文学和艺术，而不是宗教。大卫·休谟鄙视对社会合作毫无益处的苦行僧式的自我否定和所谓的"僧侣美德"。与此同时，伏尔泰在《哲学辞典》中写道："我们生活在社会中；因此，对社会没有益处的东西，那对我们，也就没有什么真正的好处。"[55]伏尔泰还断言，随着欧洲文明程度的不断提高，人们将逐渐拥有共同的道德观念。[56]截至18世纪中期，这些价值观已经被公认为"精华"或"文明"。[57]

　　开明的知识分子试图将追求幸福合法化，使其成为有价值

41

的政治目标，那么扭转"奢侈"的含义就是一个关键。从 1714 年曼德维尔出版《蜜蜂的寓言》（*Fable of the Bees*）到 1742 年休谟发表论文《论奢侈》（On Luxury），伏尔泰的诗歌著作对奢侈品在道德伦理上的重塑做了贡献。

伏尔泰于 1734 年发表诗篇《俗世之人》（The Worlding），标志着他正式加入了这场论战。该诗开篇写道："我认为，充满智慧的大自然母亲，为了我好，才使我降生于这个时代，而这个伟大的时代却遭到（教堂里的）可怜'医生们'的如此诋毁。"它结合了对当代俗世之人快乐的赞美和对过去黄金时代里的基督教与民间神话的讽刺，还有对都市奢侈品的赞美和对基督教的自我否定美德、世俗的简朴美德的攻击。

考虑到这首诗打破旧习的反教权主义论，伏尔泰担心它的出版会招致天主教权威人士的愤怒。于是，伏尔泰并没有将其出版，而只是将其复印副本邮寄给他在巴黎的朋友们。但到其中一个朋友逝世时，该诗篇被人们发现了。于是，几百份复印品在没有伏尔泰的允许下流传开来。很快，它就被视作对恶习的可耻辩白而遭到攻击。由于担心受到文书迫害，伏尔泰赶紧离开巴黎，来到了普鲁士王国。在那里，他又写了一首诗《捍卫世俗》（The Defense of the Worlding），重申了他之前对奢侈品的辩护，并借鉴了当时的经济论点，从《蜜蜂的寓言》到让·弗朗索瓦·梅隆（Jean - Francois Melon，法国哲学家）的《关于贸易的政治文章》 （*Political Essay on Commerce*）（1734）。对于我们来说，这两首诗和伏尔泰的其他相关著作可以得到同等对待。

伏尔泰在《俗世之人》中写道："富裕是艺术创作之

母。"物质上的繁荣是发展更高文明的前提。[58]从此以后，几乎每一个拥护资本主义经济增长的倡导者都反复引用了这句话。伏尔泰通常对曾经充满辉煌的过去持否定的态度。他写道：大自然的本质绝不是伊甸乐园。他还描绘出处在那个初始乐园中的亚当和夏娃：被太阳灼伤的脸庞、鱼鳞状吓人的手、过长且破裂的未经修剪的指甲，以及肮脏的鹰钩鼻。[59]他坚持认为，古罗马人的生活特征不是自诩的简朴美德，而是贫困、不舒服和愚昧无知这些毫无令人钦佩之处的特点。[60]因此，他还嘲讽了世俗和基督教所缅怀的那未被奢侈品腐蚀的美好过去。他想创造出的乐园已不再是伊甸园。他在《俗世之人》的第一个版本中这样总结道："地球上的天堂就在巴黎。"但在后来的版本中则改为："地球上的天堂就是我所在之处。"因为社会更加富有了，所以现代的都市生活也更加文明。伏尔泰在诗中表达的中心思想，扭转了基督徒和民间道德家之前对贫困的阐述，使得贫困看起来是龌龊可耻的，而非高尚的。

就像曼德维尔和梅隆一样，伏尔泰也为奢侈品辩护。针对道德批判者，他们试图利用相对概念来表明，在同代人认为是生活必需品的商品之中，很多都曾经是非常惹人注目的商品。"如果有人回到一个不穿衣服的时代，如果也有人曾经告诉他们应该穿轻便的、优质的、由最高贵材料制作的、洁白如雪的衬衣的话，他们一定会哭的。奢侈是什么？娇气是什么？这样的壮丽甚少适合国王！你想毁坏我们的道德，想破坏我们的国家！"[61]他将这个对奢侈概念的评论作为附注写在了《哲学辞典》中：

剪刀，这一显然不是远古时期的发明，在刚被发明出来之时，针对那些第一批使用剪刀修剪指甲或多余长发的人们，还有什么样难听的话没有说出来吗？毫无疑问，那些人都被称为花花公子和挥霍者，因为他们买了那样一个毫无用处的昂贵工具并毁坏了造物主的完美作品。[62]

伏尔泰还提出了另外几种支持奢侈品的经济学建议，这些论点最终由曼德维尔和梅隆进一步发展和完善。富人对物质产品的消费，即传统上被公开抨击的一种恶习，造成了对贫穷者劳动力的需求，并且穷人也能及时受益于其创造出来的更多财富。因此，富人的开销也给予了穷人积累财富的机会，并且对奢侈品的喜好需求已经开始在英国和法国的社会底层中疯狂增长。[63]正是对奢侈品的需求才产生了跨洋贸易，愈发地将世界各地的人们联结在一起。[64]伏尔泰赞扬了路易十四的首任总理大臣科尔伯特（Colbert），因为他促进了奢侈品的生产，使得国家富裕起来，并"扩大了我们所有艺术创作的来源"。[65]通过最终改善穷人的命运，使国家富裕起来，并促进了国际交流，对奢侈品的追求最终成为公共利益的来源。

伏尔泰认为，奢侈品的批评者不仅是错误的，而且还是伪君子。他们自己理所当然地享受着生活中华丽的服饰和装饰，却把别人的舒适用品指责为"奢侈"。《捍卫世俗》这篇文章的情节围绕着作者和主人公"忧愁大师"——一个作为反派人物的伪君子牧师——之间的对话展开。"忧愁大师"的话语充满着对奢侈和舒适标准的宗教谴责。诗人通过阐明主人公瓷杯里的咖啡的来源来进行反驳。"难道咖啡不是人类工业从阿拉伯半岛掠夺而来的吗？这个瓷器和其易损的美丽瓷釉是由上

43

千双手，经过反复烘烤、上色和装饰而为你制作出来的成果。这精美的纯银，经雕镂和打磨成凹形槽，不管制成容器或茶托，都是从波托西——这个新世界的'心脏'——的土地深处挖掘而来的。整个宇宙都为你劳作，因此，在你自满的愤怒中，你可以用你所有的尖酸刻薄来谩骂这个竭尽全力要为你带来快乐的整个世界。"[66]伏尔泰还总结道，这种生活奢靡的评论家本身就是一个"俗人"。

　　放债也是伏尔泰的商业投机活动之一。直接为利息而放债的高利贷仍旧是不合法的，但总是有很多手段来对付政府禁令。伏尔泰借出一大笔钱给皇室成员，并每年都得到一定的年金作为回报。1752 年，他还捐出 15 万里弗（古时的法国货币单位及其银币）给符腾堡州的查尔斯·尤金亲王，从而获得 15750 法郎的年利息回报；万一他死了，每年 7500 法郎的回报将支付给他的外甥女和情妇丹尼斯太太。与此类似，他还借钱给普尔法茨的选举人。伏尔泰患上了忧郁症，部分原因在于他对经济利益的追逐。他活到 84 岁，但在其生命的后四十年中，他常常谈及疾病和迫近的死亡。因为他的债务人只需在他在世时支付全额的年度报酬，所以如果债务人有理由相信伏尔泰命不久矣的话，他们将愿意接受更高的贷款利率。[67]

　　通过彩票、金融投机、商业活动和放高利贷，伏尔泰不断积累起了大量财富。于是 1759 年，伏尔泰在法国的费内（Ferney）购买了一栋别墅，并且在那里度过了他的最后二十年。在那些年里，他将那一片荒野变成了繁荣的小村庄，并且成为那里的拥有者和首领。到 1778 年逝世时，他每年度收集的债款总额就让其成为法国前二十位伟大庄园主之一。[68]伏尔泰不仅是他那个时代最受欢迎的文人之一，还是欧洲最富有的平民之一。

贪婪与反犹：启蒙思想家的局限

正如我们所看到的，伏尔泰积极参与到最受基督教传统怀疑的那些商业活动中：经商和放债。尽管他厌恶基督教，对追求财富进行原则性的辩护，成功地从事资本主义活动，但伏尔泰对他自己赚钱的热情还是有所保留的。或许，在现存的伏尔泰亲笔书信中，涉及其本人从事金融活动的相关叙述始于1772年写给伯尼尔斯侯爵夫人的信件。伏尔泰与她的丈夫一起成立了一家公司。伏尔泰反复强调，他宁愿待在公司，也不愿意和"钱柜"或"犹太人的资金"纠缠在一起。[69]通过这个带有蔑视意味的、与犹太人划清商业界限的方式，伏尔泰就避免了亲自参加商业活动，这是一个他在后来数年里经常使用的小把戏。

1750年，应普鲁士国王腓特烈二世的邀请，伏尔泰搬家到位于柏林郊区的波茨坦市。腓特烈大帝喜欢法国文化，从1737年开始就和法国的文人领袖保持通信联系。腓特烈大帝的早期作品《反马基雅维利》（*Anti - Machiavel*）就很明显地受到了伏尔泰文风的影响。该作品提倡开明的新式法律制度。这里还有一个更为直接的影响：伏尔泰在该作品出版之前曾对其进行修正，并且删掉了他不赞同的观点，比如腓特烈大帝赞同正义战争的辩论。[70]虽然年轻的腓特烈大帝和伏尔泰拥有一些关于启蒙运动的共同目标，如在法律面前公平公正、促进臣民更加幸福，但作为一个统治者，腓特烈大帝的首要任务是扩张国家领土、通过建立合理的官僚制度和军事装备来巩固国家政权，以及要通过促进经济增长来辅助完成那些目标。[71]

为了实现真正的平等、法治、商业自由和宗教宽容这些启蒙运动的理想目标，伏尔泰和许多启蒙运动者都指望着那些制定政策时有望受到启蒙运动影响的专制君主。启蒙运动者对扩张君主主权的支持是战略性的，并不是出于对君主还存有原则性的坚定信念，而是因为他们认为：只有强大的君主制度才能够彻底清除那些反抗开明的立法制度的力量。而这些阻挠力量来自拥有特权的教堂、庄园主和贵族资本家等欧洲大陆社会的组成部分。[72]

伏尔泰在还不清楚自己与腓特烈大帝的想法存在多大差异的情况下，就贸然接受了邀请而迁居普鲁士。腓特烈希望通过与当代最有声望的知识分子之间的交往，让自己获得一些威望。能有这样一个公共舆论的制造者在身边，这对腓特烈大帝而言是非常有用的。但腓特烈大帝并没有征求伏尔泰的政治意见：他尊重的是伏尔泰在诗歌方面的想法，而不是国家政策方面。伏尔泰来到波茨坦市是为了缓解之前在法国缠上的文书迫害，以及随之而来的"恶名远扬"。伏尔泰也希望通过自己和执政君主的亲密关系来提升声望，并希望自己的思想能影响到那个被他夸赞为"哲学家国王"的人。出于彼此间互相取利的考虑，知识分子和独裁统治者联合在了一起，而这并不是最后一次。

导致伏尔泰狼狈逃离普鲁士王国的事件之一，是伏尔泰在政府公债中的非法投机。[73]早些时候，伏尔泰已经展示出将法律漏洞转变为赚钱机会的绝妙本领。在巴黎和洛林市，伏尔泰就曾通过阻止政府执行相关政策而充实了自己及其同僚的腰包。在波茨坦市，伏尔泰试图通过在法律规定上打擦边球的方式从公共债务中获取收益，但法律是由伏尔泰的东道主兼赞助人——腓特烈大帝——制定的。在此过程中，正如他二十年前在英国时一样，伏尔泰再次亲手毁掉了他在支持者心中的声望。

就像当时大多数政府一样，德国萨克森州政府也通过发行政府公债的方式在某种程度上弥补欠下的债务。在奥地利王位继承斗争中，萨克森和奥地利结盟对抗普鲁士。1745年，萨克森国被腓特烈大帝打败，然后同意签署了和平条约，并规定萨克森要向普鲁士支付巨额战争赔款。这次战争失败导致了萨克森债券的急剧贬值，人们对其信心骤减。但普鲁士臣民中也有萨克森债券的持有者。出于保护本国臣民财富的目的，腓特烈大帝在条约中加入了这样一项条款：萨克森政府要以原始面值来赎回这些普鲁士人持有的萨克森政府债券。

伏尔泰到达波茨坦数月后，就暗自分析了当时的形势并意识到：如果普鲁士臣民能够在萨克森买些贬值后的萨克森债券，然后再以原有面值被赎回去的话，那么购买者就可以发一笔大财了。伏尔泰并不是第一个想到这个机会的人。更早的类似尝试已经使腓特烈大帝于1748年颁布了一项明确禁止这类投机活动的政令。因为萨克森人利用这种不端行为，扬言要取消条约中的财政支持条款。

1750年末，伏尔泰找到了可代自己出面的普鲁士人。代理人替伏尔泰购买萨克森债券并以原始面值赎回。他们就是亚伯拉罕·赫歇尔（Abraham Hirschel）先生及其儿子，均是腓特烈大帝的"宫廷犹太人"。虽然大多数犹太人被剥夺公民身份，甚至不被允许居住在德国城市里，但是"宫廷犹太人"却被授予了很多特权，以此作为他们服务宫廷的回报。在那里，犹太人

46

扮演着多重角色：他们放债给王室成员、帮助王室收税，并且是皇宫和军队能够获得必需品的重要因素。就像中世纪的犹太放债者一样，近代早期的宫廷犹太人在其他方面得到了怀有敌意的社会的宽恕，因为他们的经济作用是必不可少的。[74]

1750年9月，伏尔泰派赫歇尔先生去购买萨克森债券，并计划以债券的票面价格赎回。他给赫歇尔先生开具一张可以在巴黎的一家公证处兑换大约4万法郎的承兑支票。赫歇尔先生前往萨克森首都德累斯顿去购买债券，并通过一连串的中间人才将承兑支票转递到了巴黎。同年11月，赫歇尔还滞留在德累斯顿时，腓特烈大帝知道了伏尔泰的计划并对其表现出了厌恶。伏尔泰试图在12月份结束该计划，并传话给巴黎的公证处说那张支票不予承兑了。赫歇尔先生从德累斯顿返回，并报告说他没有买到萨克森债券。赫歇尔父子同意，只要伏尔泰承兑支票的钱从巴黎一到账，就偿还伏尔泰那4万法郎。此后不久，赫歇尔父子了解到，巴黎公证处拒绝兑换那笔钱。

从伏尔泰的角度来说，他试图消除自己在腓特烈大帝心中的污点，并为了确保赫歇尔父子不会卷跑那笔钱，他向赫歇尔借自己要在宫廷戏剧演出中用的珠宝。为了挽回腓特烈国王的青睐，伏尔泰曾让赫歇尔写了一份虚假合同。他计划将该合同呈现给国王，使该付款看上去只是因为珠宝，而不是用于购买债券。同时，伏尔泰打算将从赫歇尔处借来的珠宝，一直保留到兑换支票将钱返还到自己手中为止。然而，当他拿那些珠宝去估价时，他才发现，这些珠宝远不值他保存在赫歇尔处的那些钱。于是12月底，赫歇尔去见伏尔泰，并告知其兑换支票还没有返还回来时，伏尔泰大骂赫歇尔是个骗子，并从赫歇尔的手指上摘掉一枚戒指作为抵押。

由于担心那些钱会被赫歇尔吞掉，伏尔泰就向腓特烈大帝申请控告赫歇尔。为了审理该案件，腓特烈国王专门成立了一个特殊委员会，由曾起草普鲁士新法典的著名法学家萨缪尔·冯·科克采伊（Samuel Von Cocceji）领导。结果小赫歇尔被捕，因为他曾和伏尔泰一起计划购买萨克森债券并将珠宝借给伏尔泰。老赫歇尔先生变卖了房屋、珠宝以及享有犹太人特权的资格，将所得资金都做了担保后，小赫歇尔才被保释出来。这场即将到来的审讯成了整个柏林的谈论焦点。对伏尔泰的谈论，最经典的就是腓特烈大帝在给其妹妹的信中对这件事的评语：那是一个"大无赖想欺骗小流氓的事件"。[75]在该案审理期间，从1月到2月，国王切断了自己和宾客们的一切联系。

在审讯时，伏尔泰声称，给赫歇尔的那些钱是为了购买赫歇尔的珠宝和皮草。为了掩饰这个小把戏，伏尔泰毫无疑问地销毁了其雇佣赫歇尔父子去购买债券的那张原始合同。然后坚称赫歇尔的证词是不足为信的，并引用一个传统的反犹太人案件的陈词来支持自己的观点。伏尔泰称，众所周知，犹太人经常背信弃义；犹太秘密教条认为，对天主教权威人士的誓言是无关良心道德的，因为在赎罪日那天，犹太人被从一切誓言中解救了出来。

在这场官司中，伏尔泰和赫歇尔一家两败俱伤。小赫歇尔起初否认自己曾与伏尔泰签过合同，后来当该合同被作为证据呈现时他又翻供了。在审理和结案期间，老赫歇尔先生由于悲伤过度而去世。法院的最终判决没有赦免任何一方：一方面，要求赫歇尔归还属于伏尔泰的兑换支票（它刚刚从巴黎归还回来），并为其之前未及时归还的行为而支付一小笔罚款；另一方面，要求伏尔泰归还从赫歇尔处"借来的"大部分珠宝。

为了尽力在此结局上展现出最佳姿态，伏尔泰立马向腓特烈大帝写信告知自己的"成功"。但是，腓特烈大帝不吃他这一套，并且告诉伏尔泰，虽然他仍然欢迎伏尔泰留在普鲁士王国，但他从此将不得不"只能像哲学家一样地活着"。1753年，哥特霍尔德·莱辛（Gotthold Lessing）发表了一首诗，诗中包含了柏林民众对该事件的看法。莱辛在案件审理期间担任伏尔泰的翻译，并见过该案的大部分文件。莱辛把赫歇尔描述为一个无赖，并称伏尔泰为一个大无赖。伏尔泰给他的巴黎朋友写信说：他终于结束了和"《旧约》之间的交易"。[76]

莱辛和伏尔泰对赫歇尔冲突事件的不同反应，成为伏尔泰在天主教传统氛围下从事资本主义商业活动、金融投机行为和追逐财富的一个模式缩影。

一次又一次，由基督教传统和商业活动相关联而出现的负面特征——不诚实和贪婪，一些与伏尔泰相熟的人也开始起诉伏尔泰。在英格兰，伏尔泰被指控从事见不得光的商业买卖。负责伏尔泰存款的银行家也总结说："伏尔泰是一个非常贪财和不诚实的人。"腓特烈大帝和莱辛都认为伏尔泰是一个从事金融实践活动的大无赖。伏尔泰的情人丹尼斯夫人说："贪婪已经渗透了你的身心。""阴暗的心灵使你成了最低俗的人，但我会尽可能地帮你遮掩你的恶习。"[77]

伏尔泰谴责地回应道，犹太人才是他被控告的那些恶习的化身，他只是完美地再现了这些恶习。他乐此不疲地在信件和报纸杂志中重申这一观点。虽然他企图误导人们，使他们认为自己的反犹情绪产生于其与犹太人，比如门德斯·

48

达·科斯塔和赫歇尔之间失败的交易。但事实上，伏尔泰的反犹太情愫产生于那次遭遇之前。1722 年，在加入"犹太人基金会"不久后，伏尔泰在给法国总理大臣杜布瓦（Cardinal Dubois）的信中写道，"在哪个国家挣钱，犹太人就属于哪个国家"，并反复说传统的基督教认为犹太人就是流浪者和外来者。[78]

伏尔泰对赫歇尔的指责就像《旧约》中的情节一样，这是犹太人和犹太教在其作品中出现的典型方式。[79]在其分散的历史参考资料中，伏尔泰不仅赋予犹太人贪婪的高利贷者形象，而且还将该形象归结到所有时期的所有犹太人身上。依伏尔泰所见，亚伯拉罕非常贪财，所以为了钱可以把其妻子变卖为妓女；大卫杀死歌利亚是为了经济利益，而不是保卫人民；希律王最终没有完成重建庙宇，是因为虽然犹太人喜欢圣所，但他们更爱钱。[80]因此，贪婪和放高利贷成了犹太人一直以来的性格特征。《哲学辞典》也多次提及犹太人遗传性的放高利贷的本质特征。至于对圣经中希伯来人的看法，伏尔泰在一篇题为"古代人的天堂"的文章中写道："他们（犹太人）唯一的科学就是假公济私和高利贷交易。"[81]在对待西班牙驱逐犹太人事件上，伏尔泰在《风俗论》（Essay on Manners）中这样写道："公元 15 世纪末，为了寻找西班牙苦难的来源，人们发现是犹太人通过商业贸易和放高利贷，汲取了整个国家的所有钱财……"[82]除了描述犹太人是贪婪的高利贷者以外，伏尔泰还经常刻画犹太人在经济买卖中的不诚实行为。为了得出这个结论，伏尔泰动用了手头上一切可用的资源。但凡是反犹资料，伏尔泰就照单全收；如果不是，他就将该事实扭曲为反犹的佐证。[83]在追随伏尔泰的那些启蒙运动思想家中，作为贪婪的放高利贷者和经济寄生虫的犹太人是另一个反复出现的创作主题。[84]

当然，关于伏尔泰厌恶犹太人和犹太教，还有很多其他的资料。他憎恨犹太人竟然成为基督教的先驱。为了逃避审查制度，他有时候还通过对犹太教的直接攻击来含沙射影地批判基督教。虽然伏尔泰强烈抵触基督教，但在他身上还保留着几个基督教传统特点，其中之一就是把对商业的追求和对犹太人的侮辱联系起来。或许这反映了他反驳传统观点对其从事商业活动的指责的心理诉求，并且也是非常好的借口。在他看来，任何经济活动对社会构成威胁的事件，都应被归结到犹太人身上，这种观念由来已久。

伏尔泰还批评犹太人——古代的和近代的——对于自身信仰和独特的民族特征那种令人讨厌的固执。如果理性是普遍适用的，并且理性的运用和文明的增长是密切相关的话，那么犹太人作为一个特殊群体而长久存在的这个事实本身就是一种对理性和文明的侮辱。继续如此自以为是的犹太人与日益国际化的世界格格不入。[85]伏尔泰谴责犹太人的特立独行和对经济利益的追逐，但他并没有将这两种批判联系在一起。考虑到伏尔泰对资本主义的辩护及他自己也积极参与经济活动，正如我们所看到的，他对于追逐经济利益的批判是令人难以理解的。卡尔·马克思，与伏尔泰一样憎恨特殊性，他将特殊性和基督教传统上对商业的质疑联系起来，产生了一种更有力的反犹太主义和反资本主义的综合理论。

那么，伏尔泰的性格特征及其对后来知识分子的影响又如何呢？大家很难就亚当·斯密对伏尔泰的最终评价提出异议。

50

斯密将伏尔泰归类到那些"集完美才华和美德于一身"的人之中。"他们常常通过表现对日常生活和社交中正常礼节的最不合适甚至是傲慢无礼的轻蔑,将自己与众人区分开来。如此,他们为那些想要模仿他们的人,那些满足于效仿却从未试图达到他们之完美程度的人,树立了一个最为险恶的榜样。"[86]

第三章 亚当·斯密：道德哲学与政治经济学

"这位斯密先生太优秀了！"伏尔泰在会见这位苏格兰哲学家后写道，"我们当中没有任何人可以和他相提并论，我为我亲爱的同胞们感到羞愧。"[1]斯密在 1776 年出版的《国民财富的性质和原因的研究》（即《国富论》）是目前关于资本主义及其道德分析方面最重要的一部著作。尽管《国富论》有相当一部分内容是关于商业，但它并不是写给生意人或者商人的。斯密是启蒙运动中最受人钦佩的哲学家之一，同时也是研究逻辑学、修辞学、法理学和伦理学的教授。他写作的目的是希望通过编写一本专注于分析由利己主义驱动的市场运作过程的书，从而影响政治家们并激发他们追寻社会整体的共同利益。作为道德哲学家，斯密首先关注的是美德的性质，但如同其他众多开明的知识分子一样，他尝试从对人性的白描开始。斯密的任务就是探究现实中的人和理想状况下的人，然后研究那些能使人类达到可被接受的正直程度以及变得更加高尚的各种制度。一个多世纪以来，人们在持续思考，当社会制度可以合理疏导时，人类对于自爱、自负、自私、骄傲和虚荣的天然倾向完全可能带来社会利益。斯密很好地利用了这些历史经验。[2]杜克尔（Josiah Tucker），一位圣公会神学家，是斯密之前在英国支持自由贸易的最重要的倡导者。他将这种方法总结为："最主要的目的不在于压制或是削弱自爱，而是去给它一个方向，使得它在自我发展的同时亦可促进公共利益。"[3]

52 　《国富论》的核心观点就是市场经济是提高绝大多数人的生活水平的最佳方式——它可以带来斯密所说的"普遍富裕"。这本书基于启蒙时代的基本观点，即世俗的欢乐是一件美好的事情，力图证明物质生活富裕并没有必要仅局限于社会顶层的一小撮人群。恰恰相反，斯密将消费者的购买力作为衡量"国家财富"的标准。书中同时宣称在适当的制度条件保证下，"商业社会"的普及将带来更大程度的个人自由和国家间更为和睦的关系。

　对斯密而言，通过市场来促进国家财富的增长是值得道德哲学家关注的一个目标，因为这在他更为宽广的道德观点中占有重要位置。斯密衡量商业社会的价值时，并不仅仅注重它所产生的财富，同时也关注它所培育的社会性格。斯密之所以推崇市场机制，部分是因为它促进了合作行为的发展，使得人们因为更加自制而更容易和平相处，也有可能因为顾及他人的需求而放弃了自己潜在的社会激情。以它自己的方式，《国富论》和斯密的《道德情操论》（1759 年）一样，希望帮助人们生活得更好，而不仅仅是更加富裕。

斯密的人生和时代环境

　了解斯密的出生背景和职业生涯，有助于理解他在《国富论》中明确表述的为"执政和立法的科学"做贡献的目的。[4]政治哲学家成为立法者的老师是有识阶层最为古老的构想之一，这一构想可以一直追溯到柏拉图和亚里士多德。[5]受到文艺复兴时期意大利人文主义者和他们在北欧的后来者的影响，[6]这一构想继续成为许多启蒙运动时期思想家的自我追求，他们试图影响手中握有权力的执政者。这一构想在苏格兰顶尖的知识分子那里最有可能得到实现，因为他们不仅与苏格兰和英格兰的统治精英关系密切，而且还往往在新兴的国家政府机构中担任职务。

斯密大部分时间生活在苏格兰，一个在 18 世纪中叶孕育着很多先进理念的伟大地方。在他的生活环境中，财产、资助、教育和政府服务紧密交织在一起。这些生活环境中的元素如同坐标一样在他之后的社会生活中持续发挥着影响。[7]1723年，即《联合法案》（Act of Union）结束苏格兰以独立政治体存在的十六年后，斯密出生在苏格兰东海岸一个名叫柯科迪（Kirkcaldy）的小港口城镇，并在那里度过了他的童年。根据1707 年的《联合法案》，苏格兰取消了它的统治权和独立性。作为补偿，苏格兰的土地精英获得了在伦敦参加国会的机会，同时苏格兰的商人和制造商可以借助关税同盟进入整个大不列颠市场。这样看来，苏格兰经济繁荣的萌芽在很大程度上是因为它与英格兰的自由贸易，而这一点也是商人们和受启发的地主们逐渐发现的。

苏格兰的绝大多数地方都是乡村，它们有着发展程度低下的商业和工业。在柯科迪，煤矿开采和制盐是当地的主要产业。它们由非自由劳动者完成，因为那些劳动者受法律约束要在一个地方工作一段时间。另外一个产业是制钉业，它可以衡量地方商业的早期发展水平。钉子制造商以钉子形式付给工人工资——这种以钉子代替货币的方式在当地是很多店主所乐意接受的。

在斯密 14 岁的时候，他进入格拉斯哥大学学习。也正是在那里，斯密作为一名出色的学生取得了去牛津大学深造的奖学金，并在牛津待了六年。1748 年，通过在爱丁堡举办一系列讲座，斯密开始在知识界崭露头角。他主要给学生和城镇里的杰出公民讲授修辞学、文学以及法学，而且这些讲座的成功举办也使他获得了格拉斯哥大学的教授职位。1751年，也就是斯密28岁那年，他先被任命为逻辑学和修辞学的教授，随后又转为道德哲学教授。斯密在伦理学方面的讲座奠定了《道德情操论》的基础。甚至在完成《道德情操论》之前，他就已开始讲授法学——一个不仅包括法律原理，还包括政府和政治经济学的原理。其中，关于政治经济学和国防的部分最终经过修改被写进了《国富论》里。不过，斯密在政府和法律方面收集的资料从未达到让自己满意的程度，而且那些法学讲义也被他的遗嘱执行人付之一炬。值得庆幸的是，通过学生们的笔记，包括他的修辞学和文学讲座，我们可以较为完整地还原这位启蒙时期最为博学的思想大师之一的肖像。

《道德情操论》出版发行于1759年，随后在苏格兰、英格兰以及欧洲大陆受到了极大的欢迎。这本书吸引了下院议员领袖——查尔斯·汤森德（Charles Townshend）的注意。查尔斯·汤森德在1755年与达尔基斯夫人——一位拥有苏格兰最大地产之一的贵妇——结婚。[8]1763年，汤森德提供给斯密一笔相当丰厚的终身养老金，希望斯密能够离开格拉斯哥去做他的继子布莱克公爵的家庭老师。因此，斯密离开了格拉斯哥大学，并在接下来的两年时间里陪伴这位年轻的公爵完成了游遍欧洲大陆的修业旅行。正是借此机会，斯密在日内瓦见到了伏尔泰，也在巴黎与众多法国的重要思想家进行了交流。同时，他也为政治经济学方面的写作搜集了欧洲关税和税收的相关资料。1766年末，斯密回到英格兰，开始进行《国富论》的写作，并于十年后出版该著作。

其实，在这本书发行前，斯密的建议就被伦敦一些精英政治人物研究。汤森德和布莱克公爵的名声强化了斯密与英国政治最高层的联系。1776 年《国富论》出版后，斯密如同一颗新星更加耀眼。他之所以被任命为苏格兰海关大员，部分原因在于他的书给首相和财政部的重要人物留下了深刻印象。[9]

斯密在爱丁堡度过了人生的最后十年，他将大部分的时间投入作为海关税司的工作上。他开始探索新的知识课题，但是没有一个能让自己满意。尽管整天满脑子想的都是贸易和税收，但他似乎开始对道德和社会的形成有些不确定，而这些正是《道德情操论》的核心部分。于是，他为 1790 年《道德情操论》的第六版做了大幅修改。同时，他开始要求自己按照书里引导读者的善行原则来待人。比如，尽管斯密拥有从公爵那里得到的丰厚收入，有自己作为海关税司而拿到的工资，还有那些书籍的版税，但他仍然过着朴实无华的生活。1790 年，斯密离世时留下的遗产是极少的，这是因为他大部分的收入都匿名捐出去做了慈善。[10]

虽然斯密出生在苏格兰而且在那里度过了大半生，但他却是一个大都市型的思想家。他并不认为自己是一个苏格兰思想家，因为他的思考和写作并非基于苏格兰的经历或者仅仅呈现给苏格兰读者。他的读者群主要面向英国和更为广泛的欧洲以及其他大洲。斯密和好友大卫·休谟，还有其他众多苏格兰启蒙运动的伟人一样，希望比那些英格兰学者拥有更具世界性的眼光。这种地方性的世界主义使得苏格兰知识分子不再将自己束缚在狭隘的社会制度里，反而对各种社会和政治安排特别敏感，并用对比的和历史性的眼光来分析制度的起源和影响。

55　　在苏格兰，不同地区处于不同的社会经济发展阶段。[11]经历过 18 世纪最初的几十年，盖尔语区高地仍然存在着家族部落，他们不受中央政府的管制。但是正因缺乏中央政府的监管，自我保护意识逐渐在家族成员中形成。每个家族部落的酋长拥有最高的政治和军事权力，并掌控着臣民的生死。1745 年，高地部落参与了詹姆斯二世党人反对英国君主的起义，并且威胁到经济发展程度较高的苏格兰英语区的低地区域。后来，这次起义被镇压，苏格兰高地也因为有政府军队的驻扎而"安定"了下来。就这样，那些部落随着酋长的流放而逐渐瓦解了。促使氏族体系瓦解更为重要的原因是当地经济与低地区域市场经济的逐步融合。中央政府权力和商业发展在文明进程中的角色问题在斯密的书中得以充分探讨。

在发展程度较高的苏格兰低地区域，社会关系基于市场存在，合法的自由劳动力与一种更直接和全方位的统治形式并存。一方面，封建关系只在 18 世纪 40 年代的乡村地区被废除，即地主不再利用政治和司法权力来掌控佃农，但其实直到 18 世纪下半叶，佃农仍然被要求为地主提供服务。另一方面，地主们通常也是维持地方秩序的法官，他们掌控着工资率，并借此来压低工资。除此之外，对于内陆贸易区，它们不同于苏格兰南部那些更为开放的商业港口城市，古老且更直接的政治和农业统治形式仍然占据主导地位。鉴于此，斯密在书中把这种关系同存在于欧洲政治经济更发达的地区的新型人际关系做了对比。

消费者革命

在斯密的那个年代，大不列颠的大多数人过着在我们看来是很贫困潦倒的生活。成千上万的人愿意冒着生命危险长途跋涉或者去服役，只为能到达一个新世界（泛指西半球的南北美洲及其附近岛屿）。实际上，英国的整体经济可能要好于那时候的其他任何国家。从相对贫困和富有的角度来看，让我们以《国富论》中阐述的最低级劳动者所认为的基本服装标准为例来说明。在英格兰，斯密写道，最穷困的工人，无论男女，都会因为在公共场合不穿皮鞋而感到羞愧。而在苏格兰这样一个国民财富低一级的地方，习俗通常认为处于这一等级的男人不穿皮鞋是不恰当的，但对女人而言则无所谓。在同样低一级的法国，人们通常认为男人和女人可以在公共场合不穿皮鞋。[12]在欧洲，经济发展落后于法国的国家有很多；而落后于欧洲国家的，全世界还有很多。

《国富论》是基于斯密对英国在 18 世纪取得真正经济增长的思考。无论富人还是穷人都拥有了逐渐明显提高的生活水平，这一点是确定无疑的。但是，在斯密看来，国民财富的增长受到了贸易保护主义的限制和阻碍，因为它本可以通过扩张在部分地区已经实现的市场自由来加速发展。在对国内贸易进行经济监管的原始系统里，公会制定价格，法院法官决定工资率。但是，这种体制很快在 18 世纪中叶被越来越多地摈弃。相比之下，对外贸易受到越来越多的监管。[13]鉴于此，斯密这本书里的大部分都是关于自由市场体系的争论：是否进一步将已经在国内贸易中占据主导地位的自由贸易体系扩展至国际贸易领域。

在政策制定者看来，英国与欧洲其他列强的贸易是一场没有公开的战争，其主要武器就是对进口产品征收关税，目的在于使英格兰利益最大化的同时削弱敌对国家。最初，征收关税是为了提高国民收入，但在斯密时期，关税逐渐开始被视作保护英国产品的一种手段，因为人们不得不为买进口产品而付更多的钱。为了使英国工业免受其他国家的竞争，英国国会开始完全禁止外国商品的进口，包括印花棉、蚕丝、皮革手套、袜子、天鹅绒以及某些类型的纸张。[14]而对于横跨欧洲大陆的贸易，国会制定了更为复杂详尽的限制，这成为当时英国经济的一个重要方面。在斯密那个时代，大多数议会活动都围绕着支持、加强或者控制经济利益而展开。商业利益集团游说成了一种高度组织化的活动：他们筹集资金，组建委员会，尝试推举他们的代表成为英国下议院成员，从而影响议会的现有成员。任何改变现有关税的尝试都将遭到议会精心策划的反对。

尽管存在这些障碍和限制，但是在斯密那个年代呈现出的最重要的经济特征就是整个国家在变得更富有。这不仅仅是对那些精英而言，对劳动群众亦是如此。可能，这是历史上第一次出现人们对食物、避难所以及衣服有最少量的普遍需求。[15]当代观察家也惊讶地发现一个普通劳动者可以相对容易地为自己和家庭提供基本生活资料。[16]一方面，工资率在整个世纪呈逐渐上涨趋势，尤其在 18 世纪的六七十年代增长得最快（那时候斯密正埋头于《国富论》的创作）；[17]另一方面，随着新的生产技术出现，女人和孩子不再像以前那样被限制在农场或者待在家里，他们开始获得有报酬的工作。这样一来，一个家庭的总收入就会增加很多，所以这些劳动阶级就开始计划去购买一些曾经超出他们期望的产品。[18]因此，随着工资上涨及农业和基本制造业（如纺织业）生产成本的下降，人们的生活水平逐渐提高。那些曾被看作"奢侈品"的商品变成了"舒适品"，那些曾经被认为是"舒适品"的则成了"必需品"，而且人们对于真正意义上的"必需品"的定义也有了改变。举例来说，茶在 18 世纪初曾被看作上层阶级的奢侈饮品，但在 18 世纪中叶就成为道路工人每天的饮品——这使得茶的人均消费在整个世纪增长了 15 倍。[19] 所以，普遍来看，几个世纪以来只能为上层阶级所享受的消费品，逐渐进入了寻常百姓的家里，比如新毛毯、床单、枕头、地毯、窗帘、白蜡、玻璃、瓷器、黄铜、合金以及铁器。而且，18 世纪创业家们大大小小的财富都是来自生产那些廉价的、需求量大的商品，比如钉子、按钮、皮带扣、壶、烛台、餐具、瓦罐和平底锅。

　　这场英国消费者革命既是工业革命最初阶段的导火索，也是工业革命初期的受益者。首先，对于一些物品，以前人们可能一生只买一次，但现在会买很多次——这不是因为它们质量下降或不耐用，而是因为它们比先前便宜很多。还有一些东西，以前人们是在家里自己制作，比如衣服、啤酒、蜡烛、餐具以及家具，现在也变成去外面购买。其次，消费者革命也是一种市场营销的转变。因为那些以前只能通过每周的集市、偶尔的展会或者沿街小贩那里买来的东西，现在可以轻易地在周日以外的任何一天买到。正是在 18 世纪，英格兰成了斯密所谓的"小店主的国家"，极大地方便了消费者。小说和时尚广告也开始第一次出现，并很快占据了报纸版面。引导和促使消费升温的是对社会习俗的学习模仿，追随精英阶层的消费习惯。中产阶级试图模仿贵族的消费习惯。新鲜的并不是消费的欲望，而是史无前例的消费能力，伴随着国家财富的增长和商品成本的持续下降。[20]

精英作家普遍对劳动阶级生活质量的提高感到惊愕。传统道德认为奢侈会滋生犯罪和破坏文明美德，但这时崭新的经济原理出现了。原本认为工资上涨会削弱人们的工作意愿，因为劳动者会按需求来提供相应的工作时间，而在原有需求满足后，他们会倾向于选择休息而非劳动。[21]在18世纪上半叶，有些证据（不是非常可信）可以证明这一现象；但是到下半叶，工人普遍愿意工作更长时间而且更加努力，这或许是因为他们有能力购买的新商品越来越多了。[22]经济专栏作家开始担忧高工资会导致英国本土手工产品的价格升高，继而使得英国商品在国际市场不再具有竞争力。[23]

斯密恰恰持相反观点。虽然他不是第一个怀疑："贫穷效用说"（utility – of – poverty theory）的经济学家，但是他的著作对这一理论进行了全面的否定。[24]斯密认为，由于食物价格的下降和各种基本生活资料质量的提高，英国人的实际收入在这个世纪里得以增长。而且这种高增长的实际工资（斯密称其为"劳动的自由报酬"）是值得鼓励的。"抱怨工资上涨就是在哀悼造就了伟大的国民富裕的成因和成果。"斯密这样写道。[25]斯密赞同伏尔泰的假定，即富裕比贫穷要好，不过斯密更关注民众整体生活水平的提高。

斯密关于立法的理解来自公民共和主义的传统，即道德高尚的人应关心更为广泛的大众福祉。同时，他的观点也来自对同一传统观点的不满。传统观点鼓励积极参与政府管理，但是仅局限于有能力参与政府的精英阶层，而忽视了由"全社会不同成员全体"参与的政治体系的作用。斯密希望一个政治体系能够在整体上给国家带来福利，这种福利应超越政治精英阶层，并惠及家庭、生产和消费等私人领域。斯密的论调体现了"普通人生活"的重要性越来越高，以及从基督教的慈善美德到启蒙运动中实际善行的意识形态转型。因此，尽管斯密依然从公民共和主义的角度追求公众利益，但是他对于利益的理解更加关注男男女女在他们日常生活中的道德和物质幸福程度。[26]

在《国富论》的开章里，斯密引导读者去关注一个文明和繁荣国家里，最普通工匠或者劳动者的生存环境：

> 比起奢侈的富人来，他的住宿无疑是简单而又舒适的。然而在那时，也许一个欧洲王子的居住条件并不比一个勤劳节俭的农民好到哪里去，因为欧洲的农民已经住得比拥有上万赤裸野蛮人的非洲国王好多了。

追溯欧洲人普遍享有的优越物质条件，斯密发现在英国和荷兰这样的富裕国家里，甚至有上千人工作来满足一名普通工人的需求：

> 举例来说，一个劳动者穿的羊毛外套，虽然看起来很粗糙，但它是一大群工人共同努力完成的成果。牧羊人、分拣羊毛的人、梳理羊毛的人、染色工、纺纱工、编织者、漂洗工、服装师，以及其他工作者，大家必须为完成一项共同任务而各司其职。另外，还有很多商人和被雇用的运输者将原材料从一处工厂运送至另一遥远国家的另一处工厂。又有多少商业和航行，多少造船工人、水手、制帆工人、制绳工人被雇来运输染色工人需要的各种染料，

60 　*而他们大多来自世界的各个角落！……如果我们统计下所*
有商品并考虑到每一个商品背后的各种劳动者，我敢说，
倘若没有一个文明国家里成千上万人的协助和共同努力，
文明社会中普通人的最低需求也将无法满足，即使我们根
据他日常简单的生活方式。[27]

一个身份低下的劳动者是如何比有权有势的酋长拥有更加
优越的物质条件的，这正是《国富论》着力解释的谜题。

关于市场的诠释

在斯密一系列系统的解释说明中，首要原理是人类独特拥
有的、通过货物交换来追求个人利益的倾向；第二原理则是劳
动分工。斯密努力尝试向未来的立法者们证明通过合理的制度
机制，这两个众所周知的普遍原理是能够被正确运用，从而引
领一个国家走向他所谓的"普遍富裕"。

斯密坚信，劳动分工是提升人类生产力并实现普遍富裕的
重要机制。[28]他通过举例来详细阐述劳动分工的优势：在制作
大头针的工厂里，让一条生产线上的 10 名工人分别负责不同
的生产环节，每天能够生产 48000 枚大头针。如果让这 10 名
工人独自完成所有工序，斯密断定每个人一天至多生产 20 枚，
总计不超过 200 枚。在这个案例中，劳动分工使得产能增长了
240 倍。工厂生产使得所有的生产环节可以在同一屋檐下完
成。斯密在使用大头针工厂的例子（在 18 世纪被广泛引用的
例子）来论证他的观点时，并非在吹捧工厂这一生产组织形
式的优势。工厂只不过是劳动分工最为显眼和容易理解的生产
组织形式，斯密利用它来代表一个更大的社会进程，在这一社

会变革进程里，劳动分工的形式正在被越来越多的劳动场所⁶¹应用。

斯密认为劳动分工所带来的生产力扩张归功于若干因素。首先，劳动分工使得工人操作专业细分任务时更加娴熟，这样就节省了从一种工序到另一种工序转换的时间。同时，劳动分工将生产过程分割成许多独立的部分，从而鼓励了"可以提高劳动效率和减少劳动环节的各式机器的发明，让一个人能够从事之前多人的劳动"。[29]他将"火力引擎"——我们更为熟知的名称是蒸汽机——作为那个时代工业革命的核心推动力。

斯密继续解释说，劳动分工之所以能够实现是因为人们有能力交换彼此的劳动力或者他们的劳动产品，而且交换的范围越大，劳动分工就可以越细分。这种劳动和劳动产品的有系统的交换被斯密称作"市场"。因此，市场的范围越大，生产中的潜在收益就越多。[30]

让市场启动并保持运行的原理就是人们希望通过交换来满足自身利益的倾向性。这样斯密关于人类自身利益的倾向性与国家财富之间的关系模型就完成了：利己主义造就了市场交换，从而产生了劳动分工的不断细化，继而依次导致专业分工、专门技能、专业娴熟度和发明创造，最终的结果就是更多的财富。

斯密相信人的"以物易物，讨价还价"的倾向性是与生俱来的。[31]但是这种倾向性在经济关系发展中的优越性是缓慢地、逐步地、非刻意地形成的，并且远远称不上完美。随着市场交换成为经济生活的基础，社会达到了这样一个阶段，即"每个人都依靠交换来生活或者在某种程度上成为商人，而社会本身则成长为一个完全的商业社会"。[32]

如果我们回忆起古典共和主义和基督教传统中频繁出现的对于商人的羞辱描述，那么我们就能够欣赏斯密所提倡的对于商人价值观的重新评价。斯密认为，社会的进步在于它的更加商业化，在于大多数人可以将他们的劳动力作为商品出售。然而，古典共和主义传统认为从事买卖职业的人不应获得公民资格。基督教传统认为，追求个人利益是一种激情，属于人类肉体的、动物的本性部分。然而斯密认为，正是通过交换来追求个人利益才将人类与动物区分开来，并且赋予人类独特的尊严。"从来没有人看到一条狗用一根骨头和另一条狗做公平的交换，"斯密这样写道，"也从来没有人看到一只动物用手势或者自然的叫声对另一只动物示意：这是我的，那是你的；我愿意用这个交换你的那个。"斯密相信，正是这种交换能力使人类拥有了独特的发展进步的能力。"它会鼓励人们从事某一特定的职业，并且为了所从事职业的特定性质来培养和完善自己特有的天赋和技能。"如果没有交换的机会，人们注定不会掌握专业技能，也没有机会充分发挥他们各自的天赋。正是这种交换的可能性使得个人之间的差异变得对彼此有用。[33]

由于人类自身的天性，人们需要依赖于他人，尤其在一个"文明的、商业的"社会里，人们为了满足自己的诸多需求不得不依赖于各行各业中不知姓名的他人。如果仅仅指望他需要依赖的那些人的利他主义，那么他是不可能满足自己的需求的：

> 我们所期望的食物并不是出于屠夫、酿酒师或面包师的仁慈，而是出于他们对自己利益的打算。我们要关注的

不是他们的人道，而是他们的自爱。我们从来不要对他们谈论自己的必需，而是要谈对他们的好处。唯有乞丐才会选择依赖同胞的仁慈过活。[34]

上面这段文字大概是《国富论》中被引用频率最高的了。这里，斯密既不是要诋毁仁慈或利他主义（"人性"），也不是对友谊表示反感——恰恰相反，斯密非常重视友谊的价值，认为它蕴含着一种人际关系中极少能达成的亲密关系。斯密的观点认为经济体系不应该建立在仁慈的基础之上，因为这种仁慈的情感很难扩展到你认识的人群范围之外。[35]在一个含有大量分工的经济体系里，数百万人依靠其他人的生产来满足自己的需求，这样的经济体系必然不能建于道德高尚但无实际意义的仁慈之上。

　　在斯密的理论里，第一个核心就是由市场带来的总产量的提高，第二个则是市场如何通过使商品更便宜且更容易获得来协调供求关系，从而带来财富的积累。他尝试证明，如果不限制劳动、价格及供应量，人性中的利己主义会使商品价格在现有经济发展水平下变得更低。鉴于所有人作为消费者都希望自身利益的最大化，即能够用既定的钱买到最多的东西，商品价格的降低对所有人有利。然而，无论是提供劳动力的工人、出租土地的地主，还是投入资本的"承办者"，没有任何一个人会从根本上因为关心消费者的福利而变得积极。在期望拥有更好生活的驱使下，他们都追寻着自己的利益，[36]不过这样最终都能使消费者受益。

　　作为一位社会科学家，斯密成功地解释了将对个人利益的追求转化成普遍富裕这一机制的逻辑。一旦理解了这一逻辑，

63

掌权的政治家们就可以充分利用市场机制来获得良好的社会收益,尽管这一动力来自对私利的追逐。

斯密解释说,劳动力平均价格、平均利润以及整体经济下土地的平均租金,都会随着经济发展整体水平的变化而变化。此外,商品价格需要反映出当时经济发展阶段下劳动力的平均成本、由资本投资带来的平均利润以及平均地租。这种商品的最低售价被斯密称为"自然价格",鉴于它并不存在亏损,所以这种最低价格可以维持一段时间。[37]换句话说,这种自然价格对消费者最有利。

另外,商品实际出售的价格被斯密称作"市场价格"。商品的市场价格是由供求关系决定的,即生产者的产出量和消费者的需求量,这种供给与有效需求之间的关系也一直被讨论。在任何既定的时间里,市场价格可能高于或者低于自然价格。但是,当市场价格低于自然价格,生产者会出于利己主义去生产其他商品,以获得更多的利润或者工资。这样一来,原有商品的产量就降低了,而此时如果对该商品的有效需求维持不变,那么其市场价格则会上升。相反,如果市场价格高于自然价格,那么那些拥有劳动力或者资本的人会参与到生产这种商品的活动中,因为这样会获得高于平均水平的工资或者利润。显而易见,这种商品的供给量会大大提升,倘若此时的有效需求量不变,那么商品的市场价格就会下降,使得大家都有能力购买。因此,市场价格是一个信号,可以让生产者知道这种供求关系。[38]

斯密做这个分析的意义是,如果市场遵循他的分析模型,那么所有商品的市场价格会持续接近其自然价格。而且,在考虑到土地、劳动力以及资本之后,实际价格会逐渐成为最低价格。从这层意义上看，市场将提供给所有消费者最大的利益。[39]此外，如果让资金运用在能产生更多利润的地方，市场将会引导资源流向那些需求超过供给的商品。由此可见，市场是最有效的机制，它可以使个人利益汇聚成国家财富，从而造福全体国民。

斯密深知，任何一个社会的大部分成员都是由"仆人、劳动者、各种类型的工人"组成的，他们的工资就是全部的收入。同时，正如斯密所认为的，保障他们的福利理应成为经济政策的首要任务。"当社会中的大多数人依然贫穷痛苦的时候，这样的社会是不会繁荣和幸福的"，斯密写道，"在劳动者满足社会衣食住行的物质需求的同时，也能够获得他们自身劳动成果的合理部分以保障自己的衣食住行，这样才是公正的。"[40]因此，斯密认为，立法者的首要经济任务应当是提高薪资和劳动者的购买力，因为这才是衡量国民物质财富的标准。

利己主义如果能被应用到市场机制中，那么将带来分工并实现全社会共同富裕。对意图和结果的差异的理解隐含了对基督教和古典共和主义传统的批判，直至今日依然让道德理论家们反感。这两种传统观念都强调善意和良性意图的重要性。传统观点认为通过说教和宣传可以改善个体的经济行为，而斯密通过将结果与意图分隔开来，对这一观点的必要性和可行性提出了质疑。

然而，在斯密将基督教的美德转化为世俗善行的同时，他也保持着古典共和主义一直以来对公众利益的关心。那些愿意致力于促进公众利益的人需要"出众的理智和理解力，能够看到长远的影响，以及预见由此带来的优势或者不利"。[41]培养这种理解力正是亚当·斯密这样的知识分子的责任。《国富

65

论》针对的读者是立法者，而他们正是能够被说服去促进公众利益的政治家。斯密提供的"立法科学"试图提高立法者预判法律和政策将产生的未来结果的能力，包括有利的和不利的结果。

人类的行为往往带来与意图相左或意想不到的结果，这一主题在《国富论》中以不同的形式多次出现，在《道德情操论》中也有多种形式。斯密发现许多刻意的行为往往带来不同于预期的结果，有时朝积极方向发展，有时则不然；有时从社会层面看是有利的，但对于行为者却是不利的。

也许斯密最为知名的就是他关于意图以外的结果对行为人和整个社会反而更加有利这一现象的解释。关于这一主题，最有名的版本就是斯密对一些制造商观点的批判。那些制造商支持政府增加关税和禁止进口某些可以在英国本土生产的商品。他们认为从促进就业和经济增长的角度看，贸易保护主义政策对一个国家的发展是有益的。在斯密看来，尽管这个措施的确能够刺激某些特定行业的发展，但这是以牺牲其他行业的投资为代价的，而这些投资本可以带来更多的收益。他辩论称，政府尝试进行直接投资的做法，不仅可能会适得其反，而且也可能画蛇添足，因为大多数人更愿意在离家近的地方投资以便及时了解投资的进展情况。斯密推断：

> 每个人都在持续不断地寻找最佳的投资机会。他所关心的仅仅是对自身是否有利，而并非社会层面。然而对于自身有利项目的研究将自然而然地，或者说必然地，导致他更加倾向于那些对社会更加有利的投资项目……
>
> 的确，他既无心要去促进公众利益，也并不知道自己

在多大程度上促进了公众利益。通过支持本国工业而不支持外国工业，他只是想要确保自己的安全；促使某一行业朝着某个方向发展只是为了保证自己的产品能够有更好的价格。他这样做只是为了自己的利益，如同其他许多案例一样，这样的行为是被一只"看不见的手"引导着，去促进一个并非出自其意图的目的。通过追求自身利益，他常常促进了社会的利益，比当他真心希望促进社会利益时更加有效。[42]

这段文章中的"看不见的手"（《国富论》里唯此一处）是一种隐喻，指的是市场机制带来的、对于社会有利的而非计划的结果，通过逐利动机和价格机制将个人的私利转化为集体的利益。值得注意的是，斯密并不否定刻意追求公众利益的可能性——他并不相信某些"总是产生意想不到的负面效果法则"（law of unintended negative consequences）。他也不相信利己主义总会不可避免地带来社会正效应。斯密所坚持的是，在适当的制度条件下，受利己主义驱使的行为会为社会带来正效应，而且是以一种社会科学家可以向立法者们解释并且帮助他们去预期结果的方式。

其实，"看不见的手"并不神秘，至少它的作用已经被社会科学清楚地阐明了。然而，由于行为者的动机与其行为的最终结果之间存在鸿沟，因此市场过程会产生有利的社会结果这一理念是与我们的直觉或者常识相违背的。顾客根据自身的经验知道商人会以高出进货的价格来出售商品，而且是尽可能地低买高卖！那么，顾客如何才能从充斥着这样的商人的社会中获得利益呢？同时，立法者也知道商人、制造商以及劳动者都

67 是在追求私利，至少在他们各自的经济环境中如此。斯密关于这些追逐私利的行为最终会扩大公众利益的论断，乍听起来是令人迷惑的。在接下来的段落里，斯密继续给出重要的解释，阐述市场制度在资源分配方面的优越性：

> 在国内选择值得投资的行业以使得产出价值最大化的问题上，很明显每一个体在他所处的环境下，可以做出比政客和律师更加正确的抉择。那些尝试指导私人如何使用资本的政客，不仅毫无意义地浪费了自己的精力，同时也承担了权威责任却找不到合适的人，或者委员会，或者议院来安全地赋予这样的投资职责，进而不得不冒着极大的风险委托一个错误的、自认为有能力的人去执行。[43]

立法者们并不能掌握足够的知识和信息来充分知晓这个复杂经济体中各种商品的互动关系。事实上，没有人能完全知晓。但是对于每一个人来说，他们一方面受经济利益驱动，另一方面也有能力去了解某个特定市场上的单一商品的供求情况。所以在通常情况下，那些关注公众经济利益的立法者应该避免直接掌控价格和生产。绝大部分功能可以依靠市场上"看不见的手"；维持、完善或保护市场，以及弥补市场机制中的负面影响的行为则需要政府这个"有形之手"来完成。

立法委员和商人

在斯密称为"自由竞争"和"完全自由"的条件下，市场机制将会带来最佳的结果。为了让市场能够有效地发挥职能，每个人都应能够自由购买劳动力、投资，或者租赁土地。
但是如同《国富论》中所展现的，大多数欧洲社会和政府的
制度设计阻碍了劳动力、资金、土地和商品的自由流动。这些
对自由竞争的阻碍有些归咎于古老的体制，但是根本上是因为
私利。斯密并不相信在社会中存在利益的自然和谐。他相信服
务公众利益的最佳方式就是每个人通过市场追逐各自的私利。
但是他明白从个体生产者或者某个生产者团体的角度来看，为
了使自己的商品获得更高的市场价格，阻碍新的参与者进入市
场，并使用各种手段阻止市场竞争是有利的。那些拥有政治影
响力的人会竭尽全力地利用自己的权势从市场中取得最大
利益。

68

　　斯密将当代经济生活的元素提炼成一种在自由竞争条件下
经济如何运作的模型。他认为，这个模型的任务就是使得个体
生产者没有其他的选择，而只能以最终促进公众利益的结果来
追求个人私利。[44]因为正是市场竞争的力量引导生产者、商人
和劳动者"不遗余力地警觉并观察着市场的变化"。[45]致力于公
众利益的立法者的一项永恒任务就是阻止他们绕开市场，保证
市场机制的永远运行，尽管有组织的经济利益集团会不断地试
图保护他们免受市场竞争。[46]

　　例如，工人和雇主都希望绕开劳动力市场——工人们试图
将他们的薪资提高至自由竞争允许的合理水平，雇主们则试图
压低薪资待遇。每一组人都试图联合起来追求私利，但是在现
有条件下，这样的斗争是不公平的。法律禁止工人们为了提高
薪资联合起来，却没有禁止雇主们合谋压低薪资，并且雇主比
工人拥有更多的政治影响力。斯密注意到，"每当立法机构尝
试管制雇主和工人的分歧时，立法机构的顾问们总是偏向于雇

主"。政治权利方面的差异是因为大多数雇主拥有投票权，而只有很少的工人拥有投票权。[47]雇主们还有其他优势：如果发生罢工，他们比工人们更能挺得住，因为工人依赖薪资维持生计。因为雇主们数量较少，因此他们相对更容易密谋而不易招致公众关注。[48]

限制市场竞争最为有效的手段就是通过法律约束和限制销售商品和劳动力的自由。司法垄断给予个人或者贸易公司销售某种商品的独有权利。这样就给予了垄断者保证供给低于需求的力量，从而将市场价格保持在自然价格之上。[49]行会和相关"企业"拥有法律赋予的权利，可以限制向某些职业供应劳动力，从而保证薪资高于充分竞争时的水平。他们同样有权利限制产量，以保持生产者的利润高于自然价格。[50]

无论何时何地，个人或者团体只要有机会通过绕过市场促进他们自身的私利，即使意味着牺牲公众利益，他们也会这样做。《国富论》就是一本对这些企图的概略说明。[51]斯密写道："同一行业中的人们很少聚会，即使是为了消遣和娱乐，然而他们的对话却往往以对公众的合谋而结束，或者想出了新的提高价格的办法。"[52]斯密还给出了这样的例子，城镇居民想出了提高城市制造的商品价格的办法，以牺牲乡村居民的利益为代价。[53]制造商在争取私利方面是最有优势的，因为他们在议会中拥有巨大的影响力。[54]商人们在劝说当权者相信他们的利益与公众利益是一致的方面，也具有独特的优势。他们人数较少，居住在大城市，拥有足够的经济资源，使得他们的"诡辩和抗议"比竞争对手的意见更能得到重视。[55]早已习惯于限制国内竞争的商人们在最近几十年中开始学会如何在国际贸易中限制竞争。[56]国内生产者和商人通过对进口商品课以重税而从中获利，却牺牲了地主、农场主和劳动者的利益。

斯密认为，大多数现存的海外贸易规定都是为商人或者制造商团体试图限制对于各自商品的竞争而制定的。有时候，他们禁止进口外国商品或对进口商品课以重税。[57]在《国富论》出版之前的几十年里，这种性质的关税在不断增加。斯密指出，这些关税对于公众利益是不利的，不仅因为税收提高了商品价格，更因为这些受保护行业利润的提高吸引了资金和劳动力的涌入，从而将这些原本可以流入实际需求更大的产业的资源被错误地吸引到受保护行业中。[58]

《国富论》第 4 章的大部分内容都是在抨击欧洲当时盛行的国际贸易政策，斯密将这种政策称为"重商体系"。用这一称谓来概括他对当时国际贸易和国际关系政策的批判，一直以来颇受争议。那些政策基于将国际经济关系看作"零和游戏"的观点，认为一国的获益必将导致另一国的损失。国际贸易通常被认为是与敌对国的一场心照不宣的战争，这一观点与古典共和主义关于国家间关系的认知是一脉相承的。这一为了保障贸易特权、贸易航线或者殖民地的无声斗争，往往会演变成实际的军事对抗。这种逻辑将我们引向暴力和战争。[59]

斯密提出了一种更为世界性也更和平的国际经济与国家政权之间的关系范式。他声称，其他国家不断增长的财富和知识技术是"值得国家学习的对象，而不应持偏见或嫉妒……它们使得人类获益，人性更加高尚。因为如此有益，所以每个国家不仅应该身体力行地去努力超越，而且还应该出于对人类的热爱，去提倡而不是阻碍邻邦的出类拔萃"。[60]知识分子应该对这种国家间的偏见和可能导致国际冲突的经济生活观念起到调和作用。

斯密创造了"重商体系"这一词语用来形容当时的主流经济观点，因为他认为这一词语反映了商人和制造商的利益和心态，他们对于垄断地位的追求已经扩展到国际商业领域，认定一国之利益增长"必将使得周边邻国贫穷"。斯密感叹道："在这种观点的指引下，每个国家都带着招人怨恨的眼神来看待与之贸易的其他国家的财富，认为它们的利益正是自己的损失。商业这一本该自然是国家间的——如同人际间的——联盟和友谊的纽带现在成了不和谐与敌意最为主要的来源。"欧洲贸易政策被"商人和制造商的带有私利的诡辩术"掌控，他们认为"一国如果希望通过对外贸易变得更加富有，可能性最大的就是拥有富裕、勤劳和商业发达的邻邦"。[61]市场最大的和最有利的潜在力量并不存在于之前的模式之中，而存在于未来的那种更为深入的理解，即通过自由贸易竞争而相互获利。如果政策制定者们能够依照科学和政治经济学的引领，不再受到商人们带有私利的偏袒意见的影响，那么市场机制将会为国家和国际利益更好地服务。

在殖民地问题上，斯密提出了同样的观点。殖民地的好处在于延伸了市场，使得更加广泛的劳动分工成为可能。但是英国商人在殖民地贸易中的垄断地位虽然使得商人获利，却损害了国家的利益，尤其是以武力维持垄断地位所需的大量军费开销。[62]

由特许公司与国外进行垄断贸易的国际商业行为对生产效率的破坏更加严重。欧洲与中国、印度、日本和东印度的贸易增长本应给欧洲消费者带来更大的利益，斯密这样推理认为。然而，它们所带来的利益却很有限，因为贸易已经被荷兰、英国和法国的东印度公司完全垄断了。[63]斯密认为，这些公司为了保护自己的贸易垄断特权建立了对国外领地的军事控制，而事实上，垄断行为对于本土以及殖民地地区都是有害的。依靠武力限制了竞争，供应只能依赖唯一的供应商，他们往往刻意减少市场供应从而提高进口商品的价格，为此本国的消费者吃尽了苦头。

斯密指出，如果重商主义政策阻碍了欧洲从洲际贸易中获得完整的潜在利益，那么殖民地也会受到负面的影响。为了限制出口到欧洲的商品供应量，东印度公司故意限制殖民地的生产，甚至将过剩物资全部销毁。公司的官员利用权力垄断印度商品的出口，甚至包括在次大陆范围内的商品流通。一个真正的主权政府清楚地明白政府收入依靠国家财富，因此政府会努力通过促进自由贸易来增加国家财富。而管辖殖民地政府的商人似乎没有能力如此考虑问题，他们使用政治力量仅仅是为了在印度以更便宜的价格买到商品从而提升公司利润。斯密总结道，公司原则的后果就是迟滞印度经济的发展。[64]在东印度和西印度，欧洲近三个世纪的殖民扩张对于当地人口的影响同样是有害的。

斯密对于殖民地扩张的分析提供了一个有利的佐证，用以说明商业的私利如果没有制度的合理规范将会导致重大的灾难。这一核心主题出现在启蒙时代另一篇里程碑式的批评文章中——雷纳尔（Abbé Raynal）与狄德罗（Denis Diderot）共同编著的《欧洲势力在东、西印度兴起的政治与思想史》（*Philosophical and political History of the Establishment and Commerce of the Europeans in the Two Indies*，第一版发行于1772年，之后多次增补出版）。对于这一主题思想，埃德蒙·伯克在若干年之后也做了专门的研究。

商业社会的道德资产负债表

斯密主要著作的共同研究思想在于，社会制度如何通过顺应人类的情感表达逐步塑造人类性格。有些情感是危险的，有些是良性的，还有一些可以超越良性达到高尚的境界。依靠制度提供的激励，人类情感可以被合理地疏导为道德上值得歌颂和对社会有利的行为方式。除了"普遍富裕"的物质利益，斯密看到市场也是一种可以鼓励自我控制并且将情感导向有利于社会发展的方向的有效制度机制。

斯密并非第一个指出商业促进了"文明"行为的发展：这只不过是启蒙思想的老生常谈之一。[65]但是，也许没有任何一位思想家投入如此多的精力来阐述市场和商业社会可以采用怎样的架构来发展此前众多理论家们（从人文主义者到大卫·休谟）所推崇的那些个人品质，如自制力、勤奋和友善。斯密写道，很多具有美德的行为事实上都是由私利驱动，如"节俭、勤奋、谨慎、专注和睿智"等值得赞扬的行为习惯，以及相对次一级的美德，如"精明、戒备、慎重、节制、坚韧、坚定"。[66]通过商业社会去推广这些品质是最为适合的。

在基于交换的商业社会里，每个人"在某种程度上都变成一个商人"[67]（这里需要注意的是，斯密从未想象过普通大众成为"经济人"）。在市场中追逐私利，通过劳动分工以及因此而形成的互相依赖，使得个人根据他人的期望来调整自己的行为。市场本身因而成为一个纪律体制。这一纪律规范过程在那些出售自身劳动力和以另一种不同形式出售有形商品的人们之间发生。斯密写道："在一个工人身上真正起到纪律规范作用的不是他所在的公司（或者行会），而是他的顾客。因为害怕失去工作，所以才会克制自己的欺诈并修正自身的疏忽。"[68]为了在与他人的经济交换中成功，个人逐步发展了被斯密称，为"规矩"的中等程度的自制力。[69]市场机制促进了性格品质的养成，包括谨慎、有约束的逐利行为，以及为了长期利益而放弃短期享乐的克制力。[70]

人们努力地"使我们的环境更加美好"，这种努力的根源，斯密揣测，在于"被观察、被关心、被同情或被赞许地关注"的欲望。人们越富裕，就越可能得到他人的关注和赞许。[71]经济活动的主要动机——当基本身体需求得到满足后——是那种希望获得社会地位的欲望。斯密观察认为，"各个时代的道德学者们"都曾抱怨这样一个不容否认的事实，即"大多数民众是……财富和伟大的羡慕者和崇拜者"。[72]人类的堕落，斯密认为，并非始自商业社会或者将贯穿商业社会始终。但是商业社会在道德方面的一个优势，他相信，在于社会制度让那些"处于社会中层和底层的人，那些既没有财富和权势又缺乏智慧和美德的人——也就是说，大多数民众——不得不将他们对财富和杰出的欲望转化为得体的行为方式"。对他们来讲，"通往美德与财富之路……在大多数情况下，几乎是一样的"。他们的成功依靠"扎实的专业能力，辅之以谨慎的、正义的、坚定的和有节制的行为"，同时也依靠"左邻右舍和同僚的恩惠和善意"，反之亦然。[73]在商业社会中，社会制度这"隐形的手"的最大成就在于将潜在的追求地位和赞许的低俗欲望转化成相对具有美德的行为方式。至少对于大多数人来讲，这种转化是成功的。

斯密将相对来讲具有美德的行为方式，与前市场时期由财富和权势，即"王子的宫廷"和"帝王的起居室"所驱动的

73

行为方式相对比。在那里，成功不是依靠"有智慧和见识的、互相平等的人们之间的尊敬"，而是仰仗于"无知、虚伪和傲慢的社会上层人士的幻想和愚蠢"。对于社会中层和工人阶层来说，晋升依靠"优点和能力"，然而在贵族和王室社会的上层，则完全是基于阿谀奉承和"媚颜取悦的能力"。[74]因此，商业社会的一个道德优势就是它将私利引导到——相比于它之前的社会——道德上腐败更少的形式当中。相比于基于直接统治的封建社会，或者依靠趋炎附势、阿谀奉承、欺骗而成功的宫廷社会，商业社会中的成功更多与诚实、勤劳、成绩和能力相关联。正因如此，商业社会更好地防止道德信条的堕落，避免出现道德学家一直以来所抱怨的景象。[75]

对斯密而言，商业社会崛起的最具解放意义的成效就是用现金纽带——一种不依靠人们之间相互控制而形成的契约关系——替代了直接的无限度的人身依附关系。伴随着人们成为商人，而不是奴隶、家臣、农奴或仆人，社会变得更加独立，直接的人身依附关系也随之减弱了。这正是商业社会比以往社会能够提供更大自由度的理由之一。斯密认为，商业社会提供了更多自由的事实是其值得颂扬的又一重要道德论据。

对直接人身依附关系的憎恶使得斯密憎恨过去的和现存的奴隶制度。他将奴隶贸易贩子和奴隶主形容为"欧洲监狱的垃圾……既无宗主国也无所在国行为美德的恶棍，他们的轻浮、残暴和卑鄙让他们受到被统治地区人民的合理鄙视"。[76]斯密坚持认为奴隶制，如在西印度和北美的英属殖民地实行的制度，事实上不如使用自由薪资劳动力更为经济。他推理认为，奴隶和即使是最贫穷的自由劳动者都需要生活和繁育后代。奴隶劳动力的生活成本由奴隶主承担，而自由劳动者的生活成本则是由他们自己负责。斯密认为，自由劳动者不得不根据自身的境况始终关注如何节省，而富有的奴隶主不太可能如同自由劳动者一样那么关心保持节俭。因此，维持自由劳动力的成本要低于使用奴隶的成本。然而，奴隶制度一直延续到斯密生活的年代。斯密认为，这是因为"人类的骄傲使得我们喜爱控制别人……无论哪里，只要法律允许，只要劳动的性质合乎法律，人们就更热衷于奴隶的服务，而不是自由人的"。[77]奴隶制存在于高利润的地区并非由于人身奴役本质上利润率更高，而是因为唯有在极高的利润率环境下，奴隶主们才能够负担得起如此不经济的生产方式。斯密反对奴隶制的经济学论证成为欧洲及其殖民地废除奴隶制进程中的一个支柱。

斯密认为，商业社会的道德资产负债表的底线是个正数。但是这并不意味着每个人都开心。事实上，他认为那些完全投身于增加财富的人很可能因此而牺牲了自身的幸福，忽视了幸福产生的源头。在《道德情操论》中，他提出了一个关于有野心的穷人孩子的寓言。出身贫寒的孩子，"向往着富裕的生活环境"，幻想拥有宫殿似的房子和大批仆人随从给他带来幸福和宁静。为了获得这些，他"全身心地投入到对财富和伟大的追求"。为了实现他梦想的目标和获得社会荣耀，他发现自己不得不身心劳顿，不断地努力以使自己超越竞争对手，并不得不服务那些他所憎恨的人。

如果斯密的寓言仅止于此的话，那么这样的教训将不过是禁欲主义关于世俗财富和权势无用论的简单翻版。然而，斯密给寓言增添了另外一层光泽。也许，财富和权势所带来的真正好处并不能够与野心家们希望得到的相一致。但是，斯密断定，"这正是大自然强加给我们的一种方式"，因为：

75

正是这种骗局激发并持续地保持了人类的勤奋。正是这一欺骗促使人们开垦土地，建造房舍，建立城市和联邦国家，并发明和改进所有的科学和艺术来装扮和改进人类的生活；这些行为彻底改变了地球表面，将大自然的野蛮森林变成令人愉快的、富饶的平原，将人迹罕至的荒蛮海洋变成人类生存物资的新储备宝库，建成了地球上不同国家之间相互沟通的宏图大道。受惠于人类的这些劳动，地球的自然生产力突飞猛进，从而能够养育更多数量的地球居民。[78]

对舒适、财富和社会地位的追逐，尽管也许是被对它们最终价值的错误理解所激励，但最终是有益于社会的。对精神文化更高层面的满足基于财富和生产力的积累，而对于私利的追逐使得积累成为可能。最后，它使更多的人过得更加体面，可以获得"生活的必需品"，从而使人们有能力避免赤贫所带来的道德堕落。

政府，看得见的手

76   有史以来第一次，商业社会使大多数人可以体面地生活。他们根据适当的规矩和谨慎原则生活，延迟享乐，控制欲望。他们对更好生活环境的追求引导他们更加节俭和勤劳。[79]在斯密的描绘中，商业社会并没有使得大多数人更加高尚和具有美德——但是，没有哪一个社会能够做到。然而，它却造就了一个可能性，即社会中的大多数成员是正派的、绅士的、谨慎的和自由的。同时，这种可能性受到来自商业社会自身力量的威胁。

因为斯密在反对政府直接干预经济的分析中如此有说服力，以至于其思想中关于政府重要性的部分反而被忽视了。斯密认为政府理应减少自己在经济中直接扮演的角色，如征缴关税、设定薪资，以及其他形式的贸易限制。但是，他认为实际上政府的规模和功能伴随整个社会的发展是不断增加的。他这样告知他的学生："文明国度政府的花销要远远高于野蛮国家。"因为文明国度需要用于防御的军队和舰队、公共设施、为预防内部失序而组建的法律体系，以及一个税收体系来支撑所有这些部门。[80]商业社会的优势依赖于一个更加庞大的政府，而一个运行良好的市场经济所产生的财富可以承担这一政府的经济开销。

对于斯密来说，政府是商业社会中最为重要的机构。他写道，国民政府的权威和安全保障是"自由、理性和人类幸福得以繁荣发展的必要条件……"[81]斯密将国家不断增长的财富归功于由法律保障的财产安全，因为有这样的安全保障才使每个人"为了改善自己的生活环境而付出的自然努力"变得值得。[82]管理司法的成本随着社会的商业化而越来越高。另一个不断扩大的政府职能是提供斯密所谓的"实现商业社会的体制"，就是我们现在所说的"基础设施"：道路、运河、桥梁和港口，那些有利于整个社会但对于个人来讲成本过于高昂或者利润率过低的项目。难怪斯密在《国富论》中长篇幅地分析政府职能以及如何应付政府开销。

斯密关于现代政府职能的观点来自他对现代商业社会的核心制度的潜在负面后果的分析。这一诊断吸收了文明社会历史上所出现的各种预先警告。市场的扩大以及劳动分工的细化是大多数现代文明社会优势的根源，或者至少可以说是前提；同

77

时也是一系列内在危险的根本原因，而立法者的任务就是消除这些危险。

随着经济的发展，国防需求越发显得急迫。历史告诉我们，当一个社会逐渐富裕时，它也越加可能成为其贫穷邻邦的攻击目标。同时，更因为国家财富所依赖的劳动分工使得大多数男性不再适合服兵役。在最发达的历史阶段——以市场经济、城市化和密集的劳动分工为显著特点的商业社会——国家遭受攻击的可能性大大增加了。另外，战争艺术，如同其他人类活动一样，伴随着劳动分工而变得更为复杂，对战争艺术的掌握也像其他领域一样要求同样的专业化。但是，全身心地投身于战争艺术并不符合私人的自身利益，因为在和平时期这样做不会带来利润。幸运的是，劳动分工和使得国防问题日益严峻的财富增长提供了一个潜在的解决方案——如果立法者们设置恰当的机制，当然需要相应地增加国家财政支出。

唯有政府制定明智的政策，才可能吸引个人投身军事事业——然而，在历史上的文明社会中，这样的智慧是普遍缺乏的。[83]归纳历史经验，在此基础上通过科学的分析，立法者们有可能预见并阻止社会发展的负面后果。一个富裕的社会是有能力将其财富的一部分用于维持一支职业化的军队。现代武器的发展使战争愈发昂贵，从而使得富裕国度在为潜在冲突做准备时，比贫穷国家更有优势。

通过提供防御、司法和社会基础设施，政府为市场经济和"使得普遍富裕延伸至社会最底层人民"准备好了前提条件。[84]然而，国家财富的增长过程充斥着负面文化后果，知识分子的责任就是去预测这些后果，再由立法者们设法消除。

首当其冲的就是，手工劳动者的劳动分工使社会文化停滞不前。斯密认为大多数人的知识会在他们的工作中逐步形成。在尚未出现普遍教育以及工作占据了所有闲暇时间的年代，对绝大多数人的发展状况，斯密如此描绘道：

> 人的一生仅仅花在几个简单动作上面……没有机会去施展他的理解力……因此，他自然而然地丧失了这样的努力，从而往往进入一个人类生物有可能达到的愚蠢和无知的状态。他的精神麻木状态使他不仅没有能力在与人交往中欣赏别人或扮演角色，而且也不能够形成慷慨的、高贵的或温柔的情感，并因此在私人生活中丧失了做出正确评判的能力。对于他的国家广泛而巨大的利益，他完全无法分辨；除非付出努力使他避免这种状态，否则他也同样不能在战斗中保家卫国。这种静态生活的单调性自然而然地消磨耗尽精神上的勇气……甚至连他的身体机能也会受到影响，使得他自己无法带有勇气和坚韧地去使用气力，而只能从事维持生计的单一劳动。以这样的方式，他牺牲了自己在知识、社交和军事方面的才能特点，换取了在自身特殊专业上的熟练敏捷。在所有进步的和文明的社会里，这种状态就是那些劳苦大众，即绝大多数民众，必将陷入的境地，除非政府不遗余力地去阻止这种情况的发生。[85]

假使斯密相信这样的结局是商业社会带给大多数民众的不可避免的文化影响，他对于资本主义的看法会毫无疑问地倾向于否定资本主义。然而，如果我们没有将这段话置于《国富论》的语境中，而是断章取义地理解，那就是完全的误解。因为在这里，斯密采用了他称为修辞性的描述，为了达到说服读者的目的，"夸大了问题的一个方面，而将另一方面有可能不利于作者观点的事实和理由刻意缩小甚至隐藏"。[86]斯密这段黑暗描述的核心目的就在文章的最后一句话——"除非政府不遗余力地去阻止这种情况的发生"。因为在《国富论》里面，斯密紧接着就提出最为广泛和高昂的新的公共开支。首先是充分警告读者存在潜在威胁，继而为读者提出驱除焦虑的办法。

作为应对由劳动分工导致脑力下降的一种方法，斯密建议推广由政府注资的普遍公共教育，以保证即使是社会下层人民也可以获得阅读、书写和算术的基本技能。这一建议是与诸如伏尔泰之类的启蒙思想家们的想法相左的，也是与当时英国统治阶层的主流意见大相径庭的，他们担心教育会阻碍人民的顺从。[87]斯密并没有建议强制教育，而是提出了一个覆盖范围更广且更加实用的计划，来激励父母给孩子提供教育。斯密认为，这样的鼓励是必要的，因为基于劳动分工的生产扩张使得孩童也可以挣取薪资，这样就使得父母将很小的孩子送到工厂工作。[88]如此这般，劳动分工不仅通过缩小工人的劳动范畴而阻碍了知识能力的发展，同时也滋生了忽视正式教育的经济动因。[89]因此，"促进……鼓励……甚至强制几乎所有民众接受最基本的教育，是完全有必要的"。[90]

斯密建议建立一套公共激励体制来阻止这一现代形式的堕落，"在文明社会中，无知和愚蠢似乎麻痹了弱势人群的理解能力。一个无法适当使用智力能力的人，如果可能的话，比一个胆小鬼更加可卑，似乎是在人性的核心特征上更深程度的残缺和畸形"。斯密认为教育不仅对于个人是重要的，对于国家来讲也是出于主要的政治考虑。斯密相信，人们受教育水平越高，他们就越发不会受到"激情和迷信妄想"的影响，因此也就不会受到牧师和传教士的煽动而发动宗教内战。人们将"更倾向于检验，并且更加有能力看透那些带有私利的派系斗争和妖言惑众行为"，从而成为更好的市民。另外，斯密认为受过良好教育的人会更体面和更有秩序。

市场机制并没有必要去促进脑力的使用。政府的有形之手也许有必要去修正市场这一无形之手所带来的、使得人们变得愚蠢的潜在后果。斯密并没有错误地认为每一个人都会成为知识分子或艺术家，或者社会将发展到自身不可到达的那种程度。但是，他的确相信通过让人们更多接触到原本没有机会接触到的知识，可以促进人们脑力的使用。他提倡普及教育不仅是培养所有人文字和数字的基本能力，同时也是鼓励中上阶层努力学习：他认为那些立志获得自由职业或者成为政府公务员的人应掌握科学和哲学知识。

劣质和优质的美德

在斯密看来，商业社会的最大力量在于它有利于改善那些"劣质美德"，即那些与追求加官晋爵和个人私利相关联的道德品质。谨慎人群，即那些满足于私密和平静的普通生活的人，他们所具有的美德是"节制、正直、谦逊、稳重……勤奋和节俭"。[91]谨慎的人是商业社会的典型。他是如此在意不受打扰地享受私人宁静，以至于放弃了对于高贵和伟大抱负的追求，对"公共事务"置之不理，任由他人处置。[92]

斯密欣赏这类谨慎的人，但并非吹捧。谨慎的人在追求财富、社会地位和名誉的过程中产生了值得我们"冷漠地尊敬"

的品行，但是这些美德既不高尚也不招人喜爱。[93]尽管略有时代错误，但我们仍然可以在斯密对于谨慎的人的描述中看到资产阶级形象，这一形象后来成为诸多欧洲文化批判的陪衬。[94]然而，斯密并非认为资产阶级一无是处。否定资产阶级，也就等于蔑视谨慎的品质、延迟享受和自我约束，这些使得社会关系更加温和并且造就了使得大多数人有可能体面生活的普遍富裕。斯密力图消除的正是这种带有古典共和主义传统和贵族道德观念的蔑视。

同时，他也深信社会如果要繁荣，那么就需要其他性格的人群，而那些性格是市场机制先天所不能促进发展的。知识分子的另一角色，斯密认为，就是去鼓励谨慎之外的其他优质的性格美德：智慧、善行、自我牺牲，以及为公众服务的精神品质。"拥有智慧和美德的"，斯密相信，将不可避免地只是一个"小群体"。[95]然而，正是这个小群体中的成员在促进国家的道德和经济财富方面发挥着至关重要的作用。如同大多数启蒙时期的思想，斯密的著作并不是为了说服人们相信商业社会是最好的政治制度，而是戏剧化地展现那些需要培养的可以反作用于同一政治体制下弊病的那些人格特质，如勇气、爱国和优雅等。[96]斯密反复强调社会的生存和繁荣仰仗于，至少一部分人的优质美德的培养。他没有明确地指出达到此目的的制度方法。但在他的著作里，斯密明显地表示优质的美德，只要得到积极的培养，是可以通过阅读诸如《国富论》（这本书鼓励立法者们追逐公众利益）和《道德情操论》这样的书籍得到并加强的。

斯密认为哲学在培养美德和提升道德方面发挥着不可或缺的作用。虽然谨慎的私利可能导致劣质美德的滋生，但这并不是私利行为可能带来的全部。对于那些试图将人类所有行为都归咎于追求私利的人，《道德情操论》一开始就提出了质疑。"无论人类有多么自私，很明显在人类的天性中存在某些原则，促使人们乐于见到他人成功，并且从他人的快乐中体会到幸福，尽管除了可以看得见以外，他什么利益也得不到。"这本书不仅为道德良心提供了社会科学解释，也向细心的读者揭示了美德行为是如何带来幸福的，没有使用任何无法解释清楚的形而上学的辩论和神学假设。

对斯密而言，道德的源头并不存在于上帝特定的启示之中（这样的说法既无法证明，也存在诸多争辩），也不是自然而然地来自内在的"道德理性"，亦非哲学理性的功能。取而代之，他尝试通过分析日常行为来阐述道德。斯密认为我们之所以有道德的核心，原因并不是理性或者灵魂，而是想象力与我们渴望被赞许的欲望的结合。[97]正是我们能够换位思考的能力，混合以我们希望与他人和谐共处的欲望，引领我们跨越了自私。在寻求得到周围人的赞许的过程中，我们使用我们的想象力力图从他们的角度来看待这个世界。我们开始采用了一个非片面的旁观者的视角，一个既不偏向于我们自身，亦不偏向于我们行为的对象的角度来考虑问题。正是这种我们通常称为"道德良心"的内在思考过程，促使我们有可能做出与私利相悖的行为。斯密认为，这一内在的"非片面的旁观者"使得人们能够做出正义的行为（在非片面的理性指引下），甚至是善行。

我们正是通过换位思考来学习道德规则。斯密认为，这些规则起源于实际的效用，并且随着社会的变迁被不断地修正和重新定义，与生存的必要规则一样。它们既非来自上帝，也非来自大自然，而是我们与生俱来的对获得他人认可的欲望，使得我们能够学习并应用这些道德规则。具有更高层次道德理性的人们并不需求他人的认可，而是寻求自身依照合适的道德标准行事后的自我认可，即使这样的行为没有被他人发现。如此，美德带来的幸福，并不一定需要他人的认可，也不是存在于来生，而是来自知道自己一直在努力做对的事情之后的自我认可。

道德哲学著作《道德情操论》提醒我们一些有价值的行为并不能得到市场的回报，也得不到社会地位的奖励。但是对于具有高尚道德理性的人来讲，这种行为本身就是一种回报。这种回报带来的幸福感来自获得科学知识、艺术修养、有教养的道德理性，以及对公众福利的奉献。

斯密认为，知识分子的公开角色之一就是去影响当权者：激发他们的公共精神，为他们提供理念和信息以促使政府行为具有合理的结果预期。[98]《国富论》正是为这些人准备的，斯密的遣词造句就是为了影响他们。沃尔特·白芝霍特（Walter Bagehot）纪念此书出版 100 周年的讲话最能说明它的历史价值。沃尔特·白芝霍特写道，斯密是为数不多的知识分子中，有能力"将有实用价值的事情牢牢地印在人们的脑海中，读者不仅去阅读、讨论、熟记，甚至让它们成为日后思想的一部分"。用他自己的风格，斯密"带领政治经济学远远跨过了抽象科学的边界，或者超出了人们原先确定的范畴。他将这门学科普及到最佳程度；换句话说，他将一些宽泛的结论灌输到僵化的思想当中，给予人们需要知道的知识，并且大多数深受喜爱。他将这些知识根深蒂固地扎进了人们的思想之中"。[99]

但是，斯密的写作语言使其著作的影响力发生了偏向，也许他本人对于这样的结局也是怀着矛盾的心情的。虽然《国富论》强有力地展现了"天生自由的体制"，然而为此付出的代价却是让众多读者忽视了他关于道德生活的观点的复杂性，从而得出自由永远是好的这样的结论。对于这样的结论，埃德蒙·伯克、黑格尔和马修·阿诺德会毫不犹豫地拿起棍棒予以反击。斯密用以解释市场体制益处的分析洞察力和"无形之手"比喻的想象力，导致很多读者忽视了其观点的众多微妙之处，以至于得出如市场是解决所有经济问题的灵丹妙药这样的论断。

对斯密而言，建立跨国界开放市场是一种希望之源，能够把我们引向更加和平的国家间关系、世袭奴隶的解放、生活水平的提高，以及更加体面的社会。但是，也有其他的欧洲知识分子看到了市场的扩张，目睹了他们曾经珍爱的和赋予生命意义的社会制度的消亡。其中之一就是与斯密同一时代的德国思想家，尤斯图斯·默瑟尔。

第四章　尤斯图斯·默瑟尔：市场毁灭文化

知己的美德

伏尔泰在《哲学通信》中赞同市场交换机制使各种生活方式并存这一观点。斯密在《国富论》中提出国际贸易互惠各国，形成世界大同的愿景。不过在另外一些人看来，市场扩张似乎是文化和社会存在的威胁。尤斯图斯·默瑟尔（1720～1794年）是这一学说的鼻祖，他认为市场借打击地方文化特质的经济基础，摧毁了多元主义。也可以说，默瑟尔是"全球化"最早的诟病者。

默瑟尔出生于奥斯纳布吕克（Osnabrück），并在这儿度过了生命的大部分时光。奥斯纳布吕克位于德国西部，距离荷兰边境不远，占地不足50平方英里，约有12.5万人。从24岁到1794年逝世，默瑟尔一直是这个小城市的核心人物。在作品中，他维护奥斯纳布吕克的政治经济制度，这些制度起源于中世纪时代，于封建时代形成概念，一直残存至今。在当时的社会中，财产、权利和荣誉有着牢不可破的关联。然而，那个制度性社会现正逐步被市场经济破坏。[1]

尤斯图斯·默瑟尔认为国际市场对奥斯纳布吕克的文化特质有致命的摧毁力。首先，它创造出传统地方经济无法满足的新兴需求。其次，国外较廉价商品的竞争摧毁了基于公会的传统生产模式，以及同该模式密切关联的社会和政治结构。进而，市场摧毁地方文化特质和多元主义。在随后的资本主义发展过程中，人们屡屡提及的恐惧之事（往往合情合理）即是，地方文化和社会结构会被更广泛的市场摧毁：小镇市场被省城市场破坏，省城市场被全国市场破坏，而全国市场被国际市场破坏。

启蒙运动者不仅关注着全世界，还心怀世界大同的道德和政治思想。据伏尔泰所言，欧洲正变成"一种大一统的共和政体，该政体由不同的政权组成"，且将会按照某一通用的准则来管理。[2]伏尔泰注意到在别处，根据某一村子的规则有人可能会败诉，但若根据邻村的规则便会胜诉，这种现象可谓荒谬可笑。[3]在他看来，世界大同必须有一个前提，即鉴于世界各地人民本质上都无差别，那就有可能找到统一的目标，以及达成目标所需的统一有效的制度。地方制度依据同一原因进行改革，进而变得更加统一。

追求统一、标准化的法律是 18 世纪启蒙专制主义经济政策的核心，且由经济学家明确提出。欧洲讲德语的官员们被指责为了增加国家财富而提高税收。他们推断，若允许人们依照其"自然"的利己本性行事，国家及其市民将更加富裕。默瑟尔时期德国的启蒙理论家们把市场当作刺激经济增长的工具。例如，官房学派经济学家约翰·海因里希·戈特拉普·冯·尤斯蒂（Johann Heinrich Gottlob von Justi）认为商人、摊贩和金融家是"交换器"，正是他们四处活动，各社会生产群体的产物才能和谐。他认为政府政策的作用就是保证这些"交换器"能自由地发挥其综合性功能。[4]与亚当·斯密及同时代的法国人杜尔哥（Turgot）类似，尤斯蒂相信法律的任务就是创造"自然"且自由的条件，从而允许经济增长。1760 年他写道："若我们想正确规范经济活动的性质，那么我们必须想到，如果完全按照其自然过程进行，且不受来自政府的丝毫阻碍，经济活动将会如何进行。"[5]

创造这些条件意味着要废除许多现存的历史性法律和惯例。只有扩大中央官僚机构的权力范围，才能消除交易的现存障碍，创设更大的经济自由，并终将给大众福利带来益处。这就是启蒙专制主义理论家在经济领域的政策范式，或是18世纪所说的"警察科学"。[6]

相反，在尤斯图斯·默瑟尔看来，相邻村子存在不同的法律不仅值得赞赏，甚至毫无违和感。尽管实际上它们会给君主集权的政府官员造成许多不便，而这些人"恨不得可以由简单的准则推论出万事万物"，并且在"希望国家按照某些学院理论的处方来管理"之人看来，这更是可耻不堪。默瑟尔辩称，若按照这种统一标准化法律的要求行事，将"背离自然的真实意图，即在多样性中展现其丰足富裕；只会为专制统治开路，这种统治竭力依照某一些规则强迫所有人行事，而丧失多样性带来的充足富裕"。默瑟尔认为，中央政府发布的经济条例大部分是"对人类理智自以为是的干涉，损害私有财产，妨碍自由"。[7]"人类理智""私有财产"和"自由"——这些都是启蒙哲学家珍视的价值观念，启蒙政府官员也不例外。但默瑟尔使用这些术语所要表达的含义，同他所抨击的启蒙法则大有不同。

默瑟尔试图保留的"财产"这一概念，不是指现代意义下的"私有"财产和严格的"经济"财产。在专制主义者垄断政治权力之前，公有和私有、国家领域和经济领域之间没有明显的区别。财产所有权本身就赐予人权力。[8]地主有权限制以土地为生的农奴的活动。公会的法定特权（它们的自由）使其有权控制一些物品的生产。公会成员也可以间接地影响城镇地产的所有权。默瑟尔开始维护传统的等级社团社会，其中荣誉、财产、生计和政治参与都相互关联。他赞同这种中世纪的财产概念，将权力和责任包含在内，反对新兴法律和经济的发展，从而使得财产"私有化"，并脱离政治权力。

针对启蒙运动的关键武器——统一的理智、人道主义和个人权利，默瑟尔用历史发展的逻辑性、地方特质、集体权利和社团制度予以回击。他强调自我认知的益处，以及归属于某个现存集体的重要性，继而有培养忠诚于真实、现存制度的需要，而该制度为个人提供强烈的归属感。启蒙运动强调个人机会和自主性，相反默瑟尔却珍视限制个人的制度，前提是制度限制个人的同时，给予个人强烈的认同感。他称这种对现存社团制度的忧虑为"爱国主义"。[9]他撰写新闻稿的目的就是培养这种美德感。他将这些文章合集的题目定为"爱国主义的愿景"，不过似乎翻译为"地方美德的愿景"更好。但在默瑟尔那个时代，新的资本主义经济活动形式正在改造着其美德愿景所依靠的社会基础。

他对社会的愿景是一种社团主义、不均等的社会，其中不平等主要依赖地位继承，即包括荣誉、财产和权利的地位。只有存在等级制度，人们才能知晓自身的位置。属于某一等级，意味着和同等级之人身份平等，对更高等级之人要顺从尊重，而对较低等级之人则有优越感和责任感。默瑟尔认为市场扩张本质上是一种挑战，随之而来的还有启蒙专制主义的传播对这种挑战加以强化。官房学派和资本主义联合起来，威胁并侵蚀他极为珍视的现存社团制度。他愿意支持市场在经济生活中发挥有限的作用，但他却试图在不断变化的经济条件下，利用市场维持现存的制度和等级。同随后许多保守者一样，他试图扶持的制度秩序，在他看来，已被市场经济扩张带来的社会和文化效用所腐蚀。

默瑟尔正因为启蒙运动本身才反对启蒙运动。他依据启蒙运动本身的准则——幸福和实用的标准——对启蒙运动发起挑战，这使他受到同时代人的广泛关注，并作为现代保守主义先驱著称于世。默瑟尔代表德国启蒙运动中的保守方。他在德国启蒙运动的主要期刊上发表文章，并创立了一家地方报社，旨在传播公共事务知识，创建开明的公共舆论。为了接触更广泛的读者群，他故意撰写对公共政策的疑问，采用自在、易懂的风格，经常在和常见人物的对话中展开个人观点。他于 1766～1782 年写的文章经其女儿收集整理为四册，于 1774～1786 年陆续出版。这些作品集，还有多卷本《奥斯纳布吕克史》（*History of Osnabrück*），在启蒙时期的德国民众，以及讨论公共利益相关事务的俱乐部和旅馆里被广泛阅读。默瑟尔还经常试图团结萌芽中的公共舆论，以此来反对他所说的"我们的世纪，充满着各种各样关于一般性法律的书籍"。[10]

在默瑟尔的作品中，文人作为一种独特的社会类型，以各种形象出现——不过都是负面形象。有时候，他会以启蒙君主的顾问出现，这位顾问虽然精通拉丁学识，却不谙世事，因此缺乏"健康的理性"，致使他成为人道主义陷阱的牺牲品。[11]在另一形象下，他又变身为博学的傻子，像教堂看管人一般。他会根据国外的模式对如何改善经济大发不俗之论，也会把以往的智慧弃之为"偏见"，但他缺乏俗世之学，甚至不知如何设置教堂的日晷。他以怀疑的态度，把文人描写为有高尚思想、支持统一规则之人，这些人无法充分认识到实行这种规则会产生怎样的后果。如此看来，默瑟尔是许多现代保守思想的先驱。[12]

他屡次将理性主义理论观点同地方历史经验中更深层次的理性进行对比。若文人是前一观点的代言人，那默瑟尔隐约就是后一观点的代言人。他是"根深蒂固"的文人的范例，是深受故乡社会和政治制度控制之人。默瑟尔所抨击的统一立法者指的是，普鲁士和哈布斯堡帝国中启蒙专制君主的政府官僚。奥斯纳布吕克虽是一个独立的国家，但四周几乎被普鲁士团团包围。作为神圣罗马帝国——奥斯纳布吕克所属的一个松散的政治体系——的君主，哈布斯堡君主对奥斯纳布吕克也只有间接的影响力。到默瑟尔壮年时期，奥斯纳布吕克的最高统治权被汉诺威王朝掌控。它也曾试图建立一个中央政府，但到默瑟尔时期，汉诺威王朝的君主更关心其作为不列颠统治者的位置，而让如默瑟尔一样的地方贵族管理人员来控制德国。

身处这一制度性社会中，默瑟尔几乎度过了其生命的全部时光，并执笔为这一社会辩护。在这一小小的社会中，他也曾接近真正的权力核心。奥斯纳布吕克大部分的政治经济制度仍保留着中世纪的结构。这个社会处在大西洋经济增长圈的边缘，且不受专制主义政体的控制——但是在不知不觉中却被这两种力量侵蚀腐化。

奥斯纳布吕克政体属"采邑主教辖区"，是近现代宗教斗争下的一个古怪产物。[13]奥斯纳布吕克的政治等级最高层是统治者，由有着汉诺威王朝血统的天主教主教或新教采邑主教担

89

任。但是，这些名义上的统治者却很少现身主教辖区。天主教主教掌权时期，主要决策权归于大教堂委员会——大部分由天主教贵族组成；新教主教掌权时期，决策权归于有贵族资产之人，且仅限于能列出 16 名贵族祖先来证明其血统之人。另外，主教辖区内的城镇拥有独立资产，且有权批准关乎该镇自身的法律。作为奥斯纳布吕克市高级官员之子，默瑟尔自 1744 年起参与该市的管理，直到逝世。人生的后三十年，他一直担任主教辖区政府的主要领导官员。

自中世纪起，农村地区一直由少数贵族地主以及大量农奴和农民居住，农奴和农民靠耕作养家糊口。贵族地主是主教辖区大部分适耕土地的所有者。他们住在自己乡下的宅邸中，收入主要来自农奴上缴的封建税或独立合法的农民上缴的租金。按照风俗习惯，贵族不应该像平民一样，为了赚取报酬，整日辛苦劳作，同时也无须像平民一样缴纳税款。贵族持有的资产可以由其后嗣继承，但不能买卖销售。农奴不能自由地持有土地，且若无其贵族地主的许可，不能搬迁。农民通过继承租赁权获得自有土地。贵族和农奴的身份都可世袭，自由合法农民的未来则受其从祖先那里继承的土地租约所限。贵族地主、农奴和独立的农民就过着这样的日子，对市场经济丝毫不察。

市场——以货币为中介进行商品交换——当然在奥斯纳布吕克的传统社会中起着一定的作用。但对于大部分的地主、农奴、农民和手工业者，市场对其生活的影响无足轻重。农民家庭可以生产其所消耗的大部分物品，并消耗掉其生产的大部分物品。偶尔这些农民也会去城镇市场，卖掉一些鸡蛋、黄油、家禽或蔬菜，用赚来的钱交税，或是购买城镇手工业者的产

品，这些手工业者直接售卖其生产的物品，而不通过任何中间
商。一些具有异域风情的小东西，当地人无法生产，只有在每
年定期的市集上才能零星地买到。传统上在奥斯纳布吕克人的
生活中，以及许多真实的欧洲社会中，商人和商品只发挥着微
小的作用。[14]市场经济正逐渐侵蚀着这种制度性社会，甚至在
转变着如奥斯纳布吕克这样的经济死水区。

90

　　奥斯纳布吕克市的居民也有其特权，以财产和城镇委员会
为代表。执政的城镇委员会被城市平民寡头控制——包括商
人、律师、新教牧师和政府官员——这些人大部分都有血缘关
系。这一由近亲组成的寡头政体，和该社会中的任何层面一
样，其中个人的职业和经济地位很大程度上取决于出身而非成
就大小。

　　手工业者是该城镇经济的支柱，也是城镇财产的代表——
不过并非以个人，而是以奥斯纳布吕克某一公会成员的身份。
城镇中有各式各样的公会，如铁匠、补鞋匠、面包师、制革
师、屠夫、毛皮商、珠宝商、木匠、修桶匠、假发制造商、装
订商、外科医师、布匹制造商、亚麻布编制商等。公会成员选
举出一名公会首领，作为其城镇财产的代表，进而由这些首领
们选举出城镇委员会成员。[15]公会中的手工业者因此成为公民
的一分子——公民一词兼指"市民"和"镇民"。除了城镇中
这些宪法框架下的市民，还有一些"居民"——日工、奴仆
和流浪者，他们既不是市民，也不是公会或委员会的代表，但
数量却与日俱增。因此，公会会员身份给予个人的既有经济特
权也有政治参与权。

　　这些关于公会和城镇财产的政策限制了其他人进入该贸
易区范围，而其自身则享有排他性权利，可以在城镇和邻近

乡村售卖自家产品。每一个公会都有权利没收来自城镇之外但公会可在当地生产的产品，以此来推行贸易垄断。公会规定中详细说明接受新学徒的条件，包括良好的性格和体面的出身。学徒跟随公会师傅工作多年之后，先成为熟练工人，若能拿出一件"大作"展示技艺，最后甚至可一跃成为师傅。由于在奥斯纳布吕克社会的其他领域中，个人的血统很大程度上决定了其职业，因此在接受新学徒时，师傅的儿子们享有很大优势：他们只需缴纳最低限度的学费，且学徒期相对较短。

默瑟尔对人类社会的核心观点是"荣誉"，在社团社会中"荣誉"这一概念，与之后出现的利己主义社会中"尊严"的概念，具有同等的重要性。[16]默瑟尔认为，人类从自己在社会制度结构中的位置获得身份认同，且该社会的经济、社会和政治制度都一般无二。他的社会地位（公会人员、贵族地主、农奴或独立农民、佃农）不仅决定着其维持生计之道，还决定了他如何认识自身、自己的责任和义务，应该服从谁和被谁服从（用现代社会学的话来说，默瑟尔式社会中几乎每个人的角色都源自唯一的社会地位）。某人的身份主要是其祖先身份的延续。在默瑟尔看来，真实的自我是被社会牵制的自我，以社会地位、历史和地方特质、财产为基础。这一自我的首要美德是荣誉。社会地位和附属于社会地位的荣誉都可继承，不过如果某人无法履行依附于此的义务，也可能会丧失地位和荣誉。在默瑟尔的社会论，以及对启蒙专制主义和市场侵蚀效应的观点中，到处都是这种世袭和制度性的荣誉概念。

公会曾经是奥斯纳布吕克社会的保障，也正是由于公会的存在，默瑟尔才能更加完美地阐释其社会思想，以及对市场扩张的恐惧。

默瑟尔对启蒙专制主义社会经济政策的敌对之言，竟然主要出自其关于私生子的作品。在普鲁士君主的煽动之下，受启蒙影响的哈布斯堡大帝于 1731 年发布一条法令，旨在"革除公会内的暴行"。该法令不仅试图让公会服从政府权威的控制，还要消除某些抑制公会经济效率的行为。例如，它旨在迫使公会接受一些孩子入会，而他们父母的职业被认为缺乏足够的使其后代有资格成为公会成员的荣誉。[17]该法令反对排斥监狱看管人、挖墓者、守望者、教区执事、街道清洁工、沟渠清洁工、牧羊人，以及其他被社会厌恶的平民的孩子。它还禁止公会歧视"私生子和在祭司合法化之前或之后出生的孩子"。

公会成员申请人须是"在纯洁的环境下由体面的父母所生"（有清白的父母，来自干净的床铺），这一规定在 17 ~ 18 世纪逐渐盛行。[18]至于经济效率或个人责任，该规定并未阐明。许多公会成员竭尽全力废除这种规定，多亏哈布斯堡大帝的权力有限，无法真正推行其统治，公会成员有时还能继续决定公会成员身份和祖先的关联程度。

默瑟尔于 1772 年撰写了两篇文章，对这一法令进行深入思考。文章的标题按照以往惯例，传递出作者的最终结论："1731 年帝国法令的缔造者让许多本不体面之人体面化，是否属正确之举"和"关于当代荡妇和其贱种耻辱之心的消亡"。[19]默瑟尔将该法令定性为让公会接受"几乎任何有两条腿、没有羽毛的生物"的过分要求，还是当代"人道主义潮流"的一个范例。默瑟尔写道，对同胞的喜爱是一种高尚的情感，但不应该是政府社会政策的基础。

92

默瑟尔抱怨道，"我们这个时代无政治性的哲学"将人道主义升华并超越公民意识——"博爱之情"超越"公民性"。婚姻就是一种重要的政治制度。家庭户相比于单身户对国家更重要，不仅因为婚姻比一系列不正当性关系能创造出更多的子嗣，还因为家庭制度有助于控制恶行、培育美德。一旦家庭力量衰弱，我们预料到恶行会增加，同时政府需要更加严厉地惩罚犯罪，以此威慑人心。不过婚姻也有其负担和不适，而单身也有值得称道之处。因而政府为婚姻设立奖励，而对单身和不正当性关系加以劝阻，这在政治上属明智之举。默瑟尔称，若给予私生子和体面出身的孩子平等的社会地位，那法律将使人们逐渐不再鄙弃有不正当性关系的女性；这样就消除掉了最强大的婚姻刺激因素。而减少放荡女人和其孩子的耻辱之念也会产生相同的结果，即以婚姻制度——公民生活的关键成分——为代价。

因此默瑟尔称，这条启蒙法令"无政治性"。根据抽象的人权或自然状态推断私生子应该享有公民权利，完全忽视了大众偏见的功能，即为了维持遍及各种政治功能的婚姻制度，而对非婚生子所持的偏见。默瑟尔写道："我们的祖先在接受某人进入公会中时，会要求其提供体面的出身证明，指导他们这种行为的不是理论而是经验。"默瑟尔经常重复谈到这一对比，并成为其之后保守思想的重要组成部分。依据抽象的公正和效率的前提推出结论，是无法同"经验"所体现的智慧相匹敌的。因为经验中的智慧——现存制度、公会和家庭的功能相互关联，以及同这些相关的信念（如所有人一致鄙弃私生子）——是一种持有该智慧之人不一定会清楚言明的智慧形式。默瑟尔经常认为自己的任务就应该是发现并阐明现存制度和行为中暗藏的智慧。

默瑟尔推断，削弱公会的体面性，强制允许私生子进入公会，会引起公会成员身份的贬值。一旦公会的体面被该准入政策摧毁，加入公会就不再受人尊崇。人们将不再渴望得到公会的地位，最终公会开始走下坡路。默瑟尔称，发布这条政令的启蒙官僚们于是剥夺了公会人员的财产所有权，并在未和他们协商的情况下使其传统特权削弱，从而也夺走了公会人员的自由。

在默瑟尔看来，这一政令是政府官员发动的一次对公会人员体面、自由和财产的侵袭，由于这些官员普遍轻视那些比自身地位低下之人，因此无法认识到这些行为的后果。他们试图给予私生子体面的身份，反映出他们对荣誉和非荣誉的含义缺乏深刻的理解。在一个等级、阶层和财产分明的社会中，荣誉是有着相同地位的人应被平等对待的权利。"名誉不好"之人也有其相应的地位：他们分属于社会传统等级的最底层。上述政令似乎使得归属于最低等级变得让人难以忍受。默瑟尔问道，一旦这一政令通过，每个等级都要开始怨恨其荣誉感低于上一等级，难道不是吗？默瑟尔认为，通过弱化荣誉概念，专制君主制的官员们攻击着构成社会的每一条准则。没有坚定的等级观念——每个等级都有其相应的特权、义务和荣誉——人们如何能够知晓自身的位置？

默瑟尔以农奴制度——传统的地主和农奴之间的家长式关系，其中农奴为地主的法定财产——为论点，抨击启蒙文人。他指出，许多文人认为农奴未享受到任何权利，毫无自有财产，且要完全听任主人支配，但是在威斯特伐利亚，农奴的境况事实上与此并不相符。此地由于历史性原因，农奴制以一种尤为温和的形式发展。[20]他声称，存在于威斯特伐利亚的农奴制，事实上要优于以合法自由双方为基础的经济关系。他认为一旦农奴支付一定数额的现金买到法定的自由权，从而给自己"赎身"，地主将不再关心农奴和他们的福利状况。他写道，农奴就像是一匹驾车之马，所有者理所应当地要不断去维护；而从地主那里租得土地的农夫就像是一匹租借的马，主人只会尽其所能地剥削它，不会关心其未来的幸福安康。[21]

对土地财产的资本主义态度取代了传统的家长式经济关系，这大大警醒了默瑟尔。在奥斯纳布吕克周围的乡村地区，地主把无力按祖传土地契约支付债务的法定自由农民驱逐出境，并代之以佃农。他提醒说，这种行为会减弱农民内心对"祖传遗产"的依恋，降低农民心中财产所有权和公民责任的关联程度。通过立法限定农民的借贷能力，并使债权人难以侵吞借贷人之财产，默瑟尔尝试唤起农民内心的感恩之情。[22]

尽管默瑟尔对市场持怀疑态度，但他并不反对此种商业贸易。相反，他试图利用自己对社会本质上的非商业愿景对其加以限制，并使其同该愿景协调一致。默瑟尔垂青于某些经济发展形式，并希望它们能被政府掌控。他越是钟情于市场，市场的自由性就越低。作为一名十足的重商主义者，默瑟尔赞同商人将当地制造的产品输出，从而使国家富庶。作为一名地方行政官员，他在该地经济被七年战争摧毁之后，利用国家资金和垄断权力鼓励经济发展。他给手工艺人提供财力资助，使其在奥斯纳布吕克定居，满足当地的必要需求；创办由政府运营的陶器厂和篮筐厂（都以失败告终）；给当地银行出谋划策，以充分利用奥斯纳布吕克个人和政府部门所持的资金。[23]与伏尔泰类似，默瑟尔积极参与经济事务，不仅借钱给当地贵族，还冒险参加地方采矿业。[24]

默瑟尔有时甚至鼓励以市场为基础的经济政策，因为它具有实用性和可行性。针对 18 世纪最敏感的经济政策问题，即政府在监控粮食供应中发挥的作用，他甚至仍旧采用这一措施。[25]他反对当下的政策，即在粮食短缺时打开政府粮仓保证供给。他解释道，粮食贸易是这样形成的：商人在粮食价格便宜时经常连续九年亏损，偶尔某一年粮食短缺，其库存的粮食价格上升，他们才能得到补偿。默瑟尔称，没有任何一个商人会在知晓第十年价格不被允许上调的前提下，假定存在有九个粮食价格便宜年份的风险。政府若要稳定粮食价格，就必须预料到，在现实情况下，政府不能依靠贸易保证供给，因此将不得不靠政府自身供给粮食，然而这并不在政府的有效能力范围之内。他写道："在这种情况下，人们可以完全依靠获利欲望的大小，人人都有这种欲望，但上帝赋予人类这一欲望并非没有目的。"[26]

95

摧毁地方文化

尽管市场为商业贸易提供诸如此类的种种便利，但默瑟尔依旧认为市场在本质上是一种威胁——威胁着城镇的手工艺市民、农民的传统需求，以及社会的政治结构，因为在乡村地区传统的家长式关系之外，市场又创造出一个新型阶层，且规模与日俱增。对奥斯纳布吕克当代政治经济的发展趋势，默瑟尔基本上持悲观的态度，略带点对过去的理想化，也就是后来所称的浪漫主义。[27]在他眼中，手工艺市民和独立的农民是英雄人物，而零售商和小摊贩则是反派角色。

　　默瑟尔认为手工业者是奥斯纳布吕克政治制度的关键，因为手工业者作为市民，向国家缴税，使国家有所依靠；而在战争时期，他们可被征参军或为职业军人提供住所。这些人生产传统产品，满足该地区的日常需求。经济特权和政治义务就这样一直完美地相互交织，并存于这个静态稳定的经济体中。

　　默瑟尔相信，手工业者的地位现在被国际市场和该市场的区域代理人——零售商步步侵袭。[28]这些零售商从奥斯纳布吕克之外进口商品，并在其小店中售卖。这些商品来自伦敦、巴黎和德国的大城市，经过劳动分工，也就是默瑟尔所称的"简单化"（simplification）或历史学家所称的"集中生产"（concentrated manufacture），商品在这些地方被生产出来。[29]这种新式的一个师傅雇用三四十个劳动者的生产方式，取代了公会手工业师傅带领几个学徒和熟练工一同劳作的生产方式。生产过程被细分为许多步骤，每一个步骤都由专门从事这一阶段的工人完成。默瑟尔称这一体系为"简单化"，是因为每一个工人都只掌握了生产过程的一个步骤。熟练工要学习如何制作整个产品，最终可能会成独立的师傅，但是每一个"简单化"产业的雇佣工人只学习生产过程的一小部分，因而永远都无法独当一面。默瑟尔认识到，经由这种过程生产出的商品售价会更低，不过他并未像亚当·斯密一样，认识到该过程可使成本降低的经济原理。在大城市生产产品还有其他的经济优势，默瑟尔列举出的优势有：更容易获得原材料，城市本身有很大的市场，新工厂可以利用由风力和水力推动的新机器——相比于手工业者使用的工具要先进许多。零售商们将这些在城市制造加工的商品进口到类似奥斯纳布吕克这样的城镇。默瑟尔意识到，这些"简单化"

的产品比其家乡手工业者生产的产品质量更佳且价格更低。因此，零售商逐渐取代手工业者的地位。据默瑟尔估计，上一世纪奥斯纳布吕克手工业者的数量锐减一半，而零售商的数量则翻了三倍之多。于是独立的手工业在经济上开始走下坡路，社团主义社会的城市制度也日渐萎靡。

默瑟尔多次谴责人们越来越钟爱新式进口的商品，尤其是地位较低之人。默瑟尔不无夸张、针锋相对地写道，即使是乞丐现在也认为咖啡、茶和糖是其基本需求。[30]同普通商人一样，他也担心贸易失衡，于是一边努力劝诫人们减少对进口商品的钟爱，一边试图增加出口量和地方制造商品的消费量。[31]默瑟尔声称，零售商以牺牲地方同类产品的利益为代价，鼓励国外商品的消费，使得外国人的钱包越来越鼓，而自己的同胞市民愈发贫弱。为了与这些重商主义假说保持一致，默瑟尔把零售商从商人中区分出来。商人维持生计靠的是将地方生产的商品出口到国外市场，或进口原材料供给地方生产者，最终出口产品。商人的存在对国家而言是福音，但零售商则是祸根。默瑟尔写道，商人应有第一级的荣誉，而零售商的地位理应比手工业商人低下。[32]

进口的国外商品还有另一特性——新奇，这让默瑟尔更为不安。他写道，在超级大城市中，品味和风格不断变化，而城镇手工业者只生产传统的商品。零售商发家致富，靠的就是诱发人们对时尚和奢华的兴趣，激发人们新的欲望。主祷文谆谆劝诫："不要带领我们接近诱惑。"但在默瑟尔看来，新国际经济的地方代理人——零售商——的作用正在于此，他们抢走了手工业者的顾客和生计。于是，"时尚"成为"偏僻小镇最大的劫掠者"。[33]

97

因此，默瑟尔谴责资本主义，由于它创造了新的需求，使习惯性预期被瓦解，社会平衡被打破——这一论断在 18 世纪极为普遍，此后的伦理学家偶尔也会提及。[34]他还抱怨国际性品味取代了本土品味。[35]

虽然默瑟尔怀疑城区的零售商是城市变革的原动力，但他最憎恨的还是小商贩——农村地区市场经济的罪魁祸首。偏远的威斯特伐利亚还处于原始经济时代，大部分农民能够接触到的市场和商品极为有限。由于路况不便，外出艰险，农民们很少去城镇和商店。能买到国外商品的市集数量稀少且相隔较远。在经济如此落后之地，国外商品的主要来源就是小商贩，这些人随身背着货物，穿越林间小道，到达农民家。一般人很难找到这些穷苦农家。但是对于这些未来的商人，一无资本、二无继承地位的小商贩来说，这些地方则是未经开发的市场。他们带着其他地方生产的各色物品，将其一点一点地卖给这些基本远离市场经济的人。[36]这样的小商贩们多数为犹太人。

默瑟尔认为，小商贩的行为唤醒了穷苦大众新的需求和欲望，损毁了其"良好的道德品质"。他声称，农民曾经很满足于当地的产品，并不渴望外国制造的、和其身份不符的商品。但小商贩鼓励他们购买自己不曾想到的物品，才使得他们误入歧途：

> 我们的祖先从不容忍这些偏远地区的零售商；他们限制市场自由；他们禁止犹太人进入我们的教区；为何如此严厉？当然是为了不让偏远地区的居民们整日被刺激、诱惑、欺骗和引入歧途。他们遵循一条实用准则，即我们看不到的东西不会让我们迷路。[37]

小商贩劝诱人们购买的东西，在默瑟尔看来，都是人们实际上并不需要之物；他认为，人们需要的是传统上他们曾经需要的东西。默瑟尔这样的政府政策制定者的目标在于，阻止公众受到诱惑去购买默瑟尔认为他们实际上并不需要的产品。[38]

那么从小商贩手中，这些毫无疑虑的农民及其妻子买到的都有哪些有害却诱人的商品呢？丝绸手帕、佛兰德斯亚麻布、皮手套、羊毛丝袜、金属纽扣、镜子、棉花帽子、小刀和针。在日常消费品的保卫者眼中这些东西都属于奢侈品。默瑟尔对小商贩尤其存有戒心，因为他们中许多人都是携带外国商品的外国人。根据默瑟尔的重商主义思想，他们本质上在导出奥斯纳布吕克的财富。由于他们不缴税，却和当地手工业者互相竞争，结果使国家更穷更弱。他们相当于国库走私者。[39]

默瑟尔还认为，市场和其代理人劫掠道德观念，因为他们让女性远离家庭的保护和丈夫的监督。小商贩们出现在女性家门口，直接向她们兜售货物，而有时她们的丈夫并不在身边，这样的事实不禁让默瑟尔心惊胆战。[40]他还反对每周的地方市场，原因是市场让女人和小孩远离"中产阶级平静"的家庭，进入市集。她们四处闲聊，花钱买点心、找乐子，而忽视家庭责任。[41]于是，市场再一次被描述为传统和习俗的破坏者。

如上是我们对默瑟尔粮食贸易观点的讨论。他确实领会了市场的积极作用，甚至也同样适用于小商贩。默瑟尔承认小商贩的存在的确可以避免零售商漫天要价。于是，他建议要对小商贩持容忍态度，不过他们只能销售一些"必需"的国外商品，且只能在市集上销售，因为市集并不经常开放，而女性顾客会有陪同者。[42]

98

创造穷人

然而，奥斯纳布吕克制度结构的最大威胁来自向农村地区蔓延的制造业新资本主义形式。到默瑟尔时期，这一转变已相当成熟，他也被迫给予支持，同时尽力忽略其毁灭性的政治效应。

默瑟尔认为市民权利同财产所有权相关。据默瑟尔所述，古老的日耳曼部落曾这样限定，只有持有土地并在该土地上劳作之人才能有住宅和市民身份，从而保存了该部落的政治美德和纯洁性。[43]他和洛克一样相信政体基础为某些原始契约。但在默瑟尔的概念框架下，这一原始契约的分配要以财产所有权，尤其是土地所有权为基础，并非任何人都有相同的分配额：贵族分配额最多，农民较小，有的人则完全没有。[44]在该体制下，依靠雇佣劳动获得收入的无产者毫无容身之所。[45]那些财产较少、没有市民权利之人，被称为非市民，即外来市民或旅居者。默瑟尔面对的基本困境在于，在农村地区，新型生产形式不断增加，于是涌现出大量缺乏市民身份所需财产的人口，他们在奥斯纳布吕克的传统制度中毫无地位。[46]

因此，默瑟尔面临的窘境是，如何面对许多发展中经济体的政策制定者；如何适应新的环境，在该环境下经济机会中的变革（和养分）让许多人能够依靠经济体自给自足，但也只是处于温饱层次。传统上农民家庭的大小受限于经济制约因素——土地缺乏。一般男性农民只有在有能力养活全家时才会结婚，也就是当他拥有自己的土地时——通常于父亲去世时继承的土地。按照传统，大多数男性农民约30岁结婚，之后才养育后代。但是到默瑟尔时期，农村流动劳动力和家庭产业改变了农民的这些机会。

在奥斯纳布吕克，大部分农民都是亲自耕种自己的小块土地，但是土壤质量低劣，而人口密度高。荷兰附近的独立农民则需要雇佣劳力来收获庄稼，该地的经济相对发达，距离该市西部约 50 英里。因而，至默瑟尔时期，在奥斯纳布吕克，每年夏天约有 6000 名男性前往荷兰当雇佣劳工。[47]

经济机会的第二来源是农村的家庭制造业。正是依靠"家庭手工业"或"包买主制"（the putting-out system），默瑟尔主教辖区的许多居民开始同逐渐扩张的国际市场经济产生了最紧密的联系。在这种分散的制造系统下，布匹由农民在其小屋中分部分生产，经常是在农耕工作需求较少的冬季进行。在他们家中，有些农民纺纱，有些农民织布，其他人则可能给织好的布染色。商人企业家创造了这一系统并将各系统加以结合，为保证生产的先进性，他们为农民提供原材料或必要设备，然后经过各种步骤，最后制成成品销售。[48]在欧洲的某些地区，包括默瑟尔所说的奥斯纳布吕克，家庭手工业的发展促使这些地区人口数量迅速增加。

默瑟尔敏锐地觉察到这些经济机会对经济和社会的影响。奥斯纳布吕克最重要的出口物品为家庭生产系统中生产的亚麻布，因而亚麻布生产成为重商主义管理者考虑的关键问题。因为只有持续发展的经济才能供养不断增加的人口，管理者们才能免于沦为平民。在家中生产亚麻布之所以能在经济上保持可行性，是因为家中的男性每年外出到荷兰劳作。因为这些原因，默瑟尔鼓励发展亚麻布产业，并支持男性夏天到荷兰务工。[49]

不过，让默瑟尔忧心忡忡的是这些新型经济形式的社会效应。他注意到，收入来自自家土地的农民中，男性直到继承了家庭土地，才会在 30 岁左右结婚。然而，一旦当雇佣工人

100

能够赚钱养家，男性在 20 岁就能结婚。因此，雇佣工人（他们通过家庭产业补贴收入）的人口增长比率比传统的农民要高出 1/3。[50]这样一个全新的阶级产生了，因为他们缺乏拥有市民身份的先决条件，即财产。默瑟尔对它的命名各式各样：受雇者、去荷兰者和非市民。

许多无产者生活在温饱的边缘。因为无法积累财富，有些人甚至宁愿做农奴，这样可拥有自己的一片土地，还可以留给子孙后代。[51]默瑟尔提醒，并非任何人都能适应这种艰苦的新式劳动，许多人更倾向于当窃贼或是乞丐，以免于辛劳。他认为这些人，首先是潜在性地掏空国库，接着是奥斯纳布吕克的土地资源和有产市民。[52]要阻止这些新型人口涌入主教辖区需要冷酷无情，需要抛弃以往市民之间的公共情感。

101 　　　要让这群新式手艺人走笔直狭窄的小径，立法者必须居高临下，用棍棒说话。他必须提供工作车间，阻止潜在的乞丐出现，他必须禁止救济施舍，他必须从农民有产者处给这群人分配一份特别而有意义的工作。他绝不能为了保护 1 个无辜者，而放纵 10 个有罪者；更大的目标需要更大的牺牲……很少能有数量庞大的手工艺人存在，并保证他们不死于饥饿和痛苦。一个由 1 万家农场和 20 万名雇佣工人组成的国家，是无法平等对待所有穷人和病人的……这条准则常常被滥用，即人们必须受到压迫，才能勤勉工作。但它的核心真理历久不变，也就是说痛苦是最好的戒条。如果慈善创造了懒汉，而这正是手工艺人最让人恐惧之事，那解除这种痛苦便是大错特错。痛苦的要求远比法律的要求更为严厉……[53]

默瑟尔认为在基督教慈善和人道指导下的政策只会鼓励穷人靠国库生活；人们只有看到贫穷有多痛苦，才能更加刺激这个新阶级人群工作。[54]

在他看来，这个新型人群无财产，且被剥夺政治权利，不应该是被同情的对象，而应该被怀疑。不像城镇的公会手工艺人，或农村地区的自由农民和不自由的农奴，这些手工艺人不适合默瑟尔的奥斯纳布吕克社会愿景，反而会威胁该社会的根基。他的策略不是适应他们，而是防止他们变成奥斯纳布吕克其他阶级的压倒性负担，这一策略包括赶在他们变成"灾祸"之前驱除一些"无用的无底洞"。[55]

伏尔泰在其最著名的小说《老实人》中，对认为这个世界是可能世界中的最好形式这一观点加以讽刺。默瑟尔在解释集体痛苦和不幸的有益作用时自有自己的一套说辞，但比潘格劳斯博士（Dr. Pangloss）的神义论要黑暗许多。在默瑟尔看来，贫困和绝望时期（如农业灾祸引发粮食价格上涨时）也有其幸运的一面，即唤醒了人性中蛰伏的美德。对穷人而言，饥饿的折磨激发他们工作的意愿；对富人而言，穷人的潦倒苦痛打开了他们的同情之心。对这两种人而言，稀缺教会他们节制和节俭的美德。[56]穷人们的困境，既根深蒂固又在道德上无懈可击，默瑟尔对此坦然接受，亚当·斯密和他最大的区别正在于此。

商业贸易和美德的消逝

默瑟尔是 18 世纪唯一一从文化角度抨击资本主义文明的人。[57]18 世纪的文人普遍惋惜追求金钱利益而导致所谓的公民美德消逝。早在默瑟尔于 18 世纪 70 年代提出该观点之前，卢梭和亚当·弗格森就曾有提及。之后该观点以无数种变体重复出现。公民美德传统的代表人物总会随时提醒，被利己主义价值观主导的政治文化处于坍塌的危险之中。默瑟尔疾呼，对金钱的追求已代替对公共荣誉的追求；市场价值观不断排挤公民美德的核心，即随时准备为共同利益献身的精神：

> 没有迅速的应对之策，所有东西都将丧失。荣誉，这一人类行动的强大动力，将不再为我们服务；对财产的纯洁之爱将消失；所有公共服务的酬劳将必须用现金支付（对国家有害）……罗马市民珍视为最大奖励的荣誉桂冠在今天将难以满足任何人；骑士的荣誉将不再会让人有骑士的行动；高尚本身也已变得慵懒。金钱和任何收费服务决定了一切，二者无耻地毁灭了公共荣誉的经济体，即酬谢爱国人士时采用的非金钱途径。公共荣誉的经济体以确切有序的方式引导大众福利；它以责任而非严惩为基础发挥作用，它创造出的爱国人士，愿意为了同胞市民而献出生命，为了国家和名望而前仆后继。如今富人们驾着镀金的马车，把普通市民视如草芥任意践踏，收费的佣人嘲笑有人自愿提供优质服务，不收任何报酬只为了有能穿黑西服站在官厅的荣誉。[58]

但是默瑟尔知道，金钱经济的潮流已强大得不可逆转，人们最多只能减弱其负面效应。[59]但他关于如何减弱负面效应的建议却并不令人信服，因为就连他自己也认识到其中的不可行性。为了恢复手工艺人和农民的声望——也是为了进一步将他们同雇佣工人和旅居者区分——他建议允许他们携带武器，原因在于德国人一直习惯认为荣誉与这一权利密切相关。[60]默瑟尔建议把市民民兵组织作为再创市民美德的工具，这成为18世纪中叶另一被反复提及的主题。默瑟尔还（有点戏谑口吻地）建议设计等级分明的制服，作为荣誉等级的象征，穿在对共同利益有明确贡献之人身上。这一象征尊严的制服，若有人能够幸运地穿上，则是对公共服务的一种鼓励，而丧失穿上制服权利的可能性则对犯罪有劝诫作用。写有这些建议的文章——《全国统一制服的优势，一位市民的陈词》——结尾颇具讽刺意味："他（该市民）想继续说话，但是他的妻子有点担心他所建议的是专为女性设计的制服，于是她命令他闭嘴。"[61]默瑟尔这样讽刺性的结尾表明，再创"公共荣誉的经济体"所采取的措施很难让公众接受。

因此，默瑟尔是众多评论家中第一位表明市场崛起文化效应的困境之人：人们如何恢复荣誉、美德和对大众福利的追求，而芸芸众生恰好缺乏这些品质？尽管有时他的评论有些激进，但考虑到他对现存制度的审慎态度，以及同其千丝万缕的联系，他是不愿意提议激进的应对措施的。在未来，不熟悉他们的社会政治制度的文人将附和默瑟尔关于市场的评论。他们对应对措施的探索也将更加极端和激进。

但是，忧心商业侵蚀社会制度秩序的并不只限于像默瑟尔这样的生活在奥斯纳布吕克经济死水区的保守市场评论家。很快，埃德蒙·伯克就随声附和，他是市场的拥护者，身处18世纪的经济中心伦敦。对市场效应的担心即将成为保守的社会和政治思想中最持久的焦虑。

第五章　埃德蒙·伯克：商人、保守者、文人

　　埃德蒙·伯克的《法国革命感想录》（*Reflections on the Revolution in France*，1790 年）一书出版至今，仍是唯一一部最具影响力的保守主义思想著作。它敲击着保守主义的每一根神经，牵动着每一种保守主义分析的共鸣，并几乎阐明了后世所有的保守主义意识形态。[1]在《感想录》一书中，伯克认为延续现有制度有益于人类福祉，同时批评知识分子毒害政治生活，而后一思想最负盛名。书中反复提到的"有钱人"破坏国家和教会制度的论点，相对而言知名度较低。尽管伯克批判政治文人和有钱人，但他仍是 1789 年前欧洲政界最重要的文人之一，事实上他还构想出政治生活中进一步唯理智论的基本原理。在其最早期到晚年发表的作品中，伯克都支持资本主义经济发展，和亚当·斯密一样提倡将盈利动机和市场作为经济生活的协调机制。那么，为何这位政界的首席文人和市场的提倡者会用几乎最尖刻的批评之辞抨击文人和企业家呢？

　　要解开这个表面上的悖论，我们又会被带入另一个僵局中，那就是商业社会中资本主义和保守主义之间的矛盾。尤斯图斯·默瑟尔招牌式的保守主义一直与资本主义对峙，原因在于默瑟尔理所当然地认为市场扩张会威胁其所要维持的社会状态。相反，伯克所要维持的社会状态早已高度商业化，且已被颇具商业头脑的土地贵族掌控。[2]伯克同伏尔泰和斯密一样，相比其他的社会形态更倾向于商业社会。不过他断言，斯密忽略

了商业社会的制度和文化前提，而伏尔泰及其接班人只展现了现代商业社会根基的威胁。正如伯克所阐释的，问题不在于文人或市场，而在于那些对理智有不合理认识的文人，以及个人利益不受法律或文化规则约束的有钱人。

要理解伯克如何达到这一地位，就需要了解其职业生涯，重点是他如何认识政界中文人的地位，以及如何认识其本人和其他人追逐利润的种种经历。这些思想都促使伯克抨击当时最大的公司——英国东印度公司，而他对法国革命做出的分析更是在意料之内。

政界的文人

和友人亚当·斯密类似，伯克对英国体制的研究始于体制边缘，靠着自身能力和财阀资助，才逐渐渗透到体制的核心。从圈外人转变为圈内人，伯克始终保持着批判性的观望态度，这使得他能够适应既定体制的潜在功能和弊端，而土生土长于该体制背景下的人则很难理解。

伯克于 1729 年生于都柏林，比尤斯图斯·默瑟尔小 9 岁，比斯密小 6 岁。[3] 他受教于著名省立大学都柏林三一学院。在此期间他主编了一本杂志，旨在改革地方风俗，该活动同斯密和休谟参与的苏格兰改革协会遥相呼应。[4] 但是，斯密和伯克改革的背景大相径庭。苏格兰当时处于经济开化期，由一群开明的地方地主领导，这些地主同伦敦的关税联盟和政治升迁都密切相关。相比之下，伯克的家乡爱尔兰则没有那么有利的政治和经济环境。当时爱尔兰人主要是农民天主教徒，他们受英格兰大地主管辖，而这些大地主很少露面。由于法律旨在规定使爱尔兰的经济从属于英格兰的需求，爱尔兰民众被限制从事各类商业和制造业活动，而且爱尔兰当地很少有与政界接触的、致力于促进经济增长的精英人物。在伯克早期的文章中，有一篇哀叹爱尔兰经济的落后状态，他将原因归咎于大地主的管辖，这些人一心想让那些看不上眼的土地更加贫瘠化，而不是为改善经济做出好榜样。[5]资本主义式经济增长这一思想在伯克最早期的著作中开始酝酿成形。

青年伯克辗转到达伦敦，于1756年出版著作《为自然社会辩护》，讽刺批评过度的理性主义，从此开始跻身于知识分子界和政界。翌年又出版《对崇高与美两种观念之根源的哲学探讨》，被认为是当时甚至是18世纪最重要的美学著作之一。同斯密两年后出版的《道德情操论》类似，伯克在作品中称"对我而言，为了所有受可靠确切原则影响之人，非常有必要思考情感的基本原理"。[6]该书在英国和德国颇受欢迎，斯密甚至扬言其作者理应被授以大学教授职称。1758年伯克开始编辑《年志》(Annual Review)，总结欧洲前一年的政治、文化、社会和艺术界的大事件。直到1763年《年志》的许多章节都由伯克执笔，并且取得了巨大的商业成功。

在35岁左右，伯克就得到文化同僚们的一致认可。他是"俱乐部"的早期成员，该俱乐部成员有知识界名流塞缪尔·约翰逊和亚当·斯密（当时身在伦敦）。俱乐部创始人约舒亚·雷诺兹，在之后的数十年中为伯克提供了许多精神和物质上的帮助。但是，这个知识和文化舞台还是无法让伯克尽情施展才能。依靠财阀资助——唯一向才华横溢却囊中羞涩之人开放的大门——他开始踏入政界。

1759年伯克出任国会议员威廉·杰拉尔德·汉密尔顿的私人秘书，这成为其政治生涯的开端。汉密尔顿很快升任爱尔兰财政大臣，不过只是个挂名闲职，他从爱尔兰财政部拨给伯克一笔年金。但伯克很快就放弃了这笔年金，同这位资助人决裂。因为伯克觉得汉密尔顿意在把他束缚于"一种绑定的奴隶状态"下，而伯克认为这种状态对"一名绅士，一个自由人，一个有教养之人和一个假装做学问之人"是忍无可忍的。[7]1765 年通过查尔斯·汤森德（两年前他曾从格拉斯哥聘用斯密担任其继子的家庭教师，无疑是当时最出色的天才挖掘者之一）的关系，伯克成了罗金厄姆侯爵（Marquis of Rockingham）的私人秘书。作为一名大地主和蒸蒸日上的政治人物，侯爵于当年晚些时候被任命为首相，经历了短暂的执政期。罗金厄姆成为伯克主要的政治和经济支柱，根据伯克设想的理念和原理，他试图将不同派别的议会成员融合于同一个政党中，且该政党要成为执政党或是强大的在野党。[8]1782 年罗金厄姆辞世之后，其侄子和政治继承者菲茨威廉伯爵（the Earl Fitzwilliam）成为伯克的资助人。

107

伯克协助创立的政党旨在形成一个由土地贵族领导的政府，该政府支持贸易活动和商业利益，致力于维护下议院在英国宪法中的地位。伯克和罗金厄姆辉格党人尽力使议会免于皇权干涉和众多无产者的过分影响——无论是较公平民主的陈词还是暴民的行动施压。从 1766 年至 1794 年，在伯克漫长的职业生涯中，依靠贵族财阀的资助他才在议会占得一席之位。

对于囊空如洗的一介文人，身处另一种英语语言环境下——因都柏林口音和天主教背景（尽管伯克和其父亲都是新教徒）而处处碰壁——又想在政治上有所建树，就必须用一些非常手段。虽然伯克大部分时间都属于议会的在野党，但仍显著影响着公共事务，其成就也可圈可点。以文人的身份发挥政治影响力，在伯克看来，这些影响公共事务的尝试是对文人的一种光荣召唤。他在年轻的时候曾于笔记中这样写道："为了学习而学习等同于做无用功；只有为了受教而学习才能真正形成一种良性循环。""学习的终点不是知识而是美德，正如所有思考的终点应该是各种形式的实践。"[9]

伯克在《对当前不满原因的若干思考》（1770 年，简称《思考》）一文中，最著名的观点就是使文人在政党中的地位合法化，以及对文人有权踏足政界的雄辩。伯克赞同团结各个政党，核心的论据源自他所说的"若无协同，无人能有效行动；若无信心，无人能协同行动；若无共同观点、情感和利益的约束，无人能有信心行动"。[10]英国乔治王朝时代的一个共识是，共同的情感和利益是政党团结的基石。伯克《思考》一文的重要性在于，它不仅阐述了文人在政党中拥有合法地位的观点，还让政界人士更加重视政党这一概念。这是因为伯克将政党定义为"一群人团结起来通过共同的努力，以其一致同意的某些准则为基础，促使实现国家利益"。[11]他还坚信"公共事业进程中的应对措施应该关联于或依赖于政府中某些重大的、起主导作用的一般准则"。[12]这一政党理论强调共同准则和共同观点，高度评价许多明确表达准则和创建共享观点之人。

和许多认为政治活动腐蚀灵魂的文人相反，伯克在《思考》一文中为文人参与政治进行了有力的辩护。他写道："就我个人而言，我很难想象有人会相信个人政治学，或是认为它举足轻重，而拒绝采取适当方式将其付诸实践。思考恰当政府的终结点是思辨哲学家的事。而政治家应该是一个行动着的哲学家，他的任务是找出到达这些终结点的恰当方法，并有效地予以实施。"[13]伯克鄙视那些为保持文人纯洁性而拒绝踏入政界之人。他写道，我们需要"将准则贯彻于我们的职责和处境中。要完全相信，任何不可实践的美德都是虚假的；与其在毫无咎责、毫无用处中虚度光阴，不如甘冒在前进过程可能犯错的风险，高效有力地采取行动。公共生活权力纵横、活力四射；玩忽职守就是亵渎职责，就等同于加入敌人的阵营"。[14]

尽管身在议会数十年，英国许多重要的文人仍将伯克列为他们中的一分子。1783 年 11 月，伯克被选为格拉斯哥大学的名誉校长。他先在爱丁堡稍作停留，在那儿拜访了斯密和苏格兰启蒙运动的先觉者。斯密出席了伯克在格拉斯哥大学的就职仪式，不久又在其创立的爱丁堡皇家学会中提名伯克。[15]

作为一名文人，伯克自身的偏好也会对其政治理论有所影响。在 1774 年的"对布里斯托选民的演说"中，伯克告诉他的选民"议会不是来自各方敌对利益团体代表的集会，每一个利益团体都必须坚持自己的利益而反对其他的代理人和拥护者；议会应该是一个民族国家的审慎的集会，所有人都只为了一个利益目标……"[16]这一概念认为，议会不是一群承诺维护选民利益的代表，而是一个审慎的团体，它通过讨论达成共识，且私底下重视演说和理智。这一概念毫不出奇地广受政界文人的欢迎。一百年后约翰·斯图尔特·密尔（也译作约翰·穆勒）在其《代议制政府》（1861 年）中再次提及，后来又出现在尤尔根·哈贝马斯的《公共领域的结构转型》一文中。

作为罗金厄姆党的智囊团核心，伯克的职责就是阐述准则，利用演说报告影响议会，通过出版的演说报告和发表的作品影响议会之外的观点。

伯克经常担任罗金厄姆党的发言人，在议会发表演讲并为其政党树立一套清晰合理的准则。[17]作为一名文人，伯克能够

109

在政界呼风唤雨部分得益于雄辩的口才，反过来雄辩的口才又得益于博学多识，这点无论是其崇拜者还是反对者都佩服得五体投地。他的许多伟大辩论著作中屡屡出现选自圣经、希腊古典文学、拉丁文学以及英国诗歌戏剧的典故和语录。他利用修辞技巧将自己的学识和时下大量的信息巧妙结合。当时大部分的议会成员还很少甚至不会公开演讲，伯克超凡的演讲能力和机智的雄辩术让同时代的许多人印象深刻。[18]他作为议会成员的首次亮相（在一系列赞成罗金厄姆提议的废除《格林威尔印花税议案》的正式演讲活动中），据塞缪尔·约翰逊说，"让整个小镇惊愕万分"，伯克获得了"几乎超过以往任何人的巨大声望"。[19]之后伯克成为弹劾沃伦·黑斯廷斯的主角，这一弹劾事件让伦敦社会的目光投向威斯敏斯特，共同关注着这场数十年来历时最长的审讯。[20]

伯克长久以来屹立不倒的地位还源自其熟练的总结和分析信息的能力。他自己本身就是一个智囊团：编辑《年志》[21]；在《对近期出版物——名为"国家的现状"的思考》（*Observations on a Late Publication*，*Intitled "The Present State of the Nation"*，1769 年）中他详尽列出玷污（伯克声称是诽谤）其政党名声的反对派言论出版物；另外，他还对印度的政治经济进行了详细的研究，成果丰厚。

"情报"和"公众舆论"的市场

110

然而，伯克最充分地发挥其影响力是通过一种创造"公共舆论"的新型文化生产方式，即一些书籍、小册子和报纸的贸易流通，它们吸引了许多关注议会事务的受过教育的民众。伯克表明罗金厄姆党实行的是一种更先进的新式政治，它允许公众参与讨论。[22]政治演说将越来越公开化，并由报社发表大部分的演说。那是一个信息激增的年代，或用现代的语言说，一个"情报"时代。[23]正是"情报"市场的扩张，才衍生出适合文人从政的市场。当时议会在国家生活中的重要性与日俱增，伯克曾说，下议院知道其言论能被更广泛的观众听到，即"国门外"的政治国家。[24]

身兼议会成员和文人两种角色，伯克投入了大量精力来润色其准备出版的议会演说文章——一种专门影响公众舆论的相对较新的文学体裁。在《对当前不满原因的若干思考》（1770年）和《法国革命感想录》（1790年）两文发表间隔的二十年中，伯克大部分出版物都采用这一体裁。所有出版的演说都严格经过三个步骤。首先，伯克在准备演讲时要大致做个笔记；然后，在议会上使用的那些内容，伯克还会随时增加、删减和编辑；最后，他会充分利用演讲稿，修订待出版的资料。[25]《特别委员会关于印度的第九次报告》全文出自伯克之手，在议会演说后不久就被德布雷特出版。1785年他出版了《关于阿尔果德债务中债权人的演讲》，在出版之前，其早期草稿就被一些有见识的党派分子传阅，伯克据此进行了修改，用脚注加以补充完善，并添加了附录。[26]诸如此类为出版而写就的演讲，成为让议会成员和更广泛的公众了解国家大事的重要资料来源。伯克的政治影响力很大程度上源自其议会之外反响巨大的演讲。

18世纪80年代英国政客和报社都越来越重视"公共舆论"的力量，即民意，也就是自由的新闻界应具备的素质——保证公开讨论公共事务的自由。[27]在法国，启蒙文人逐渐提倡把"公共舆论"（以新兴的大众印刷媒体——小册子、报纸和书籍——为基础而形成）作为判断各种观点的依据，从而使得任何有关公共政策的事务都要经过"公共舆论"这一合理性和客观性标准的评估。[28]

伯克也清醒地意识到，事实上，商业化的信息传播方式使"公共舆论"的影响在政界愈发重要，而文人也愈发对"公共舆论"的定义拥有话语权。针对这一主题，伯克和伏尔泰与其他人不同，他们意识到经常被捧为公众理性和良好判断力的呼声，事实上是文人的呼声。换言之，"公共舆论"逐渐转变成专指出版的舆论。正如他在 1789 年所写的文章中强调，这样的转变赋予了文人全新却可能不祥的重要地位。[29]在分析法国大革命的起源时，伯克认为主要角色是"有钱人"和"文人"。他写道，随着"金钱的逐步增多和加快流通，随着政坛和文坛的消息传播愈加迅速，散布这些金钱和消息之人的地位就会越来越重要"。[30]报纸的流通"比以往任何时候都更广泛，影响力也更为深远。它超乎常人的想象，越来越成为一种重要的媒介。它成为所有人阅读材料的一部分，更成为相当一部分人阅读材料的全部……若有人早晚都给我们讲述他的故事，对我们或许仅仅是一种折磨。但是，这个人若一年四季都重复这样的行为，他就会成为我们的主人"。[31]

伯克在最后一部出版作品《论与弑君者和谈的第二份信札》（Second Letter on a Regicide Peace）中，对实用主义者做出了回应，他认为这些人不仅轻视"舆论"的重要性，而且轻视创造了"舆论"的大众。他写道："舆论有无穷大的重要性。""它们决定着社会风俗——实际上决定着法律体系，因为它们决定了立法者。因此，舆论是任何有远见的政府最应该首先关注之事。过了一段时间才想起要去关注舆论，效果可能就会大打折扣。所以，有人说现代战争本质上是舆论的战争，而且是所有形式的战争中最为重要的一种战争。"[32]

抽象理性之批判

1756 年伯克发表《为自然社会辩护》，这是他作为舆论大战的一名斗士，首次出现在伦敦文坛。在其公共事业生涯中，伯克始终在警醒大家，理性走偏可能引发灾难性的社会政治后果。他在第一部作品中重点关注抽象的理性主义陷阱，这一思维模式要求任何制度都要绝对理性，否定任何不满足其理性思辨理论标准的制度，它还要求重建符合这一标准的人类社会。

这种对理性主义观点的疑虑，成为伯克从事纷繁俗务的动机和向导，大量出现在他二十岁出头时撰写的文章中，尽管这些作品都未曾出版。他写道，许多人经历了漫长的研究生涯，掌握了大部分科学的规律，"却发现许多规律的基础不充分、不可靠，即使是最完美的规律也有不确定性"。[33]他推断，"或许许多事的本质都不可知；我们最确定的推论也在某种程度上有晦涩矛盾之处"。[34]同默瑟尔一样，年轻的伯克在意识到人类理智的有限性之后，开始有原则地尊重风俗习惯。"在风俗习惯的形成过程中存在一些普遍性的规则，这是一种比我们的理论更为确定的指南。人们之所以遵循风俗习惯，实际上经常出自一些古怪的动机，但这丝毫不会影响其合理性或有用性。"[35]伯克认为，人们不会立即意识到风俗习惯或制度的用处，而且人们若尝试用理性思维去审查所有的制度，还会产生一些负面效应。"很难想象举行葬礼仪式……对于人类的意义。尽管这些事看起来微不足道，却培养了人类的仁慈善性，某种程度上缓和了死亡的严苛，激发人类产生谦逊、平和、适当的思想，为我们本性初始中的软弱与羞耻遮上得体的面纱。但对于让人

112

类裸露本性的哲学，我们又该给予什么样的说辞呢？这种哲学智慧谈论的是爱，是情感，是两性之间无数次的调情，再以最原始的方式生殖繁衍。他们沾沾自喜，因为做出了如此重量级的发现；因为让所有精致的伪装都变得荒谬至极。"[36]

将传承文化当作遮羞的面纱，以遮盖"我们本性初始中的软弱与羞耻"，这大大丰富了隐喻大师伯克约四十年后对法国大革命的思考。但在他的第一部作品《为自然社会辩护》中，他抨击那些扯去人类遮羞面纱之人。该书于 1756 年即伯克 27 岁时匿名出版，是一本刻意模仿之作。这一写作策略意在驳斥一种时下风靡的思维模式，伯克认为它本质上存在错误，于是在书中试图通过展示其荒谬的逻辑结论来推翻该模式。

该书采用书信体，是一位年轻哲学家写给年长贵族的书信。这位哲学家赞同具有纯理性和普遍性的"自然宗教"和"自然社会"，它们不受任何历史或非理性附属物的约束。他谴责所有现存的社会、政治和文化制度，因为它们偏离了这一理性主义标准。该哲学家还认为，由于所有的人类历史都建立在这些非理性制度的基础之上，因此它其实是一部不间断的人类苦难史。他还列举出大量（尽管有些华而不实）例子来予以佐证。

伯克从容地游走于这种新式批判文人的思维模式之中，对其思想与论证模式了如指掌，不过这也让许多读者难以辨识其中嘲讽戏谑的意图。不得已他于 1757 年出版了第二版，并附上一篇新的前言，以摆明他写作的真实设想和意图。伯克在其中解释说，这一小册子是关于"理智的滥用"。"某一思想，既不受自身弊端和其在创造过程中的从属地位限制，也不因臆想一些主题而陷入险境。满足于这一思想的编辑很可能会极尽巧言令色，去抨击任何最优秀、最受尊重的事物。"[37]他用讽刺的口吻质问道："如果所有道德义务的实施和社会根基的建立，前提是将其缘由清晰地展示给每个人，那这个世界将会变成什么样子？"他提醒大家，公开批评现存的、被人们认为理所当然的真理，潜在的危险在于，事实上真理经常难以被展示出来，而易于展示的通常不是真理，对现存制度的错误批评也会产生负面影响。

伯克自始至终都在警醒自己，不要成为一名理性主义社会批判文人，他认为这种文人在认识论上自命不凡，对社会有百害而无一利，最终只会走向"哲学的仙境"。[38]原因在于若政府日渐倚重"公共舆论"，而"公共舆论"又日渐倚重出版的言论，那么这些言论很可能会危及风俗习惯的维持，而只有维持风俗习惯才能保证制度的稳定性。

伯克——商业的拥护者

随着议会活动越来越商业化，伯克及其政党开始积极活动，他成为一名活跃的政治家。1766年罗金厄姆执政期间，伯克作为联系商人和政府的纽带，鼓励商人同政府协商，他在其中发挥着关键作用。[39]之后罗金厄姆党成为在野党，伯克就开始拉拢伦敦金融城中的各大银行家和金融家的支持。[40]各色商业利益团体更加游刃有余地游说议会，竞争商业选区之间的对立主张成为许多议会活动的重点。正如斯密的论断，商业因素在国际关系中发挥着主导作用。[41]

伯克对经济事务的兴趣可追溯至他在都柏林的学生时代。年仅19岁的他惋惜当时的地主阶级不思进取、缺乏商业头脑，从而造成爱尔兰农民在精神上和物质上的退化。他声称："一个国家的财富不是以贵族人士华丽的外表或奢侈的生活来估量。""那些散布在人民中无甚差别的广大群体——其中既有最卑贱之人,也有最伟大之人——才能让人民幸福,才能让国家强大。"[42]伯克 1748 年的早期观点,连同之后大量有关经济的作品,无一不回应了斯密在《国富论》中的思想。晚年伯克在"致贵族之信"(Letter to a Noble Lord,1796 年)中写道,他已经"把政治经济学当作我卑微的学术研究的一分子,这从很早的青年时代开始,一直延续至我在议会效忠的最后时刻,这一思想甚至早在(至少据我所知)欧洲其他地方的理论家萌生这一想法之前就已出现……伟大博学之人认为我的研究并不完全是信口胡说,偶尔也会就他们的某部不朽之作中的某些细节屈尊同我交流"。[43]这指的即是斯密。[44]在斯密的"不朽之作"发表的前前后后,关于贪婪性作为公共事业的动力,国际自由贸易的重要性和经济事务对市场机制的依赖性等观点,伯克同斯密达成了广泛的共识。

针对斯密所说的"改善我们环境的欲望",伯克强调这里存在潜在的公共福利。在他写于 18 世纪 60 年代早期的《论罗马天主教法律》(Tract on the Popery Laws)中,伯克认为"这种值得称道的贪婪性,任何一个明智的国家要想繁荣富强,都需视它为首要的准则"。[45]在他晚年时,英国政府要筹措资金反对大革命中的法国,面对是应该选择强制性贷款,还是选择由政府向金融市场借款这一问题,伯克圈出了斯密这个著名的段落,表明自己更倾向于依赖市场:

> 尽管追逐利润,有时会造成荒谬的结果,或是有害的放纵行为,却是任何一个国家繁荣昌盛的重要源泉。对这

一自然、合理、有力且多产的原则，讽刺作家揭露其荒谬性，伦理学家谴责其恶劣性，有同情心者斥责其冷酷无情，法官批判其欺诈、勒索和压迫的本质，但政治家发现并利用其衍生的优势和明显的不足。这样政治家就充分利用了自然的所有能量，即发挥其一贯的行为作风，一旦发现有利用价值的东西，就牢牢抓住不放。[46]

伯克相信，要"充分利用"贪婪性和逐利性的能量，就需将这种能量引入国内甚至国际市场关系网中。他写道，"商业世界的利益就在于财富处处可见"[47]，但他也意识到许多人——当然是许多商人——会自然而然地假定贸易是一种零和博弈。"我知道，对我们来说，这样的想法有些过于天真，使我们无法从别人可能的发达中看到自身必然的灭亡。很难让我们相信，别人得到的任何一物都取自我们本身……贸易是一种不受限制之事；似乎相互供给和消耗之物无法延伸出我们嫉妒心的界限。"[48]伯克坚信自由的政策，可以让帝国各个部门自由充分地利用资源，最终促使整个帝国人民生活幸福安康。在伯克的家乡爱尔兰，因为英格兰的相关利益，商业和制造业的发展受到限制。法律禁止爱尔兰制造的产品和出口的商品同不列颠货物产生任何可能的竞争。作为布里斯托商镇的一名议会代表，伯克努力去消除这些加诸爱尔兰贸易中的限制。伯克的主张受到布里斯托商人的反对，尽管在《伯克致布里斯托市绅士们的两封信》（1778 年）和"写给托马斯·伯格的信"（1780 年）中，他做出了精妙的辩护，但终因自己坚持自由贸易之说，伯克在下一轮的议会代表选举中落选。[49]

伯克还支持市场是国内贸易中最有效的促进经济增长的工

116

具这一观点。1772 年，他提议议会废除反对囤积、独占和倒卖粮食等的法案，即所有不利于商人的条款。商人们大量收购粮食，并企图在粮食供给不足时，到市场上售卖而大赚一笔。十五年后，当有人再次试图禁止此类行为时，伯克又跳出来加以反对。正如他对农业专家阿瑟·杨所言，他深信法律虽意在调低农产品价格，但实际上反而会导致价格上升。[50]

在生命的最后几年中，伯克对市场是资源配置的有效工具这一观点，做了极其细致的辩护。1794 年和 1795 年，粮食歉收使得粮食价格上升，农村地区动荡。于是出现了一系列提案，建议政府进行干预，从而降低粮食价格，提高劳动者工资。在距离伯克家乡比肯斯菲尔德不远处的史宾翰兰，治安法官提出一项政策，即用地方税收募集的资金来增补穷人的市场工资，并根据面包价格和家庭人数来确定需求。萨福克的法官决定，劳动者的工资应该根据粮食价格进行调整。[51]议会也拟定出一项提案，要求制定法律来确定雇主应支付的最低工资。[52]在此背景下，伯克给首相威廉·皮特起草了一份备忘录，后以《关于稀缺性的思考和细节》（Thoughts and Details on Scarcity）为名出版，[53]它强有力地论证了由市场规律决定薪资和价格的必要性。

伯克认为大多数人并不太理解粮食市场的运行，其中从事粮食交易之人的偏见最大。在此情况下，政府的职能应该是告知公众粮食缺乏的时间段，对暴力阻碍粮食交易之人采取"及时的强制措施"，从而保护粮食贸易商。[54]

117　　《关于稀缺性的思考和细节》中的论据表明，伯克确信，政界文人的一项任务就是同经济事宜中的大众偏见斗争，同时劝诫立法者抵抗短期的政治和道德压力，若这种压力会威胁长期的国家经济利益。粮食和劳动力的市场化有利于广大民众，这是由经验得出的结论，也是被政治经济学研究论证过的结论。他认为，穷人的粮食消费标准近十年来有所提升，部分原因正如斯密预测的那样，在于工人工作量的增加；部分原因则是实际工资的提高。[55]

斯密曾写道："政治家们试图指导民众应以何种方式使用资本，这不仅使他们成为不必要的众矢之的，还会减损其权威性，使其不被任何个人、理事会或参议院信任。若这种权力落在某个愚蠢不堪、傲慢狂妄之徒手中，他还幻想着自己是施政的最佳人选，那国家真是岌岌可危。"[56]在伯克看来，设定工资水平就是这种愚蠢傲慢之徒的行为。他坚持认为，由治安法官来设定工资，而不是由雇主和雇员来协商，这相当于让一些无农业知识或对农业不感兴趣之人来做农业经济中最重要的决定。城市居民呼吁政府干预降低食品价格，只有愚笨的政治家们才会予以关注。伯克称，农业应依据一般商业准则运行，即所有与农业相关之事都应谋求利润的最大化。政府的职责是保护中间商，如"粮食市场中的代理商、批发商、推销员或投机商"，使其不会被农民和消费者忽视和嫉妒。[57]

在《关于稀缺性的思考和细节》中，伯克屡次表明，政府干预市场的可预见后果同其预期结果背道而驰——这是抽象理性过犹不及的又一范例。他声称，议会或地方治安法官尝试设定更高的工资水平，使得劳动力需求缩减，或劳动力成本增加，从而导致供给价格升高。无论哪一种情况，最终结果都不符合本想借此手段缓解贫困之人的意图。[58]伯克称，提高工资并使其超过工资的市场价格，对工资领取者只有微不足道的短期利益，而且是以牺牲雇主的利润为代价。长期看来资本累积

118　　会减缓或倒退，而只有资本累积才可能让工资持续增长。最终的结局将还是贫困。[59]

　　《关于稀缺性的思考和细节》将《国富论》中一些隐含的主题明确化：大众对现状的认知缺失使商业社会的生活水平得到改善，这威胁着"普遍富裕"的发展。伯克提醒说，竞争市场中贯穿始终的贪婪性，其长期的益处不可用直觉判断，且常常难以被人理解。他认为，政治家们终日受到无知的贫民或误入歧途的掌权者的影响，文人的职责就是警醒他们抵制干预自由市场的诱惑。有人反对粮食贸易中存在大量的中间商，伯克则不同，他认为这些中间商所持有的较大资本使他们能够在较低的利润空间里正常运作，最终使生产者和消费者获益。[60]伯克抱怨道，穷人不了解富人累积资本的作用，只会嫉妒和怨恨富人，因此行动很容易背离其自身利益。"但不应该切断富人的命脉，洗劫富人的粮仓；因为富人自身是为其劳作之人的受托人，而其粮仓是劳作者的钱库……当穷人起义消灭富人时，他们焚毁磨坊，将玉米投入河中，从而使面包价格变低，这些似乎是从其自身利益出发的理智行为。"[61]城市中一些商贩和制造商竭力影响政府政策，使政府降低食品价格，"却忽视了他们赖以谋生的手段……任何与农业相关之事，他们都会毕恭毕敬地聆听，一如我们对其他无知傲慢之人教条般的毕恭毕敬"。[62]伯克在备忘录结尾警告人们不要"违反商业法则，即自然法则，也就是上帝的法则"——他倾向于用神学之说来修饰其功利主义的论点，这即是一例。[63]

　　同他的其他作品一样，这份备忘录也表明伯克要比斯密更保守，更不愿意政府干预经济关系。例如，伯克在《法国革命感想录》中感叹道："这无数奴颜婢膝、恬不知耻、不合时宜、扭捏怯懦，且常常有损健康的职业，由于社会经济的原因，许多可怜人注定要从事之。"但是他断定："普遍而言，扰乱事物的自然进程和在任何程度上阻碍巨大的循环车轮——由这些被离奇操纵着的可怜人所牵引，都是百害而无一利。"[64]

在立法尝试改善市场环境的大背景之下，伯克指出以下几项：贪婪性、逐利性，以及"聪明友好地处置任何事物，迫使人们无论情愿与否，都需要追寻利己的利益，并将个人的成功同普遍的成功联系起来"，[65]这些都有着积极效应。不过，伯克孜孜不倦地追求改革的对象是当时最大、最强势的商业公司——英国东印度公司，以及在缺乏适当的限制和引导其贪婪性和逐利性时所产生的不良效应。

伯克和英国东印度公司

在《为自然社会辩护》中，伯克重点关注的是不加限制的文人的"投机行为"会出现的重重危机，早在接触法国哲人和其同行英国旅人的作品时，他就已熟知此种行为。但是，伯克也从亲身经历中知晓了商业投机行为的巨大诱惑力。

伯克能专注地思考经济事务，部分原因是有人为其管理着家族企业。由伯克的遗嘱可知，从1757年结婚起，他生意上的事就一直都由妻子操持，这样他便有闲暇时间去做其他事情。有了罗金厄姆侯爵和其他贵族的资助，再加上朋友如约舒亚·雷诺兹和演员大卫·加里克的慷慨馈赠，伯克才能拥有一套600英亩的宅邸，该宅邸位于白金汉郡离比肯斯菲尔德不远的格雷戈里。[66]伯克同三个人共同管理家族经济，这三人同伯克在经济上联系紧密，甚至有时可称为"共有钱夹"。这三个人分别是：伯克的兄弟理查德·伯克、伦敦的一位密友威廉·

119

伯克和埃德蒙·伯克之子理查德。18 世纪 60 年代中期，威廉·伯克作为家族生意的普通一员，将伯克三人组与东印度公司联系到一起。

东印度公司是英国当时最大的商业公司。从贸易公司起步，到 18 世纪中叶，东印度公司已成为印度本土的一方霸主。从 1744 年到 1761 年，为争夺印度南海岸的控制权，东印度公司同法国对手（伏尔泰似乎曾投资于该公司）展开了一番明争暗斗，最终东印度公司大获全胜。从此，该公司借由本地统治者间接地控制了印度的大部分地区，当然这些统治者执掌大权离不开当地军队和东印度公司的援助。1756 年，东印度公司在加尔各答的统治被孟加拉的纳瓦布夺取。后来，又被罗伯特·克莱夫上校率军重新夺回，并由他亲自任命新一任纳瓦布来统治该地区。十年后，由于孟加拉的统治者们反对该公司对其客户的种种要求，克莱夫被迫返回印度。作为孟加拉总督，克莱夫控制了"首相"（diwan）。传统上地方税收来自土地耕种者，由一批中间人收集后上交给莫卧儿君主。而克莱夫希望靠这些榨取来的税收稳定其在孟加拉的统治地位，同时也送给英国一笔巨大的贸易顺差。[67]

在英国，克莱夫的举动引发了东印度公司股票的一系列投机波动。年纪轻轻、才华横溢却囊中羞涩的埃德蒙和威廉，靠着罗金厄姆的下属弗尼勋爵的赞助，在议会中谋得一席之位。弗尼是白金汉郡极有影响力的地主，同时还是一位年收入 1 万英镑的爱尔兰贵族。在他看来，东印度公司的崛起能让他大赚一笔，同时还可以使受其资助的威廉和埃德蒙·伯克经济独立。1766 年，弗尼和威廉·伯克合作以保证金购入了大笔东印度公司股票，不过大部分威廉用来购买股票的钱都是借自弗尼。1767 年，该公司在八个月内第二次增加股息，股票价格持续走高。威廉·伯克、埃德蒙的兄弟理查德、弗尼和另外 20 人建立起新的合作关系，即从荷兰投资商手中购买东印度公司的额外股票。[68]

随后在 1769 年，这种投机泡沫破灭。印度新闻报道，迈索尔的穆斯林长官海德·阿里正在洗劫印度南部的卡纳塔克地区，另外还有报道称大批法国舰队驶离毛里求斯，让人们担心法国在该地区卷土重来。由于弗尼和伯克兄弟在伦敦和阿姆斯特丹以保证金购入了大量的股票，东印度公司的股票价值骤然猛跌 13%。弗尼破产了，但他威胁要将所有伯克家的人都拖下水。在弗尼看来，是他借钱给了威廉和埃德蒙，所以他在法庭上诉，要求埃德蒙共同承担债务。而埃德蒙似乎并未直接参与这些发横财的投机行为，也不完全明白他们这些行为的本质。[69]最终，弗尼败诉。但威廉·伯克丧失了他的所有财产，于是离开了印度，后来跑到东印度群岛，希望能收回自己的财产，并偿清在英国的债务，不过都以失败告终。

于是和东印度公司的首次接触，让埃德蒙·伯克深刻地认识了追逐利润可能引发的不负责任的经济行为。这次经历为他之后的大型公众活动奠定了基础，在这些活动中他谴责贪婪性可能引发的道德上的不良后果，尤其是在贪婪不受任何政治条规或传统文化准则约束的情况下。

东印度公司股票的兴盛和衰败使议会开始对其进行干预。该公司被勒令限制股息和停止投机性投资；同时由于其商业特权，还必须每年为国库捐款 40 万英镑。[70]1772 年，该公司因濒临破产而不得不向政府借款，条件是要遵从 1773 年出台的新《调整法》。[71]自 1768 年选举开始，在议会中冒出许多“大富豪"——一些在印度发达之人，返回英国购买土地和只有少数选民、被土地持有者控制的"腐朽自治市"的议会席位。[72] 法庭和议会都开始卷入东印度公司的事务中，[73] 而依靠该公司发达之人则在议会中拥有越来越大的话语权。

随着印度事务在英国政治生活中地位的攀升，伯克对其兴趣日渐浓厚，对该公司的行为了解得越多，就越让人义愤填膺。于是他认定，东印度公司雇员被贪婪性驱动着去剥削印度，使其更加贫困，只有议会才能限制他们的贪婪性。

正如伯克所理解的那样，当时东印度公司本质上的弊端并不在于它是一家由利润驱使的商业公司，而在于它并不是一家普遍意义上的商业公司，因为利润并不是该公司运作的驱动力。在他的"特别委员会关于印度的第九次报告"和出版的大量演讲稿中，他认为东印度公司一边在贫瘠化印度，一边也在走向破产边缘——这是一种很难同利润动机契合的现象。伯克经过调查后总结认为，是该公司的行政和管理人员在依靠印度人民大发横财。他们一边压迫印度人民，赚取钱财；一边哄骗股东，然后返回英国购买该公司的控股股份，从而掩盖其不法行为，并使其生财之道更加顺风顺水。[74]

伯克深信，东印度公司的问题在于，尽管它名义上是一家商业公司，却并不依据供求规律、以营利企业的方式运营。相反，它利用军队力量去阻止其以自由市场形式在印度运营。英国和印度之间并不是商业关系，而是剥削与被剥削的关系，力量强弱是决定因素，尽管表面上还是商业公司形式。该公司利用当地统治者武力榨取印度人民的"地方税收"，然后用这些税收在印度购买货物再运到英国。[75] 该公司从英国运到印度的货物主要不是印度人购买，而是供给东印度公司的军队，以及由定居印度的欧洲人消费。伯克指责它为了增加利润，忙于一种"无止境的战争链"，以此来控制印度更多的地区。他写道，"在国内，这些举措有时受到支持，有时可蒙混过关，有时则备受非难，但是一旦获利就能得到通行证"，因为无论是政府还是公司董事，收益增加都是其乐见之事。[76]

换言之，按伯克的分析，东印度公司是作为一种创造贡品的工具在运营，彻底抛弃了"商业机器的主要源泉，盈利和亏损的准则"。[77]该公司垄断商品、限定价格、强征劳工进入纺织业，摧毁了印度的商人和手工业者。伯克写道，东印度公司的政策确保了印度被"彻底且无法挽回地摧毁"。[78]

尽管东印度公司使用暴力满足贪欲，它仍然无利可图。伯克对其进行指责的一个重要原因就是，公司的管理人员利用公司名义进行个人交易，从而赚取私人收益。[79]但因为财富可被转化为政治影响力，东印度公司雇员累积的财富也使得公司的改革难上加难。"一个微不足道的小子出去几年，回来摇身一变成为大富豪……试想，某一位绅士回到这里，装着一肚子的怨恨和大把的金钱……那人的所有财富，可能有 50 万之多，然后就成了造势的工具……财富不断涌入的同时，迫切需要种种势力的保护。其影响力是双向的，既可以恐吓地痞流氓，也可能腐化国家元首。"[80]伯克认为保罗·本菲尔德便是说明这一过程最好的范例，这些新近崛起的典型大富豪使用腐败的手段在印度发财致富，然后用这些钱在英国买通议会之路，腐化英国政府。

本菲尔德是一名土地测量员之子，未受过多少正规教育。1763 年，时年 22 岁的他在东印度公司一名董事的资助下，以建筑师的身份第一次到达印度。他先当了一名"写手"，这是

123

公司内部微不足道的一个官僚职位，不久后他做了小商贩，之后又做了银行家，在其能力范围内借给坦焦尔首领一笔资金，以助他抵挡 1771 年其领土范围内的一次攻击。而后本菲尔德又为坦焦尔首领的敌人提供类似的帮助，这位卡纳塔克的行政长官充分利用本菲尔德的资金打败了坦焦尔。本菲尔德从富有的印度商人、驻守印度的英国官员和东印度公司职员等处聚集了大量资金，并以高额的利息借给这位行政长官。他甚至无须担心东印度公司会插手干预，因为通过本菲尔德，该公司的部分职员也将钱借给了这位富豪。大获全胜后，为了回报本菲尔德借钱给自己征服领地，这位行政长官将坦焦尔税收的很大部分分给本菲尔德。1776 年，新任马德拉斯市的总督皮高特勋爵恢复了坦焦尔的首领地位。之后本菲尔德积极奔走参与谋划，将皮高特赶下台，并将其逮捕入狱，一年后皮高特在狱中死亡。1779 年，本菲尔德被东印度公司董事们召回英国，回应其在皮高特事件中所起的作用。他利用在印度赚取的财产在议会中买得一席之地，从而建立起同诺斯勋爵政府以及之后皮特政府的关系网。[81]

伯克竭尽全力调查本菲尔德，甚至购买了价值 1000 英镑的东印度公司股票，即得到掌握公司命脉的股东大会投票权所需的最低股票持有量。1781 年该大会召开期间，伯克控告本菲尔德不仅违反公司秩序，还损害公司收益和马德拉斯市民的"贸易、繁荣和安全"。他指控本菲尔德所拥有的巨额财富都源自他借贷给印度卡纳塔克的行政长官。东印度公司董事让股东投票决定本菲尔德的命运。诺斯勋爵政府力劝其拥护者们投票支持本菲尔德。最终多数投票支持本菲尔德恢复原职，返回印度。[82]

针对这一同政府紧密关联的名义上的私营公司，伯克这一举动意在消除它的种种剥削行为，不料却以失败告终，他只好转而调查议会作为改革之法。他加入新近成立的关于孟加拉的议会特别委员会，撰写了他最重要的文件——著名的"第九次报告"和 1783 年的"第十一次报告"。伯克的助手查尔斯·詹姆斯·福克斯同月把自己拟定的"东印度法案"拿给伯克，不过该法案的主要部分还是出自伯克。[83] 这一法案旨在由议会指定委员会最终控制该公司，使其时时受到政府监督。在"关于福克斯印度法案的演说"中，伯克称这一公司将不再受到任何传统意义上的投资者的操控。只关心自身红利的普通投资者，将会更多地关注公司职员是否挪用公款。他声称："这样的公司无须担心贸易会轻易成为职员们私欲膨胀的战利品。但现在情况却完全相反。"股东或类似之人购买公司的股票，从而能被送到"印度大发不义之财"；还有一种情况，股东资助那些已获利之人，再从中受益。[84] 由此他得出结论，东印度公司如此一来已全然无可救药，公司大权应被收回。伯克的立法提案重新定义了英国政府与其所发展的跨国公司之间的关系，主张人权先于商业权利。下议院通过了该法案，但上议院迫于王权未使其通过。

1784 年，皮特敦促国王解散议会，伯克议会中的盟友们在接下来的选举中受挫。东印度公司积极活动以反对伯克及其友人们，保罗·本菲尔德大肆花钱进行新闻宣传，歪曲伯克的东印度法案是想让当权者获取印度的战利品。[85] 选举结束后，至少有 50 名"公司人士"当选，其中包括本菲尔德在内的 17 人属首次当选；[86] 至少有 2 名议会成员是直接依靠本菲尔德的资助才得以在议会谋到一个席位，不过伯克认为有 8 个议会职位是由本菲尔德操控的。如此可观的影响力决定了皮特政府对印度政策的走向。本菲尔德后来担任了东印度公司的董事和伦敦市政官。

卡纳塔克的那位行政长官返回印度后，发现自己的领土在抵抗迈索尔的战争中四分五裂，根本无力偿还本菲尔德财团的债务。皮特下议院的拥护者中有 17 人都是该行政长官的债权人。于是由皮特的支持者们控制的东印度公司管理委员会下令，该行政法官欠债权人的债务应当全部通过东印度公司向印度人征收税收来偿还。而当伯克询问相关文件，要求提供相关信息时，却被一口回绝。[87]正是在此情形之下，伯克于 1785 年发表了长达 4 个小时的演讲，即"关于阿尔果德债务中债权人的演讲"。

伯克指责道，这些债务主要来自印度行政长官和一些欧洲人之间的腐败交易，其中欧洲人以本菲尔德为首。另外，利用东印度公司的款项偿还这些债务，表明皮特和债权人之间存在着肮脏的交易，而这些债权人曾于 1784 年利用自身财富帮助皮特获选。这些腐败行为产生的重负都落在卡纳塔克的穷苦农民身上，即从他们的"土地税收"中压榨而来。他详细说明了公司职员如何同印度行政长官串通一气、大肆敛财。他们巧妙地避开东印度公司规章，鼓励行政长官攻占额外的领地，为其募集军队提供贷款，并由东印度公司为军队供应补给。[88]伯克认为他们的规划是一个"包罗万象、宏伟壮观的掠夺计划，配得上规划者史无前例的贪婪之心"。[89]他指出这位行政长官每年的债务利息竟然是东印度公司每年全部股息的两倍之多！[90]除了对他治下穷苦的大众作威作福，征收税款用以偿还债务，这名行政长官身无长物。伯克慷慨陈词道："因而，在国家债权人和债务人的虚名之下，我们纵容敲诈勒索、放高利贷和挪用公款，这些行为获取的钱财不是出自国库和矿井，而是来自未领得分文军饷的军人的口粮中，来自对最穷苦之人的残酷至极的压迫和剥削。"[91]

引用伯克的话，结果将使"国库收入转化为东印度公司某些职员的个人薪酬，且无任何人询问其来源，无人关注其所得是否公正"。[92]政府不愿查问这些信息，更是"一项宏伟革命"发端的有力证据，这一革命毫无原则，驱动力源于"腐败的私人利益……同国家的需要完全相反"。伯克嘲讽地总结本菲尔德其人，是典型"纯正的贵族新起之秀"，出自皮特政府之手，以"支持君权和宪法"，反对罗金厄姆辉格党所代表"王国的自然利益"。[93]

伯克演说的听众是一群主要由新型精英组成的议会成员，当然备受敌视。[94]但是考虑到公开这一实例，他便将演讲稿同相关文件一同出版。之后不久，伯克就开始在上议院弹劾前任孟加拉总督沃伦·黑斯廷斯。那时，东印度公司改革并非罗金厄姆辉格党的头等要事，伯克的改革行动使他在议会中逐渐被边缘化。[95]尽管最终弹劾活动并不成功，但历时十年之久，成为伯克揭露该公司掠夺行径的另一个公共平台。通过种种活动，东印度公司不得不为其对印度人民的种种行径负责，并终止其早期典型的榨取和剥削体制，而对促成这一结果而言，伯克当属最大功臣。[96]

在伯克关于印度事务的演说和著作中，反复出现的一大主题是：庄严伟大的文明被一群放债人摧毁，他们受贪欲的驱动，而这种贪欲完全不受政治或文化的控制。他写道，印度人民是"一个多年受文明教化的民族；他们受到各种优秀艺术

126

文化的熏陶，而我们还是在丛林中生活的野人"。印度有自己的贵族，"这是一种古老且备受尊崇的神职人员，负责保管印度的法律、知识和历史，是人们生时的向导、死后的慰藉"，同时也是"古老而声名远扬的贵族"。[97] 这些文明被英国人不受文明准则约束的贪欲在一朝间摧毁殆尽。伯克宣称："年轻人（几乎是些小男孩）统治着那里。""受到当时整个时代贪欲和青春期躁动的驱使，他们前仆后继地蜂拥而至……"[98] 这群新型精英分子未受到民族文化遗产的教化，靠着摇摆不定的财产根基获取政治权力，在伯克对法国大革命的分析中这一形象将再度出现。

伯克在文章中反复将过度贪婪和纵情色欲联系起来，这一关联让人回想到传统基督教中贪婪罪和色欲罪之间的联系。[99] 他将东印度公司职员为偿还阿尔果德行政长官的债务，将手伸向民众钱包、收取天价利息的行为描写为"毫无节制、纵情放肆、下流无耻的高利贷和敲诈"。这位行政长官现在没有了军队或政治资产，成为本菲尔德及其支持者手中的工具，"作为独立的主权力量，小心翼翼地留着自己的贱命，以便掠夺和敲诈"。[100]

针对不加约束的贪欲对印度神圣文明造成的毁灭效应，伯克做了长达十年的研究。正是在此背景下，他才着手分析1789 年法国爆发的革命。

伯克对法国大革命的分析

127　　1790 年 11 月伯克发表《法国革命感想录》，该书耗时将近一年，在当时引发辩论热潮。名义上这本书既是写给一名法国年轻人的信件，也是对理查德·普莱斯（Richard Price）教士某一次布道的回应。理查德既是一神论派大臣，还是一名作家，作品涉及哲学、数学和政治领域，他曾公开布道赞成法国大革命。伯克由于长期致力于讨伐东印度公司的腐败影响，他作为批评家比作为英国政府的拥护者，更为众人知晓。在法国大革命即将到来之际，面对英国知识分子界和自己党派团体中对革命的普遍支持，伯克却致力于抨击法国大革命的理论和实践，并有原则地维护英国制度。在《感想录》的结论部分，对自己的观点转变他解释道，因为条件转变所以才转变重点，但是观点基本一致。[101]他用批判性的态度分析了革命的起因和动力，并对其可能的发展走向做出悲观的预测，这些无一不挑战着当时在英国公共舆论界占主导地位的主战观点。

伯克将法国大革命归结为文人知识分子和持有国债的金融家们共同作用的结果，他们合力推翻文明社会中理智和制度的根基。他认为，通过褪去文化的面纱，并损害支撑这一面纱的贵族和教会传统制度，文人和金融投机分子们正将法国引向万劫不复的境地。他担心这一结局将使人类回归"自然"状态，这一状态毫无高尚与和善可言，是彻头彻尾的野蛮和粗暴。

伯克的分析中多次谈到公共收入这一问题，在革命过程中它也是屡见不鲜。大革命国民大会从最早期的会议开始，就被法国的巨额债务纠缠。9月，杜邦（Dupont）——内穆尔的代理人（deputy for Nemours），同时是杜尔哥和重农学派（Physiocrats）的密友，突然推出一项提案。杜邦建议政府要对教会资产征税，同时负责教会的花销。[102]1789年11月2日，国民大会通过一项法案表明，"所有教会资产都由国家支配，国家承诺提供适当数目的款项，以供教会的日常花销、支付牧师薪俸及帮助穷人"。这些教会资产将作为一种新式政府纸

128

币——"纸券"——的财务保证，大革命政府则用此纸券来偿还政府债务的持有者。

国王的牧师——莫里神父（the abbé Maury）——是没收教会资产提案的主要反对者。他声称："为了恢复信誉，你们已提议将神职人员用资本家代替，而将资本家用神职人员代替。"他指责大会利用教会资产偿还国家债务，就是将教会遗产转移到国家债务的持有者手中，而这些人多数（他的听众对此了如指掌）是外国人。[103] 莫里还断言，大会没收教会所持资产，正是损害了基本的财产所有权。

伯克似乎已经翻阅过国民大会已出版的会议记录，他采纳了这种分析，用来描述大革命的核心特性。[104] 大会宣布所有皇室政府的法律无效，但公共债务却不包括在内，他认为这一情况也只能根据"与它（债务）相关之人的描述"做出解释。[105] 不像英国议会主要由"国家土地利益相关者"组成，法国国民大会的组成成员毫无章法，其中有小律师，也有"股票和基金的交易商，他们定是迫切地想不惜一切代价，把空洞的纸币财产兑换成更实在的土地资产"。[106] 大会强迫商业交易必须使用纸券，使所有法国人接受这种"为销售他们的战利品而投机倒把的货币符号"。[107] 教会土地被销售的比率将影响贸易中纸券的价格。因此，曾作为社会稳定基础的土地，在"货币买卖和投机倒把的潮流"中改头换面。[108] 如同新式纸币的价值一样，土地价值变得动荡不定，由金融投机者的好恶决定。[109] 他写道，这就像"柴思胡同（Change Alley）的犹太人"拿到"一笔抵押贷款，而抵押品是坎特伯雷主教的资产"。[110]

为再现伯克此举的意图，值得将其此处的话语同别处的政策声明进行比较。伯克六年后所写的《论与弑君者和谈的第三封信》（Third Letter on a Regicide Peace）可以证明，他并未高度原则性地反对高额利息（"高利贷"）或是通过货币市场为公共债务筹措资金（"股票买卖"）。[111]伯克在文中反复将公共债务持有人和犹太人关联起来——强化这种语言关联的是，对手理查德·普莱斯在"老犹太人区"教堂布道，尤其擅长鼓吹复利——这一关联意指没收教会土地加强了社会和文化圈外人的力量。他强调，法国大权已被持有公共债务之人掌控，而这些人丝毫不懂应该如何管理国家。

129

伯克的论据以其社会学知识为基础。他认为每个阶层的生活方式中都存在固有的精神力，在金融领域引领成功的精神力量，若孤立地看则是政府的灾祸。"金钱利益至上的本性使其更甘愿去冒各种危险；有这种本性之人更愿意接受任何形式的新型企业。这种新得来的性格使其自然而然地更喜欢任何新奇花哨之物。因而，任何希望变革之人都会想方设法地求取这一财富。"[112]

据伯克所言，金融家和"一种新式的……政治文人"都偏爱创新，并结为盟友。[113]在伯克笔下，这些政治文人寻求各种策略来增加其影响力，有人支持如普鲁士国王腓特烈二世（间接提及伏尔泰）一样的暴君，有人和富人新秀结盟。通过这些关系，"他们小心翼翼地占领了所有的言路"。[114]伯克坚持认为，法国政治文人的动机是消灭基督教；他还相当准确地预测到，他们不久后将试图清除既存的全部教会。[115]伯克注意到，上一届政府的所有义务中，只有债务持有人的欠债被还清；而新政府所有可能会国有化的财产资源中，只有教会资产被没收。伯克断言，这些问题之所以被优先考虑，反映出政治文人反基督教的敌对态度，而且富人们十分在意收回其贷给上届政府的款项。

伯克辩称，国家政府的主体部分，不能像法国国民大会那般组成，应该包罗偏爱创新的"有能力"之人，还有这些人的对立面——有大笔继承财产之人，这些人相对保守。伯克赞同这些有继承财产之人代表政府，并非因为他们天生的优越性或美德，而是其公共效用。他解释说，由于隔代转移家族财富关系到社会秩序的稳定，政府最重要的职能就是保存资产。"保存我们家族资产的力量，是该力量中最珍贵、最有趣的情形之一，也在最大程度上保存着社会本身。它使我们的弱点服从于美德，甚至将仁慈嫁接到贪欲之株上。"因而政府一项关键的职能就是保证资产不被那些心存嫉妒怨恨、财产稀少之人染指。最不愿意政府用此方式重新分配财富的当属有大笔继承遗产之人，他们因此形成了"在他们所有的资产等级中，对减少资产的一道天然防御堡垒"，发挥着"联邦大船中的压舱物"的作用。[116]

在伯克的早期著作《为自然社会辩护》中，他认为一些启蒙知识分子倾向用抽象的原则去评判制度，这一做法极为荒谬，并坚称这样的做法将使所有的现存制度非法化，却无法创造出更好的制度加以替代。在他对法国大革命最初批判性的回应中就有这些早期假说的影子，之后成了分析大革命的主调。《法国革命感想录》一书批判其革命精神，即试图在理性抽象原则的基础上创造出全新的架构，伯克认为这种精神同他正统的改革观点——以现存的历史制度为基础——完全相悖。

在伯克看来，法国知识分子界在 1788 年和 1789 年的所作所为，正是他在三十年前就曾告诫警醒过的。他们热火朝天地大肆批判主要制度的所有前提，并加以公开化。伯克认为，他们的批判尽管激进而夸张，但反响的大小并不在于是否正确。因为如伯克在《为自然社会辩护》中所言，即使是对现存制度错误地批判，若这种非法性观点在孱弱的思想中占据上风，也能产生巨大的负面效应。现今法国人只能接受这样的结局，在这个哲学仙境中生活，尽管这样的结局他们始料未及，但伯克却早已料到。法国文人在众目睽睽之下将国家的君王、贵族和征税权统统非法化。[117]结果政府变得权威扫地，再也无法征税或开展商业活动。他预测到，这种结局将会带来无止境的动荡不安，使君权不断受到威胁；只有大规模地使用武力甚至军队，这种局面才能得到控制。[118]早在路易十六被处决、恐怖统治、数以千计的平民在旺代省被屠杀，以及拿破仑崛起之前，伯克就做出了这样的预言。

伯克认为，改革任务不能建立在关于人权的先验或抽象理论，以及保障人权制度的基础之上。改革是一门"实验性科学"，必须以经验为基础，且要谨慎实施。有鉴于此，伯克列出几个他对谨慎改革的论点，使《法国革命感想录》成为其保守思想的大集合。他指出预测某一改革的后果极为困难，尤其是因为制度的作用并不明显，只有在制度被摧毁或其积极作用丧失时，才能让人发觉它的存在。[119]他还强调，社会是复杂的综合实体，尽管可能不甚完美，但也满足了人们多种多样的需求，社会制度互相关联的方式并不明显。可能最重要的就是，要放缓创新进程，因为在许多情况下，制度之所以能发挥作用，是因为随着时间推移人们对它的尊崇。正是尊崇使人甘愿臣服于法律和风俗；失去了尊崇，要想让人臣服，就需要依靠理性思考（正如伯克在《为自然社会辩护》中所言，这一来源并不可靠）或是武力威胁。[120]因此他辩称，

131

摧毁代代相传的制度是不负责任的行为，尤其是新的制度，无论怎样精心规划，总是不能像植根于经验的旧有制度一样，让人献身效忠。[121]

在伯克看来，让生命有意义的万事万物都是社会与它传承的准则、知识和制度共同作用的结果。这些东西极为脆弱，一旦被毁，人类的结局将痛苦不堪。伯克写道："人类所忍受的束缚和享受的自由，都是他们的权利。"据伯克所言，人类最大的需求就是社会和政府为其提供"约束其激情的足够束缚"。[122]早在《为自然社会辩护》中，伯克就称摧毁传承的制度和文化活动，结果不会是自然和谐，而是原始野蛮。同亚当·斯密一样，伯克认为人类首先是杰出的社会人，只有在社会的监督下才能在道德上实现自我。斯密在《道德情操论》中，把道德化的过程描述为社会过程。[123]在其未出版的《法理学讲演录》（Lectures on Jurisprudence）中，斯密将道德标准制度化叙述为历史性过程。[124]在这期间，苏格兰历史学家威廉·罗伯逊（William Robertson）和约翰·米勒（John Millar）对该主题做了更为详细的研究。他们认为，"骑士精神"是在封建社会礼仪上的一项革命，它约束着野蛮武士不去欺凌弱者或相互斗殴。在这一革命中，至少一部分掌权之人开始让自己接受教会法规中或学者口中的基督教教义的道德要求。于是在这样的社会中，掌权之人的意愿受到行为的文化准则约束，该准则源于教会并由教会进行强化。[125]从孟德斯鸠和这些苏格兰历史学家处，伯克得出这一主题，以强调他所说的"我们传统风俗和旧有观点的精神"。[126]

伯克又重新使用早期的比喻，将文化比作"面纱"——这种理解力的编织物，遮挡着自然情感的直接客体。换句话说，文化是一种升华的工具，用来将情感转移到更高尚的目标上，为控制欲和自我满足的情感表达创设限制条件。在《感想录》中最重要的比喻客体就是面纱和帷幔，作用是含蓄地抨击当时文章中众多的如光明和透明之类的比喻。[127] 伯克嘲讽启蒙运动中"获得璀璨的光明""新近征服的帝国，充满光明和理性""赤裸裸的理智"等言语。"赤裸裸的理智"或许指伏尔泰的裸体雕塑，是一群启蒙运动者在狄德罗（Diderot）的建议下，委任雕塑家皮加勒（Pigalle）完成的。[128]

伯克认为，大革命抨击教会和贵族统治的制度根基，这将摧毁一个像样的商业社会所依存的"风俗习惯"。在过去的十年里，年轻的不列颠人满腹贪欲，完全不受本土法律或文化准则的约束，肆无忌惮地控制着印度，他不停地感叹这对印度人民所造成的伤害。现在通过比照印度，他又开始分析法国大革命。他声称，摧毁贵族统治权和教会制度影响力的经济基础，将使得贪婪之欲和为满足一己之欢而剥削他人的意愿——"强夺"和"强暴"——不受约束。这两个词不仅在词源上相关，在伯克的时代，"强暴"一词所指的不仅仅是财产的夺取，还有性欲对象的获取。

在此文本背景下，就能理解伯克《感想录》中的一段核心情景，即一群革命暴徒侵入王后的寝宫。我们现在可以来分析一下伯克对暴民侵袭王后寝宫的著名哀叹之语，这表明"骑士时代已经远去——迎面而来的时代充满诡辩家、经济学家和计算家；欧洲的繁荣从此结束"。伯克称骑士时代是"观点和情感的混合体制"，源于中世纪的骑士制度，该制度"没有压迫或反对……骄傲和权势的锋芒被制服"，允许"独裁……被礼仪制服"。[129] 他坚持认为，正是这一文化遗产使得

133

欧洲的现代文明在道德上比亚洲文明和古代世界文明更具优
势。伯克重点关注法国王后玛丽·安托瓦内特寝宫遭侵袭，原
因在于她的性别和地位。他暗示道，在法国即使最显赫的女人
也会受到侵袭，这样的事实表明传承的文化准则在被步步侵
蚀，而这种侵蚀则标志着文明正在走向野蛮。[130]

"诡辩家"是伯克用来咒骂法国启蒙运动者的术语，尤指
伏尔泰和卢梭。"经济学家"可能意指一般意义上的重农主义
者，特别是杜尔哥，其信徒杜邦·德·内穆尔曾提议使教会资
产国有化。"计算家"一词则可能暗指理查德·普莱斯教士，
他曾就保险精算科学和债务计算著书。伯克的这些特别指示对
象没有他总体上要传达的信息重要，也就是指有些人深信商业
活动是文明的载体，却忘记商业社会自身所依靠的制度和行为
模式，其源头在商业活动之外。利己主义精神，若不受商业制
度之前实施的文化准则的限制，将被迫堕落至物质和性欲侵袭
的境地——强夺和强暴。伯克认为，"计算家"将所有人类关
系描述为个体的获利和失利，诡辩家则要根除限制个人行为的
历史文化准则的存在；二者合力之下，为自我满足而相互利用
便堂而皇之地出现了。诡辩家一词恰如其分地表达出伯克的意
图，启蒙运动者通过使文化丧失权威，开启了大规模的去高尚
化之门。

据伯克所言，启蒙运动者不间断地抨击传承的信仰和制
度，结果不仅削弱所有现存的政治权威，还撕掉了约束人类自
身的文化面纱，使人类依其动物本能为所欲为：

> 所有令人愉悦的幻象，所有让权势者驯服、让顺从者
> 自由的幻象……都将在这新近征服、充满光明理智的帝国

中土崩瓦解。生命中所有得体的帷幔将被粗暴地撕毁。所有追加的思想，都会被一系列的道德想象力装饰一新。这想象力是内心所有，是理解力所及，是遮掩我们裸露在外、战战兢兢的本性中不足之处的必需品，是在我们能力范围内将本性升华至尊贵威严的必需品，但这思想也将被驳倒，被斥为可笑荒诞的陈年旧俗。在这一万物的体制下，国王仅仅是一个男人，王后仅仅是一个女人，女人仅仅是动物，而动物并不是最高级别的生物。对性别的尊崇大抵上不过如此，并且没有清楚的观点表明，应该将其作为浪漫和愚蠢之事……在这种野蛮哲学的体制下……对法律的支持只源自他们自身的恐怖和个人内心的忧虑。或者出于对个人利益的考虑，法律可以使他们得到宽恕。在他们学院的丛林中，在每一片景色的尽头，只能看到断头台。无任何遗留之物使人回想到联邦共和国。[131]

伯克重视商业活动，也重视知识分子——"学者"。在《感想录》中伯克的观点是，法国金融家和政治文人正在砍掉文化和制度的支撑，即现代商业和学识的依靠。他认为，贵族的资助事业和牧师这一职业，在中世纪曾让古典文献的学习兴盛不衰。现代文人将这种学习活动发扬光大，让宗教和政府双双获益。"文人将所知所学回报给贵族和教士，通过扩展其思想、武装其头脑，用高利贷来回报。"[132]该问题正如伯克所想，是新式文人跨越了其制度界限。在保持人类的道德性上，宗教也不可或缺。同他之前和之后的其他许多思想家一样，伯克认为，无论在哲学上是否站得住脚，相信神力的奖惩，让多数男女有了道德行为的必要动力。[133]知识分子把自身从贵族资助的

束缚中解放出来，并操起知识的盔甲去反对教会，不知不觉中
为其葬身暴民之手埋下伏笔。"要是学者们不因勃勃野心而堕
落，满足于继续做指导者，而不是渴望去做主人，那该有多
好！现在，学者和他们天然的保护者和监督者，一同被弃于泥
沼之中，被贱民踩踏于脚底。"[134] 文人最适合做统治者的指
导——这和伯克或斯密的角色一般无二。

135   伯克提醒道，金融家和文人一样，都在剪掉其赖以生存
的枝条。因为他们在消灭贵族和教士的同时，也在不知不觉
中侵蚀着制度的"礼仪"源泉和文化的面纱，它们使人自我
约束，从而维持商业社会的稳定。"正如我所疑虑的那样，
若现代文化更多归功于古代的风俗习惯，甚至大大超出人们
的意愿，那么我们珍视的其他利益也应当如此……即使是商
业、贸易、制造业——我们经济政治家的上帝，可能只是生
物，但必定是结果，只不过它们一出现，我们就选择对它们
顶礼膜拜。它们定与繁荣的学识在同一片树荫下茁壮成长，
也可能同其天然的保护性原则一道衰落。"[135] 伯克认为这是金
融家的特征，他们忽视了教会制度的作用，而这些制度提供
了"公共秩序的基础"。[136]

    伯克认为大革命标志着"野心精神的成功，以及同投机
精神的第一次关联"。[137] 在《感想录》中，更确切地说是他后
期的一些作品中，伯克暗示只有类似他那样的知识分子，才能
理解在法国大革命中发挥显著作用的知识分子的心态和动机。
在"致贵族之信"中，伯克写道，他"能够比尊贵的公爵更
好地融入所描述之人的性格……我能大致地估计某一种性格之
人，为了名誉和财富可能会发生何事，这主要依靠我的学识和
天赋，以及该性格的病态和反常状态，当然在该状态下看来是

合理且自然的"。[138]正是这样设身处地地理解问题，他比英国
社会的许多成员能够预测到更加激进的发展轨迹。伯克认为，
新式政治文人摆脱了贵族和教会资助的束缚，在特定的心智下
可能会鲁莽行动。文人在现存的社会秩序下毫无利害关系
（或是没有意识到在该秩序下的利害关系），但一旦掌权就会
将国家视为其脑力试验的对象。他在《感想录》中写道："这
些绅士们毫无父母亲般温柔的焦虑，担心试验会对婴儿有所伤
害。"[139]在"致贵族之信"中这样的比喻得到了延续："这些哲
学家们是狂热的知识分子；他们不依靠任何利益，倘若有丁点
儿的利益依靠，他们也就更容易被驾驭了；于是，怀着满腔轻
率又莽撞的愤怒，他们朝着每一项孤注一掷的试验冲锋陷阵，
这导致他们为了试验中最微不足道之事，甚至可以牺牲整个人
类种族。"[140]在他们看来，为证明其先验理论，人性是性能最
佳、最合适的试验对象，因此他们不会顾及试验中受害者的短
期苦楚，理由是长期看来苦楚会得到改善。伯克写道："没有
任何能想到事物的心比一个彻头彻尾的形而上学家的心更加冷
酷无情。""这些哲学家们将试验中的人看作气泵试验中的小
白鼠。"[141]

136

伯克分析，如果大革命早期阶段的驱动力来自金融家和投
机文人，那么政治宗教秩序的摧毁将使革命激进化，于是将由
政治文人控制有产者。在将"压舱物"抛弃之后，落地的先
是绅士，然后是新兴富裕的金融家，于是国家大权落入文人之
手，文人们除了自己的理论之外身无长物，且他们是首次将社
会全体动员起来，来传播他们"配备的学说"。缺乏稳定牢靠
的职业使他们岌岌可危。他于1796年写道，控制着法国的政
府"掌控资产，且被绝望之人的思想完全统治……他们可以

得到任何事物，而不会有任何损失。他们的未来有无穷无尽的遗产可以继承，在高不可及的崇高和声名狼藉的死亡之间，没有任何中间媒介。这些伏在案前、整日劳作、备受苦楚之人从未能坐在帝王宝座之上，而现在又要受到饥饿的奴役，或是从盗版音乐中获利，或是在街边撰写辩护词"。[142]

在伯克看来，法国大革命表现出一种被打破的平衡状态，一方是有遗产继承，有土地、财产和地位之人呆滞而谨慎的影响力，另一方是金融家和文人投机分子有活力的、革新的影响力。大革命政府中的金融家和知识分子们，对贵族统治和现存教会的制度基础采取果断的行动，从而将资产和文化的支撑全部抛弃。

商业社会的非契约基础

伯克不仅坚持认为商业社会需要非商业基础，还强调在理解社会政治责任的性质时会受到商业精神的限制。他相信，将社会主要比喻为一种契约从根本上有误导性。因为契约本质上是一种自发的协议，由各方自愿签署，任何一方自愿退出则契约解除。但是，伯克认为我们有些重大的责任和义务并不属于这种类型。在《感想录》中他曾这样写道："国家不应该被仅仅当作一种合作协议，存在于如辣椒、咖啡、棉布和烟草的贸易中，或是其他更无关紧要的交易中。在这些交易中，协议会因一点点临时的利益而被加以维护，也会因交易各方的偏好而被解除。"国家是社会秩序的基本元素，人类需要社会秩序和传承文化来开发自身能力。"由于这种伙伴关系的终结在时间上是未可知的，因而这种关系就变成不止存在于活着的人之间，还存在于活着、死亡和将要出生的人之间。"[143]因为社会秩序的瓦解就意味着社会制度的终结，而人类的感情是借由社会制度才得以被引导、限制和完善，个人无权单方面退出同国家的"社会契约"。"没有选择之人从这种关联中得到益处；没有选择权的他们被这些有益的义务约束；没有选择权的他们签署的是事实合同，不过同实际合同同样具有约束力。"[144]

伯克写道，商业社会的这种非契约性根基在其他社会关系中也明显存在。婚姻是一种选择，而来宾出席婚礼的义务却无法选择。父母和孩子受到义务的约束，尽管并非自愿的义务。[145]虽然自然主义强调社会秩序要以自愿为基础，但伯克仍悲观地认为，有约束力的义务和责任只能是自愿协议的结果，这也成为他思想中一大典型的保守主义主题。

尽管伯克的后一代中，有人发现伯克对贵族和教会实际行为的描述有些理想化，甚至令人难以置信（的确如此），但他们仍然同意需要制度来保存过去的文化，并为当下提供指导。指导包括提醒人们商业精神的有限性，以及将选择作为终结的危害性。他们认识到贵族并不是知识分子活动的可靠资助者，也发现教会只是为了传播文化信息，且受限于神学。一些人，如柯勒律治和马修·阿诺德，则指望国家本身能为文人提供制度的家园，并对将人类的才能和义务过度商业化的观点加以制衡。[146]

但只有黑格尔在其作品中，圆滑世故地批判了把契约作为人类关系的范式，并详细阐述了无商业先决条件的商业社会是如何需要制度的保驾护航。

138

第六章　黑格尔：无悔的一生

自在穿梭于现代世界

　　1820年，格奥尔格·威廉·弗里德里希·黑格尔出版了《法哲学原理》（*Grundlinien der Philosophie des Rechts*）一书，那年他正好50岁。该作品连同他于同一时期为学生做的讲座，综合解释了市场在历史上的地位及市场对人类的意义。在黑格尔看来，现代社会之所以完全区别于其他任何社会，关键就在于市场。他肯定现代社会市场存在的合理性，并不遗余力地向同时代的人加以解释。他的市场理论深受《国富论》的影响，另外他还整合了前面章节中伏尔泰、默瑟尔和伯克的理论，这些市场分析本来各执一词、自成一家。

　　今日我们重新解读黑格尔的市场理论时，有许多比以往更加便捷的方式。在《法哲学原理》中，黑格尔基本上是直截了当地深入主题，导致书中很多观点抽象难懂。然而，他在同期给学生做讲座时，观点的表达却相对完整形象，更易于被学生接受。1817～1818年，黑格尔还是海德尔堡的一名学校教师，他就《法哲学原理》的主旨专门开设讲座研讨。一年后他迁至柏林，并继续这一讲座。[1]1820年秋该书出版，主要目的是为了帮助学生跟上其讲座的内容，这种一年一度的系列讲座一直持续至1825年。所幸黑格尔语速很慢，学生几乎能够记下他讲的每个字。1831年黑格尔去世后，后人根据一些讲座笔记，整理出摘要和注释，并出版成书。不过也是最近几年，文人学者才将完整的笔记抄录并发表，从而让我们能够更加全面地了解黑格尔的思想。[2]

黑格尔耗时耗力地研究市场，并肯定市场存在的价值，这或许会让许多人大吃一惊，因为在他们看来，提及黑格尔，就意味着抽象的哲学和神化的国家。尽管他经常使用高深古怪的辞藻，但揭开这层辞藻的面纱，就会发现他对体系的研究颇深。其实，对"体系"及其发展进程的研究，正是他的作品中形式哲学的核心内容。因为黑格尔坚信历史必须从哲学的角度进行阐释，同样哲学也只能从历史的角度来阐释。从历史的角度出发，指的是不仅要联系史前重要的文献记载，还要联系当时的社会政治体系。根据黑格尔的现代社会观，他肯定市场存在的价值；但因为"国家哲学家"这个头衔，许多人很难认同黑格尔的这一观点，在他们看来国家必然和市场对立。[3]然而，如果将黑格尔的理论放在当时的社会背景下，这种观点就会有所改变。因为在当时的条件下，只有强大的国家才能为市场和自由的社会创造前提条件；这样看来，黑格尔的观点合情合理。若重新审视黑格尔对市场导向型社会的缺陷的分析结果，我们就会发现他的观点似乎是合理的，即国家干涉是修复这些市场缺陷的良剂。[4]

黑格尔的《法哲学原理》可以说是斯密三部作品主旨的合集。书名中的"法"字，指的不只是民法，还包括道德、体系分析和世界历史。[5]黑格尔直接引用《国富论》的内容，从而解释在市场经济中，利己主义如何创造出一个互相依赖的系统，继而形成公共福利。在《道德情操论》中，斯密认为人性是体系结构的产物，对此黑格尔很有兴趣。正如斯密在《法理学讲演录》中所述，黑格尔对现代社会中家庭的作用和

140

体系中的法律极为关心。但是，黑格尔强调，认识现代社会的各种关系，不宜套用以契约为基础的人类关系模式，这一点与伯克在《法国革命感想录》中的观点类似。[6]同伯克一样，黑格尔担忧若只是目光短浅地关注自由主义，到头来可能会丢失体系和道德这两大前提条件；而若锱铢必较的利己主义思想占据了生活的各个领域，那么家庭和国家的利益就都会受到威胁。[7]

黑格尔相信法国大革命的经验告诉我们，除非现代人的头脑足够理智，能够充分理解他们最珍视的体系，并且认识到过去的体系还会在未来继续发挥作用，否则他们就不会继续效忠于这些体系。伯克发现，历史上成熟的体系中无一不暗藏着理性原则，对此他很满意。但是，要分析这些体系，伯克却不情愿将理性原则作为分析采用的第一原则。人们或许会说，黑格尔只是褪去了面纱的伯克。他认为，现代社会的精神特征决定了人类必须认同他们所赞成的体系，因为他们明白这些体系会大幅提高生活水平。黑格尔坚信，只有基于理性原则，历史体系才具有合理性。这一说法谴责了某些过时的体系，肯定了其他体系能通过高效地运作来创造自由，并帮助人们达成个人目标。

相比于前辈默瑟尔——传统社会的守护者——黑格尔更向往另一种社会：这个社会包容更多的个性，也提供更多的机会。但同默瑟尔一样，他相信每个人都必须对社会中的某个地方有归属感。他希望自由形式的同业公会和不动产，以及家庭和国家能够为人们提供这种归属感和目标感，这点我们会继续在下文讲到。但黑格尔认为，将选择权作为最高且唯一的价值是典型的错误，或许更准确地说，是自由主义市场导向型社会的群体错误。他之所以耗时耗力，对单纯地将自由理解为"做自己想做的事情"大加批判，这就是原因。他写道："普通人相信，若允许他们任意行动，他们便是自由之身；但正是在这样的任意性中，隐藏着他们并不自由的事实。"[8]黑格尔认为，现代社会面临着巨大的挑战，不仅要让我们享有个体性和主体性，还要将我们与一系列体系联系起来，而我们会认同这些体系，并从中找到在真实社会的归属感。黑格尔在阐释现代社会时提到，我们有任意选择的机会，即在没有较好理由的情况下的选择。不过黑格尔还说明，个人有充分的理由赞同家庭、经济和政治体系，而且他们本身就是这个体系的一部分。一直以来，黑格尔的作品都被恰如其分地定性为一项"调和工程"。[9]

黑格尔认为，社会和政治体系应当是什么样，同哲学问题"变成什么样的人好"相关联。而"变成什么样的人好"这个问题，部分取决于由历史体系创造的人类发展潜力。这就是为何，在黑格尔看来，伦理学理论就是社会和政治理论，且这三个理论都同社会发展紧密相关。

若说黑格尔认为，有必要证明资本主义市场经济存在的合理性，那只是因为一些德高望重的前辈和同辈坚持认为，发展中的市场经济与人类福祉有着不可调和的矛盾。他们的批评指控可归结为以下三条：第一，在商品社会中，人们欲望的增加速度快于满足其欲望的财产的增加速度，这导致人们的幸福感降低。第二，在商品社会中，人们不再重视品行美德，表现在公民共和主义意识中，就是人们不再愿意代表国家牺牲自我。另外，商业化还导致公私利益分裂。第三，劳动分工产生专业化，因此，培养出的人才性格片面，且有不断萎缩的趋势。

第一条指控与卢梭的《论科学与艺术》（1750 年）和《论人类不平等的起源和基础》（1755 年）两篇论文的主题类似。他在文中强调，文明的发展实际上降低了人类的幸福感，因为发展导致人为的社会性需求的增速大于可以满足其需求的财产增速，最终人类的欲求将更加得不到满足。[10] 在《社会契约论》中，卢梭的卓越之处表现在，他将古代共和政体下的善良市民与现代追逐私利的资本家区分开来。[11] 亚当·弗格森（Adam Ferguson）——斯密时代较年轻的一辈——在其作品《文明社会史论》（*Eassy on the History of Civil Society*，1767 年）中写道，古希腊人行为的动机在于，他们"习惯把自己看作社会的一部分"，并且"对于能激起精神上巨大热情的东西抱有一种永恒的信念，这种信念指引他们不断地为同胞们谋福利，不断地思考、演说、制定政策、发动战争。这是维系国家和人类集体命运的基础"。[12] 在这种情况下，弗格森主张"社会利益……和个人利益是很容易调和的。如果个人每时每刻都能够考虑到公众利益的话，那么在进行这种考虑的同时，他得到了毕生所能享受的最大的幸福；社会能给个人带来的最大幸福就在于使人人都会依恋社会"。[13] 但弗格森断言，提升现代商业文明会导致对公共利益的关注度下降、公共职能的专业化增强。[14]

在批判现代资本主义社会时，同时代的德国学者与黑格尔的关注点不同，他们主要批判专业化，譬如"分离性"。弗里德里希·席勒（Friedrich Schiller）的《审美教育书简》（*Letters on the Aesthetic Education of Mankind*）第六卷，对这一主题的阐释最负盛名。该书于 1795 年出版，其中大量借鉴了卢梭和弗格森的观点。[15] 席勒声称，在古希腊，人们能协调地发展自身的才能。但在现代社会条件下，我们看到，不仅是单个的主体，就连整个阶级，都在仅仅发展他们天赋的一部分；而其余的部分，就像畸形的植物一样，几乎连一点微弱的痕迹也没有表现出来。……人们把自己的活动限制在一定范围内，有了这种范围限制，人们就在自己身上为自己设定了一个主宰，这个主宰往往会把其余的禀赋完全压制下去……享受与劳动，手段与目的，努力与报酬都分离了。人永远地被束缚在整体的一个个孤零零的小碎片上，人也把自己培养成了碎片；由于耳朵里听到的永远只是齿轮运转时单调的嘈杂声，他就永远不能发展其本质的和谐；他不是把人性印压在其自然本性上，而是仅仅把人性变成其职业和知识的一种印迹。[16]

143

黑格尔的朋友——法国诗人弗里德里希·荷尔德林（Friedrich Hölderlin）——在《群岛》（The Archipelago, 1800年）一诗中这样总结道："不同劳动塑造不同的人。"[17]斯密曾激烈地斥责劳动分工对普通工人的负面效应，荷尔德林在此重申了这一观点，他还认为劳动分工的影响力遍及各行各业，压制个人潜能的全面发展。

黑格尔年轻时曾一度痴迷希腊理想化的整体形象，以及现代社会所谓的分崩离析之说，两种观点有着明显的反差。而在当时的德国上流文化层，分崩离析之说很是盛行。[18]但在写作《法哲学原理》时，他开始在当时的思想风潮和实际的现代社会中寻找平衡。不仅仅是希腊人能够在当时的社会条件下，自在地生活并认同其社会体系；现代人也可以，当然前提是人们要明白，只有社会体系，尤其是市场体系，才能让每个人拥有个体存在感。[19]黑格尔认为，市场是关键性体系，这不仅体现在个人自我价值感的发展过程中，还体现在它逐渐让我们将别人当作个体来对待。

在黑格尔看来，哲学家不但要依据抽象或永恒的原则来思考问题，还要反思历史演变中社会体系的功能。[20]他们著书立说、开设讲座，用哲学阐释历史上成熟体系中的理性内容，其根本目的在于，让对当下体系持质疑态度的人能够同体系和谐共存。[21]人类或许曾经以为，只要信赖他们信仰的政治或宗教权威就足够了。但黑格尔认为，对与自己切身相关的体系，现代人需要得到理性的解释，这是现代人的典型特征。譬如制定法律，只有合理地解释清楚为何这样的体系对人类有利，才能满足现代人的自主性需求。[22]

《法哲学原理》写作背景

1770 年，黑格尔出生于斯图加特市（Stuttgart）——符腾堡领地（Duchy of Württemberg，约有 50 万人口）的省会，家人都是路德教教徒，16 世纪时祖上为躲避宗教迫害逃难至此。家族成员中有神学家、法学家和政府官员。同德国的许多新教省市一样，符腾堡的牧师和教授的薪水都由政府发放，所以黑格尔的祖先在避难前后都可以说是国家公务员。[23]黑格尔家族属于政府公务员阶层，该阶层包括司法官员、行政官员、新教教徒，以及国立中学和大学的教师。黑格尔认为自己是精英阶层的一分子，该阶层关注社会公共福利，并为表达和传递文化价值服务。[24]精英阶层的通行证是教育背景，而在 18 世纪的德国，大学是培育精英人物的场所。教育背景和个人见识决定了这些精英人物的领导能力；这对传统价值观无疑是一大挑战，因为传统价值观认为领导能力取决于高贵的出身和丰厚的财产。[25]

许多人同黑格尔一样，出生于中产阶级家庭且有良好的教育背景，他们组成了"文学民众"的核心，他们的思想见识超越了其所处的社会范围。他们有能力阅读书籍、期刊和报纸，这些人占当时德国人口的5%。[26]当时许多人无论在地理空间上还是思维上，都不敢离家太远。不过包括黑格尔在内的受教育阶层则属例外，他们游历四方，拓展知识和眼界。这些人除了经常背井离乡地去上大学，还要东奔西走地寻找合适的工作。黑格尔就是这样：他曾就读于蒂宾根大学，在伯尔尼和瑞士做过一户富人家的家庭教师，之后辗转至法兰克福、耶拿和萨克森州。那时候在德国，大学校园是知识分子生活的核心。1806年，拿破仑军队挺进耶拿，摧毁了那里的大学。黑格尔于是搬迁到巴伐利亚，做了历史上的首位报纸编辑；后来他还做过班贝克高中的校长，该校非常重视古典教育；再后来他看到海德堡一所大学招募教授，就又搬到了巴登市。1818年，他搬到柏林，在此之前，他游历了欧洲德语国家的主要城市。当然，他也关注非德语国家的发展，比如他曾详细研究了法国大革命的进步意义和英国的商业发展。

18世纪下半叶，包括符腾堡在内的德语国家里，政府官僚机构的职能发生了转变，原先政府只要管理统治者的个人财产，现在还要推动社会经济的现代化。统治者关心如何增加国民税收，因而分权给治下官员，希望建立一个生产力更加发展、秩序更加井然、人民更加勤勉的社会。[27]政府工作人员不再为国王服务，而为国家服务，为广大人民的共同利益服务。倡导改革的领头人明白：市场是国家累积财富最行之有效的途径，而利润动机是市场的动力源泉，斯密对这一观点已做了系统论证。[28]政府官员们手握重权，一心一意要转变社会秩序。[29]在跨地域贸易和生产过程中，采用优胜劣汰机制，绩效（而非血统）决定一切，这是政府官僚阶层与小商人阶层共同的理念。除了一些独立的城市，在德国的其他地方，商人阶级很弱小，市场发展的主要激励因素来自政府部门。黑格尔的父亲在担任旧符腾堡公国的政府行政官员时，曾参与公爵的经济改革。黑格尔也怀有同样的志向。

由于符腾堡公爵和普鲁士国王的权力有限，所以黑格尔的这些旨在实现现代化的政府改革措施进展得十分缓慢。那时黑格尔30岁，正逢世纪之交。在农村，土地贵族掌握实权。政府赋予他们政治、司法和法律权威，来管理辖下的农民和佃户，条件是他们需要服兵役（包括从辖下农民中征募士兵）和纳税。在城镇，同业公会和享有特权的公司控制了民众大部分的日常生活。他们把社会和宗教上的外来客排挤在城镇的经济体系之外，甚至赶出城镇。被驱赶的民众包括犹太人，许多城镇都禁止犹太人居住和谋生。房地产是"典型"的政治体系，也是人们从现有制度中谋取到的切实利益。总体上说，人们在反抗统治者的过程中成绩斐然，政府公务员受到启发，纷纷要求机构重组，从而建立更加自由、更有活力的社会秩序。[30]

拿破仑战胜德意志诸侯成为政府机构改革的新契机。神圣罗马帝国主要由300多个四分五裂的政体构成，这些政体软弱颓败，无法同大革命后的法国新式军队抗衡。拿破仑攻下欧洲的许多德语国家，并根据法国的经验创建了若干新的附属国。这些地区采用《拿破仑法典》，这是一个统一的法律体系。它首次提出，无论宗教或家族地位，（人们）在法律面前都享有平等地位。借此形式，法国大革命的自由理念才第一次在德意志土地上生根，实现了真正的公民平等，而非仅仅享有参政权。其余德语国家的统治者终于认识到，要想抵抗拿破仑的军队，要想收回失去的领地，就必须采取更加彻底的措施来转变政体。历史上此类事件经常发生，被外国吞并的威胁成为一国防御性军事现代化的刺激因素。

普鲁士也是欧洲的一个主要政权，而拿破仑的进攻使它近乎亡国灭种。1806 年，德意志军队在耶拿受挫（黑格尔目睹了这次战争，并在他的首部巨著《精神现象学》的结尾有所提及）后，身处困境的改革家弗里德里希·冯·哈登堡（Friedrich von Hardenberg）给普鲁士国王起草了一份激进的改革备忘录。他认为"改革要有积极的态度，它是人类崇高化的过程，不应该由下层百姓或外部力量中的武力推动，它需要政府统治者的智慧和勇敢"。[31]哈登堡和另一位政府改革家冯·斯坦男爵（Baron von Stein）受国王邀请，同以往支持改革的进步官员一起，重组普鲁士政体。他们的任务就是让普鲁士能够抵抗住法国军队的挑衅。

在这些人的领导下，普鲁士由原先的君主制国家，转变为官僚君主制国家；阁僚代替国王负责制定和实施政策。政府官员的准入和升职都要经过考试。公务员不仅能领到养老金，还享有纳税特权，于是这一职位声名渐起。[32]他们为了让普鲁士的实际状况更接近理想状况，还推动建立一个公民更加平等、人口流动性更大、经济更加自由的社会。1807 年，世袭农奴制被废除，农民得到了解放。农民不必再为地主劳动和偿还实物，但是需要赔偿地主失去土地收益的相应损失。为了让农业

147

基础更加商业化，限制贵族农场买卖的法令被撤销，这样谁能更加有效地利用土地，谁就享有土地所有权。所有的行业向贵族和平民同等开放。在欧洲的德语国家中，普鲁士成为瓦解封建土地所有制的领导者，在新的社会制度下，所有权不再受政治力量的控制（Herrschaft）。接下来的几年里，哈登堡政权颁布了一系列法令，取消了贵族的税收豁免权，弱化了同业公会的权力，从而放宽了商业活动的限制。政府承认犹太人是"土生土长的市民"，也撤销了他们社会经济活动的部分限令。不过，他们仍然被排除在政界和公务员体系之外。[33]

1818 年，黑格尔受邀前往普鲁士，该国在许多方面都属于新兴国家。它包括许多分布在德意志北部的区域，几年前刚成为统一的王国，但是大部分人还不大认同这一集体身份。

黑格尔和斯坦从整个德意志地区引进了一批官员和知识分子骨干，帮助普鲁士进行改革。在普鲁士首都柏林建立一所新兴大学，就是重建计划的一部分。那时柏林是普鲁士的军事和行政中心，但不是学术和文化中心。他们充分汲取德国文化界的精华。根据弗里德里希·施莱尔马赫（Friedrich Schleiermacher）的构想，该大学的雏形是以哲学院为中心并联合其他所有的院系，旨在把各领域的知识集合为全面的整体。[34]黑格尔出任哲学院院长。

哈登堡为削弱容克（普鲁士的地方贵族）的统治力量，设法集中政府部门的权力。1812 年，他提出一项重要的改革计划，其中地方司法权和行政权不再由当地贵族掌控，而是交到国家选派的官员手中。他的计划旨在促进个人自由，同时还赋予国家，尤其是政府机构更大的权力。这听起来似乎自相矛盾，实际却不尽然。要想在所有的贸易过程中，让绝大多数德意志公民享有从业、联合和迁移的自由，必须剥夺中间权力拥有者——贵族和同业公会——的权力，这样中央政府才能真正掌握国家大权。

实际上，普鲁士改革家们脑海里前景美好的社会转型只实现了一部分。滑铁卢战役后，刺激改革的外部因素消失。普鲁士国内，贵族阶级和地方政府的反对力量不断增强；普鲁士外部，由奥地利总理梅特涅领导的反动势力也在快速增强。浪漫主义哲学家亚当·缪勒（Adam Müller）是反动势力中最重要的思想家，1809 年，他发表《治国艺术原理》（*Elemente der Staatskunst*），为反对哈登堡改革提供了强有力的论据。缪勒所描述的政治概念，不是以市场经济社会的自由立法和平等参与为基础，而是以贵族的家长式统治为基础。他把政治关系与家庭关系做比较，贵族和属民就如父亲和孩子们的关系。他反对"金钱万能的专制统治"，认为它是一种人类关系的非人性化过程。[35]反对势力中另一个领头的理论家是瑞士法官卡尔·路德维希·冯·哈勒（Carl Ludwig von Haller），他写了五本书以"恢复政治学"，而这些理论的前提条件在于，改革家倡导的"人造资产阶级"国家是"可怕的妄想"。[36]他抨击政治权和所有权分离的观点。哈勒认为社会是一张私人关系网，在由财产所有权决定的领域是可以依法行使政治权力。小到家族的族长、庄园的领主，大到国家的君主，所有权领域就是其统治范围。缪勒、哈勒以及赞同他们理论的贵族地主，都反对改革家提出的政治领域概念——在该领域中政府官员平等客观地践行法律，所有权"私有化"，且区别于政治权力。相反，他们坚持认为政治统治仁者见仁，所有权同政治权力密不可分。[37]

容克为延续其对经济政治的直接支配权，想要通过提倡家

148

长式的统治方式以掩盖其统治本质。黑格尔强调要区别对待政治、经济和家庭关系，这样做意义重大。在这样的背景下，人们必须理解黑格尔关于国家和官僚机构的观点。

1818 年，因为仰慕哈登堡的一名密友，黑格尔来到刚刚成立的柏林大学。卡尔·西格蒙德·冯·阿尔滕斯泰因男爵（Baron Karl Sigmund von Altenstein）当时担任普鲁士教育部长，并提倡全民义务教育。[38]就任柏林大学哲学院教授时，黑格尔在演讲中大力褒扬普鲁士，称赞这样一个小国，通过把人民的理性需求体系化，从而获得世界性的历史地位。他还提到，改革家近期试图利用普鲁士的国家权力，营造法律面前人人平等的氛围。[39]他对普鲁士的事务尽心尽力，并非种族特殊主义，更不是德语国家的民族主义；而是为普鲁士政府的战略效力，他认为该政府机构正严阵以待、全力以赴发挥巨大的力量去改造社会，并更好地认识那个时代。至于如何认识，我们下篇再讲。

个体性与普遍性

法国大革命让黑格尔更多地关注历史性哲学。黑格尔本来非常拥护法国大革命的理想观念，尤其是法律面前人人平等的原则。但是这次革命未能建立一套稳定、合法，并为法国人民所接受的体系，这让黑格尔和同时代的许多人备受打击。黑格尔将失败归咎为对法国革命者自由天性的错误理解。革命者认为任何体系都会束缚个人自由，因此在革命中他们不允许建立任何体系上的秩序。[40]他们还认为革命事业应该同历史文化遗产割裂开来，结果丢掉了革命所需的重要的正统源头。

黑格尔极为关注历史，因为他和伯克在《法国革命感想录》中的观点一致，也就是英国得益于"按照传统考虑我们的自由权利……这种自由的血统观念，激起我们内心一贯的祖国自豪感……"

黑格尔想向同时代的人解释清楚一点，那就是每个人都是一个主体，有能力为自己做决定，这种观点不是源自启蒙运动中的无中生有之说，也不是出自任何大众的说法。它是欧洲历史文化发展的成果，源自古希腊和基督教传统的精神教义。但只要奴隶制或农奴制继续存在，只要封建制度的枷锁仍旧限制所有权和经济关系，即使是在欧洲，这一理想也无法实现。黑格尔把新教改革解读为通往现代自由大道的必要里程碑。现代非教会政府的崛起，推翻了以往许多观点，诸如政权隶属于个人或某个家庭，国家必须由某个单一宗教控制，或必须以某种单一的方式生活。对于黑格尔来说，法国大革命尽管在国内失败了，但它开启了新纪元，在许多欧洲的小岛和附属地区，现代的自由和主体观念将普及开来。[41]黑格尔的大部分历史性哲学都致力于同一个目的，那就是向同时代的人说明，他们共同重视的体系之说确实有自由主义血统。

黑格尔认为当代体系之所以可行，是因为该体系内隐含一套规范，而规范本身就是历史发展的产物。早在马修·阿诺德或马克斯·韦伯之前，黑格尔就将现代的自由资本主义社会解读为新教教义的衍生物。但是与韦伯不同，黑格尔相信后新教现代社会拥有与其自身相应的伦理特质，并体现在它的体系中，也就是他所说的"伦理"（Sittlichkeit）。

黑格尔想解释清楚，如果能正确理解现代社会体系，那么它还是值得肯定的，因为现代社会体系有自身的伦理维度。黑格尔所用的"伦理"一词，词根是"风尚"（Sitte）。他在此处

150

使用这一词语的潜在意思是，当个体的伦理生活成为其所在体系中必不可少的一部分时，伦理生活就只是世俗的现实。[42]尽管"Sittlichkeit"一词经常被翻译为"伦理"或"伦理生活"，但是"规范化体系"应该是最好的表达。

黑格尔认为，与强调神圣性（Heiligkeit）的天主教相比，新教伦理的进步性主要表现为，在精神力量从超脱尘世的禁欲主义转向世俗化体系时，新教伦理代表了神圣化的社会。天主教的神圣性只局限于部分牧师精英的伦理规范，而新教伦理则是针对社会整体而言的。不同于天主教对贞洁立誓，新教颂扬婚姻和家庭；不同于天主教对贫困立誓，新教倡导"资产阶级社会伦理"，也就是承诺"靠着理性和勤勉，以及在经济关系和财富使用中的诚实守信、自谋生计的活动"。[43]最后一点，天主教发誓绝对服从（也就是黑格尔所说的"奴役良知"），新教代之以遵守法律的美德，立法体系中的法律即是"国家的伦理"。[44]

按照黑格尔的理解，哲学家的任务之一就是揭示这些制度的理性和伦理内容，就是将其隐含的伦理概念化，这样自觉的个体就能充分意识到他们所参与的体系的意义何在。这是让人们能在这些体系中自在穿梭的一大进步举措。

151　　黑格尔同德国浪漫主义的创始人身处同一时代。德国的浪漫诗歌、辩论文章、神学和政治学都对世俗社会饱含惋惜，认为现代社会疏离个人，使他们内心分裂，缺乏团体感或超越感。浪漫主义者认为解决这一问题的方法就是不停地重复同一个主题。一方面，他们强调个人的创造力和特殊性；另一方面，他们还强调个人需要依靠直觉，来联系一些更高级的力量，或者实现想象力的飞跃。更高级的力量可能是自然、国家、人民（Volk）、天主教堂或者上帝。但是，对浪漫主义者而言，个人同更大的"整体"的关系本质上是一种非理性的关系，是理性对更高级的力量的自我屈服，而该力量赋予生命以意义。[45]

黑格尔和一些浪漫主义者交情不错，他们都担心一个问题，那就是个体会感觉他们自身是更大整体的一部分。实际上，黑格尔认为，这个整体（或"总体"）包括个人和上帝以及个人和历史的关系。如果说黑格尔的祖先可能大部分都是政府公务员，人们会觉得他的家世显赫，但其实这个算不了什么，他依然是神学家的后代，而他在高等教育一开始就选择了神学专业。因此，他的作品会含蓄或有时很明显地采用理性神义论，来阐释上帝对人类的行为；也就是说，把人类的历史阐述为人类潜力不断发展，最终人类得以自由理性地生存。但是，黑格尔和浪漫主义者的不同点在于，他宣称可以用理性理解个人和其所属社会体系的关系，这种关系必须客观且能传达。他坚持认为，个人要获得更高层次的归属感，不是靠毫无理智地屈服于某些超脱尘世的力量，而是靠和体系千丝万缕的关联，黑格尔将这种关联称为"中介"，它介于个人和大千世界之间。他身为哲学家，任务就是解释这些关联：关联如何产生，又如何发挥作用，赋予个人自发性主体感，让个人理智地肯定对更崇高事业的归属感。

黑格尔哲学事业的目标就是让人类和社会统一，现代人生活在社会中，并为他们个人的主体性和特殊性而感到自豪。黑格尔明白，大多数人将"自由"理解为做自己喜欢的事情，没有制度体系的限制。在这个概念中，限制我们的活动就是阻碍我们的自由。这是否定的自由观。黑格尔说，若认真分析这

152 个概念，它把每种体系都看作不可容忍的镣铐，这对所有体系的秩序来说都是灭顶之灾。[46]正是因为这种存在缺陷的理解方式，法国大革命注定要以失败告终。

要理解黑格尔的观点，最好的办法是与当时的信仰进行对比分析。这种信仰时至今日仍然广为流传，它认为人的善可以被简单地定义为，他或她实际上最渴望或更情愿做的事情。这些愿望在表现个体独特性时，最为真实可信。根据这个颇具浪漫主义的概念，自由的衡量标准是"它在多大程度上偏离了普遍认可且合法的轨道，并成功地为自己创立了多大范围的特殊性"。[47]另一种观点（还有许多变体）主张，社会体系的地位塑造了我们的偏好，并指导了我们的意愿。斯密作品中隐含的前提条件是，需要体系引导公众感情，[48]但黑格尔则明确地表述了这一目的。

有些人认为人的"善"与个人特有的偏好等同，这些人的首要问题在于，他们无法解释偏好是如何形成的。偏好的形成过程，也就是意愿的导向过程，是黑格尔社会、政治、伦理和教育哲学理论的核心。因为我们身处的社会体系和道德规范，在很大程度上决定了我们成为什么样的人。[49]黑格尔的生命整体观具有教育意义：他主张体系可以塑造有意义的生命，让我们成为自觉的个体，成为体系中负责任的成员；我们珍惜该体系，因为从长远来看，正是体系把我们塑造成自己希望成为的那种人。

黑格尔认为，人类的基本现实是他能享有自由，但这并不意味着他生而自由。他认为，人类依据天生的本能和冲动自发地行动，这同自由之说正好相反，因为人类是自身感情的奴隶。社会和文化体系把人类从天生冲动的非自由中解放出来，还将他们转变为行动的利己主义者，这反映出人类理智的意志。黑格尔认为，伦理生活包括高层自我对天生冲动的重新定位。高层自我是文化和体系的产物，重新定位则是用"第二天性"取代天性。黑格尔强调伦理行为应该变成习惯，正是这个观点让他区别于康德和其他思想家。黑格尔主张体系能让人养成习惯，这是他最重视之处。[50]

康德认为道德行为很自由，因为它取决于我们的理智而不是情感，而理智是我们自然自我的一部分。黑格尔批评康德把伦理概念中的理智和情感分离。黑格尔思想的卓越之处表现为他对"第二天性"的不懈关注，第二天性是历史性发展的社会政治体系对自然自我的转化，个体接收到该体系传达的文化规范，并将其内化。黑格尔认为伦理秩序就是体系秩序，体系中的成员创造了该秩序，它是一种针对其他成员的伦理性行为的习惯倾向，因此他们的情感和责任可以协调一致。

虽然体系让行善之人社会化，从而养成良好的习惯，但黑格尔并不认为行善之人仅仅是体系的产物。他的这一哲学观点的意义在于让人理智地"洞察善行"，这样对体系给予的责任和义务，人们就可以理智地加以肯定。[51]他的目的是提供"基于理性的洞察力"（eine Einsicht durch Gründe）。[52]

黑格尔认为浪漫主义和多种自由主义的最大错误在于，把具有约束力的责任仅仅看作对真实自我的限制。相反，在他看来，只有明白并承担自己的责任，个人才能得到自由。体系可以指导内心潜藏骚动的生命，这就是黑格尔将责任称为"布局"（Einrichtungen，该词源自"Richtung"，意思是"方向"）的原因。[53]责任赋予我们自由，让我们不至于沦为生理需求的奴隶。它们还把我们从"不定向的主体"、从不停地问"我现

153

在应该做什么"的状况中解放出来。它们还让我们对真实社会产生影响，不滞陷于我们的主观思维中。[54]黑格尔尖锐地批评了一种观念，即认为有道德就是坚决反对或绝对遵从一些个别的美德概念。他在书中写道，在伦理社会中，有道德就是努力履行体系给予的责任。"伦理社会中，很容易说明一些人必须做什么，或者为了成为有道德的人，必须履行哪些责任。他只需做已经规定好的、清楚声明过的以及在自身境况下熟知的事情。"[55]这些规则把个人同更广泛的民众群体联系起来，而在这个包括家庭、同事、国家和人类的群体中，个人只是其中的一分子。从这种意义上说，责任为个人和宇宙提供了"冥想"的空间。[56]

市民社会与其不满之处

154   黑格尔认为，古代政府腐败的征兆可能是个体的存在，这些个体都强烈地意识到自我利益、自我内在的主观生命和自我特殊性。不过个体的存在让政府有了抗拉强度，再加上体系的作用，特殊性和公共利益的矛盾得到了调和。[57]

现代政府最明显的特征就是黑格尔所说的"市民社会"（die bürgerliche Gesellschaft）。这个词可以被翻译为"资产阶级社会"或"市民社会"，黑格尔所说的可能包括了这两种含义。"市民社会"范畴中，每个人都被看作自给自足的个体。法律保护他们的生命和所有权。人与人之间的关系是基于市场的相互作用，而市场是为了满足人们的需求（Bedürfnisse）。[58]

英语中的"市民社会"，同希腊语和拉丁语中的同义词一样，传统上指"政府"或者有政府存在的那种社会。黑格尔引进"市民社会"一词，是指介于家庭和政府之间的范畴或关系网。它的核心体系是所有权和市场，但也包括某些关键的政府功能，如执行法律的司法机构和警察。[59]为何黑格尔要将政府的法律保障功能和市场看作"市民社会"的组成部分呢？

黑格尔的核心论点之一"自然权利"（包括"天赋自由权"，即亚当·斯密所说的个人和所有权的自由），很容易让人产生混淆和误解。斯密和许多18世纪的作家都曾使用"自然"一词，表示任何事实性和规范性的事物：世界本原的样子，事物发展的必然路径。[60]黑格尔强调，在道德上控制某些人的生命和所有权，这是值得拥有的权利；事实上，这种权利最重要的意义是让现代性价值连城。不过，这种权利却无自然性。它们是文化认同和"第二天性"在历史发展过程中的产物，只有现代国家才能把它变为现实。[61]他称这种权利为"抽象权利"，这在一定程度上表明，只有具体的化身——现代国家——才有可能实现这些权利。[62]因为若没有国家把权利付诸法律形式，现实社会中个体生命和所有权就没有保护伞。现代社会的市民一般无法认识到，他们某些特定的利益常要依靠更为普遍的国家结构。黑格尔提到，个人不情愿向国家缴纳税款，表明他们忘记了，正是政府的存在才保证了市民社会得以实现。[63]黑格尔的目的就是让广大市民意识到这一事实，这样他们就不会觉得国家遥不可及，和自己毫不相关，事实上国家是和自身目标切实相关的体系。

黑格尔认为私人所有权是现代国家历史发展的产物。私人所有权这一观点还有另一层含义：个体拥有所有权并不会给其他个体传达政治影响力。这恰恰是家长制关系的对立面，容克和容克的维护者偏爱这种关系。

黑格尔解释说，所有权在道德上如此重要，是因为它创造

155

了个体性表现的无限可能。他反复提及一个哲学观点，即要维持思想状态的稳定，只有在外部世界中将思想具体化：具体成为事物、体系规章和人们交往的形式。（黑格尔说，这就是为何爱情在借婚姻体系公之于众后，男女之间的感情会更坚固。）个体需要有某些内在意识，该意识必须与外在现实相符。外在现实的一部分是所有权。某些事物属于我自己而不属于其他任何人，这增强了自我作为特定个体的意识。[64]黑格尔认为，这种意识存在于现代道德秩序中。[65]事实上"主体寻求满足个性的权利，或换种说法，主体自由的权利，是区别古代与现代的关键和核心"。[66]其他人不会拿走我的财产，因为他们认为那是我的，这也是他们认可我是独立个体的表现。然而，苦工、奴隶和农奴则不被这样认可。现代国家的人们普遍享有私人所有权，有权控制世界上的某个地区，这是黑格尔引以为豪的一部分理论。根据对现代性的理解，他得出结论：政府政策的目标之一就是必须鼓励财产所有权的普遍化。

从另一层意义上讲，所有权也是我们个性的表达和外化。所有权是我们所改造的自然世界的一部分，它随着我们意愿的改变而改变。[67]从这层意义上讲，它是自然人性化以及人类精神与社会融合过程的一部分，是黑格尔关于历史发展的理论的核心主题。

市场和所有权构成市民社会的中枢。在讨论市场和经济生活时，黑格尔写道，那些对市场理解肤浅的道德家，把市场看作由怪想和机会组成的无政府混乱形式，最可能来"一通不满和愤慨的宣泄"。[68]为了给出对市场更准确的理解方式，黑格尔参阅了《国富论》，以及斯密的接班人——大卫·李嘉图和让·巴蒂斯特·萨伊——的作品。[69]黑格尔认为他们最大的贡献就是，说明了市场尽管表面上看来处于无政府的混乱状态，事实上却是满足互相需求的系统。不过黑格尔认为，他们并未充分地解释清楚市场的体系基础和哲学含义，对此他在《法哲学原理》中做了详述。[70]黑格尔耐心地指出，市场是让人类更加社会化的社会体系。因为个人的需求只有依靠其他人的产品才能得到满足，所以个人必须让自己适应其他人，并对他们的想法感兴趣。[71]个人必须让自己的意愿服从于他人的要求。

市场建立的基础是满足个体需要产生的各种关系。黑格尔强调，这些需要不是"自然"的。过去的伦理学家抨击满足个人"非自然"需要的任何措施都是"奢侈品"，黑格尔则持完全不同的观点。他坚持认为，人类的大部分需要不是由自然决定，而是想象力的产物。黑格尔并未利用这一观点来谴责需求增长，相反他解释道，正是想象力的结果——需要的存在——将人类和动物区别开来。我们对"必需品"的认知，不是自然而是"第二天性"（历史上进化的文化）的产物。文明的发展创造了更多差异化的需要，主观的体验就是"需求"。[72]需求日臻完善的过程永无止境。黑格尔说，那些生活在原始社会的人（或是未受教化的人们）没有辨别能力，文化就是辨别能力不断提高的过程。[73]此处黑格尔通过阐释人类本性，釜底抽薪地推翻了批判物质扩张的基本前提，为伏尔泰维护奢侈的理论奠定了基础。

黑格尔论述的是一个在德国中产阶级已经高度发展的过程。18世纪末，流传最广泛的杂志之一是《奢侈和时尚杂志》（*Journal of Luxury and Fashion*），它指导新兴"中产阶级资本家"（der bürgerliche Mann vom Mittelstande）如何生活、着装和装饰宅邸。它的建议是，单间、通用的起居室已不再时兴。

157

这个时代，书面的交流、契约和通信与日俱增，房中需要有间像样的办公室，让人能集中注意力，免于在旧式家庭的公共休息室（Wohnstube）中被家人打扰分心。人们不愿意客人来访时小孩在周围嬉闹，因此房中娱乐室也是必要的。稍大点的孩子还需要另外的房间，方便家庭教师辅导学习。[74]

萨伊曾提议"正是生产创造了对产品的需求"。或许黑格尔读过萨伊的观点，因此他意识到（斯密就没意识到）企业家是拓展想象中消费者需求的主要力量。也就是说，市场并不仅仅满足需求，同时也创造需求。需求源于寻求利润的生产厂商，而利润源于需求的萌生。生产厂商为寻求途径以消除消费者的不满，开始关注这种不满情绪，这一过程唤起对消费者不满的前所未有的认识。[75]

黑格尔解释说，在消费中个人追求对自身的认知，形成了现代时尚的周期性循环。个人为了展示自己和他人地位平等（炫耀他人不如自己），追逐比自己地位高的人所使用的消费品。于是，为了追求个性化以及表现与众不同的个性特征，新产品不断涌现，进而导致模仿和创新的循环永无终结。[76]

黑格尔指出，竞争的压力是市场经济社会的外在动力。企业家为把供过于求的产品销售出去，需要不断地在各个地区寻求市场，甚至是国内外经济发展相对落后的地区。贸易的推动让不同文化开始接触，互相学习。黑格尔告诉他的学生们，从这层意义上来说，市民社会的发展促进了人类的教化过程。[77]

与黑格尔同时代的浪漫主义者，把职场和市场活动描写为个性化的威胁。黑格尔坚持认为这点大错特错：男人自力更生地维持生计，是他们获得个体感的最重要途径之一。（此处使用"男人"一词另有深意。因为黑格尔认为，女人主要在市民社会之外的家庭发挥作用。)[78]法律承认劳动力自由，赋予人类基本的尊严；而奴隶或农奴社会则没有这些，那时的人们奉命劳作，为法律和政治上级的利益而劳作。[79]有人同情现代人，同情他们被限定在特定的劳动分工中，这是对大环境的误解；实际上，现代社会大环境下的个人和集体紧密相关。黑格尔认为，年轻人觉得选择某种职业会限制自身的发展潜力，进而大大限制自我发展，这种观点是错误的。因为只有接受这种限制，我们才能成为市民社会链中有效的环节。[80]那么，现代大环境下真正的个性就包括我们对职业场所的认同，尽管劳动分工不可避免。现代品德主要不是指超越市民社会的极端政治行为，而是职业操守（Rechtschaffenheit），也就是在自己的职业平台（Stand）上尽职尽责。[81]个人要想成为社会大集体的一部分，就必须把自身限定于市民社会某一特定的职业中。

"主观特殊性是活跃市民社会的法则。"[82]市场存在多种可能性的选择，这是我们特殊性和个性的表现。黑格尔认为，选择有较高和较低两种形式，我们出于恰当而理智的理由做出的选择，属于较高形式。或许在市民社会中，个人最重要的选择就是选择职业。[83]（另一个是选择婚姻伴侣。）[84]但是他认为，武断的选择——没有恰当的理由，仅凭个人好恶甚至心血来潮做出的选择——可能也有某些价值。在 30 种口味的冰激凌中做选择，可能就不是最高形式的选择，但是这种选择却可以反映出我们的某些个性特征。黑格尔认为，只有在我们相信这是唯一的选择形式时，问题才应运而生。[85]

综上所述，黑格尔认为市场可以创造新的需求，这种需求在个人看来是"必需品"。其实市场就是创造需求的机器。它让个人有可能通过消费表达个性和普遍性，但也让个人在无法克制欲望（Begierde）时面临危险。个人若没有人生规划，包括恰当的消费水准，他就会不受自己控制，变成欲望的玩偶，被反复无常的时尚潮流牵引，被他人勾起的消费需求摆弄。最终他急躁不停地挖掘更多的需求，却无法在各种成就中获得丝毫满足，也就是物质过剩下的精神痛苦。[86]若选择消费品仅仅是基于不断被诱发的需求，而不是因为同理智的人生规划契合，结局就会是黑格尔所说的"坏无限"（bad infinity）。这是亚里士多德"贪婪癖"（pleonexia）的最新说法。

黑格尔认为，解决需求失控的问题，要从三个方面入手：家庭、国家和行业协会。黑格尔将这三个方面视为市民社会的基本要素。在行业协会（也就是他所说的"企业"）中，个人明白适合自己的需求层次，因为选择某一职业就意味着选择了相应的生活方式。黑格尔和默瑟尔都希望社会中的个体有地方归属感。默瑟尔指望同业公会和财产能做到这点。黑格尔也希望有类似合法的组织，管理城市贸易准入，训练居民达到行业要求。默瑟尔支持的同业公会和财产，在19世纪20年代的德意志许多地区仍然存在；但与之不同的是，人们根据个人的选择和才能，自愿从事这些职业。黑格尔与默瑟尔不同，他希望这些组织能成为个人和国家之间基本的保证性中介资源，为互相协助提供平台，让个人关注比自身利益更广泛的利益。黑格尔其实想通过这些职业组织来实现政治代表制。个人认同他的职业福利；反过来，身为职场成员的这一荣誉，能让他获得价值感和身份感。企业和同业公会一样，都能赋予个人荣誉（Ehre）和地方归属感。黑格尔希望，同辈职业人士的认可能让个人在寻求认同时，不会受到诱惑去炫富或是产生"坏无限"的无限需求。[87]

　　黑格尔认识到这些企业一定会追逐它们成员自身的利益。他认为当这种现象发展过度时，比如它们进行价格垄断，国家当局就要适当干涉。尽管有时这些企业会同自由贸易法则发生矛盾，但为了社会稳定，黑格尔宁愿舍弃部分自由贸易的优势，他也希望这些组织能为社会稳定做点贡献。[88]

　　黑格尔认为市民社会的另一个内在问题是新形式的贫穷。他所指的不仅是物质贫乏的个人，早在市场经济社会之前他们就存在；而且还有两种新奇的贫穷形式：因群体系统创新、谋生技巧落后而失去工作，以及因没有工作而对整个社会心怀不满。

160

　　市场内在的动态造成失业。市场导致劳动分工，这意味着许多工人有与工作相关的技巧，而且是高度专业化的技巧，因而只适合从事狭窄的职业范围内的工作。黑格尔分析，由于市场的决定因素来自不断变化、不断改善的需求，对新产品的需求就意味着对旧产品需求的下降。这样一来，那些整个职业生涯都在生产旧产品的工人就会失业，而且也没有任何培训帮助他们找到新的工作。另外，生产的机械化也导致了失业。[89]因此市场会创造失业，尤其是针对那些不易适应新型贸易的人。[90]（黑格尔还指出，资本主义经济的发展伴随着人口的增长，尽管他并未详细阐述，这是他的一个重大疏忽。）[91]

　　市民社会个人的价值观同是否有工作相关联，工作让个人在社会中享有一席之地。于是第二个问题随之出现，那些没有工作的人就不属于社会的一部分，不能享受社会福利，包括生存权。他注意到，"在英国，即使最穷的人也认为他们可以享受各种权利；这同其他国家满足穷人的方法大相径庭"。[92]因此，穷人厌恶属于市民社会一分子的人们。因为这些市民社会外围的人，不参与市民社会的教化机构，也就没有适合就业的性格特质。所以，他们不仅失业，更失去了就业能力。

因此，现代化的贫穷中出现了一种危险的形式，黑格尔称之为"赤贫"，用以区别物质上的绝对贫困。并非所有赤贫者都是穷人。他们被这样定性是因为他们的思想状态。他们缺乏荣誉感和可靠性。他们盲目依赖运气，工作偷奸耍滑，性格反复无常。他们不习惯固定工作，缺乏敬业精神。但是在这个大部分人都有谋生之道的社会，他们觉得自己有资格接受社会的救济。"赤贫者（Pöbel）让人厌恶的地方在于，他们没有足够的信誉靠工作吃饭，却声称自己有权吃饭。"[93]他们所构成的群体不断侵害和威胁着市民社会。[94]

在市民社会中，就算只是给尚未沦落至赤贫的穷人解决生存问题，也是一大难事。黑格尔以英国为例。事实上，为穷人创造工作岗位，会增加缺乏有效需求的商品的生产量，进而产生相应的问题。慈善机构为失业者提供生活资料并不能解决他们的问题，因为这样一来就丧失了资产阶级社会的个人价值观的基本前提：工作。慈善机构让赤贫者相信自己理所应当地享受权利。在一些案例中，黑格尔无奈地指出，倒不如让穷人去乞讨，至少这样他们还能保持对工作的渴望。[95]

黑格尔评论贫穷和赤贫，不是依据对德国国情的观察，更多的是依靠大量翻阅英国的史料记载，当时英国正处于高度发达的商品社会。表面看来英国的贫穷问题很棘手，黑格尔对这些问题了如指掌，并希望这种情况能够在德国避免，至少经过政府干预可以部分避免。但是他也认为，对于商品社会中的穷人，海外殖民化也不失为极佳的赌注。[96]

总体来说，黑格尔认为政府应该扮演的角色有：维护法律规则，保护穷人；提供基础设施和公共物品，诸如桥、路和公共卫生设施；教育儿童。[97]这些斯密也曾详细说明。但是，黑格尔更倾向于另一种观点，也就是政府不仅要发挥以上这些职能，还要缓和他所认定的市场产生的内在问题。他表明，政府权威应该出面干涉，抵消国际贸易的干扰作用，减缓或可能的话缩短市场的起伏周期。他们必须审查食品和药品，并在紧急时刻设定价格的基本条款。[98]黑格尔认为，这些政府职能——他称之为公共政策（Polizei）或行政管理（Regierung）——应该成为市民社会的一部分，为社会提供架构，让个人有可能在市场中追逐自身利益。[99]

超越市民社会

若说在市民社会中，人类开始认识到自己为自由的个体，[100]那么在高于或低于这种社会的领域中，人类才发现人与人相爱和利他的关系。在家庭和国家领域，个体超越自身成为集体的一部分；在个体看来，集体非常重要，为了集体甚至不惜牺牲自身。这些领域超越了契约关系，在这些领域中计较个人利益不应占据支配地位。

黑格尔认为，家庭领域关系的基础是情感上的利他主义。在家庭中，我们以直接和情感的形式、以男女之间的情爱关系，以及父母与孩子之间的关爱与遵从关系，逐渐成为伦理个体。[101]他批评那些认为婚姻仅仅是一纸民事契约的观点。他认为，婚姻虽然始于契约角度，最终却超越了这个角度。[102]只有婚姻要被解除时才会回到最初的契约角度。[103]婚姻是一种伦理制度，它以"爱情、信任和分享所有的个人生活"为基础，正因如此，我们一般把其他家庭成员的利益看得高于自身的利

162

益。[104]他抨击浪漫主义的爱情观点，这种观点把爱情视为心灵深处的、非理性的情感迸发，认为婚姻的基础仅仅是爱情。黑格尔解释说，婚姻是一种伦理制度，婚姻中的自然推动力是伦理秩序的一部分。爱情只是婚姻的一种要素，其他关键的要素还有共享财产、分担忧患和抚养子女。[105]

于是，在家庭中，市民社会自私自利的代表组成了一个大集体，该集体的成员在情感上互相依赖。正是集体利益赋予了所有权和自利不同的含义。个人想要组建家庭就必须在市民社会中有稳定的收入来源，因此"利己意愿成为群体共同且有益的关注点"。[106]家庭外部的公共现实是家庭的资源和财产（Vermögen），这是家庭成员生存的基础。家庭的特征在于家庭成员彼此间真挚的关爱和沉重的责任感，表现方式之一就是在市场中谋求生计。黑格尔说，在寻求家庭财富的过程中，自利和无私转变为对共有事物的关注。[107]个人的关注点被拓宽："不再是满足欲望（自私而强烈的意愿）式的需求，因为这种需求受到了破坏。这种情况下，关注自身的同时也要关注他人，关注他人的同时也要关注自己；于是，利己主义（Eigensucht）便消失得无影无踪。"[108]

不过资产阶级社会虽然一方面需要家庭繁衍后代，另一方面它也转变了家庭关系的范畴。在现代政府和市场产生之前，主要是血统决定义务。而现代社会中，血统关系失去了它包罗万象的特性，职场人脉关系和社交圈朋友关系的重要性与日俱增。由于资产阶级社会的出现，家庭成员不再仅仅是"父系整体"的从属。若家庭是资产阶级社会道德福祉的基本要素，那这种社会结构只会阻碍家庭成员认可自己的家族身份，而允许他们认可自己的个体身份。[109]如此一来，家庭和市民社会就产生了冲突：一方面，对于我们深爱的家庭，个人利益要服从整体利益；另一方面，我们又要超越血统和出身，肯定自己的个人身份。

黑格尔认为，如果家庭是一种超越个人利益的关系，那么国家也是。在他看来，自由主义者以为国家仅仅是保护个人权利和所有权的自利机构，这是大错特错。事实上，国家还是公民集体身份在体系上的体现。他认为在赋税和战争现象中，国家最明显地限制了自由主义学说。[110]因为国家需要税收收入，但纳税人并不一定能受益。[111]战争时期，现代化后的拿破仑国家要求公民甘冒生命危险，根据自利理论，这种谋划并不合情理。在和平年代，市民若不愿意纳税，国家就无法繁荣昌盛；而在战争年代，市民若没有代表国家奋战的意愿，国家终将灭亡。战争让市民社会中的个人意识到：没有国家，他们的生命和所有权就没有保障。而对于这些道理，他们常常会抛诸脑后。[112]

现代爱国主义源自对国家的认同。这种认同可能是习惯性或情感性的认同，不过黑格尔最大的目标就是让这种认同变得理性，他在《法哲学原理》中阐释了现代国家如何为个人的需求服务，从而满足个人作为集体成员的特殊性和普遍性的需求。[113]在他看来，代表制政体最值得关注，因为这种政体不仅让市民对政府有一定的控制力，还让他们参与政府事务，从而提升对这一政体的认识和认同。[114]这种政体的基本功能是教化公民，让公民享有知情权，对政治有自觉意识，时刻留心团体政治生活的基础——政治原则。其实黑格尔认为，代表制体系虽然可以使决策高效化，但它的教化功能却更具重要性，因为他认为决策的高效化程度也是有限的。[115]

公共阶层和哲学家角色

164 　　黑格尔认为，政府公务员是平衡和补充市场作用的必备要素。因为当社会中大多数人将大部分时间用在考虑自身利益或家庭、职业时，有一个群体全心全意地为社会大众的利益服务，这至关重要。这就是为何黑格尔称政府公务员为"公共阶层"。他强调政府公务员招聘必须面向大众，以示范性知识和能力认证为基础[116]——尽管普鲁士的改革仍在进行，目标尚未实现，但也比其他地方先进许多。要让政府官员不受市民社会影响，关键是要给政府官员发放足够的薪水。[117]黑格尔写道，公务员应该把工作当作他们"精神性和特殊性存在的主要利益点"。它不应该是单纯赚钱的工作，而应该是有责任感的职业。[118]

　　当然，公务员需要经过适当的培训，才能掌握行政程序和管理经济等，也就是德国人所说的"国家学"。[119]但是由于官员培训和日常业务可能机械而乏味，黑格尔希望公共阶层的成员要有哲学头脑——也就是《法哲学原理》中所阐述的哲学——这样他们就能正确地理解大众利益监护人这一角色。[120]黑格尔设想，大学的目标之一应该不仅是提供专业知识，还要让人从历史和文化的角度清晰地认识现在，这样公共阶层成员就能预想到社会中更大的需求。如此看来，大学和市场培养出来的人才，其知识和导向的类型完全不同。

　　个人之所以能够与现代市民社会和谐相处，部分原因在于他们身处这个社会体系，习得规范和期望，于是成为有责任心和自主性的人。但正如《法哲学原理》所述，人们理智地掌握了这些体系的功能，于是以更加警觉的方式同社会和谐相

处。这本书是黑格尔宏伟计划的一部分，该书向同时代人阐释
了他们同世界历史乃至宇宙的关系，黑格尔的宏伟计划提炼了
过去所有的有价值之事，包括哲学、艺术和宗教，并把它们融
入他的理论范畴。黑格尔的作品在之后的德国知识分子界引起
了巨大的反响，最重要的原因是他的作品着力调解许多当时社
会中的典型冲突：基督教教义和理性感知社会之间的冲突，传
统和革新之间的冲突，个人、市场和政府之间的冲突。[121]人们
经常认为那个宏伟计划狂妄不羁，甚至有些夸大其词。对黑格
尔整个宏伟的哲学计划，虽然有些人无动于衷并持怀疑态度，
其中就包括埃里克·沃格林（Erich Voegelin），但是他们却承
认，"这本系统性著作本身有许多无与伦比的哲学和历史分
析，它们自成一家，不被该系统形成的整体影响"。[122]

　　黑格尔对后世学者的影响深远，影响范围甚至跨越了欧洲
的德语国家。接下来我们将读到，卡尔·马克思曾从黑格尔的
哲学理论中受益匪浅；不过后来，他放弃了黑格尔的自由资本
主义社会中个人和体系调解的理论。英国许多知识分子，如马
修·阿诺德，都很赞同黑格尔抨击自由就是"做自己想做的
事情"，并仰慕黑格尔的宏伟计划，即在大学培养一批有素养
的公务员，让他们协助引导国家这艘巨轮，使其顺利穿过因市
场扩张而出现的道德危险区。

第七章　卡尔·马克思：从犹太高利贷到全球吸人膏血

卡尔·马克思（1818～1883年）和他的合作伙伴弗里德里希·恩格斯（1820～1895年），是迄今为止对于市场制度最为著名的批评家。"资本主义"这一原本与斯密的"商业社会"和黑格尔的"文明社会"同义的词，通过他俩成为家喻户晓的热门词。许多比马克思和恩格斯对资本主义社会更有好感的学者反对使用"资本主义"，认为这种称谓本质上带着轻蔑。这一点我们即将认识到，事实正是如此。但是，如同许多政治辩论产生的词语一样，这一词语的衍生义已远远超过其原始本义，并最终被那些一开始因其有争议的含义而拒绝它的人所接受。如果说马克思主义作为政治运动可能已经过期的话，那么作为分析的对象和对于市场制度的评论来说，它的吸引力是不可能完全湮灭的。因为从一开始，马克思主义就是一种二重诉求。

第一重诉求源自对于陷入物质贫困的产业工人阶级的同情。马克思不仅在自己的文章中唤起人们对于工人阶级贫困和生活环境恶化的同情，而且分析认为这是市场制度不可避免和不可逆转的必然结果。同时，他将现时的苦难与未来的救赎相联系，类似于基督教传统中最重要的比喻之一。

每当工人阶级的经济和社会环境得到改善——事实变化也是如此——这一论点的吸引力就越发薄弱。但与此论点平行并最终超越成为主要论点的另一论点是，在马克思和恩格斯的著作中贯穿始终的对资本主义文化方面的批判。他们认为市场内在的竞争制度在道德上是可憎的，因为它将人际关系退化到了动物界的水平。取而代之的是，他们假想出的一种没有公私利益区别的社会制度。许多人尽管没有因为资本主义而在物质上更加贫穷，却对不得不将自己嵌入市场经济需要的职业沟槽中而感到愤怒，极不情愿地强迫自己去从事一个越来越细分的职业工种。马克思突出地表达了这部分人的不满。

167

尽管激进且带有批判，但马克思一般还是被认作黑格尔的门徒。他对于资本主义社会降低劳动价值的批判直接继承了古罗马思想中关于自身与自身的社会位置的思路，而这一观点是黑格尔在他的成熟著作中明确反对的。相似地，马克思对于市场竞争的恐惧不仅使他重提了黑格尔之前的一些思维方式，同时也使得他的思想与欧洲思想启蒙运动的核心前提相矛盾。启蒙运动提倡人类活动具有潜在有益的而往往事先意想不到的成果，同时承认个人利益的合法性。实际上，马克思经济分析的基本原理可以追溯到更早的历史时期。他仅仅是将传统基督教中对于赚钱的描述套用了新的词语，并且重新描述了古代人对于以钱生钱的食利行为的怀疑和反感。马克思认为资本主义是一种"剥削制度"，他的思想回溯到非常古老的观点：货币根本上不具有生产力，唯有依靠辛勤谋生的劳动才能真正地创造财富，因此，不仅利息甚至利润本身都是不健康的。

在描述资本主义的离间作用时，马克思表述了一个大多数人隐约感受到的观念：现代社会中个人的满足感不得不向一种人们无法控制的力量献祭。而对于马克思提出的对资本主义取而代之的共产主义，虽然他认为其能够控制这种力量，然而，正如我们即将看到的一样，他鲜有对保障共产主义社会运行的具体机制的阐述。

数以百计的学术研究强调马克思理论是毕其一生逐步发展形成的，却忽视了最尖锐的马克思思想分析家们所明辨的事实，即马克思后来的全部著述都是在试图证实和详述他在 30 岁时写下《共产党宣言》时形成的思想观点。事实上，大多数观点在 1844 年他 26 岁时就已经形成。[1]

马克思的犹太问题和他的劳动问题

168

马克思出生在 1818 年的莱茵州特里尔市（Trier），那一年黑格尔正响应德国改革家们的号召奔赴柏林大学。家族姓氏马克思，是从其祖父的名字摩德凯（Moderchai）变化而来。卡尔的父亲赫舍尔·马克思是一支中欧地区犹太阶层拉比（犹太教律法专家或智者）的后裔。他们自 16 世纪就一直生活在特里尔市。卡尔的母亲亦是一支历史悠久的拉比家族的后代。[2]

《论犹太人问题》是卡尔·马克思重要的文章之一。马克思与他的犹太种族渊源经常被提及，却又往往被曲解。尽管评论家们试图将他的思想称作"塔木德经典式"，然而事实上卡尔的成长过程中却鲜有犹太元素。如果给他一本《塔木德经》（犹太法典之一），他甚至不知道书的哪边应该朝上。因为赫舍尔·马克思年轻时就与他的家庭和犹太教断绝了关系，所以没有给孩子任何犹太教内容的教育。[3]卡尔出生时，赫舍尔已经是特里尔市高等上诉法院的一名律师。在卡尔的青少年时期，他的父亲积极参与莱茵州的民主运动，要求建立君主立宪议会制度。作为受尊敬的资产阶级社会的一员，他成为特里尔市律师协会的主席。

那样的尊敬来自彻头彻尾地放弃自己的犹太人身份。即使在哈登堡政权废除了对普鲁士境内犹太人的歧视性法律之后，犹太人依然被排除在国家公务员岗位之外。在滑铁卢战役之后，莱茵州划归普鲁士控制，而普鲁士官僚认为这样的法律也应该适用于莱茵州。赫歇尔提起了诉讼，要求被允许出庭并保留犹太人籍。当他的上诉被驳回后，他选择了在1817年皈依基督教——普鲁士的国家宗教——以维持他的谋生之道。同时，他将自己的名字改为更像是日耳曼民族的"亨利希"（Heinrich）。他妻子则直到1825年她的拉比父亲逝世后才接受了洗礼。此前一年，当孩子们达到入学年龄时，马克思一家让他们也接受了洗礼，包括最大的儿子——卡尔。

关于犹太教的内容，卡尔·马克思知之甚少。他的父亲浸染在法德思想启蒙运动的理性主义之中；与其说他是神学的新教徒，倒不如说他是道德上更为专注的自然神论信仰者。他最喜爱的作家是伏尔泰和卢梭，因为从小亨利希给他的儿子读的不是圣经而是伏尔泰的文章。[4]卡尔的叔叔（亨利希的兄弟）在他成长的小镇做拉比。但是因为改变了宗教信仰，亨利希已经与犹太亲戚们断绝了来往。因此，卡尔在成长过程中意识到他家庭的犹太渊源，但对于犹太民族和犹太教却没有积极的依恋。[5]他对于犹太事物的知识几乎完全来自非犹太资料，他对于犹太人的评价也几乎全部来自犹太民族的敌人。尽管如此，他仍被很多人看作犹太人，他的黝黑肤色暗示着他的闪米特人出身，由此被戏称为"摩尔人"。

马克思的文化理想主要源于德国受过良好教育的中产阶级（Bildungsbürgertum）的文化。18世纪以来，中产阶级就已经开始发展出一种新的生活风格和理解自我的新方式。它反映出

一种崭新的自我价值观，受人尊敬不再是因为世袭的社会地位
（Stand）或者履行宗教和社会赋予个人的职责，而更多地是因
为每个人的独立个性。新出现的理想典范必须是多元化个性的
培养，通过多种形式去表达，包括哲学和文学、戏剧、音乐以
及视觉艺术。文化不再仅仅是被动地接受。读书成为开发人类
思想，与更多思想在典籍页面上互动交流的一种方法。人们开
始认为受过良好教育的德国人应该能够通过写诗歌（或者至
少记日记）、演奏乐器和创作美术作品来表达自己。美术从一
种礼拜仪式和装饰性的功能定位中解放出来，其自身具有一种
被珍视的宝贵价值。通过培养在各种文化领域的美学感性来实
现个人发展成为受过良好教育人士的标志。这样的发展路径被
当时的人们称为"浅涉文艺"（dilettantism）。[6]

马克思从其具有更高社会地位的邻居路德维希·冯·威斯
特华伦男爵（Baron Ludwig von Westphalen）那里比从他父母
那里吸收到了更多的文化思想。男爵非常喜爱年轻的卡尔，使
他得以更多地接触荷马、莎士比亚和古罗马诗歌。[7]在这一时期
建立起的对戏剧和文学的品味影响了马克思的一生（几十年
后，尽管他和他的家庭濒临破产，马克思仍然将他的孩子们送
进私立学校学习语言和文学，接受音乐和歌唱方面的指导，培
养了孩子们对戏剧的浓厚兴趣，以至于他的三个女儿都立志于
成为演员）。当马克思进入大学时，他考虑过成为职业诗人，
随后又矢志于成为剧作家、戏剧评论家。他的许多诗作都是奉
献给冯·威斯特华伦的女儿——燕妮，并最终娶她为妻。

马克思满怀浪漫主义情感的诗歌也包含对"市侩"的抨
击，批判那些基于规律且理性的生活方式而选择功利性职业的
人。他早期的作品——从大学预科的最后一年至大学最初几年

的时光——立场摇摆不定，既有为了人类福祉而自我牺牲的理想，也有对与他同时代的庸人坚持斗争的那些孤独天才的狂热崇拜。[8]

浅涉文艺的危害在马克思的职业困境中显而易见。亨利希·马克思有能力为他的家庭提供资产阶级的生活条件，包括儿子的大学教育。但是，他还没有富裕到可以无止境地资助卡尔的程度。他担心卡尔将来能否自食其力，希望他能为就业而专心学习。在1837年的一封家书中，他严厉斥责了儿子的浅涉文艺——在各种知识间闲逛。[9]他试图改变儿子的发展方向，从不确定的就业前景转向法律职业的安全港湾。虽然卡尔对哲学更感兴趣，但还是遵从了父亲的愿望并开始学习法律。然而亨利希一去世，卡尔就立马放弃了法律而重拾哲学。卡尔的母亲也很担心儿子的谋生能力，因此他们之间的关系紧张起来。他记得她大声叹息："如果卡尔不是光写资本而是能挣到资本，那该多好啊！"[10]

多元化的发展是一种值得赞扬的理想，但它的副作用却往往是半途而废。许多卡尔往昔的朋友（他几乎总是以争吵结束他们之间的友谊）评论他时，都不约而同地认为他做事情有始无终。在柏林大学学习时，马克思试图编写关于法律哲学方面的内容；写了三百页之后，他停了下来，转而试手一种"新的形而上学体系"，后来同样不了了之。[11]在1842年和1843年，他的确做过关于宗教艺术历史批判的研究。研究尚未完成，他已经转向撰写法国大革命的历史了；尽管他为此项目收集了素材，却从未动笔。阿诺德·卢格（Arnold Ruge）——他当时的合作者——这样评价马克思："总是希望写作关于他最近读到的内容，却又总是接连不断地阅读新内容，做着更新的摘录。"[12] 从 1844 年直至生命结束，马克思呕心沥血地开始了对现代市场制度详尽的研究工作——这一研究工作他本人自始至终从未感到满意。[13]

171

了解马克思的背景和性格的这些面貌有助于理解他的社会理论中的基础元素。出身于少数民族，因民族宗教而受到鄙视，被认为是民族的另一分支，因其民族的社会经济角色而受到污蔑：这些背景促使他构想了一个社会，一个不存在宗教和民族差异，不存在盈利行为的社会。他心目中标准的人类形象浸染着古罗马的社会思潮，认为艺术家才是现实的创造者。马克思将这一形象民主化和普遍化。在他的社会主义构想的背后是新兴资产阶级的文化理想，寄希望通过创造力和全面发展来充分表达个性。而黑格尔则强调在个人和更大的社会整体之间应存在中介机制，例如家庭和公司。马克思的上述观点与黑格尔的主张水火不容，更不消说他成熟时期关于分工中个人位置的观念了。[14]马克思的社会观点更多地受到荷尔德林而非黑格尔的影响。

然而，正是阅读黑格尔的作品才激发了马克思成为哲学家的梦想。拿到博士学位后，他开始在波恩大学教书，同时与神学院讲师布鲁诺·鲍威尔（Bruno Bauer）合作编辑《无神论文库》（*Archive of Atheism*）杂志，并且合作撰写长篇宗教批判文章。毫不奇怪，普鲁士学术权威认为神学教职人员行列中不应存在无神论者。因此，鲍威尔失去了工作，而马克思认识到像他这样的哲学激进分子在大学讲台上是毫无前途的，于是转向了新闻业。《莱茵报》是一份代表"政治、商业和工业"以及莱茵州中产阶级和企业家的报刊。马克思开始为《莱茵报》撰稿并很快成为编辑。由于执政当局计划重新将基督教定为国教并积极推行家长式的国家政权，于是站在中产阶级和企业家的立场，马克思开始攻击新国王威廉四世的反动政策和他的统治。马克思当时的观点是黑格尔式的；他认为国家是"一个巨大的有机组织，必须实现司法的、道德的和政治的自由。每个公民通过遵循国家法律，实际上就是唯一地遵循他自己的理性，即人类理性的自然法则"。从这一立场来看，国王试图复辟基督教和限制新闻自由的努力是一种历史倒退。马克思认为新闻行业的作用，就是教育公众，包括那些国家公务人员，以黑格尔的现代国家观念来评判当下政权的弊病。[15]自由主义报业业主们对这些议题颇感兴趣，同时，他们和中产阶级的其他人士一样对"社会问题"的兴趣愈来愈浓厚。很快，马克思也加入其中。

社会问题

早在18世纪80年代，大量贫穷的人就开始从农村涌入城镇，然而手工业行会却无法吸纳全部劳动力。默瑟尔对此现象较早地产生了警觉。经济上不能独立，政治上没有选举权，他们是保持社会秩序稳定的一种威胁。他们的数量持续增长，至19世纪20年代，正如我们已经看到的，黑格尔越来越真实地指出了解决"贫困"问题的困难程度。在19世纪30年代，被剥夺了稳定收入来源的人群数量继续上升；至19世纪40年代早期，贫困问题成为公众关注的焦点。人们开始担心如果现状得不到改善必将发生革命。[16]"无产者"一词来源于法国，特指那些缺少土地、资本和稳定职业的人群。他们长期生活在不安全状态中，对现有社会秩序构成了一种挑战。[17]

一部分学者和政治家将贫困大军的不断增长怪罪于工业生

172

产的兴起。奥托·冯·俾斯麦——一位年轻的保守派政治家——正是持此种观点的一员。他宣称:"工厂使个人致富,但同时造就了大量缺乏教养的无产者。这些无产者自身生活不安定的特性对国家政权构成了一种威胁。"[18]商人和自由经济政策的支持者们对于"社会问题"同样产生了警觉,其中一部分具有战略眼光的人相信工业的发展是解决失业问题的方法,而不是问题的原因。[19]但是,这只是少数派观点。

然而在 1848 年之前,工厂的工人仅占德国劳动力极小的比例。在德意志关税同盟(Zollverein)煤矿工业区内,在工厂和矿山工作的工人不足 17 万,即使算上所有的矿工,总人数也只占经济活跃人口的 2.5%。[20]总体来讲,他们所处的劳动环境相当糟糕。他们之中即使是薪资较高的技术工人也生活在经济不确定状态中。大多数工业工人之所以能够供得起家庭住房和饮食起居,完全是因为他们的妻子和孩子也在拼命工作。一旦遭遇疾病或不幸事件,生计就成为问题。这样的情况经常发生。在工业的某些部门,尤其是纺织业,女性占劳动人数的一半,童工占 15%,最小的仅 7 岁。在莱茵州的工厂里,儿童从早上 5 点一直工作到黄昏。需要指出的是,这样的情形是特殊的,即使在使用童工的高潮阶段(1846 年),9~14 岁的童工也仅占 6.5%。在 19 世纪 30 年代末,德国政府开始立法管理童工现象,限制工时并强制实施学校教育。

工厂繁重的劳动负担绝非局限于儿童身上,那些长时间劳动的男性工人付出的代价最大。12 小时工作制很普遍,甚至还听说过每日工作 17 小时的情形——震耳欲聋的噪声、令人窒息的湿热和空气中充满粉尘的车间。如果一名工人在如此环境下工作二十年,40 岁时就会衰老。如果他有幸躲过随时可能发生的工伤事故，那么等待他的就是收入不断减少的中年和贫困潦倒的老年生活。[21]

因为普鲁士改革者的创新，德国农业的生产效率得以不断提高，同时制造业也处于上升态势。然而，伴随着生产力的提高，贫困的蔓延和工厂劳动力缓慢增长的现象同时出现。因此，尽管贫困人口在增加，社会财富的总量却在增加。[22]

这一悖论源于人口的增长。自 18 世纪中叶起，人口数量持续增长，并且在 19 世纪上半叶开始加速增长。从马克思出生至 1848 年革命的三十年间，德意志国土（不含奥地利帝国）上的人口增长了 50%。从 1816 年的 2200 万增长至 1850 年的 3300 万。[23]同时期的农业革命生产了更多的食物，也创造了更多的就业机会，从而有力地支撑了人口数量的增长。因为改革年代的政策变化，先前的农奴摆脱了封建领主的直接控制，可以自由成婚——开始养育更多的孩子。在默瑟尔时代还处于襁褓期的家庭手工业，如今已经成为生产的主要组织形式，与传统而古老的工匠手工业并存。家庭手工业是一种高度分散的、为市场而生产的劳动组织方式，可以触达最小的居住单位，为失去土地的人们提供谋生的工作机会。更好的食物营养也降低了人口死亡率：更少的德国人死于襁褓期，更多的人成长为成年劳动力。[24]

人口不断增多，多到当时的经济体系已经不堪重负。工匠的数量翻了一倍，但是对手工产品的需求却没有增长那么多。这一现象导致的结果就是工匠的薪资下降，失业率上升。19 世纪 40 年代，家庭手工业的工人遇到了危机。由于使用蒸汽动力的机器大幅度降低了生产成本，所以纺织行业的工人——纺纱工、织工、男装裁缝——不得不直接面对来自工业产品的

174

竞争。大多数商品来自英国，也有部分生产于德国本土。为保持竞争力，雇用工人的家庭手工业企业主开始大幅降低薪资。一种崭新的、更高效的生产组织方式的形成通常是以牺牲旧的、更传统的方式为代价，这一次绝非历史上的最后一次。为保持收支平衡，家庭手工业者不得不延长工作时间。1844 年，当普鲁士西里西亚亚麻纺织业的企业主们不断降低薪资直至逼近饥饿线水平时，纺织工人们发生了暴乱。暴乱震惊了社会，这才引起那个时代对由家庭手工行业的逐步衰亡而带来的痛苦的注意。[25]

当马克思和恩格斯逐渐步入成年时，人口增长与就业岗位不足的矛盾所引起的经济紧张关系越来越困扰着德国和欧洲其他地区。恩格斯在其最早期的作品——年仅 19 岁时用笔名撰写的一系列关于他在故乡乌泊塔尔（Wuppertal）的生活的文章——中他勾勒出的主题思想一直贯穿其后所有的著作之中。他写道，新建厂房的环境正在掠夺着工人的体力和生命。他所描述的成年男子和年仅 6 岁的儿童，在充满蒸汽和粉尘的车间里，被不断消耗着而走向死亡，"身体和灵魂正在被摧毁"。工人的艰苦劳动被酒精暂时淹没或者被宗教麻痹。工厂主，变成了伪君子。对于他们来讲，宗教虔诚代替了社会责任，挣钱代替了高雅的文化追求和理想。[26]恩格斯将他的故乡描述为"虔诚主义和市侩庸人的海洋，却没有一座具有审美趣味的岛屿"。[27]

1845～1847 年，当英国和法国经济出现下滑时，社会秩序的紧张关系绷到了临界点。首先是马铃薯病虫害，紧接着是一个异常炎热干旱的夏季导致小麦减产，直接造成食品价格飞涨。在一个食物支出占据家庭收入大部分的年代，食品价格高涨大大降低了人们对其他商品的购买力，也意味着企业产品需求下降，价格下滑，继而企业家利润减少。他们不得不调低产量并解雇工人。与此同时，银行业的恐慌加剧了经济衰退。连续几年的农业歉收使得农民和地主债台高筑，银行家们开始担心贷款无法正常回笼。当生意遇到困难时，商人发现银行不愿或不能给他们放贷。有些企业因此而歇业，使得更多工人失业。社会上弥漫着忧伤和不满的情绪。[28]

175

回过头看，我们知道这段时期正是欧洲历史上离我们最近的一次农业大危机。但在当时的人们看来，伴随食品价格高企而不断涌现的失业和饥饿，似乎预示着社会秩序的即将崩溃。1848 年，莱茵州科隆市有 1/3 的人口接受贫困救济，另有 40% 的人口生活在半饥饿的灰色地带。城市底层民众挣扎在生活水平线上，他们的数量和不幸的遭遇让中产阶级中细心观察的人们感到恐惧。[29]1848 年，革命爆发，首先在法国，紧接着在欧洲大陆的许多地方。早在 1843 年，马克思就撰写了《论犹太人问题》，恩格斯则发表了他的《政治经济学批判》。1847 年，他们合作完成了《共产党宣言》。从 1843 年到 1847 年，他们关于资本主义经济秩序将会把广大民众推入痛苦深渊的论断显然看起来是有理的。

"一个幽灵，共产主义的幽灵，在欧洲游荡。……"《共产党宣言》导言以此开头。在德国，社会主义者数以百计，有些是知识分子，有些是在国外寻找工作的手工业者，他们在巴黎、布鲁塞尔和伦敦接触了社会主义思想。社会主义思想在法国流传最为广泛，但即使是在 1848 年革命前夕的法国，社会主义者至多也就有几万人。他们中大多数是城市中的工人和手工艺者。真正弥漫于欧洲的是对"红色威胁"的恐惧。农奴起义反抗他们的封建领主，农民从森林中抢夺木材，手工艺者要求恢复行会制度，工匠和工人举行罢工——所有这些行动引起了人们的担心，共产主义仅是这些担心的一部分。[30]马克思和恩格斯将事实上的前工业秩序衰退时的痛苦解释成后资本主义未来形成期的剧痛。

从黑格尔哲学到共产主义

176　　黑格尔声称现代国家既可以满足个人追求特定兴趣的愿望——作为文明社会的一员，也可以通过建立代表机制——议会制——为个人提供一种更广泛地参与国家事务的意识。但最终，在黑格尔的方案中，仅仅是行政事务才被明确地致力于为大众谋福利。[31]从自身经验出发，马克思认为这样的观点是绝无可能实现的。

　　作为莱茵州的新闻记者，马克思亲身感受到经济衰退的严重程度和经济复苏的政治障碍。1842 年，他调查了在家乡特里尔市附近的莫斯利山谷的木材失窃事件。一直以来，农民都是在贵族的森林里捡柴火；柴火是他们的主要燃料。随着农民数量的增加，同时因为地主对于他们的财产采取了越发资本主义的态度，想方设法增加利润，农民世代沿袭的权利与暗含在法律中的新兴私有财产概念发生了冲突。[32]在马克思调查的时候，木材偷盗是德国各州被起诉最多的犯罪行为，也是有产者和无产者斗争的最明显标志。

　　马克思很快认识到黑格尔关于现代政权的理论和普鲁士政治现实之间的鸿沟，开始转向激进主义并不断加强。当莱茵州立法机构州议会进行如何定义木材盗窃的法律条款的辩论时，马克思发现，不管是在法律执行层面，还是在构成盗窃罪的文字定义上，都反映出保护财产所有者的利益的倾向。地主们在州议会中占统治地位，他们残酷无情地反对约定俗成的法规，不允许穷人在森林中捡柴火。他们全然不顾公众利益。他们完全没有从大众利益出发，而是仅仅计算着他们的自身利益。[33]在他们追求受法律保障的、锱铢必较的利益时，马克思写道，他们无异于现代版的夏洛克，从穷人身上割下属于他们的那磅肉。[34]这一比喻成为他最为满意的比喻之一。

与此同时，腓特烈·威廉四世极端保守的统治正在镇压着公务员队伍（他们中的许多人是黑格尔派）中的民主派，并且不断加强对新闻和报纸的审查制度。普鲁士王国总体上越来越不能容忍公开的辩论和坦率的批评。马克思的新闻职业，如同他的学术生涯，戛然而止。他的报纸因尖锐地抨击普鲁士政府和官僚而被查封。

在他发表的文章中，以及稍后在 1843 年婚后蜜月时撰写的长篇评论中，马克思阐述了他对黑格尔的国家政权概念、代表制度和国民服务观点的批判。他发现政府的官僚机构，并没有代表广泛的公众利益而有效地运行。取而代之的是，政府为了保证自身利益而执行审查制度来使自己远离批评。[35]议会不是为了公众利益，而是运用立法权来保护议员所属的利益集团，并不惜牺牲在议会中无代表权的大众的利益。[36]马克思推断国民服务和议员代表制度都不会顾及数量越来越多而处境却越来越糟糕的穷人的利益。在当代普鲁士，马克思认为，尚不存在大众利益的代表。

为了寻求更大的言论自由，他来到了其他德国知识分子聚集的巴黎。在那里他阅读了大量法国和德国的社会评论文

177

章——其中一些是关于社会主义思想——描述了在新兴的工厂劳动体系下不断恶化的工人阶级生活状况。关于工人和工厂主之间斗争的观点——劳资对抗——并不是马克思首先提出的。早在 1828 年，约翰·C. 卡尔洪（John C. Calhoun）写过一篇关于美国北方阶级关系的评论来支持南方的奴隶制度。他在文章中写道："在我们（南方种植园主）筋疲力尽之后，对抗将在资本家和操作人员（工人）之间延续，因为最终社会必将分化为这两个阶级。发生在我们这里的斗争问题必然与欧洲所经历的相一致。在这样的体系运作之下，薪资水平的下降必将快于生活必需品价格的下降，直至操作人员的生活水平达到最低点——他们生产的产品中留给他们的那部分将刚刚足以维持生计。"[37]在欧洲，瑞士经济学家西斯蒙第（Sismondi）在 19 世纪20 年代就已经描述了"资本家"和"工人"之间的斗争，早在 1837 年他已开始将工人称为"无产者"。在 1842 年一本被广泛阅读的书籍中，洛伦茨·冯·斯坦因（Lorenz von Stein）——一位德国改革保守派——认为"世间的物质能够赋予个人性格以价值，而无产者阶级则是缺少这些物质的人们"。斯坦因警告说如果没有社会君主制，那么持续的阶级冲突将导致这一新兴阶级的"独裁统治"。马克思在 1843 年读到斯坦因的书之后，把这一警告当成了对于未来的希望。[38]最重要的是，马克思从 1842 年一本法国的图解作品——尤金·比雷（Eugène Buret）的《英法工人阶级的苦难》（*The Misery of the Working Classes in England and France*）——中吸收了很多要素。比雷争辩说，由于资本家们总是试图降低工人阶级的薪资，社会总财富的增长与无产者的日益贫困总是相伴随的。[39]但是，更多地影响到马克思后续关于市场经济社会评价的作品来自他的德国流亡者同胞——弗里德里希·恩格斯。

恩格斯的《政治经济学批判》

马克思在巴黎编辑《德法年鉴》时，因恩格斯向其投稿而初次阅读到他的文章手稿。这篇文章是《国民经济学批判大纲》，其中有许多马克思和恩格斯之后不断发展的思想观点的雏形。[40]同样在这篇文章中，他们对资本主义道德评判的基本原理也被首次阐明。

恩格斯《政治经济学批判》的核心内容是简单的。他发现了亚当·斯密和他的学生们刻意隐藏的道德上的丑闻：资本主义是建立在贪婪和自私之上的。如斯密这样的启蒙运动思想家的主要策略就是，唤起人们对之前被诬蔑为"贪婪"和"骄傲"的精神品质所带来的潜在社会利益的注意，而如恩格斯这样的社会主义批评家则是将私利重新定义为贪婪。[41]

对于贸易也有人性一面的看法，恩格斯写道，斯密也许是对的：它也许带来人与人之间更加温和的关系；它也许会消灭国家之间的战争并且"将文明带到地球的每个角落"。但是，这一切都是基于虚伪，因为在贸易身后真正的动机是个人私利：

> 很自然地，对于贸易商人来讲，与以低价买进的买方和以高价卖出的卖方保持良好关系是符合自身利益的。因而一个国家如果与它的供应商和顾客产生敌对情绪，这样做是很不明智的。越是友好，越是有利。这就是贸易的人性的一面。然而，这种把道德错误地用在不道德目的上的虚伪方式正是自由贸易体制的骄傲……你带来了民众之间

179

兄弟般的情谊——但是这只是一种窃贼之间的兄弟情谊。
你减少了战争——为了在和平环境里挣得更多的利润……
你何时出于纯洁的人性做过任何事情，不带有公众利益与
私人利益抗争的意识？你何时是道德高尚的，不带任何私
心，脑海里不存在不道德的、自私自利的动机？[42]

对恩格斯来说，贸易本身就是应该被诅咒的，首先是因为它背
后不纯洁的动机。从定义上讲，道德就是不可以基于私利的。

在恩格斯看来，资本主义的问题在于它建立在竞争基础之
上。他认为，竞争"将每个人隔离在自己原始的独处之中"，把
每个人放置在与他的邻居互相敌对的位置，成就了"人类境况
的不道德性直至现在"。[43]通过引发注重私利的个人之间的争斗，
它造成了人类的集体战争，将人类转变成"一群强取豪夺、相
互吞噬的野兽（除此以外，竞争者还能是什么呢？)"。[44]

如果恩格斯的第一步是回到启蒙运动之前对于私利的理
解，那么他的第二步就是进一步回溯至文艺复兴之前对于放贷
生息的谴责。他推理认为，交易的利润与"利息"基本无异，
唯有通过极度细微的逻辑修饰才能加以区分。利息是不道德
的，"因放贷生息而不劳而获的不道德性……在很久以前就被
毫无偏见的大众认清了它的本质，而大众的觉悟在这样的事情
上通常是正确的"。[45]

在他的分析中，恩格斯捕捉到了从商人或制造商的角度看
待资本主义的一个要素：阴森恐怖却无处不在的不确定性。正
如斯密和其他政治经济学家所说的，价格反映供求关系。因为
这样的关系时刻在变化，商品的价格不时地上下浮动，令人难
以预测。然而，为了从价格的上下浮动中获利，每个人都想在

最有利于自己的时机选择买入或卖出。因此，赚取利润就不仅是依靠产品生产，同时也依靠独立于生产者以外的因素——偶然性。斯密认为在商业社会里，个人在某种程度上都成为一位商人；恩格斯则坚持每个人都成为投机分子，寄希望于从他人的不幸中获利。例如，那些投机购买谷物的人祈祷农业歉收，因为这样才可以提高他们投机购买的价值。恩格斯宣称，任何形式的投机都无异于赌博。对他来说，资本主义邪恶的集中表现就是股票市场。"道德沦丧的极点就是股票市场的投机，在那里，历史和人类都降级成为一种为满足算计的贪婪者或赌博投机者的手段。在股票市场上，那些诚实'可敬'的商人即使口中念着'感谢万能的上帝'，也不能被排除在赌博者行列之外。他们与其他人一样投机倒把。他们不得不这样做，因为竞争迫使他们这样。因此，他们的交易行为蕴含着与其他人同样的不道德因素。"[46]恩格斯认为，赌博、投机、利润和利息都是贪婪的连续统一体的一部分。

　　恩格斯认为，战争和市场有很多相似之处，因为两者都是将人放在与他人竞争的位置。竞争对于恩格斯来讲就是敌对的同义词，只不过更好听一点而已，而敌对则是兽性的一种品质。所以，在伏尔泰和斯密所颂扬的和平与合作的表象之下，市场就是另一种形式的战争。

　　根据恩格斯的观点，资本主义制度下的生产是"不自觉的、欠考虑的"，且任由偶然性摆布。虽然政治经济学理论告诉我们供给和需求将实现平衡，但是事实上任何一种商品始终存在供和需的缺口，因而给个人带来灾难性的后果。那些辛苦劳作而其产品的供应却大于需求的人们，会因此失业或者不得不接受更低的薪资。西里西亚的纺织工人就是这样的例子。恩

180

格斯在一份激进的英国期刊《北极星报》(*The Northern Star*)上这样写道:"很明显,工厂体系和机器进步等给欧洲大陆的工人阶级带来的后果与在英国发生的情况是一样的,即对大多数人意味着压榨和奴役,对极少数人意味着财富。"[47]他辩论道,随着大制造商不断胁迫小制造商破产,资本主义竞争必将导致私有财产的集中。中产阶级将会消亡,世界最终形成"百万富翁和赤贫穷人两个极端"。[48]

斯密已经证明,同时埃德蒙·伯克和黑格尔也都接受,市场体制可以产生某些尽管出人意料却井然有序的结果,而恩格斯却认为未经计划的都是无序的、无政府主义的。他的替代方案就是经济中的生产部分完全依靠理性计划和集中组织的社会主义。[49]唯有计划的才是理性的,只有意料之中的才是有秩序的——这样的观点是对自18世纪以来不断发展的政治经济思想根基的彻底否定。"社会将不得不根据自己手头上的资源来计划生产什么,并且根据这样的生产能力与大众消费者之间的关系来判断调高或者降低产量的程度。"[50]马克思也重申了这一观点,可是事实上对于社会主义经济究竟应该如何组织他却没有进一步的论述。

马克思采纳了恩格斯的大多数分析。结合他所阅读的法国社会主义者的文章,马克思更加专注于产业工人阶级的困苦,并依据他自己的哲学假设与议题,对政治经济展开了批判。

超越犹太人的世界

马克思对资本主义批判的发展里程碑之一是《论犹太人问题》(Zur Judenfrage)。这篇文章在1844年与恩格斯的《政治经济学批判》同时出版。由于德国自由派和激进派之间的长期争论，马克思将对资本主义的道德批判与传统的反犹太形象结合起来，这并不是为了加强反犹太主义观念，而是为了批判资产阶级社会的道德立场。

在 19 世纪上半叶，犹太人的身份问题是德国政治评论家热议的话题；有人估计，1815～1850 年犹太籍和非犹太籍作家发表的关于此话题的文章有 2500 篇之多。[51]对保守派来讲，政权和基督教之间是密不可分的：国家政权保障人类的信仰，而宗教使政府合法化。在这样的前提下，国家政权可以容忍犹太人的存在但不允许政治地位上的平等。同样地，在各种行会中，宗教是社会和经济生活的核心内容，因此犹太人又被排除在许多非政府的职业岗位以外。

关于犹太人社会地位的理论起点是黑格尔在《法哲学原理》中提出的前提，即现代政权对于宗教应持中立态度。黑格尔认为，现代政权代表着自新教发展而来的对于个人自由的理解。但是，政权本身应保持宗教上的中立，为个人自由选择宗教派别提供基础保障——这也是国家政权保护民众个性的另一种方法。[52]但即使在自由派当中，对于给予犹太人平等的政治地位和国民权利也是存在怀疑的。自由主义者坚持认为正是犹太教自身导致了他们与社会的隔绝。犹太人主动回避其他的职业选择而青睐于商业和金融业，被认为是这一有害特性的进一步证明。因此，部分自由主义者认为唯有犹太人拥抱基督教，或者他们根本性地改革犹太教以剔除某些特定元素，才可以授予他们平等的权利。[53]

1843 年，关于如何对待犹太人的辩论重新燃起。这次是由马克思自己圈子里的人——布鲁诺·鲍威尔——点燃的。他是一名激进的黑格尔主义分子，当时马克思正计划与他合作出

182

版《无神论文库》。如同其他的黑格尔学派哲学家，如路德维希·费尔巴哈，鲍威尔认为黑格尔在还俗基督教概念时做得不够彻底。基督教自身首先应该被无神论超越。然而在他自己关于犹太人问题的文章中，鲍威尔套用了黑格尔的论点，认为基督教代表着比犹太教更高的一个发展阶段。犹太教是一种富有特性的宗教，仅适用限定的一群人，而基督教有着适合所有人的更为广泛的教义，代表着更高阶段的哲学意识。当下社会的发展阶段要求超越基督教达到更为普及的世界观点，同时否定基督教的神学基础。但是，鲍威尔认为，犹太教不经历由基督教带来的意识转变是不可能从部落式的特性跳跃发展到哲学的普遍性的。他写道，犹太人在希望努力成为全球公民的同时，却不愿放弃他们独立的身份和特性。

鲍威尔把对给予犹太人公民权利和政治平等的攻击与刻画犹太人形象融合在一起（后来他虽然放弃了在哲学上的激进主义，却仍然保留着对于犹太人根深蒂固的反感）。[54] 与许许多多的德国哲学激进主义者一样，他将犹太教定义为一种个人主义的宗教。[55] 鲍威尔声称犹太人对于文化、科学和哲学都毫无兴趣。[56] 他攻击犹太人的重中之重是他们的排他主义，认为犹太人始终将自己保留在行会之外并代之以从事高利贷盘剥的事实，就是佐证排他主义的最有力证据。马克思专注研究的领域正是排他主义、个人主义和高利贷之间的相互联系。

马克思的反应是坚持认为，即使鲍威尔是谣传中的激进主义者，他的分析其实也不够激进。鲍威尔曾经争论犹太人是否适合获得政治解放的议题，但是马克思表示反对，认为这并不是问题的核心。解放他们，给予他们全部的公民和政治权利，就是要建立一个没有宗教的政权；那就是"将国家政权从宗

教手中解放出来"。[57]但是，在自由民主的国家里进行政治解放
是没有价值的，马克思认为，因为这样不会带来真正的人类解
放。宗教是一种具有虚假疗效幻象的体系；像鸦片一样，它只
能够麻痹痛楚。激进哲学家的任务是探究痛楚的根源，首先是
寻找产生宗教需求的世俗的人类生活经历。马克思将美国社会
作为例子——一个宗教和政权完全分离的自由、民主、资产阶
级的社会。在美国，宗教呈现出一片繁荣景象——马克思认
为，这就是资产阶级社会和政治民主并没有消除产生宗教需求
的剥削与被剥削关系的证据。马克思认为，政治改革带来的宪
法秩序以保障个人和财产权利——这一自由主义的信条——是
没有价值的。激进主义者倡导的民主的公民权利也同样是没有
价值的。并不是政治改革而是社会和经济革命才是迫切需要
的，因为市场制度和由此产生的阶级划分才是人类不满的真正
根源。

　　这种不满来自缺乏真正的团结一致和休戚与共的共同体，
而团结一致在文明社会里是不可能实现的。在民主国家，个人
理应表现为良好的公民，关心公共利益。但是在当代境况下，
那种团结一致仅仅是一种幻想。因为生活中真实的、具有决定
性作用的环境是文明社会的环境，在这样的环境中，每个人只
能作为积极的"私人，将他人作为一种手段，将自己也降级
为一种手段和外部力量的玩物"。[58]这里存在的只有完全私人的
利益，没有人去追求公众利益。

　　犹太人是个人主义者，如同鲍威尔批评的那样吗？当然是
的，马克思回答道。但是在资产阶级社会，每个人都是个人主
义的。犹太人是自私自利的吗？完全正确，但是在资产阶级社
会，除了私人利益并不存在其他任何形式的利益。鲍威尔将犹

184　太人描述为"受到约束的人"（beschränkte Wesen），这样对吗？当然对，马克思回应道，因为在资产阶级社会，所有人都是受到约束的。犹太人是否主动将自己与其他民族割裂？是的，因为在自由市场经济社会，"权利"代表的就是这些自私自利的权利、个人主义的权利、受到约束和自我封闭的权利。所有这些都衍生于最高的自由权利：私有财产权。私有财产权在黑格尔看来就是个人随心所欲的权利（willkürlich）；在马克思看来，即是个人行为无须顾忌"他人利益"的权利。

个人私利是资产阶级社会的基石。[59]马克思认为，正是这一基石导致了资产阶级社会在道德上的可怖（尽管他从未使用这一形容词）和虚假。因为人类从根本上讲是一个唯有通过互相合作方能实现共同目的的"物种"（Gattungswesen）。而现代文明社会恰恰是建立在与这种公共利他主义相对立的基础之上。

在其辩论的高潮部分，马克思对德语词汇"Judentum"的多重含义加以利用。Judentum 既可表示犹太教（宗教）、犹太民族（人群），也可以等同于英语的"jewing"（讨价还价的，一种饱含贬义色彩的描述）。马克思还利用了另一具有多重含义的词汇——"Schacher"。这个词多用于口语，常被解释为零售小贩的令人厌烦的讨价还价。而在马克思的时代，这个词更多地用来表示"唯利是图，随时准备为了任何利润而做出卑鄙的行为"，同时也是那个时代"高利贷"的代名词。[60]在这些不同含义中，相通的元素就是"Schacher"一词几乎总是与犹太人相关联。[61]事实上，这个词就是从希伯来语中表示交易的词根"sachar"演变而来。[62]因为在德国经济中，犹太人被法律和社会习俗排除在许多行业之外，往往依靠沿街叫卖养家糊口，售卖任何可以买卖的东西，包括旧货和借贷。[63]尤其是在商人和银行稀少的农村地区，犹太人承担起了所有商业职责。在一个地主和农民的社会，他们是经常算计物品的相对价值和盘算通过买卖如何盈利的少数人群的主流。因而，"Schacher"往往代表着与犹太人相关联的、被耻辱化了的经济活动。在《政治经济学批判大纲》中，恩格斯附带提到另一个词"Selbstverschacherung"——将自己变成唯利是图的对象——来表达自己对于土地和劳动力成为买卖对象这一事实的不屑。[64]而马克思则利用"Schacher"的多重含义展开了他对市场经济社会的批判：

> 让我们不要从犹太人的宗教里探究犹太人的秘密，而是从真正的犹太人身上探究犹太宗教的秘密。
>
> 什么才是犹太人的世俗根基？实际的需要和个人的利益。
>
> 什么才是犹太人的世俗膜拜仪式？讨价还价（Schacher）。
>
> 什么才是犹太人的世俗上帝？金钱。
>
> 那么，我们这个时代的解放就应该是从讨价还价和金钱中解放，即是从讲究实际的、真正的犹太主义中解放。
>
> 一种社会组织形式，它将消除讨价还价存在的前提，消灭交易的可能性，同时使得犹太主义不再成为可能。在社会富有活力的空气中，宗教意识将会像陈腐的迷雾一样烟消云散。另外，当犹太人认识到自己处处务实的核心精神是无效的，并且努力去否定和超越这种务实精神时，他就是已经超越了之前的发展阶段，在为全人类的解放而工作了，因而他也就是反对使得人类自我隔离的那种压倒一切的、处处讲究实效的行为方式了。
>
> 所以，我们认识到犹太主义中的反社会元素。这种元

素如今到处都是，而犹太人却充满激情地参与到这种邪恶的关系中，并且推至最高程度，而这一程度必将自行崩溃。犹太人解放的终极意义是人性从犹太教义中的解放。

犹太人解放自身的犹太方式不仅是通过获得金融力量，而且是通过犹太人自己使金钱成为一种世界性力量，将犹太精神转变为基督徒的讲究实效的精神。犹太人解放自身的程度仅仅是将基督徒转变成犹太教众。[65]

马克思支持鲍威尔重申的所有对犹太人性格的消极界定，并且额外增添了自己的一些看法。但是，他这么做是为了贬低市场经济行为。因为马克思的策略是支持基督徒认为与犹太人相关联的市场活动的贬义刻画，同时坚持认为这种刻画已经成为整个社会的代名词，甚至包括基督徒自身。犹太人因其在社会生活中的边缘性而参与大部分的经济活动，而基督教传统中对犹太人及其从事的经济活动的羞辱成了抨击资产阶级的大棒。对于马克思而言，痛击犹太人等同于猛击资产阶级。

如同一个多世纪前的伏尔泰一样，马克思强烈批评犹太人顽固的排他性特点。但是，市场在伏尔泰看来是一种克服排他主义的工具，而在马克思看来却是特定（排他）利益的普遍化。如果在一个资本主义社会，基督徒也是个人主义者和排他的，那么基督教和犹太教哪一个更加普遍化就无关紧要了。因为这样不仅仅是跨越了宗教差异：所有的自身利益，个体的和集体的，都将随之消失。

在文章的后半部分，马克思谈到鲍威尔提及的观点，即犹太人缺乏对高等文化、哲学和人类终点的兴趣。在马克思看来，这样的观点太对了。但是在当代资产阶级社会，所有人都毫无例外地染上了金钱人（Geldmensch）的特点，除了梦想发财致富以外，对其他一概兴趣索然。尽管犹太人心胸狭隘、思想局限，但资产阶级社会生活中的一切同样如此。[66]马克思断言，犹太人的民族性是不真实的，如同商人（kaufmann）的民族性一样。[67]他同意斯密的观点，并认为在商业社会每个人或多或少都会成为一个商人。不同的是，对马克思而言，这种观点带有完全否定的含义。

在文章末尾，马克思引用了鲍威尔的观点认为基督教比犹太教更加具有普遍性。正是在基督教普遍主义者的支持下，一个真正的普遍主义进程正在发生，即市场的扩散（资产阶级社会）。但是，它之所以普遍是因为所有集体间的人际关系均被个人之间的和单独个人的利益需求（eigennützige Bedürfnis）撕裂，分解为类似于单个原子一样的诸多个体，相互敌视。[68]

马克思向他的读者们断言，犹太人真正的上帝是金钱，并且像圣经中会嫉妒的上帝一样，在它的面前不允许存在任何其他的神，金钱不允许其他关系的存在：它将所有自然物和人际关系转变为可交换的商品。激进的黑格尔主义者，如费尔巴哈，声称上帝应被理解为源自人类而超脱人类的精华部分，因为集聚了人类的爱与力量从而成为人类顶礼膜拜的虚幻对象。马克思暗示，金钱也是一样的，金钱就是人类存在和劳动的超脱的精华部分，一个控制着人类并让人感到敬畏的外部存在。[69]伏尔泰认为在伦敦交易所上演的对于金钱的追逐是有益于社会的，因为它避免了人类之间为了关于上帝的争论而战斗。马克思则表示抗议，认为这样使得人类开始崇拜金钱本身。因此，马克思讽刺地总结道："犹太人的社会解放就是社会从犹太主义中解放。"

187

《论犹太人问题》一文持有两面观点。稍加仔细分辨，就不难发现马克思的观点是相当明确的：传统基督徒和现代后基督徒——伏尔泰和鲍威尔——加在犹太人身上的所有的贬义道德评判全部适用于资本主义社会。但是由于马克思反复强调了犹太人及其扮演的经济角色的诸多负面特性，对于马克思观点稍加演绎就可以推断得出，马克思的任务就是将资本主义从犹太人那里解救出来，除掉犹太因素。这就是后来的反犹太作家们——从理查德·瓦格纳（Richard Wagner）到维尔纳·桑巴特（Werner Sombart），直至纳粹思想理论家阿尔弗雷德·罗森堡（Alfred Rosenberg）——写作的一贯主题，尽管形式和内容不尽相同。[70]

在与《论犹太人问题》同期出版的另外两篇文章中，马克思首次将知识分子的文化困苦与市场经济受害者的物质需求关联起来。马克思将他们共同的敌人描述为"市侩庸人"——那些缺乏教化的、胆怯的人们，他们盲目地支持普鲁士君主制的压迫性和带有宗教色彩的政策。他们默然接受屈从的地位而全然不顾大多数同胞所遭受的经济苦难。"工业和贸易，以及财产和剥削制度，"马克思写道，"导致了今日社会的断裂。""敢于思考的人们所受到的苦难和压迫必将不可避免地成为市侩的动物世界所不能理解和解决的问题，因为市侩们总是被动地且毫无思想地生活着。"[71]在另一篇文章中他的表述更为具体，力度也丝毫没有减弱。另外，在德国社会中存在着"市侩中庸"，突出表现在中产阶级的政治胆怯上，他们不敢发动革命。[72]革命将来自像他一样的批判性哲学家与"无产者"社会阶层的结合。他们的贫穷并非来自自然；正如黑格尔所提出的那样，它是"人为产生的贫穷"。刚刚在德国开

启的工业化进程将侵蚀传统的、以工匠为核心的社会中层
（Mittelstand）力量，并将最终导致传统社会的"迅速瓦解"。[73]

　　在他关于犹太人问题的文章中，马克思将特殊利益与私有
财产和金钱经济联系起来，并公开谴责这三者。现在他发现了
一个新兴的群体，马克思坚持认为这一群体没有任何特殊利
益，因为它没有任何财产：无产阶级。在马克思看来，这一群
体不仅缺乏获得在文明社会中的地位所需的财产，并且不可能
被那个社会同化。它是"存在于文明社会中却不属于文明社
会的阶级，一个代表所有阶级瓦解后的阶级，因为普遍的受难
而形成普遍的属性的社会范围"。一旦知识分子认识到资产阶
级在道德上存在根本缺陷，并与因受压迫而一无所有的无产者
建立起适当的联系，那么最终的结局就是爆发革命。[74]

　　从 1844 年开始，马克思将自己的事业和精力都放在证明
这些观点的正确性上。因为这些文章中包含了马克思后续批判
资本主义的大多数主题思想，尽管尚处于萌芽阶段：劳动价值
论、金钱的力量（如资本）、市场扩张导致文化个性的消失、
对商品的炽热崇拜。1845 年，恩格斯出版了《英国工人阶级
状况》一书，将马克思的道德批判与他们后续著作涉及的社
会和经济范畴在理念上牢牢地关联到一起。

　　恩格斯的大多数著作都是关于在诸如像曼彻斯特这样的工
业中心里刚刚形成的工人阶级的艰难处境，因为他在那里生活
的一年多时间里收集了大量的研究资料。在他的结论性章
节——名为"资产阶级对待无产者的态度"——他将道德批
判与他们后续研究的核心范畴联系了起来：

　　　　我从未见过像英国资产阶级这样的社会群体，如此意

188

志消沉，被自身利益（Eigennutz）贬低到无可救药的地步，阶级内部如此腐败以至于毫无进步的可能性……对于它来讲，世界上除了金钱就一无所有了，甚至包括资产阶级自身，他们生存的目的仅仅是为了赚钱；他们除了快速赚取利润之外没有其他乐趣，除了金钱损失之外没有其他痛苦。这样的贪婪（Habsucht）和对于金钱的渴望（Geldgier）使得人类的任何关系都不再纯洁……

英国资产阶级只在乎是否赚钱，他们才不会在意工人是否挨饿。所有的生活条件都依据利润率（Gelderwerb）来衡量，所有不能够产生金钱的都是无意义的、不务实的、空想主义的。这就是为什么政治经济学——关于如何赚钱（Gelderwerb）的科学——是这些喜欢讨价还价的人最为热衷的学科的原因。工厂主与工人的关系不是人类应有的关系，而是纯粹的经济关系。工厂主是"资本"，而工人则是"劳动力"。假设工人们拒绝被这种抽象概念约束；假设他们断定自己不是劳动力而是完整的人，劳动力仅仅是人的多重特性之一；假设他们坚定地认为他们不应该让"劳动力"在市场上像商品一样被买卖——那么，资产阶级就是完全无法被理解的了。[75]

到1845年，在马克思和恩格斯的著作中，鄙视高利贷的传统观念与对新兴资本主义的咒责之间建立起了牢不可破的关联。金钱是本质上并不具有生产力的物质，却可以通过高利放贷而产生更多的金钱，因此高利贷行为长期受到谴责，现在被重新命名为"资本"。与亚里士多德式基督教传统中对于金钱的观点相同，资本本质上也是不具有生产力的。那些通过使用资本获得利润的人——资产阶级和他们的领导者们，以及工厂主们——与令人生厌的讨价还价者们一样市侩和精于算计。与犹太人一样，他们也不属于道德上合法的群体。马克思和恩格斯在他们 1845 年联合出版的书籍《神圣家族》中重复强调迫在眉睫的任务就是废除"资产阶级社会中的犹太性、当下生活中的非人性部分，因为这种犹太性和非人性部分只会沉溺在金钱体系里，追逐着自己的最高表现形式"。[76]

如果说马克思的观点是具有前瞻性的话，那么其观点的前提却是古老的。因为在民主共和主义和基督教传统中，个人私利是社会团结和道德的危害物。从这个理解上来讲，马克思的思想是回溯到了黑格尔、斯密以及伏尔泰之前的时代。马克思自己开始认识到在对于商业的批判方面，他与启蒙运动之前的观点有很多共同之处。在他的《剩余价值论》（著于 1861～1863 年）中，马克思引用了曼德维尔在《蜜蜂的寓言》中的观点，即所有的贸易和商业都是基于邪恶。马克思评论道："比起资产阶级社会市侩的辩解者们，曼德维尔显然更加无畏和诚实。"[77]引用路德反对借贷者的长篇痛斥，马克思指出新教的创立者"已经真正地抓住了旧式高利贷的特征，同时也抓住了资本整体上的核心特点"。[78]

在关于资本和劳动对抗关系的描述中，马克思和恩格斯复活了对高利贷的传统批判。马克思最大的创新在于将这一主题与古罗马对劳动分工的批判联系了起来，他将劳动分工带来的结果称为"被孤立了的劳动"。马克思希望借此表明在资本主义制度下男人和女人之所以工作，是为了获得购买生活必需品的金钱而不得不劳动。人们为了生存而不得不耗尽自身。[79]对于马克思来说，这本身是违背人性的。动物耗尽自身仅仅是为

190

了生存，人性的区别在于自由创造的能力。马克思认为劳动是一种自我表达的行为，一个改变世界和打上创造者的个性烙印的创新过程，这样的劳动才是最为人性的。因此，男人和女人理应是多才多艺的，他们的劳动应该允许他们去发展所有的潜力。马克思的非孤立劳动的典型是艺术家和浅涉文艺的人们。通过自我表达成为世界创造者的个体典型源自浪漫主义；对于多面创新的强调则来源于受过良好教育的资产阶级的文化理想。[80]

马克思并不是第一个注意到劳动分工弊端的人。但是，因为马克思的浪漫主义假定只有当劳动表达了个人独特的内在自我时，这样的劳动才是最人性的，所以他对于专业化分工过程中产生的人力成本特别敏锐。针对英国工人阶级劳动分工的效果，德国浪漫主义者亚当·穆勒在 1816 年观察到：

> 人类需要一个多面的甚至是全面的领域从事各自的活动……但是如果劳动分工，如同眼下在大城市、制造业和采矿业地区正在进行的一样，将自由的人分割成车轮、齿轮、汽缸和飞梭，将单一领域的活动强加在人类生活中多面追求的过程之上——我们怎么能够期待这样被分割的人群胜任完整而美满的生活呢……[81]

这一主题不仅出现在马克思关于工业资本主义制度下的工作性质的分析文章中，也存在于他对共产主义未来的形象刻画中。1845 年，他将被孤立了的资本主义现状与他所设想的共产主义制度下的不被孤立的未来做对比：

> 分工立即给我们提供了第一个例证，说明只要人们还

处在自然形成的社会中；就是说，只要特殊利益和共同利益之间还有分裂；也就是说，只要分工还不是出于自愿，而是自然形成的，那么人本身的活动对人来说就成为一种异己的、同他对立的力量。这种力量压迫着人，而不是人驾驭着这种力量。原来，当分工出现之后，任何人都有自己一定的特殊的活动范围，这个范围是强加于他的，他不能超出这个范围：他是一个猎人、渔夫或牧人，或者是一个批判者，只要他不想失去生活资料，他就始终应该是这样的人。而在共产主义社会里，任何人都没有特殊的活动范围，可以在任何部门内发展。社会调节着整个生产，因而使我有可能随自己的兴趣今天干这事，明天干那事；上午打猎，下午捕鱼；傍晚从事畜牧，晚饭后从事批判，这样就不会使我总是一个猎人、渔夫、牧人或批判者。社会活动的这种固定化与我们本身固化的产物聚合为一种统治我们、不受我们控制、使我们的愿望不能实现并使我们的打算落空的物质力量，这是迄今为止历史发展的主要因素之一……[82]

马克思时不时地回归到这一主题。晚年时，马克思在他的《哥达纲领批判》（1875 年）中重申了对于未来共产主义社会的憧憬，那时将消灭"劳动分工对个体的奴役"。劳动将"不仅是生活手段，同时也是生活的首要需求"。生产资料的增长和有效组织将使得"个人的全面发展"成为可能。[83]

如果说马克思有一个重要的思想发现，那么就是认为资本主义是对金钱的统治——这本身就是贪婪的表现。资本的统治在根本上是不道德的，因为它剥夺了资本主义社会中绝大多数人的人性，劳动使少数资本家变得富有而使工人们在物质和精神上越发贫乏。人们因此任由有害的力量摆布而感觉无力掌控。但是在资产阶级意识形态中，这些力量被认为是自然的和不可阻挡的。这套理论并不是马克思对资本主义经济多年探究的结论，而是在其探究过程中从未放弃的大前提。[84]自19世纪40年代直至最后一部著作，马克思运用了多种概念和比喻以戏剧化的形式来阐述这些思想。

192 　　"异化"这一概念是借鉴于黑格尔激进分子的语言，原先被用于宗教领域。在《基督教的本质》一书中，费尔巴哈指出，在基督教中，人性中最优秀的特征被投射到一个超自然的神灵之上，从而不断加深人类对自身脆弱和与生俱来的缺陷的认知。这是一种对人类自身创造的超人类力量崇拜的贬低，而马克思将这一贬低的模型套用到金钱的统治之上。在他的"哲学手稿"（1844年）中，马克思强调"工人在劳动中耗费的力量越多，他亲手创造出来反对自身的、异己的对象世界的力量就越大，他本身和他的内部世界就越贫乏，归他所有的东西就越少。宗教方面的情况也是如此。人奉献给上帝的越多，他留给自己的就越少"。[85]除了对生活本身和享乐的牺牲外，还有什么是资本的源泉呢？他写道，政治经济学的核心主题"是对于生活和人类需求的克制。你吃、喝、购书、看剧、参加舞会或去俱乐部越少，同时你思考、爱、归纳总结、歌唱、绘画、练习击剑也越少，你的积蓄就越多，你的财富也就越多，这些财富蛾虫和盗匪都不能够侵蚀你的资本。你越少地表露本性，越少地表达自己，拥有的就会越多，你的外在生命力就越强，同时你从异化存在获得的累积也就越大"。[86]

马克思通过将资本主义描述成"炽热崇拜"向读者强调了这种永远延迟的享乐主义的非理性。他从18世纪布罗塞（Charles de Brosses）的一本关于埃及动物崇拜的书（1842年，马克思阅读了德译本）中借用了"炽热崇拜"这一词语。这本书写到原始人类创造了偶像，并赋予偶像超出其人类创造者的力量。[87]对马克思而言，这个词可以用来比喻人类和资本的关系。在宗教领域，人类被自身思想的产品所主导，同样在资本主义社会，人类被自身努力生产的产品所控制。[88]

超越特殊性：《共产党宣言》

马克思和恩格斯将1844年至1848年的时间用于详细阐述他们的理论并写作长篇著作，与德国黑格尔主义者（《神圣家族》和《德意志意识形态》均著于1845年）和法国社会主义者（《哲学的贫困》，1846～1847年）展开针锋相对的辩论。唯有第一本书是出版于马克思生活的年代。他们协助成立了共产主义者同盟——一个由德国流放人员组成的小团体，并在伦敦、巴黎和布鲁塞尔设有分支。组织的领导由来自中产阶级的知识分子组成，而多数成员来自手工艺人。后来成为《共产党宣言》的文件由马克思和恩格斯代表联盟在1847年末至1848年初期间完成。最初于1848年3月在伦敦以德文形式发表，在发表之初对于1848年的革命未产生影响。[89]但是这篇文章却以洪音总结了马克思和恩格斯关于历史、市场制度和未来的观点。

《共产党宣言》中最为著名的两个词语是从法国社会主义者那里借来的。从埃蒂耶纳·卡贝（Etienne Cabet）的《伊加利亚旅行记》（*Voyage en Icarie*，1841年）中汲取了

193

"按需分配，各尽其能"，同时从路易·勃朗（Louis Blanc）那里吸收了"每个人应根据各自的才能生产，并根据各自的需求消费"的理念。[90]如同大多数社会主义者，马克思和恩格斯假定因为人类创造了资本主义，所以同样能够理性地和有意识地创造出替代制度，既可以保留资本主义所有的优势，也可以抛弃其核心的财产私有和市场竞争制度。

在《共产党宣言》中，马克思和恩格斯描述了这样一个历史进程：市场制度在个人私利的驱使下摧垮了所有在先前历史中形成的特征，包括世袭地位、民族和宗教。然而，这种解放的结果却是大多数人退化到了商品的地位，法律上的自由掩盖了他们成为被市场力量役使的对象的真正命运。在这种状态下，自由意味着一种新的奴隶制，使得个人对于自己时间和身体的控制力空前地减少了——这一主题即将成为《资本论》的核心旋律。

然而对于马克思来说，由市场造成的传统属性的瓦解是一个有益的发展趋势。它撕去了由宗教信仰和习俗力量所代表的幻象的面纱，让男人和女人们看到了自己真实的身份：受压迫的工人阶级的一分子，无产阶级中的一员。资本主义所创造的财富和技术使得解放人性得到实现的可能，即从自然和贫乏施加的约束中得到解放。

马克思认为，不证自明的是唯有资本所有者，即资产阶级，才可能从市场中获益。作为资本所有者，资产阶级是革命性的，并且改变了世界。马克思坚信——这一点也许是他最具影响力的洞察——资本主义不同于先前的社会经济组织形式。这里有一种不断变革的过程，一种永恒的革命。他在二十年之后出版的《资本论》中是这样描述的：

194

现代工业从来不把某一生产过程的现存形式看成和当作最后的形式。因此，现代工业的技术基础是革命的，而所有以往的生产方式的技术基础本质上是保守的。现代工业通过机器、化学过程和其他方法，使工人的职能和劳动过程的社会结合不断随着生产的技术基础发生变革。这样，它也同样不断地使社会内部的分工发生变革，不断地把大量资本和大批工人从一个生产部门投到另一个生产部门……破坏着工人生活的一切安宁、稳定和保障……[91]

然而在马克思看来，生产方式上的持续革命不仅仅是具有重要性的经济事实，它也是具有重要意义的社会和文化变革。

资产阶级除非对生产工具，从而对生产关系，进而对全部社会关系不断地进行革命，否则就不能生存下去。反之，原封不动地保持旧的生产方式，却是过去的一切工业阶级生存的首要条件。生产的不断变革、一切社会状况的持续动荡、永远的不安定和变动，这就是资产阶级时代不同于过去一切时代的地方。一切固定的、僵化的关系以及与之相适应的素被尊崇的观念和见解都被消除了，一切新形成的关系等不到固定下来就陈旧了。一切等级的和固定的东西都烟消云散了，一切神圣的东西都被亵渎了。人们终于不得不用冷静的眼光来看他们的生活地位和他们的相互关系。[92]

换句话说，资本主义是可以想象得到的最不稳定的进程。通过对于生产和消费方式以及生产和消费主体的迅速而不可逆的改变，资本主义使传统思维方式变得无关紧要。因制度习惯

195

的长期延续而形成的感情联系——这些正是保守分子，如伯克，最为珍视的部分——被资本主义生产的持续创新所打破。根植于宗教、民族、社会地位、性别和职业的传统身份亦将被市场所消融。

马克思欢迎这样的前景。因为他认为所有这些身份的传统来源都是幻象系统，掩盖了人类生活的真相。真正重要的是资本主义所带来的物质和精神上的贫穷以及克服这种贫穷的需要。那些拥有生产工具的人——资本家们或者更宽泛地称为"资产阶级"——才是问题。那些从资本主义身上一无所获的人——无产者——才是解决答案。换言之，答案就在于促使工人们看到他们从现存体制中是毫无收益的。当现存的统治精英们失去了源自传统、宗教和民族身份的合法性的时候，共产主义即将来到。当工人们清楚地认识到现实，他们就会认可他们真正的利益是作为工人而非其他。通过消灭资本主义，他们可以将人类提升到更高水平的社会组织形式，他们的利益将会是更广范围的人类的利益。唯有对于无产者的整个阶级来讲，私利才是合法的，因为无产阶级的利益是普遍利益。

马克思认为，共产主义革命的爆发将主要由经济现实的压力所导致，人们将会认识到除了作为无产者之外他们没有其他身份，同时作为无产者他们将从资本主义制度中一无所获。但同时为像他一样的知识分子——"具有资产阶级根源的思想家"——留有位置，这部分人已经"将他们自身上升到了从历史运动的整体来理论解释的高度"。[93]他们的历史角色可能就是向无产者证明无产阶级的苦难根本上是资本主义制度造成的，并且唯有消除资本主义制度才可能结束自身的苦难。如果说马克思把自身利益即是社会整体利益的普遍"社会阶层"，即黑格尔所说的公民服务，替换成了无产者概念的话，那么，他仍然保留了黑格尔的推论，即需要知识分子扮演普遍阶级辅导者的角色。

也许黑格尔与马克思之间最大的分歧在于他们对协调个人与整体人性之间关系的制度的观点。对于黑格尔来说，将所有人和物直接等同对待的尝试是一种浪漫的幻想。这就是为什么家庭、职业协会、代表机构、民族、宗教和哲学在他对于人类幸福的构想中处于核心位置：满足来自认同个人特殊的角色，特殊利益是不可避免的，尽管有时会有超越这些利益的需要。然而对于马克思来讲，恰恰相反，这些中间的和特殊的身份阻碍了真正的幸福，因为幸福来源于清楚地认知到人类是同一种族且人类的利益是统一的。在他的成熟著作中没有关于法律和政治制度的讨论，因为他认为法律和政府只不过是对私人和特殊利益的保护，在共产主义的未来将被超越。[94]他所想象的世界将没有对犹太人的歧视，因为犹太主义会随同其他宗教的和集体的身份烟消云散。世界也将不再存在"犹太精神"，因为镌刻在犹太民族身上和处于资本主义核心的个人主义、排他主义也将一同被消除。未来将是一个极其富有的世界，不需要铸币。因为金钱——资本——是邪恶的，以钱生钱是非正义的。

从高利放贷到吸人膏血：资本

在 1848 年流产的德国革命中扮演了辅助性角色之后，马克思和恩格斯被迫逃亡海外，在英国度过了他们余生的大部分时光。恩格斯在其家族纺织公司的曼彻斯特分支——额尔曼和恩格斯（公司名：Ermen and Engels）——工作了二十年。部分依赖于恩格斯的经济支持，部分依赖于专栏写作收入，马克思将余生致力于通过国际工人协会（1864 年由他协助创办）把他的观点传播给全欧洲的工人阶级。他将绝大部分时间用在重新组织他在 1848 年之前发展起来的思想观点——或者更准确地说，用新增的分析和数据支撑、加固他之前的论述。那些年的作品《资本论》，在他之前的思想上有所展开但并没有根本的改变。

因此，《资本论》中标题为"资本的总公式"的章节的主要论点为：资本是可以生钱的钱，尽管在资本主义社会它是通过作为中间环节的买卖商品的商人或者买卖劳动力的工业主来实现。"资本家知道，一切商品——不管它们多么难看，多么难闻——在信仰上和事实上都是货币；它们是行过割礼的犹太人，并且是把货币变成更多的货币的奇妙手段。"在这里资本不仅仅等同于犹太人，也同时沾染了自中世纪以来欧洲基督教定义在犹太民族身上的"恶臭"。[95]针对高利贷的传统偏见现在经过重新组合，成为在工业时代对于市场制度的批判。

马克思用于刻画资本与劳动力关系（以及资本家与工人关系）的一个常用形象是吸血鬼，即依赖活人的血肉而生存的死人。"垂死资本"这一概念首先出现在马克思 1844 年的"巴黎手稿"当中：人类对商品的贡献越大，垂死资本的利润就越大。[96]在《工资、劳动和资本》（基于 1847 年 12 月的一系列演讲，并于 1849 年 4 月出版）中，他将工资描述为劳动力的金钱价格，"这种独特的商品就贮藏在人类的血肉之中"，并强调资本家"永远都不会需要新鲜的、可被剥削的血和肉"。[97]（当列宁后来提及因为资本家是"吸血鬼"而必须予以消灭时，他只不过是在强调马克思的比喻。）

吸血鬼的概念又出现在《资本论》里面，在这里马克思着重阐述了劳动价值论。资本——过去通过剥削工人获得的金钱——被描述成"僵死的劳动"（dead labor）；资本家为了获得利润而投资，而利润唯有通过剥削"活着的劳动"才可能获得。因此，资本主义的生产方式就是依赖死人抽取活人的血肉。"作为资本家，他只是人格化的资本。他的灵魂就是资本的灵魂。而资本只有一种生活本能，那就是使自身增值，获取剩余价值，用自己的不变部分即生产资料吮吸尽可能多的剩余劳动。资本是死劳动，它像吸血鬼一样，只有吮吸活劳动才有生命，吮吸的活劳动越多，它的生命力就越旺盛。工人劳动的时间就是资本家消费他所购买的劳动力的时间。"[98]马克思在讨论资本主义下的工人工作和生活环境时常常引用吸血鬼、狼人[99]和人吃人之类的比喻。由于"对剩余劳动饥渴的贪婪"[100]，资本家们不断地努力延长工人们辛苦劳动的时间，从而"生产资料把工人当作消耗自身生命过程的酵母来消耗"。[101]

马克思将资本主义刻画成吸血鬼是不是对于劳动价值论的一种比喻性解释？抑或劳动价值论只是将吸血鬼形象中的直观反应定格成专门用来描述资本主义的术语的尝试？当马克思初次接触劳动价值论时，他的反应是"终于找到啦！"在几乎所有的经济学家都抛弃了劳动价值论之后，马克思仍然坚持。[102]

198

暂时还无法解释马克思何以会采纳劳动价值论作为其分析资本主义的基本前提。他吸收并坚持劳动价值论是因为他认定由钱生钱是非正义的。没有哪一位主流政治经济学家像马克思一样给予劳动价值论如此大的权重。斯密在《国富论》中确切地说明了这一理论，但是他认为这个理论仅适用于原始的、以物易物的经济当中。在这样原始的经济中，劳动是生产中唯一稀缺的因子。[103]一代人之后，大卫·李嘉图提出劳动是"所有事物交换价值的真正的基础"。但是，他真正关心的是在土地和工业之间的利润分配问题，并且他仅将劳动价值论视为一个大概的价值估算，以方便解释他的理论模型。[104]在《国富论》中同时存在两种不同的利润理论，而在李嘉图那里有三四种。这是因为，正如约瑟夫·熊彼特指出的那样，斯密与李嘉图"根本没有确切的利润理论。他们根本就不在乎这个问题"。[105]事实上，直到19世纪20年代，李嘉图劳动价值论的不足之处才被英国经济学家证明，他们认为劳动的数量决定经济价值这一观念是霸道不合理的。[106]但对马克思而言，在他开始阅读政治经济学著作时，就牢牢地抓住了劳动价值论，因为它可以将他关于人类创造力的哲学前提与资本主义经济的解释联系起来。正如他在《哲学的贫困》中写的那样，"李嘉图的价值论是对实际经济生活的科学解释……劳动是价值的源泉。劳动的衡量标准是时间。产品的相对价值由生产它们所需的劳动时间决定。价格是产品相对价值的货币表现"。[107]这就是马克思经济分析所依赖的最根本原理。

劳动价值论（和关于价值论中具有创造力个体的浪漫构思）是《资本论》的概念核心。为了丰富这一理论的内涵，马克思引用了数以百计的文件，其中大多数是由英国政府传教士和检察官创作，因其封面的颜色而被称作"蓝皮书"。但是，以劳动价值论作为前提成为他筛选理论素材的标准。

《资本论》的前提和特点就是市场中商品交换的价格可以由生产它们所需的劳动来解释。劳动价值论坚信经济价值真正的唯一来源就是人类劳动，商品的价值（商场上交换的商品）

等同于用来生产它们的人类劳动的价值。利润主要是"剩余价值"的结果：资本家出售商品所得部分与资本家支付工人用于生产商品所需劳动报酬的差额。根据马克思的推理，因为资本家出售商品的所得大于他支付生产商品所需的劳动报酬，所以资本家与工人之间的关系是一种"剥削"。这里需要强调的是，"剥削"在马克思的用语中并非指雇主对于工人残酷地役使，而是他对于二者关系定义的一部分，如同"高利贷"并非指过高的利息，而是通过借贷产生利润的事实。因此，根据马克思的定义，"剥削"就等同于大多数经济学家口中的正净投资（positive net investment）。[108]

但是，当然，你会说除去劳动力成本外，雇主也需要其他的成本：他必须支付房租、机器、原材料和他借贷资金产生的利息。马克思承认这些，但他认为所有这些都是由之前生产它们所需的劳动提供的。"资本"——用于投资的货币——本身即是以往劳动的结果，通过未支付工人劳动的所有价值积累形成。正因它的来源是人类劳动，所以马克思称之为"凝固的劳动"或"僵死的劳动"。

资本主义市场的竞争压力迫使资本的拥有者不断尝试从工人身上获得更多的剩余价值。首先，他们被尽可能长时间地用于劳动。当达到潜在工作日的极限时，工人被更高强度地使用。当这么做也不能保证参与激烈竞争的企业盈利时，资本家就会投入越来越多的资本来更新生产资料，借助机器来提升工人的人均产量，同时也使得部分工人显得冗余。那些拥有最多可用资本的资本家企业可以以最低成本进行生产。因此，在市场竞争中，唯有它们可以生存下来，而那些资本不足的企业则将破产。这样资本和生产资料将向少数人手中集中，其他人则不得不加入日益壮大的"无产者"队伍中来。

因为资本家将越来越多的资本投资到机器设备上,所以流向劳动力的资本份额就变得越来越少。[109]但是根据劳动价值论,唯有工人的劳动才实际上产生价值。因此——通过减法可得出——伴随着资本家投到工人身上的资本比例越来越少,利润率必定下降。[110]这种不断下降的利润率,反过来会将利润率更低的企业推向破产,继而解雇工人,使工人失业。因为工人的供应大于对劳动力的需求,所以工资下降直至达到生存水平线,然后滑至水平线以下。随着工人失业和在职工人工资的不断下降,购买力的减弱导致消费能力下降,从而加剧了资本主义经济危机。随之而来的贫穷和动荡将把工人推向革命。

在马克思对于生产机器化的效果分析中,他关于将人类劳动作为个人生活活动的前提是最有启发性的。他的焦点是与"工业革命"相关联的生产转变,即由无机能量——资源、水和蒸汽——驱动的机器所带来的一系列科技突破。因为这些机器可以用来替代和提升人类(和动物)的机体力量,经济学家主要认为它们是节省劳动的设备,而马克思则着重强调机器对人类身体和精神所造成的影响。

从工人的观点来看,机器生产是一种全新的经历。马克思指出,在手工艺品、手工作坊和非机器生产的工厂里,工人们使用工具。但是,身体运动的节奏和方向是由操作工具的工人自己决定的。但是,在机器生产过程中,运动的快慢和方向则是由机器说了算,因此工人们不得不去适应它非自然的节奏和动作:他变成机器的"活着的附属物"。[111]随着工作越发单调,劳动分工产生的心理代价也愈发巨大。[112]对机体力量需求的降低远没有使工作更加愉悦,而是将机器变成了"折磨的器具，因为机器没有将工人从工作中解放，而是剥夺了工作的所有内容"。

在其他方面，机器也是工人阶级的敌人。一个工人一生所积累的使用工具的特殊技能往往由于新技术的出现而变得一文不值。因为他的技能变得无人购买，这位有技能的工人将不得不沦落至没有技能工人的最底层。[113]需要更少机体力量的机器的出现不仅降低了男性发达肌肉的经济价值，它也使得雇佣女性和儿童劳动成为可能。为了弥补不断下降的男性薪资水平，整个家庭不得不全部加入领薪劳动。[114]

201

《资本论》中"工作日"一章就展现了资本的拥有者是如何通过强迫各种年龄的工人长时间劳动来增加他们的利润。马克思引用蓝皮书中的证据指出，工厂主试图延长雇工的劳动时间，每天绞尽脑汁地从用餐和休息时间中挤出五分钟；日积月累，雇工就会被窃取上千个小时。窃取的并不仅仅是时间，还有工人阶级的体力和知识活力。他们被剥夺了青年时代应有的教育、休息、睡眠和成人阶段应受到的启发。在诺丁汉的蕾丝行业，马克思写道："9岁到10岁的孩子，在凌晨2~4点钟就被从肮脏的床上拉起来；为了勉强糊口，他们不得不一直干到夜里10~12点钟。他们四肢瘦弱、身躯萎缩、神态呆痴，麻木得像石头人一样，使人看一眼就感到不寒而栗。"[115]他引用1863年北斯塔福德郡的一位医生向某一政府委员会所做的证词："陶工作为一个阶级，不分男女……代表着身体上和道德上退化的人口。他们一般都是身材矮小、发育不良，而且胸部往往是畸形的；他们未老先衰、寿命短促、迟钝又贫血；他们常患消化不良症、肝脏病、肾脏病和风湿症，表明体质极为虚弱……他们最常患的是胸腔病……"[116]《资本论》中充斥着大篇幅的从英国政府报告和新闻报道中节选出来的栩栩如生的描述：因过度劳作而生病和死亡。

如此多的证据被用来支持马克思所得出的结论，认为资本主义本质上就是具有剥削性质的。然而，事实上这些证据是被有选择地提取出来支持马克思的推论的。马克思引用的大多数证词来自政府的检察官们，他们的岗位职责要求他们呼吁重视那些滥用已经制定的和正在制定的法律法规的工厂主。许多极端的例子来自非典型的工业，如关于诺丁汉蕾丝业的证人就断言："这样的情形在王国的其他地方是不曾听说过的。"同时，提供很多证据的行业与资本主义工业化前沿相距甚远，如来自资本并不密集的蕾丝制造业和面包烘焙行业，即使马克思自己也认为这些行业是古老的。[117]

《资本论》描绘了一幅炽热的关于资本主义工业化代价的图画。但是这幅图画是不完整的，更像是刻意搜集并揭发丑事而非客观均衡的分析。[118]读者不可能从马克思的描绘中了解那时的英国工人阶级在 1850 年至 1865 年间实际薪资增长了 17 个百分点，[119]以及全职工人每周的平均工作时间实际上是在逐步减少的。[120]马克思发出警告，认为在资本主义制度下无产者期待的只能是更深的苦难，对与此警告相矛盾的发展趋势，马克思则没有谈及。在《资本论》的最后，他预言（如同他在《共产党宣言》中的预言一样）资本主义竞争将导致所有权向越来越少的人身上集中。生产的规模将越来越大，资本主义将横扫全世界。"随着那些掠夺和垄断这一转化过程的全部利益的资本巨头不断减少，贫困、压迫、奴役、退化和剥削的程度将不断加深，而由资本主义生产过程本身所训练的、联合和组织起来的工人阶级的反抗也不断增长。"[121]其结果必将是导致私有财产所有制终结的革命。

马克思所描述的资本主义的黯淡只能由资本主义自身发展的光明前景来驱散。资本主义机器化生产所带来的生产力爆炸为社会发展创造了潜力。劳动过程变得令人愉悦，劳动时间不断减少，从而使得人类创造力自由兴盛。如同生产方式，人口的繁殖方式也在改变。在这方面，短期的后果是可怖的，然而长期前景却鼓舞人心。资本主义导致了传统家庭的瓦解，因为女人和儿童通常被他们的丈夫和父亲强迫加入生产大军中，但是这却为将来的发展奠定了基础："不论旧家庭制度在资本主义制度内部的解体表现得多么可怕和可厌，但是由于大工业使妇女、年轻人和儿童在家庭范围以外，在社会组织起来的生产过程中起着决定性的作用，它也就为形成家庭和两性关系的更高级形式创造了新的经济基础……同样很明白，各种年龄的男女混杂在一起、集体工作，尽管在其自发的、野蛮的、资本主义的形式中，也就是在工人为生产过程而存在、不是生产过程为工人而存在的那种形式中，是造成毁灭和奴役的祸根；但在适当的条件下，必然会反过来变成人类发展的源泉。"[122] 马克思暗示，其结果将是一个更加平等的家庭组织形式和更加人性化的工作环境。

在对资本主义的分析和未来的预测中，马克思将劳动价值论放在了无以复加的重要位置。马克思一生中不断地补充和完善这一理论，持续地校订修改。在《资本论》里，商品价值由生产商品所需的劳动时间决定的观点被"耸人听闻"地描述成"是一个隐藏在商品相对价值的表面运动背后的秘密"。[123] 马克思希望说明劳动价值论和剩余价值论能够最终解

203

释价格这一商品交换中最常见的价值表现形式。他认为，价格是转换了的劳动价值，任何时间点的所有利润之和等同于剩余价值之和。这就是马克思主义经济学中所谓的"转换问题"，马克思主义经济学家自马克思开始就一直在费尽心力地试图解释这一问题。[124] 然而，因为缺乏对这一问题的证明，劳动价值论也就不能够清楚地解释那个"秘密"。

在《资本论》第一卷出版后的十年内，马克思的经济分析方法基础遭到了更为根本性的攻击。整个欧洲，参与"边际革命"的经济学家——卡尔·门格尔（Carl Menger）的《国民经济学原理》和斯坦利·杰文斯（Stanley Jevons）的《政治经济学理论》在 1871 年发表，里昂·瓦尔拉（Léon Walras）的《纯粹经济学要义》在 1874 年出版——得出了这样的结论，即以劳动或者生产成本为标准来解释资本主义经济中的价格问题是一种误导。

马克思坚持将劳动价值论置于其资本主义分析的中心，对于那些认为劳动价值论缺乏说服力的批判者和无法理解这一理论的支持者，[125] 他不断改写这一理论以增强其可信度。然而，他的主要著作《资本论》始终未能完成，这并非由于时间，而是因为他无法找到挽救这一理论的方法。他认为《共产党宣言》中描述的悲观论断可以从他的劳动价值论中演绎得出。然而，他并不能使用劳动价值论来解释资本主义经济中的大多数运行规律。马克思不得不在某一时间承认劳动价值论并不能解释他起初认为可以解释的现象——单个商品的价格变动——但是，他仍然坚持认为这一理论可以解释市场的整体运动规律。然而，《资本论》中运用劳动价值论来解释商品市场价格整体运动的部分也从未使得马克思本人（或任何其他人）满意。这就是为什么他对这两个章节修修补补了近二十年，却依然从未出版。这些内容最终由恩格斯编辑成《资本论》（第三卷）并出版。事实上，这一卷是从更多细节去阐述"利润率下降趋势的定律"，而这一定律在《资本论》（第一卷）定稿前就已经出现，[126]之所以没有完成是因为它的作者认识到这一定律并不那么有启发性。在《资本论》第二卷和第三卷的序言中，恩格斯指出，在这些作品中马克思已经由价格的劳动价值论转向了生产成本决定价格的理论；而斯密早在一个世纪之前就已经提过这一替代理论。[127]马克思的批评者们惊讶地发现通过生产成本来解释利润，马克思似乎转而支持他在几十年前反对的理论。[128]恩格斯在他最后发表的文章中指出，劳动价值论适用于资本主义以前的时代，但是并不适用于自 15 世纪开始的资本主义生产时代。

这听起来具有讽刺意味，因为马克思的经济学著作的所有内容都是在借助劳动价值论揭开资本主义的秘密。关于马克思的经济学有成百上千的论著。但事实却是，由劳动价值论支撑起来的经济学体系，因为这一理论的缺陷而遭到削弱。

马克思的另一个重要的经济前提也遭到实际经验的反驳。他认为机器相对成本随着经济发展而上升的观点在工业化的早期阶段似乎是正确的，尤其在纺织业和炼铁业。但是在 19 世纪末，情形就已经不再是这样的了，在专注于化工和电力的第二次工业革命浪潮中，技术进步带来了技术相对成本的下降。在第三卷中，马克思认为有理由相信投入科技中的资本部分相对于投入劳动力的部分（他称之为"资本的有机组成"）将会下降，利润因为"常规资本要素的不断贬值"将不会减少。恩格斯同样认识到在生产的新兴行业，如化工和冶金，机器成

205

本随着科技进步而下降，因此在劳动力上的相对花费并未减少。[129]虽然马克思和恩格斯都注意到这样的发展变化，但是他们谁都没有正视这样的事实实际上否定了《共产党宣言》里关于资本主义的预言。

余波

共产主义革命没有在马克思有生之年发生，在其逝世后三十年间也没有爆发。当它终于来临时，并没有发生在先进的资本主义经济体中，而是在处于资本主义工业化早期阶段的、基本上是农业社会的国度发生，主要是俄国和中国。革命并不是像马克思和恩格斯想象的那样在成熟的资本主义制度中最先爆发，而是在早期资本主义对社会和人口的影响最接近于德国19世纪40年代中期的状态时出现，也正是在这个时间，马克思和恩格斯做出了资本主义必将自我毁灭的结论。即使如此，革命也只有在原有政治架构被外部战争削弱，并存在一个铁血的、善于利用历史机遇的革命骨干力量才能获得成功。

马克思期待中的革命没有在欧洲爆发的原因是马克思忽视了一些因素——有些甚至就摆在他的眼前。最重要的是，由于技术进步和经济增长，资本主义体系改善工人阶级经济条件的能力在不断增长。在工业化最为发达的英国，国内生产总值在19世纪的每个十年当中几乎均以每年2%～2.5%的速度增长。[130]尽管关于英国工人生活水平在19世纪前半世纪的证据并不充分，但毫无疑问的是，生活状况在马克思撰写《资本论》的年代里的确是在提升；与1865年相比，生活水平在1895年提升了大约50%。[131]人的寿命也在延长：1800年英国人的平均寿命是三十五六；1900年，这一数字达到了四十七八。另外，

也许在历史上是第一次，生活水平的提高并没有导致人们生育
更多的子女。缓慢但是可以感觉到的是，生育率在下降，从
19 世纪 30 年代的每千人 35 个新生儿下降至 19 世纪末的 30
个，并在此之后继续下滑。[132] 19 世纪之初导致显著贫穷化的高
生育率在世纪之末让位于生育率的降低，从而限制了人口的增
长，同时促进了人均消费的增长。[133] 在资本主义工业化覆盖的
所有地区，这样的发展模式以不同的形式悄然发生。[134]

　　这样，当马克思聚焦于资本主义发展过程中无法否认的可
怖一面时，他所关注的许多负面趋势在他写作的那些年间正在
扭转。他的资本主义工业化导致生理退化的结论源于平均身高
（生理健康的可测量指标之一）在 19 世纪 30 年代至 60 年代之
间的下降，但是之后却又恢复了增长。[135] 工作时间在 18 世纪中
期至 19 世纪中期确实是延长了。但是，随后全职工人每周平
均工作时长开始从 1856 年的 65 小时缩短至 1873 年的 56 小
时；这一数值一直保持到 19 世纪末。[136] 工作时长不仅变短了，
因为政府健康和安全检查的缘故，工作环境也不再那么危险。
在马克思写作《资本论》的年代，检查体系尚处于建立早期，
正如我们所看到的，这一体系为马克思提供了许多可以选择使
用的信息。[137] 这一阶段，有能力执行检查任务的专门国民服务
部门得以筹建起来，[138] 最终带来了不断提升的产业健康和安全
标准。

　　政府改善工人阶级生活状况的压力部分来自富裕和知识阶
层的道德责任感，特别是源于宗教引发的社会良知——这一发
展是马克思始料未及的。[139] 改革的动力同样来自行业协会的成
长，他们为争取更好的待遇和工作环境与资本家讨价还价，并
逐步参与政治选举。马克思鼓励工会组织发展成为工人阶级推

翻资本主义的一种工具，但他没有考虑到工会在改善工人的工作环境和生活水平方面的成功将会导致革命没有必要或不再是最佳选择。在 19 世纪末的德国，有组织的工人阶级的压力与中产阶级和上层社会良知的影响，共同促成了化解失业和疾病威胁的政府强制保险计划的实施。

马克思和恩格斯的影响在各个国家不尽相同，但是他们对于资本主义的批判在各处都引发了关注。在他们的故乡德国，影响最为强烈，德国社会民主党将他们的理念作为本党的天然磁石。在快速工业化早期，当人们涌入城市寻找工作，寄居在简陋的棚居中，缺少城市生活的基本必需品，呼吸着工厂排放的污浊空气，为了微薄的工资长时间劳作时，马克思关于无产者改善生活的脚本对工人和对工人们困境感到同情的"资产阶级思想家"是有吸引力的。但是在 19 世纪末 20 世纪初，在德国和其他地方，工人组织运动的胜利和工人生活水平的提升，使得工人阶级越发不愿意进行革命。

直到 20 世纪的第一个十年间，马克思主义知识分子遇到了一个两难困境：他们是应该接受关于劳工组织和政治代表权的改革主义，并抛弃替换资本主义的希望？还是应该像列宁和卢卡奇一样坚持知识分子的首要地位，并组建新的政党以将工人阶级引导至马克思所描述的革命目标？一些知识分子（尤其那些受到污蔑的种族和宗教少数派）被马克思消除特殊主义的共产主义未来所吸引；其他一些人认为分工专业化压抑了创造力，于是响应马克思对劳动分工的批判；还有部分人认为资本主义世界冷漠、孤立，也有些人不能容忍从小被灌输的博爱伦理与市场运行中的利己主义现实之间的鸿沟。

但是，马克思并不是批判市场制度导致文化限制的唯一声音，也不是反对市侩统治的唯一知识分子。这些主题也同样是比他更年轻的英国同代人——马修·阿诺德——著作的核心内容，而阿诺德的分析则是从一个完全不同的方向展开。

第八章 马修·阿诺德：切断庸俗主义者的贸易依赖

马修·阿诺德（1822～1888年）同马克思一样，也在努力使这个世界不变得太"庸俗"，这个说法他们都是引自德国诗人及文化评论家海因里希·海涅。在阿诺德和马克思看来，对勤勤恳恳、精打细算的中产阶级来说，"庸俗主义"是一种蔑称，而且会日渐成为政府和社会的主要论调。虽然他们使用同一术语来描述这一弊病，但是在鉴别起因和提供的解救措施方面却大相径庭。马克思认为宗教是大众的麻醉剂，转移了人们对资本主义的不满情绪；而阿诺德认为贸易才是麻醉剂，转移了资本家在宗教和精神发展上的精力。在马克思看来，解决办法在于消除资本主义，即庸俗文化的经济基础。而阿诺德的看法却大大不同，他认为资本主义经济成就是最实在的，没有更可行的经济形式可以替代。只是他担心中产阶级锱铢必较的精神特征会延伸到文化和政治领域。对此他的解决方法不是消除商业贸易，而是通过政府、出版社和教育机构，使像他一样的知识分子行动起来，从而提升国家的文化实力。阿诺德代表并塑造了一种社会角色，我们称之为"品味挑剔但不疏离社会的知识分子"。

如今阿诺德对中产阶级庸俗主义的批评已经是家喻户晓了，我们已经不太在意它是如何的大胆勇敢。因为他写这些东西的时候，正是人们狂热追求进步的巅峰时期。如前所述，关于物质上会越来越丰富的假想是以现实为基础的。在19世纪中叶，英国在工业和经济上的霸权地位无可匹敌，工业化改变了整个国家的面貌。英国生产了世界上一半的钢铁。仅仅数十年间，就修建了 5000 多英里的铁路，大大缩短了从首都至各郡县的时间，伦敦至牛津一个小时就可以抵达，各城市之间的交通状况也同样大大改善。

209

　　经济发展、社会变迁的标志到处都是，最为醒目的要数水晶宫。它是 1851 年万国博览会的展馆，是一座由钢筋和玻璃建成的巨大温室。一张由 3300 根圆柱和 2300 根大梁建成的巨网，支撑着将近百万英尺的玻璃，多亏了配件制造的工业奇迹，这些材料仅仅用了 17 周就全部组装完毕。这次展会及展馆让人们更加明显实在地看到了国家的发展进步。一位主要赞助者亨利·科尔（Henry Cole）吹嘘道："1851 年万国博览会上各国工业品的展览，极大地促进了人类工业的发展，在世界历史记录上没有任何一次事件可以与之匹敌。"他的想法是百分之百的英伦民众的想法，不是政府的或强制性的产物。"一位伟人把所有的文明国家邀请到这一盛会上来，相互比较人类的技术产品。它完全依靠私人赞助开展，自给自足，无须缴纳税款，无须雇佣奴隶，而在古代伟大的工程中这些都是不可缺少的。"万国博览会的官方领导正是维多利亚女王的夫君阿尔伯特亲王，科尔称赞道："亲王智慧超群、礼贤下士、精明睿智，不仅有大将风范，还有实干精神，是企业家的先锋，最终带领群雄取得胜利。"正如当时有人所说，水晶宫反映了时代风貌："它是英国实用主义风范和实用主义潮流的美学巅峰之作。"[1]

　　阿诺德的工作就是限定这种实用性范围。在阐释他的庸俗主义批评观的形成，以及他对解决在物质极大丰富时精神却日趋枯竭问题的看法之前，我们必须首先了解他所处的社会环境及其亲历的社会制度。

生活在庸俗主义者和希伯来思想家之间

阿诺德生于 1822 年，比马克思小四岁。1869 年，在《资本论》第一卷发表后不久，[2] 他发表了最重要的文化评论作品《文化与无政府状态》。马修的父亲托马斯·阿诺德是拉格比公学的校长，该校是一所办学方式新奇独特、影响深远的教育机构，旨在培养能心怀基督徒精神来统治国家的绅士。他还是广教派（Broad Church）的领导人物，其教旨在于既要保持原有的英国国教，也要增加其包容性。马修·阿诺德继承了父亲的事业，但方式更为世俗化。他从文人学者那里寻求精神指南和鼓励，而这些是传教士所无法传递的。

1841 年马修去牛津上学，通过选拔考试他拿到了贝利奥尔学院的奖学金，这是中产阶级的典范——通过优秀成绩而不断提高自己。同年，托马斯·阿诺德被指派担任该大学的近代史教授，但在就任后不久就与世长辞了。贝利奥尔的大部分课程是希腊和拉丁古典哲学和文学，这成为阿诺德（马克思亦是）日后源源不断的资源库。同贝利奥尔学院之间的纽带，不仅是阿诺德职业生涯的核心，而且在其宏伟的智力工程中发挥着关键作用。该项工程旨在改革历史名校，并提升它对政府和民族文化的影响力——这样的影响力还包括参照拉格比公学的形象重塑牛津，继而重塑庸俗主义国家。

大约在一个世纪前，晋升制度让家境贫寒却青春洋溢的埃德蒙·伯克得到了贵族政治家的青睐，而今该制度同样适用于阿诺德。24 岁时，他做了伟大的辉格党地主、资深国会议员兰斯多恩勋爵（Lord Lansdowne）的私人秘书，这位勋爵竟然听过伯克在国会做的演讲。兰斯多恩还是教育部委员会的理事长。

伯克靠写散文出名，阿诺德却靠写诗。因他颇具诗歌天赋，最终成为诗歌教授。1857年，牛津大学聘请他担任诗歌教授，这样一做就是差不多十年。教师生涯里他每年仅仅讲三次公开课，酬劳少得可怜。虽说名誉上是教授，但诗歌这碗饭，并不足以养家糊口。加上结婚生子的压力，阿诺德28岁时，成了女王陛下的学校督查员。考虑到这样一来自己读书写作的时间将大大减少，他对这份工作并不是很满意，但他还是干了将近三十五年。这份工作的确耗时耗力，不过阿诺德精力很旺盛。在那三十五年中，他笔耕不辍，写了许多散文和书评，合编成11部厚厚的散文集，写作范围从文学评论到社会政治分析都有涉猎，还包括约两本书厚的教育改革文章，和约三本书厚的宗教作品。[3]

211

阿诺德时代的英国还不像普鲁士，并未建立国家教育体系，全民教育的概念更是几乎无人知晓。直到约一百年后，亚当·斯密才提出这个说法，作为应对市场负面效应的措施。具体就是依照大陆模式，建立一套统一综合的学校体制，然而传统的贵族反对中央集权政府，再加上非国教反对派一直对公立学校持怀疑态度，担心国立教育会给学生灌输圣公会的信条，因此建立该体制障碍重重。最终，学校都被设在教会和慈善机构下。但从19世纪40年代起，学校开始接受少量的政府津贴，反过来政府会派遣巡查员监督学校的办学质量，大家逐渐接受了这样的办学方法。为了平等对待不同宗教，巡查员也分门别类，各自审查圣公会学校、天主教学校和反对派新教学校。阿诺德的职责就是审查新教学校。所谓新教派是由拒绝参加英国国教的人成立的教派，也称非国教徒或反对派教徒。

令人称奇的是，这些贵格会、长老会、公理会、一神论派和浸信会的成员，成了工商业领导的核心力量。英国的社会结构就像三明治，圣公会占据顶层（包括贵族绅士）和底层，反对派在中间，且数目不断增加。（遁道宗教徒，最初属于圣公会，但在阿诺德时期成为独立的教派，在社会上形成一个仅次于反对派的阶层）。反对派教徒因为宗教信仰的缘故，不仅得不到政府和贵族赞助，还被著名大学（如牛津大学、剑桥大学）、陆军和海军拒之门外，因此转而从商做实业。在生活中，他们重视努力工作、实用性教育、节制和高尚行为。[4]马克斯·韦伯指出，这些清教徒后裔所谆谆教诲的品格，有利于促进经济进步，当然他并不是第一个注意到的人。他们的个人经历使其不再相信政府的能力，反对派教徒因而构成了倡导中产阶级自由主义的主要选民，也正是从这里涌现出许多杰出的自由主义领导人，如约翰·布莱特。尽管政府高层的职位仍然在贵族阶级如兰斯多恩的掌控中，但到19世纪50年代，中产阶级已逐渐在制定国家政策中发挥着重要作用。比中产阶级低一级的社会阶层是工人阶级，他们被剥夺了公民权利，几乎都是文盲。

212　　　阿诺德担任巡查员这一工作，让他有机会接触到中产阶级的教育机构，还能造访4岁至13岁儿童上的学校，这些学校位于英国的工业发达地区，如伯明翰。所见所闻经常让他瞠目结舌。而正是因为亲身体会了中产阶级的大本营，他的中产阶级文化政治批判理论才初见雏形。

阿诺德的评论

学校督察工作促使他写出了第一篇社会评论散文《民主》，最初于 1861 年作为其报告作品《法国的普及教育》（*The Popular Education of France*）一书的序言发表。他惋惜地说，中产阶级在物资上富足、在政治上自由，这样的成就不免使其沾沾自喜，最终成为他们自我提升路上的绊脚石。中产阶级在思想上崇尚勤劳和自由，唯一缺乏的就是"文化"和"观念"。"没有人比我更加尊重他们（中产阶级），"他这样写道，"但是最尊重他们的人，最相信他们能力的人，也只能给他们提点建议；告诉他们在哪方面不足，以及这些不加弥补的不足会如何在将来产生危害。除了这些我不知道还能做些什么。"[5] 随着中产阶级影响力的提高，他担心这些商业化的中产阶级因为"观念低俗、文化缺失"会使整个国家的情况"恶化"。追求民主是这个阶级普通大众典型的最高理想。与亚里士多德的观点相呼应，阿诺德提醒读者"民主的困难在于如何寻找并坚持这个最高理想"。[6] 随着英国的选举范围逐渐扩大，形式更加民主，阿诺德担心工人阶级会步中产阶级的后尘，拥护低俗的文化理想，而且在理念上受到诸般限制。

阿诺德同马克思一样，对后者所称的资产阶级社会的"密集状态"非常反感。阿诺德和马克思都从海涅那里找到一个辩论术语，可以充分体现海涅所说的"纯正的英国式狭隘"。这个词就是"庸俗主义"，暗含了"一种强烈、顽固、落后地反对上帝之选民、光明之子"的民族气质。"我们的英文中没有这种表达，"阿诺德诙谐地说，"或许没有这种词的原因正是因为这种现象太多了。我想在索利（Soli）没有人会

213

谈论语法错误；而在这儿，在歌利亚的总部，也没有人会谈论庸俗主义。"[7]

同庸俗主义势力的第一次公开辩论发生在 1862 年，可以说是在他的主场：学校。罗伯特·罗尔（Robert Lowe）——一名自由党议员，同时也是阿诺德在教育部的政治上级——基于"按成果付酬"，提议修改政府赞助学校的方法。这套方案成立的前提是"在国民教育中国家的责任是……尽可能达到阅读和写作的最大数量，在算数上也要尽可能达到最大数字"。[8]为学校提供资金的基础是学生"3R"成绩。每所学校每年都要派一名巡查员访学，他将测验每个学生的英语和数学能力。每个学生如果无法出席或是无法正确回答问题，政府对学校的赞助就会削减一点。罗尔改革的本意一部分是为了降低成本，但最重要的是，让学校经费的多少完全取决于对学生最基础的实践技能的测验结果，这样将酬劳同绩效挂钩，使得教育符合以市场为导向的原则。[9]

或许是出于勇敢，或许是不怕出丑，阿诺德向他的政治上级发起了一次公开的抨击。他在一本主流杂志上发表了名为《两次修正法》（The Twice-Revised Code）的文章，并给每位议会成员发放了一份。他批评了罗尔方案中狭隘又机械的教育理念。他指出，渊博睿智的阅读能力主要不是来源于狭隘规范的阅读课程，而是更为广泛的培养教化，如从家庭获取，或者若没有家庭教育，学校环境也可以激发学生对阅读的渴望。因此，学校的目标应当是"广泛的智力培育"，没有它就无法提升读写技能。[10]政府辛苦资助的只是最基础的教育，而不是去回应"下层阶级提升自我的强烈愿望"。[11]由于每年进行测验时，许多贫困生缺席或者测验不合格，因而他预计改革提案的实际效用只会是减少对学校贫困生的资助。他总结道，大众教育将成为"经济赞助机构不惜一切代价"的牺牲品。[12]阿诺德的观点是市场原则并不适用于教育领域。最终在同庸俗主义代表的辩论中，阿诺德取得了局部胜利：按绩效赞助的原则被写进了新的立法中，但仅限于拨给各校的一部分款项。[13]

　　在阿诺德看来，教育不只是传递信息或学习基本的阅读交流技巧，教育应该是启迪教化的媒介。[14]阿诺德视察学校时，经常会发现学生被灌输以堆积成山的客观事实和演算方法，却丧失了分析能力，更无法理解复杂的文章或诗歌。他们学到的不是推理分析而是死记硬背。[15]在采用"按绩效赞助"方案之前，尤其是在方案实施之后，他批评这种教育方式。他认为，"其毫无章法，毫无人性……管理者认为富有价值的成果，事实上是很机械的"，完全没有考虑对学生品味和情感的培养。[16]

　　与庸俗主义者形成鲜明对比的是"上帝之选民"，它指的不是耶稣也不是反对派教徒，阿诺德指的是"希伯来思想家"，因为他们的道德准则非常严格。在阿诺德看来，"上帝之选民"是指像他一样的知识分子，他们在为"文化"努力奋斗，为"评论"身体力行。这些术语他几乎交换着使用。在 1864 年一篇广为流传的文章《当下评论的功用》（The Function of Criticism at the Present Time）中，他将评论定义为"一种公正无私的努力，旨在学习传播世界上最好、最有名的思想"。[17]虽然阿诺德非常崇拜埃德蒙·伯克，因为他推动知识分子对英国政治产生了巨大影响，其贡献无人能及，但是阿诺德认为英国人对伯克的理性主义怀疑论过于认真。伯克认为在努力以直接途径实现理想时，理性思维可能会跨越界限，英国

214

人把伯克的观点机械地教条化，还将其适度性的理念转化为广义上对思想观点和知识分子的怀疑。结果就是英国人表现得似乎"实践是无所不能的，而思想自由则一无是处"。[18]阿诺德认为，功利实用的精神曾经在市场活动和工业生产中大显神通，创造了大量的物质财富，现在却成了追求更高层次和更高尚理想的障碍。因此，当代评论的功用就是"避免人类陷入落后和庸俗的自我满足，使其思考优秀的思想、纯粹的美好和事物的合理性，从而引领人类走向完美"。[19]

然而，阿诺德暗示说，财富的积累可能为更高层次的理想打好基础，资本主义创造的物质舒适可能会引起人们对精神内容的需求：

> 尽管激昂的物质进步为我们带来了引人入胜又惨不忍睹的巨大影响，可在我看来有些事实是无可辩驳的：这样的进步可能会导致精神生活成为一种（可见的）幽灵，虽然尚不确定；对人类而言，当生活过得极度舒适，还未决定下一步该怎么放纵自己时，他们可能会开始记起自己是有思想的，而且自己的思想可能是让自己最快乐的源头。我同意在目前，主要是由于拥有信念的特权，我们才能将这一目标同建造铁路、经营贸易和创造财富区分开来。但是如果像别处那样，信念不再是追求的目标，那么大家会看到我的预言都将实现。在我们的理念中，舒适生活、旅游出行和无拘自由是要尽可能继续保持的。而所有这些事物都有一个趋势，那就是同我们固有的理念一步一步更加自由地交涉、一点一点地劝诱，最终渐渐深入这些理念的真正本质。[20]

　　这篇文章发表后，阿诺德的读者群进一步扩大。他的书在铁路的书报亭都有销售，他的观点被各大报纸激烈争论，报纸的读者包括银行职员、律师、国会议员、商人等。[21] 在当时的主流杂志上，这篇文章引发了一场辩论战。

　　《我的同胞》（My Countryman，1866 年）又一次将阿诺德推至风口浪尖，该文章产生了更为强烈的反响。通过用一种异域旁观者的英伦腔的方式，他提出了是什么产生让现代人满意的生活的问题，并列举道：

> 　　对工业、商业和财富之爱的渐增，对思想之爱的渐增和对美好事物之爱的渐增。在现代生活中，这三项中你们中产阶级除了第一个之外，对其他两项没有任何概念。他们对工业、商业和财富的敬爱之情的确是无以复加的……但是就没有其他的理念吗？……你们中产阶级的最初教育是来自你们国家最差的学校……一个人精神的健康程度和容量是通过其享乐多少反映出来的，我们承认，你们中产阶级可以在商业中找到乐趣，并且同商业和谐相处，最终赚取钞票。但是，之后呢？你们中产阶级沉浸在商业中，除了宗教似乎对其他任何刺激都麻木不仁；而那宗教也是狭隘、愚蠢、令人作呕的……简直难以想象会有更加荒谬、更加沉闷、更加不惹人羡慕的生活了？[22]

216

　　阿诺德的作品《文化与无政府状态》源自他的一次题为"文化和其敌人"的讲座。他于 1867 年在哈佛大学举行了该讲座，并于一个月后被发表在《康希尔杂志》（Cornhill Magazine）上。该文章呼吁大家关注阿诺德所称的"文化"（和其载体），在其中他还将文化同市场、文化同其中产阶级爱好者进行了强烈对比。

对阿诺德来说，"文化"所代表的不仅是知识，更多的是一种对世界的态度，以及在世界中思想的运用。它是"通过了解所有我们最关心的事物、世界上最完美的思想和说法，从而达到圆满的结局；通过这样的认知，在我们固有的理念和习惯上，开拓出大量全新而自由的思想。对于那些固有的理念和习惯，我们现在仍然坚定而机械地固守着，想象着只要心意坚定，就是一种美德，就能弥补机械主义的不足，殊不知这样的做法是徒劳无功的"。[23]它将通晓事物的"科学式热情"同"单纯做好事情的热情"等同看待。

这意味着关注个人的文化和精神发展，关注阿诺德所说的"本质"，即与"我们尊崇的机械化物质文明"相对的概念。在被劳动分工定性的社会，文化和专业化是相对的，专业化即"我们集中精力、全神贯注于某个特定追求"。在一个竞争无处不在的社会，文化就意味着培养同情心和"公正无私"——对真理的公正探求。文化不仅意味着自我发展，也包含着利他成分，要求追求"普遍的完善，我们社会所有部分的发展"。[24]因此，文化是"努力看到事物的本来面目，努力接近宇宙秩序方面的知识——或许在世人看来是有意为之，能够同其和平相处那是人类的福分，与其背道而驰那就是人类的痛苦——简而言之，就是要参透上帝的旨意"。[25]至少阿诺德这样定义，文化事业的本质就是其民主化趋势，"让目前世界每个角落的所知所想都是最好的"。[26]

阿诺德不止一次惋惜地说道，英国中产阶级的文化过于关注"机械"，这里的"机械"指的不仅是机械设备。[27]"机械"一词含有多种意思。阿诺德抱怨的是社会中各式工具与日俱增，男人和女人都丧失了目标，而这些工具的存在正是为了实现这些目标。事实上，他们把工具的积累错当成人生的目标，把物质财富的增加错误地等同于精神财富的提升。他们把政治自由本身当作商品，而不去关注自由的目的到底是什么。因为他们把"机械"等同于进步，从而获得满足感。（同马克思类似，阿诺德也将这种对工具的狂热崇拜而失去目标的行为称为"恋物癖"。[28]）相比之下，文化则意味着服从于对自身的不满足，这种不满足源自对事实和应是之间的区别认识，是改善个人和集体的开端。

阿诺德既没有贬低政治自由，也没有轻视物质富足。他很感谢英国的政治制度，他写的文章从未因为政治制度而抨击市场原则。他反对的是将自由放在道德评价的末端和将促进市场发展的自由贸易、勤奋和自私自利等原则运用到生活的所有领域的假说。

阿诺德分析，大多数英国人缺乏的是一种意识，即相比于免受政府干扰，人们更多的是需要集体生活中的自由，"做自己想做之事"的自由。很大程度上，他的观点是对黑格尔区别对待武断选择和理性选择的重新阐释，不过方式较为简洁。在英国式自由的自满言辞中，失去了一个理念，即重要的不仅是选择的可能性，而且是实际上做出的选择。迷失也是一种以理智和反省的方式来度过人生的愿望。[29]阿诺德辩论称，那些以反对国教中的条条框框而引以为豪的人，其思维习惯最终导致中产阶级思想落后，最终自己竟成了那些条条框框。当局强调个人主义自由，重视不同意见，使人们从原则上痛恨权威——不仅痛恨权威机构，还痛恨权威人物提出的"正当理由"，即在原则上表明人们应该选择某种生活方式而不是另一种方式的理由。

阿诺德辩称，因为在英国民众看来，自由和自力更生是高于一切的价值观，因而他们很少考虑国家利益，极少承担公民义务。对大部分民众来说，国家应该为大众利益而不是某些控制政府的团体利益服务的观点依然是陌生的。[30] 阿诺德认为，这样的结局危险且不幸。

218

说它危险是因为最终唯一可以强制性保持秩序的机构失去了合法性。直到当时，阿诺德仍坚持认为，政府合法存在的前提是服从贵族和君王的统治。但是现在，这种从属关系被逐渐弱化。没有对政府的尊重，无法无天的状态就会来临。他曾这样写道："随着封建主义的等级思想和习惯逐渐消失，我们就会陷入无政府的危险状态。"[31] 他援引了一个近期事件来说明无政府状态的征兆。在伦敦，一大群人集合起来反对政府政策，要求给予工人阶级更多的选举权，他们拆毁海德公园的栏杆，任意践踏花坛。军队也被派来协助警察，但并未采取任何行动。在接下来的几天里，上千人集结于公园。尽管公共财产损害并不严重，但这个事件还是打开了潘多拉魔盒，释放出了暴民暴动的邪灵。阿诺德认为它反映了"英国民众内心深藏的精神无政府状态"。他辩称说，自由人士极为重视的自由，以及政府不加干涉、让人们自行其是的这种自由（美国人对这种评论的反应是"它是一个自由的国度"），已经走到了尽头，成了考虑需要共享权威的阻碍。他提醒说，共享权威意识体现在国家的各个层面，它已经不仅仅是某一特定阶级的工具，若没有对其发展性的认识，海德公园暴动可能将预示着更大的社会动荡。

不幸的是，英国民众很少意识到政府有能力为大众利益服

务却一直未履行该职能，而市场或志愿活动又无法实现这一职
能。在这些职能中，最重要的是教育的数量和质量，但是现状
却不免令人担忧，其在很大程度上是因为对政府不信任，对市
场供求理论过度依赖。贫困儿童受教育的时间很短，几乎都不
会超过小学阶段。中产阶级的孩子接受的教育中虽然包括中学
教育，但阿诺德认为其问题也是层出不穷，包括所授科目种类
受限、学生在课堂上思维狭隘。在这里，市场规律完全不发挥
作用。阿诺德建议：

> 普通大众知道如何分辨好黄油和坏黄油，分辨腐肉和
> 鲜肉，或许我们根据供求理论可以获得上好的鲜肉和黄
> 油。但是，人们并不知道如何分辨教学和培训质量的优
> 劣；他们不知道在教育实践中，他们到底应该需要什么，
> 因此根据这些所谓的需要，根本不能为我们提供恰当的供
> 给。即使他们知道自己应该需要什么，他们也无法证明这
> 种需求确实得到了满足。因而，必须有保证措施。

219

政府可以通过拨款资助，以及强有力的政府巡查来保证教学
质量。[32]

依据阿诺德的观点，需要一个强大的政府。该观点基于对
公众利益的考虑，并假设有时候人们也会为公共利益而有所作
为，而不是为个人或阶级的自我利益。但是他声称，"完美个
人"的行动是基于理性的思考活动和利他主义激励因素，而
这样的思想对大多数英国人来说是非常陌生的。[33]

在分析中，他将人类分为四类，还给每类起了一个幽默的
名字：野蛮人、大众、俗人和外星人。野蛮人指的是贵族，他
们拥有特定的风格，默不作声。但是在现代社会，思想激烈交

锋是很重要的（此处与黑格尔观点相呼应），但是英国的贵族生来就不认可这种观点；事实上，他们默不作声的"源头是他们从来就没有什么可以烦恼的事"。[34]因此，贵族领导的时代稍纵即逝。包括工人阶级在内的普通大众因为物质匮乏、生活窘迫，无法接触到"最好的思想认识"，因此想得最多的就是不工作的时光，再者就是喝酒"找乐子"的场所。尽管民主时代的来临不可避免，权力将逐渐转移到他们手中，但是若要求他们为了公共利益来使用权力，他们似乎并不是恰当的人选。阿诺德担心他们会接受中产阶级狭隘的眼界和思维习惯。

真正行使权力的是中产阶级（此处，马克思和阿诺德的观点一致），商业化和工业化促使其进一步崛起。阿诺德的理论集中针对中产阶级，因为该阶级无论评价好坏，都在当时的历史上占据支配地位。他将中产阶级成员称为庸俗主义者。他们"这群人坚信人类要想流芳百世和福祉绵延，就需要靠财富来证明；这群人穷其一生，绞尽脑汁就是为了得到更多的财富"。但是，他又提出了一个问题，这些人获取财富是为了什么？

> 看看这些人，他们的生活方式、习惯、行为举止和话语语调；再仔细看看他们；观察他们阅读的文学、娱乐的方式、口中的语句和头脑中的知识；还会有人因为想要那么多的财富，而变成像他们那样的人吗？[35]

阿诺德承认，宗教使他们能够克服自身低俗的本能，坚持让其引以为豪的人性道德。但在阿诺德看来，却也有些夸张到自我陶醉的程度。[36]他认为宗教和经济生活，都在被一只无形之手——狭隘的思想——操控。他们的双重目标是在赚取钞票的同时拯救灵魂。他们对"宗教性商业"的"狭隘而机械的"认知——基于避免犯下罪行和从文学角度对圣经、天堂和地狱的理解——导致了他们对"世俗商业"的"狭隘而机械的"认知。[37]

阿诺德暗示，在宗教和经济的基本原理中有一种选择性亲和力。自由主义人士把经济学中的定理机械地运用到实际中。他们把自由贸易当作偶像来崇拜，仅仅当作目的本身，而不去问问自由贸易和个人幸福、国民福利是如何相互关联的。[38]政策促进了人口和财富增长，这时他们很少停下来，去问问财富和人口增长的目的或者是否还需要继续增长。他们对自由贸易的有益效应和商业扩张的盲目崇拜，使得政府任何形式的计划和干涉都变成异端邪说。[39]相比之下，阿诺德建议："如果我们中间没有这么多的穷人，如果我们多抽出时间，用某种方式使穷人和商人能够调整自身而彼此适应，而不是机械盲目地增加其各自的数目，那么我们社会的发展进步就会更加和谐融洽……"他写道："事实上，同其他许多事情一样，我们对自由贸易的追捧非常机械化。""我们认定某个东西，在这种情况下，我们认定创造财富，以及通过自由贸易实现产品、人口和商业额的增加，是必须之事或目标。然后，我们就机械地不断追求……而忽视了它同整个可知的自然法则和完善人类境况的关系。我们把它当作不同价值观的部分零件，但是这些价值观同可知的自然法则之间的关系是不断变动的——而这才是我们认定之物的本来面目。"[40]

阿诺德声称，清教徒后裔的神学体系草率且思虑不周，阻碍家庭通过规划生育来提高生活质量。城郊贫困人口不断增加，拯救他们的根本方法不仅仅是通晓圣经戒律。他们还需要

221 知道如何限制家庭人数，从而"给其精神生活和发展一个公平的机会！"在那些"无知的希伯来语"地区，人们仍然认为，孩子越多就会越幸福。阿诺德决心告诉这些穷人："人类的孩子并不真的是上帝赐予的，墙上的图画或马厩中的小马驹也不是上帝赐予的；如果父母把孩子带到人世间，却没有条件让孩子和自己生活得体体面面，或至少是平平安安的，甚至根本就无力抚养孩子……这绝对不会是上帝的旨意或实践自然界最简明的规律。这是彻头彻尾的错误，是与理性相悖的行为，是违背上帝旨意的做法。这同人类拥有马匹、马车或图画是一个道理，如果他没有钱支付或者想要更多却没有能力承担……"[41]此处，阿诺德认为对成本和收益更加精细的估量有益于人类福祉。

如果贵族、中产阶级和工人阶级都不适合操控国家财运，那国家财运将留给谁来操控呢？阿诺德的答案是外星人。他们来自各个阶层，却互不相干，因为他们超越了其原始阶级的思维界限。阿诺德把他们定性为来自各个阶层之人，从本性上有"对最完美自我的好奇，喜爱从事物本来的面目去认识事物，把自己从机械中解放出来，只是简单地从理性和上帝意愿两方面考虑自我，并尽最大努力让其取胜。总之，他们就是追求完美"。这种"倾向"的发展程度取决于它所接受的激励因素。外星人自身的目标即是传播文化，旨在反对"将阶级生活无以制衡的主导地位作为普通人对自己的定位"，并"破坏人类对机械的崇拜"。[42]

知识分子的任务

阿诺德的言论所代表的既是一个现实存在的阶层，也是一个他努力创造的阶层。不过，在我们意识到这个之前，他的批评论和文化论，听起来有点无根无据。引用一个比较陌生的说法来形容他，即他是知识分子界的一位思想家，他试图给知识分子灌输集体意识，并代表他们提出其共同的主张。

阿诺德也是知识分子精英人物中的一员，虽然他十分挑剔，却并未受到精英权力层的排挤。尽管他们物质上并不富裕，但至少在部分商界精英中还是很受欢迎的。阿诺德整体规划依据的假定是一部分政界和商界精英对他宣扬的思想采取开放的态度，对此他自己的经历可以证明。在他的朋友中有路易莎·德·罗斯柴尔德，她是那个伟大的银行家族中伦敦分行行长的妻子。1858 年他们第一次碰面，那时阿诺德正在巡视一所建于罗斯柴尔德家族地产上的学校。他们之间建立起一段友情，并一直延续到终老。[43] 在阿诺德晚年时，他还和安德鲁·卡内基成为好朋友，卡内基从苏格兰丹弗姆林（Dunfermline）的一个小庄园主一跃变为匹兹堡的钢铁大王，成为世界财富巨头之一。卡内基虔诚地相信阿诺德理想中文化的教化作用。为了在美国传播这种理念，他投入了大笔资金，资助美国各地的图书馆。阿诺德和世界政坛也颇有关联：他的内兄是一名自由党议员，他自己还认识迪斯雷利（Disraeli）和格莱斯顿（Glandstone）。

阿诺德游刃有余地往来于思想界和政府，他是这个小群体的典型人物，这个群体是由相互关联的不同家庭组成，形成了一种"贵族知识分子层"。[44] 因为他们阅读相同的杂志，隶属于相同的协会（如文学协会），同彼此的亲戚结婚，这样就形成了一个密不可分的群体。这类群体的权势不可避免地会饱受苛责，他们也抨击过这样的社会制度，不过他们在不断地努力改善这种状况。

早些时代的浪漫主义者，他们拒绝接受资本主义社会，努力寻求资本主义社会历史性的替代形态；而晚些时代的美学家，他们则努力在资本主义社会中开拓另一片天地。阿诺德和他们不同，他接受资本主义市场，并发自内心地欣赏使社会保持繁荣的中产阶级商人、老板和企业家所具备的品格，虽然欣赏的程度可能有限。[45]同许多维多利亚时期的贵族知识分子一样，阿诺德也认为文人中的精英人士应该伸出援助之手，把自己融入社会中，改善和提升社会环境。塞缪尔·泰勒·柯勒律治为他们做出了榜样，他在作品中曾写道，有必要利用英国国教来创建"知识分子阶层"，即文人都应抵制资本主义思潮的负面效应，建立一种共享国家权威的意识。阿诺德把这个概念加以通俗化。[46]

如前所述，那些满脑子都是教化和感性之人所说的"通用财产"，黑格尔也颇为认同。阿诺德很熟悉黑格尔的作品——有些他有第一手资料，有些是黑格尔的法文译作，[47]在颇具讽刺意味的自我描绘中，阿诺德认为自己是"感性"的拥护者。[48]

阿诺德认为，无论是前辈黑格尔，还是后辈涂尔干，所有的知识分子都有一项义务，即解释共享权威的理性基础，从而赋予社会巨大的凝聚力。而在以往，形成社会凝聚力的是共同的宗教信仰。阿诺德和黑格尔一样，都希望文人能够在政府中发挥更大的作用，通过提高经济水平和保障工人阶级的人身安全，[49]最重要的是通过联合政府、学校、大学和杂志社，提高国民的文化精神水平，从而让政府为大众福利服务。

19世纪50年代到60年代，大学改革家们的宗旨是把牛津和剑桥的传统机构转变为柯勒律治式"知识分子阶层"（Clerisy）或阿诺德式"文化"的育幼院。这意味着将牛津和剑桥与当下的文化和政治风潮接轨，彻底同英国国教解除关系。直到 19 世纪 50 年代，反对派教徒仍因为宗教信仰而无法上大学，大部分大学的教师都只限于国教牧师，而多数情况下这些人由于教会制度的束缚必须终身不娶。

正因为他们什么课程都教，因此很少能把课程教好，神学课也不例外。被宗教排斥而又没有职业兴趣上的考虑，因此，商人阶级的后代们大都会选择不上课。[50]

所有这些在阿诺德的时代都得到了大大改观。由于选拔考试的出现，这两所大学的奖学金评选开始更注重品德。1854 年和 1856 年的国会法案决定牛津大学和剑桥大学向国教徒之外的学生开放。大学教授的评定不再仅限于牧师。教授课程的学科范围也要拓宽，鼓励教学更加专业化，科研成为大学生活的一部分。在 19 世纪 70 年代，学生是地主和牧师的后代，而此后商人阶级和专业人员的后代开始占据主体地位。[51]

尤其是在牛津，大学改革家们的目标是培养精神上的知识分子阶层，他们可以为增强社会凝聚力做出贡献，而社会过于受托马斯·卡莱尔（Thomas Carlyle）所说的"金线纽带"（cash nexus，马克思和恩格斯最喜欢的词组之一）的支配。大学改革的代表人物是本杰明·乔维特（Benjamin Jowett），他曾是阿诺德在贝利奥尔学院的导师，后来成为古典文学教授。乔维特和柯勒律治都有一套在精神上和思想上理想的政府模式，认为政府力量能够抵消商业社会的分裂效应。这个观点乔维特继承自柏拉图和黑格尔，阿诺德同他观点一致。[52]

乔维特和其他的改革家们设想，大学教育的作用有两个方面。通过让学生接触阿诺德所说的"世界上最好的思想认识"，来拓宽他们的视野，激发思维灵活性。这种情况下，它取决于在多大程度上实现了专业化教育。[53]大学（或者至少是其中的学院）建立的初衷是要抵制商人中产阶级的职业化和技能化导向。学习古典文学尤其适合培养未来的政治家、公务员和教师；直到第一次世界大战之前，进入牛津或剑桥的必要条件就是学习希腊知识。[54]那些要准备直接从事商业和工业的学生，则会进入一些其他新近建立的地方学院。但在牛津和剑桥，非职业教育也被认为具有非常实际的价值，因为它开阔了视野，培养了思维习惯，这样的学生更适合统治英国和它的整个帝国，而中产阶级和工人阶级以职业为导向培养出来的学生，对生活的认识狭隘，缺乏想象力，根本无法与牛津、剑桥的学生相提并论。

乔维特在重塑牛津的同时，也切实参与了改革公务员机构、开放公务员选拔、提高评定标准、拓宽公务员权限的进程中。改革从 1853～1854 年建立屈维廉委员会（Trevelyan-Northcote Commission）开始，它旨在通过废除赞助制度来改革公务员机构，代之以选拔考试录取为基础的制度。之后的数十年间，这样的改革措施使公务员考试更加注重对文学和经典知识的考察，这正合乔维特和阿诺德之意。与此同时，在牛津和剑桥，越来越多诸如此类的知识被反复讲授给学生。[55]因此，掌握好希腊知识，在公务员或皇家陆军军官学校的选拔考试中就能占有优势。[56]

以建立教育处为开端，乔维特在伦敦为其学院和公务员机构建立了密切的联系。马修·阿诺德是建立这种联系的先驱和表率。阿诺德在就任学校巡查员一职时，他的上司就是他在贝利奥尔学院的导师，之后由阿诺德另外一位贝利奥尔学院的老友接任。他们通过赞助制度得以从贝利奥尔学院调至教育处工

225

作，即"通过私人举荐招聘公职人员"。[57]虽然很快赞助制度因利益冲突而被唾弃，但是在阿诺德的时代它仍是一项极有效率的筛选机制。乔维特认为，公务员机构和教育部门可以为其学院的毕业生提供一份体面的工作。而对伦敦的政客，如兰斯多恩勋爵及其继任者来说，贝利奥尔学院是各方面能力强悍、政治观点自由、宗教信仰不教条化的人才库。简而言之，它就是一张巨大的老同学关系网，其中有能力极强的各色人才，这样的纽带关系是更正式的择优准入制度的前兆，后来这样的制度在公务员改革中被奉为圭臬。[58]在阿诺德的朋友和男性亲戚中，也有很大部分人在公务员机构中谋职。他的一个兄弟爱德华·彭罗斯·阿诺德也是一名学校巡查员，另外一个兄弟托马斯在殖民部工作，阿诺德的朋友兼诗友阿瑟·休·克拉夫则和他一道在教育处工作。

阿诺德相信政府最重要的任务之一就是扶持教育。除了许多中产阶级受教育不当的孩子之外，还有上百万的孩子几乎没有接受正式教育。他们的父母不会送孩子去上学，除非政府强制性要求，阿诺德从1853年开始支持政府采取这样的政策。[59]阿诺德篇幅最长的作品是《欧洲大陆的中小学和大学》（*Schools and Universities on the Continent*），该书旨在让人们重新认识到英国的现实状况，目的是打破人们一直以来对英国教育发展的充分性的假想，并指出国家在规范大学教育和中小学义务教育上的弊端。他认为应该以德国、瑞士和法国的国家教育制度为榜样：它们为发展教育提供了各种便利条件，不仅有各种支付费用的途径，还加强教师的进修教育，从而提升学生的教育水平。[60]他认为反对国家干预教育的制度是一种"将政治经济的律条迂腐地运用到了错误的地方"。[61]他认为很遗憾的是，英国政府制定政策时并没有咨询精通教育理念之人的意见。在这一方面，法国和德国又一次提供了替代性方法——他认为是更好的——即如何处理类似这种问题的方法。[62] 阿诺德提倡的由政府出资完善义务教育的政策在其有生之年就已奏效。19 世纪 70 年代，英国议会通过了第一部综合法案。它规定地方学校董事会为学生提供小学教育，几年之后又强制性规定学生入学。[63]

阿诺德多次指出要取得现实性的进步，最大障碍在于伴随物质成功而来的自我满足，即"对我们自身能力和财富的赞赏"。"这样的观点是合理的，"他继续说道，"但是我们有可能过于依赖它，以至于难以充分发挥能力和合理使用财富。无论如何，如果我们为它多添加些智慧，我们的能力和财富就会更加丰盛且安全……"[64] 知识、文化和批评是阿诺德民主愿景的主要方面，这样的民主政体由文人指导，由政府权威领导，从社会的各个阶层招募人才，以为公众利益服务为动机。

除了大学和公务员机构，阿诺德还倡导第三个关于文化和评论的自由平台：商业性观点期刊。

阿诺德知道中产阶级对文化也充满兴趣。相比于贵族阶层或工人阶级，他们的阅读量要大得多——尽管阅读之余更多的是各种欲望膨胀。阿诺德将其描述为"一种几乎不可能过于贬低其绝对价值的文学，一种几乎不会流传下来或者值得流传下来的文学"。[65] 阿诺德敬仰中产阶级工作勤勉、道德严谨，并想为其灌输"文化和知识"，将现今的中产阶级转变为一个"有更广泛的文化自由，接受更宽广的思维范畴，以更崇高的思想为指导，驱散地方主义，治愈褊狭理念，涤荡卑劣之风"的新阶层。[66]

　　因此，阿诺德认识到文人的另一职责就是使普通民众能够理解"世界上最好的思想和见识"。这需要使知识变得"人性化"的能力，即通过获取最好的思想，然后劳心劳力地把"苛刻、陌生、晦涩、抽象、专业和排外的知识一一剔除"，最终使其"处于每个人的兴趣范围之内"，从而"让它在文人学者圈之外也能发挥功效"。[67]这种向民众传播"人性化"知识的伟大实践者毫无疑问地当属伏尔泰，他是阿诺德的榜样。阿诺德认为评论家的另一职责在于开阔中产阶级读者的视野，使其了解过去的文化知识遗产，以及国外广阔的发展前景。这样我们就不难理解阿诺德为何要写大量的评论文章，来为维多利亚时期的杂志读者进行通识教育，使其了解古希腊的伟大作家、圣经、基督教传统、斯宾诺莎等现代哲学家，以及法国和德国的现代文学大师。同时，他采用相似的"人性化"方法帮助民众理解公共政策和议会辩论等相关问题。

　　在阿诺德时期，作为公共评论家的知识分子似乎有极高的可信度，这部分是因为存在独特的信息传播媒介和易感知信息内容的受众。受众是维多利亚中期许多杂志的读者，有周刊也有月刊，诸如《弗雷泽的杂志》（*Fraser's Magazine*）、《星期六评论》（*The Saturday Review*）、《双周评论》（*The Fortnightly Review*）、《每季评论》（*The Quarterly Review*）、《麦克米伦的杂志》（*Macmillan's Magazine*）、《康希尔杂志》和《蓓尔美街报》（*Pall Mall Gazette*）。许多如今被奉为经典的维多利亚社会政治思想，最初都是发表在这些杂志上。杂志中有小说，也有关于历史、文学和政治的文章。[68]上述的每本杂志发行量都在10000册到20000册之间，其读者群也存在交叠，这些读者构成了"受教育者"，他们主要是大学和公共学校（如私立学

227

校）的毕业生。[69]那时特许经营权还受限制，在更专业化的杂志占据支配地位之前，如同阿诺德一样的作者还可以发表文章，相信英国社会中的任何人都能读到其文章。同时，为了让更多非专业的读者理解文章，作者需要能够将文章写得有趣生动，同时避免故步自封、术语连篇。

阿诺德不像马克思，他的目标不是让庸俗主义者彻底消失，而是努力去转变他们。许多阅读他的文章、购买他的书籍的人，现今纷纷向往将后代送入牛津大学和剑桥大学读书，从而接触到"世界上最完美的思想和说法"，这一现实也为阿诺德实现愿望提供了更大的可能性。

阿诺德认为知识分子是客观的评论家，这样的观点让他大大区别于马克思和黑格尔。马克思认为知识分子本身的职责在于做好无产阶级的忠实代表，抨击资产阶级社会中存在的根本性和结构性压迫。黑格尔则认为知识分子的任务是让自身脱离某些特定群体的利益束缚，让民众认识到现代资本主义社会的伦理根据，并在这样的过程中创造可以指导政治和文化的准则。阿诺德对"外星人"的观点显然同黑格尔对知识分子的设想有密切联系。但是对阿诺德来说，"客观性"还另有一番深意。它暗指有能力使自己不受党派偏见的束缚；对于自己一直致力于改善的问题，能够视情况需要，保持足够的距离进行观察，并对其方方面面进行批判。他所写的"靠思想生存"的意思是"当问题的某一层面是你一直以来真心支持的，当你所有的感情都已投入其中，当你听到的只是赞成这一观点的语言，当你的小团体使用该种语言说话就像蒸汽发动机一样，甚至想象不出还能使用别的语言——而你还能够独立思考，脑中还能够不禁地拥有该问题的对立观点（假设该对立观点存在的话）……",[70]那么，知识分子的任务就是代表这种思想才能，并促使其发扬光大，这种才能可以使个体与社会、政治和经济大环境保持距离，从而进行批判性反思，抵达真理之巅。

阿诺德在文章中谆谆告诫读者，要时刻警惕资本主义文化中的一种倾向，即大力推进资产扩张的同时却忽略其终极目标。但那已是下一代德国知识分子对资本主义文化核心主题的理解了。到第一次世界大战时，年轻一代的知识分子在转变中产阶级上经历了从理解到绝望的过程，现在他们需要寻求更为激进的解决方法来应对文化困境。

228

第九章　韦伯、齐美尔和桑巴特：
社区、个人与理性

设定条件

　　"正如法国人拥有他们的主题'什么是大革命？'，我们的国家命运在未来很长一段时间给予我们的主题是'什么是资本主义？'。"[1]做过牧师的德国政治家弗里德里希·瑙曼（Friedrich Naumann）于1911年这样写道。或许资本主义在德国从未像世界大战前二十年德皇威廉二世统治时期那样享有如此高水平的关注和荣耀。这些辩论围绕三位学者：马克斯·韦伯（1864～1920年）、格奥尔格·齐美尔（1858～1918年）以及维尔纳·桑巴特（1863～1941年）。这三位学者均出现于1871年统一后的德国。这一时期，德国大学、科研机构以及博物馆——由州及新兴资本家出资——均被广泛视为全世界最优秀的机构。同时，当时德国国内教授的声望也达到巅峰。[2]争论主要集中于"现代资本主义发展了哪一类人？"。[3]这一问题不仅主宰着当时的社会科学，也成为当时最杰出小说的核心主题，如托马斯·曼（Thomas Mann）所著《布登勃洛克一家》（对比涉及这一主题的多数小说家——司汤达、福楼拜以及左拉，曼的回答是不讨好的）。[4]至少一位杰出工业家——瓦尔特·拉特瑙（Walther Rathenau）——自认为有义务将这一争议写成一本书。[5]

　　为当时多数辩论设定条件的书是斐迪南·滕尼斯的《社

区和社会》（*Gemeinschaft und Gesellschaft*），该书首次出版于
1887 年 6 月。[6]他断定，社会生活有两种基本形式。在社区，
人们基本团结在一起。他们被一种"有机意愿"和一种根深
蒂固的文化设想团结在一起。所有人坚信这种设想，以至于成
为他们的第二本性，使得个体没有足够空间来清醒地选择。他
的社区模式是家庭，但滕尼斯所谓的社区也存在于一种更加拓
展的形式，这时的团结是基于家庭外延的共有会员，如宗族或
部族。他将社区看作以行会和乡镇的生活方式存在的最广泛形
式，早在一个世纪前尤斯图斯·默瑟尔曾提到这一概念。

　　如果社区模式指的是家庭和行会，社会模式则指的是市
场，其基础是自身利益、商品交易和合法合同关系。在社会
上，个人面临着选择，多数行动由理性计算控制，社会和平靠
法律维持。尽管滕尼斯对于区分社区和社会的出发点是客观
的，但是他的表述方式实际上存在高度的主观评价性。他写
道："在社区里，尽管有着所有分裂因素，人们也保持着必要
的团结；在社会，尽管有着许多团结因素，人们也总是必然分
裂。"他的书主要表达了一种对于历史发展的消极预期，将现
代人描述成从拥有共同目标和信仰的社区发展成为一个缺乏共
同理想、钩心斗角的社会。社区由共同福祉维系，社会则由共
同手段维系。

　　滕尼斯对于现代社会及其中心机构和市场的描述，深受马
克思影响。尽管他自认为是一个偏左的人，但他的描述带有保
罗·德·拉加德（Paul de Lagarde）新型统一德国民族主义的
偏见。[7]他对于交易和商人的观点很明显地体现了这种倾向。
"正如每一份职业，贸易也能以一种诚信理智的方式进行，"
滕尼斯写道，"然而，贸易的规模越大、越有目的性，就会带

230

入越多的伎俩和谎言，因为效率就意味着赢得高利或弥补损失。发财致富的想法使得商人们不择手段、自私自负，把除最亲近朋友之外的所有人当作他达到目的的唯一手段。他成为行会（Gesellschaft）的化身。"[8]

滕尼斯重组了在德国被市场转变时期出现的浪漫反资本主义。《社区和社会》一书对于韦伯和齐美尔而言，既是一种概念性刺激，也是一种陪衬。

商业变化

231
从 1871 年德国统一到 1914 年一战爆发，德国从一个资本主义革命的跟随者发展成为一个领导者。在此期间，英国工业生产量翻了一番，德国工业生产量则增长了六倍。整个国家由先前的乡村国家转变为城市国家。德国第一波工业化浪潮的基础行业是纺织业，由蒸汽提供动力，马克思和恩格斯在其发展初期就注意到这一点，韦伯和齐美尔出生时这一波工业化已趋向成熟。19 世纪末 20 世纪初，德国进入工业化发展的第二波浪潮，主要行业为化学和电力工业。[9]化学和医疗行业的许多公司，诸如拜耳、巴斯夫、赫克斯特，以及电力机械行业的西门子和 AEG 都成为世界领先企业。

德国同样处于 20 世纪资本主义经济的最典型特征发展的第一线：官僚公司。为在由国家统一和参与国际市场共同创造的大市场上保持竞争力，公司必须引入大批量生产和配送的新方法。他们引进新技术以削减提高生产量所产生的单元成本。削减成本和使用新技术引起商业规模和范围的扩大。有时同行业公司，如煤矿行业，经过一个被称为"横向联合"的过程，形成同业联盟。其他公司则通过收购原材料等上下游企业进行

"纵向联合"。[10]还有一些公司则通过多种经营形式使自身发展壮大，或基于同样的技术生产更多类型的产品（如电子设备），或使用相同的原材料（如煤炭及其衍生品），或通过同一机构进行市场推广。[11]

在资本主义发展的早期阶段，通常是拥有所有权的家庭操控公司，因此经营规模、生产和产品分配就经常掌握在兄弟姐妹手中。然而到了19世纪晚期，公司的发展规模使得这种安排不再可行。公司经营方式逐渐从原来的所有者控制企业——家庭负责制定公司长期战略乃至决定公司日常事务——发展为由带薪员工做出决定的管理型企业。以德国电子设备公司西门子为例，1890年，它雇用了3000多名员工；到1913年，员工数达到57000人。[12]要做出的决定无论大小，对于单个家庭成员而言都太过繁重。公司日常运营更多地落入受雇经理的手中，他们占据公司雇佣员工的最高层。

过去生产领域的劳动分工，现在则成为管理领域的特征。为了协调公司各部门并确保上层决策能够被下级执行，公司发展了自己的官僚部门，其基础是程序化的规则以及功能职责的固定分配。在美国，大型官僚部门最初在19世纪70年代出现于私营企业，后来才进入政府机构。在德国，这一模式恰恰相反：官僚体制最初发展于军队和政府机构内部，私营机构通过雇用公务员开始建设自己的官僚体制。[13]商业和政府的规模与范围的扩张需要更多的办公室人员、职员和经理。19世纪末20世纪初，在那些资本主义最发达的国家，"白领"工人是行业员工增长最快的一部分——尽管被马克思主义者称为"无产阶级"的城市工业"蓝领"工人在绝对人数上仍然最大。在航运业、银行和保险业以及以百货公司为最新发展形式的零售业中，白领工人所占比例尤其高。[14]甚至社会主义者中的明眼人，如"修正主义"社会民主主义理论的领军人物爱德华·伯恩斯坦（Eduard Bernstein），也意识到这一变化的重要性，这降低了马克思所描绘的资本家和工人高度两极分化的社会的合理性。[15]

工业发展的新规模也要求新的行业组织的合法形式。铁路、煤矿和钢铁行业都要求比任何家庭所能累积的多得多的资本。传统合伙经营——合作者拥有企业股份并有个人义务承担损失——让位给股份制公司，此种形式下法律规定股份持有者的责任仅限于其投资的部分。这种新型法律形式使得更多人有可能参与公司所有权，并大大增加公司经营所能利用的资本。例如，一名已经积累一定财富的医生或者律师能够购买股份，并明白即使在公司破产的情况下，他损失的不过是其投资的部分。恩格斯曾在1894年写道，自从《资本论》发表，股份交易已经成为"资本主义生产的最杰出代表"。[16]股份交易和商品交易同时成为规避公众不满的避雷针，并扰乱了知识分子对资本主义的反思。

韦伯：效率和觉醒

马克斯·韦伯来自一个曾经从政的加尔文主义企业家家庭，今天他因研究现代资本主义的起源为人熟知，其著作《新教伦理与资本主义精神》于1906年首次出版，并因探索多维度社会学主题而闻名。[17]他早期研究股份和商品交易的论文不太为人所知，但这些文章对于理解他如何评估市场很有必要。这些论文写于恩格斯对股份交易在资本主义生产的中心地位做出评价后不久。

　　韦伯的分析和政策建议来源于他的政治信仰。他既是一位自由主义者，也是一位民族主义者。之所以称其为民族主义者，不仅因为他认为民族国家是现代世界中能够施展真正权力的最广泛框架，还因为他感觉最终德国应当将他们自己社会的命运和文化置于其他民族的命运和文化之上。1895 年，他在弗莱堡大学所做的关于设立政治经济专业的就职演讲中，曾讽刺这种想法，即将个体的利益福祉作为经济发展的适当道德标准。[18]相反，他认为恰当的经济发展目标应是造福于德国人民（Volk），尽管有时会与社会内部某些特殊群体的利益相冲突。韦伯或许随着时间推移对自己的民族主义进行过调整，但他仍坚信，经济应该被视为增强国家实力的手段。

　　19 世纪的大部分时间，自由主义者跟随亚当·斯密，他们认为国际贸易的道德优势之一在于它清除了国际冲突并增强了国与国的联系。19 世纪后期，这种观点发生了变化。韦伯同帝国主义时代德国国内外的大多数学者一样，通过社会达尔文主义的视角解析国家间关系。[19]他的立场是国与国为实力展开竞争。在现代条件下，增强国力的前提是实现经济现代化，主要实现途径是最大化地参与世界经济。但是，为了在世界经济竞争中取得成功，政府需要鼓励有活力的资本主义的发展，并且不再保护那些被外国竞争打击的低效生产者。[20]

　　他的某些政治批评指向德国社会的某些群体，包括普鲁士容克和大工业家，两者为避免与外国商品竞争，通过利用他们的政治影响力来维持自身的经济地位。[21]但是，韦伯也试图打击那些散布于德国工人间的针对"大型资本"的质疑，在他看来，德国工人应当意识到他们的福利在多大程度上与一个有活力的资本主义经济发展紧密相连，而有活力的资本主义通常

234

需要公司资源的高度集中。[22]

韦伯民族主义中的自由主义观点明确体现在他对待犹太人经济角色的方式。这些观点明显与他当时的分析有所背离。自由民族主义将民族界限内的所有人都视为平等公民，非自由主义的一体民族主义者则坚信，只有那些共享同一个过去的人们——无论宗教、文化或是生物遗传——才是真正民族的一部分。在法国、德国和大多数东欧国家，一体民族主义者视农民和工匠为本民族及其文化的核心。[23]一体民族主义者中的败类是那些本身参与贸易，尤其是可恶的贸易、股份和商品交易的人。犹太人长期参与贸易，在这类商业交易上非常积极，因此发现犹太人与交易的一致性是一个创举。

韦伯从 19 世纪 90 年代开始写关于证券和商品交易的文章，这一时期它们处于世界资本主义发展的关键时刻并在德国备受攻击。整个 19 世纪，政府和私人公司对更多资本的需求导致证券市场急剧扩张。在 19 世纪上半叶，当时的政府先前仅仅向大型借贷者借贷，后来他们发现可以通过向小型信托机构借贷来拓展他们的借贷范围。他们主要通过浮动型小面额债券。这些债券为其持有者提供了年度红利，并等到债券"成熟"时，在未来某一固定日期被支付。不过，它们的价值取决于发行债券的政府是否能够继续支付红利，并最终以债券面值赎回债券。19 世纪，交易所基于这种债券能被交易而被建立起来；债券价值随着发行方政府的相对稳定性而上下浮动。

19 世纪后五十年，私人公司需要更多资本建设铁路、煤矿和工厂。他们也开始将发行债券作为一种借贷方式。为了增加额外资本，他们出售公司所有者的股份（股票），这些股份也被用于金融交易，提升了资本的可利用性，同时吸引了更多

群体以小额资金认购公司股份。多亏股票交易，到 19 世纪 90
年代，多达 200 万德国人（总数 5000 万）拥有股票。[24]

　　交易的存在使得股票和债券成为更有价值的金融工具，因
为交易能够保证股票和债券总会存在买家和卖家。股票或者债
券总能被换成现金的事实使得它们成为更有吸引力的投资形
式，即使它们的价格比潜在购买者所期望的更高或者比潜在卖
家期望的更低。但是，谁会购买处于衰退阶段的公司的股票和
债券？答案就是投机者，他们的目标在于从股票和债券的供需
差距之间获利。投机者不是交易基本流程的寄生虫，他们是维
持交易运转的润滑油。

　　19 世纪的最后十年，商品交易也开始崛起。从经济意义
上说，"商品"属于按照标准规格制造的产品（如糖、小麦或
黑麦），以保证它们在品质和数量上都保持一致。这种产品在
之后的交易中可以不考虑产地。19 世纪 90 年代，德国逐渐成
长为国际农产品交易的中心：柏林的谷物和面粉、汉堡的咖
啡、不莱梅的棉花、马格德堡的糖。在商品交易上，人们能够
购买或者出售标准化数量的商品。然而，更重要的是商品期货
贸易。这些是某种合约，用于未来某个时间购买或出售一定数
量的某种商品。它们能够被农民和其他生产者用于保证他们产
品的已知价格，帮助商品规避市场价格的波动，并使生产者更
有可能认识到他们能够获取利润。比如，一个农民或者甘蔗种
植园主能够在春天播种秧苗，并在秋天收获甘蔗，这样他在春
天就可以知道秋天时他会收获什么。一家加工和出售蔗糖的公
司也可以反过来购买秋天的甘蔗期货，这样他就能够对甘蔗的
支付价格拥有更大的确定性。在这个前提下，他能够计算盈利
所需要的价格，并能够告知批发商加工糖的购买价格。对于其

236

中的每一个经济参与者，利用商品期货能够降低财务风险。

至于股票交易的情况，风险由那些本身既不生产也不消费产品但购买和出售商品期货的人承担，因为他们希望从价格浮动中获利：投机者。到了秋天，如果甘蔗的市场价格比种植者出售糖期货的价格更高，那么购买期货合同的投机者便得到差价。如果糖的市场价格已经下降，低于生产者出售期货的价格，那么投机者不得不自己掏钱来弥补差价。

此类商品交易也扩大了国际贸易的发展规模，这主要是通过允许套利，从同一种商品在两种不同交易的差价中获利。德国一位贸易商发现柏林期货市场上的小麦成本高于从南美或北美进口的同等品质的小麦的成本，于是知道如果必要的话他可以从美洲进口小麦。这样反过来会降低德国小麦的价格。[25]如果柏林谷物的价格比美洲谷物的低，那么相反的情况就会发生。两种情况带来的总体影响是平均国际市场价格。

19 世纪 90 年代，总体贸易——尤其是商品交易和现金交易——面临来自全球的巨大公众压力，如在澳大利亚、美国、俄国和西欧大部分地区。自相矛盾的是，原因在于农业商品的国际贸易拉低了出售给消费者的食品价格。例如，德国工人会花更少的钱买面包、肉和糖，因为这些商品现在能够通过蒸汽船和铁路从澳大利亚、北美或者南美进口。随着商品供应量增加，商品价格会降低。1894 年的小麦价格是 1867 年小麦价格的 1/3。消费者因此受益，主要指那些住在城市的消费者，尤其是工人。

但是，这种好处以牺牲那些在乡下种庄稼、养牲口的人为代价。当他们的产品价值降低，许多人破产，并面临着土地被没收的威胁，同时他们的生活水平也会下降。[26]土地所有者、

237

农民、农夫以及农业从业者会抱怨，商品交易破坏了他们的生计。在德国，人们要求政府针对交易出台更多法规，同时一种更极端的做法是禁止商品期货贸易。

对交易的广泛敌视既存在于受教育人群，也包括普通人。他们怀疑交易盈利是非法的，并且商人活动从本质上来说也是非生产性的；当靶子对准交易时，这种敌意进一步升级。对于圈外人，似乎交易投机者在没有贡献任何价值的情况下牟取了暴利：他们的所得似乎完全以牺牲他人利益为前提。一个广为人知的故事讲述了曾经生活殷实的城里人因为"玩"这些交易而败光家产，同时"玩"这个词也反映出人们一直质疑这些交易是不靠谱的赌局，并且是一个帮助那些了解"内幕"消息或者操纵市场的人渔利的游戏。[27]当股票或商品交易的价格突然下降，政客就猛烈攻击交易。1879 年，普鲁士大臣阿尔伯特·冯·迈巴赫在议会曾将交易称为"一棵中毒已深的大树，它将毁灭性阴影投射于整个国家的发展"。[28]这种类似的谴责不仅局限于门外汉。主要的经济学家，比如阿尔伯特·谢夫勒和阿道夫·瓦格纳就认为，"来自交易的利益无用而且无耻"。[29]

股票泡沫是资本主义长期存在的特征。当股价上升，越来越多的人会被卷入市场、追求利润，并开始投资更多不可靠的公司。德国在国家统一后的经济繁荣时期经历了这样一次泡沫。1873 年"发起人危机"（Gründerkrise），一波投机浪潮推动股价飙升，这使得没有防备的投资者开始购买那些基础相当薄弱的新公司的股份。当泡沫破裂时，成千上万的股票持有人遭受了惨痛损失。19 世纪 90 年代，当时韦伯刚加入有关交易的公众辩论，大众对那场惨败记忆犹新。[30]

犹太人一直跻身于柏林股票交易创始人之列，并且在交易上拥有过多的发言权。[31]反犹分子将交易概括为犹太人统治的工具。到19世纪90年代，反犹太主义不仅是小众边缘党派的自留地——这种主义被吸收进保守党的主流思想阵地，并且以一种全新有力的团体形式加以表达，同时拥有大量拥趸，比如"农业联盟"（Bund der Landwirte）。[32]一本由德国第二大省萨克森的保守党出版的宣传册曾直接表达了这种党派信息：保守党反对犹太霸权，争取中产阶级的地位。[33]

作为回应，德国政府于1896年6月生效了一项新的交易法。它为股票交易设定了一个更为严格的法律框架，同时规范了出售有价证券的银行家与其客户之间的关系。商品期货方面的贸易被完全禁止。不久以后，马克斯·韦伯——他几年前才成为第一位讲授交易课程的德国大学教授——被任命为某一机构成员，为政府实施法律提出建议。[34]于是，他开始为更多人群撰写有关股份和商品交易的文章，这显然与当时的大背景相悖。

不仅是韦伯写的内容，连他发表文章的地方都为这些论文增添了更多意义。因为它们发表在《哥廷根工人图书馆》上面，这是由新教徒工人运动出版的一个系列。该运动的发起主要是为了改善工人阶层的教育和生存状况，并将工人们从社会民主党的无神论中脱离出来。这一系列出版物的主编是该运动（一度拥有超过75000名成员）的创始人弗里德里希·瑙曼。瑙曼的组织号召制定更多规范交易的法律法规，尤其是在食品领域的贸易。[35]

尽管韦伯对于这个组织的目标心有戚戚，并支持工人争取建立工会的权利，然而，他对于瑙曼的经济敏锐性以及追随瑙

曼的工人们的经济头脑持怀疑态度。在瑙曼的国家社会联合会
（Nationalsozialen Verein）第一次会议上，韦伯表达了对抗大地
主和那些竭力阻止工会成立的大工业家的政治力量的必要性。
然而，他也提醒那些工人，对经济强权的憎恨无法造就一项经
济政策。他建议工人们的兴趣应该放在"资产阶级－资本主
义的发展"上。[36]韦伯在一篇评述瑙曼不久前发表的论文的文
章中，提醒人们关注瑙曼经济训令的弱点。瑙曼将大工业公司
的不断成长视为技术革新进程的杠杆，但谴责资本集中。因
此，瑙曼将新教徒工业家克虏伯和斯图姆作为工业发展的榜
样，同时将犹太金融的范例——罗斯柴尔德——当作不劳而获
的典型。在韦伯看来，宗教作家把贸易盈利视为非法的倾向，
是反对高利剥削的过时遗产。他批评瑙曼不合逻辑的结论，即
可以通过降低利率提高工资。[37]韦伯认为，瑙曼的经济观点相
当糊涂，是受宗教启发而研究经济问题的典型。韦伯开始将资
本主义的现实解释给瑙曼的工人追随者和瑙曼本人。

239

　　韦伯意识到，工人运动倾向于将贸易所视为"一个充满
密谋算计、背叛谎言的俱乐部，牺牲那些光荣劳动者的利
益"。这样的谴责很明显是"浅薄的"，因为韦伯认为交易不
仅不是资本主义的一块毒瘤，事实上它们从最根本上而言是有
用的。[38]它们同样具有建设当地市场的目标——提供一个供应
满足需求的场所——不过是在更大规模上进行。[39]基于 5000 万
的人口中有 200 万人持有股票的事实，那种认为交易仅仅服务
于少数懒惰食利人的利益的想法显然很愚蠢。[40]那些交易以外
的人倾向于关注一些不劳而获的小财，不过这将会把交易中既
偶然又边缘化的因素与它们创造市场价格的主要功能相混淆。
所有支持市场的论点一定是支持交易的论点，反之亦然。

韦伯的论文为工人而写，是研究资本主义的入门读本，书中认为资本主义是现代社会每个人所依赖的商品跨国交易系统。韦伯大部分论述主要在于直接解释现代公司的本质基础是股份所有制，并解释交易是如何实际运作的。他聚焦于商品交易在提高购买者和出售者能力上所扮演的角色，通过提供商品的安全价格来降低风险。他指出，从大多数民众的观点来看，相比保护投资者免受自己的投机渴望驱使，保护大众免受供应和价格的巨大波动的影响更为重要。禁止某种商品期货交易只会导致该商品的消费市场向外转移；在国家之间的经济竞争中，这种禁止就相当于一种单边缴械。[41] 韦伯对于立法禁止商品投机的批判被证明是明智的，几年内这种禁令被解除。

在他的职业生涯里，韦伯坚持认为资本主义是现代条件下有可能的最有效的经济体系。尽管他对于资本主义的文化影响持模棱两可的态度，但他尽力驱散针对它的最常见的谴责。在他的《新教伦理与资本主义精神》一书中，韦伯对于那些认为资本主义不择手段、自私自利的人存有异议。他写道，谋利的冲动本身并不是资本主义的要义之一。这种渴望一直存在。"在文化历史发展的初期阶段应该教授这样的观点，即这种对于资本主义的幼稚认识必须彻底放弃。对于利润的过度贪婪不仅与资本主义不同，并且完全不是它的精神。"[42] 韦伯断言，因为事实上"不择手段地赚取利润是那些资产阶级－资本主义发展落后的国家的特有特征"。他反对那种认为现代资本主义比其他生活形式有更贪婪的"现代浪漫主义者的幻想"。[43]

从他关于交易的早期论文到最后的著作，韦伯坚持认为资本主义的主要特征在于，它比其他早期经济系统或者社会主义，能够提供更高水平的理性。理性的劳工组织、理性的交易记录、理性迎合市场的行业组织对韦伯而言，都是资本主义的最基本因素。[44]但说它们"理性"，他并不是形容某种遵从上天赋予人类命运的更为高尚的目的。他所谓的理性是一种工具化的想法：倾向于尽可能地仔细计算最有效的方法，并实施它，以此形成对自然、社会和人本身的某种控制。根据韦伯的观点，这种资本主义的工具化理性也存在于现代世界其他大型机构内部。现代国家的特征包括法律约束下的官僚管理：法律的实施不以人的意志为转移，从而保证它们的效力具有持续性，不会受到某些执法官员或者那些受法律惩治人员的影响。现代商业公司利用同样的官僚手段。[45]现代科学技术的前提是可观察的理性计算。这样做的结果即为韦伯著名的"世界的祛魅"——魔法和神秘从越来越多的生活领域消失，取而代之的是某种设想，即从原则上讲，所有事物都能通过因果机制解释，并由"技术手段和计算"掌控。[46]

241

　　韦伯使用的术语"理性"，是一种目标－手段理性。他并不认为从某种实际目标、价值或者信仰出发，结果本身就是合理的。事实上，所谓方法 N 是从地点 A 到地点 B 最便捷的途径，并不意味着地点 B 就一定值得到达。况且，事实上韦伯有时建议说，资本主义并没有多大意义，他创造了一群纠缠于追求手段的人，以至于看不清楚任何有价值的目标。事实上，并不是人们变得越来越依赖尘世欢愉或者个人享乐，是因为他们追求的经济手段——金钱——以幸福或者个人价值为代价。人们变得"被赚钱操控，被渔利即为生命终极目标挟持。经济所得不再是处于从属地位的一种满足人类物质需求的手段"。[47]另外，一个经常与资本主义一起提及并与之交织的概念就是韦伯所说的职业教育论（Berufsmenschentum），即在事业上追求卓越的动力。在这里，韦伯同样认为，算计和苦心经营常常使得人们忘记结果往往比整个追求过程更值得。

然而，韦伯坚持认为，尽管资本主义有局限性，但没有更好的制度可以代替它。不可能回到某些逝去的时代；至于社会主义，就生产力和活力而言，它很有可能比不上资本主义。[48]韦伯逝世于 1920 年 6 月，在他去世前几年，俄国正值布尔什维克革命，同时中欧地区也在经历着红色变革，这些都使得社会主义变得真实可行，于是韦伯开始重新关注这一问题。尽管某些知识分子期望社会主义会提供一种新型社区形式，韦伯仍然怀疑社会主义会延续资本主义的所有流弊而失去资本主义的许多优势。社会主义无法解决诸如工人与生产方式所有权相互分离的难题。产业分工使生产更有效率，并且技术发展是大势所趋。即使国有资产取代了私人工厂，这种分离在社会主义条件下仍会继续存在。[49]他预言社会主义社会，工厂生活的纪律性只会有增无减，而官僚统治的大而无当会更加严重。[50]马克思关于突破生产力分工的预言只是一种空想。韦伯坚定地说道："局限于分工，放弃浮士德式人的多重性，这是现代世界中任何有价值工作的条件。"[51]

齐美尔：金钱和个人

242　　　　资本主义作为手段对目标的胜利这一主题由与韦伯同时期的学者格奥尔格·齐美尔展开阐述，他在 1900 年出版了众多反思资本主义及其文化后果的著作，《货币哲学》就是其中之一。在这本和其他作品中，齐美尔阐述了发展市场经济如何为个体发展提供新的可能性。

　　像韦伯一样，齐美尔是一位广泛涉猎哲学、社会学、经济学、历史和宗教的学者。他出生于 1858 年的商业中心柏林，并一直在这里生活到 56 岁，亲身经历了柏林如何发展成为一个繁荣的大都市。从齐美尔出生到他出版《货币哲学》的时间里，柏林人口从 50 万增长到 200 万。齐美尔来自一个犹太商人家庭，然而他的父母都在青年时期改信基督教。尽管齐美尔的父母像许多其他家庭一样培养他成为一名新教徒，他们仍然被其他人当作犹太人，因此他在某种程度上也有这样的自我认知。齐美尔的事业显然受到其犹太出身的负面影响。在他攻读任职德国大学所需的博士后学位（Habilitation）的前期阶段，他的教授们曾因其不守礼数而拒绝他，其中威廉·狄尔泰教授曾从他的哲学家朋友保罗·约克·冯·瓦滕堡那里收到一封信，信中写道："祝贺你，每次你都能避开那些缺乏学者责任感的犹太人，避开那个缺乏精神和生理根基的民族。"[52]

作为一个由于家庭原因远离宗教却因为后天抚养卷入宗教的人，一个处于德国文化和商业发展的十字路口的上层中产阶级成员，法语熟练，标准的大都市人，齐美尔对于现代生活繁荣的可能性甚为敏感。他所选择的知识分子、艺术家和学生圈子使他有机会接触到一系列探寻新型的、全面的生活方式的运动：社会主义、女性主义、素食主义、青年人运动、学生运动以及宗教革新运动——清教徒、犹太教及异教徒。[53] 他著作的中心主题是多样化但有时互相矛盾的想法。

243

当然，这些选择并不平等地面向所有人。然而，齐美尔——由于薪资、教育和开放的视野——属于那类最有可能拥有新的可能性的人。[54] 当其他诸如斐迪南·滕尼斯或者维尔纳·桑巴特的知识分子聚焦于社区衰退时，齐美尔探索了由更多社会机会创造的可能性。当马克思主义将现代个体视为有产者或者无产者的时候，齐美尔关注人们作为消费者的角色。就连韦伯也把个体简单地视为阶级成员或一个职业团体成员，此时齐美尔则认为，个体的身份特征应同时由其所属的多元文化和社交群体所决定。[55]

如果从现在的角度来看，齐美尔与大多数 19 世纪末 20 世纪初的现代思想家类似（实际上比卢卡奇和弗莱尔更现代），这是因为发达资本主义越来越遭受各种力量的压制，而这些力量正是他关注和研究的重点。[56]但是，在大部分欧洲人更清晰地认识到这个世界的相对优势之前，欧洲大陆会经历诸多苦难，这种苦难来自寻求封闭社区和集体目标的运动，齐美尔所提倡的世界不存在这样的运动。

齐美尔是一位非正统学者，他有能力超越学科和机构的界限。尽管马克斯·韦伯不断努力为自己在重点大学争取一席之地，但齐美尔直到 56 岁才成为一名正教授，后来去了斯特拉斯堡省任职。刚到那里没多久，他就后悔离开柏林的选择；此后不久，他于 1918 年在那里去世。他在学术上的困境不仅仅是由于反犹太主义，也因为他没能遵守学术学科的界限。对齐美尔而言，他的写作涉猎若干学科，也与任何学科无关。《货币哲学》一书起初是 1889 年题目为"金钱的哲学"的讲座，最后成为综合了历史、经济学、社会学、社会心理学和文化评论学的学术作品。他不仅探讨那些后来被理解为哲学范围以外的主题——从货币到调情的本质，而且从不写脚注。一位家境殷实的监护人的离世为齐美尔留下了一笔可观的遗产，这使得他在没有终身教职工资的情况下仍能留在柏林大学教书、写作。[57]经济独立使得他的精神独立成为可能。

齐美尔思想的非正统模式包含抽象于日常柴米油盐生活的普遍模式，指向表面不相关的事物之间的联系，并找出游离现象间的结构性平行。在《货币哲学》一书中，齐美尔致力于探索生活在资本主义社会给思想带来的影响。他没有把自己局限在分析某一条单线，而是从多种角度探讨这个问题，既表达欣赏也提出批判。

齐美尔关注在一个越来越多领域由金钱衡量的经济模式中生活所带给人的心理影响。这种经济创造了一种更为抽象的思维模式，因为交易手段本身变得愈加抽象。交易开始于物物交换，即一种物品交换另一种物品的切实可行手段。后来，在货币经济早期阶段，交易手段——金、银或者其他贵重金属——本身具有内在价值。在发达经济中，货币包括金属货币或者纸币，它们的价值最终仅由政府实力保证：一枚马克价值一马克或者一张美元价值一美元，因为发行政府这样说并且有能力保护经济免受毁灭性打击。随着信用的发展，货币变得更加抽象，与簿记面值差不多。[58]（货币抽象化过程当然会超越齐美尔的时代继续发展。20 世纪 60 年代，货币以塑料信用卡的形式存在，20 世纪 80 年代则以计算机屏幕数字的形式存在。）通过不断接触交易的抽象化形式，资本主义下的个人愈加习惯于以一种更为抽象的方式来思考整个世界。

他们也变得更加精于算计，更习惯于在做决定时权衡利弊。个人的几乎所有事情都依赖于市场，从食物、娱乐到医药，关于如何生活的决定变成关于买什么的决定；关于如何更好地生活的选择变成用具有多少价值的东西来交易另一种东西的选择。因为每一种决定都需要计算——如果我在东西 X 上花费过多，我剩余的能花在东西 Y 上的钱就越少——身处货

244

币经济中的人们变得习惯于用数字方式进行思考。这种数字化计算的思维方式影响了越来越多的个人决定。生活变得愈加冷酷和工于心计，越发缺乏冲动和感情。[59]

齐美尔强调，现代货币经济生活以目标和手段之间越来越大的差距为特征。决定如何达成目标是智力问题，是计算、衡量和比较多样可能的手段来最有效地达成目标。在原始条件下，我们通过伸手从树上采摘果实、收获种植的谷粒和用生产的物品交换所需物品来填饱肚子。在现代资本主义经济环境下，我们通过更间接的方式来实现期望。要填饱肚子我们必须购买食物。为了购买食物我们需要钱，所以我们要通过从事某种职业来赚钱。要想在某种职业中有所建树必须走许多步，开始是教育本身需要多年的学习、计划和计算。在满足吃的欲望和满足立业的欲望之间需要走更多步，以及运用更多的手段和途径。因此，考虑到衡量手段，知识开始扮演更重要的角色。

对于手段在资本主义社会变得越来越重要，齐美尔提出关于一种现象的分析，这种现象于约两个世纪前由伏尔泰提出，源自他关于持不同宗教信仰的人群如何在伦敦交易所和平相处的描述。齐美尔告诉我们，越倾向于权衡手段的人们越会变得更包容、更易妥协，因为人们过多关注自己的手段，而较少在意其他人的最终目的。他们花更少的时间考虑最终解脱或达到完美，更多考虑如何获取手段，他们变得对其他人追求完美或者解脱的不同手段更加漠然。[60]

齐美尔有时能够响应那些文化消极主义者以及资本主义文化评论家的抱怨，但是通过他的理论创新，他终结了他们的设想。他并不像马克思和恩格斯那样，诋毁资本主义的竞争机制是邪恶的，齐美尔指明竞争带来的团结效果。因为竞争不仅是那些竞争者之间的关系，也是第三方的情感竞争或者金钱竞争。齐美尔提到，为了在竞争中取得胜利，竞争者必须全心投入以知晓第三方的期望。因此，竞争经常"成就通常只有爱才能完成的事物：预测他人的内心愿望，甚至在他人自己意识到之前。在考虑公众品味、时尚和兴趣的未来变化方面，与竞争者之间的敌对冲突锐化了商人感知大众倾向的敏感度……"消费者与消费者之间的竞争也有着高度民主化的方面。齐美尔观察认为，"现代竞争经常被描述为一切对抗一切，但同时它也是一切赞成一切"。然后，他总结道，竞争形成"一千条社会线织成的网：通过理智理解其他人的意志、感觉和思想，通过生产者适应消费者，通过发现更多获取消费者青睐和光顾的可能性"。[61]

托马斯·卡莱尔——以及他之后的马克思和恩格斯，或许也曾谴责"钞票纽带"，但是齐美尔解释道，货币以更加积极的方式维系着现代社会。正如他的前辈伏尔泰（以及后辈哈耶克），齐美尔提醒他的读者，货币使得个体间的合作成为可能，不然他们之间就没有什么关系。现代企业的股份持有者们聚集在一起无非为了盈利：他们的合作并没有大而全的目标。齐美尔同时指出，那些将钱捐给服务于不同宗教信仰者的慈善机构的人也是如此；以有限且共有的目标进行捐赠能够超越宗教差异。

事实上，齐美尔建议，有限责任公司是一种在发达资本主义下具有许多典型组织形式的发展模式。在这种模式下，个人因为共同但有限的目标进行合作。不像同业公会，一个"在社会上、政治上和法律上涵盖整个人"的"生活社区"；现代

246

生活基于许多更松散、更临时的组织，这种组织的创立是为了追求特定的经济、文化或政治利益，并只要求个人少部分的自我，有时个人只通过支付会费或手续费的形式做一点资金上的贡献。因此，现代人能够归属更大范围的群体，然而这种群体更加松散，目标也更有限。亚当·斯密表达的观点在比他预想的更大程度上变成现实：人们越来越互相依赖，但是越来越独立于单一组织或单一个人。齐美尔总结道："货币在人们之间建立的联系比其浪漫主义者热衷的封建协会时期存在的联系多得多。"[62]与协会早期形式不同的是，现代群体可以参与其中但不被完全同化。他们使得个人有可能发展多种兴趣，参与更加多样化的活动，而不用牺牲他所有的时间、收入和个性。[63]对于齐美尔而言，"社区"的消逝不应成为怀旧感伤的理由：它代表了新的可能性，以及潜在陷阱。

247 　　不像马克思，齐美尔否认资本主义者发展的净效应是削弱个体独特性或抹杀任何除了等级之外的身份特征。相反，齐美尔的兴趣之一在于一个发达的货币经济，为创造个体独特性的新形式和个体内在的矛盾冲突提供了途径。

　　正是因为这些想法，齐美尔看到了19世纪末20世纪初女性主义运动的崛起。[64]在他看来，资本主义发展的文化活力能够诠释当时崛起的要求财产权、高等教育、职业平等和政治参与权的妇女运动。[65]中产阶级女性被推出家庭的个人囹圄，在推进市场发展的心理效应影响下进入公共领域。新技术比如电气设备、现成衣服和其他能够买到的商品，使得家务更省时省力，至少对于那些能够买得起的中产阶级妇女而言是如此。这类妇女在做完家务后有了剩余的时间和精力。传统女性的家庭活动领域逐渐缩减，而其他领域却依然对她们保持封闭；结果就是沮丧、神经衰弱以及才情被荒废的感觉，加上封闭环境带来的困扰。这些都可以解释妇女运动的崛起，因为这类女性要求进入从前一直由男性主宰的工作领域、高等教育以及政治。齐美尔赞赏这些发展。他预测到，不久后女性会被迫遵照为男性创立并服务于男性的一系列规则参与竞争，但终究大量女性进入工作、商业和文化领域会带来革命性的影响，会为这些领域注入更多女性化因素。

齐美尔注意到，讽刺的是，在女性要求进入男性化领域并且做事越来越像男性的过程中，她们的女性意识随之发展。当中产阶级女性被局限于家庭圈圈中，她们的社会角色与男性的社会角色截然不同。但当女性之间的社交机会有限，并且她们仅关注丈夫和孩子，她们最认同的社会群体无非就是家庭。"女性"这一概念是由资本主义发展和家庭劳动力减少所造就的新环境下的产物。现在，通过与其他类似处境的中产阶级女性交流，这些女性开始发展自己作为女性的身份认同，同时带有女性解放的集体目标。

248

齐美尔通过中产阶级女性和工人阶级女性所处的不同地位，解释了女性运动与德国工人运动之间的关系。它们的共同点在于"女性的社会性隔离以及隅于家庭的影响对于两个阶级而言，都在通过她们与家庭的分离而逐渐消弭"。工人阶级女性被逐出家庭，因为经济需要而进入工厂。在那里，她们身心备受压榨，以至于许多人渴望的是有更多时间去扮演妻子和母亲的角色。因此，尽管中产阶级女性进入有偿劳动行业看起来是一种带有更多个人成就色彩的好事，但对于工薪阶层的女性而言，这更像是一种诅咒。中产阶级女性想要脱离家庭，工薪阶级女性则想要重返家庭。[66]在这两种情况下，女性都经历了某种焦虑，这种焦虑来自她们家庭身份的认同和公共领域中拥有共同利益的"女性"身份的认同。

对于齐美尔而言，需要多种角色的焦虑感并不限于女性；它是现代社会的特征。[67]他的作品一开始就设想，道德理论经常会因其没能审视社会成员需求的内部冲突而误入歧途，这种需求的内部冲突往往来自社会成员的复杂性。齐美尔认为，那种认为人们在任何时候都面临层级清晰的道德需求的设想是错误的。因为现代人属于许多社会圈子，每个圈子都有自己的需要，他们总是在经受不同的相互矛盾的需求之间的冲突和紧张关系。事实上，这种冲突是现代人性格中固有的："参与多个社会圈子并站在它们的交叉点的个人，感受到来自内部矛盾力量的撕扯。"[68]

齐美尔断定，一个人所从属的社会群体的多样性发展了个人的独特性。不像早期社会的人们只拥有单一的身份认同，现代人可以从多个地方获得归属感，尽管这种归属感并不会十分强烈。[69]"早期个性通过归属某个单一群体而确定，现在则通过单个人所属的多个群体共同形成……有人作为一名预备役军官，或许属于多个职业协会，属于某个科学协会，在某个公民协会发挥作用，另外他的社会生活使得他接触到不同社会阶层的人。"他或者更"倾向于某种独处，越来越缺少那种既限制人又支持人的、无所不包的执念。但是，弥补之处在于越来越多的社会圈子和协会产生，用于支持人们的每一种兴趣和嗜好"。齐美尔这样解释道。[70]

手段和目的之辩证法

对于齐美尔来说，金钱是一个表现男性和他们创造的对象之间的关系的典型例子。为了满足需求，人类创造出多种产品。假以时日，那些产品独立于它们的原始创造者而存在。为满足眼前需求而创造出来的产品，它们变成文化目标，以一种固定连续的形式出现。这些表达人类超越感的发明成为宗教，那些被创造出来控制自然的东西变成技术。未来一天，人们努力发展并完善这些文化发明：每一种文化发明越来越细分为不同的分支，形成一个分离的文化"世界"，要理解和把握它们需要倾尽一生甚至更久。比如，存在某个科学"世界"——包括生物、物理、化学等分离的世界。每一个世界反过来会继续分裂出它自己的子世界。与这些科学世界并行的是宗教、艺术、运动、军事等世界。这些世界（或者文化领域）中的内部相互区别，只存在特别细微的联系。文化领域的多元化使得形成和谐一致的"文化"概念失去意义。

　　齐美尔对这些文化创造的"繁殖"个性所带来的影响很感兴趣。从积极方面讲，他认为多种文化世界的可获得性使得我们可以丰富个性，如通过可获得的小说，多种类型的音乐以及科学、哲学或者宗教文化的众多分支。通过让自己被某些文化同化，人们在某些方面得以发展；如果这些文化是不可获得的，那么人们要想获得与这些文化相关的发展就会变得十分困难。但是，这种情况的代价就是齐美尔所谓的"文化悲剧"：沮丧地意识到我们想要了解的有许多，但是没有足够的时间或脑力完全掌握它们，而专注于任何一种文化分支就会牺牲我们专注于其他领域的可能性。文化的不同领域为争夺我们的精力和资源而彼此竞争。选择了一种文化领域就意味着放弃其他。劳动分工和愈加复杂的现代生活意味着身处爆炸式文化产品之中，人们不得不变得更专业化和片面化。[71]

250

货币经济催生出更多的文化领域、更多的潜在兴趣领域，每一个领域都变得越来越复杂。一方面，资本主义或许可以增加个人的沮丧感——正如卢梭在《论艺术与科学》中指出——我们越来越意识到，我们可以拥有、了解或者从事许多事情，却没有时间精力或金钱去实现。另一方面，我们参与的文化范围的多样化使个体得以发展，这是通过允许我们选择最适合我们个人口味的活动的方式。由资本主义发展带来的文化多样性为个体的精致、独特和内省提供了可能。

但这只是一种可能性。可购买物品的大量出现会使得某些人被追求物品本身控制，变得崇拜商品。齐美尔总结道，这种后果不是金钱而是个人造成的：发达资本主义经济为个人发展创造了可能性，同时创造了"不可预知的实际物质主义"的危险。[72]

像之前的黑格尔和阿诺德一样，齐美尔提醒他的读者们，由自由资本主义国家创造的自由，尽管拥有巨大的潜在益处，但自由本身却并非益物。自由国家取消了陈旧的禁令——针对多种行业的准入条件以及财产所有权——并开放了新的可能性。但是除非这种新型自由具有一种方向感，否则就会走向无聊、不安和迷茫。那些只用远离束缚的自由来定义自己的人们很容易成为某种幻想的受害者，即活力、安定以及目标可以从金钱或者商品中获得。但是，金钱只是一种手段，无法提供一种有目标的生活，并且那种通过某种新获得的商品来满足自己的需求也仅仅以一种新的形式呈现。[73]结果是一种永无止境的乏味的获取和消费。

251　　　齐美尔提醒读者，金钱本身没有目的，它的功能是一个中介：我们出售商品或者劳动力是为了获得金钱，然后我们获得金钱的目的是能够购买一些东西。道德共识认为存在金钱买不到的东西，包括满足感。然而，齐美尔最惊人的远见之一在于，拥有金钱实际上比其拥有金钱能够买到的东西更令人感到满足。这是因为金钱的价值超出了它所交换的物品的价值：金钱拥有"盈余价值"，因为金钱的所有者拥有附加满足，附加满足则来自拥有对所持金钱能够买到的所有东西的选择权。因此，"一定数额钱币的价值等于这些钱能够交换的任何物品的价值加上在无数的其他物品之间自由选择的价值……"[74]

因此，金钱在最本质形式上是一种工具。但是，齐美尔注意到，改善工具不仅能够使现存目的被更有效地满足，而且新工具经常激发我们想到能借助这些工具实现的新目的。正如齐美尔所说的，"一旦一个目的引起关于手段的想法，手段或许会产生目的的概念"。另外，人类心理学正是这样作为一种手段出现，后来成为目的。有时，这是因为我们放在目的上的感情价值被转移到实现目的的手段上。一旦我们开始开发新的手段或工具，对它们的进一步开发就以某种想象存在。此时，手段又一次成为目的本身。

货币经济使得这种手段和目的的逻辑论证更加激烈，因为货币作为一个手段转化成目的的极端例子，在某种程度上发生在人类生活的所有领域。身处此种经济的人们容易受困于追求手段、获取金钱和完善技术。当人们投身于积累和完善技术的过程中，他们往往会看不清终极目标。

与韦伯一样，齐美尔对市场扩展带来的文化影响持模棱两可的观点。[76]有时，他认为当代社会是手段对目的的胜利，这让他听起来像英国评论家阿诺德。在为外国读者反思德国在过去十年内的发展时，齐美尔写道：

思想的力量一直被强迫通过某种之前德国从未听说的方式，服务于追求金钱的目的；思想的力量也被国内外的竞争操控，以使所有其他事物从属于物质利益。因此，技术近几年来成为大部分生产者和消费者的唯一考虑，并在某种程度上对于国家的内部和精神发展有着不祥预兆。人们完全忘记了技术仅仅是达到目标的手段，并且高度赞赏技术的日臻完善，仿佛它是人类众多伟大的目标之一；仿佛电报和电话本身是具有非凡价值的东西，尽管事实是相比于之前使用的不那么快捷的通信工具，人们没有通过这些手段向对方讲更智慧、更高尚的话；仿佛电灯将人们抬高至一个更接近完美的舞台，尽管事实上借助电灯看到的更清晰的事物还是跟之前用汽油灯看到的一样微小、丑陋或者无足轻重。[77]

然而尽管有这样的遗憾，齐美尔还是指出了资本主义现代化所带来的可能性和机遇。[78]

如果现代资本主义的前景是更伟大、更复杂的个性，对齐美尔而言，更可怖的凶相是不断增长的可能性，它们中没有一个看起来是令人信服的。他强调了市场经济推崇的新形式的个人主义的发展，一种基于在由市场创造的众多文化领域和社交圈子做出选择的个人主义。他关于资本主义现代性的分析要义在于某些活动领域的多产性，使这些领域无法形成一个连贯整体，却为个人提供了史无前例的机会来发展他的特性。但是，齐美尔并没能将自己从这种设想中解脱出来，即社会应该形成一个更大的整体并为人们提供共有的终极目标；并且最终，它应该形成一个社区。维尔纳·桑巴特重点强调了这种设想。

桑巴特：全怪犹太人

　　如果说韦伯和齐美尔对于资本主义的前景大体上持积极态 253
度，那么维尔纳·桑巴特的观点则更为消极。桑巴特出生于
1863 年，比齐美尔晚出生五年，比韦伯早一年。他是当时最
有名的社会科学家之一，他的作品囊括了历史学、经济学和社
会学。[79]"资本主义"这一术语通过他于 1902 年出版的《现代
资本主义》进入学术社会科学，他于 1906 年出版的《为什么
美国没有社会主义?》直指消费的意义并开始了一场持续了大
半个世纪的辩论。桑巴特成为当时该领域领军刊物《社会科
学和社会政策文献》的编辑三巨头之一，韦伯也是其中一位。
桑巴特的写作风格既犀利又易读，所讨论的问题远不止学术本
身。但是，相比于韦伯和齐美尔揭露资本主义复杂性、衡量成
本收益并努力避免他们自己的价值偏向，桑巴特的作品显得信
马由缰，充满感情和激愤。在他看来，资本主义意味着所有值
得提及的文化的衰退，并且最应该对此负责的人是犹太人。桑
巴特将《社区和社会》中的浪漫反资本主义与新反犹太主义
之间建立了某种联系。

　　桑巴特第一部糅合经济历史与浪漫反资本主义的作品是
《十九世纪的德国经济》，出版于 1903 年。他将前资本主义经
济下的工匠和农民描述为"自然的"，而将现代资本主义经济
描述为"人工的"。桑巴特赞成那种浪漫主义的偏见，将过时
等同于真实。他将尚未达到现代化的群体的生活形式视为原始
的，尽管实际上他们是早期历史发展的产物。对于桑巴特而
言，资本主义对大众传统生活方式的瓦解导致了"文化的坟

墓"。尽管资本主义标志着数量上的突飞猛进——他意识到它更具生产力并创造了一种物质标准更高的生活——但它也意味着人们丧失了生活品质，剥夺了人们内心的平静，剥夺了人们与自然的关系，以及对于先辈的信仰。这导致人们对这个世界事物价值的过分估量。（正如许多浪漫主义保守者，桑巴特并不带有宗教性，但是他对于其他不带有宗教性的人表示遗憾。）桑巴特认为，资本主义毁灭了灵魂并且导致文化生活的标准化或者"批量生产"。[80] 尽管他一辈子住在大城市，但桑巴特并不认为城市化进程有任何积极之处：他指责城市生活是一种不自然、不真实的存在形式，他甚至称其为"沥青文化"。

在同一本书中，桑巴特开始关注资本主义和犹太人之间的联系，这一论题成为他未来十年写作和讲课的主题。犹太人思想的特征包括自私自利和抽象化：恰恰是最适合资本主义的品质。他针对资本主义和犹太人性格之间选择性亲和的观察与卡尔·马克思一致，他曾赞同性地引用后者的《论犹太人问题》："犹太主义的普世依据是什么？实际需要和自利。犹太人的普世罪恶是什么？斤斤计较。犹太人的普世神是什么？金钱。"[81] 1911年，在马克斯·韦伯的《新教伦理与资本主义精神》出版六年之后，桑巴特出版了《犹太人和经济生活》作为回应。[82] 书中他力图展现犹太人对于现代资本主义崛起的关键性作用以及他们在其中发挥的重大作用，原因在于他们在精神上和文化上都倾向于资本主义最典型的理性和算计心理。依据桑巴特的观点，正是犹太教本身使得犹太人倾向于资本主义，犹太人与上帝之间抽象的合约式关系以及他们数不清的罪恶算计，犹太教本身就是一群无根游荡的"被遗弃民族"的宗教。[83] 桑巴特认为犹太人习惯于有目的性地生活，将他们的生活指向一个长远目标。

他们因此习惯于将事物考虑成某种目标的手段。金钱仅仅是种手段。桑巴特总结道，犹太人尤其关注金钱，作为追求卓越的手段。[84]桑巴特认为，犹太人并不倾向于资本主义的创业和创意方面，而更喜欢追求交易的优势特征。这种算计式的权衡手段以及抽象的数字头脑适合有着"完美股票交易投机者"之称的犹太人。[85]在他总结马克思、滕尼斯和齐美尔的文章中，桑巴特将资本主义的胜利描绘成抽象、普世的犹大式事业取代了具体、排他的基督徒事业。[86]

自由天主教历史家卢约·布伦塔诺（Lujo Brentano）在一篇辛辣批评桑巴特的文章中写道，只要简单读读圣经文本就能发现，希伯来人并不是流浪民族，他们只有几十年被遗弃的经历。布伦塔诺总结道，桑巴特的书代表不了真实的学问，原因在于作者仅仅选取了符合他的偏见和预设的证据。[87]韦伯也不客气，他私下写信给桑巴特，提到书中关于犹太宗教的部分"几乎每一个字都是错误的"。[88]

桑巴特对于犹太人与资本主义最为人鄙夷特质的一致性为德国存在已久的反犹太主义论调提供了学术依据，这种情况也存在于英国和法国。他们声称，犹太人应该为所有资本主义和现代社会的弊病负责。[89]德国主流反犹太主义作家反过来从桑巴特的著作中寻找证据，为他们的事业保驾护航。西奥多·弗里奇（Theodon Fritsch）是《反犹太主义问答》（*The Anti-Semitic Catechism*）的作者，他后来被纳粹尊为导师。他于1913 年出版了《商业中的犹太人和他们成功的秘密》（*The Jews in Commerce and the Secret of Their Success*），这本书批评了桑巴特，认为他对犹太人过于友好，但同时也用大量篇幅解释了桑巴特的论点。[90]

作为转折点的世界大战

随着 1914 年第一次世界大战爆发，威廉德国时代宣告结束。尽管韦伯、齐美尔和桑巴特都支持并欢迎这一时代，但他们的反应也反映出他们早期对资本主义的分析。

像德国和欧洲其他国家的其他知识分子一样，韦伯震惊于各国对战争爆发的一致祝贺。考虑到几十年前的政治分裂，所有阶级的人们欣然开赴战场实在令人意外，韦伯也惊奇于他们所表现出的自我牺牲精神。他在 1914 年 8 月下旬致一个朋友的信中写道："不论后果如何，这场战争是伟大和非凡的。"一年后，他仍然写下"能经历这样一场我们所有人都不相信可能发生的战争实在令人愉悦"。韦伯遗憾自己年岁太大无法去前线抗击，于是投身于战争相关机构，在海德堡经营当地的军事医务室。[91] 韦伯认为这场战争无法避免，并且如果德国想要成为一个伟大的强国，通过自身实力对抗西部的英国和东部的俄罗斯，那么这场战争就十分必要。不像许多更为激进的民族主义者，韦伯反对德国在战争早期的侵略和领土吞并。他的反对是基于对俾斯麦提出的"权力政治"（realpolitik）的考虑。他认为，兼并领土会使得德国在外交上孤立无援，并让自己在未来的国际舞台上站不住脚跟。[92] 尽管韦伯的反应折射出了他一贯的民族主义，但他对于容克阶层和君主的政治领导所持的怀疑态度，以及骨子里对意识形态狂热主义的反对，都使得这种民族主义趋向理智。

齐美尔的反应更加令人意外。他之前对于资本主义文化影响的模糊态度仿佛烟消云散，取而代之的是对战前文化和社会的消极认识，以及对于战争影响的积极预测。他在 1912 年 11

月宣布，这场战争标志着精神领域的转折点，德国"孕育着无限可能"。齐美尔观察到，在漫长的和平年代，存在一种将生活的不必要方面与必要目标混淆的倾向，但实际上并不需要这种必要和不必要的区分。[93]他现在坚信，在战前的几十年里，文化技术手段的繁荣导致人们丧失了对更宽泛目标的追求。然而，这场战争充当了"一种团结的、简化的和集中的力量"。在这种力量里，就连个人的自我保护——生活通常的目标——也明显屈服于更高水平的国家自我保护。[94]这场战争因此通过将手段接近于现代资本主义文化的特征，使得终极目标暂缓衰落。

齐美尔告诉读者，这场战争或许也扭转了社区意识的衰败趋势。在和平时期，个人投入的手段同整个社区没有可见的联系。但是在战争时期，市民们感受到他们对于整个社区的重要性。[95]齐美尔建议，这种个人追求和社区目标的和谐或许会延续至战后时期。战争早期所经历的民族团结浪潮被齐美尔以及其他许多学者解读为一种过程催化剂，这种过程将会将战前时期的个人主义的、经济主义的理念转化成为一种新型的、更加集体化的文化——社区。

维尔纳·桑巴特同齐美尔类似，不过他带有更多的豪言壮语和民族沙文主义，他认为战争为社会重新带来意义和共同目标。在他写于 1915 年的《商人与英雄：爱国反思》（*Traders and Heroes：Patriotic Reflections*）一书中，桑巴特将他对于资本主义文化的憎恶重塑为发生在德国和英国的一场"宗教战争"。他将德国夸张为英雄的国度，而将英国人贬低为商人和店主的国度。他写道，商人"把地球上存在的所有人类视为一大批商业交易，所有人都尽可能地为自己着想……在这种生活概念下，物质价值会被给予重要地位……经济尤其是商业活动会赢得荣誉和尊重。最终，经济利益将会……逐渐使生活的其他方面臣服。一旦经济领域的代表人物在国家占据上风，他们会轻易地将他们的职业态度传递到生活的所有方面……直到商人的世界观和实际商业活动达到不可分离的一致性，现在英国的情况大抵如此"。[96] 桑巴特写道，德国也开始踏上这条不归路，直到战争的到来使得"奇迹发生"，这时"古老的德国英雄精神"又一次迸发，重新带来勇气、顺从和自我牺牲等美德。（提到品质，他补充了"虔诚"，一种糅合了公民共和主义与基督教的军事化版本。）[97] 技术和经济发展"过去看似无意义，现在从对于我们最崇高的价值观中重新获得了意义和重要性"。这种价值即为德国"民众"，20 世纪"被选中的人"，他们形成了"反对商业主义的虚伪浪潮的最后一道坝堤"。[98]

桑巴特书中的猛烈抨击遭到新闻界的大肆批评，并导致他与许多同事疏离，于是他把这本书的不受欢迎归责于犹太人。[99]

这场战争是中欧资本主义社会也是解析资本主义的分水岭。尤其在德国和奥地利－匈牙利地区，随着知识分子抛弃韦伯和齐美尔的模糊自由主义观点，进而转向或左或右的政治激进主义，世界大战导致政治两极化。青年一代的政治极端运动不仅是战争的后遗症，也响应了主流学者解释战争的方式。格奥尔格·卢卡奇（Geory Lukács）和汉斯·弗莱尔（Hans Freyer）都是代表人物，也是极端主义的发声人。他们追求超越资本主义，而非仅仅改革之。

第十章　卢卡奇和弗莱尔：从追寻
共同体到被极权政体引诱

　　第一次与第二次世界大战期间是激进的反资本主义时代。就连马克斯·韦伯和格奥尔格·齐美尔这样的自由人士也满腹疑惑，他们对资本主义的分析，经过其学生的演绎，在政治上朝着激进方向发展。韦伯和齐美尔作为自由主义者主要表现在，他们之所以肯定市场，不仅是因为市场经济的优越性，还因为相比之前任何可以想象到的经济系统，市场给予个人更大程度的自由。在自由主义和民族主义似乎兼容并蓄、相辅相成的时候，他们都是德国民族主义者（韦伯比齐美尔更强调自己的这一身份）。但资本主义无法为其提供集体目标感或某些价值超越感，这让他们感到忧心忡忡。他们曾短暂地冒出一个想法，第一次世界大战会将发达资本主义产生的复杂而支离破碎的文化转化成为一个紧密结合的整体。

　　作为继韦伯和齐美尔后的年轻一代，格奥尔格·卢卡奇和汉斯·弗莱尔深受他们的影响。知识分子对市场的文化效应加以分析，开始抵制整个自由主义，卢卡奇和弗莱尔作为这些知识分子中的范例，许多欧洲知识分子与之类似，赞成用极权主义手段解决资本主义产生的文化困境。卢卡奇生于 1885 年，1918 年转而信奉共产主义；直到 1971 年逝世，他始终都是一名忠实的共产党成员（尽管有时政见不同）。弗莱尔比卢卡奇小两岁，在第一次世界大战中，他是一名激进的右派理论家，拥护国家社会主义。不过作为激进派，他从未像卢卡奇一般坚定，甚至最后他已经对国家社会主义彻底失望。从第三帝国战败到1969年逝世的十年间，他开始向自由资本主义民主妥协。他们和许多言辞锋利的理论家一起猛烈抨击两战之间的资本主义。本章我们将分别探讨卢卡奇和弗莱尔的观点，并尝试解释为何一人变为激进左派分子，而另一人成了激进右派分子。

从知识分子向革命者的转变

格奥尔格·卢卡奇原名为捷尔吉·伯纳德·洛温格尔，出生于布达佩斯（奥匈帝国匈牙利的首都）的一个犹太家庭。他的家庭历史代表了典型匈牙利犹太人发家致富、边缘化和天赋异禀的命运特点。他的母亲阿德尔·沃特海姆出身名门，其家族至少从18世纪起就富甲一方，并精通犹太教法典和世俗学问。她在维也纳长大，讲的是帝国主流语言——德语，同时也是卢卡奇的家乡语言。格奥尔格的父亲约瑟夫·洛温格尔从默默无闻一跃成为匈牙利最著名的银行家之一。他出生于匈牙利南部的一个棉被制造商之家，13岁离开学校开始在银行工作，24岁成为盎格鲁－奥地利银行布达佩斯分行的经理，1906年加入匈牙利信贷银行（Hungarian General Gredit Bank）董事会，该银行是匈牙利最重要的信贷机构。[1]

在匈牙利，犹太人几乎等同于资本主义。等同之说在欧洲许多地区只是一种隐喻，但是在其他地方这一说法甚至会引发夸张的口水战。匈牙利缺乏本土民族商人阶级，东欧地区也是如此。匈牙利的贵族和农民都不喜欢从事商业贸易；在他们看来，商业在本质上伤风败俗、有辱人格，同匈牙利精神格格不入。[2]18世纪时，匈牙利贵族开始认识到，建立现代化国家必须发展经济，因此允许甚至鼓励有背景的犹太人从事贸易，在经济中积极活动。于是出现了一种非正式的民族融合，一种民族性的劳动分工，其中匈牙利贵族操控政治和政府（贵族占据政府机构上层职位，中上层阶级占据下层职位），而犹太人将其精力投入经济领域，推动贸易、开设银行、将贵族田产转化为营利性资本主义企业。

1867 年之后的几十年中，欧洲没有其他地方能像匈牙利那样欢迎将犹太人融入其经济和文化之中。《妥协宪章》（*Ausgleich*）将哈布斯堡帝国分为奥地利和匈牙利两部分，由共同的法律系统、军队和君主维系。犹太人获得的不仅仅是法律上的平等地位：在帝国的匈牙利部分，占统治地位的匈牙利人积极促进犹太民族的融入。因为匈牙利人在其王国内属于少数民族，对他们来说，犹太人作为潜在的新成员，可以在数量上调节民族平衡。到 19 世纪末，犹太人不仅主导了匈牙利的金融业和商业，还大量从事各种自由职业。根据 1910 年人口普查，匈牙利几乎一半的医生、律师和记者是犹太人。一度萎靡的布达佩斯开始蓬勃发展。它有着 80 万人口，是欧洲第六大城市，且人口增长速度最快。其中有 20 万犹太居民，这使布达佩斯成为仅次于华沙的最大犹太人聚居区。作为对拥护匈牙利语言和奥匈帝国事业的回报，发达的犹太人被授予贵族头衔，并允许进入行政部门高层甚至政府机关，不过准入条件经常包括信仰基督教。[3]

这一条件很少有人乐意接受，包括洛温格尔家。1890 年，约瑟夫·洛温格尔将自己的姓氏改为卢卡奇。1901 年，为答谢其付出大笔金钱，他被授予贵族名字"塞盖迪·卢卡奇"（匈牙利语）或"冯·卢卡奇"（德语），格奥尔格后来使用这一姓氏出版了其早期作品。1907 年，格奥尔格皈依路德教，对犹太教出身之人来说，这种进阶之路并不罕见，因为犹太教是其文化融入的绊脚石，毫无特殊意义。卢卡奇后来回忆称，在父母家中"没有什么特别重要之事，甚至包括学习希伯来语"，所以犹太教典礼和仪式都无任何意义。[4]卢卡奇的密友贝拉·巴拉兹回忆说："我的父亲从来不去礼拜堂，当然也不祈祷，每年他会带我去参加一次秘密的仪式。那儿的人我一个也不认识，我的父母也从未与他们有所交往。他们肩上挂着白床单，一边号啕恸哭，一边捶打胸部。但最让我害怕的是，我父亲也穿着这种白床单，边缘有黑色的条纹。穿着类似的服饰，他加入并置身于这个陌生而神秘的盟会中……我听说这是犹太人的赎罪日，是一年中最神圣的一天，原因在于我们是犹太人。为什么我们会是犹太人呢？这点我不太明白……（因为）在一年中的其他时候，生活中没有一个细节让我感觉到我们是犹太人。"[5]卢卡奇和巴拉兹就像伏尔泰所描述的伦敦交易所里的犹太人，背诵着希伯来语却不懂其中的含义。所以，他们两人拥护伏尔泰和马克思提倡的普遍主义也就不足为奇了。

年轻的卢卡奇近乎天才，青少年时期就阅读了多种语言的欧洲文学巨著。马克思的父亲坚持让自己的儿子从事实用性职业，从而保证有稳定的经济收入；而老卢卡奇却鼓励儿子跟着其文学偶像之路走下去，不仅是因为家庭财富已足够为儿子提供源源不断的收入来源，更是因为在19世纪末的欧洲中部普遍存在这样的现象，即富有的父亲支持天资聪颖的子嗣发展文化兴趣。喜爱文化不仅可获得更高的社会地位，还能被更广泛的世界所接受。[6]掌握西方主流文化就有了被社会承认的机会。格奥尔格读高中时对现代戏剧很感兴趣，于是他父亲就出资成立了一家戏剧公司，由格奥尔格主管。约瑟夫·卢卡奇不仅出

资让儿子在匈牙利接受大学教育，还让他在柏林和海德堡继续
深造，希望他能以哲学家身份谋得一个大学职位。当格奥尔格
决定创办一本新的匈牙利哲学杂志时，订阅该杂志的大部分人
都是他父亲的生意伙伴。

　　虽然卢卡奇和他父亲拥有相同的文化学习目标，可是对这
两代人而言，文化有着截然不同的意义。在老卢卡奇看来，包
括哲学在内的高雅文化是融入欧洲中产阶级文化的顶峰。而在
小卢卡奇看来，当哲学家就要抵制商业，文化的内涵就在于抨
击其父母生活的中产阶级世界。[7]小卢卡奇认为其父母的生活似
乎丧失了意义。在他眼中，父亲的成就就是一味地追求财富，
没有更崇高的目标；而母亲谆谆教导的礼仪也是空洞的习俗，
需要他奋起反抗。少年时期他曾阅读詹姆斯·费尼莫尔·库柏
的《最后的莫希干人》，从中他明白了历史发展过程中的失败
者可能比成功者更加高尚。阅读《汤姆·索亚历险记》和
《哈克贝利·费恩历险记》，进一步加深了他对资产阶级的体
面和个人真实性之间冲突的理解。[8]

　　对成为匈牙利人的渴望，格奥尔格·卢卡奇似乎不如其父
母一代人那么强烈。对卢卡奇的父亲而言，来到布达佩斯是一
段从文化的外围边缘走到都市中心的艰难历程。而对格奥尔格
而言，他的视野早已延伸至维也纳、柏林、巴黎和佛罗伦萨，
布达佩斯和匈牙利的文化似乎显得土气而狭隘。另外，同其他
欧洲中西部地区的民族主义一样，匈牙利的民族主义也逐渐变
得不欢迎类似卢卡奇家族的犹太人融入。卢卡奇父辈拥护自由
的匈牙利民族主义，赞成发展资本主义经济，以及支持非匈牙
利人（包括犹太人）的融入。但到 1900 年格奥尔格这代人成
年之后，一种新的反犹太人的匈牙利民族主义开始浮出水面。

262

这股势力来自在资本主义现代化过程中被淘汰的人。一些中上层人士由于对其地产管理不善，不得不由犹太人接管土地，在此次反犹太人的运动中他们担任领军人物，另外该运动的成员还包括土地贵族，他们看到经济和社会的支配权从自己手中滑落，被新型商业中产阶级掌控，心存怨恨不满。手工艺人则是此次运动的主要成员，他们深受各方威胁，有来自工厂车间生产的威胁，有来自无地农民的威胁，还有的威胁来自天主教低等牧师，这些人反对结婚和离婚的世俗化。[9]经济的繁荣发展导致在非正式劳动分工中，犹太人和匈牙利人之间矛盾重重。犹太人除了占据经济领域，还涉足政府行政部门和议会；与此同时匈牙利人也开始涉足商业，谋取商业职位，在经济上同犹太人展开竞争。[10]在这种情况下，从 20 世纪初起，"犹太人问题"逐渐成为广受匈牙利大众议论的话题。[11]

于是，孤立和疏远成为格奥尔格·卢卡奇和其布达佩斯社交圈成员久久萦绕于心的主题。作为被同化的犹太人，他们几乎已经同过去的犹太人身份完全隔离。在匈牙利的农村地区，多数人的生存状态仍旧滞后不前，他们同这些地区的社会和文化也毫不搭边。而他们的父母倾向于哈布斯堡王朝的自由身份认同，在这个民族主义盛行、犹太人被定义为局外人的时期，这样的身份认同显得更加不合时宜。[12]

尽管格奥尔格·卢卡奇来自匈牙利，但在文化上他更热衷于德国哲学和文学。他于 1906～1907 年和 1909～1910 年同齐美尔在柏林求学。1914 年，他辗转来到海德堡，成为韦伯社交圈的成员之一，并希望谋得一份教职。他的作品深受德国社会思潮的影响。马克思认为资本是现代生活的驱动

263

力，滕尼斯描述了从"群落"到"社会"的历史发展轨迹，以及韦伯对工具理性和世界祛魅的分析——这些都是卢卡奇分析现代性的指导思想。[13]但是，对其思想影响最深的还要数齐美尔。[14]

卢卡奇在转向共产主义之前曾写过三部作品：第一部研究现代戏剧的发展（1909 年完稿，1912 年出版匈牙利语本，1914 年出版德语节选本）；第二部为《心灵与形式》（*The Soul and the Forms*）的现代文学论文集（1910 出版匈牙利语本，1911 年出版德语本）；最后一部为《小说理论》（*The Theory of the Novel*）（写于战争期间，1916 年以文章形式发表，1919 年全书出版）。这几部作品都在阐释用艺术作品反思社会进程的思想，齐美尔也曾在《货币哲学》和论文中对此进行深入研究。[15]卢卡奇写道，现代生活不再是一个"整体"形式，也不会再形成事事相关且有共同目标的统一文化。[16]若说齐美尔对现代社会的态度有些模棱两可，卢卡奇则是不折不扣地抨击。他重视现代文学，只因为现代文学是这个时代的基本论断。[17]这三部作品的共同主题是，在现代社会背景下，人们已经没有可能度过有意义的一生。齐美尔认为个人存在崭新的可能性，卢卡奇却认为只存在隔离和疏远——一种松散的社会纽带，生产者同其产品之间的微弱联系，生命的技术理性化使得个体个性的表达空间越来越小，以及社区群体的消失。[18]借用德国哲学家费希特（Fichte）的说法，他将现代资本主义社会定义为"一个绝对罪恶的时代"，在该社会中人类觉得"自己创建的环境不是家而是监狱"。[19]

到战争爆发时，无论是左派还是右派的知识分子，包括卢卡奇，都在哀叹资本主义社会的精神空虚和道德缺乏。但是，卢卡奇在作品中并未提出任何精神或政治上的解决方案。经过战争的洗礼，看着战争中杀戮遍野，他才有了紧迫感，才相信延续资本主义不仅会使人们在精神上饱受折磨，还会威胁人们的生命安全。俄国十月革命的爆发，让他在对资本主义文明的绝望中看到了崭新的希望。

如上所述，1914 年 8 月爆发的战争，受到许多德国知识分子的热捧，他们和其他地区的知识分子一样，都相信自己国家发动的是一场自卫战。（研究这一现象的历史学家经常不对这些知识分子加以区分，其中有些人的观点是正确的，如法国的涂尔干，但有些德国知识分子却被其政府宣言蒙骗。）卢卡奇不同于韦伯、齐美尔和桑巴特，他从战争伊始就憎恨这场战争。卢卡奇认为哈布斯堡帝国是一个毫无意义的政体，在该政体下封建贵族同资本主义中产阶级合作，但以其他所有人的生命为代价：他认为发动战争来维持该政体毫无意义。现在严酷而残忍的军事化德意志帝国将施以援手，来拯救这个帝国。为了使这两大障碍物继续前进，人们被强制充军，把"每个人都变成凶手、罪犯或受害者"。卢卡奇认为战争展示出资本主义和民族主义本质上的残忍无情。[20]他激烈地反对战争，使得自己在海德堡孤立无援，同韦伯和齐美尔的关系也变得剑拔弩张。[21]

战争的持续不仅摧残着前线的士兵，也折磨着后方的平民。英国的封锁行动阻断了食品进口渠道，让德国和奥匈帝国市民饱受饥苦；1917 年马铃薯疫病的肆虐更让民众生活雪上加霜。那时每个成年人平均每天的热量摄入量降至 1000 卡路里，是战前标准的 1/3，营养不良的现象开始大范围出现。[22]后方面临着物资极度匮乏，前线则是战士死讯频传。工人们开始罢工，反对政府继续参与战争。在俄国，战争引发了一系列社会紧张局势，最终导致 1917 年 3 月罗曼诺夫王朝瓦解，以及 1917 年 11 月十月革命的爆发。卢卡奇认为，十月革命似乎展现出一种可能的全新社会形式，这种社会形式超越了资本主义和改良主义范畴，是一种实现社会民主的渐进式政策。[23]

　　1918 年 11 月，德意志帝国和其奥匈帝国盟国要求停战。德国军队领袖在战争期间成为该国的实际统治者，而今他们将政治权力丢弃给自由和社会民主政治人士，让这些平民背负战败的臭名。四年来，漫无目的的屠杀让工人和士兵们愤恨不已，他们在欧洲中部的一些主要城市（维也纳、柏林、汉堡、慕尼黑和布达佩斯）成立了革命委员会，要求原有的统治议会下台，成立民主政府或在某些地方成立社会主义政府。一个临时政府暂时掌握了德国实权，该政府由社会主义者和自由党的议会代表，以及工人和士兵委员会组成。左派面临着一项政治抉择：一方是委员会直接统治，另一方是实行普选的议会代表民主制。社会民主党人赞成议会代表制和民主选举。左派为德国激进派社会主义者，他们组成新的共产党，致力于委员会的领导，该委员会相当于德国的苏维埃政府。从 1918 年 11 月至 1919 年春天，在这决定性的几个月里，社会民主党人的议会民主制理想受到柏林和慕尼黑几次革命尝试的挑战。最终，社会民主党领袖选择召集旧帝国军队的小股部队，以及新成立的"自由军"民兵组织，镇压这次来自极左分子的威胁。

　　战争接近尾声之时，马克斯·韦伯身在慕尼黑，该地已经经历了一连串短命革命政府的统治。这些政体由知识分子领导，其中有些知识分子是韦伯熟识之人，但韦伯未能成功说服这些知识分子放弃愚蠢的革命。1918 年 11 月，独立社会党

265

（社会民主党的一个左翼分支）成员柯特·伊斯纳宣布成立巴伐利亚共和国。慕尼黑的城市工人阶级对旧有政体的厌恶使得伊斯纳——这个胡子拉碴、放荡不羁的犹太戏剧评论员——在保守、偏远、反犹太人且信奉天主教的巴伐利亚州上台执政。由于伊斯纳的新巴伐利亚共和国实行不切实际的新社会福利政策，军队复员问题、政府破产威胁让人束手无策，于是大规模失业和粮食短缺接踵而至。1919 年 1 月选举时，伊斯纳政党仅获得 2.5%·的选票。2 月，他在呈请辞职的路上被一名年轻贵族暗杀。经过一段混乱的过渡时期，4 月 7 日，新政府在慕尼黑宣布成立社会主义共和国，掌权者主要是有犹太血统的左翼知识分子。一周后，首个巴伐利亚社会主义共和国被一个更加激进的团体取代，该团体隶属于共产国际，对外宣称是第二个巴伐利亚社会主义共和国。于是，巴伐利亚议会中最大的在野党——社会民主党，向柏林政府寻求援助以镇压共产党。中央政府及时派遣大批军队，巴伐利亚北部自由兵团也加入进来。5 月，他们进军慕尼黑，在一波又一波的恐怖主义浪潮中，推翻了巴伐利亚苏维埃共和国。

虽然身在布达佩斯，卢卡奇对俄国和德国革命的兴趣却丝毫不减。他的作品以及同友人争论的内容，从分析资本主义带来的疏远感，转向暴力推翻资本主义。1918 年下半年，他加入了匈牙利共产党这一小股党派，成为该党期刊《最新消息》（Red News）的编辑。其社论宣称："让资产阶级民主见鬼去吧！""让议会共和见鬼去吧！让阻碍群众行动的政治见鬼去吧！无产阶级，拿起武器来吧！"[24]共产党同社会民主党发生了激烈的冲突。社会民主党支持议会政府，并参加自由主义首相米哈伊·卡罗利的内阁团体。但是，由于卡罗利不同意挟第一次世界大战胜利之威分裂匈牙利，而选择于 1919 年 3 月辞职，于是大权被共产党控制下的联盟独揽。新政府由共产党人库恩·贝拉领导，宣称实行无产阶级专政。这个匈牙利苏维埃共和国仅仅维持了 133 天，由于内部分裂，最后向外国军队投降。[25]卢卡奇名义上是民族教育委员代表，实际上是该苏维埃共和国文化事务的独断者。

匈牙利共产党领导层的政策强硬且激进，其根源在于对资本主义的痛恨，以及尽可能迅速彻底摧毁资本主义的渴望。[26]激进的鼓动人士被派遣到农村地区，在那里他们嘲弄家庭制度，威胁要把教堂改成电影院。匈牙利共产党人比列宁更加激进，他们不把土地分配给农民，所有面积超过 100 英亩的地产都被划为国有财产。被国有化的还包括超过 10 名员工的商业机构、所有的公寓、所有"日常生活中多余的"家具、黄金、珠宝及钱币和邮票收藏品。平均主义原则被尽可能地应用到各个方面。所有人的工资都相同。所有布达佩斯的墓地都一模一样。禁止购买两块土地，这种行为被认为是资产阶级个人主义的过度膨胀。许多中产阶级出版社先接受审查，继而被关门大吉。

同德国和其他地方的犹太人一样，大部分的匈牙利犹太人反对共产党执政。有信仰之人反对其无神论，有财产之人则反对其社会主义制度。但是，有犹太血统的共产党人还是随处可见，因为在主要由工人阶级选民组成的运动中，犹太人因为文化水平更高，言辞更加清晰，从而更可能担任领导职位。如果说犹太人在俄国和德国的革命中成就突出，那在匈牙利革命中，犹太人可以说是无所不在：49 名委员代表中，31 名有犹太血统。[27]他们的行为反映出其激进普遍主义的原则。匈牙利国王和民族英雄的地位被推倒，国歌被废除，任何带有民族色彩的行为都属犯罪并被惩处。革命者们没有忘记的还有对犹太特殊神宠论的憎恨，于是传统主义犹太人成为其恐怖活动的打击对象。

267

该政府的政策很快疏远了大部分匈牙利人。工资水平统一和政府就业保证使得劳动纪律和生产率急剧下滑。在对市场反感的意识指导之下，该政体毫不关心生产成本，试图统一设定所有商品的价格。很快商品匮乏，黑市价格飙升。农民宁愿选择留存农产品，也不愿去换几乎什么都买不到的货币。青年革命知识分子被派到农村地区，管理新近集体化的农庄，他们多数人都有着犹太血统。他们个个思想激进，但无知无能程度有过之而无不及，这使得农民的反犹情绪更加强烈。尽管该政府反宗教运动的领袖实际是一名被解除圣职的牧师，但匈牙利耶稣会仍认为其本质上是犹太教的、反基督教的革命。布达佩斯和这些农村地区一样，反对该政府，维护教会，并持反犹太主义态度。

1919 年 8 月，因政治经济危机，库恩政权倒台。在匈牙利反对党的鼓励下，最终该政体被罗马尼亚军队彻底摧毁。罗马尼亚军队撤离布达佩斯后，政权由匈牙利反革命领导人霍赛将军接管。[28]继红色革命的恐怖统治之后，白色反革命恐怖统治接续而至，它不仅针对倒台红色政权的官员、同情者，还针对同情该政权的犹太社区。[29]匈牙利统治阶级在战前绝不会容忍这种行为，而今却也接受了这种过激的白色恐怖统治，认为这是对之前红色统治的必要应对措施。为避免反革命组织的报复，卢卡奇东躲西藏了好几星期，后来才在父亲（对儿子从事的革命活动大为震惊，但并未同儿子断绝关系）的安排下，偷偷逃出匈牙利后到达维也纳。[30]

1917 年的十月革命，以及之后柏林、慕尼黑和布达佩斯几次失败的革命，让人们开始重新认识犹太人、政治和经济之间的关系。18 世纪之前，欧洲反犹太主义本质上是宗教层面上的反犹太主义，建立在基督教会厌恶摒弃福音书的基础之上。随着 19 世纪资本主义的发展，反犹太主义所关注的焦点也发生了变化。如今犹太人资本家受到猛烈抨击，是因为他们摧毁和掠夺了传统社会。由于 19 世纪这股新的政治反犹太主义思潮，罗斯柴尔德家族和布莱希勒德家族成为真正的"时代之王"。类似卢卡奇这样参与 1917～1919 年革命之人，虽然早已不承认自己犹太人的身份，但反对党却依旧认定其为犹太人，他们在革命中的突出地位成为反犹太主义热潮中的新型推动力。于是，犹太人中的革命人士同犹太杀神者和犹太资本家站在了同一战线上。

268

许多作品旨在传播犹太人作为共产主义革命者的形象，其中一部作品为《犹太人掌权之时》（*When Israel Rules*），真实再现了匈牙利苏维埃政权实况，作者是珍和杰罗姆·萨洛，于 1921 年出版。作者一直支持法国极端右翼，将匈牙利革命描写为犹太人的阴谋，一些非犹太人只是被用作傀儡领袖。书中夸张渲染、天马行空地描写了白色恐怖时期的"列宁童子军"、革命人士没收财产，以及年轻的犹太知识分子代替基督教教授等细节。作者写道："在多瑙河畔，新耶路撒冷正在兴起。""它从卡尔·马克思的犹太大脑中冒出来，被犹太人以相当古老的思想为基石建立而成。"该书在法国售出 55000 本，经过十多次修订再版，被译成多种语言，包括英语和德语。犹太人的布尔什维克形象成为右翼新神话的核心。任何一个头脑清晰的分析人士都能得出一个结论，即尽管犹太人占据多数领导职位，却很少有犹太共产党人，多数共产党人都是非犹太人。而人们看待犹太共产党人时也要戴上有色眼镜，套用之前反犹太主义的老套形象，即认为犹太人是基督教国家必然的敌人。武断认定犹太革命者和犹太资本家实际上是合作伙伴，双方为了征服基督教文明，在各自的阵营中努力奋战，这完全是歪曲事实的幻象。不过再次关注卢卡奇同其德俄两国同伴的活动，可以发现激进右派在两战之间还是成功地改写了犹太人问题。[31]

资本主义——一个虚幻的体系

第一次世界大战的爆发使格奥尔格·卢卡奇转而信奉共产主义。他同其他被布尔什维克主义吸引的知识分子一样，相信列宁的论断，即资本主义会导致帝国主义竞争和战争。[32]但俄国境外的共产主义革命屡遭失败，促使卢卡奇反复思考，进而对马克思理论加以重新论述。[33]1919 年，柏林、慕尼黑和布达佩斯的革命都以失败告终。1921 年 3 月，德国共产党曾再次号召起义，却未曾有来自德国工人阶级的丝毫响应，这些工人阶级大部分都已支持社会民主党。卢卡奇及其他同类人，在经受了战争创伤之后，预计战后会有大动乱爆发，从而消灭资本主义。但是在后来几年之内，似乎发达的资本主义国家至少还在正常运作，不仅抵制了革命运动的威胁，还将工人阶级融入议会民主制政体中。[34]在期望落空的阴影之下，卢卡奇于 1919～1922 年撰写了一系列文章，于 1923 年集合成《历史和阶级意识》出版。卢卡奇不仅更新了马克思对资本主义"异化"的分析，还独创性地解释了为何工人阶级会违背马克思的预期，无法成功抵抗资本主义。

卢卡奇的分析中最新奇的主题不是资本主义导致异化，那是马克思早已阐述过的论点。除了在青年马克思写于 1844 年、出版于 20 世纪 30 年代的"巴黎手稿"中这一论点被提及，马克思早期和晚期、出版和未出版的作品中，关于该论点的论述几乎无所不在，并无须在出版的"巴黎手稿"中赘言重提。早在《历史和阶级意识》出版前的十年中，关于资本主义引发疏远感的主题就遍布德国社会思潮，以及卢卡奇的早期作品中。而卢卡奇认为齐美尔和韦伯所分析的文化困境可以被社会主义克服，这倒似乎更加新奇。卢卡奇从未回应韦伯的社会主义论断，也从未回应社会主义经济可信性论断，该论断由维也纳的知识分子在卢卡奇撰写《历史和阶级意识》当年提出（在之后关于熊彼特和哈耶克的章节中，这些论断将被采纳）。苏联实施社会主义的尝试彻底失败，导致布尔什维克政体 1921 年实行局部恢复私人财产和市场，也就是史称的"新经济政策"，对此段历史卢卡奇似乎从未多加考虑。[35] 而对社会主义经济的现行制度，他同马克思一样，也未加以重视。他在本质上和许多文化评论家一样，并不怎么关注经济。他只是简单地假设：马克思对资本主义的理解是正确的，劳动价值理论是解密资本主义实质的秘诀，且社会主义能够解决所有问题。

270

《历史和阶级意识》中最新奇、最有影响力因素在于，它解释了为何无产阶级没有拥护革命，为何需要像卢卡奇这样的知识分子的指导来推翻资本主义。

采纳了马克思对资本主义社会中工人状况的分析，卢卡奇开始阐述自己的观点。工人无法操控自有的劳动力，被迫成为单一的专业化人才，在工作过程中所有的创造力被逐渐消磨，这是马克思的论点，而卢卡奇也多次重申。马克思还曾研究过机器劳动对人类躯体造成的损伤以及对人类思想造成的精神折磨。卢卡奇认为，虽然资本主义社会中劳动的身体负荷并未增加，但其精神影响却比马克思时代更为严重。因为随着"泰勒主义"（通过"科学的时间管理"，劳动被更加精确地分工和操控，尤其表现在生产流水线上）的出现，工人越来越无法控制工作的进度，发挥智力的机会也越来越少。[36]卢卡奇认为，其最终结果是一个头脑不断迟钝的过程，这是曾在《国富论》中被忧心忡忡提出的预言。不过卢卡奇得出的结论却是马克思从未提及的，即资本主义社会工作的本质致使工人阶级心智愚钝，进而妨碍工人阶级看到自身的真正利益所在，并阻止他们奋起推翻资本主义。正如卢卡奇设想的那样，问题并不在于资本主义使得工人麻木愚蠢，而是在于资本主义社会下的工作使人对世界产生一种消极的态度，不去想象这个世界还有被改变的可能性。卢卡奇写道，在发达的资本主义社会中工人变成"机械化体系中机器的一部分。他发现该体系早已存在并能自给自足；离开工人它也可以正常运行，无论是否愿意，工人都得遵循该体系的规律。由于劳动逐渐理性化和机械化，工人的活动越来越消极，越来越沉默，愈加缺乏自主性。采取这一沉默态度所面对的是一个封闭系统——一个有着确定规律的机械化过程，可以不依靠个人意识运行，且不受人类活动的影响……"[37]因此，正是资本主义社会中的这种工作容易造成工人阶级智力迟缓。工人遭受了卢卡奇所称的"物化"（事物化，常译为"物化"）过程，无法认识到资本主义社会中的人类关系并非人们必须服从的永久必然的自然法则，而是特定历史条件的产物，人类可以根据自身意愿加以改变。

卢卡奇还打算解释为何"功勋卓著、诡计多端的……资产阶级思想家们"并不同意他的观点，即在"世界革命"的当下，社会主义必将代替资本主义。[38]他给出的答案是，资产阶级知识分子正是因为其资产阶级思想结构才不同意他的观点，在这些知识分子的思想中，拒绝接受资本主义的内在固有矛盾使它注定走向灭亡的观点。卢卡奇称，由于"这些趋势的意义是废除资本主义，而这对于认识到此趋势的知识分子来说无异于自杀"。[39]马克思曾批评斯密和其继承人的政治经济观点，认为它是知识分子自行维护有产资本家的一种形式，将使资本主义市场看起来永恒且必然。现今，卢卡奇把知识作为意识形态的言论，延伸到经济学领域之外的哲学和社会科学。据卢卡奇所言，资产阶级（即非共产主义）哲学和社会科学也遭受了各自特有形式的"物化"；它的作用在于使人无法想象有可能存在一个同资本主义社会一样井然有序的社会。[40]齐美尔就曾因为劳动分工和文化发展，专门探讨过知识和文化专业化的后果。而今卢卡奇坚持认为，知识专业化和碎片化的过程本身就是资产阶级自我保护的一种形式。因为划分知识会"摧毁所有的整体形象"，削弱感知市场和文化不满之间关联的能力。[41]结果，以资产阶级社会及其衍生知识为基础，就"不可能激进地改变视角"，[42]可能的只是四分五裂的视角，使人无法想象有激进转变的可能性。既有的"被物化"的世界似乎就是唯一可能的世界。因而，"物化的条件是，社会必须学会以商品交换的方式满足其所有需求"。[43]

卢卡奇推断，这就是为何即使是韦伯这样洞若观火的思想家，也认为资本主义不可避免。齐美尔曾认为"文化悲剧"已深深植根于文化发展的本质中：面对文化的迅速繁荣和个人

无力吸收该文化之间的鸿沟，有教养的个人不免感到受挫。但
卢卡奇认为情况并非如此：文化悲剧只是资本主义文化的悲
剧，即将到来的社会主义可能有应对之策。[44]

资本主义是靠着大规模的虚幻体系勉强维持着。无产阶级
的反抗以失败告终，原因在于它无法想象自身的问题只是资本
主义这一股力量所致，也无法想象消灭资本主义，而仅仅是对
资本主义进行改革。非共产主义哲学和社会科学可能也曾对资
本主义导致的许多困境加以研究，但始终不会想到将资本主义
当作整体来看待，并断定战胜资本主义即可解决这些困境。这
样的结论在卢卡奇看来，是历史理性的核心内容。

革命的教育者

当大多数马克思主义者认为其思想意识是一种唯物主义科
学，并着重关注资本主义生产发展的经济过程时，卢卡奇却重
点强调"意识"的作用，以及感知并说明这些过程的作用。[45]
因为卢卡奇除了深受马克思影响之外，也饱受黑格尔思想的浸
染，并通过马克思主义的视角来解读黑格尔。从黑格尔的思想
中，他采纳了"整体"的概念，在更广阔的背景下解释细枝
末节，以及从不同的历史时期寻找一致性和关联，并假设这个
历史过程有一个看得到的目标。不过，卢卡奇使用的"整体"
概念以黑格尔的观点为基础。这是因为黑格尔认为自己的任务
在于，让人类接受历史和他们在当今世界的位置；而卢卡奇却
认为自己的作用是，使人类不再消极地接受当前的时代——资
本主义时代。只有马克思主义才具有"辩证性"，原因在于马
克思主义在理解特定的客观情况时，会考虑到较大的整体，其
中某一情况是这一整体的一部分。换言之，只有马克思主义知

晓历史发展的真实方向，并相应地阐释当下。他写道："马克思主义思想和资产阶级思想二者决定性的区别并不在于关于经济动机的主导地位的历史解释，而在于整体的观点。"[46]马克思主义者能够从未来"自由王国"的角度来理解当下。[47]他们知晓当下只是一个短暂的异化和分离阶段，在未来的共产主义社会这些都能被克服。在该社会中，社会冲突将被消除，每一个个体将把自己看作连贯整体的一部分，并认同这个整体。卢卡奇认为："只有整体的辩证观点才能让我们明白现实是一个社会过程……""只有这一观点才能解除资本主义生产模式下必然引起的社会形式表面上的客观性，才能使我们认识到这些客观性只是一种幻象，表面上的必然性不过是虚幻的。"[48]因为马克思主义理论家能够穿透虚幻的面纱，于是能够转变工人阶级的意识，将他们从消极麻木中唤醒，担负起自身世界历史性的使命。

273

卢卡奇认为，马克思主义或"历史唯物主义"不能同无产阶级斗争分开讨论。[49]不过，历史唯物主义不是"无产阶级固有或天生的私有财产"。[50]相反，根据马克思主义历史观，许多工人阶级偏离了其革命者角色，转而接受资本主义。在观点最为大胆的《历史和阶级意识》一书中，卢卡奇认为工人阶级最真实的意识包括他们应该持有的信念，前提是他们能有"客观上适合他们情况"的思想和感情——马克思理论分配给他们的革命意识。但是，该意识明显同工人自身的非革命性感情——卢卡奇所称的"错误意识"——格格不入。[51]因此，无产阶级"真正"的兴趣和志向完全不依赖工人阶级实际经验中的愿望和志向。

此处卢卡奇借用列宁早在二十多年前《怎么办?》中就提

出的一行分析言论，并经过逻辑推理得出结论。[52]列宁看到工会和其领袖逐渐成为现存制度的改革参与者而非革命者，感到大为震惊，他认为依靠工人自身社会主义永远不会到来。资本主义确实让工人有许多不满之处，但这种不满还不至于引发革命，尤其是在没有一群职业革命家精心组织的情况下。一方面，列宁坚信马克思主义是一种决定论；另一方面，他从更加唯意志论的方向理解马克思主义，强调职业革命家意志和技巧的重要性。卢卡奇在这里采用马克思主义的途径，解释了为何工人会因为资产阶级的意识形态和自己在经济体制中的微小作用产生消极态度，缺乏长远的眼光，从而阻碍自己认清全局。[53]

卢卡奇和列宁都认为，工人革命性阶级意识要想有突破性进展，另一个巨大的障碍来自社会民主党派，该党派在逐渐寻求参与议会民主。他们的错误源于跟从工人阶级由经验得来的欲望标准，要求更多的薪水、更好的工作条件和更宽泛的政治参与权。他们的问题在于接受"无产阶级阶级意识中无产阶级意识的实际心理状态"——换言之，就是接受无产阶级"真实"意识中工人的观点，尽管马克思主义提出了更深层次的理论知识。[54]卢卡奇仿效列宁，公开谴责"机会主义"社会民主人士，谴责其追逐工人们眼前的、民族的或职业的利益——列宁语录中最严重的诅咒。[55]

因此，虽然资本主义危机重重，但只有在无产阶级意识被有效改变的情况下，资本主义才能灭亡，社会主义才能到来，而能改变无产阶级意识的是有马克思主义理论知识武装之人，只有他们才能够把历史作为整体看待。[56]尽管共产党是"无产阶级意识的承担者，是其历史使命的良知"，[57]但这个"教育者自身也必须受到良好教育".[58] 于是，黑格尔思想中国家官僚机构的位置——作为"一般等级"（Universal estate）服务于社会普遍利益——在卢卡奇的思想架构中被共产党取代。而黑格尔思想中哲学家的位置——哲学家通过讲学塑造新一般等级的意识——被马克思主义知识分子取代。

作为团体的党派

对卢卡奇而言——以及许多知识分子，他们被类似的动机吸引着，有时是在读了《历史和阶级意识》之后，投身于共产主义——共产党提供的事物资本主义永远无法满足：一个可以让一个人用整个生命为之奋斗的目标，而不仅仅是生命的一部分；一个值得认可的纪律源头；一个包罗万象的团体（Community）。据卢卡奇所言，以终极自由的名义，个人必须服从共产党。"对自由国度有意识的渴望，其唯一的意义在于有意识地采取措施，一步一步真正地走向自由国度。"他声称，"并且意识到，在当下的资产阶级社会，个人自由只能是堕落的自由，因为这种特权是建立在他人不自由的基础之上，这一愿望必须剥夺他人的自由。它暗示着须有意识地让自我从属于集体意志，该集体意志注定能够带来真正的自由……这种有意识的集体意志就是共产党……只有遵循纪律，该党才能真正落实这种集体意志。"[59]

党派行动主义还能解决齐美尔指出的多样化、斗争性的内在目标问题。卢卡奇认为，"真正积极地参与所有事件，真正有效的让一个组织所有成员参与进来，唯一的途径就是牢牢掌握所有人的性格"。"只有在团体行动变为每一个个体参与者核心的、切身的关注点时，才能克服责任和义务的分歧……以

275

340 / 市场与大师

/ 市场与大师

及克服由个人的社会因素造成的个体分裂……"[60]

在卢卡奇看来，资本主义无力提供的对团体的追求，被共产党轻松解决，它不仅承诺给予目标和纪律，还给予掌握马克思主义文化的知识分子特殊任务，使其担任精神指导的角色，而在匈牙利和德国，他们一直被阻止担此大任。他们将要指导的这一团体跨国界、跨种族，是一个世界性团体，犹太血统在该团体中应该毫无意义。于是，卢卡奇认为共产主义运动能够提供资本主义社会无力供给的任何事物。20 世纪 20 年代，托马斯·曼和卢卡奇曾有过一次会面，在此之前，卢卡奇出版了一本从马克思主义角度阐释托马斯·曼的《布登勃洛克一家》的著作。这位小说家在《魔山》中，以卢卡奇为原型，创作了最令人难忘的小说人物之一——利奥·那夫塔，他是共产主义团体中一位从犹太教转到基督教的先知。

《历史和阶级意识》一书的后续影响范围远不局限于共产党中命运起伏的知识分子，或指望工人阶级作为社会团体能使资本主义灭亡之人。在卢卡奇出版《历史和阶级意识》数十年之后，人们若对其资本主义文化观点加以延伸，不免会觉得，在无法想象后资本主义未来的混沌意识中，这样的观点让人窒息。人们能够加以利用的观点是，只有知晓历史发展的真正可能状态之人，才能让人从消极麻木的顺从中觉醒。

弗莱尔：离群的性格和对团体概念的追求

汉斯·弗莱尔是卢卡奇意识形态上的孪生镜像。他和卢卡奇都认同资本主义社会的异化观点，并深受马克思、滕尼斯、韦伯、齐美尔和黑格尔的影响。他同卢卡奇类似，都认为资本主义缺乏团体感和更高层次的目标，并寻求更为激进的替换物。不同的是，卢卡奇的激进替代物为普遍的共产主义，而弗莱尔选择排他主义的激进左派，即国家社会主义。但是，弗莱尔既非种族主义者，也非反犹太主义者。他认为他从国家社会主义中认识到的——以及其他知识分子从其他形式的法西斯主义中看到的——不过是逃离他们所认为的资本主义道德的穷途末路。

在第三帝国幻象破灭之后，汉斯·弗莱尔描述了一种知识分子，他们特别容易受到极权主义意识形态的诱骗，并支持该意识形态。他的思想结构可能留存了许多祖辈的神学倾向，但其本身早已同这些思想背道而驰。弗莱尔写道："因此，他的宗教器官虽然高度发达，但早已丧失了功能。"[61]他的父亲是德国萨克森州的一名中层公务员，其祖父是路德教会的牧师。同黑格尔类似，他最初被命运安排从事神学职业，但后来他发现自己早已同神学隔绝。于是他便像黑格尔一样，寻求一种更为世俗化的伪装，使他可能遵从命运的安排，并将其视为精神指导。

在大学时代，弗莱尔主要的参照群体是青年运动，该运动的发生是 20 世纪初德国最离奇的现象。青年运动正如其名字暗示的那样，是一个松散的联合会，主要由受过教育的中产阶级后代组成。唯物主义价值观的主导地位，以及威廉德国时期文化所享有的特权地位，丝毫没有影响到青年运动的成员。他们抨击生搬硬套式的爱国主义，发誓抛弃享乐主义和兄弟会的反理智主义，并努力戒除烟酒和肉食。借助萌芽时期的反体制机构，他们尽力使自己同兄弟会学生、资产阶级和官僚的接触最小化。他们以不同的缘由抨击威廉德国，而其自身困境成为控诉的终极证明。他们漫步于农村地区，同自然建立联系、撰

277

写诗歌、吟诵民歌、尝试恢复异教徒风俗（如庆祝冬至日）。弗莱尔也和他们一样，渴望有一个团体让他们可以奉献内心炽热的情感，并有着当下德国缺乏的崇高目标。

弗莱尔在卢卡奇到达柏林的一年后，也来到此地与齐美尔一同求学。受上一代德国社会学家的影响，弗莱尔以社会科学的方式，表达了对青年运动中同伴们的早期不满情绪。该运动引以为豪之处在于，它时刻准备献身于某些精神原则，以及某些更宏大的整体。但是，这些原则和整体到底是什么呢？由于他们排斥先祖文化，时常还拒绝代代相传的宗教，所以有着多种多样的文化选择，但是没有一种文化看起来令人信服。威胁弗莱尔和其同伴的不是自由的缺乏，而是自由的过度泛滥。

1914 年战争爆发，弗莱尔毛遂自荐，做了一名少尉军官。在接下来的四年里，他大部分时间都在西部前线作战。严重负伤两次后，他成了战斗英雄。他从尉官起步，之后便平步青云。晚年时，他总是深情地回忆那段指挥官岁月，缅怀当时的战地情谊。

弗莱尔和同时代青年运动中的一部分人在经历了第一次世界大战的洗礼后，出乎意料地找到了一条解决困境的出路。有些人曾谴责社会无法为其提供更崇高的目标，以让个体能够参与其中，而今不无欣慰地接受了为人民牺牲这一号召。战争时期对"民族社区"的赞美广泛传播，同时青年运动也感受到自身对服务社区的召唤的响应。现在看起来，至少一段时间里，局限于小型非法聚会的集体经历升级到了民族高度。"战壕社区"的经历在那些长期追求更大社区却徒劳活动的人群中影响非常深刻。对于来自农民或者工人阶级的普通士兵，这

场战争迫使他们脱离自己家庭温饱的压力；战争的结束意味着
他们返回乡村、教堂以及宴会等公民社区。但是，对于弗莱尔
以及一些青年运动成员而言，战争带来的集体威胁似乎是未来
民族社区的黏合力。共产党归属感之于卢卡奇，军旅经历之于
弗莱尔：均为服从更高集体目标的经历。

278

关于市场的独特性评论

战后弗莱尔提出的关于市场效应的独特性评论直接继承了
尤斯图斯·默瑟尔的分析。但是，弗莱尔所倡导的不再是默瑟
尔热情捍卫的地方独特性。种族民族主义认为人民（Volk）
是身份认同的最终依据。这个术语的魅力一部分在于它的多种
含义，它可以被用作国民（nation）的同义词，指一个国家的
全体公民。若用于平民主义观点，"人民"指的是普通大众。
但是到弗莱尔时代，这个术语也代表着基于共同起源、共同地
域和共同历史的民族概念——"鲜血和祖国"。这层意义被民
族主义者利用。对于其中大部分人，人民并不包括犹太人，他
们被认为种族意义上的其他人和文化意义上的外来者，甚至是
在他们踏入德国文化的主流领域之时，实际上尤其是这个时
候。[62] 弗莱尔并没有认同反犹太主义中人民的概念，但是在他
为普遍大众写的内容中，使用了"鲜血和祖国"的语言。

弗莱尔重返平民生活后，再次投入学术研究中。他于
1919 年出版了任教德国大学所要求的博士后论文。[63] 三年后，
36 岁的他被任命为基尔大学哲学院院长，1925 年他到莱比锡
大学担任德国社会学总负责人。20 世纪 20 年代，他写了一系
列面向哲学家、政治理论家和社会学家的书籍和论文，其中阐
述了他对资本主义文化和政治影响的评论。[64] 他用学术概念化

语言或者更隐喻和更充满感情的民族主义语言传达自己的信息。[65]

弗莱尔认同默瑟尔对历史研究独特性的尊重，以及对 18 世纪赫尔德和之后浪漫主义者所倡导的文化多样化和多元性的尊重。[66]弗莱尔认为，启蒙运动中关于人类和历史的普世主义、理性主义观点，无法欣赏"现实生活的多样性"，因为它们的发展忽略了外来思想的内在价值。[67]弗莱尔的观点与黑格尔类似，均为历史主义观点；他确信所有的人类社群、价值观以及事实上的人类本性都是历史的产物，并且处于不断变化的过程中。但是与黑格尔不同，弗莱尔不再相信历史发展是有可辨别的方向或固有目标。同时，他并不认同黑格尔普世道德准则建立于理性基础之上的观点。

弗莱尔的独特性和历史主义观点批评了基于理性基础的普世道德系统的可能性。[68]他坚信，寻找这种道德系统简直是痴人说梦，因为人类世界包括一系列由集体长期创造的道德传统，每一种传统都具有道德有效性。弗莱尔写道，理性主义观念是为了将所有这些特殊历史传统连根拔起，取而代之的是基于理性基础并能适用于全人类的单一道德规范。但是，这是个悲剧性的错误，因为"普遍人性"并不存在，并且一种不受偶然性束缚的道德观念注定无根无源、无足轻重且不尽如人意。他坚持意义仅以多样形式存在于历史的观点。他写道："历史的思考方式不止一种，因此人类算式也不止一种解法。"[69]这些"不止一种"指的是多种独特的历史文化，其中每一种文化都是由一种历史群体或人民创造并传播的。因而，要创造一种新的、恰当的道德，需要得到某种历史社群和文化成员的赞成。[70]

弗莱尔将个人意义与集体目标联系起来，后者仅仅基于集体独特性。弗莱尔认为，理性主义者的普世主义消融了所有与某种过去特殊文化的联系，这种特殊文化有能力为当前文化增添深度，并不留下任何使个体居于从属地位的集体联系。弗莱尔坚信，既然历史独特性不存在，相应文化的意义也不存在，个人应当拥护其出生地的人民。要确认一个民族的集体精神或者集体文化，不是基于它相对于其他民族文化、基于某种普遍理性标准的优越性，而是——既然不存在此类标准——基于它是持续独特性的历史基础。于是，出生于某个特殊的民族会被提升至一种被自觉肯定的命运。几年以后，马丁·海德格尔在他的《存在与时间》（1927 年）中提及许多相同的论点。六年后，海德格尔也接受了国家社会主义者关于权力的设想。[71]

弗莱尔关于集体独特性的肯定基于这样的设想，即存在一种拥有相对同质文化传统的有特定范围的集体性，这种集体性可被视为人民。这种概念在德国学术史上长期享有盛誉，并在同时期拥有广泛的政治回应。不过弗莱尔基本能够确定，至少在某种水平上，这些前提无法经受系统的历史审查。他的一位文科教师——历史学家沃尔特·格茨（Walter Goetz）——已经出版了一篇关于某种德国人民持续存在性的长篇评论。他提出，当代德国人是许多种族的混合体；区域差异和宗教分歧仍然具有重要性；他强调外国对于德国文化发展的持续影响。格茨强调了德国文化的多样性，并指出单一人民或集体文化的概念性模糊。[72]另一名哲学家西奥多·利特（Theodore Litt）直白地反对形而上的集体文化概念，这一概念是集体文化的历史起因。[73]因此，弗莱尔使用人民和集体文化概念基于一种选择性遗忘，并决定不对这些概念进行理性批评和审查。考虑到利用集体独特性作为社会团结的基础，弗莱尔将集体文化的起源和

280

内容置于一团迷雾之中。

弗莱尔认为，一个缺乏共同集体主义目标的社会使其成员丧失生活意义。这或许使得他们可以自由地追求个人利益和职业，但是如果缺乏某种更伟大的集体目标，追求个人选择就会变得随意、武断。只有整个社会注重并认可自身的独特性，个人才有机会获得目标感。这种观点正是弗莱尔评论20世纪20年代德国的核心。他写道，"我们在理解我们的时代方面缺乏良心"，"我们感觉自己不受认可、缺乏意义、没有成就感，甚至没有法律义务"。[74]他厌恶"没有任何限制的混乱年代"。[75]对弗莱尔而言，一个开放的社会是一个没有意义的社会。他将资本主义看作此类开放背后的总代理人，并且寻找一种能使社会再次封闭的途径。

弗莱尔认可齐美尔对于资本主义和技术的反思，并且认为这些反思的意义在于能够捍卫文化独特性。他接受了齐美尔的观点，即在发达资本主义社会，文化的每一个领域都以各自的形式呈现出来，每一领域都根据自身逻辑发展，从而丢失了它们与某个特定人群以及某种特定历史文化的联系。多样的文化领域不再彼此适应以形成某种有意义的整体，不再为人民提供一个拥有共同视野的封闭世界。

比起齐美尔，弗莱尔对资本主义社会的的无目的性更加忧虑。对他而言，个人从人民的某种特定文化中获取意义和目标。然而市场的扩展——正如默瑟尔、黑格尔和马克思所意识到的——拥有普世主义的推力。新商品自然地在国与国之间买卖传播，人们超越国家的界限，逐渐形成针对外国商品和文化的品味。与此类似，技术没有天然的国家界限。市场经济和技术的相似之处在于，两者都是跨国界和跨文化的，并倾向于打破国家障碍，形成跨国界的共同利益。像技术一样，资本主义经济具有创造更完美、更高效手段的内在倾向。资本主义与技术的结合由它们的内在逻辑决定，不带有政治控制，并促使政治文化界限的消融。[76]考虑到弗莱尔关于意义只来自文化独特性的前提，这种前景相当于普遍的无意义性。弗莱尔的虚幻形象传达了他未经检验的设想，即当地和特定机构比起那些更遥远的机构更加自然和真实：不受引导的技术传播会制造覆盖整个地球表面的人造"地壳"，一种与任何特定集体文化都没有历史或有机联系的"次要系统"。人类最终会被吸入"一个客观联系的合理化秩序，一个经济交易公司"。[77]

然而，弗莱尔认为，他所期望的无意义的黎明年代不是技术发展的注定结果。技术或许缺乏内在意义和目标，但是普遍的无目的性和缺乏"整体"威胁着现代社会，原因不是因为它由技术统治，而是因为它由资本主义主宰。直到现在，现代欧洲的技术与资本主义同步发展，这是一种基于个人利润最大化的体系。应该对现代社会缺失共同目标负责的不是技术，而是资本主义。弗莱尔认为，与他同时代的人所面临的挑战是消融技术和资本主义间的联系。当下的政治任务是将技术重新融入"欧洲国家的生活整体"。[78]

这种必要的集体目标重造会带领人们摆脱私人困扰。目的是重申人民的力量，并创造一个实力强大的国家，使德国成为世界历史舞台上的重要角色，有能力保卫自身的文化独特性不受一战胜利国以及它们需要的国际贸易系统的损害。

战争、国家以及文化独特性的维护

保护人民是文化、经济和技术等所有方面服从的崇高目标。保证和控制这种服从性的机构是国家。在当代条件下，克服文化生活的内部多样性，同时保护人民的文化独特性，都要求实现弗莱尔和其他人提出的"全权国家"（total state）。于是从一般意义上理解，弗莱尔为纳粹主义合法化进行了复杂的论证。

备战是弗莱尔政治哲学的关键部分，因为只有集体备战促成的心理变化能够实现他的全面政治化，而这才是其政治计划的终极目标。20世纪初，美国哲学家威廉·詹姆斯寻求战争的道德对等概念。弗莱尔总结道，将他的个人战争经验与之后多年的文化空洞相比较，不存在战争的道德对等概念。他在20世纪20年代的政治理论验证了他的想法，即只有实际战争或者备战能够创造他期望自己的国家公民所拥有的政治信仰。

"战争，"他引用赫拉克利特的格言写道，"是万物之父……不单从字面意义上看，必然是万物之父，杰作中的杰作，这种结构下文化的创造力达到世俗中最强硬、最客观和最全面的目标——对于国家而言。"尽管战争只是国家历程中的一个特例，它事实上反映了国家历史的精华。这场战争不是一场能被很快遗忘的噩梦，而是一则昭示新时代黎明的预言。[79]

战争对于弗莱尔而言是政治的本质。他写道："国家之所以为国家，是因为它由战争构成，并不断由备战重组。"考虑到国家之间的合法分歧以及协调它们的分歧的不可能性，弗莱尔预测道，国家应当保持处在开放或者封闭的战争环境。一个躲避战争的国家将会退出历史舞台，并且只能成为其他国家行动的目标。国家唯一的选择是不断备战。从这个角度看，所有外交政策都来源于与别国对抗的公开或潜在威胁；它只是"通过其他方式使战争延续"。[80]

　　然而从更重要的意义上讲，战争具有关键作用。持续备战需要人们投入情感，而这一点对于弗莱尔而言，是政治的特征，能够不断提示集体利益优先于个体利益。此后，国家的创建和维持不是通过社会协议而是通过对抗外部威胁。如果这些威胁消失、斗争松懈、政治信仰萎缩，弗莱尔提供了一种国际关系模式，以确保国家外部斗争的永久存在。国家的存在是为了保障人民利益，并且要更有效地保障人民利益，国家必须不断尝试开拓可控制的外部范围，并根据需要重新调适环境。于是，帝国主义成为国家的本质——"为了存在必须征服"。[81]

　　与卢卡奇《历史和阶级意识》对社会民主的评论相类似，弗莱尔强调，自然或历史进程本身不会创造一个新的整体。尽管人民具有语言、历史甚至自然基础，他认为这些是集体政治复兴中的不充分条件。只有通过强化的民族独特性意识，通过一种共同行动的意志，人民才能成为政治化的集体。[82] 弗莱尔和卢卡奇一样，认为推动历史发展的重任落在那些——用卢卡奇的话来说——拥有"全局观"的人身上，或者用弗莱尔的话说，"只有那些了解民族文化的真正方向的人才有权利发起历史行动"。[83] 只有通过追求整体或全局，大众才能被带入革命。因此，弗莱尔著作的作用之一是强化国人对现有政治制度的疏远，并帮助他们系统化考虑一种能够替代民主、资本主义、福利的魏玛共和国的国家模式。

　　弗莱尔预测的替代物是一个国家——比黑格尔构思的国家更有实力——能够重新创造一个自给自足、自我肯定和封闭的社区。[84] "这种自生世界应当完全地、彻底地和客观地包括一个特殊群体；应当是封闭的，任何外来影响都不能够穿透它的领域。"[85] 于是所有的人类追求又一次获得意义，这时"一切都是重要的，一切都是有联系的"。[86]国家可以决定每个人在"整体"付出的相对重量。[87]最重要的是，技术和经济领域能够从基于个体实用性最大化的系统中解放出来，并且转移到人民目标上。[88]对弗莱尔而言，至于实现这个目标的某种具体合法或制度性的措施则完全不重要。

来自右翼的革命？

1931 年，弗莱尔出版了《来自右翼的革命》，一本试图影响当时政治方针的册子。尽管国家社会党从未直接提及，德国政治通过 1930 年 9 月选举结果呈现的潜在变化正是写作这本册子的直接动力。

政治不稳定性和经济停滞长期困扰着魏玛共和国，同时世界经济大萧条的影响也加重了政治经济危机。1919～1928 年，政府内阁平均仅维持十五个月。失业率比战前还高，同时经济增长缓慢。魏玛共和国的福利要求和政府委员会制定的高薪水率，使国内资本形成不足，吓退了外国投资，导致德国经济在纽约股市崩盘之前进入衰退。[89]

1929 年夏天，经济无疑已陷入危机。失业率攀升至 10%，库存量增加，大型公司开始倒闭。1930 年 3 月，魏玛共和国基于议会多数投票最后一次解散内阁。1930 年 9 月，大约有 300 万德国人失业，政府通货紧缩政策导致福利削减，共和国进行了历史上最关键的一次选举。国家社会党的选举实力有了戏剧性的飞跃，纳粹党从 1928 年的 80 万选票和 12 个议会席位，发展到 640 万张选票和 107 个议会席位（总数 577 席）。因拥有 18.3% 大众选票，他们成为德国第二大党，仅次于社会民主党。民众支持共产主义者——如民主共和国的宿敌国家社会主义党——选票由330万增至460万；由于在议会拥有77位代表，他们现在手握全国第三大代表权。对民众失序和国家社会主义党的反资本主义论调影响经济的恐惧，导致了德国短期国库债券的海外市场崩溃和国内资本外流，因此加剧了国家经济困境。

正是基于这些情况，弗莱尔写了《来自右翼的革命》。他的中心论题是德国面临一种新型政治现象，一种无法用现存的社会经济理论范畴解释的运动。他将这项运动描述为"来自右翼的革命"，并将纳粹党的选举展示视为现象的一部分，书中并未将纳粹主义作为它的终极形式或者希特勒（此人未被提到）作为它的最终领导者。这是第一次有能力反对代入自由民主资本主义系统的现代运动，因为福利国家资本主义已经展示了它们应对左翼挑战的能力。[90]只有民族主义者右翼的革命运动才有能力真正改变这种系统。

与卢卡奇一样，弗莱尔认为克服资本主义的最大障碍在于资本主义自身创造的精神或意识。它是群体自身利益的实用主义意识，在这种意识下国民社会的每一个阶级被分得经济蛋糕一角的欲望所驱动。在这种条件下，弗莱尔抱怨道，国家不从经济出发，也不能服务公众的共同利益。相反，政治成为一种利用国家在不同群体间调配经济资源的手段。亚当·斯密当然已经意识到商业社会中每一个群体利用政治影响力为自己的目标服务的各种努力，这是一个在他的年代商人权力所体现出的难题。黑格尔预言的公务员角色，应当正视这些特定利益的政治追求。对于弗莱尔而言，在一个选举权平等和议会民主的时代里写作，问题并不在于一个阶级以所有人为代价使用它的政治力量，而是所有阶级以大众利益为代价使用它们的政治力量追求自身利益——使人民抵御国际资本主义的影响。[91]

286 据弗莱尔分析，右翼新革命运动的前景在于其反对经济利益作为政治行动的主要目标。既然资本主义福利国家有能力化解基于社会和经济利益的挑战，只有拒绝这些利益的运动才能带来革命性的挑战。[92]右翼革命是那些不以社会和经济利益来定义自己的人的革命，因而无法融入现有系统。不像左翼或旧右翼，它们建立国家不是为了个体的社会利益，而是为了将国家从仅仅号召追求社会利益的腐朽现实中解放出来。[93]正是因为资本主义社会创造的人仅仅是生产者和消费者，个人无法从资本主义社会中获取从属于更广泛群体的归属感。弗莱尔认为，这种压抑已久的、认为资本主义无力为成员提供更高层次意义或集体目标的不满，正是右翼新革命的真正起因。[94]

为了反对资本主义福利国家，弗莱尔寄希望于"人民"。他现在使用的这个术语，代表的不仅仅是自然和历史的产物。它适用于所有拒绝根据社会等级和自身经济利益定义自己的人群：它指的是意识的变化。弗莱尔从纳粹投票所传递的不满中看到了资本主义文化评论的巨大政治化身，同时看到了其长期倡导的"全权国家"的可能性。

新型国家将被从社会等级的自私需求中"解放"出来，以参与真正的历史之中，比如，为了争取集体认可和获取世俗权力的人民团结。为牟利而生产的资本主义经济将被国家社会主义取代。[95]

《来自右翼的革命》一书出版不到两年后，国家社会主义党在德国掌权，汉斯·弗莱尔与众多学者一道，他们不仅支持新政权并尝试用自己的方式描绘之。他在莱比锡大学做"协调"工作，并在德国社会学协会发挥作用，同时为大学政治化和纳粹国家的社会研究制订计划。但是，他对于自己参与创建的政权越来越失望。1944 年 7 月，一群密谋者刺杀希特勒未遂，其中许多人像弗莱尔一样来自激进保守圈。如果这次刺杀成功，弗莱尔就会成为教育部长。幸好他的角色不是那么重要，得以逃离盖世太保的野蛮迫害。第二次世界大战后，不再激进的汉斯·弗莱尔重新改变他关于社会的想法。他仍然相信资本主义无力提供意义和目标，但现在的他指望包括家庭、宗教传统以及职业身份在内的机构，而非民族和国家为其提供意义。[96]

287

对于共产主义同样程度的失望并未发生在卢卡奇身上（或者只是他从未承认）。然而 1956 年，当一群具有改革头脑的共产主义者在匈牙利上台执政，卢卡奇加入了他们。要是他们成功了，他也很有可能成为教育部长。但是，政府被苏联坦克推翻。尽管事实上他居住的苏联正处于斯大林恐怖时期，他的第一任妻子在古拉格集中营消失，他的继子多年待在集中营里，卢卡奇直到他生命的尽头仍坚信，"即使生活在最糟糕的社会主义也胜过生活在最美好的资本主义"。[97]

卢卡奇和弗莱尔分别是左翼和右翼学者的代表，他们在战时欧洲都反对资本主义。但是，资本主义不是没有捍卫者。其中最优秀的一位是约瑟夫·熊彼特，他致力于解释资本主义值得继续维持的原因，同时说明了为何卢卡奇和弗莱尔这样的学者会如此憎恶资本主义。

第十一章　熊彼特：创新与怨恨

《资本主义、社会主义和民主》（*Capitalism*, *Socialism*, *and Democracy*）于 1942 年出版，是约瑟夫·熊彼特（Joseph Schumpeter）最广为人知的作品。此君为哈佛大学经济学教授，从德国移居美国十年后，他被哈佛大学授予终身教授的荣誉。这本书写于美国历史上最严重的经济大萧条期间，此次萧条既为德国纳粹上台提供了契机，也曾被很多左派人士看作马克思关于资本主义最终危机预言的证据。熊彼特在书中有一些惊人的论断。他提出资本主义是大众经济改善的重要来源，尽管当时经济萧条，人们仍然应该相信资本主义有能力缓解物质需求。然而，他的结论又是自相矛盾的——"资本主义正被自己的成就扼杀"。[1] 此书吸引人的地方就在于，熊彼特明确提出了这个论点，并且故意讽刺：马克思曾预言，资本主义必然被社会主义取代，但这不是因为资本主义本身经济上的缺陷，而是因为其产生的社会和文化力量会最终导致它的毁灭。这些力量一方面使资本主义成为历史上最具创造力和活力的体系，另一方面却又给予资本主义社会和心理上沉重的打击，这将导致它的灭亡。

熊彼特相信真正具有创造力的知识分子要等到 30 岁才会形成深刻的见解。不管这个命题是否具有普遍意义，他自己倒是成为典范。《资本主义、社会主义和民主》一书中，那些惊人的论述是在他大约 60 岁时发表的，但是一直贯穿于他三十多年来的作品里，而且最早可以追溯到他一战前的作品。然而，让熊彼特真正形成这种讽刺风格写作的原因是奥匈帝国的瓦解，以及随之而来的社会主义革命浪潮的失败。这种风格在《资本主义、社会主义和民主》一书中有充分的体现。

熊彼特早期作品里的创造力与怨恨

熊彼特 1883 年出生于当时奥匈帝国的摩拉维亚省（Moravia，今捷克境内）。同年，马克思去世。他是一个商业世家的后裔，[2]在他还是孩子的时候父亲就去世了，之后母亲移居维也纳，嫁给了一名贵族军官。熊彼特是她唯一的孩子，她把他送进了维也纳最负盛名的高中接受教育，在那里熊彼特的同学都是帝国贵族和资产阶级上层人士的子女。这样的家庭背景，加上他又出身天主教家庭（天主教是当时的主要宗教，尽管熊彼特并不信奉天主教），他很容易就融入了维也纳的上流社会。

在维也纳和柏林的大学求学期间，熊彼特学习了历史、社会学、经济学以及法律。1905～1906 年，他参加了一个由前奥地利财政部长、经济学家欧根·冯·庞巴维克（Eugen von Böhm-Bawerk）讲授的马克思经济学研讨课。庞巴维克曾对马克思的经济理论发表过毁灭性的批判。参加这个研讨课的学生还有奥托·鲍威尔（Otto Bauer）和鲁道夫·希法亭（Rudolf Hilferding），以及路德维希·冯·米塞斯（Ludwig von Mises）。前两人后来成了奥地利和德国社会民主党派政治和学术界的领袖，而米塞斯之后对价格在市场中角色的分析启发了新自由派的弗里德里希·哈耶克。然后，熊彼特成功进入了伦敦政治经济学院，攻读民族学，并对英国优生学家弗朗西斯·高尔顿（Francis Galton）和卡尔·皮尔逊（Karl Pearson）的作品产生

289

了兴趣。这两位学者从社会科学的角度解释人们取得的成就。熊彼特从维也纳大学毕业并获得了法学学位之后，他去了开罗，在一家意大利律师事务所任职，为一位埃及公主管理财务，赚了不少钱。闲暇时间，他写了一本关于经济理论本质的书，这使他之后得以去奥地利大学教书。1911 年，年仅 26 岁的熊彼特成为切尔诺夫策大学的教授。这所大学位于维也纳以东 400 公里的布科维纳（Bukovina）。该地区经济落后，文盲率在整个帝国排名第二，曾是哈布斯堡王朝的管辖区域，受其文化影响。当熊彼特 30 岁的时候，他已经出版了 4 本书，其中至少 3 本被尊为"精华"，这并不为过。而且他还开始为《社会科学和社会政治学文库》（*Archiv für Sozialwissenschaft und Sozialpolitik*）撰稿，该刊物是欧洲德语圈中最具影响力的社会科学期刊，当时韦伯担任编辑。1921 年，韦伯去世后，熊彼特成了三名编辑中的一员。[3]

在 19 世纪最后十年和 20 世纪初的几十年期间，欧洲思想最显著的特征是，重新重视精英的影响。差不多整个 19 世纪，精英角色成为重要的自由主义主题，因为自由主义者试图为那些能力出众或创造力强的人创造条件，让他们能够更好地发展，并且更多地发挥他们的影响。一些思想家认为，在 20 世纪最后的几十年里，男性选举权的普及似乎威胁到了这一进程。广泛的民主导致了群众型政党的增加，更多地宣扬平等主义学说，尤其是社会主义。知识分子们的回应是，更多地关注精英人士和杰出个人的需求。对于新潮流下的精英理论家们而言，尼采可谓是教父式的人物。那些精英理论家们极大地借鉴了尼采对怨恨心理的分析，并用它来解释当代的社会主义。[4]

熊彼特的所有作品中最常见的两个主题就是尼采的：少数

强者是创造力的源泉；多数人的怨恨对少数强者的无效对抗。在1887年出版的《道德的谱系》一书及其他地方，尼采提出，基督教道德的顺从和谦卑被看作最佳的教义，为弱者和地位低的人提供了心理上的满足，让他们能够感到自己在道德上胜于强者、精力充沛的人以及创造者。尼采认为，牧师的力量来自引导弱者的这股怨恨去对抗强者。

熊彼特将创造性领导力这个主题作为其资本主义概念的核心，尽管他不是第一个这么做的人。但是，相对于前辈们，他能够巧妙地阐释创造性领导力的内涵，并将其融入现行的经济学中去。19世纪末，一位保守的英国政论家马洛克（W. H. Mallock）就曾经写过一系列的书，论证大多数人的物质进步依赖于小部分精英。马洛克说，人们对经济发展所做的贡献不平等，而且这些贡献上的不平等，理所应当地体现在经济回报上。所以，这种不平等既势不可当又令人向往，因为它鼓励了有才能的人将潜在的能力应用到现实的经济发展中去。马洛克在其1882年出版的《社会平等》一书中，首次提出了这些观点，然后在1894年的《贵族与演化》中做了进一步阐述。熊彼特欣赏马洛克的作品，他在晚年分析评价后者的品质时，这样描述道："（马洛克）从未被经济领域认可，现在似乎完全被人们遗忘了，或许就是因为他有勇气说出不受欢迎的真相。"[5]在维也纳附近，经济学家弗里德里希·冯·维塞尔在他的课堂和作品中都强调领导力的重要性，并将它看作解释社会科学的一个基本分支。[6]这也是韦伯的现代民主政治观点的核心。

熊彼特在事业之初，将创造性、演化和个体强者看成解释社会科学的核心问题，他会在经济和其他领域探索这些问题的

291

内涵。[7]熊彼特在他的第一本书《政治经济学的性质和要义》（1908 年）中解释尼采的术语时，稍微暗示了创造力精英这一主题。[8]他在那本六百多页的书中，大部分内容用来阐释资本主义的稳定和静态因素，然后他强调说，资本主义实际上是动态的，需要用科学的方法来研究，也就是我们解释活力时常提到的"努力""权力意志"或者"支配力"。[9]

创造力精英在经济中的角色是熊彼特第二本书《经济发展理论》（1911 年）的主要内容，书中他提出了企业家精神的理论。他认为斯密被众多的平等主义者误导了，低估了杰出个人的作用。[10]熊彼特认为，供求法则自亚当·斯密时代就成了经济学的重点，但是这个法则忽略了资本主义的本质：资本主义的动态转化。这个转化从企业家起始，而企业家这个角色在 19 世纪的经济思想中却被忽略了。[11]

熊彼特将企业家与资本的所有者、发明家、管理者这些容易与企业家混淆的概念区分开。他认为企业家的作用就是经济创新。创新又包括很多种：创造新商品或者在本质上升级原有商品；寻找新市场、新生产和分配方式，或者为原有商品寻找新的生产源；引入新的经济组织形式。[12]企业家的职责就是突破经济生活的习惯模式，这就需要精神上的创造力和活力，这种品质是常人所不具备的、非同寻常的。[13]熊彼特说："（这需要）领导者的创造力和支配力。"[14]一种创新的形式是在行业里用前所未有的组织方式创立大公司，更高效地利用生产要素。熊彼特指出，这给专门的人才提出了一个艰巨的任务，因为他们需要克服许多社会和政治上的阻碍。[15]由于创新者的独特创新，他能够率先获得垄断地位，使自己的利润迅速增加。最后，其他人开始模仿他的创新，竞争会侵蚀最初的丰厚利润，导致利润降低，回归到原来静态的"循环流动"的经济生活。企业家成功进行了创新，创造了丰厚的利润。"但是他的成功开辟了一条道路，树立了一个榜样，让后人可以效仿。他们能够而且愿意追随他，先是个人，然后是整个群体。"[16]熊彼特指出，经济繁荣与萧条的交替循环模式形成了一个经济周期，具体解释就是引入、模仿、大量吸收企业家的创新。

企业家不仅为经济做出了贡献，还代表着一种心理。这种心理不能只解释为通常经济学家们所说的动机，比如享乐式的积累幸福，精心地将福利最大化。企业家的主要动机还是"梦想建立私人王国"，通常是一个能传承几代人的王国；证明自己比别人优秀，在这里金钱"主要被视为一个成果的指标和胜利的象征"；"创新、完成或者仅仅是运用个人力量和智慧的喜悦"。[17]准确来说，这是熊彼特试图再现资本主义活动的非功利因素。之后，他解释资本主义发展时描述道："功利主义只能彻底失败，因为其个体行为和社会机构的理性概念有明显和根本上的错误。"[18]

《经济发展理论》中描述的创新过程也可以被应用到其他领域。[19]领导者和追随者的区别，以及那些基本上一直做事的人和那些发明做事方法的人之间的区别存在于生活的方方面面，而不仅仅是经济方面。[20]

熊彼特关于精英在更宽泛的社会科学方面的理解在一篇名为《民族同质环境下的社会阶级》的论文里有所论述。这篇文章基于他在一战前教学中涉及的主题，尽管后期才得以发表。[21]熊彼特指出才能在阶级结构中的决定作用——包括先天的才能和后天通过社会机会获得的才能。[22]在某种程度上，导致社会阶级向上流动的专门才能取决于社会的科技、经济、政

293

治和文化结构。但是，熊彼特指出这里还存在一种"总体能力"（general capacity），这个概念在心理学家查尔斯·斯皮尔曼 1904 年的一篇著名论文中被称为"核心要素"（central factor）。熊彼特提醒道，才能在同质环境中是呈钟形曲线分布，而且当出现巨大民族差异时，会分布不均衡。[23]

熊彼特写道，马克思主义者强调社会阶级是正确的，但是他们关于阶级如何产生的理解是有缺陷的，他们低估了阶级之间流动的现实。现代中产阶级进出的流动比人们通常想象的要频繁得多。这种流动取决于个体和家庭的能力和行为。对 19 世纪的资本家来说，社会流动性取决于财产积蓄、投资能力、技术和商务技能以及在家族企业中的领导力。这与马克思的"自动积累"（automatism of accumulation）猜想相违背，按照这个猜想，大的越来越大，小的逐渐消失。马克思主义者及其他人没有注意到的是，在竞争的资本主义条件下自动衰退（automatic decline）的事实。没有创新，按照简单的、原有的、确定的方式投资，会导致家族企业衰落，"单纯地节约已有的资源，永远是衰退的一个表现"。现代公司内部的社会流动也取决于行为和能力。很多企业家需要具备的特质对成为新的精英也很必要，如精力、才智、远见。企业领导力也需要不同的特质，如人员管理的能力、在长时间会议中保持头脑清醒的能力。持续的资本主义转化并没有消除对精英的需求，仅仅是进入精英阶层的一些特质要求改变了而已。

在熊彼特作品中出现的第二个尼采的主题是怨恨，即大多数弱者心理上对于少数强者的厌恶，以及怨恨的大多数试图诋毁那些有创造力的成功人士成就的行为。[24]早在熊彼特 1911 年的《经济发展理论》中，他就描述了资本主义社会固有的反企业家情绪。他论证说，正是因为企业家把活力精确地注入资本主义社会，才导致他们成为厌恶的对象。新企业家的出现，以及随之而来的新生产资料和组织形式，必然使当前的生产资料、组织形式等在经济意义上衰落。在经济发展中没能取得进步的农民和手工业者诋毁企业家，然而那些在资本主义发展早期就进入上层阶级的人的后代也鄙视企业家，将这些创新者看作暴发户。熊彼特强调这种相对向下的社会流动与资本主义动态是必然联系在一起的，后来他将其称为"创造性破坏"（creative destruction）。[25] 如马克思一样，熊彼特声称资本主义会产生对抗自己的力量，根据他的观点，这些对抗力并不来自物质的贫乏，而是由企业家活力产生的怨恨心理。

熊彼特一生都对解释社会主义的吸引力感兴趣。他的学术生涯开始于奥地利和德国的社会主义党派迅速成长的时期。在事业初期，他就结识了那个时代最杰出的社会主义知识分子，并终生与他们保持联系。因此，他充分了解社会主义不仅对广大工人阶级具有吸引力，而且对最优越的上层人士也同样有吸引力。

熊彼特在尝试解释社会主义吸引力时不仅借鉴了尼采的概念，还借用了意大利政治理论家维尔弗雷多·帕累托（Vilfredo Pareto）的观点。[26] 帕累托是一位著名的自由主义经济学家，他把社会主义看作经济的非理性，然后解释了为什么社会主义对工人阶级和知识分子同样有巨大的吸引力。帕累托1901年的论文《精英的盛与衰》包含了两个主题，熊彼特在之后会不断提到它们：其一是精英的必然性；其二是非理性和非逻辑推动在解释社会行为中的重要性。帕累托指出，社会主义的胜利是"很有希望的，几乎不可避免"。然而，他也预测说，这个说法可能会应验，但是精英的现实情况不会改变。[27] 帕累托声称，要想说服社会主义者他们的学说是谬论，几乎不可能，因为他们像宗教的狂热分子。他们被非理性因素驱动，在未经过事实检验的情况下，就提出论据为自己的行为辩护。[28]这些主题还会在熊彼特的作品中再次出现。

灾难中讽刺的诞生

295 第一次世界大战期间和随后的几年对熊彼特个人来说是激动人心的，但是对他至爱的哈布斯堡王朝却是一个灾难。人生中第一次，也是唯一一次，熊彼特投入了政治，直接在政府任职。[29]战争期间，他频繁地访问维也纳，给皇帝和上层贵族人士派送经济和政治事务备忘录。熊彼特反对与德意志帝国的关税同盟，拒绝了与奥地利的军事结盟，因为他认为那样可能会加强德意志的民族主义，破坏哈布斯堡王朝的多民族统一。他提议大力推进和平，主张自信的君主政体能通过更具联邦性质的结构为帝国建立协商的基础，并且结束德意志和匈牙利人民受优待的境况。[30]

  帝国于1918年解体，无论对于熊彼特还是他周围的人来说这都是一个打击。这意味着一个孕育他们的文化的世界结束了。他所属的有教养的、说德语的奥地利人是现世的，他们致力于经济自由主义和法律。在世界主义观念的影响下，他们倾向于一个能够融合帝国多种语言的君主政体。[31]由于与贵族阶层的反资本主义倾向、中下层阶级的基督教社会主义者、社会民主人士以及斯拉夫少数民族中的民族主义者们有分歧，这个哈布斯堡社会中经济和文化最现代化的地区矛盾重重，试图用

"过时的"帝国王朝来同时保护它的地位和它的现代化政策。对大多数人来说，尽管从民族主义的现代学说和民主的民族自决方面看，帝国是"站不住脚"的，但事实上，帝国是当地最"理性"的政治体制，因为它能够最好地适应该地区所有人的经济和文化发展。这也确实是他们都默认的对德意志民族最有用的体制，当时德意志亟须经济发展，而只有帝国才能够实现。可惜的是，大多数国家都没有采用这种体制。[32] 这个看似理性的具有"启蒙"意义的概念可能遭到了根本上的误解，所以这个概念在熊彼特后期的著作中也经常被提到。[33]

伴随帝国毁灭而来的是社会主义的胜利，这对熊彼特来说又是一个坏消息。如我们所见，1918～1919 年对革命的期望和恐惧同时存在，像浪潮一样席卷了中欧。然而，俄国、匈牙利和慕尼黑的革命社会主义政府在经济上只产生了负面影响，1919 年之后只有俄国的革命政府得以幸存下来。德国和奥地利最杰出的社会主义思想家们，如鲍威尔和希法亭，在 1917 年都不认为社会主义是触手可及的，也没有对社会主义经济进行现实的详细规划。但是，在战争的最后一年里，激进的工人阶级激励了后资本主义经济发展的实际计划。战争结束时，维也纳也被工人和军人委员会控制。社会主义政党领导人对此持怀疑态度，担心他们可能导致布尔什维克式的接管。激进的工人认为社会化（公有制）能改善他们的经济状况，因而发动暴乱，抵制缺乏社会化的经济。1919 年 4～6 月，共产主义者夺取维也纳大楼的行为遭到了警方的镇压。1919～1920 年，维也纳的工人们在委员会中拥有主动权，他们投入暴力反抗运动之中，包括在市中心抢劫商铺、破坏咖啡馆。维也纳的中产阶级和他们的政治发言人将这些暴力的突发事件看作文明的

296

崩溃。[34]

当俄国的罗曼诺夫王朝、奥匈帝国的哈布斯堡王朝以及德意志的霍亨索伦王朝倒塌，共产主义革命运动在俄国、布达佩斯和慕尼黑兴起的时候，熊彼特投身政治，为政府服务。首先，他与马克斯·韦伯共同在一个德国政府委员会工作，讨论德国煤炭行业的国有化政策，两人对此都持反对意见。然后，1919年3月，熊彼特成了由社会民主党和（天主）基督教社会党组成的新奥地利政府的财政部长。到被迫辞职时，他只在那个职位上待了纷繁复杂的六个月。有人反对他抑制产业社会化的经济政策，而产业社会化却受到社会民主党的推崇。并且该党和基督教社会党都曾一度对他反对加入德国的政策不满，当时两党都倾向于奥地利与德意志统一。[35]

对政治家们会尝试通过民主或革命的方式建立社会主义的预期，致使韦伯在学术上开始反驳社会主义，他的观点见本书第九章。[36]与熊彼特同时代的米塞斯写了当时最有远见的一篇文章，其中他通过理性论证，证明了社会主义在经济上不现实。[37]熊彼特对此也坚信不疑，尽管他并不教条地倡导以市场为导向的经济政策。但从他1918年的论文《税收国家的危机》开始，他就采取了一种不同的修辞手法来避开社会主义。他成了一名讽刺家。如果符合他的目的，他就持一种观察家的姿态，反思当代政治家和知识分子的意图与他们的行为后果之间的差异。这些人的好意之为可能与他们的意愿相背离，产生消极后果，而睿智、讽刺的社会科学观察者却能预见这些后果。然而，熊彼特又来了一个讽刺的转折，指出尽管他对这些会导致意想不到的消极后果的计划做出了理性论证，但这并不妨碍行为者们实施计划，因为他们受到非理性因素的驱动。

为什么熊彼特要采取这种可能侮辱读者的方式呢？其实，他的讽刺是有策略的：他试图刺激读者，让他们形成自己的认识，这样可以鼓励他们接受其他明智却不受欢迎的观点。[38]熊彼特看到一个在走向毁灭，另一个缺乏决策力而无法唤醒人们对抗这种命运的意志。他感觉直接正面地攻击社会主义，无论在战后维也纳还是在美国罗斯福新政时期的知识分子界都不会取得任何效果。所以，他转而提出了一系列论据，说明为什么社会主义在当前的环境下不受欢迎。他坚称，社会主义的时代还没到来，现在是资本主义的时代。他还解释说，社会主义不会帮助社会主义者实现他们的目标，达成他们的期望。社会主义的实现主要以牺牲它的利益为代价。

熊彼特第一个极具讽刺性的作品是他于 1920 年写的长篇论文《当今社会主义的可能性》，其中暗示的许多主题跟他后来更广为人知的作品《资本主义、社会主义和民主》里面的相同。[39]熊彼特开始重申自斯密以来的经济学家们的论断。他写道，有必要重述某些显而易见的真相，因为很少有民众真正了解资本主义是如何运作的。生产资料社会化和建立自觉经济计划的目标不会终止"无序的自由竞争"，因为竞争性的市场经济并不是真正的无序。相反，熊彼特论述说："个人经济的利己主义会造福整体，从一个局外观察者的角度，这种方式为自觉计划提供的想法不会少于一个中央机构领导的社会主义经济所提供的想法。"熊彼特断言，社会主义和资本主义经济组织的区别也不在于前者服务于大众，后者服务于个人，因为促进竞争经济中生产过程的利润动机能够像社会主义经济一样为所有人谋利益。[40]

对社会主义的普遍理解是有弊端的。熊彼特声称大多数社

298

会主义党派的群众支持者想的是没收和重新分配消费品。他写道："社会化的美好生活和丰厚收入——这个通过占用现有财富致富的天真想法虽然在政治上有吸引力，却是荒谬的。"[41] 因为这种方法会导致经济生活的停滞，"文化私生活"的毁灭。[42] 他指责说，有责任感的社会主义者没有表现出勇气，去反驳对社会主义会导致生产倒退和个人经济情况恶化的指控。并且，即使社会化能成功，它也需要向工人阶级强加一个空前严苛的约束。

然而，他继续说道，资本主义经济发展从长远来看是朝着社会主义方向的。竞争性的资本主义市场会摧毁传统的、浪费的生产形式，然后使经济合理化，为"社会主义做必要的准备工作"。他指出，当这个过程发展充分之后，它就可以用一个更具计划性的经济政策取代资本主义的这种"自动"合理化。长远来看，熊彼特补充道，企业家的传统功能的必要性会减小，可能会被系统化成可传授的方法。那时，企业家和资本家的社会意义会降低，而且由于他们的功能不那么重要了，他们会逐渐走上和骑士阶层没落后的贵族们一样的道路。另外，由于家族所有权和家族式公司管理逐渐被股权取代，在股权中实际的控制权掌握在拿薪水的管理者手中，个人财产观念会被削弱。所以，熊彼特提出资本主义自身的过程会形成更加合理的经济，甚至在思想上为放弃个人生产资料的所有权做准备。[43] 因而，社会主义应当欢迎资本主义的持续发展。

他还论述说，社会主义者还有别的理由去支持资本主义的发展。他们希望结束需要将经济生活看成生活的头等大事的状况。而这种情况只能在巨大的资本积累之后才有可能实现。但是投资会牺牲当前消费，社会主义政治家会发现要想不给消费

者当前的收入，而把这些钱用于未来投资是很困难的。因此，
最好是在开始社会主义之前进行高水平的经济生产，而资本主
义最有可能带来这种经济生产，因为社会主义不容易积累储蓄
和增加投资，所以它要控制人口。熊彼特辩护说，在这里，资
本主义会通过抑制非理性的冲动、降低出生率，再次为社会主
义铺平道路。[44]

熊彼特解释说，社会主义会减缓经济的发展速度，但是这
与将人类活力从经济目标中解放出来的目的相符。然而，这只
是未来的愿景。他总结道，现阶段生产资料的社会化会带来灾
难性后果，疏远最有生产力的民众，降低生活水平，并且导致
社会冲突。因此，任何一个理性的社会主义者的当前政策都应
该是鼓励发展资本主义。[45]

在阐述要继续发展资本主义之后，熊彼特继续补充道，
"当然这些论述对那些坚定的社会主义者不起作用"，因为这
些人"对社会主义有一种神秘的、宗教式或者类似于宗教的
非理性信仰，没法被其他任何观点、证据或事实说服"。[46]在与
社会主义者们辩论的时候，他觉得只有讽刺能起作用。

熊彼特在20世纪20年代后期的作品中又重新提及这些
主题，重申他的看法，即相比于资本主义，社会主义经济无
效用。[47]但是，他再次坚称："资本主义经济稳定，甚至会越
来越稳定。它能通过合理利用人的脑力，创造出一种与其本
身的基本条件、动机和社会机构相协调的精神状态和生活方
式。它可以进行有序的转变，尽管不是因为经济上的要求，
或者很可能是以牺牲某些经济福利为条件。到时候，这种转
变能不能被称作社会主义，就仅仅是一个审美和语言表达上
的问题了。"[48]

从繁荣到萧条

在熊彼特短暂担任奥地利财政部长之后，他成了一家小型银行的董事长。这个职位有名无权，他可以用大部分的时间来进行个人投资，投资的一部分钱可以从自己的银行借。这些投资在1924年的时候出现了问题，那时德国和奥地利的极度通货膨胀导致市场崩溃，他的大部分财富化为泡影。他不得不从朋友那里借钱还银行贷款，最终花了差不多十年时间才还清这笔债务。[49]重回学术界后，熊彼特成为德国波恩大学（University of Bonn）的教授，并经常为财经媒体撰文。作为魏玛共和国的经济问题分析师，熊彼特提醒政府不要过多地干预经济，而且他还认为工会过度的工资要求会导致投资资本不足，阻碍经济发展。他的分析与近来历史学家的观点一致。[50]

熊彼特曾作为访问教授于1913~1914年在哥伦比亚大学待了一年，1927~1928年在哈佛大学进行学术访问，他期望美国能够免于资本主义扩张的拖累，也能抵御社会主义的诱惑。[51]1932年，他离开德国去美国永久定居，进入哈佛大学经济学系，正好可以观察罗斯福政府如何应对经济大萧条。

19世纪末到1929年的几十年时间是美国经济迅速发展的时期。1929年的农民，为市场提供的农产品比20世纪初增长了50%，而且农业上的增长相对于工业根本不值一提。由于高效工业组织形式的应用和电力机器的引进，美国的工业生产在同时期获得了四倍的增长。汽车在20世纪初还只是富人们的玩物，到了1929年则成为中产阶级甚至工人阶级的生活工具了。由于技术和组织形式的创新，生产成本降低，因而每年汽车销量都能达到数百万辆。1913年装配一辆福特T型汽车需要 14 小时，到 1925 年在伊利诺伊州海兰帕克市（Highland Park）的福特工厂里，每 10 秒钟就有一辆汽车从装配流水线上下来。大规模消费由两项金融创新推动着：消费者信用（或分期付款）和大众广告。尽管很多美国乡村地区的人们仍然处于贫困之中，但城市工人（其中很多是当时的欧洲移民）能够消费得起丰富的新产品，包括罐头食品、洗衣机、冰箱、电话和收音机。[52] 西欧和中欧经济的发展比美国更缓慢，但不管怎样经济还是在增长。

观察家在美国像在德国一样，呼吁关注公司的增长规模，以及关注由它们集中发展成的更大经济单位。[53] 在美国，"反托拉斯官员"如路易斯·布兰代斯（Louis Brandeis）相信规模扩大会导致垄断，或者至少是寡头垄断，即一部分企业掌控着某些商品的市场。他们认为他们从亚当·斯密那里学到垄断是不好的，尽管斯密将"垄断"定义为单个生产或销售某些产品授予专有合法许可，而不是少数企业占领市场。这些反托拉斯官员认为政府的任务是打破经济权力的集中，创造一个更加有竞争力的市场。其他的美国观察家们把经济集中看成不可避免的、有益的，如《集中和控制：解决美国信用问题的方案》（1912 年）的作者查尔斯·范·海斯，他们认为需要一个更主动的、更强有力的国家通过政府的管理机构来控制这样的企业。[54]

资本主义的发展也改变着家庭。对依靠童工赚钱的农村家族来说，儿童是一个经济福利；但对城镇居民而言，儿童变成越来越沉重的负担。由于培育孩子并使他们获得城市工作的成本上升，以及希望孩子向社会上层流动，夫妇们希望少生孩子。倡导控制生育的激进主义者，如玛格丽特·桑格，就倡导女性性欲解放。她的英国同伴玛丽·斯特普更为温和，在中产阶级的女性中更受欢迎，她的书《婚姻里的爱情或爱情里的婚姻》（*Married Love or Love in Marriage*）于 1918 年首次出版，之后多次再版，里面提到在一个友伴式的婚姻中女性对性满足的渴望。似乎在之后的几代人中这种现象更加明显，夫妇通过禁欲、中断性行为和流产等方式限制生育。但是，这里新产品也起了作用，包括改良的避孕套、杀精胶、避孕膜以及效果稍差一点但更方便获得的杀精冲洗剂。无论有没有人工避孕，出生率在大多数西欧国家和美国都有所降低，其首先出现在中上层阶级的女性之中，然后在工人阶级的女性中逐渐增多。[55] 文化评论家们，如熊彼特，推测在收入增加的情况下生育率下降的原因和后果。通常他们会将其解释为理性生活、文化衰退或两者兼有的证据。[56]

繁荣的列车来了一个急刹车，发出刺耳的声音，似乎到达了悬崖边。尽管经济大萧条通常归咎于 1929 年 10 月纽约股市的崩盘，但是大萧条还有更深刻复杂的原因。农产品价格的长期下降极大地削弱了农民的购买力；欧洲中央银行的灾难跨越了大西洋，波及美国；美国银行体系老旧、不稳定，导致了银行破产，接着产生了多米诺骨牌效应。虽然大萧条的原因难以解释，但影响却是显而易见的。在德国，失业人数以惊人的速度猛增，到 1930 年伊始达到了 300 万人，同年底增至 438 万人，到 1931 年底增长至 561.5 万人。经济困境使政治体制的压力增加，因为很多德国人只有当政治体制服务于他们的经济利益时，才会接受它。民主的激进反对者——国家社会主义者（又名纳粹）和"共产主义者"——在经济衰退时看到了他们上台的大好机会。当熊彼特于 1932 年底离开德国去美国的时候，有效的议会民主已经被暂停两年了，而且某种更极端的独裁正在兴起。美国的民主基础更牢固，可以让它从大萧条的风暴中幸存下来。但是，那里的经济状况依然严峻：当熊彼特到达美国的时候，失业人数超过 1000 万，几乎占了整个劳动力人口的 1/5。在像芝加哥、底特律这样的大城市，曾经是钢铁工业和汽车产业的摇篮，如今却有几乎一半的人无所事事。[57]到 1933 年富兰克林·西奥多·罗斯福成为总统时，国民生产总值比 1929 年已经减少了一半，而且每 4 名工人中就有 1 名处于失业状态。[58]

持不同政治观点的分析家认为资本主义的活力已经耗尽，美国和其他"成熟经济体"进入了长期的经济停滞。一些人辩解说消费者没有看到可购买的新技术。其他人担心自然资源即将枯竭，或者缓慢的人口增长会转化为消费需求不足。[59]这些推测促成罗斯福于 1932 年在旧金山联合俱乐部的竞选演讲中阐述了其后实施的"新政"的基本原理：

> 只要我们拥有自由的土地，只要人口在飞跃式增长，只要我们的工厂还不能满足我们的需求，我们的社会会给有抱负的人提供施展才能的机会和无限回报，只要他创造人们期望的财富。在经济扩张时期，人人机会平等，政府的工作不是去干预，而是去协助工业发展。

> （但是现在）我们的工厂已经建好，眼下的问题是在现有条件下有没有多建工厂，我们的最后一道界线已经好久没有被触碰了。

> 明白地说，这一切都需要价值重估。单纯地修建更多的工厂、更长的铁路和更多的公司很容易产生风险，没有

303

益处。巨大的推动者或金融巨头的时代……已经过去。目前，我们的任务不是发现或开发自然资源，也没有必要生产更多的产品。管理好已有的资源和工厂……调整生产与消费……才是明智、稳妥之举。[60]

罗斯福的演讲表达了"智囊团"学者们的一致意见，这些人因为新政走到一起，其中包括雷克斯福德·特格韦尔（Rexford Tugwell）、劳克林·柯里（Lauchlin Currie），以及熊彼特在哈佛大学的同事阿尔文·汉森（Alvin Hansen）。他们都同意，放任私营部分自行发展不可能再带来几十年前那样的经济发展。的确，国家经济甚至都不能回到20世纪20年代的繁荣水平了。[61]他们重申英国经济学家约翰·梅纳德·凯恩斯的观点，声称没有大规模的政府干预，失业率必然会停留在难以容忍的高水平。总的来说，新政实施者着手稳定资本机构，建立了一些新机构，如美国联邦存款保险公司和证券交易委员会，达到了上述效果。但是，他们还采取了一系列更激进的措施，试图改变竞争性市场的基本规则。

首先，他们试着通过限制竞争来提高稳定性。例如，1933年成立的国家复兴署（National Recovery Administration，简称NRA）考虑实施一项政府政策，推动卡特尔化，即同一行业中的所有经营者为了提高价格而达成一致，以此来提高就业率和工资水平。这是一项反对竞争性经济的政策，因为竞争性经济必然会产生赢家和输家；相反，复兴署试图让所有人都加入这个游戏。[62]然而，这项政策没法让美国经济更加强健。

新政没有解决失业问题，没能让国家走出持续的痛苦，这就使更激进的反资本主义情绪在政治煽动人士和一些新政实施者中发酵。在工业发达的北方，底特律郊区的罗马天主教神父查尔斯·爱德华·库格林（Charles Edward Coughlin）利用无线电广播布道，发展了许多自己的支持者。他反对华尔街暗藏的金钱权力，而这些阴谋都是由犹太人策划的——这些言论都参考了《锡安长老会纪要》（*The Protocols of the Elders of Zion*）。这本书是一部反犹太的虚构文学，曾一度受到亨利·福特本人的推崇。在支持了罗斯福 1932 年的竞选、宣告了"新政是按照上帝的意志"之后，库格林于 1934 年开始攻击总统，并建立了自己的社会主义全国联盟。在南方，平民主义者休伊·朗（Huey Long）也批评了罗斯福与金钱权力和大企业为伍。1934 年他提出"财富共享社会"，致力于通过没收和征税来掌控富人的财富，使"每个人都成国王"，将财富收入重新分配给每一个美国家庭。

　　罗斯福应对反资本主义煽动者们的政治威胁的方式是接受他们部分华而不实的政策方案。在他 1936 年的总统竞选中，罗斯福表明了他支持《财富税法案》（Wealth Tax Act）的态度。[63]他要求对高收入人群征收"非常高的税"（最高达到了79％），对遗产税严加审核，并针对公司盈利颁布了一些新税目。他通过一些言辞上的润色修饰，成功将他的"富人纳重税"提上了法律议程。他在 1936 年的国情咨文中声称，富人是暴君，"经济上的保皇党""独裁者"，"为他们自己谋权，奴役大众"。[64]当商业出现了回暖迹象时，罗斯福加大了赌注，言辞上更加激烈。等到他竞选结束，他开始谴责"有组织的资金"，在纽约麦迪逊花园广场一次情绪激昂的公开演讲中，他将自己的敌人称为"金融垄断、投机、轻率放贷、阶级对抗以及发战争财"的参与者。[65]

新政没有"解决"大萧条问题，当然也没有解决失业。甚至在美国经济开始复苏的 1933～1937 年，仍有 14% 的工人处于失业状态。罗斯福于 1936 年在总统选举中获胜，但是 1937 年经济再次大幅下滑。根据当代观察家和历史学家的评论，这主要因为罗斯福的言论和政策使商人不愿投资。总统的回应是放任反资本主义诽谤。他的内政部长哈罗德·伊克斯（Harold Ickes）猛烈抨击了"六十个家族"，声称他们控制着美国经济，威胁着要建立"大企业法西斯美国——一个受奴役的美国"。[66] 如果说新政期间有一个各类政策制定者都赞同的核心观念，那就是总体上不信任商人，特别是不信任大企业。[67]

熊彼特对大萧条和新政的分析

关于美国经济大萧条，熊彼特第一个重要的文学回应是他 1939 年发表的长篇著作《经济周期：资本主义发展过程的一个理论的、历史的与统计的分析》。[68] 他试图说明周期性繁荣和萧条是历史不可避免的一部分，是资本主义发展的过程，尽管他认为由于企业和政府能更好地理解经济周期，因此它的波动可能变缓。在书的末尾，熊彼特分析了当前的经济萧条和如何避免萧条。

在当时，很多人认为长期的、严重的经济低迷证实了马克思关于资本主义最终危机的预言，而此时熊彼特提出了一个预言性质较弱的观点。他坚称美国的经济萧条是长期和短期周期因素共同作用的结果。从 1933 年开始的经济复苏，与其说是政府政策的结果，不如说是经济周期的"自然"结果。[69] 但是，复苏因为政府的政策而放慢了，如 1933 年的《国家工业复兴法案》。这些措施的目的是稳定已有的企业，而不是让这些经济落后的企业破产，但是这些措施却意外地削弱了市场活力。在这样的情况下，一些企业的创新就会不可避免地导致其他企业的消亡。[70]政府试图提高工资，虽然这没有必然的坏处，但是在当时的周期性条件下却对经济扩张和就业水平产生了反作用。[71]

凯恩斯主义者对大萧条的分析认为，当代的资本主义遭受着投资机会减少的痛苦。熊彼特赞同这个观点，但不是因为这个分析是凯恩斯主义者提出来的。他认为问题在于群众和政府对于商业精英的敌对态度使这些理应进行重大创新投资的人不愿意去投资了。对高收入者征收高所得税、高遗产税，对未分配的公司利润征收附加税，再加上人们对新政政策反资本主义腔调的认知，这些都导致了投资和创新的减少。[72]这些措施打击了大公司和高收入者。然而，熊彼特写道："因为这个国家的经济'发展'主要依赖于一定数量的公司运作（不会超过三四百家），任何对它们功能的严重威胁都会使经济体瘫痪……"由于对最富裕的三四万人征收高额税款，可用的投资资本减少，这个问题就恶化了。[73]

熊彼特对政府的反垄断努力持怀疑态度。他为大企业辩护，用了大半生时间证明有创造力强者的清白。他认为新政期间对"垄断"的攻击是平等主义者对成功人士的怨恨造成的。[74]他写道，企业经常遭受攻击，因为垄断会"扩大富裕者的影响圈……"[75]那些以自由竞争的名义批评垄断的人不明白，为那些最先成功创新的人带来高"垄断"利润正是资本主义活力的本质所在。但是，为了保护优越的地位不被潜在的新创新威胁，大企业必须不断创新，否则就要面临衰落。

在美国也一样，反精英分子的怨恨使资本主义者难以忍受，造成"资本主义和它可能的替代者都不起作用"的情况。这种结果是熊彼特几乎三十年来一直关注的，事实上"资本主义通过自身运作产生了一种社会氛围——如果读者喜欢，可以叫作道德准则——这种氛围对资本主义有敌对态度，并催生出阻碍它发挥作用的政策"。[76]20 世纪 30 年代早期，大萧条的冲击和学者们对大萧条的主流解释导致了美国"公众的激进"，进而产生了禁锢资本主义的政策。"工业资产阶级"感到自己受到攻击，于是就以不进行投资和创新作为回应，进而就导致了一个更加脆弱的周期性恢复，否则事情也不至于此。[77]经济恢复疲软，反过来似乎又印证了那些相信资本主义活力已经耗尽的人是正确的。

《资本主义、社会主义和民主》

307　　在这样的情况下，熊彼特将他几十年在《资本主义、社会主义和民主》中探索的观点又提了出来。[78]他重申了《经济周期》中的一些看法，但是现在又用一个高度讽刺的方式将这些观点表述出来。为什么一个社会科学家要写一本讽刺口吻的书？很可能是因为他相信对社会主义的正面学术攻击不会被那些他想影响的年轻学者们采纳。在哈佛大学，熊彼特面对的是一群研究生，其中一人回忆道，这些学生都"被凯恩斯、马克思和凡勃伦这样的经济学家过度熏陶了"。[79]在《资本主义、社会主义和民主》一书中，讽刺是一个撬开思想的楔子。资本主义的日子所剩无几，资本主义时代必然让位于社会主义，这些是大西洋两岸广大学者们的推测。[80]熊彼特表面上假装同意，但其实这只是诱饵，诱使那些不可能阅读或认真对待捍卫资本主义的作品的左派知识分子去读他的作品。一旦他们上钩，阅读了他的书，那么他对资本主义和社会主义前景的讽刺评价就更有可能让左派知识分子重新考虑他们的推断。[81] 作为一部讽刺性作品，这本书的观点其实和它打算传递的信息正好相反。《资本主义、社会主义和民主》中的明确论点是正如马克思预言的那样，资本主义将被社会主义取代，但并不赞同马克思论述的理由。资本主义不会因为经济失败而毁灭，而是会被自身的经济成就所打败。

大概是因为熊彼特意识到大萧条让马克思主义更具吸引力，特别是对知识分子，所以他的书以解释为什么马克思主义如此受欢迎开始，然后详细分析马克思的成就和失败。虽然马克思主义谴责宗教是群众的鸦片，但熊彼特坚持说，最好还是理解宗教本身，因为它为救赎提供了一个计划，为世俗天堂提供了一个愿景。马克思成功的真正原因是"构想出一种感觉被挫败、被虐待的非凡力量，这就是大多数不成功人士的自动治疗态度"。[82] 马克思嘲笑"资产阶级的童话，让一部分人超越其他人，通过工作和储蓄、出色的才智和精力成为或者正在成为，资本主义"。熊彼特写道，非常建议马克思这么做，"因为去博大家一笑，无疑是处理一个让人感到不舒服的真相的明智之举，因为每个政治家都知道如何对自己有利"。事实上，熊彼特在他之前的作品中曾暗示，"超常的智力和精力有助于在工业上取得成功，特别是在创建工业时，十有八九会成功"。[83] 简单来说，马克思主义是最新、最有力的工具，它可以疏导弱者和缺乏创造力人群对强者和有创新精神人群的怨恨情绪。

马克思主义如此有吸引力是因为它要求根据一些法则来解释所有的事情。[84] 例如，马克思主义将帝国主义解释为外交政

308

策在大企业或巨额融资（high finance）影响下的产物。熊彼特认为，对于那些没有第一手资料、不知道世界如何运作的人来说，这是一个非常可信的解释。实际上，他写道："资本集团对他们国家的政府政策主要是适应性的而不是诱发性的，现在这个情况比以前任何时候都明显。另外，他们极大地依靠短期考量，既不进行任何深入的计划，也没有任何明确的'客观'阶级利益。在这点上，马克思主义沦为了通俗迷信的构想。"同样，为了抓住左派读者的心（或吊足他们的胃口），他从解释现代历史的角度，贬低了这种对帝国主义的解释："推测在某个地方，有一个由超级聪明又恶毒的犹太人组成的委员会，在背后操纵着国际和国内的所有政治"。[85]

经常赞扬马克思提出正确问题的人深度剖析了这个概念的缺陷。然而，熊彼特同意资本主义的进步会摧毁资本主义社会。但这并不是——正如马克思之前所说的那样——因为资本主义会给广大工人造成痛苦；相反，熊彼特辩论道，资本主义带来了一个史无前例的经济增长，其中工人阶级受益最大。他写道："典型的资本主义成就不是表现在为上层女人提供更多的丝袜，而是通过稳步降低劳动量，让工厂女工也能够购买丝袜。"[86]

熊彼特声称，新政实施者要么讨厌资本主义，要么不了解它。抛开他们的枷锁，资本主义能够继续带动经济发展，提高生活水平。他很快抛弃了当时受欢迎的观点，即由于投资机会的消失、自然资源的枯竭或对垄断和寡头创新的禁止，资本增长被永久地耽搁了。他认为投资机会和自然资源消失的观点忽略了一个事实，即企业家会创造新的领域，从曾经被认为是无用或没有价值的物质中获取"资源"，如深埋在地下的石油。

熊彼特指出，"征服空气很可能比征服印度更重要"。[87]另外，他认为技术进步实际上创造了更多的原材料，如食品数量的增加。[88]流行观点认为技术的潜力已经被耗尽了，因为没有明确地看见重大的创新。其实，这种观点忽视了在资本主义社会，"技术潜力是未知的海洋"。有些潜力我们目前还看不到（超越了我们的视力所及），它们会极大地转化为生产力，就像电力的到来一样。[89]至于垄断，即少数大企业独霸某一行业，尽管与完全竞争的概念相违背，但并没有抑制创新，危害消费者。因为即使掌控市场的大企业也经常被强迫着创新，这不是怕有其他企业生产出价格更低的产品，而是怕有人创造出新产品，完全取代原先的产品。

熊彼特认为，毫无疑问，资本在过去如此多产，未来它也有望增加财富，因为它呼吁且帮助建立一个简单、有效的动力体系。它用财富回报成功者，用贫穷威胁失败者。另外，它吸引最聪明、最有活力的人进入市场活动中去：随着资本主义价值逐渐占据主导地位，很多"智力超常"的人转而从商，而不是进入军事、政府、文化或者神学领域。[90]

熊彼特解释说，资本主义经济的回报并不与"工作的能力、精力和超常才能"严格相关。机会因素超出了人能控制的范围。但是，能力和精力仍然起很大作用，因此"这个游戏不像轮盘赌，而更像打扑克牌"。这个体系的成功之处就在于，巨大收益的诱惑使它能吸引精力最旺盛、能力最强的人。虽然最后只有极少数人能得到这些"丰厚奖励"，但是为了赚取它们，就会引起"这样的活动景象：只得到少量回报、没有回报或自己倒贴钱的大部分商人都拼尽全力，因为大奖就在他们眼前，同时他们也高估了自己的机会，以为自己可以做到

310 同样好"。同样，对失败会带来贫穷的认知"威胁或者打倒了很多有能力的人，因此鞭策着每个人，这比一个更平等、更'公平'的惩罚体系更有效"。更重要的是，商业促进了对成功的追求，因为"商业的成功和失败都十分精确，任何一个都不可能消失"。

资本主义不仅能诱惑有能力、精力充沛的人从商，它还能使他们一直对经济活动保持关注。准确地说，因为商业的特点就是需要创新，那些之前获得成功的人无法确信他们的公司或者家族能够稳居顶端，世世代代延续下去。因此，熊彼特在他最引人注目的画面中论述道，资本主义"有效地将资本主义阶层与它的经济生产任务拴在一起"。[91]

但是，资本主义的利益不仅仅在经济方面。熊彼特指出，大多数现代最具特色的东西，实际上都可以归因于资本主义发展和它推行的思想观念。这就是"理性的个人主义"的思维方式：主张做事不想当然；用理性去权衡优劣以达到利益最大化。这是从市场角度思考的结果，它表现了市场活动特点，即以事实、定量、数字来衡量得失。[92]这也产生了一种需要自我评估的信念，这种信念基于从世俗经历中总结自我，而不是依据传统或超自然权威的总结。[93]这些市场化思维反过来也促进了现代潮流的出现，如女性解放、和平主义倾向。[94]的确，强调个人现世福利，相信社会是变化的，贫穷不是人们生活中必不可少的一部分，这些思想理念促进了人道主义的发展，这是一种受"关于改善人类的功利主义思想"启发而产生的责任感。所以，相比于现代资本主义社会，前资本主义社会"从来没有这么多的个人自由，无论是思想上还是行为上；从来没有如此多的准备，要去容忍甚至承担领导阶级死敌的花销；从来没有如此多的同情，无论是对真正的受苦者，还是伪装的受苦者；从没有这么多的准备，要去承受重担"。[95]总之，资本主义为美好事物的发展负终极责任，而且这些美好事物都会被正确思考的人重视。

熊彼特在总结自己对资本主义的评价时，用了一个精巧的讽刺段落：

> 我不打算按照读者期望的方式去总结，也就是说，在他决定信任一个没有经验的人的一个未经检验的选择之前，我不会请他去关注资本主义秩序下，让人印象深刻的经济和文化成就，也不会要他去关注经济和文化成就给我们的重大承诺。我不会争辩说，这些成就和承诺自身已经足够证明资本主义可以继续运作，或者像人们轻而易举说的那样，可以肩负起人类脱贫的重任。[96]

311

然后，熊彼特转向社会主义。他开始论证社会主义经济是可信的。[97]这个赞同的观点注定要激怒更多传统（或者缺乏讽刺幽默感）的资本主义捍卫者，它很可能是一个修辞策略，用来调动倾向于社会主义的读者的兴趣。但是，社会主义只有和反资本主义怨恨束缚下的资本主义相比较，才能够获得经济上的优势。[98]社会主义要想获得经济发展，就只能选择那些智力超群、能力卓越的人，并且在社会影响力上给予他们相应的回报。因此，社会主义的经济成功只能以牺牲平等主义为代价。另外，随着生产资料私人制的消失，对政府的约束减弱，社会主义很可能会运用更多的政治权力来对抗工人。熊彼特总结道："没有理由相信这个社会主义将会像传统社会主义者梦想的那样，带来文明。相反，它更有可能呈现出法西斯的特点。对于马克思的祈祷者们而言，这会是一个奇怪的答案。但是，历史有时候就是充满了问题的玩笑。"[99]

尽管经济成功，但是由于资本主义自身的社会和文化进程，资本主义可能会消失。对于资本主义的文化影响，熊彼特确实有一些矛盾。因为通过提高理性思维，即每个人都应该为机构提供成本收益分析的观念，资本主义会质疑社会政治和经济机构。[100]虽然，如熊彼特指出，"理性主义"经常被证明是错误的，但对机构权威造成的损害却是真真切切的。熊彼特相信，这特别危险，因为支持资本主义的观点对很多人来说太难理解，因此当大多数人不再相信资本主义之后，他们会对它的真正优点做出错误的判断。任何时候，资本主义的观点都是基于长远的集体利益，但对于在居于资本主义核心位置的"创造性破坏"过程中失业的人群而言，这个观点不具有吸引力，因为企业家的创新会废除当前的生产方式和基于这些生产方式的其他方式。

与熊彼特的观点相呼应的还有埃德蒙·伯克和之后几代的保守党人。熊彼特论述道，相比于前资本主义社会，资本主义社会自身缺乏稳定性，而它想去除前资本主义的力量。一些分析家似乎倾向于反思哈布斯堡王朝和霍亨索伦王朝的失败，而不是美国的新政。对于他们，熊彼特提出，政治上软弱的资产阶级从意志更加坚定的贵族阶层那里获得了政治保护。由于一战，贵族阶层的政治地位大幅降低，资产阶级在政治上被暴露出来。曾经与商人和企业家们属于同一阶层的许多小农场主、手工业者和零售商们，再次对私人财产表示足够的支持。这些人有自己的财产，并有感情上的依附。但是，大企业强化经济的过程意在清除小资本家，这样也会抛弃他们对私人财产权的大力支持，而这恰恰是资本主义的基础。在由小企业组成的社会中，财产保障曾一度很流行，如今却被大肆削弱，因为现代企业以聘用管理人员取代了业主经理（owner-manager），而这些管理人员与（企业）财产并没有那么强的联系。[101]

资本主义推崇的个人主义和功利思想也改变着家庭生活，预示着资本主义的可怖未来。熊彼特声称，资本主义家庭在瓦解，与此同时，企业家的活动动机也在消失。人们，特别是女人，将成本收益分析的准则应用到了家庭中，她们需要也希望少生孩子或者根本不生孩子。理性主义的成本收益分析似乎在暗示，养育孩子的牺牲超过了这个过程所能带来的快乐。对于很多未来有望做父母的人来说，有关的问题似乎是"为什么我们要为了年老时受鄙视和侮辱，而放弃我们现在的追求，不再继续改善我们的生活？"对熊彼特来说，可能有这样的情况，这个看似"理性"的判断很可能被证明是错误的，因为做出这种判断的人没有获得足够的信息。这种情况下，他们可能根本无法体会到做父母的真正价值，即"父母在身体上和精神上做出的贡献——我们可能会表达成对'常态'的贡献——特别是母亲那方"。熊彼特抱怨道，这种考虑意在逃避"现代人理性的探照灯，他们在私生活和公共生活中都希望集中到确定的、立即的与功利主义相关联的细节上去，而且嘲笑人类本性或社会有机组织的隐性需求"。这个"生产的减少"意味着对特定收入追求的结束，这种收入可能建立跨代的动力机制。熊彼特声称，缺少了赚更多钱以抵消花费的激励因素，有潜力的企业家缺乏心理上的动机，促使他追求创新。由于更多地考虑到他们自己，没怎么考虑到后代，一旦他们自己的财务要求得到满足之后，他们就失去了工作动力。[102]

313

熊彼特指出，资本主义也可能失去吸引力，对此韦伯、齐美尔、卢卡奇和弗莱尔都曾有过分析。理性主义和以方法为导向的思维的普及，威胁到了"整体意义的毁灭"，使个人在一些宏大目标中，找不到融入其中的感觉。此外，他认为相对于创造出更多人类壮举的传统形式，资本主义活动应该显得比较平凡。赚钱是不英雄的举动。从这个意义上看，证券交易所无法替代人人追捧的圣杯。[103]

简单来说，资本主义会毁灭是资本主义发展无意之中造成的后果，这一过程导致资本主义支持的社会和文化来源遭到削弱。这里，熊彼特重提了前几代保守主义者的观点。他的分析可能受到典型保守主义缺陷的影响，将改变错看成衰退，想象特定的动机如对拥有私人财产的渴望，是曾与特定的历史机构联系在一起的；这些动机只能与这些机构同时存在，而不能变成其他形式。

知识分子的角色

如果资本主义创造了自己的掘墓人，熊彼特用讽刺的口吻指出，那他们就是知识分子阶层——马克思说他们是资产阶级出身的"理论家"，马修·阿诺德把他们叫作"外星人"，像格奥尔格·卢卡奇和汉斯·弗莱尔那样的人。他们的力量来自他们的角色，能够改变别人的想法。通过教学、写作和影响政府机构，他们创造了社会的文化气候。

不是知识分子制造了对资本主义的不满。知识分子的意义在于他们能够辨别和引导失望与怨恨的情绪，否则这些情绪就会传播开来，而它们是创造性破坏所固有的，是资本主义自身锻造出来的。换句话说，是知识分子疏导资本主义产生的怨恨，通过说明解决问题的方案在于推翻资本主义自身来转化他们的意义。[104]例如，工会就是资本游戏参与者通过联合企业来提高他们的市场机会的一个典型尝试。熊彼特称，工会其实本身并不激进，大多数工会成员自力更生地提高生活水平，成为小资产阶级。其实是一些追随马克思的知识分子，将工会激进化，试图将它们转化为反资本家斗争的旗舰。[105]知识分子是一群人，"他们的兴趣是努力工作，管理怨恨情绪，培育它，说出它，并且解决它"。[106]正如尼采曾经探索基督教，找到了牧师的意志和力量，牧师通过开导受苦者的怨恨来获得影响力，熊彼特将社会主义看成知识分子的一种表达，他们将对资本家的不满导入新的伪宗教中，让失败者能够理性对待命运。

熊彼特表明，他所说的"知识分子"并不是所有受过高等教育的人，而是那些"使用语言和文字力量的人"，不"对实际行为负直接责任"。所以，他们往往缺少"第一手知识，而这个知识只有真正经历才能获得"[107]——这一特征由尤斯图斯·默瑟尔在一个世纪之前提出来，埃德蒙·伯克和亚历西斯·德·托克维尔之后论述了这个特征，并做了改动。

随着新沟通方式的普及，那些写作和说话的人的影响力逐渐增大：印刷比以往更经济廉价，以及近来无线电广播技术日益兴起。这里就是产生"群众舆论"的地方。知识阶层的兴起本身就是资本主义发展的产物。当资本主义提高了可支配收入和增加了闲暇时间，越来越多的人就会受到新媒体和知识分子的影响，正是知识分子为这些媒介提供了内容。随着新闻业发展，另一个批判性知识分子阵地是教师行业。政党成员以及为政治家提观点和写讲稿的人士，都属于知识分子阶层中的不同等级。职业公务员的兴起基于教育的发展——黑格尔－阿诺

315

德的理想（Hegelian-Arnoldian ideal）意味着政府官僚和政策制定者分享知识分子阶层的精神和感受，这样他们能持续被吸收进知识分子阶层。[108]

但是，为什么知识分子要如此批判资本主义？根据熊彼特的观点，一个原因是批评对知识分子自身有益，因为"他们维护自己的主要机会在于他们实际或者潜在的扰乱作用"，所以"知识圈子……靠批评，它的整个地位依赖有杀伤力的批评"。[109]周期性生产过剩也会导致人们对资本主义的厌恶。阿诺德和其他人认为人道主义教育的收益增加导致了大学教育的持续扩张，产生了更广泛受教的人道主义者，超过了经济能够吸收的人数。但熊彼特指出，人道主义教育的效果并不一定是良性的："受过大学教育的人很容易在身体上不能从事手工业的工作，因为他们缺乏从事这种专业工作的能力。"大学教育因此让很多毕业生无法胜任资本主义世界的工作，只适合去做那些他们认为不值得他们去做的工作，或者获得他们认为低于他们自身价值的工资。他们会认为资本主义制度无法充分地给予他们回报。"不满滋生怨恨。而且它通常通过社会批评而使自己合理化，任何情况下，这都是有教养的观众对人、阶级和机构的态度，特别是在理性主义和功利主义文明中。"[110]后果就是反资本主义的怨恨，它隐藏在如此多的知识分子对资本主义的敌意中，而且使他们对理性的观点变得无动于衷。"在理性主义文化中，他们的表现总体上被某种程度地理性化了……资本主义受到掌握生死大权的法官的审判。这些法官不管听到怎样的辩护，都将使罪名成立；唯一可能取得胜利的辩护只能是改写起诉书。"[111]

但是，为什么生产资料的占有者不压制对资本主义的批评？一方面，熊彼特回应说，因为他们也持批判性的质疑态度，这是资本主义自身推动的功利理性主义的一部分。另一方面，尽管商人有时候可能希望见到批评性知识分子被打垮，但是资产阶级整体上不愿让政府这么做，以防对表达方式的攻击会导致对其他财产形式的攻击。熊彼特判断说，大体上资产阶级会联合起来为知识分子辩护，因为他们相信"摧毁他们反对的某种自由，必然也会摧毁他们支持的自由"。因此，尽管会有一段短期的反抗，但长期趋势是去除所有对批评的限制。[112]

知识分子最喜欢的消遣是猛烈攻击资本家，使资本家的理想变得不合法，假以时日使他们逐渐抛弃这个理想，削弱资产阶级在生活方式正确性上的自信。[113]熊彼特还指出，知识分子会保持这种倾向。他写道，"功利动机在任何情况下都会像群体行为的原动力一样脆弱"，呼应了尼采和帕累托的观点，"不管怎样，它适合行为的超理性决定因素"。

二战后的几十年里，西欧和美国的资本主义经济的确持续着历史性的扩张，正如熊彼特预言的那样。到了20世纪60年代，西方世界的贫穷迅速消失，同时传统形式的"无产阶级"也正在消失，逐渐被中产阶级的生活方式同化。

随着因资本主义发展而形成的社会的改变，控诉内容也发生着改变。这些控诉以赫伯特·马尔库塞的著作为代表，而凯恩斯则预示了这些控诉的出现。

第十二章 从凯恩斯到马尔库塞：
丰裕及其危害

凯恩斯悖论

约翰·梅纳德·凯恩斯（1883～1945年）通常被认为是战后福利资本主义的教父人物，而赫伯特·马尔库塞则恰恰被认为是这一思想的主要批判者之一。然而，他们两者之间其实存在不可思议的密切联系。

面对20世纪30年代那场棘手的大衰退，凯恩斯对政府执行的自由放任经济政策提出了一系列批判，并最终写成了他的代表作《就业、利息和货币通论》（1936年，简称《通论》）。作为斯密的重要思想遗产，经济通常被看作一个具有自我调节功能的实体。而针对这一观点，凯恩斯却认为，正是这种认为自由市场会带来充分就业的错误的前提假设，才导致了大衰退。他为政府试图通过增加开支以积极应对失业问题的做法提供了经济学上的理论根据。在私人投资和消费过低的时期，政府应当刺激经济活动。凯恩斯指出，政府支出可以让人们投入工作，而他们的支出将会增加对商品的需求，这会创造出更高利润的前景，从而使资本所有者更热衷于增加投资。失业现象将因此消失，而经济将重回增长轨道。

从20世纪30年代到70年代，凯恩斯成为西方世界最具影响力的经济学家。多个原因造成了这一结果：一方面，他为政治家偏好的行为提供了科学的支持依据；另一方面，他为经济学家塑造了将技术权威性与崇高道德目的融于一体的自身形象；此外，他还创造了一系列经济学概念，而这些概念即使对于那些不认同他的特定政策的人来说，也是不可或缺的。

318

在许多方面，约翰·梅纳德·凯恩斯都成了"让知识为社会和人民服务"思想的践行者和化身，而这正是亚当·斯密、黑格尔、阿诺德所孜孜追求的。凯恩斯的父母都是在政治舞台上非常活跃的学术界人士，在投身经济学之前，凯恩斯还曾学习过数学和哲学。他成了大学教育的典范与行政管理上的精英，在剑桥大学教授经济学课程的同时也担任了多个经济方面的行政职务。他还是一个醉心于艺术的人，在艺术上投入了大量的时间并为这类活动提供资助。他决心让英国（当然也包括任何愿意听从他建议的国家）摆脱大萧条所带来的持续失业，因为他担心这会损害自由和民主的基础，正如当时的德国那样。

尽管对资本主义带来的道德、社会和文化后果都已有过大量的思考，但凯恩斯一直没有对此进行系统性的著述。他对这些话题的论述都太不系统甚至让人感觉是自相矛盾的，以至于有时在同一个章节范围内都可能显得难以自圆其说。但我们仍然值得去阅读这些并不系统的评论，因为它们显示出对资本主义带来的经济增长的强烈喜爱可以与对这种经济增长来源的极端反感并存，那些对亚当·斯密或者阿诺德而言或许尚可承受的压力，对凯恩斯来说却已然成为必须挣脱的道德负担与精神枷锁。

如果说凯恩斯身在剑桥大学的数学与经济学环境中，那么他的心其实一直都在伦敦附近的布卢姆斯伯里（Bloomsbury）。正是在那里，他加入了一个由艺术家、音乐家和作家组成的声名显赫的圈子，并在其中逐步培养了自己的文化敏感性。他对美好生活的愿景是一个由审美发展、友谊培养和公共服务所共同组成的理想状态。站在布卢姆斯伯里的高处，凯恩斯俯瞰着整个伦敦城。[1]从很早的时候开始，凯恩斯就将那些被他称为"食利阶级"的人群发生的文化变异——为获取复利而牺牲艺术上的享受——描绘为这个社会获得经济进步的代价。[2]在他的书中，凯恩斯呼吁政府采取提高资本可利用性的政策，以压缩其获得回报的空间，从而促使"食利者的安乐死"这一现象的发生。[3]由此也可以看出，凯恩斯尽管总以亚当·斯密外衣下的阿诺德追随者的形象出现，但是他的一些深层次思想和情绪其实更接近于马克思和恩格斯。

这些思想与情绪在首次发表于1930年的一篇名为《我们后代的经济前景》的文章中得到了充分体现，该文的见解令人吃惊，被广泛转载和阅读。和熊彼特一样，他也指出资本主义在过去的卓越表现是经济增长的引擎，并预言假如没有大规模的战争和社会内部的不稳定，资本主义的未来表现将同样会是戏剧性的。事实上，凯恩斯推测，人类正在解决其"经济问题"的道路上稳步前进。即使那种"只有当其满足能够使我们凌驾于他人之上，从而产生一种优越感时，我们才会察觉其存在"的相对需要仍然难以餍足，但在几代人的时间里，人类所谓的"绝对需要"就能得到完全的满足。[4]当人们从紧迫的经济束缚中解放出来，不再需要繁重的劳动时，如何消磨闲暇时光，就将是这个即将到来的丰裕社会需要面对和解决的主要问题。

亚当·斯密认为人们希望提高自己在这个世界上的地位的欲望是驱使其参与市场活动的主要动力。在斯密看来，这些动

机并不是罪恶的，当然，假如一个雄心勃勃的穷人家孩子拥有
这样的动机，他们就有可能会让那些原本已经处于成功和愉悦
中的人感到不快了。这之后的许多思想家也都反思着（人们）
在排外地追求一些东西，特别是在追求金钱时可能会遇到的道
德风险或者个人失望情绪。凯恩斯对这种未来的预见和描述，
更多地采用了一种较为传统的表达方式，这种表达方式看上去
反映了一种更强烈的、更带有敌意的情绪要素：

> 当财富的积累不再具有高度的社会重要性时，道德准
> 则就应该发生巨大的变化。我们曾经把一些最令人厌恶的
> 素质摆在了最高美德的位置，现在我们应该把自己从这些
> 束缚了我们两个世纪之久的伪道德原则中解放出来了。我
> 们应该敢于去评估唯利是图的动机的真正价值。把金钱当
> 作一种财产或者所有权而加以热爱，与把钱作为实现美好
> 生活的手段加以热爱是截然不同的。我们应该认识到，前
> 一种做法其实是有点儿令人恶心的病态行为，就像一个人
> 面对心理疾病专家时手不停地发抖一样，是一种带有半犯
> 罪、半病理特点的习性。[5]

凯恩斯提出的问题和青年马克思指出的一样，是延迟满
足。他把这个称为"目的性"，归结起来就是"相比于本质或
者对我们周围环境产生的即时影响，我们更关注自身行为在遥
远未来产生的后果"。他贬低这种视未来高于现在的行为，认
为这是一种"为了保证虚假和虚妄的不朽"的尝试。[6]凯恩斯
对马克思和桑巴特的观点非常赞许，他认为延迟的满足与对不
朽的追求和高利贷与犹太人是一回事。[7]他声称，"那场给我们
的心灵和宗教信仰带来永久保证的竞赛，也最大限度地促成了

320

复利原则的形成，这一切也许并不是偶然的巧合"。而在更富裕的未来，

> 我看见我们会自由地……回到某些最为确定和真实的宗教与传统道德准则上去：贪婪将被视作一种罪行，而收取高利贷则是道德不端的行为，爱钱也是可憎的，只有那些至少为明天打算和考虑的人才会被看作真正富有美德与智慧的人。我们会再次看待结果重于手段，相比于实用会更偏好价值。我们会尊崇那些能够教会我们如何有价值、有意义地过好日子的人，赞美那些能够充分享受一切事情的智者，欣赏野地里的百合花，既不辛劳也无须纺织。[8]

这基本上还是需要几代人才可以看到的情景。到那个时候，个人主义将会蓬勃发展，却不再具有令人讨厌的犹太人一般的特征。[9]然而在当下，资本主义社会的基础性虚伪道德仍将继续存在："我们必须继续假装美即是丑而丑即是美，因为丑是有用的，而美却不是。贪婪和高利贷暂时还是我们必须信奉的神明，因为只有它们才能带领我们走出经济上的必要隧道而最终见到阳光的到来。"与此同时，只有和他在布卢姆斯伯里的同伴一样的人才能成为这样一个更富有文明色彩的未来的种子。"那些努力做事、目的明确的赚钱者可能可以带着我们，和他们一起进入物质丰裕的世界，"他写道，"但只有这些保持活力、全面发展和完善自己、懂得生活艺术、不为谋生手段而出卖自己的人，才可以真正享受到这个丰裕的社会。"[10]

若干年后，在他的《通论》终稿中，凯恩斯的表达则相对克制和委婉一些。他提醒读者，"许多有价值的人类活动需要赚钱的动机和私人财产权的环境才能完全实现和完成"，即

使他认为赚钱动机可以以比现在更低的风险来发挥作用。[11]毫无疑问，凯恩斯的观点是前后不一致的，所以我们很难确定，是否这些在《通论》中更谨慎的言辞才是他深思熟虑的观点，而《我们后代的经济前景》一文中的话则只是一些玩笑之言。不过，凯恩斯的主要传记作者罗伯特·斯基德尔斯基则认为，这些更激进的观点反映的是"在不被规范的形式限制的情况下，凯恩斯的思想本能和习惯性自由奔跑的轨迹"。[12]

321

凯恩斯对延迟满足在文化上的反感对他进行经济分析与提出政策处方产生了决定性的影响。[13]在 19 世纪末 20 世纪初，齐美尔曾经就为什么拥有金钱比拥有能以金钱买到的商品更令人满足进行分析。他认为，由于钱的拥有者可以在全部商品中做出购买的选择，他将由此获得额外的心理满足感，因此钱的价值其实超过了它可以交换的商品的价值。[14]凯恩斯关注到了这一现象，并给了它一个专门的学术名称——边际储蓄倾向，将其与对高利贷的古老谴责联系了起来，并认为这就是大萧条的罪魁祸首。他坚持认为高利率水平导致了持续的经济萧条。问题的关键就在于货币持有者的流动性偏好（他们偏好现金超过投资）导致了过高的利率，从而无法使经济体实现充分就业。他还认为，在当前的环境下，节俭——延迟满足的货币表现——并不是一种古老的美德，而是适得其反的一种倾向，因为它导致了过低的消费水平。再加上高储蓄倾向，就成了充分投资、充分就业与经济增长的障碍。这就是所谓的"勤俭节约悖论"：目前条件下的财富增长与其说是取决于富人的节欲，倒不如说是受到了这种节欲行为的阻碍。[15]凯恩斯因此得出结论：有必要借助中央控制来"在消费倾向和投资吸引力之间进行调节"。[16]

然而，这种所谓的中央控制并不是说要将整个经济进行集体化与社会化。凯恩斯毕竟是一位赞成在经济生活中给予个人极大自由的自由主义者。这些观点也被弗里德里希·哈耶克重申：

> 个人主义假如可以清除掉它自身的缺陷并避免被滥用，那么和其他制度体系相比，将是个人自由的最佳保障。它极大地扩展了个人选择的领域，同时也是生活多元化的最佳保障。生活的多元化产生于个人选择领域的扩展，而极权国家最大的损失就是这种多元化的丧失。这种多元化保留了那些包含我们前辈做出最安全、最成功选择的传统，它以多元化的想象使我们的现在多姿多彩，是使我们未来变得更美好的有力工具。

凯恩斯辩称政府角色的扩展是"避免现行的经济体系从整体上发生崩溃的唯一可行的手段，也是保证个人的主观能动性得以顺利发挥的基本条件"。[17]教条主义认为"看不见的手"（市场）是解决经济问题的唯一方式（连亚当·斯密也从未这样认为），凯恩斯希望政策制定者摆脱这一死板教条的束缚。

和斯密一样，凯恩斯认为政策制定者应当听从经济学家的意见。但凯恩斯坚持，政府应当弥补由贪婪、高利贷以及让人们过分节俭、推迟享乐的低俗文化所造成的错误。政府应当在专业技术水平过硬的经济学家的指导下，对经济进行适当与合理的管理，并让更多的人参与到对艺术审美和文化精神的追求中去。"经济问题，"他写道，"就像牙科一样，应当是专业人士的事情。"[18]

这当然是对短期而言。他仍旧希望在并不久远的未来，贪婪能被根除殆尽，而延迟享乐文化对需求的限制也将在经济增长面前显得多余。几年后，赫伯特·马尔库塞将声称这个时代确实到来了。将这两位思想家放在一起似乎不合常理，但是在一些方面，马尔库塞的思想读起来确实与凯恩斯的观点十分相似——当然，经济学方面的除外。

新的丰裕时代与意识形态的终结

假如有这样的机会，熊彼特和凯恩斯预测资本主义将在未来产生惊人的生产力，当然熊彼特可能会怀疑资本主义是否还能拥有这样一个可能性。然而，在第二次世界大战之后的二十年里，尽管看上去总是断断续续、步履蹒跚，但这一切最终成了现实。如同他们预测的那样，经济得到了巨大增长，西欧和美国绝大多数人的生活水平也大幅度地提高。在美国，经济增长的势头于战争期间就开始显现，并一直持续到20世纪70年代初期。在西欧，经济在40年代末期开始恢复增长，并从那时起一直保持高于美国的增长率。最令人震惊的增长发生在西德，1950～1960年它保持了8.6%的年均经济增长率，这意味它的经济总量在十年内就翻了一番。法国和意大利的表现也非常出众。英国的经济表现虽然不如欧洲大陆那样壮观，但也有较快的增长。全新的富裕景象在整个西欧地区出现，50年代中期就已经在英国有所显现，60年代扩展到了意大利。西欧地区的经济增速是如此之快，以至于60年代只有1.5%的工人处于失业状态。在西欧的发达资本主义国家与美国，贫困——对食物、衣服、居所和教育的绝对需求——只能在整个社会的边缘地带才能有机会看见。[19]到50年代，观察家们已经将美国形容为"丰裕社会"（这是一个由美国自由主义

323

经济学家约翰·肯尼思·加尔布雷斯在其 1958 年的同名著作中创造出来的新短语），这个短语很快也适用于整个西欧。

二战以前的许多奢侈品到那时已经成了生活上的必需品，比如冰箱、洗衣机、电话、电唱机等。20 世纪 20 年代兴起于美国的供民众购买的汽车，于五六十年代进入了西欧地区，这一地区的汽车产量从 1947 年的 50 万辆增加到 1967 年的 900 多万辆。[20]西欧和美国的人民比以往任何时候都住得更好，穿得更好，吃得也更好。在历史上，"闲暇"第一次成了需要考虑的问题。一般居民也能过上在他们父辈时只有有钱人才能享受的生活了（除了那些日常工作被机器取代的、在有钱人家帮佣的人）。日益庞大的消费品制造商和销售商开始转向市场研究的新学科，并应用心理学理论来提高产品需求。[21]正如一名英国前矿工向一位美国记者描述的那样："在不久以前，我还能看到有人营养不良、衣不蔽体，住宅破败简陋；现在，你看到他们都穿得好、吃得好，你可以走进他们家里，看到他们拥有装饰品、钢琴、地毯、收音机，有些人家还有电视机。生活的一切都改变了。"[22]

大学教育在第二次世界大战以前一直被视为上层精英人士的专属产品，而今也向更多的人敞开了怀抱。在美国，《退伍军人权利法案》（G. I. Bill）是社会发展的一个里程碑，等效于 19 世纪开发广袤自由的西部地区，带来众多的发展机会，经济也得到了迅速发展。在西欧地区，高等教育在战后的几十年里得到了爆炸式发展。以法国为例，第二次世界大战结束的时候仅有不到 10 万名在校大学生，到 1960 年该数字已经翻倍，并在十年以后达到了 65.1 万人。在西德、英国和意大利，大学发展也有类似的情况出现。曾被看作奢侈品的大学教育，现在已经成了必需品。

在大萧条中，人们普遍认为资本主义制度已经耗尽了其未来进一步扩张的技术可行性，历史上由原材料稀缺造成的经济增长循环也不可能再出现了。熊彼特认为这两点都是目光短浅的谬论并不再考虑，而今的事实也明白无误地证明他是正确的。战后几十年中，令人吃惊的经济增长实质上源于一场新的工业革命。许多在二战以前或者战争中被研发出来的新型材料，比如"塑料"，而今开始被广泛地应用到消费品的制造过程中，这些使人们的厨房乃至家中的各个角落都发生了巨大的改变。核裂变提供了新能源。晶体管给收音机和其他产品的制造带来了全新的便利。新的娱乐方式和技术载体得以不断发展，成果层出不穷：首先是黑胶唱片，随后有了磁带，最后还出现了电视。各种新药，比如抗生素等，改善了人们的健康状况，并减轻了人们对因细菌感染而死亡的恐惧。农业生产领域也有了很大的变化，人们现在只需将收入中更少的一部分花费在食物上。从 20 世纪中叶到 20 世纪末，全球的食品价格下降了 50%。所谓的"绿色革命"——更加精细、复杂和富有营养的水稻、玉米与小麦品种的培植——使供养比过去任何时候都多得多的人口成为可能，这在亚洲地区表现得特别明显。这些农业生产力的提高有些是发生在市场范围之外，它们主要依托一个受到洛克菲勒和福特财团资助的国际研究机构网络而得以实现。这或许是那些受助于财团的非营利性组织中最具戏剧性的典范。[23]这些技术进步的共同点在于，它们对原材料的需求越来越少，从而使原材料的经济重要性迅速下降，这正如熊彼特所预料的那样。

在人们生活水平迅速提高的背后，是许多国际制度性安排，这可以向前追溯到亚当·斯密时代。斯密曾大力阐述基于自由贸易的国际分工所带来的好处。"在实践中，"我们这个时代最杰出的马克思主义历史学家埃里克·霍布斯鲍姆指出，"战后经济增长的所谓黄金时代也正是自由贸易、国际资本自由流动和稳定货币的年代。"[24] 战后美国的国际秩序制定者坚决反对战前盛行的经济保护主义，并促成了这一历史性突破。他们撤除了贸易壁垒以促进国际贸易的发展，并敦促其西欧盟国同样降低关税以消除壁垒。1953 年以后的二十年内，全球工业产品贸易增长了 10 倍还多。

带来丰裕社会的经济黄金时代其实是一个政府引导、激励与积极利用市场的年代。在资本主义世界的几乎每一个角落，都可以看见政府在试图驾驭经济发展并发挥着巨大的作用。人们对经济计划有着十分广泛的讨论。尽管许多国家的经济计划采取的是类似于法国的做法，即政府向指定行业提供信贷配给等较为温和的形式，但在一些情况下，由于受到凯恩斯主义的巨大影响，政府政策试图在经济活动收缩时通过增加支出来提高经济需求水平、降低失业水平，从而熨平经济的周期性波动。政府积极鼓励工会组织和大型公司管理层之间的磋商和妥协，这在德国和法国通过正式制度实现，在美国则显得相对不那么正式。政府或通过国家社会保险，或像德国那样通过促进保险基金发展，为使居民免于陷入疾病、失业和养老困境，提供了前所未有的支持和保护。政府利用税收等间接或直接的激励手段，补贴居民住房和儿童抚养费用。尽管受到社会主义思潮和试图使企业免于倒闭的实用主义想法的冲击与影响，战后曾经出现了短暂的国有化浪潮，但 1950 年代还是成了"新自由主义"时代。市场被视为经济生产的主要引擎，它生产出的部分财富可以通过福利国家进行二次分配。[25]

战后，在主要由美国创设的政治、军事、经济环境下，资本主义展现出了出人意料的恢复力。它为更多的人提供了更多的东西，即使那些需要为国家社会福利缴纳各种税款的资本所有者，也获得了更多的利润。很快政治观察家们就发现，在西欧的民主国家中，左翼与右翼的主要派别之间出现了明显的政见趋同。[26]这部分是因为激进的右翼因法西斯统治的历史而不再受人信赖，而激进的左翼（共产主义者）要么被宣布为非法（西德和美国），要么被主要的民主联盟排除在政权之外（法国和意大利），或是因物质条件的不断改善而无法得到足够的民众支持。同样引人注意的是温和右派与温和左派在社会政策上的趋同，前者减少了对进行社会再分配的政府的反感与敌意，后者则抛弃了社会主义思想中最极端的部分，即生产方式的国有化；相比于在英国、法国和意大利，这种政策趋同在西德表现得更为明显（在美国，社会主义从来没有成为中间偏左的民主党人的主流政治意识形态）。早在1955年，美国和欧洲的观察家们就观察并记录下了这看起来是"意识形态的终结"的一切变化。[27]

福利资本主义在消除贫困、道德败坏、大量失业和系统性不稳定等问题上的巨大成就，似乎预示着熊彼特描述的知识分子那种颠覆性角色的终结。然而，这些观察家没有料到的是，那些从未体会过父辈经历的贫困、稀缺，并将经济增长视作理所当然的年轻大学生一代，会出现什么样的反应和行为。熊彼特曾经看到"资本主义站在准备判处它死刑的法官面前。这些法官不管听到怎样的辩护，都将使罪名成立；唯一可能取得胜利的辩护只能是改写起诉书"。[28]最富穿透力和洞察力的起诉书将由一位为了逃避纳粹统治而逃亡美国的德国哲学家——赫伯特·马尔库塞（1898～1979年）——写出。马尔库塞为生活在丰裕社会中并沉浸于弗洛伊德式经济里的这代人，重新表述了马克思对资本主义所进行过的文化批判。

马尔库塞思想的欧洲起源

马尔库塞比熊彼特小15岁，比卢卡奇小13岁，比弗莱尔小11岁，因此他拥有与这些前辈完全不同的经历。马尔库塞1898年出生于柏林，其父早年从事纺织品贸易，后又在房地产生意中赚了很大一笔钱。[29] 他出身于一个犹太教信仰淡薄的犹太人家庭：马尔库塞一年只参加两次犹太教集会，并且以一种淡化宗教内容的形式在家里庆祝圣诞节。他们家庭的真正信仰是先进的文化。和弗莱尔一样，马尔库塞曾在未成年时参加过青年运动。他于1916年被征召入伍，作为一名非战斗人员在军中服役，和弗莱尔的经历类似，他也因为这场战争而变得激进起来。在20岁那年，他参加了一个在战争末期组建的士兵委员会，在那里，他得以亲身观察到德国工人阶级是如何缺乏革命性的。为什么工人阶级没能实现其被马克思经典理论赋予的历史性角色，这一问题成为他日后成熟作品的主题。但和弗莱尔不同的是，马尔库塞从两个具有开创性的角度重新表述了这个问题并进一步寻求答案：国家社会主义的兴起，以及二战后几十年经济增长中的资本主义复苏。

魏玛共和国时期，马尔库塞一直处于分别以格奥尔格·卢卡奇和马丁·海德格尔为代表的左翼与右翼对资本主义的无休止争论中。对卢卡奇在其早期作品《小说理论》中开创的文学历史批判方式，马尔库塞在其1922年关于艺术家小说

（Künstlerroman）的博士论文中进行了十分积极的回应，该作品以一系列小说的形式，研究了这位艺术家及他对社会的疏离。[30]马尔库塞与卢卡奇见面，并阅读了卢卡奇的代表作品《历史与阶级意识》，该书对他后来的个人作品产生了独一无二的重大影响。[31]直到晚年，马尔库塞依然保持了对卢卡奇式原则的信仰和尊崇。马尔库塞个人对市场的体验与经历来自20世纪20年代中期，当时他的父亲让他到柏林一家古籍文献经销商那里做合伙人。不过，这一段经历其实并不具有多大的代表性：按他自己的话来说，他将绝大部分时间花在制作弗里德里希·席勒的作品书目上。席勒是一位伟大的德国戏剧家和批评家，他的《审美教育书简》被视为新兴资本主义秩序批判史上的一个里程碑。[32]马尔库塞很快就觉得市场活动不适合他，他前往弗莱堡大学，在那里跟随海德格尔学习。海德格尔激进的哲学和文化批评观点呼应了卢卡奇和弗莱尔的许多论点，但通常是以缺乏历史和社会细节的抽象语言写成的。当弗莱尔出版社会学理论方面的主要著作时，马尔库塞立刻对其将海德格尔所谓的"决定"（Entscheidung）的必要性引入社会学研究范畴表示了热烈欢迎。马尔库塞认同弗莱尔关于社会学分析必须以政治承诺为前提的观点。[33]他在政治上一直表现得非常激进，并在有社会主义倾向的出版社出版他的作品，尽管他从未参加过被他蔑视为缺乏革命性的改良主义社会民主党，也从未加入过被他鄙视为独裁专制的共产党。当青年马克思的"哲学手稿"于1932年首次出版时，马尔库塞是第一批注意到其重大意义的人之一，他认为该作品中关于异化的主题论述，与卢卡奇和海德格尔作品中的核心内容十分接近。[34]

　　马尔库塞曾经一直希望谋求一份哲学教授的工作，并在海

328

德格尔的指导下完成了一部博士后著作，以便申请大学职位。但到 1932 年完成学业的时候，他越来越清楚向极右转变的政治气候已经不可能让他这样一个犹太左翼分子被德国大学聘任。他转向了法兰克福社会研究所，这是一位与阿根廷进行牛肉生意的犹太企业家的儿子在十年前创办的马克思主义研究所。这位企业家的儿子，费利克斯·韦尔，自称是"沙龙布尔什维克"，成了左翼知识分子的守护神。他资助出版了卢卡奇的《历史与阶级意识》一书，并创立了和法兰克福大学有联系的社会研究所。而其父正是法兰克福大学的一名主要捐赠人。[35]

就在马尔库塞加入研究所的时候，研究所的新负责人，马克斯·霍克海默，由于相信国家社会主义不久后就会在全德国范围内得势上台，所以出于谨慎，提出应该将研究所迁往瑞士。为了准备搬迁事宜，霍克海默在日内瓦设立了一个分支机构，并任命马尔库塞为负责人。霍克海默联系了伦敦政治经济学院与纽约的哥伦比亚大学，希望能与其中一家学校建立联系，如同之前和法兰克福大学一样。与伦敦政治经济学院的谈判并不顺利，并受到了另一位中欧移民哈耶克的强力阻挠，后者对马克思主义深恶痛绝。[36]哥伦比亚大学的态度则相对开放一些，当然这也可能是因为他们对这个研究所的政治立场了解不多。[37]于是，1934 年 7 月 4 日，马尔库塞抵达纽约，并很快拿到了入籍文件。与霍克海默以及研究所的其他成员一起，马尔库塞迁入了毗邻哥伦比亚大学的研究所新总部。

研究所里的这些在异乡避难的马克思主义知识分子现在全身心地投入对祖国的国家社会主义制度本质的记录和理解工作中。在美国与日本开战后不久，德国希特勒政权随之也对美国宣战。美国政府认为自己十分需要熟悉德国问题的专家，他们可以提供关于纳粹的研究成果，并帮助分析美国士兵踏上德国领土时可能面临的情况。毫无疑问，研究所的许多成员都成了战略情报局（美国中央情报局前身）这一新成立的美国情报机构的雇员。赫伯特·马尔库塞也是其中一员。他参与到政府服务中来的另一个原因是研究所已经无法给他提供足够的资助与支持。由于马克思主义经济学家弗里德里希·波洛克不佳的投资选择，研究所的资助基金变得越来越少了。[38]

研究所的大多数成员都认为所谓的"第三帝国"应该被理解为德国形式的法西斯主义，而法西斯主义则应当被视为私营企业经济需求与自由政治体制不兼容时，垄断资本主义所采用的一种极端的表现形式。[39]但这种认识和观点令下面这个问题始终悬而未决，即这样一种政治制度何以在现实中取得了广泛的欢迎和拥护。

在希特勒上台之前，研究所的一些成员就已经认识到，大多数马克思主义者用于研究政治问题的理性功利主义动机理论，在解释工人阶级为何不能革命成功这一问题上有着很大的缺陷。事实上，研究所的成员通过调查和分析希特勒上台前工人阶级的观点后得出结论，工人阶级容易被诸如纳粹主义那样的独裁主义运动吸引。在寻找有助于阐释非理性行为的理论过程中，研究所的不少成员开始阅读西格蒙德·弗洛伊德的作品。[40]马尔库塞和霍克海默对弗洛伊德理论的临床应用并不关心，但对社会和政治事件背后的非理性驱动力则表现出了极大的兴趣。对这一理论的关注使马尔库塞对纳粹政权的阐述更加出彩，并奠定了他之后分析战后资本主义社会的基调。

当时，大多数国家社会主义制度的分析者都强调该制度的压迫性本质——使用暴力迫使社会中的个人整齐划一地遵守秩序。一些以精神分析为导向的观察家，如威廉·赖希，则从弗洛伊德主义的角度去定义这种制度的"压迫性"，即认为它是基于本能驱动力的内部压迫而形成的。与此相反，马尔库塞则被德国人民所表现出来的对这一制度的自愿痴迷和深深顺从震惊。他将这种顺从部分地归因于该制度实际上不是压制而是放纵了人们内心的基本欲望。"对一些高度禁忌事务的开放是国家社会主义在集体控制这一领域的最大胆的做法之一，"马尔库塞说，"这看起来似乎令人觉得有点自相矛盾，但放松这些禁忌的确强化了将个体整合进国家社会主义体系的趋势。"他指出，纳粹政权"消除了社会对未婚生育的母亲及其孩子的歧视，鼓励婚姻之外的两性关系，在艺术和娱乐中引入了全新的对裸体的崇拜，并消解了家庭传统的保护和教育功能"。性冲动的满足有助于解释为何那么多的德国人对这样一个实际上压抑人们潜能的体系产生了如此强烈的情感依恋。[41]性生活被"解放"和"自由化"使政府能够更有效地用性来达到自己的目的。政府试图控制人们的交配和繁殖，并将从前属于私人领域的生育分娩政治化了。他一针见血地指出："对性的政治性利用，已经把这个受保护的私人领域，变成了需要许可的领域，自由已经不复存在。"[42]这个政权不仅引导"性"，也引导其他富有侵略性的力量以达到自身的政治目的。"这个政权，不仅是压制一个人，实际上还解放了人类个体最险恶的本能。"马尔库塞总结道，"新秩序有一个非常确定和重要的内容：将现代社会见证过的最具攻击性和破坏性的帝国主义力量组织起来。"[43]出于压迫目的而释放本能驱动力成为马尔库塞得到的一个非常重要的启示，后来这被他用于解释为何第二次世界大战之后资本主义实现了出人意料的恢复。

马尔库塞在二战结束后的五年里一直在政府工作，先是在战略情报局，后又进入美国国务院，担任中欧事务的首席分析师。正如曾和马尔库塞在战略情报局共事的哈佛大学历史学家 H. 斯图亚特·休斯，一针见血地指出的："在 1940 年代末，政府如火如荼地清理左翼分子时，国务院关于中欧问题的研究权威却是一位憎恶冷战的社会主义革命者，这看起来多少是有一点不协调的，然而这一切却都实实在在地发生了。"[44]马尔库塞后来离开了政府，这倒不是因为他被解雇了，而是他一直都希望投身学术界，而如今终于有了这样一个机会。在哥伦比亚大学和哈佛大学做了几年的研究工作后，他于 1954 年开始在布兰迪斯大学任教，并在那里教授思想史课程一直到 1965 年。他的学生中后来涌现出许多新左翼的新星，包括雅皮士的领袖阿比·霍夫曼和共产主义活动家安吉拉·戴维斯。1965 年从布兰迪斯大学退休后，他来到了加州大学圣迭哥分校。从 1964 年出版《单向度的人》到 1969 年出版《论解放》的这段时期，马尔库塞达到了他的国际声誉顶峰，这一时期也正好见证了新左翼的兴起与衰落。到 1979 年他去世的时候，马尔库塞的光环已经逐渐消退：他著作的大量平装本塞满二手书店的书架，供给已经大大超过了需求。

将压迫重定义为压抑

就在第二次世界大战行将结束的时候，马尔库塞已经回到那个一直促使卢卡奇与他的社会研究所同事们积极思考的问题了。1946 年，他对霍克海默说他正在写一部新书，重点在"从未发生的革命"。[45]一年后一份未出版的文件就已经涉及对这个问题的最初分析，并在《单向度的人》一书中得到了更加完整和完善的表述。[46]1947 年，马尔库塞为这样一个事实而感到震惊，西方世界的大多数无产阶级民众由于已经被整合进政治和经济体系而不再具有革命性，就像过去在第三帝国发生的那样。马尔库塞甚至使用了纳粹名词"一体化"（gleichschalten）来描述民主资本主义国家工人阶级所发生的这些变化。[47]他认为在现代资本主义制度下，工人在生产力提高过程中获得了更高的分配比例，这是令他们产生满足感的重要原因之一。[48]为了催进"那从未发生过的革命，"马尔库塞应当需要向那些对社会体系越来越满意的人们解释他们为什么不应该这样满意。这是马尔库塞1955 年出版《爱欲与文明》一书所想要达成的主要目的。

《爱欲与文明》一书的副标题是"对弗洛伊德思想的哲学探讨"，这是一本特别的著作。那时，马克思主义因与共产主义有密切的关系，而在美国被视为是有罪的。马尔库塞试图写出《历史与阶级意识》的续集，并想方设法不提及马克思。他用一种被美国 50 年代的文化精英分子普遍青睐的精神分析语言重述对资本主义的尖锐批判。许多美国知识分子一方面已经与宗教脱离了关系，另一方面又对马克思主义感到失望，于是便尝试研究弗洛伊德学说以解决他们所面临的思想难题。正如菲利普·里夫（他是马尔库塞在布兰迪斯大学的同事）在那个时期出版的关于弗洛伊德及其文化意义的书中写道："自由思想和激进思想期待的那种可以真正持久改造人类社会的制度变革最终并没有发生。在顽固的现实面前，自由主义不得不选择退却，而心理分析则是最具影响力、最容易被学习和接受的退却方向。"[49]在美国学术最高层，政治和文化的冲突通常都发生在对弗洛伊德的不同阐释中。埃里希·弗洛姆阐述的是社

会主义人道主义的弗洛伊德，[50]而莱昂内尔·特里林描绘的是
自由主义的弗洛伊德，[51]里夫则给大家提供了一个相对更加保
守的弗洛伊德形象。

马尔库塞对弗洛伊德思想的实证效用或者将其作为一种精
神分析的技术并不感兴趣。相反，他采用了弗洛伊德思想中那
些具有更加深厚根基的部分，并以此重新表达了对当代资本主
义的激进批判。弗洛伊德将天才的浪漫思想民主化，这里的天
才是指富有创造性的个体进行创意性表达的内在要求。[52]在弗
洛伊德看来，可以在所有人身上发现这些隐藏的欲望。马尔库
塞进一步总结说，所有人都可以体验表现性创造力所带来的刺
激感觉，而在浪漫主义者看来，只有极少数人才能够体会到。
马尔库塞著作的基本主题就是当今资本主义社会有不必要的
"镇压性"。他在广泛、非技术性的层面使用这个名词，以具
体说明"有意识或无意识、来自内部或外部的约束与抑制过
程"。[53]他实际上回到了席勒的主题，即资本主义通过劳动分工
压制人的创造力，只不过现在是用弗洛伊德的表达方式，即一
种压制情欲的可能性。

在弗洛伊德看来，性冲动是人类心理情绪活动的基础。他
的大部分理论都是关于人类情绪的表达、导向、疏导和抑制。
他认为文明建立在这种情欲的"升华"之上，将其重定向到
别的目的之上。弗洛伊德和伯克一样，都认为文明建立在对激
情的约束和重定向的基础上。弗洛伊德认为对婴儿而言，全身
都是即时快感的来源，而一个人成熟的过程恰恰就是为了一种
更加明确、持久和长期的满足而学习着延迟和抑制即时快感的
过程。[54]

正如马克思坚持认为的那样，资产阶级经济学家已经将资

333

本主义市场产生的历史印记具体化和永久记录在法律中，马尔库塞认为弗洛伊德已经让那些历史上约束和抑制快感的需要成为永恒不变的东西。马尔库塞强调，尽管一定程度上对本能的约束和压抑是延续人类物种和保存文明进步成果的必要，但资本主义制度下对快感的压制已经远远超过了实际必要的程度。他将这种超过必要程度的压制称为"剩余压制"，套用了马克思主义的术语"剩余价值"。马尔库塞复活了马克思的观点，即在资本主义社会（他称之为"一个贪婪、对立的社会"）里，生产活动的"劳动分工专业化水平越高，异化的程度也就越高"。[55] "持续性的工作几乎占据了一个成年人的全部生活时间，快乐受到了压制而痛苦的情绪盛行。"[56]但是与此同时，一个更快乐的存在的可能性也正在资本主义的子宫中孕育，而马尔库塞希望自己能成为它的助产士。

对马尔库塞而言，凯恩斯预言的未来世界已经就在眼前。马尔库塞强调，目前技术水平已经能够让人类社会远离物质稀缺的威胁，从而异化劳动也就没有必要再成为人们生存的主要特征了。在人们从事少量不愉快劳动的同时，满足他们的基本需求如今已经成为可能。由于工作的合理化和机械化过程不断加深，将本能力量用于异化劳动已经不再必要，因此这些能量可以被释放出来，用于满足个体自由设定的各项目标。[57]如果男人看到这一道曙光，他们就会意识到现在可以生活得更加开心，工作本身也会更有创造性、更愉快。他们的性能量将不再被狭隘地局限于"生殖器性行为"——一夫一妻制下的异性交往上——他们的整个身体将再次充满快乐。[58]

乍一看，马尔库塞的分析和术语听起来像是在叙述更好、更多样化的性高潮［60 年代的一些激进分子也的确就是这样解读和认识他的，特别是在德国，他的著作和弗洛伊德－马克思主义性激进人士威廉·赖希（Wilhelm Reich）的著作混为一谈]，但那并不是他真正思考的内容。他并不是在鼓吹一个"疯狂繁殖"的社会，而是一个"可以通过将爱欲冲动整合进一个大秩序，包括工作秩序，从而将单纯性欲的表现最小化"的社会。[59]马尔库塞强调，性冲动将依然得到升华，而不是单纯地遭到压制，而升华的结果将是"爱神"，即一种可以令人得到快乐的、富于创造性的活动。劳动分工将会通过"功能的可交换性"而被克服。[60]在劳动仍然被认为十分辛苦的当前世界，马尔库塞设想了一个"劳动是快乐的"的未来社会形态。劳动不再被资本生产力束缚，男人和女人可以进行更多的"沉思"。[61]工作将会更富创造力，也会让人们有更多的机会去追求自我的不同方面，生存由此将给人们带来更多的愉悦。在当前的现实条件下，马尔库塞重复了席勒所描述的悲哀：

> 享受与劳动分离，结果与手段分离，努力与回报分离。在不断变为整体的一个小小碎片的过程中，人们最终成了一个碎片。耳边不断回响着他自己所操持的机械的单调声音，他永远无法追求自己作为一个人所应拥有的和谐感受。他只能变成自己所从事的职业或者所学的专业知识的一个印记，无法给自己的本质贴上人性的印记。[62]

但现在，马尔库塞强调说，那些令人碎片化的异化条件都已经变成过去。他援引马克思主义思想摇篮中的文化理想：多方面的、具有创造性的人格。马尔库塞的理想中并没有很多的性高潮，更多的则是教化和培育，"精神领域变成爱欲的直接客体，并仍然是一个还保持着性欲的客体"。[63]在资本主义制度下，爱欲力量被迫局限于生殖器性行为的狭隘领域，以保证身体的其他部分被用于痛苦的劳动。[64]在马尔库塞试图唤起的社会主义未来，性爱力量将会超越一夫一妻制的家庭范围，从而建立一个真正的"社区和集体"。[65]

《爱欲与文明》建立了一个批判资本主义的新基础。资本主义应被取代不是因为无法"提供商品"，而是因为它无法以一种更加丰富的存在形式来提供商品。马尔库塞的作品可以让人们质疑资本主义社会成功的标准，并以此给了他们新的理由来反抗"黄金时代"的资本主义秩序。

通过性和丰裕实现控制

335　　但是在资本主义制度下，为什么只有很少的人对自己的生活感到极端不满？为什么他们对已经出现的超越资本主义经济局限的新的生活可能漠不关心？马尔库塞对此回答说，这是因为群众的思想已经被资本主义大众传媒控制了，排斥了一切具有颠覆性的思想，从而让人们对现状感到满意。[66]更为不利的是，他们的意识被控制，只关心在不同的消费品和无数的小玩意之间进行选择，而这些在马尔库塞眼里，其实都是一样的。人们的头脑因为受到控制，而偏离了真正的问题：人们应该意识到自己可以更少地工作，更自主地决定他们的需求和满足。[67]类似于卢卡奇，马尔库塞认为，最终起决定作用的不是人们那种经验性的、已知的愿望和认识，而是他们应有的期望与思考。男人和女人感到快乐这一事实是问题最严重的症状，因为"快乐不仅在于满意的感觉，更在于自由和满足的现实"。[68]实际上，由于他们的工作并不令人满意，而且他们的目的都是市场强加的，因此他们是不可能真正快乐或满足的——

即使他们感到了快乐和满足。

马尔库塞在他最具影响力和最知名的著作《单向度的人》中，想建立的就是这样一条分析主线，该书试图解释为何1918年未能发动的革命在马克思《资本论》后的一个世纪仍然未能发生。马尔库塞认为，它之所以未能发生，是因为丰裕的资本主义福利社会，自由主义的民主都是极权主义，人民受到了奴役。但它是一个不存在恐怖统治行为的极权主义，受奴役的人民感到快乐以至于无视他们所受到的束缚。他的目的是记录"单向度的思考与行为的特征模式，在这一模式中，凡是超越了已经确立的话语和行为领域的观念、愿望和目标，不是受到排斥就是沦落到已经确立的话语和行为领域中"。[69]

在使用诸如"极权主义"和"奴役"之类的表述时，马尔库塞有意识地使用修辞手段而扭转了其特定的政治内涵。"极权主义"这一名词通常用于形容纳粹德国和苏联。马尔库塞故意用这个词来形容美国和西欧社会，以使读者感到震惊，就像伯克通过他的偏见辩护对读者形成巨大冲击一样。这不仅仅是文字游戏。马尔库塞的确坚信，西方社会在许多地方与纳粹德国存在明显的相似之处。在这两种情形下，大多数人的生活都被他们主观认为的需要规制，而这些主观需要并非出于他们本心，也不为他们的利益服务。从这个意义上说，他们其实都是被奴役的。在纳粹德国，这些需要通过一系列组织，如希特勒青年团、纳粹妇女联盟、纳粹劳动阵线和宣传部来进行灌输。当代西方社会并没有这些组织，但马尔库塞仍然认为西方社会也是极权主义的，因为"生产装置不仅决定了社会需要的职业、技能和态度，也决定了个别人的需要和愿望"。[70]因为这种个人需求不是自己决定，而是来源于这些外来的"既得利益"，人们并没有真正的自由。在这样的环境下，人们和在纳粹德国一样，被有效但更微妙地进行思想灌输和控制，不过是被引导到一种围绕着商品生产和消费的生活方式上去。[71]

马尔库塞希望通过商业的力量将民众从麻醉的精神意识中唤醒。他认为，"现代资本主义社会压抑着人们的生活和精神，从而使那种需要不断超越同龄人和从用脑中享受自由的需求被满足"。马尔库塞一遍遍地重复着他的观点，毫不掩饰自己对资本主义制度下文化贫瘠和知识匮乏的厌恶，并将其称为一个"愚蠢化"和"低能化"的过程。[72]

马尔库塞所谓的"批判理论"是根据他认为的现代社会与生俱来的但未被使用的潜在可能性，对现代社会进行评判和谴责。如果资本主义通过提供物质上的舒适和享受，从而有在竞争中击败社会主义的危险，那么马克思主义批判家的任务就是移动这一竞争中的"门柱"。[73]由于现代科技的不断发展，马尔库塞所谓的"生存斗争的缓和"前景是存在的，这是一种相对拥有较少焦虑和恐惧的生活方式；在这样的环境里，社会将会为那些老弱病残人士提供必要的生活帮助。这样的一个社会将会允许所谓"非压抑性升华"的发生，也会为他在《爱欲与文明》一书中描绘的那种多方面的人类发展提供条件。[74]对马尔库塞来说，如同对汉斯·弗莱尔一样，关键的问题在于让技术与资本主义制度互相脱离。

337 一个发生"非压抑性升华"的社会需要一种全新的需求概念，从而与那种会延续竞争、私有产权制度、辛劳和剩余压榨在内的欲望相区别。正如区别虚假意识和真实意识是《历史和阶级意识》的核心一般，虚假需求和真实需求的区别也构成了理解《单向度的人》一书的关键。由于已经被资本主义制度洗脑，大多数男人和女人实际上感受到的都是虚假的需求。如果他们听从了马尔库塞给出的关于更好、更快乐、更少压抑感、更具有文化内涵的生活就在资本主义大门外等待他们的消息，他们就能够也应该感知到真实的需求是什么。在一个充满真实需求的制度环境下，马尔库塞解释道："经济上的自由意味着摆脱经济的自由——免于被经济力量与关系束缚，免于生存斗争，免于谋生辛劳。"[75]而与之恰好相反，那些虚假的需求则是"被个体压抑的特定社会利益叠加于个体身上"，这些虚假的需求使人们的辛劳、行为的侵略性、生活的痛苦和不公正不断延续。工人阶级和现代资本主义制度下的每一个人，被既得利益需求的操纵平抚。资本主义广告（在这里马尔库塞借用了一位调查记者万斯·帕卡德的工作成果《隐藏的说服者》）不仅仅给灌输人们对新产品的需求，还创造了一种选择幻想，这些选择就是所谓的"不同的品牌和产品"。与黑格尔相呼应，马尔库塞不断提醒读者"从众多的产品和服务中进行自由选择并不必然意味着自由"，如果这些选择事实上需要以辛劳和恐惧为代价，那么它们实际上是在"令他们保持异化"。[76]

在 18 世纪，卢梭曾经宣称文明可以点燃激情，却无法最终满足它们，因而会产生沮丧情绪。黑格尔则将这一说法表达为"坏的无限"，如果消费品仅仅因为市场产生的诱导性新需求，而不是因为真正融入了合理的生活计划而被选择，那么空虚的感觉就会随之而来。卢卡奇也讨论过这一主题，他指出资本主义创造了令人不愉快的生活方式，却阻止他去想象别的可替代品。马尔库塞分析的新颖性在于他坚持资本主义是有害的，它创造了新的需求并不断地满足需求，在这一过程中让个体感到满足和快乐。个人最终变成自己激情的奴隶，然而这种激情却被那些创造新产品、新需求的人任意塑造和摆布。这些人利用大众传媒、广告和多种娱乐方式向公众灌输新需求，以便从中获利。[77]

338 　　马尔库塞认为，最能让人们保持快乐和顺从的方式之一，是所谓的"压抑的反升华"。与过去的大多数社会不同，现代的资本主义社会并没有明确要求禁欲主义。与此相反，性自由反而已经成了具有市场价值的东西。性被融入工作场所，融入社会公共关系，当然也融入了广告。对马尔库塞而言，对直接的性刺激和性活动的公开追求也是问题的一部分。现代社会的宽容本身成了控制大众的工具。它是可喜的，也是有趣的，它令人们变得易于驯化，分散了人们对更丰裕生活的可能性的注意力。性能量的直接释放提供了瞬时的快感和愉悦，但不能提供创造性的工作和社交活动所带来的深层次的满足感，而这种深层次的满足感才是爱欲真正发展的结果之一。性能量的直接释放消除了将性冲动重定向到其他目的的必要性，这会让有教养的人们付出巨大代价。马尔库塞指出："升华需要高度的自治和理解。"性化资本主义社会的反升华特性使自我导向和理解变得不再必要，并进而产生了自我满足的服从性。[78]马尔库塞就此得出结论，性增强了现有社会秩序的稳定性。

　　从经典马克思主义观点来看，马尔库塞最异端的命题，是工人阶级已经不再是能够彻底变革现代资本主义制度的革命力量。通过提高广大工人群众的生活水平，承诺并兑现给予他们更多的东西，资本主义体系已经成功消解了工人阶级本应具有的革命情操。[79]马尔库塞强调，这种对革命可能性的遏制，很大程度上是因为可得的"相当数量的产品、服务、工作和娱乐"。[80]福利国家的发展也同样使资本主义社会远离了革命的威胁。[81]然而马尔库塞进一步强调，这种福利国家及其物质利益，只有在战争状态下才是可能的。他声称，只有大规模的防务支出才能刺激经济，促进高水平就业，从而维持一定的生活标准。马尔库塞认为，冷战中的"敌人"形象——苏联和国际共产主义——是出于资本主义的利益而被刻意创造出来的。事实上，他最有影响力的论断之一是，资本主义体系不仅通过创造出虚假的需求来令人们屈从，也通过塑造外国的虚假敌人形象来调动人口资源以支持资本主义体系。反共产主义的冷战被马尔库塞解释为一种用于转移西方人民对在自己的社会里获得自由的注意力的社会心理机制。然而，此前马尔库塞曾经提供了一个关于苏联的更令人失望的分析："世界上第一次成功的社会主义革命未能带来一个更自由和快乐的社会，这一事实反而对资本主义内部的缓和与和解起到了不可估量的推动作用，同时客观上也使革命变得声名狼藉。这些情况的发展使现有社会开始以新面目示人，也使现有社会明白了如何充分利用这些以获取优势。"[82]他在《单向度的人》一书中重复了这一分析，指出"资本主义体系带来的实实在在的好处，使捍卫这种制度成为一件值得的事情——抵抗共产主义的力量尤其这样认为"。[83]

339

　　马尔库塞向大家表示，传统马克思主义的根本前提，即工人阶级与资产阶级之间的鲜明对立，已经变得越来越不可信了。由于生产技术领域不断变化，恶劣、残酷的劳动条件正逐渐消失，并掩盖了机器对人类的剥削和奴役。[84]同时，由于生产组织也在发生变化，手工劳动与非手工劳动，工人与管理者之间的鲜明区别也逐渐模糊。生产组织的管理层次变得越来越多，不再是清晰的二元划分了。[85]传统意义上的劳动者与管理层之间的尖锐对立日益被更广泛的合作所取代，而工会的力量则因为"生产过程中不断缩减的劳动人员比例"而被逐渐削弱。[86]

马尔库塞接着试图解释为何高学历人群往往不倾向于反抗资本主义制度的统治。《单向度的人》中的很大篇幅被用于更新马克思开启的、卢卡奇进一步发展起来的意识形态批判。

尽管精英文化，比如性行为，提供了市场之外的另一种选择，但它也逐渐失去了对资本主义现状产生不满的能力。文化被市场以一种更广泛的方式进行传播和分配，但它所具有的批判性却早已被移除殆尽。"伟大的资产阶级艺术"也曾表明超越现存资本主义的魅力和快乐的可能性，因此加剧了人们对超越现存资本主义制度的渴望。[87]精英文化在很大程度上"表达了一种与整个工业与商业领域及其可计算、可获利的秩序的有意识、有条理的异化"。[88]随着录音、平装书等技术的推广和教育的普及，精英文化比以往任何时候都传播得更广泛。但马尔库塞观察到的技术或教育所带来的结果，与阿诺德预料的极为不同，因为精英文化一旦解除对少数人的保护，那它就不再是一种颠覆性力量。过去伟大思想家和艺术家的作品正在成为大众文化的对象，这些作品与现实之间的尖锐冲突也就随之被抹去了。通过大量的复制和消费过程，这些伟大的艺术成为资本主义文化的一部分。[89]马尔库塞敏锐地指出，事实上，现代资本主义所谓的文化多元主义使思想越来越不具有颠覆性，"尖锐对立的作品与现实现在和平共存"，结果则是和谐与"冷漠"的。[90]这种所谓的"冷漠"正是伏尔泰在两个世纪前想达到的，齐美尔则在19世纪末20世纪初就注意到了它的传播。

现在，马尔库塞十分遗憾地认为，它已经成为构建那些可能超越资本主义的不满的巨大阻碍。

从阿诺德到齐美尔和韦伯的知识分子已经发现了资本主义文化中手段相较于目的的巨大优势，当然也包括凯恩斯。马尔库塞的老师——马丁·海德格尔在《存在与时间》（1927 年）中对这一系列的分析做了进一步扩展，他声称现代人对世界特征的技术态度，使那些原本应该更接近于生活的意识日渐失色与模糊。在《单向度的人》一书中，马尔库塞以马克思主义术语和表达方式，重新表述了这一慨叹。他认为，技术原因已经被认为是理性的唯一有效方式。但在处理目的和手段之间的关系时，这只是纯粹的工具性原因，而无法质疑目的本身。马尔库塞写道，尽管工具性原因把自己描述成价值判断上的中性，但它作为唯一一种被认为是合法的推理方式使社会主流价值观免于遭受质疑。[91]

与《资本论》《历史与阶级意识》类似，《单向度的人》着力描述资本主义自身的不足，但并不致力于寻找能代替这一体系的组织机制。和马克思与卢卡奇一样，马尔库塞理所当然地认为，对经济的集中性控制将会取代市场。"如果生产设备的组织和分配以满足人们的重要需求为目标，那么这种控制就是集中性的；这种控制不会阻止个体自主性自由、充分地发挥，相反会使它变为可能。"马尔库塞这样愉悦地向读者保证。[92]马尔库塞自己对经济学本身根本不感兴趣，他写这些话时，就好像韦伯和哈耶克的相关论断不存在过一样，也对苏联经济建设实践中的现实视而不见。相反，马尔库塞假定苏联的工业化是在"不存在浪费与废弃，不存在私人利润对生产力的约束"的基础上推进的。[93]然而，马尔库塞通过质疑是否需要更高的生产率，回避了他对社会主义生产率优于资本主义的假设。他称西方资本主义的一个主要特征是"发展过度"，从而向读者保证，由于人们的需求和欲望不再被控制他们的资本主义力量人为地增强，未来社会可以在一个相对较低的物质生活水平基础上顺利运行。[94]他还设想与预见了"未来人口的减少"，这将明显缓解目前社会所面临的拥挤状况。他认为，从人类快乐的角度而言，目前的人口增长并不处于一个理性水平，是企业对更多顾客的需要以及社会对更多兵员的需要才导致了这种情况。[95]

《单向度的人》描绘了一幅令人十分悲观的图景，社会表现得极其自我满足，民众沉浸于被控制的欲望和需求中，文化缺乏真正有效的反对者，使变革性的改变根本不具备发生的可能性。在这本书的描绘和预见中，一个不压抑的未来是极具吸引力的，也许这可能有些难以置信，它对现实的描绘则十分灰暗。他总结道："社会批判理论并不能提供在现实和未来之间架起桥梁的任何有益的理论概念，它没有提供任何承诺，也不能显现任何成功的可能性，这一切看起来一直都是十分负面的。"[96]但是，这本书的最后几页又给了人一丝希望的光芒。马尔库塞尤其重视那些"把既定的必要性理解成难以忍受的痛苦和不必要的"人们。[97]和约四十年前卢卡奇想的一样，1964年马尔库塞认为社会主义革命取决于其他可能性意识在知识分子中的传播。他同样看重那些处于资本主义生产和消费体系之外的人，看重那些"居于社会底层的、被遗弃的人们，那些因为种族和肤色而被歧视和迫害的人，以及那些失业者和无法胜任工作的人们"。[98]他的希望似乎存在于激进知识分子与被马克思称为流氓无产者（Lumpenproletariat）之间的联盟。也正是因为被现代资本主义体系边缘化，他们才可能有能力、有动力去反抗它。

在马尔库塞出版《单向度的人》的时候，他并没有理由相信该书会得到比《爱欲与文明》更广泛的认可与接受，因为《爱欲与文明》已经在差不多十年前表达了许多类似的观点和看法。然而该书很快成了德国、法国和美国新左翼分子的一本真正的圣经，马尔库塞也由此成为一个标志性与象征性的人物。和很多其他的标志性人物类似，马尔库塞更多地成了一个被膜拜的对象，而不是被人们给予了认真的思考。他、马克思与毛泽东成为1968年巴黎造反学生争相引用的对象。在柏林和法兰克福，从加利福尼亚州的伯克利到马萨诸塞州的剑桥，他都风靡一时。和一些美国同行一样，德国新左翼人士中的知识分子领导者编撰了一本关于马尔库塞思想的合集。[99]

342

马尔库塞对此做出回应，他将这些新左派学生（以及贫民区的黑人和农民共产主义运动）界定为可能超越资本主义的领导力量。在《论解放》中，他称赏这些中产阶级知识分子，将他们视为新意识与"新感性"（将马克思主义和超现实主义相结合以产生"完全的不顺从"）的承载和传递者；[100]他极力敦促他们通过使被剥削者觉醒，将"现代社会的批判分析"纳入大学课程，从而进一步投身于所谓的"激进启蒙运动"中去。[101]

尽管总的来说仍然难以令人信服，但相比之前或之后的时段而言，20世纪60年代末，大学生或者新近受过高等教育的人在反对资本主义浪潮中发挥领头作用仍然是最具可能性的。这种情况部分是由于人口因素：在60年代中后期达到高等教育入学年龄的人数比之前任何时候都要多。在大多数西方国家，生育率从 19 世纪末开始下降，在 20 世纪里又继续保持了这种趋势；在 30 年代和 40 年代初，这一情况由于受到大萧条和战争的影响而变得更加明显。然而，最大的例外出现在第二次世界大战结束后的十年里。这一时期，由于需求被压抑以及未来经济预期乐观，在西欧，特别是在美国，生育率开始大幅上升。这膨胀的一代人在 60 年代中都差不多进入青春期的尾声，从而造就了一个前所未有的面向"青年"的文化产品市场，并增强了他们的代际意识。更重要的是，由于西欧政府开始承诺推广高等教育，所以这一代人中接受高等教育的比例也比之前任何时候都高。在历史上，学生数量第一次达到可以被认为是一个社会群体的程度。

　　大多数学生并非真正的激进分子，那些属于新左翼的学生定下了运动基调并主导了辩论的基本进程。作为出生和成长在战后繁荣时期的一代，他们倾向于将丰裕的生活视作理所应当，也更多地意识到了丰裕生活中暗藏的对人精神上的限制。在美国，越南战争和对被征召去那里服役的预期，都直接刺激了大学生（至少是男性大学生）去质疑政府的政治智慧。欧洲人普遍认识到美国在越南战争中实施了以先进技术为基础的现代化暴行，这让他们开始质疑美国的动机与技术。

　　在对德国学生发表的演讲中，马尔库塞将反美主义和反法西斯主义联系了起来，他暗示美国因在越南进行惨无人道的战争而成为纳粹德国的新翻版：都是垄断资本主义导致帝国主义暴行的典型案例。[102]将马尔库塞的观点和他之前在社会研究所的同事霍克海默的观点进行适当比较，是非常有益的。在战后，霍克海默回到了西德，重新建立了研究所，当然已经去掉了马克思主义的名义。霍克海默仍然致力于批判资本主义文明，但同时也认为民主的西方资本主义福利社会要比东欧那些共产主义社会优越得多。在共产主义威胁面前，霍克海默成了一位西德自由体制的捍卫者和美国伟大性的辩护人。现在，他被在大街上与声援越共的激进学生一起游行的马尔库塞的所作所为吓坏了。[103]在写给他们共同的朋友弗里德里希·波洛克的信中，霍克海默抱怨西德左翼的反美主义正在"很大程度上扮演着反犹主义的角色"，只是为自身的侵略性找了一个替罪羊般的借口罢了。[104]

马尔库塞的遗产

　　马尔库塞声望的下降速度如其上升速度一样快。他的名声和新左翼的发展遵循了几乎完全相同的路径：1964 年开始飞速上升，1968 年达到了顶峰，随即快速回落，到 1973 年几乎已经丧失殆尽。随着美国退出越南战争，学生运动也逐渐消失了。在西贡陷落并改名为胡志明市以后，成千上万的越南人乘坐小船漂洋过海以摆脱共产主义征服者的统治，许多反战人士开始反思他们曾经对越共的赞颂和支持。另一个同样显著的因素是，战后几十年里的经济增长浪潮开始逐步消退，未来似乎充满了各种紧缩的可能性。谋生显得艰难起来，这使人们对消费和无创造性劳动的不满开始褪色。

　　然而在 20 世纪 60 年代以后，马尔库塞的遗产依然存在，他对资本主义的许多批评以一种溶解的形式被纳入发达资本主义社会。马尔库塞可能是最出色的新左翼知识分子，他为年轻的知识分子群体树立了一个角色化的榜样。随着这些年轻人在学术界的提升，他们将马尔库塞的知识分子观在大学中逐步制度化。从这个角度理解，学术不是一个纯粹关于客观性的东

344

西，与那种"一个有用教师的基本任务是让他的学生认识到那些'不方便'的事实，即那些对他们狭隘的党派观点而言'不方便'的事实"的信念也甚少关联。相反，许多人文和社会科学的学者开始信奉"所有的选择都是政治选择，每个知识分子的利益都应当为一定的社会目的服务"。无私曾被阿诺德认为是知识分子的一种美德，而今却被看作虚无的幻影。"从 70 年代中期开始，大学里显而易见的普遍观点是，学者们开始认为学术是社会改革中至关重要的工具和载体。"[105] 大学教授作为具有批判性的知识分子，将读者从错误的意识中解放出来的模式，在某些学科中开始变得制度化，这在文学和社会学研究中表现得尤为突出。[106] 马尔库塞出版《论自由》时，也就是西方新左翼达到顶峰的三十年后，美国社会学协会年会以"压迫、支配和解放"为主题，关注种族主义，也关注"其他形式的社会不平等，如阶级剥削以及源于性别、种族、国籍、性取向、残疾与年龄的压迫"。[107] 在部分学术市场，建立在对资本主义厌恶之上的"批判理论"已经成了一种可售商品，在文学、社会学和新兴"文化研究"领域，在"批判理论"方面取得一技之长已经成为获得学术职位的优势所在。

马尔库塞的思想与发达资本主义社会的结合并不仅仅发生在学术领域。当马尔库塞和那些呼应他的左派人士一次次强调与批判资本主义制造了不平等时，他们抱怨的核心在于资本主义将人分裂了，资本主义以企业内部严格的等级制度将人们束缚起来，将工作和创造性、劳动与娱乐相分离。当"批判理论"日益成为学术市场上的商品，它对资本主义制度下工作的批判也同样被纳入商业阶级的教育和文化中去。到 20 世纪 90 年代，已经出现了一系列书籍，教导管理者"放弃等级制的和专制的传统，为形成自组织的工作群体提供方便。在这种组织形式中，最主要的目的不在于工作，而是进行一种被称为学习型组织的创造性活动"。[108]前沿的心理学理论被应用到工作中去，以提高劳动绩效。工作中自我表达和创造力的价值不仅仅体现在管理技术人员身上，也体现在生产资料所有者身上。

对那些在《单向度的人》出版数十年后参加工作的、受过高等教育的上层人士来说，他们的成就和工作中的创造性与多元化的关系越来越紧密。在工作中表现出创造力的人拥有了崇高的社会地位，这一点在信息服务行业尤为明显。[109]熊彼特曾经强调企业家创新的动力并不在于享乐主义，而在于"创造、完成工作或锻炼自己能力和智慧所带来的乐趣"。[110]如今这种浪漫的尼采式价值观已经在广泛的社会群体中传播，而不仅仅局限于经营企业的精英圈子，尽管这些群体中的人都是选自马尔库塞及其拥趸所称的"系统"，但这种传播在事实上改变着资本主义。

如果马尔库塞只是一味地表达在资本主义福利、民主制度下取得经济成功的人的不满，那么他的作品将因为不能提供任何具体的、制度上的解决方案而显得毫无用处，这点与凯恩斯的作品相比是非常不同的。马尔库塞对经济和政治制度毫无兴趣。正如他的一个最严厉批评家阿拉斯代尔·麦金泰尔指出，马尔库塞的批评只把过去的经验看作对想象未来可能性的一种约束，而忽视了过去的经验可以表明"有些事物的组合是可能的，有些则不可能"这一事实。[111]《单向度的人》就是以马尔库塞预见到的经济组织形式为前提展开论述的，这种不存在广泛的劳动分工、追求自我欢愉的工作形式，可以在集权政府

"整体计划"基础上建立起来,并且利用现有的"技术理性"就能轻易实现。[112] 尽管马尔库塞说这样的经济可以确保"有意义的自决",但他从未有考虑过谁来计划、如何协调不同个体等问题。即使有人指出了这点,马尔库塞也从未针对性地回答过关于政治制度的任何基本问题,即政治制度和机构应如何处理不同利益或价值观群体之间的问题。[113] 马尔库塞在进行论述的时候,简单地忽略了这些现代政治和经济生活中的基本问题。而与他同时代的哈耶克在考虑市场时,将如何协调个体和群体间矛盾性的欲望放到了中心位置。他的理解和看法,在20世纪的最后几十年里越来越有吸引力。

第十三章 弗里德里希·哈耶克：超前的自由主义者

弗里德里希·奥古斯特·冯·哈耶克比马尔库塞小一岁，

弗里德里希·奥古斯特·冯·哈耶克比马尔库塞小一岁，他于 1899 年出生在当时仍作为奥匈帝国首都的维也纳。在 20 世纪 20 年代极力反自由主义文化的维也纳以及在共产主义和法西斯主义的环境下，哈耶克逐渐成熟。尽管哈耶克在美国生活期间写了他的最系统、最全面的著作《自由宪章》，并将其献给了"产生于美国的未知文明"，但他的作品都是基于他在欧洲的经验而完成的。[1]"我的思想，"他写道，"形成于在奥地利度过的青年时期和在英国度过的二十年。"[2]从 20 世纪 30 年代中期到 70 年代，哈耶克出版了他最具开创性的一些作品，在那个时代，政府的作用和政府扩大支出被认为是合理的、不可避免的。正如马尔库塞在学术界不起眼的角落里经过几十年的努力终于成为 20 世纪 60 年代新左派的代表人物一样，哈耶克从知识界的边缘脱颖而出，同他的美国同行米尔顿·弗里德曼一道，成为对从 70 年代到 90 年代重现于知识界和政界的新自由主义产生重要影响的代表人物。

哈耶克是自由主义保守派的代表人物，他专注于个人自由和限制政府，而不是像凯恩斯和大多数美国的自由主义者那样关注促进平等。随着 1944 年《通往奴役之路》的出版，哈耶克首次引起了公众的广泛关注。他抵抗着被他称为"集体主义"的敌人，保护个人成就。这种"集体主义"存在左翼和右翼两种版本。对于左翼，"集体主义"采用了社会民主、社会主义或更激进的共产主义的形式；对于右翼，它采用了种族的或民族的特殊主义以及更激进的法西斯主义和纳粹主义。在18世纪时，亚当·斯密倡导以国际自由贸易替代当时的民族沙文主义。同样，哈耶克也联合了整个市场来克服特殊主义和利己主义，不管是左翼的还是右翼的。他坚持不懈地抨击那些利用政府权力来保护某些特殊身份的企图，不论基于种族、阶级、宗教或者民族。

自由主义者的形成

哈耶克从他生活的维也纳学到了两条经验：一个现代自由社会必须主要由共同的文化承诺之外的因素凝聚起来；民主可能对自由政治秩序形成威胁。[3]

年轻的哈耶克对社会科学的兴趣源于第一次世界大战期间他在哈布斯堡帝国从军的经历。那段时期，他亲眼看到帝国被民族主义——视民族特殊利益高于多民族国家的整体利益——摧毁。[4]复员后，在专攻经济学之前，哈耶克在维也纳大学学习法律、心理学和经济学。对他影响最深的老师是弗里德里希·冯·维塞尔。维塞尔在战争期间曾担任商务部长，他具有广泛的社会科学兴趣。作为边际效用理论的先驱，维塞尔认为经济商品没有内在的客观价值，它们自身的价值通过市场过程，以及通过供给与由个体消费者偏好产生的需求之间的互动来体现。从1921年到1923年，以及在1924年结束美国的学术访问后，哈耶克曾受聘于路德维希·冯·米塞斯。米塞斯与熊彼特生活在同一时代，具有犹太血统，凭借对社会主义的尖锐批判和对市场过程的创新性分析树立起了良好声誉。

按哈耶克自己的说法，相比于其他人，他从米塞斯身上学到了更多。[5]但是，在他的第一位老师维塞尔和第二位老师米塞斯之间，既存在学术上的分歧，也存在政治上的分歧。米塞斯代表着强硬的、以市场为导向的自由主义，维塞尔却完全不一样。哈耶克的自由主义是一种有意识的选择，这对两次世界大战之间的维也纳来说，是一种不合时宜的选择。但是，这并不是受维塞尔影响的必然结果。维塞尔在许多方面都是不自由的。哈耶克以他为师时，维塞尔在世人眼中不仅有反犹情结，还有金融资本家的近乎偏执的言论——那些金融资本家是第一次世界大战中美国对抗奥地利的幕后推手。[6]米塞斯在一开始时有点鄙视哈耶克。[7]为了理解哈耶克信奉米塞斯个人主义的、以市场为导向的自由主义的重要意义，我们必须着眼于两次世界大战之间维也纳的政治和社会背景。

维也纳自由主义、犹太人以及创新的少数民族防御

　　哈耶克的自由主义并不是维也纳的典型产物：类似于后来被看作"维也纳文化"的东西，只是在维也纳环境下产生的。[8]哈耶克不是犹太人，他关于犹太人的著作很少。但他的自由主义受到了维也纳犹太人的影响，在那个时代，与他同阶级的多数人，包括他自己的家人以及主要的老师，都支持那些将具有犹太血统的人排除在经济、文化和政治生活之外的企图。在哈耶克看来，犹太人是那类靠才华取得经济进步的人，而这些人的成功常常招致大多数人的怨恨。

　　哈耶克的祖辈是当时奥匈帝国受过教育的公务员阶层，他的家人由学者和被君主封爵的公务员组成，他们都身居要位。他的外祖父弗朗茨·冯·尤拉舍克，是教过熊彼特的法律和统计学教授。他的父母，名义上是天主教徒，却拥护世俗化的、

具有科学精神的文化。[9]

哈布斯堡王朝后期的奥地利自由派试图恢复因国籍、阶级和宗教分歧而四分五裂的帝国凝聚力。他们代表着一种政治秩序，这种秩序以法治、财产保护、市场交易、量才而用等为特征。自由派短命的政治主导权缘于受限的公民权，它将投票权仅限于大量财产的所有者。公民权的扩大使自由派的影响遭到削弱，在1907年，所有成年男性的投票权达到顶峰。随着民主传播，选举获胜者起先是反自由主义的基督教社会党，而后变成了反自由主义的社会民主党。在帝国的最后十年，种族与阶级对立导致政治分裂，政府不得不结束通过帝国紧急法令和议会闭门协商的帝国统治。尽管如此，自由主义宪政的成果并非因民主而得以保存。[10]民主的传播增加了以阶级、宗教或种族利益的名义来试图破坏自由政治秩序的群体的影响力。这也难怪维也纳自由派会对民主产生怀疑。他们的忠诚集中于皇帝，是帝制统一了文化多元的帝国。[11]

哈布斯堡帝国的自由主义时代始于1867年，采用了新宪法，其中包含了一项宽泛的人权法案并废除了基于宗教的法律障碍，而这个时代结束于1918年。没有任何一个群体比犹太人更受益于自由主义时代，也没有任何一个集团比犹太人更密切地与自由主义联系在一起。我们已经看到在匈牙利帝国的一半时期内，犹太人在经济现代化过程中起着主导作用，并且那些特别成功的犹太人得以进入贵族阶层。在奥地利帝国，他们的升迁只是不那么迅速而已。之前被排除在受保护的经济协会之外；1867年之后，因自由主义立法赋予他们与基督徒相等的法律权利，犹太人发现经济机会正向他们敞开。这些向上流动的犹太人拥护中产阶级的工作观念、秩序和成就，在城市里更习惯于享乐主义和吊儿郎当的作风。[12]他们接受了自由主义价值观的教育和个人的自我发展。一旦合法竞争领域得以平等化，他们就能获胜，并在上层阶级占有大量比重。在帝国的后期，维也纳大学里 1/4 到 1/3 的学生是犹太人。[13]犹太人占据着医学和法律的自由职业的大部分。他们拥有奥地利许多主要的银行以及国家最重要的报纸——《新自由报》（*Neue Freie Presse*）。[14]到 19 世纪末，犹太作家自豪地指出，犹太人在商业和职业方面，通过制定"法律面前人人平等"的自由原则，替代了根据宗教或民族起源来限定自由的传统。[15]

不仅犹太人的命运与自由主义的命运联系在一起，自由主义的命运也与犹太人的命运交织在一起。"具有深厚讽刺意味"的哈布斯堡帝国后期，也就是哈耶克出生时期，最具洞察力的分析师之一盖尔纳（Ernst Gellner）写道："一个专制主义帝国，建立于中世纪王朝，与严重的反革命教条主义意识形态紧密联系在一起，到最后，在种族的、沙文主义的离心搅拌刺激下，发现其最热切的防御者来自个人主义的自由主义者，相当大一部分从昔日的最底层阶级和缺乏信仰者中招募而来，这个国家曾经如此深刻认同的信仰……但是现状的逻辑使得'哈布斯堡的皇室'成为一个多元化和宽容的社会的庇护人。"在哈布斯堡帝国的最后几十年，一个接一个的民族背叛了它，最后甚至包括了奥地利裔的德国人（Austro‑Germans），他们有一个统一的国家身份——德国人。哈布斯堡政权最后和最忠实的支持者结果是"新男性——商业的、工业的、学术的、专业的精英们，他们有志于维护商品、男性、思想的开放市场，以及一个普遍性的开放社会。"正是这些新来的精英，他们其中很多都是犹太血统，成为奥地利自由主义的骨干。[16]

351

结果就是盖尔纳所谓的"贱民自由主义",这种自由主义来自文化外来人（cultural outsider）的阐释,并且和文化内部人的概念格格不入。这些自由主义者支持文化开放和个人主义甚于封闭社区,不论种族的或经济的。他们代表着一种抽象的和普遍的个人主义,以反对由社会主义和民族主义代表的浪漫社群主义。[17]

战后奥地利共和国的前景从未明朗。[18]维也纳,一个 200 万人口的城市,曾经是拥有 5000 万人口的帝国的金融和行政中心。现在,它却变成了一个只有 600 万人口的国家的首都。曾经的维也纳工业中心现在坐落在捷克斯洛伐克边境上。被哈布斯堡帝国的其他继任者——匈牙利、罗马尼亚、南斯拉夫、捷克斯洛伐克——所采用的经济民族主义政策摧毁了战前的劳动分工和整个地区的经济。[19]实际上,处于两次战争期间的奥地利的工业生产从未达到战前水平。

如果说哈布斯堡帝国后期的自由主义者已四面楚歌,那么在战后的新共和国,作为一股政治力量,他们就已被征服了。奥地利共和国的政治文化被割裂成三个政治阵营：天主基督教社会党、马克思主义社会民主党和德国民族主义者。他们唯一的共同点就是反感自由主义。作为一名大学生,哈耶克属于民主党人,这个存活不长的民主党与马克斯·韦伯曾在战后德国帮助建立的德国自由民主党相对应。[20]引人注目的是,奥地利的那个民主党从没有获得足够多的选票和议会席位。作为德国一个民族主义政党,大德意志人民党得到了非犹太人公务员、自由职业者和大学生的支持。正是这个专业的中产阶级,在 1920 年代的大通胀中损失惨重。因为害怕社会主义,以及通胀消灭了保障他们社会地位的继承收入,他们将其命运迷惑地归咎于犹太人。[21]在 1930 年代早期，奥地利的纳粹与其德国同行一样，越来越得到他们的支持。在维也纳，纳粹最后赢得了白领中产阶层、公务员和非犹太裔专业人士与知识分子的支持。[22]

基督教社会党、社会主义者和德国民族主义者的共同点在于，他们都对政治和经济意义上的自由主义反感。尽管出发点不同，他们都反对自由资本主义和个人权利文化，以及与之相伴的不同的个人成就。德国民族主义者同样如此，只不过是以保护德国民族的纯度和优势免受种族侵入者玷污的名义。他们要求实施配额政策以限制犹太人和斯拉夫人在政治、教育和职业方面的机会。[23]

在奥地利政坛，最强烈反对资本主义的力量是社会民主党，他们于 1918 年之后就掌控了维也纳市政府。因为基督教社会党在维也纳之外和联邦议会中占据主导地位，社会民主党决定使用他们手中的权力将维也纳变成一座在基督教社会海洋里的社会主义小岛。由于他们在原则上反对资本主义但无法采用民主手段推翻它，于是他们在条件允许的情况下尽量把维也纳推向社会主义方向。

基督教社会党的经济思想观念在于保护农民、工匠和店主的生计，这些人是社会党的基础。[24]在 19 世纪晚期，这些群体都憎恨资本主义现代化力量，因其威胁到他们的收入和生活方式。在两次世界大战期间，他们被后自由主义、后资本主义和后民主社会的愿景强烈地吸引住。在这个愿景里，生产和代表都是以"财产"或"社团"为组织形式——试图重建如尤斯图斯·默瑟尔在一个半世纪前辩护的那种社会秩序。这种思想观念在 19 世纪末被卡尔·冯·福尔格桑复苏，他是一名普鲁

353

士贵族，信奉天主教，对奥地利的基督教社会党产生了重要的
思想影响。奥地利天主教主教的经济声明都出自同一来源，在
1925 年基督降临节牧函里，他们谴责"拜金主义式资本主义"
是现代社会的大恶，并责骂"金融权贵会掠夺地球上的居民，
过高的利率导致了他们的贫穷"。[25]基督教社会主义呼吁使用政
府权力去维护农民、小店主和工匠的经济地位，因为这些人的
收入会受到市场竞争力量的威胁。

在维也纳，反资本主义和反犹太主义的言辞通常是紧密联
系在一起的。那三个政治集团争先恐后地将资本主义和犹太主
义联系在一起，通常怀着恶意。即使是正式公开地谴责反犹太
主义并将其称为"蠢人的社会主义"的社会民主党，也在反
资本主义动乱中寻求反犹太主义的意象。

对于他们来说，基督徒社会党从天主教里吸收了最多的反
犹太人传统。该党由卡尔·鲁伊格创立，党纲包含了反犹太主
义，并保护天主教中产阶级的下层人民免受犹太人竞争的影
响。[26]1919 年，伊格纳茨·塞佩尔——即将成为基督教社会党
的领袖，之后担任了总理——也宣称"犹太人问题"并不是
一种宗教宽容。与德国社会学家、经济学家桑巴特的观点一
致，他将其描述为一种阶级冲突，违反资本流动和贸易精神，
而事实上资本流动与贸易精神已经渗透到政治、新闻、学术、
文学和艺术之中。[27]

但不只有基督教社会党和德国民族主义者是反犹太主义
的；通常，社会民主党的政治宣传也是如此，这更加引人注
目，因为他们中的许多领导者都具有犹太血统。虽然官方上反
对反犹太主义，但是该党的党报把"资本主义者""在黑市上
贩卖商品的奸商"以及"投机者"带有成见地描绘成拥有与

犹太人一样的鹰钩鼻子。[28]社会民主党的这种宣传所释放的消息，说明基督教社会党和德国民族主义者的反犹太主义仅仅是种伪善，以及社会民主党才是"犹太裔大资本家""犹太裔剥削者"和"富有的犹太人"的真正反对者。对于社会民主党来说，这些话语之所以令人反感，不是因为他们本身就是犹太人，而是因为他们本身即为资本家。但是，这样的形象和修辞却只会强化资本主义和犹太人之间的不公正关联。[29]

德国民族主义者希望政府官员使用手中的权力来保护与他们拥有同一种族背景的人们，免受斯拉夫人的竞争，尤其是犹太人的竞争。他们将"犹太人"视为一个种族名称而不仅仅是一种宗教。在欧洲东中部也有类似的运动，那里停滞不前的经济使得人们对行政部门和专业性战利品的争夺更加激烈。这些运动利用文化主张来为专业人士和主要族群的官僚集团争取经济保护。[30]

奥地利的自由主义捍卫者很少，而且通常具有犹太血统。这就使得他们在 1920 年代的维也纳显得极其与众不同。然而，弗里德里希·哈耶克却被视为这些拥有犹太血统的自由主义者中的一员，尽管他本身既不是犹太人也没有犹太人背景。这样的身份到底预示着什么呢？

哈耶克属于非犹太人的奥裔德国人阶层，能够说明这一阶层从自由主义转向德国民族主义的程度的是哈耶克在维也纳大学的教授弗里德里希·冯·维塞尔。在帝国时期，维塞尔倾向于政府家长制和文化政体的国家概念（Kulturstaat），以捍卫和传播德国文化。他的最后一本书《强权的法律》出版于 1926 年，是一部概念模糊、句子冗长的著作。（正如熊彼特所说，维塞尔缺乏"天生的阐述有效论点的才能"。）[31]尽管他的后期著作涉及了一些自由主义的主题——他将现代历史视为向一个强权被温和形式的权力所取代的世界的缓慢发展过程，其推力却越来越偏离自由主义。[32] 不过，那本书最后关于"犹太人"的长篇附录却颇具启发意义。

犹太人因其历史已经为在现代世界取得成功做好了准备，维塞尔写道。由于他们的宗教传统和历史经验，犹太人培养出了一种才能，用于抽象思考、深刻的语言表达以及计算。作为一个受压迫的少数民族，他们必须学会与其他不同阶级的人相处。此外，他们还很勤劳。所有的这些品质都对他们有利。现代资本主义经济和他们在法律上的解放使得拥有这些文化特征的犹太人主导着贸易、工业和教育领域，奠定了公众舆论的基调。如维塞尔所述，这就导致一种在"雅利安人"中可以被理解的和健康的反应：

355

> 逐步掌权的犹太人形成了一种民族联合的阶层力量，团结一致地向前推进，类似于当年诺曼人一次就将自身渗透到了撒克逊人群之中，即使犹太人一直无法统治整个国家。也难怪，对雅利安人来说，团结起来才能取得权力角斗的胜利。正如个人可以追求其自身利益，他们也有权这么做；当他们确信犹太人正领导民众摆脱他们的传统与历史，这样的民族意识又使得他们有义务这么做。[33]

哈耶克之所以认同犹太自由主义者，并不是因为他们是犹太人，而是因为他们是自由主义者。但这意味着，对于哈耶克来讲，犹太人的命运与自由主义的命运紧密联系在一起，而自由主义的命运又不可避免地与资本主义的命运交织在一起。

"19 世纪 20 年代和 30 年代的维也纳不理解犹太人问题。"哈耶克回忆道。正如维也纳中产阶级日益明显的反犹太主义标准所定义的那样，"犹太性"是一个起源问题，而非宗教或自我肯定的问题。从犹太教到基督教的改宗者，以及异族通婚的后代，仍可能被犹太人和非犹太人视为犹太人。[34]大学兄弟会排斥那些有犹太血统的人，即使他们都皈依了基督教。维也纳大学里主导校园政治的德国学生协会为本土主义者，要求大学排除犹太人和斯拉夫人，而且为对犹太学生和教师数量限定配额而活动。这些活动得到了大部分教师的支持。1930年，大学校长发起并制定了一项法律以限制大学里犹太人数量占总人数的比重。[35]大学教师中的领导人物之一为经济学教授奥斯马·斯潘，他被认为是激进右派，手上掌管着许多因为犹太血统或社会主义倾向而不能晋升的研究生和教员。[36]哈耶克之前曾短暂地参加过斯潘的研讨会，但后来被驱除了，因其过于激进并"蛊惑"了其他参与者。[37]

在两次世界大战之间，维也纳的种族意识社会里存在一些纯粹由基督教徒组成的圈子，也有其他纯粹由犹太人组成的圈子，以及"一个非常大的处于两者之间的中间组织，部分为洗礼过的犹太人，部分为与犹太人交朋友的基督徒"。[38]虽然哈耶克来自"纯粹的基督徒"圈子，他却自称是"中间组织"，而且他观察世界正是基于他们那样的视角。在回忆录里，哈耶克强调"很难去过高评价我究竟应把多少归功于那个事实，即几乎从我大学生涯一开始，我就与一群属于维也纳最好的那些同龄犹太知识分子紧密联系在一起"。比他自己的家庭更国际化，而且保持着一种对自由主义价值观的承诺，他们勇敢地面对反犹太主义歧视的障碍。[39]当哈耶克写到维也纳那些反犹太主义的犹太人时，他很清楚自己在说什么。尽管他巧妙地避免在回忆录中提及它，但哈耶克自己的父亲正是德国医师协会

356

维也纳分会的主席——这里"德国"表示"雅利安"。[40]哈耶克的弟弟，海因里希，最终加入了纳粹党。哈耶克在第二次世界大战后声称，这为其弟取得教授职位铺平了道路。[41]

虽然他是维也纳最有成就的经济思想家之一，哈耶克的导师，路德维希·冯·米塞斯，却被排除在大学教职之外，部分原因在于他是犹太人，也因为他坚定的"古典自由主义"观点以及他所表现出的不能容忍那些他认为的傻瓜。[42]被拒绝了一个终身教职，米塞斯反而成了维也纳商会的秘书，这是一个公务员职位，也允许他进行研究并担任政府的一名顾问。他于1921年和1927年雇用哈耶克作为其助理，为了给新婚的哈耶克提供一份合适的薪水，米塞斯创建了私人的商业周期研究所，部分资助来自洛克菲勒基金会。洛克菲勒基金会渴望促进欧洲的实证社会科学研究。[43]尽管大学让知识变得无用武之地，但创意性的讨论却在学术界之外的许多研讨会和社交圈里持续着，在那里，年轻的知识分子交流着思想和工作进展。在米塞斯的商会办公室里，每周一次的研讨会成了两次世界大战期间维也纳先进经济思想的交流中心。在研讨会的29名成员中，23人都拥有犹太血统。[44]

正如《维也纳的旅行指南》——一本当代城市指南——告诉读者的那样，"他是犹太人吗?"这个问题在19世纪20年代的维也纳无处不在;与它相比，所有"其他的问题都是次要的"。"劝你在维也纳期间不要太令人关注，"那本指南指出，"否则人们会试图辨认出你就是犹太人。"[45]同样，在哈耶克的圈子里，谁具有犹太人血统是人们永恒不变的猜测主题。哈耶克调查了自己的家谱，但没有找到犹太人祖先。[46]

对于哈耶克来说，反资本主义和反犹太主义之间有着密切的联系，这尤其是因为犹太人恰恰体现出那些对资本主义发展而言必不可少的特质。在他的《通往奴役之路》中，哈耶克写道：

> 在德国或奥地利，犹太人曾被视为资本主义的代表人物，因为人民当中的广大阶层对经商怀有传统的厌恶，致使犹太人更容易接近经商这个在实际中被排除于更受人尊敬的职业之外的团体。一个异族只准从事这些不大体面的行业，然后由于他们从事的这些行业而更加遭人厌恶，这种情形原是古已有之。德国的反犹太主义和反资本主义同出一源这个事实，对于理解那里究竟发生了些什么事情是有重大意义的。但外国观察家们却很少领会到这一点……在德国，犹太人之所以成为敌人……是对整个运动都以之为基础的反资本主义的不满情绪的结果……（很像）俄国把富农挑选出来当作敌人。[47]

尽管没有明确地提及犹太人，哈耶克在《自由宪章》中也讨论了他们的命运：

> 毫无疑问的是，从社会的角度来看，很好地运用一个人的能力的艺术，即发现一个人的才智的最有效用途的技艺，可能是最具助益的一种手段。但是，一个人如果具有太多这方面的资源，通常就会引起人们的不满；而且，尽管某些人的一般能力相同，但是其间的部分人士因较成功地运用了具体环境而获得了较他人为优的利益，这种情况往往也会被人们视为不公。在许多社会中，由于"贵族式"传统认为，等待直至才智被他人发现乃是高贵之举，

所以只有那些为赢得社会地位而艰苦斗争的宗教群体或少数民族才精思熟虑地养成了充分运用这种资源的本领〔德语 Findigkeit（指看风使舵、利用各种环境的本领）能够最好地描述这一现象〕——也正是出于这一原因，人们通常都对他们表示不满。在一个具有组织等级的社会中，每一等级都被赋予了相应的任务和职责，这就致使行动的条件具有了差别，而这正是贵族传统产生的根源，这种传统通常都是由那些因享有特权而使他们不必为他人提供服务的人发展起来的。然而，毋庸置疑的是，与"贵族式"传统不同，一个人能够发现物质资源的较佳用途或他自己的能力的较佳用途，乃是他在我们当今社会中所能够为其同胞的幸福做出的最伟大贡献之一；更有进者，一个自由社会之所以能发展得比其他社会更繁荣，也是因为它为人们能够做出这种贡献提供了最大限度的机会。这种企业家式的能力（entrepreneurial capacity）（因为在发现能力的最佳用途的过程中，我们所有人实际上都是企业家）的成功运用，在一个自由社会中乃是回报最高的活动，而且不论是谁，只要他把发现运用其能力的某种有效手段的任务交由他人去做，他就必须满足于只获取较少的回报。[48]

对于亚当·斯密来说，商业社会里的每个人"在某个程度上都成了一个商人"，在这个社会里，他通过交换而生存。对于哈耶克来说，在资本主义社会里，每个人在某种程度上都成了一个企业家，他寻找着更有效的资源利用方式。[49]但是，不是每个群体都拥有相等的智慧。哈耶克的自由主义的一个中心主题就是，创新的作用很少能带来历史的进步。[50]这一想法有着一个完美的自由主义来源。事实上，这正是约翰·斯图尔特·密尔关于历史进步的思想的基础。正如我们所见，直到 1909 年，熊彼特提出了一个相似的理论，用一个更具尼采哲学的词语来解释企业家的作用。维塞尔在一系列文章中也提出了相同的论点，其中一些文章是在维塞尔1926 年去世之后由哈耶克编辑和出版的。[51]米塞斯在其 1922年的著作《社会主义》中重申了这个主题，哈耶克将这本书描述为自己智力发展的一个转折点。"大部分人无法意识到在经济生活中，没有什么是一成不变的，除了改变，"米塞斯写道，"看到并提前行动以及采用新方法，始终是少数人所关心的，即领导者……"[52]

但是，由聪明的少数人所创造的进步，虽然给广大社会带来了长期好处，但是它牺牲了一些特定社会群体的利益。哈耶克认为，法西斯主义和纳粹主义是社会失败者在资本主义发展过程中通过武力和意识形态的诡辩法，来重新获取他们在市场中被拒绝的回报的绝望尝试。在《通过奴役之路》中，哈耶克与这个想法进行了辩论，即国家社会主义应该被理解为一种资本主义的防御——确切地说，这是当时马尔库塞的解释，之后这种辩论在知识分子中广受欢迎。[53]相比之下，哈耶克认为，法西斯主义和纳粹主义代表了中产阶级的集体主义。被通货膨胀剥削着，被工业雇主与工人运动之间的谈判边缘化，并处在衰退中，"下层中产阶级的不满"导致其成员采用极权主义运动来保护自己的地位。[54]社会主义、法西斯主义和国家社会主义所共有的，根据哈耶克的说法，是国家"应该分配每个人在社会中适当的位置"的理念。法西斯主义和纳粹主义是如此成功，"因为它们提出了一个理论或世界观，这似乎证明了它们允诺其支持者的特权"。[55]熊彼特将社会主义理解为对尼采所说的"不满"的一种表达；哈耶克认为同样的社会心理过程在法西斯主义中也很明显。

哈耶克对政治和经济自由主义的认同，是选择了米塞斯而非维塞尔。[56]这个选择的部分原因在于其犹太人朋友圈，部分原因在于他对维也纳政府反市场政策的影响的观察。

租金管制和国家干预的危害

哈耶克对政府企图控制市场的怀疑，通过他在 19 世纪 20 年代租金管制的经历而得到强化。这是哈耶克在维也纳的那些年里最为透彻的思考主题之一，三十年后他又在《自由宪章》里重新提及这个思考。他写道，租金管制"在限制自由和阻碍繁荣等方面所起的作用，很可能已超过了其他任何措施，当然通货膨胀政策除外……不论对于谁来说，只要他注意到住房条件的不断恶化，注意到这种住房条件的恶化对巴黎人、维也纳人甚至伦敦人一般生活方式的影响，他就能够洞见到这项措施对经济的整体性质——甚至对一个民族的整体特性——所造成的致命影响"。[57]

租金管制是两次世界大战之间的维也纳在经济上最深远、在政治上最有争议的问题之一，并且把维也纳带到了内战边缘。维也纳的住房问题在世界大战之前就出现了。像大多数在快速城市化时期的城市一样，世界大战前的维也纳也出现了常年的住房危机。租金管制的解决方案出现在第一次世界大战期间，当时正值东部流离失所者涌入维也纳。帝国政府试图阻止房东利用住房需求增加而谋利。维也纳颁布了一系列措施，使得房东很难驱逐现有租户或增加租金。战争结束了，但对房东的限制却仍在继续。

在 1921~1922 年，通货膨胀贬低了奥地利货币的价值，其币值跌到了战前的 1/14400。社会民主党在 1922 年以立法来应对，将租金固定在四倍于其战前水平的价格，这意味着房客几乎没有支付任何东西。第二年通过的新法律规定，允许提高租金来支付维修费用的一部分，并且建立了一套复杂的官僚流程来决定相关费用。然而，即使租金的这些微小增加，也被维也纳的工人阶级怨恨，因为他们已经习惯了生活几乎免租金。战争期间，这种对房客的保护在许多欧洲城市得以建立，但相比其他地方，这种保护在维也纳持续的时间更长，也更激进。社会民主党领导人为租金管制在改善工人阶级的福利方面所发挥的作用而自豪。[58]

房东实际上在支付了保养费用和房产税之后是亏损的，因而停止了对房屋的维护。没有经济激励来建造新的房屋，同时，因为房东不能以其房屋作抵押——哪家银行会接受亏损的建筑呢？——他们不能为新建房屋筹集资金，结果就加剧了战前的住房危机。房客曾经连同转租人一起支付房租，如今反而因房租负担不重而被逐出，这使得情况变得更糟。虽然减少了房屋的拥挤，但增加了寻找新居处的困难。在 19 世纪 20 年代坐火车到维也纳的旅客，可以看到铁轨旁边成排的车厢，这些车厢是那些无法找到住处的人的临时避难所。[59]

在 1923 年的选举中，基督教社会党领袖伊格纳兹·塞佩尔（Ignaz Seipel）谈到了租金管制的负面影响以及缩小规模的需要。社会民主党相应地继续维持着对房客的保护。已经导致私人住房建设瘫痪的社会民主党市政府，开始运用公共基金建设成千上万的房屋。1928 年，租金管制的问题几乎导致了内乱。当基督教社会党控制的联邦政府提议对增加租金的法律进行修改时，社会民主党表示强烈抗议。因多年在事实上剥夺其财产而感到沮丧的房东，对右翼准军事保安团提供了物质和宣传上的支持，以试图改变权力平衡和恢复他们的财产权利。[60]

361

1928 年，哈耶克转向了这个问题。[61]他把租金管制当作一个提供了直接好处但产生了应该为经济学指出的、意想不到的负面效果的政策案例。他坚持认为，政府试图管制租金的影响远远超出了受直接影响的房东和房客的范围。哈耶克还指出，受租金管制的房屋的租住者，不管其大小和适用性，都坚持租住在那些房屋。因为如果搬到另外一个房屋的话，即使是更小的一个，也会导致租金的大量增加。因此，租赁市场失去了其适应性。举例来讲，当孩子离开时，夫妇不是搬出大型公寓，而是保留它，即使它比他们实际需要的大得多。相反，有孩子的家庭找到合适大小的公寓变得越来越难，所以他们就居住在比原本应当居住的更小和更狭窄的环境中。更糟的是，租金管制也间接导致了失业。在维也纳之外找到工作的员工更愿意拒绝那份工作，而不是搬出他们那便宜的公寓。那些居住在维也纳并在远离他们房屋的地方找到工作的人，不能负担搬到工作场所附近所需的费用。相反，他们通勤往返于更长的距离之间并支付更多的交通费用。维也纳的企业也发现越来越难以在城市之外招募到更好的员工，因为那些好员工在城市里找不到合适的居住地。

除了这些对劳动力市场的负面影响，哈耶克认为，租金管制也影响着资本的可用性。新商业投资所需的大量资本通常来自房东的租金收入，因为租金不再进来之后，房东不仅无法在维护房屋或新建房屋上投资，而且也没法继续购买股票，这就阻止了资本流入经济增长所需的地方。此外，哈耶克计算了用于维也纳公共住房的资金——大部分来自税收——它相当于维也纳证券交易所所有股票的价值。正出于所有这些原因，哈耶克建议逐步取消租金管制。

租金管制看起来似乎是对资本市场的有限干预，但实际上它对整个经济都产生了扭曲效果。哈耶克对租金管制的分析有助于清楚说明自由主义关于政府干预市场定价机制会产生危害的观点。

社会主义、计划经济和市场职能

在讲德语的社会科学家召开的主要会议上汇报了自己关于租金管制的研究成果后不久，哈耶克永久地离开了维也纳。1931 年，正值 32 岁的哈耶克被莱昂内尔·罗宾斯——一个深受维也纳经济学家影响的英国经济学家——邀请到伦敦政治经济学院任职，不久后他就被任命为教授。[62]哈耶克因此成为米塞斯研讨会众多成员中放弃每况愈下的奥地利共和国，在西欧或美国寻求更好前景的第一人。"资本主义制度的日子，以及资本主义–自由主义经济秩序的时代已经过去了。"基督教社会党首相恩格尔伯特·陶尔斐斯于 1933 年 3 月如此宣布。1934 年，基督教社会党取代共和国，建立了独裁政权。新宪法（从未实施）让社团主义国家取代了自由民主，代表权以经济财产为基础。基督教社会党遭受了来自更激进分子和种族右翼（völkisch right）越来越大的压力；而当希特勒于 1938 年进军奥地利时，当地居民的反应十分强烈，以至于他决定直接吞并。

哈耶克自认为是英国自由传统的继承人，于 1936 年成为英国公民。但在他到达英格兰的几年内，许多著名的知识分子，包括凯恩斯，认为大萧条已经显露出传统自由主义的局限性；他们正寻求自由主义的替代物。知识分子和政治家们不仅偏左，而且为计划的思想所吸引，这种思想于 19 世纪 30 年代中期开始流行。观察者们对苏联的"五年计划"（没有密切关注它的人力成本和物质成本）印象深刻，因为"五年计划"似乎把苏联带入了拥有惊人发展速度的工业时代。他们认为西方国家将同样受益于政府的经济计划。在 1931 年，双周刊《计划》（*Planning*）在由一群商人、专业人士和学者组成的"政治和经济计划"的支持下出版。"自由和民主领导小组"，其中包括了国家工党和哈罗德·麦克米伦这样的中间派保守党，于 1934 年发表了一份宣言，呼吁领导人发展一套"有远见和深远秩序的科学计划"。[63]

363 　　在到达英格兰之后，哈耶克认为这些计划蕴含了对经济理性和政治自由的威胁，因而感到惊恐，于是他将注意力转到了这个问题上。他对经济学的兴趣一直受到 19 世纪 20 年代初关于社会主义经济可行性的一个非常活跃的辩论的影响。[64]对他的思想产生重要影响的是米塞斯 1920 年的文章——《社会主义共同体的价值计算》。抵达英格兰不久，哈耶克发表了对米塞斯的批判并在 1930 年的版本里进行了扩展——《集体主义的经济计划：社会主义可能性的批判研究》。[65]正是在这些辩论中，哈耶克阐述了他对市场的经济理解和政治理解。

　　直至布尔什维克革命和 1918 年革命的失败，社会主义者才注意到后资本主义经济体系。在布尔什维克革命前夕，列宁认为社会主义经济就像整个国家成了一个单一公司。"整个社会将成为一个工厂，同工同酬。"他写道。对于列宁来说，经济学本质上是行政管理和"核算与控制"的问题，这些方法"已经被资本主义最大限度地简化并精简成异常简单的监督和记录上的操作——任何受过教育的人都能完成，掌握四则运算法则，以及开出适当的收据"。[66]同许多马克思主义者一样，列宁认为货币如果不是万恶之源，就是剥削的化身，所以他和布尔什维克党人一起着手完全消除货币经济。[67]其他地方的社会主义者——包括奥图纽拉特，一名在短暂的巴伐利亚社会主义共和国担任过社会化部长的维也纳知识分子——嘲弄着那种观点，即社会主义就意味着消灭市场和货币，以及"以实物计算"来替代它们。[68]

米塞斯认为，在一个没有私有财产和市场的经济中，基本不可能实现对经济活动的有效协调。市场经济中的价格反映了商品的供给和有效需求之间的关系。[69]如果价格不由自由交换来决定，那么就没有进行中央计划的有效方式，因为计划者不能决定物质和人力资源众多可能组合方式的相对效率——这些组合在理论上可以产生相同的产品。米塞斯写道，像许多没有创业活动经验的人一样，列宁从根本上误解了经济学的本质。这不是一个利用离散信息规划以达成既定目标的问题，就像记账或统计学一样。[70]除了在抽象模型里，经济生活中的变化是不可避免的，这就使得所有的经济决策充满不确定性，也没有可供操作的标准单位，正如劳动价值理论所暗含的那样。[71]只有货币才能提供比较商品相对稀缺性的共同标准。只有市场才能产生评估在发达经济体中成千上万物品的相对可用性的方法——以价格的形式。[72]"没有自由市场，也就没有定价机制。"米塞斯认为，没有定价机制，也就没有办法计算实现特

364

定经济目标的最有效方式。"社会主义废除了理性经济。"米塞斯总结道。[73]

没有私有财产，社会主义面临着另一个不可逾越的障碍：创新性问题。只有私人所有制才能提供利己主义的激励，用以创新、适应不断变化的经济生活条件和找出需要生产的物品及其最有效的生产方式。米塞斯断言，社会化企业的经理既没有独立自主的权力，也没有激励去创新，更没有源于知道自己将承担错误决策成本的责任感。[74]

在 1935 年向英语观众汇报米塞斯工作时，哈耶克指出，苏联经济显露出了米塞斯十五年前曾预测的严重的低效率，并呼吁大家注意用以理解资本主义的"社会主义核算争论"的更广泛意义。[75]在资本主义经济中，经济活动能够被协调，但是以一种大多数人无法感觉到的方式，这就是为什么斯密称之为"看不见的手"。对它们意志的协调是意想不到的：它是通过市场的协调机制来完成。[76]因此，关于社会主义的争论使得哈耶克去探索和解释资本主义社会中市场的功能。

斯密将"市场"描述为尽可能进行劳动分工，从而提高劳动生产率。如今，哈耶克指出，市场允许社会中更深化的知识分工，同时，市场与知识通过价格协调这一套信号体系传达着信息。[77]关于资源可用性的知识在社会中广为人知。市场价格扮演了将资源用到能发挥其最大价值之处的信号，而利润动机激励着人们将他们的知识带入市场中。那些知道在哪以更低廉的价格购买商品或以更低的成本生产商品的人，能够利用这些知识来获得更高的利润。[78]资源的有效利用取决于在特定的时间和地点掌握了特定的知识，而不取决于中央计划者的汇总统计。[79]此外，它还取决于感知别人错过的机会并及时抓住它们的能力——这些特质与企业家而非官僚相联系。

在他后续的工作中，哈耶克扩展了市场在传达信息和生产新知识方面的角色。他坚持认为，基于在信息完全条件下性质相似服务之间的完全竞争的市场抽象模型——这个模型此后成了很多经济学的核心——从根本上就是误导性的。市场上所发生的大多数事情，都涉及获得关于不完全一样且需要经验比较的产品或服务的更全面信息。"我们对可获得商品或服务的不充分认识，通过我们与供应它们的个人或企业打交道的经验来弥补……此处竞争的作用恰恰就是告诉我们谁的服务更好：哪家杂货商或旅行社，哪家百货商店或酒店，哪位医生或律师……"[80]

随着哈耶克对市场"生产知识"作用的继续探索，他认为竞争最有价值的影响不是它体现了达到某个既定目标的最有效方法，而在于"其结果是不可预测的，总体上区别于那些任何人都可以故意针对的结果"。[81]竞争性市场不仅仅交换信息，它还让人们认识到资源的潜在用途，因为发现哪些商品对社会上其他成员是"有价值的"以及它们身上存在多大的价值，都不能事先确切地知道。它是基于猜测、推测或假设，真实或虚假情况只能通过市场竞争的过程来发现。[82]正如哈耶克所设想的那样，资本主义在本质上是动态的，这种动态性是由于"足智多谋"的企业家的新需求和新的实行方式——这种分析主要源于熊彼特，并与黑格尔相一致。

经济活力创造出了一种社会和文化的动态性，这就要求改变旧的思考和行为方式。正是那些有活力的和足智多谋的少数人逼迫那些不够机智的多数人去适应和通过模仿更成功的人士来使自身行为合理化。[83]哈耶克知道，这个过程有时候很痛苦，也一定会遭到那些更愿意选择其已精心建立起来的生活方式的人的怨恨，因而他们会设法阻止它。竞争会创造自身"不近人情的强制力"，无须政府的命令而迫使个人去适应或丧失他们的收入。[84]

> 竞争总是……这样一个过程，少数人使得多数人有必要去做他们不喜欢做的事情，努力工作，改变习惯，或者对他们的工作投入一定程度的关心、持续的奋斗或规律性；如果没有竞争，这些都不需要。[85]

但努力工作及投入更多关心和精力——这种描述听起来像极了马克思和马尔库塞关于异化劳动的描述，在本质上是想获得什么呢？这是哈耶克从未提及的问题。[86]难道经济真的不可能通过政府来实现人类目的和可能性的更高理想吗？

哈耶克认为，这的确不可能，因为这么做就违反了自由社会中市场的其他主要功能。市场是这样一种机制，它不仅使经济信息分散化，而且使得人类目的多样化。哈耶克在其 19 世纪 30 年代后期的工作中首先提出了这个主题，在 1944 年的《通往奴役之路》里又进行了更充分的论述，然后在其后期的作品中形成了体系。

利用维塞尔的观点——市场价格反映的不是某一客观的质量或数量，而是个人的主观评价——哈耶克认为，市场并不协调经济价值，因为他坚称不存在"经济价值"这种东西。他解释说："经济考虑只是被用来协调和调整我们的不同目的，最终它们都不会是经济的……"[87]因此，市场不仅仅是经济。

它也并不关乎"利己主义"，至少这个术语通常被这么理解。哈耶克认为，基于利己主义的市场活动理念足够正确但高度扭曲，因为它暗示着所有经济活动都出于自私，以及只有为了实现自私的目的才需要市场活动。哈耶克提出，我们在市场中追求利益，但（沿用韦伯）他注意到"利益"既是理想的又是物质的。因此，将"利己主义"同"目的"分离是极其荒谬的，这不是因为所有的目的最终都是自私的，而是因为无论我们的利己主义概念是利己的还是利他的，它们都是通过市场在追求利益。那些想要赚钱养小孩或建教堂祭神的人，一样需要参与市场，正如那些赚钱购买豪车以期来吸引女性的人。天下父母和宗教信徒不会比花花公子更少地遵循自身利益，他们只是对其利益和目的有着不同的观念罢了。

　　哈耶克认为斯密关于自由的定义虽然是正确的，但也具有误导性。斯密曾将自由描述成这样一种情况："每个人，只要他不违反正义的法律，就可以完全自由地以其自身的方式追求自身利益。"哈耶克认为，斯密的定义存在的问题是，它无意中表明了"将对个人自由的支持与自负和自私联系起来"。他觉得将自由定义为"每个人都可以用其所知达到自己目的的一种状态"更为准确。[88] 伏尔泰将利己主义描绘成对宗教或意识形态目的的替代物，哈耶克却认为这两者无法区分开来，它们都是通过市场来达到的。

　　如果所有人生的目的都进入经济的剧本中，那么理所当然地，试图计划"经济"也就相当于试图计划整个人生。由于不存在不同于政治、宗教和文化的经济领域，因而也没有具体的"经济计划"让人们自由地追求自身目的。哈耶克在《通往奴役之路》中强有力地阐述了这点，在其后续的著作中也重新提到了它。"经济控制不仅是对人类生活中可以和其余部分分割开来的那一部分生活的控制，它也是对满足我们所有目标的手段的控制。任何对手段具有唯一控制权的人，也就必然决定把它用于哪些目标，哪些价值应得到较高的估价，哪些应得到较低的估价——总之，就是决定人们应当相信和应当争取的是什么。"[89]

对于哈耶克来讲，现代资本主义社会的特点就是缺乏"统一目的"，除了在面临国家危机的时候，比如战争。与19世纪30年代流行"计划"相反，他认为经济计划只有以自由社会和民主政体为代价才具有可行性，因为它需要一定程度上对不同商品的精确和相对价值的社会共识，而这在自由主义社会是不可能的。[90]在自由主义社会，国家是不道德的，它是"一台旨在帮助个人充分发挥其个性的实用机器"。[91]任何黑格尔甚至阿诺德关于国家的概念都变成了拥有教育功能。这一想法受到了纳粹主义和共产主义的质疑。

368

"自由社会的最大优点在于，它把协议的必要性降低到了与自由社会中个人意见的多样性相兼容的最低程度。"哈耶克这样认为。但是，只有当其公民接受了共享共识不得不维持在有限程度的事实，民主才能得以存活，这也意味着政府所使用的目的最小化了。他写道："我们不得不为民主制度支付的代价就是，限制政府行为触及那些可以保持一致性的领域。"虽然资本主义使民主成为可能，但"如果一个民主国家受到了反资本主义信条的支配，那么就意味着民主会不可避免地自我毁灭"。[92]

这正是《通往奴役之路》的重要主题。这本书引起争论的地方在于，导致德国纳粹主义兴起的进程也在英国获得了力量。致力于中央经济计划的政治家们无意中创建了一个更没有效率、更强大、更具侵略性和更专制的国家，这个国家寻求培养其公民遵循政府计划的品味和价值观念。哈耶克认为，社会主义即便有追求民主的意愿，也会倾向于政府控制更广阔的生活领域，从而走向极权主义。

就像马克思和恩格斯的《共产党宣言》一样，哈耶克的《通往奴役之路》总结了作者早期的大量工作。正如马克思花费其余生的大部分时间来清楚阐述他最著名的书中的假设和含义并将其发表出来，哈耶克也同样倾尽余生来深入分析《通往奴役之路》并将它传播给知识分子、政治家和政策制定者。他的后续工作尝试着阐述他对资本主义、自由和进步之间关系的理解，并将它们应用到战后世界的大环境。

"社会正义" 之批判与福利国家之风险

《通往奴役之路》的出版为哈耶克在英国和美国都带来了声誉，发行量巨大的《读者文摘》（*Reader's Digest*）刊登了该书的删减版（由前社会主义者马克斯·伊士曼编辑）。这本书在英国被很多保守派人士接受，在美国更是在反对"新政"的保守派人士中引起了强烈反响。但是，公众的赞誉却是以牺牲学术上的认同换来的。左派学术界自然对哈耶克的观点持强烈反对态度。即使是哈耶克的同情者也认为他将英国的社会主义与德国国家社会主义做类比过于严苛，对于英国的社会主义者是不公平的，显然哈耶克的言论过于夸张了，他的观点跨越了社会科学的界限而成了一种纯粹的争论。

战后哈耶克造访了维也纳，并和海伦娜·沃汉内克（Helene Warhanek）——一个他在与现在的妻子相遇之前深爱过的女人——修复了关系。他们决定与各自的配偶离婚，然后永远地在一起。不过海伦娜倒是省了很多麻烦：她的丈夫不久

369

之后就去世了。[93]而哈耶克就有些麻烦了，虽然最终他与妻子离了婚，并娶了他的老情人，但这一举动让他的那些英国老朋友很是不满，于是他被迫离开英国，转而去其他国家寻找栖息地。然而，可能由于《通往奴役之路》在当时给他带来了不太好的名声，也可能由于他的货币经济理论被同行认为已经过时，总之，哈耶克发现自己要想在美国的知名大学获得一个经济学教职相当困难。[94]在数家机构相继拒绝哈耶克之后，芝加哥大学社会思想委员会的主席最终做出了一个异乎寻常的安排：聘请哈耶克为社会与道德科学教授，但是他的薪水却由一家美国私人基金——沃克尔慈善基金——支付。[95]

虽然哈耶克从 1950 年至 1962 年一直在芝加哥大学任教，但是这段时间内他关注的重点仍停留在欧洲，并且经常往返于欧洲和美国两地。直至他生命的最后时刻，哈耶克都保留着英国国籍，他一直将英国视为自己的祖国。[96]仅仅是因为个人的际遇问题，他才不得不选择四处漂泊，漂泊并不是他内心所想要的。1962 年，他搬到了德国政治保守主义的中心——弗莱堡大学，被称为"奥尔多自由主义"的德国经济自由主义是这所大学的招牌。他之所以移居这里主要是因为他需要这份工作——这份工作可以为他提供养老保障，对于一个快要退休但又没有养老金，而且谋生手段有限的老人来说，这是相当现实和重要的。尽管他此后的生命时间基本是在德国和奥地利度过的，但是哈耶克的影响力仍然主要在讲英语的国家。这是因为他最重要的两本著作都是用英语发表的——1960 年出版的《自由宪章》和 1973～1979 年出版的《法律、立法和自由》。

370　　《自由宪章》和它的姊妹著作，对后来所谓的"福利国家"这一理念进行了相对严厉的批判，如果还不能算作充满敌意的话。正如马尔库塞的言论经常被追随者误解，认为他只追求更多和更好的性高潮一样，哈耶克的理论也经常被自由放任主义的鼓吹者和福利国家的反对者所引用，但事实上他的观点要比这些支持者更灵活、更柔和。

哈耶克所关心的主要是福利国家与自由之间的冲突。哈耶克将自由定义为对国家政权强制权力的限制，例如"社会中某些（人）对另外一些（人）的强制要尽可能少"。[97]但是，哈耶克知道自由只有在受到国家政权的保护时才能存在，国家政权实施法律制度，这些法律制度对社会中的任何一个人都是同等适用的，并确保每个人都知道一个明确的范围，在这个范围之内可以自由的行动。这些规则包括"隐私权和保密权，这指的是每个人的房子是他自己的城堡，其他人哪怕是想去了解他在里面干什么都是不被允许的"。[98]规则中当然也包括财产权，但是对于财产权，哈耶克并没有将其内涵定义为永恒不变的，而是认为它应该随着社会的变化而变化。[99]哈耶克重申道："保障每个人在一定范围内有充分的自由活动权是为了让他能够最大限度地利用他的知识。"[100]

哈耶克同意福利国家的某些目标，并认为其中的一部分的确是可行的，他承认"某些共同需求的确只有通过集体行动才能满足"，而且"认为随着社会财富的不断丰富，的确可以不需要通过市场为那些生活不能自理的人提供最低限度的生活资料，这是值得提倡的，而且政府在有效且不带副作用的情况下，可以协助捐助者，甚至可以领导该项事业。几乎没有什么理由来反对政府承担这些责任，甚至在某些领域，如社会保险和教育方面，政府承担发起者的责任也是无可厚非"。[101]所以，哈耶克并不是在原则上反对政府对劳动条件、建筑状况以及其他社会事件的监管。[102]哈耶克对于福利国家的批评不是针对政府想要追求的目标，而更多的是针对政府实施目标的方法。[103]他对国家垄断社保、医疗以及教育服务的行为持相当不信任的态度，因为这排除了自由竞争，后者往往是可以发现新的以及更好的方法来提供这些服务的。哈耶克竭力要向人们证明（广义上的）社会保障是可以通过一种既不损害个人自由又不阻碍社会创新的方法来提供的。[104]他反对的是这样一种政府行为：为了一定的社会理想或者政治权宜而人为设定工资、租金以及商品价格，从而带来市场信息体系的扭曲。哈耶克断定上述行为的最终结果不仅会导致经济上的无效率，更会损害社会的自由程度。然而，他认为此时的政治和思想潮流正朝向那个错误的方向。

到 20 世纪 50 年代末期，社会主义思想的主要内容——公有制、废除利润目标制以及平等分配收入——即使不在理论上，也在实践中基本被西方各国政党抛弃了。[105]在哈耶克看来，对自由的威胁再也不是来自传统的社会主义者和综合计划的支持者。现在这种危险来自重塑资本主义的企图，这种企图服从于"社会正义"的目的，这一目的或来源于通过民主政治表达群体利益理念，或来自这两种思想（民主政治和群体利益理念）的融合。

尽管社会主义者理想的公平理念因为其不具可行性而在很大程度上已经被抛弃了，但哈耶克认为它却正被另一种理想主义——社会正义——所取代。这一理念特别受到一类人的欢迎，这一类人虽然不是挖空心思去破坏市场机制，但认为"经济确实是需要人为调控的，这样才能产生符合他们心意的收入再分配局面"。[106]哈耶克认为从两种意义上来说，那些使用"社会正义"的人可能并不知道他们所谈论的这个词到底有什么意义。首先，这个词本身并没有清晰的定义，更不具备可识别性；其次，那种认为构造现有经济结构可能反映"社会正义"理念的思想本身就是对自由资本主义本质的深深误解。这个词组事实上已经成为一种道德咒语，并被纳入罗马天主教的官方教条之中，为所有基督教教派的神职人员所钟爱，这些人对超自然的启示录已经越来越没有信心了，转而向"社会宗教"寻求庇护和安慰，将天神的承诺替换为社会正义……的确，皈依"社会正义"似乎已经成为拥有道德良知的识别标识。但是，哈耶克刻薄地说道："一个信条被普世接受，并不代表它就是正当的，甚至不代表它是有意义的，恐怕没有比对女巫和鬼魂的信仰更普遍的了，但是这些概念从未能被证明是对的。"这一理念已经变成了一种"类宗教的迷信"。[107]

哈耶克断言，那些鼓吹要重构市场经济体系以满足"社会正义"要求的人没有几个真正懂得他们所谈论的这个词组的真正含义。正因如此，这一理念才会被利己主义的组织所采纳并随意操控。他们宣称他们自己的收入与"社会正义"理念的标准是不相称的，所以他们要求政府对工资进行干预，对他们享受的商品和服务的价格进行干预，这样才能保护他们享受业已习惯的生活方式，或为他们创造他们认为自己应得的生活标准。

任何一种社会正义观都遇到了哈耶克所谓的不可逾越的障碍：在资本主义社会——这是一个美好的事物——社会正义是不可能的。我们可以看到许多研究分析市场的文化效应的人士和那些仍然在坚持自由的自由国家，都对目前的社会安排持强

372

烈的批评态度，认为这些制度安排有方法压倒了最终目的的倾向。滕尼斯说现代人好像来自"共产主义"，团结在共同的目标和信念之下，然后却进入一个没有共同理想的、一切被计算好的"社会"。"共产主义"是依靠共同的理想而被连接在一起的，"社会"则是依靠共同的方法。齐美尔说，货币自身没有任何目的，但是它在一系列目的中发挥媒介的功能。哈耶克完全同意这些分析，但是他又在这些分析的基础上做了完全积极正面的延伸。他说自由资本主义制度能够让持不同信仰和观点的男男女女和谐地生活在一起。他们之所以能够进行精密的分工协作，是因为他们依靠货币和共同规则相互联系，而后两者是方法体系的一部分，并不是目的。哈耶克将自由国家和资本主义经济比喻为"功利主义机器"的一部分，这台机器对于那些和别人在"到底应该怎么活"问题上难以达成一致的人来说是非常有用的，而且是非常好用的。这样，哈耶克就在不知不觉中对马修·阿诺德做出了回应。

哈耶克说正是因为自由国家和自由经济不是建立在对公共物品共享且利益一致的基础上，所以这些物品完全不应该根据某些一般的价值标准而被无偿（从经济的角度）地赋予某些个体。事实上并没有全社会通用的价值体系。这并不是说如果一个社会中个体没有自己更高的价值标准和某种终极目标，这个社会就是不道德的，而是说在一个更大的社会中，不同类型的个体和组织之间是不可能存在完全相同的目标和价值体系的。个体或者单位可以利用他们自己的钱去做他们想做的事，这些事是利己还是利他都无关紧要。但是，他们不能坚持要求政府将他们的目的强加于别人头上，强加于整个国家的利益之上，也就是说，他们不能要求政府设定工资、租金和价格。借用亚当·斯密的词，哈耶克将现代自由社会称为"大社会"
（Great Society），以强调这样一个事实：自由社会将形形色色
的有着不同目的的人联系到了一起，尽管这些人中的大多数相
互之间并不认识。在"大社会"中正义的确是存在的，但是
它仅仅存在于对人身、财产以及合约保护这些方面——也就是
传统上所谓的"交换正义"，而不是现在所谓的"分配正义"。
这些正义的规则主要用于保护个体去追求他看得见的自身利
益。哈耶克将"大社会"规则抽象和客观的本质与早期"部
落社会"中特定性与利他性的共同道德准则进行了比较。[108]

　　对于哈耶克来说，对那种来源于道德义务的"社会正义"
理念的追求，在一个很小的范围内，在大家都能面对面的组织
内可能是有意义的，但是在现代社会却是过时的，而且是极端
危险的。[109]"大社会"并不打算根据某种所谓的关于优点和美
德的共同标准来奖励某些个体，因为这些价值标准是需要一致
同意的，而这种一致性基本是不存在的。摇滚明星之所以赚得
比教师多，并不是因为前者在道德上比后者具有什么优越性，
而仅仅是因为供给和有效需求之间的关系——因为愿意为了看
某一位摇滚明星而支付大价钱去购买门票的人，明显多于愿意
为某一位教师支付薪水的人。[110]资本主义社会，哈耶克说，并
不会因为某种道德原因而去奖励良好的品行，而且他认为保守
主义者由于错误的认识而对此进行争论，是一种相当危险的
行为。[111]

　　社会更多的是依靠市场进行调节而不是依靠共同的目的和
信仰，要接受这样一种逻辑很显然会对传统的道德情感产生巨
大的冲击，哈耶克这样判断，因为这些情感反映着早期历史阶
段的需要，那种来自依靠共同使命而连接在一起的"部落社

373

会"的生存需要。但是这种思想在现代社会显然已经陈旧了，而且是有害的了。这是因为那些人没有认识到正是由于仅仅依靠有限的政治强制手段去实现交换正义，才导致"大社会"的出现。[112]

哈耶克认为，不仅需要市场和自由国家的法律，还要求不同的团体（宗教的、种族的以及经济的）都不再试图利用国家机器去强制实践自己所谓的正义或者美好生活的理念，唯有这样多元主义的出现才是可能的。只有在这样的社会，小的团体才能继续生存，哈耶克阐述道，但是即使在这样的小团体中，政治力量也不应该被用于去实行他们的制度。这些团体中的成员应该完全是自愿，而且个体应该在不同团体之间自由流动，"只要他们愿意服从团体的规则，就应该被接收"。[113]

对于某些有价值的少数派人士，即使他们对于某些种族、宗教或者文化来说可能是圈外人，社会也应该加以保护。对他们的保护可以通过削弱那些在国内存在的保护某些文化圈内人的意图，从而最小化该国对于文化和道德的要求。哈耶克知道上述方法对于大多数人来说是难以接受的。但是，在一个规模较大的团体内，个体自愿的合作必须要以牺牲一定的道德要求为代价，因为道德要求已经限制很多团体之间的合作或合并。现在资本主义社会是建立在意识变革的基础之上，在这里外部者的家庭或文化圈子——外国人或者陌生人——不再被当作敌人，从而跨越了道德义务的界限。但是，这往往也意味着在现代社会中人与人之间的道德义务也就不再像在前资本主义社会中那么重要了。[114]

哈耶克还提出那些想要依靠政府以给每个人都带来"机会均等"的尝试也存在着潜在的危险。哈耶克认为，事实上并不存在聪明的父母或者在情感上、文化上有教养家庭的替代品。那些不是来自这些家庭的孩子可能的确处在某些不利的境地，但是这种困难只需那些尝试控制孩子成长环境、略微有些激进的政府多些投入就可以被解决。更进一步，与伯克和黑格尔一样，哈耶克指出大部分人参与市场行为最主要的动机之一应该是通过提供用于住房、教育和其他机会的资金来保障孩子发挥特长。通过惩罚精英阶层的人、奖励不利境地的人以实现孩子的机会平等，只会让人们失去最基本和最重要的动机去工作和在市场中发挥才能。[115]

亚当·斯密认为依靠竞争性的市场机制来实现普遍富裕的最大障碍来自这样一群人：他们利用政治权力绕过市场机制来追求自己的私利。他指出，商人特别有可能成为这样的一类人，因为他们规模小，居住在城市中，而且很容易接近当权者。他们曲解国家利益的内涵，利用被亚当·斯密称为"重商主义"的观点，这一观点特别偏好对外贸施加政治限制，从而实现商人自身利益的最大化，事实上这些限制将会给全社会带来更大的损失。在差不多两个世纪之后，哈耶克从那些有能力为某些特定目的而发挥政治影响力的人身上，发现了对市场和自由社会发展来说类似的威胁。不过，哈耶克认为在目前大众民主的条件下，这种危险不再主要来自商人（他们仍然只是数量极少的少数派群体），而是来自其他一些利益集团，比如劳动工会。由于工会拥有众多会员，而且组织严密，所以工会在民主社会中可以通过投票权来产生很大的影响力，再加上社会正义理念概念的模糊性，很容易被工会用作意识形态工具来追求自身团体的私利。[116]此外，工会容易使渴望团结的心理产生感性的、非理性的向往，而这种心理在自由资本主义社会中虽然是过时的，却从未熄灭过。[117]

375 　　哈耶克注意到倾向于进步思想的人从来没有将工会视为自私自利的垄断者，反而认为它们对公众利益是有利的，原因仅仅是它们一般都拥有很多会员。[118]这种想法，哈耶克认为，是完全错误的。哈耶克认为，如果工会真的是完全自愿性质的，那么它们在改善劳动环境的过程中自然可以扮演很有价值的角色。像社会中的其他团体一样，工会也是在合法追求自己的私利。但是，如果它们能够利用身体胁迫（比如纠察线等），或者能够利用法律赋予它们的垄断权力去阻止非会员被雇佣，那么它们就已经带来危险了。像其他成功的垄断者一样，工会成员提高了自己的收入（以工资的形式）。但这种收入的提高却是以牺牲那些非会员的利益换来的，非会员们只能被迫从事一些工资较低的工作，哈耶克抗议道。[119]

　　而一旦工会将工资推高到超过企业所能承受的临界点——在这一点企业利润最大化——就会导致大规模失业，这是因为此时企业会解雇工人，甚至直接倒闭；又或者是因为劳动成本太高，导致利润降低而无法开展新的商业活动。"当前工会所处的地位势必是难以长久维持的"，哈耶克在1960年预测道，"因为它们只有在市场经济中才能发挥作用，可是它们事实上却在竭尽全力地破坏市场经济。"[120]

　　令哈耶克特别担忧的是，当前在西方各国的当权者中间逐渐产生了一种共识，那就是政府有责任去维持充分就业——凯恩斯主义所信奉的诸多经济学信条中的一条。哈耶克说，政府降低失业率的办法就只剩下增加货币供给和信贷供给了，而这又会催生高通胀率，进而降低工会会员到手工资的实际价值，最终使企业重新获得短暂的盈利。高价卖出产品的同时仍按通

胀之前的水平给员工支付工资，企业重新获得盈利，而员工的
实际工资却下降了。但这只能是一个暂时现象，为了赶上日益
严重的通胀速度，每个人都会要求更高的工资，这就是所谓的
"工资－价格螺旋上升效应"：对持续通胀的预期引起更高的
工资要求，而政府被迫向经济体中注入更多的货币，而这只会
引起更高的通货膨胀。在这种情况下，政府只能被迫通过管制
价格和工资水平来控制通胀的螺旋上升过程。这样一来政府就
退到了对经济进行管制的阶段，从而扭曲了，如果不是破坏的
话，市场的信息传导体系。[121]有一种危险仍在不断地加速通胀，
那就是货币在持续不断地贬值，以一种难以估计的速度贬值。
因为货币是市场参与者计算如何采取经济行动的单位标准，在
货币不断以未知速度贬值的情形下，信息传导体系必然日益扭
曲，这就好比一个人要用温度计测量温度，但温度计的计量单
位却在不停地、无规律地发生变化。[122]

　　哈耶克并不反对民主，但他认为相对于市场和自由国家的
优点，民主的优点有些被夸大了，他认为民主最优的好处是它
保证了权力的和平转移与过渡。他担心，如果不对民主立法做
一些制度性限制，现存的政治结构和意识形态激励将会导致一
个又一个利益集团的出现，这些集团将会以社会正义的名义向
依靠民主选举上台的当权者诉说自己集团的要求。这将会导致
国家对工资与价格设定等经济问题的干涉不断增多，将会导致
政府在国民收入中所占的比例日渐提高，将会导致保障经济创
新的自由空间被日益压缩。换句话说，民主可能会最终破坏自
由主义——这是一种在19世纪的自由主义者中间不断出现的
悲观情绪，现在它在哈耶克的思想中再次回归了。尽管"创
造性破坏"为资本主义带来了物质和社会发展的双重机遇，

但是只要有机会，大部分的人——不论男人还是女人——都会要求政府保护他们目前的生活方式和收入资源免受"创造性破坏"的影响。所以，依靠大部分人的投票来决定经济问题，开出来的药方只能导致滞胀。[123] 从长期来看，哈耶克论道，自由民主社会要想生存就必须对依靠政治进程决定的一系列问题施加必要的限制。[124] 他用讽刺的口吻问道："难道人民就没有其他方法来维持民主政府，而只能将无限的权力赋予一个被选举出来的小团体吗？ 这些人即使在紧急情况下做决策，也必须要经历一个讨价还价的过程；在这个过程中他们贿赂足够多的选举人去支持他们自己所在的组织，以打败其他组织。"[125]

在 20 世纪 70 年代后期的著作中，哈耶克对上述难题给出了自己的答案，他的建议是运用宪章机制限制当权者，使他们不能够轻易地通过相关法律来为特定个人和集团谋求利益。[126] 考虑到货币在资本主义经济的信息传导体系中的中心地位，以及民选政府总存在着制造通胀冲动的情况，哈耶克也给出了一个激进的药方——货币去国家化。他建议，剥夺国家手中的铸币权，允许货币的跨国竞争，人民可以自由选择货币，这将保证唯有稳定的货币才会被人民选择。[127]

对于 20 世纪六七十年代的很多读者来说，哈耶克上述思想中的很多内容，正如伯克的《法国革命感想录》在 1790 年看起来的那样，显得很夸张和不可思议。但是仅仅十年之后，哈耶克当初的预测就被证实了，显示出他的先见之明。当权者和决策者们重新将注意力转向了哈耶克的著作。这既是因为世界将沿着哈耶克所预测的方向发展前进——正如我们接下来要看到的那样，更是因为哈耶克的思想已经被其他学者吸收和传播开来了。

知识分子再论

正如我们已经介绍过的众多其他思想家一样，从伏尔泰开始，哈耶克同样相信知识分子的力量，他认为后者对公众的思想产生了长期而深远的影响。哈耶克将思想家分为两类：一类数量很少，但他们的思想全部是原创的；另一类被称为"知识分子"可能更合适，哈耶克将他们定义为"思想的二道贩子"或者"知识获取领域的技术专家"。他们获取原创思想家的思想，对它们进行过滤加工，并将它们呈现在公众面前。"他们自己的信念和思想就像筛子一样，那些新的思想和理念通过筛选来到了大众的面前。"[128]只有当知识分子——至少是某些知识分子——相信这些思想的有效性，并且通过了他自己的"筛子"，这些思想才有可能有效地影响政治。

知识分子塑造了公众思想，但如果指望当权者能够在公众思想之外自成一格地提出发展方向，哈耶克认为那绝对是徒劳。"即使成功的政治家也要受制于某些力量——他只能在一些已经被广泛接受的思想框架内行动，他必须按照常规谈话或行动。说当权者也是某一思想领域的领军人物，这往往本身就是自相矛盾的。在民主社会中他的任务是找出哪些观点被最多的人所认同，而不是在当前给出某些在遥远的未来可能成为主流的新观点。"[129]如果说政治是关于可能的艺术，那么政治哲学就是让那些看似不可能的事变成政治上貌似合理之事的艺术。[130]政治哲学家的任务如他自身一样，就是"通过坚持大多数人不打算考虑的想法，坚持大多数人都觉得讨厌的原则"来挑战大多数人的观点。[131]

哈耶克相信，那些新思想在第一次被清楚完整地表达出来

之后，如果一旦以系统和抽象的形式出现在政治辩论中，就必
然能够影响到一代人，甚至更多代人。[132]熊彼特曾经（半开玩
笑半讽刺地）说过，知识分子是他的《资本主义、社会主义
和民主》等各种思想的听众，因为他们的思想不属于人民喜
欢的类型而备受折磨。但是哈耶克则相反，他不会去讽刺，他
相信随着时间的变化，知识分子是能够依靠思想的力量而产生
影响的。[133]

他的论断被他自己的经历证实了。在《通往奴役之路》
出版之后的十年里，哈耶克的著作受到学界相当严厉的批
评，即使是那些和他共享自由主义思想基础的人也批评他，
认为他只片面地看到了政府威权统治存在时自由的损失，而
忽略了威权统治的价值。[134]但是，他的书在不知不觉地改变着
知识分子的认识。哈佛大学的温和左翼历史学家 H. 斯图尔
特·休斯在 1954 年写道："十年前哈耶克《通往奴役之路》
的出版在美国学术史上是一件极为重要的事……它标志着思想
观点的逐步转向——不论是在学术圈还是在一般公众当中——
变得更加积极正面地评价资本主义体系，这种转向在过去十年
中非常明显。"[135]

由于他非常相信思想在民主社会中的力量——作为媒介连
通着知识分子，所以哈耶克在学术之外花费了大量精力去创立
新的机构以在现有基础之上培养他所谓的"古典自由主义"
世界观。在《通往奴役之路》出版后不久，哈耶克就成立了
一家由持自由主义思想的知识分子组成的国际组织，以便进行
学术讨论，并相互支持。由于 1947 年在瑞士旅游度假胜
地——蒙特勒——举行了第一次集会，所以他们又被称为蒙特
勒俱乐部。该组织并不通过向政府提交议案，而是通过传播古

典自由主义思想来发挥影响力。它的大部分成员都是经济学家，包括路德维希·艾哈德。艾哈德在纳粹倒台之后，以市场为基础，为振兴西德经济做出了卓越的贡献。蒙特勒俱乐部还催生了大量国家组织致力于在影响公共政策方面发挥务实的作用。[136]

哈耶克还为另一个机构，"智囊团"，提供了启发和思想支撑，该机构是模仿英国费边协会建立起来的。作为这些机构中的佼佼者，经济事务研究所（IEA）1957 年成立于伦敦，该研究所在研究哈耶克作品的同时，也研究他在芝加哥大学的同事米尔顿·弗里德曼的作品。IEA 又催生了政策研究中心，致力于促使保守主义政党更趋向于哈耶克主义。该机构由基思·约瑟夫领导，副主席为玛格丽特·撒切尔。1974 年撒切尔成为保守党党魁之后任命约瑟夫主持该党的政策和研究工作。约瑟夫在演讲和宣传册中表达的主题——对创造财富的企业家的渴求、社团主义的危险、通胀政策的危险——都是相当受欢迎的，而关于这些主题哈耶克在几十年前就已经研究过了。[137]哈耶克的《自由宪章》"是我们所信奉的"，撒切尔这样告诉保守党的政策研究部门。[138]在美国也一样，新智库大量出现，研究、规划政策，并传播哈耶克的思想。

不过哈耶克思想的重新兴起，主要不是因为他创立的那些组织或者那些智库在不遗余力地传播他的信条，而是因为到 20 世纪 70 年代，哈耶克关于共产主义和福利国家发展的预言式假说越来越与现实数据相吻合。当 1974 年瑞典诺贝尔奖委员会将诺贝尔经济学奖授予哈耶克时，这可能预示着人们重新认识他的时刻即将到来。

379

哈耶克时刻

20 世纪 50～60 年代是经济学快速发展的年代，同时也是西欧和美国政府服务大规模扩张的时代，而 70 年代则是经济发展放缓和出现滞胀的十年。在 50～60 年代，雇主与劳工组织之间存在着心照不宣的默契，雇主必须将劳动力需求保持在一定范围之内，当然这个范围也要保证企业能够获得一定的利润。工会可以定期从工资上涨以及雇主对工会成员的其他支付中获得收益，同时工会还会利用它们的政治影响力去强化"福利国家"的相应政策。但是到了 60 年代后期，大多数西方国家的政策重心仍在向左倾斜。劳动力短缺，再加上日趋激进的政治文化，导致了空前高涨的要求建立更多工会的社会氛围，这在英国尤其严重。工资的上涨速度远高于利润上涨速度，严重限制了投资资本的积累。[139]与此同时，为了满足维持收入水平、教育以及医疗需要，政府支出日趋膨胀，政府被迫不断提高税率。[140]经济增速放缓，再加上人们预期政府的福利供给仍然会持续增加，两种效应的叠加很快就导致了严重的后果。政府在国民收入中所占的比例攀升到了前所未有的高度，政府赤字像气球一般膨胀。

380 在西欧，1960 年仅为 1%左右的通货膨胀率——此时哈耶克在他的《自由宪章》中就对通胀危险进行了警告——在 1961～1969 年升到了年均 3.7%，在 1969～1973 年又进一步涨到了年均 6.4%，在 1973～1979 年里更是超过了 10%。[141]当通胀率逐步爬升时，政府大都会选择一种被英国工党称为"收入政策"的应对方式：当权者试着或通过直接立法，或通过与劳工和企业领袖谈判的方式，一个行业接一个行业地设定工资。在美国，共和党总统理查德·尼克松面对像脱缰野马一样的通胀率选择了直接的政府控制，他在 1971 年宣布对工资和价格进行暂时冻结，并在 1973 再次执行暂时冻结政策。[142]而他的英国同行，来自保守党的首相爱德华·希思则实行了一个综合计划以控制价格和利润分红。[143]尼克松的继任者杰拉尔德·福特在他的总统任期内经历了二战结束以来美国最高的失业率——9.2%。失业率和通胀率在他的民主党继任者吉米·卡特任期内仍在不断地攀升。

让消息灵通的观察家感到最困惑与惊慌失措的是，曾经被奉为灵丹妙药的凯恩斯主义经济学工具此时怎么变得如此无用。二战后政府在与失业问题做斗争时，一直依靠增加政府支出和扩大货币供给来刺激需求并创造更多的就业岗位。众所周知，这是一种通胀性政策，但是社会普遍认为这种危险仍然处于可控范围之内：如果通胀威胁超出掌控范围，政府只需缩减货币供给，以一定的失业为代价就可以解决这种威胁。但是到了 70 年代后半期，上述方法并没有发挥设想中的作用。失业率和通胀率都在高涨，而经济增长却几乎停止。这就是停滞和通胀，组合在一起就是所谓的"滞胀"。对于经济合作与发展组织（OECD，简称经合组织）中的西欧国家以及北美国家而言，1973～1979 年它们的失业率与通胀率这两项统计值都超过了 15%。[144]而与此同时，公共支出仍在不断增加，国民生产总值中越来越多的部分被公共支出所占据。到 70 年代末，经合组织国家的政府支出占到了国民生产总值的 48.5%。[145]而福利国家的典范——瑞典——1980 年的公共支出占到了国民生产总值的 66%。[146]此种现状终于引发了纳税人的不满和抗议，他们很不情愿自己收入中如此大的一部分被拿走。

381 　　西方福利国家的这场经济危机开始让人反思，先是政策研究者，然后是当权者，最后连普通选民都加入进来。人们对政策前提进行思考，并考虑要在制定政策时更多地与哈耶克曾经的"苛责"相契合。这一突破首先来自英国，其他福利国家所遇到的困难在这里似乎显得更加严重。到70年代末期，英国政府看起来对公共支出已经失去了控制，通胀率高得离谱（年通胀率达到了24%），而经济增长率同样低得让人失望。大量的财政收入被用于帮助钢铁和煤炭行业的工人保住工作，这两个二战后被国有化的行业事实上已经处于衰落阶段了，虽然仍然在开设分厂和煤矿，却好久没有盈利了。1974年当保守党政府打算拒绝煤矿工人提升工资的要求时，工人们举行了罢工，导致整个国家在晚上陷入了一片黑暗。此次罢工最终导致了爱德华·希思的保守党政府下台。1978～1979年的冬天，新一届工党政府上台。为了应对一系列由公共部门工会组织的罢工，新政府差点一上台就宣布国家进入紧急状态。这些罢工导致垃圾堆满了街头、医院服务缩减，而且因为挖墓人也罢工了，以至于连死人都没人埋了。卡车司机的罢工抗议活动导致大量必需物品的运输被暂停。[147] 为了应对这个"令人不愉快的冬天"，英国选民倒向了保守党领导人玛格丽特·撒切尔一边，保守党在1979年的选举中大获全胜。玛格丽特·撒切尔邀请她在哈耶克政策研究中心的同事，基思·约瑟夫，进入内阁，担任工业国务秘书。

　　他们通力合作转变了国家经济政策的方向，同时还制定法律限制工会的权力，包括限制纠察队的权力，要求全国性工会组织在财政上对地方工会组织采取的行动负责。撒切尔拒绝了导致通胀的凯恩斯主义政策，政府将不再为了刺激经济而大量增发货币，而且政府认为失业是一种可以接受的现象，即使在短期内可能会给某些人带来困难。撒切尔政府出售了所有的国有产业，鼓励创业和企业发展，并削减了工资税。[148]撒切尔在 1983 年和 1987 年获得连任，到 1990 年退休时，她主持完成了整个国家的经济结构转型。但是，"撒切尔主义"的最重大胜利是对英国政治格局的变革，事实上，撒切尔的很多政策和部分观点被托尼·布莱尔领导下的工党模仿并沿用。

当一个倾向于哈耶克主义的政府首脑在对英国经济进行改革时，在美国的另一位领导人也在尝试着类似的改革。哈耶克和米塞斯是罗纳德·里根总统最常提起的两位经济学家。[149]在他 1980 年竞选美国总统的阵营中有 67 位经济学顾问，其中有 23 位曾经是蒙特勒俱乐部的成员。[150]和撒切尔一样，里根致力于削减工会的权力。在他颁布的第一批法案中，其中一部就是要求撤换空中管制工会中参与罢工的成员。里根同样也鼓励创业，致力于减税，并大幅减少政府管制。和撒切尔一样，里根也打算对持续高失业率采取容忍态度，并将失业看作打破工资－价格螺旋上升——哈耶克很早就已经分析过——的一种有效方法。

在 1986 年启动关税与贸易总协定（简称关贸总协定）乌拉圭回合谈判时，撒切尔与里根呼吁采取斯密式政策，大幅削减关税以鼓励国际贸易的发展。这些政策分别得到他们的工党和民主党继任者的延续和发展。国内去监管化，而在国外需要与外国生产商进行竞争，这些为这两个国家注入了新的活力，因为此时企业为了能够与外国生产商竞争需要不断对自身进行升级改造。对于部分行业，比如钢铁和汽车制造，企业被迫放

382

弃了原来那种少数几家大公司与工会之间安逸的利益分配安排，原来的那种利益分配让双方都在榨取半垄断地位所带来的好处。[151]在美国和英国，左翼政党被迫转型，向撒切尔和里根所定义的那个方向转移，这种现象正是哈耶克思想的伟大胜利。

撒切尔政府和里根政府代表着一种"哈耶克时刻"，这一股热潮于 20 世纪 70 年代首先在智库世界里兴起，紧接着在 80 年代影响了政府决策。而此时此刻另一种形式的"哈耶克时刻"也正在那些曾经作为社会主义阵营一分子的欧洲国家中上演着。

如果说资本主义福利国家所经历的阵痛已经验证了哈耶克在《自由宪章》中的预言的话，那么苏联和它的东欧卫星国的经济灾难则证实了米塞斯和哈耶克曾经对社会主义计划经济的严厉批评。社会主义体系建立在阻碍信息和激励传导的基础上，这样的说法可能过于简单化，但是它并不算严重的曲解。[152]人为制造的统计数据在一定程度上掩盖了社会主义计划经济与西欧市场经济之间在总量上的差距，这些统计数据也没有包含东欧计划经济国家所生产商品的质量、适用性、耐用性以及可获得性等方面的信息。社会主义阵营国家的经济增长主要依靠土地、劳动和资本等资源的不断投入，而不是依靠提高资源的利用效率。早在 20 世纪 60 年代，这种经济增长策略就已经难以继续维持了，用于拉动经济增长的土地和人力资源已经被用到了极限，延迟消费以实现资本积累的策略也已经超出了人们所能承受的限度。共产主义经济在 70 年代就已经处于停滞状态了，到 80 年代更是日渐萎缩。从 70 年代末到 80 年代，东欧国家进行了多次改革尝试和试验，这些改革都试着进行分散决策，并力图创造与市场价格体系相类似的系统。但是由于缺乏生产资料的私有权，工厂或社会主义企业的经理们缺乏足够的激励因素去满足消费者的需求，去提高生产效率，以及进行创新。[153]

由于社会主义政权中严重的自由缺失，社会主义计划经济的生产问题就显得特别棘手，导致东欧国家的知识分子纷纷将注意力转向了哈耶克。在西方国家的大学生学习马尔库塞和法兰克福学派的"批判理论"时，共产主义东欧国家的知识分子发现，对他们来说真正的批判理论来自哈耶克。在波兰，哈耶克的著作被广泛传播，很多人都在阅读。[154]来自捷克斯洛伐克的社会主义经济学家瓦茨拉夫·克劳夫，受命阅读和研究哈耶克以及米尔顿·弗里德曼的作品，以便"更好地了解敌人"。但不幸的是，克劳夫被"敌人""策反"了，他开始相信"敌人"实际上是对的，此后他就开始在社会主义国家宣传他们的思想。柏林墙倒塌之后，克劳夫在捷克斯洛伐克新自由政府中担任财政部长，1992年在捷克与斯洛伐克分离之后，他又成为捷克共和国的总理。在其担任总理期间，克劳夫主持完成了经济自由化改革，包括出售国有企业，创立可自由兑换货币等。[155]这些改革帮助捷克一跃（虽然短期内可能比较痛苦）成为国际化的资本主义经济体。其他前社会主义阵营的国家也开展了类似的改革和尝试，并取得了不同程度的胜利。

到弗里德里希·哈耶克于1992年去世时，许多国家在除了经济体制外的其他方面也在向哈耶克主义的方向转变。虽然并没有国家采取哈耶克所设计的蓝图，即削减民选立法机构所掌握的经济权力，它们的影响力却通过其他一些方式被削弱了。在美国，尽管通过宪法修正案管理预算平衡进而实现修改宪法规则的尝试最终失败了，但国会和总统最终还是在预算平衡计划上达成了一致，该计划（如果得以坚持的话）将会对立法机关的开支权施加限制。在西欧，那些渴望加入欧洲货币联盟的国家被要求将本国的财政赤字限制在国内生产总值的3%以内——这是另外一种创造规则以限制民选立法机构开支权的方式。民主政治对货币发行的影响也被截断了。在美国，上述目标则以另一种方式实现：美联储被赋予全权，在对抗通胀率方面具有独立地位。首先自阿根廷开始，之后许多拉丁美洲国家官方宣布将美元作为法定货币，这是又一种阻止民选当权者对货币发行施加控制的方式。在欧洲，普遍采用欧元作为统一货币，同样有助于削弱民选立法机构的经济权力。上述所有例子中，民选立法机构都自缚手脚，以防止自己再度陷入追求政府高支出和高通胀的诱惑中。

总而言之，20 世纪的 80 年代至 90 年代绝对算得上"哈耶克时刻"，他那曾经被视为不合时宜的自由主义思想重新被人唤醒，而且似乎很合乎这个时代的要求。不论是在国际上还是在国内，市场竞争体制都被大大强化了，这为资本主义这个百年老字号注入了更多的创新活力。这反过来又催生了一出充满哀怨的合唱，正如我们已经看到的，这一幕自 18 世纪以来已经反复出现很多次了：共产主义的影响弱化；传统的生活方式正在被破坏；社会的统一性逐渐消失；团结的基础被日渐侵蚀，利己主义思想渐渐膨胀，财富分配越发不平；庸俗主义文化最终成了主流。但是，我们更应该去发现社会积极的一面：越来越多的组织和国家参与到全球财富分配中来；国与国之间和平友好的交流成为常态；新的文化组合和个体发展的新机会，正如齐美尔所说的，越来越多地出现了。

哈耶克思想的冲突与局限

正如很多思想家一样，哈耶克为了对抗迫在眉睫的敌人而发表言论和观点时，存在着明显一边倒式的片面性，甚至会夸大其词。当他试图将不同的知识传统都融进他的著作中时，思想冲突就难以避免了。

哈耶克断言那种认为社会作为一个整体可以被塑造以满足某些特定价值观念的想法，背叛和曲解了资本主义社会的本质，其中一个例子就是对所谓"自发秩序"的理解问题。根据这种含义，他事实上说了两件事（这两件事存在着明显的区别，但是他似乎总将它们混为一谈）。哈耶克将市场秩序称为"自发的"，因为它通过市场中的自利动机相互吸引，而不是依靠人为规划来协调不同个体之间的不同动机。[156]借助"自发秩序"这一概念，哈耶克是要告诉我们市场秩序并不是为了满足某种理想观念，以计划和刻意的形式出现的。市场"自发"地发展了很长一段时间，其间经历了很多试错过程，最终因为对大多数人来说是有用的而被保留下来。从这个意义上，我们可以说市场过去的发展——以及未来的继续发展——主要依靠文化变革。[157]它是由一系列——从某种意义来说——"人造"的制度组合而成。但是，这既不意味着此类制度是可以主观创造的，也不意味着人们能够为了满足某种理想而重构这些制度。但是，哈耶克很显然忽略了这样一些事实：在很多地方市场被决策者人为地引进，尝试着去增加国家的财富和收入，而且目前看来效果似乎还不错。

为了解释"自发秩序"理念，哈耶克引经据典，从亚当·弗格森，到大卫·休谟，最后到亚当·斯密，但是很显然哈耶克要比这些被添加到他的知识分子家族谱中的苏格兰人保守得多。[158]这股在他30年代的作品中就已经开始涌动的保守主义暗流在他后期著作中变得汹涌澎湃[159]，而他也更加强调，他想要保留的最重要的制度——自由市场和捍卫自由市场的法律体系——不是理性刻意行为的结果，而是人类行为不经意的产物。尽管哈耶克明白市场秩序确实增进了人类的福祉，但是他反对以任何特定的标准对市场进行评判。某些时候哈耶克思想更趋近于某种极端，他强调我们是没有能力完全理解市场的，我们对它唯一能做的只是接受和顺从。[160]哈耶克运用文化进化过程来解释市场制度和法律规则的发展，他认为这些制度和规则能够满足变化着的人类需求，所以经历一段时间之后终将被人类接受。[161]同许多进化主义学者一样，哈耶克显然将制度能够最终存活看作这些制度具有优越性和合理性的依据。但有时候哈耶克似乎也发现，进化发展带来了自身的灭亡，我们没有必要去接受没有意义的演化。[162]

在他生命的最后几十年里，哈耶克在其他方面也变得更加保守了。作为一个世俗主义者，哈耶克开始将宗教视为一种有效的行为表达模式，能够对市场制度和法律规则进行有效的补充，即使宗教内容并不是真的，或者说是虚构的。[163]但是，这种言语上对传统日渐亲和的态度与他一直强调的创新进步观点明显产生了冲突，在那里他要求社会与经济方面的创新分子要扮演进步的角色，不断创新，不断进步，为其他人树立模仿、学习的榜样。另外一种被哈耶克忽视的矛盾来自他一直捍卫的现代西方世界的传统，这种传统可以加速瓦解那种陈旧的、传统的、被他称为"部落式"的生活方式。[164]但人们可能会问，早期传统在失去哈耶克所说的那些积极性功能之前，能够在多大程度上被重塑？所有这些问题和矛盾都说明哈耶克从来都没有能够将他的斯密－熊彼特式动态发展的一面与他保守的另一面成功调和到一起。当然，伯克也没能做到。事实上，对于所有保守的资本主义卫道士来说，这都是一个难题，包括像哈耶克这样的保守自由主义者在内。

　　作为一个思想家，哈耶克的弱点是他非常容易将自己认为正确的见解进行过分夸张，以扩大其范围。他的思路水晶般清澈，可惜略显片面。他反感由政府出面保护某种特定文化的理念——维也纳贱民自由主义的遗产——这让他无视人类精神共享的需求，哪怕只是有限到黑格尔所谓的"伦理性"共享的程度。维也纳反自由的经历，以及其后的共产主义和纳粹，让哈耶克很难对道德共识是否可以在市场制度方面发挥合理作用这一问题进行系统性的思考。事实上，并不是哈耶克没有认识到共同传统的作用，而是他实在没有办法将这一概念与他更广义的、个人主义的社会理论进行调和。他对通过美化社会团体来保护某种特殊利益的做法进行了质疑，这种质疑当然是站得住脚的，但也让他低估了社会团结而不是社会松散的价值。当面对外来侵略时，为了保家卫国而需要做出自我牺牲，这种精神显然已经超出了哈耶克的理论范畴，尽管从对抗第三帝国，到对抗苏联，再到马岛之争对抗阿根廷，他都显露出了鹰派的面目。[165]哈耶克强烈反对政府强权，使得他眼中的自由就等同于从政府权力压制下解脱出来，但是他忽略了雇员受到雇主私有产权的限制时也会有受到强权压迫的感觉，这种私有强权的存在可能就需要政府权力对其进行管制。[166]

　　有时候哈耶克夸大自己观点的习惯会导致他的自我矛盾。他对人类知识局限性——也就是我们无知的程度——的强调让他对所有理性的制度设计都不信任。但是，这又与他自己对制度变革的论述不一致，在这里他认为制度变革应建立在对当代民主制度故障进行理性分析的基础之上。[167]

哈耶克反对运用政府力量保护任何一种文化，这让他断然否定存在某些共享的文化标准以有效约束市场的可能性。如此一来，他就无法对市场的负面效应进行评价，也就无法提出需要修正弥补这些负面效应的合理解释。在这一方面，哈耶克远比他尊敬的前辈亚当·斯密要片面得多。伯克的名言——"对个体来说，自由就是他可以高兴做什么就做什么：但是在我们庆祝自由时，有必要知道他高兴想做的究竟是什么"——绝对不适用于哈耶克的身上。那些无私的、具有阿诺德式理想主义情怀的知识分子在进行批判时总是批判完这一方再批判另一方，以期达到一种思想上的平衡，并消除片面性；这种片面性往往会把人引向偏激：与马尔库塞一样，哈耶克却总是与片面为伍。如果说这种片面和偏激成就了哈耶克在学术上达到全新的高度，那么同时也使他远离了均衡且全面的哲学发展路径。

也许，谙熟关于"市场概念"的"最佳思考和辩论精华"能够帮助我们建立起更加客观和全面的视角。这样的视角也许刚刚从哈耶克的思想起航。但是，绝对不会就此终止。

结论　以市场为中心

本书所展现的最为重要的是，在现代学术历史中这一主题
的中心位置。关于市场的问题——它的道德重要性，社会的、
政治的、文化的和经济的影响——一直以来都是欧洲思想的焦
点。它的重要性并不局限于通常意义上的经济学家，如斯密、
熊彼特或哈耶克。如果没有关注到市场对于伯克、黑格尔和阿
诺德来说代表着什么，我们也无法理解这些思想家焦急的
顾虑。

我们在这里讨论的大多数话题超出了现代学术领域及其相
应历史的范畴。当代经济学专注于研究分配的效率、政府权力
机构的政治科学、关于正义的政治理论，以及研究社会团体在
市场机制之外交流互动的社会学。学术领域的某些分工研究当
然是更有效率的，每个领域的理论视角可以真正地帮助我们看
到那些可能被我们忽视的事实真相的某些方面。然而，当那些
关注市场机制所产生的道德影响和后果的人们——在现代社会
每一个有自我反省能力的人都应该这样——从单一领域的相关
理论角度去审度时，只能得到非常片面的认知。通过本书中思
想家们提出的不同视角来观察市场，我们就可以获得更加丰富
和全面的观点。

知识分子的角色

在不同的时间和地点，知识分子为自己在资本主义秩序
中想象了许许多多不同的角色。有一种，当然，就是作为资

本主义的反对者，作为推翻它的向导。但是，那只是假定的角色之一，而且绝非最常见和最重要的。本书应该终结的一个观点就是"知识分子都是反对资本主义者"，这一错觉因熊彼特的原因而被广泛传播。如同众多神话故事一样，它有它所蕴含的道理——但仅限于此。我们可以确信，左翼知识分子，如马克思、卢卡奇和马尔库塞，是坚定的反对资本主义者；右翼知识分子同样也持反对意见，如桑巴特和弗莱尔。但是如果认为那些赞同市场机制的思想家，如伏尔泰、斯密、伯克、黑格尔、阿诺德、韦伯、齐美尔、熊彼特、凯恩斯和哈耶克，不是知识分子的话，那就显得很荒谬了。在某些时间和地点，对资本主义的反感被认为是知识分子的标志，但是这样的认知是因为对"世界上曾经思考过和讨论过的最佳思想"的无知，而不是因为了解这些最为闪光的思想。知识分子认为他们在资本主义秩序中的角色是多姿多彩的：作为立法者的顾问，努力最大化市场机制中潜在的优势，同时最小化市场的内在弊端；作为哲学家，将资本主义隐含的道德假设拉进人们的视野；作为批判家，为了提高人类的品味和偏好，进行着永无尽头的——也许是徒劳的——斗争。

认为许多伟大的知识分子远远不是反对资本主义的观点并不等于说他们是不带任何批评意见的支持者。在上述的知识分子中，唯有哈耶克接近这样的特征，同时片面性也是他饱受围攻的意识和思想姿态的标志。仅仅看到一个事物的缺点并不足以有理由去摧毁它，同理，仅仅观察到一个事物的优点也不应该就此忽视它的缺点；如果可能，我们应努力去减少它的不足之处。

分析的张力

知识分子对于市场的分析提供给我们的不是一个简单的寓 390
意，而是一系列的矛盾。具有洞察力和高智商的思想家们提出
的关于市场的论断，听上去都很有道理，却互相矛盾。这时我
们不得不想起一个笑话，有两个人去找拉比（犹太教智者）
解决一个争端，拉比听完第一个人的陈述后说："你说的对。"
然后，他听完第二个人的叙述后表示："你说的也对。""但是
他们不可能都对！"一位旁观者评论道。这时拉比回答说：
"你说的同样是对的。"

在某些关键问题上，斯密和马克思或者马尔库塞和哈耶
克，是不可能同时正确的。有时，他们的观点确实是相互矛盾
的。但是在其他一些时候，他们只不过是具有相互的张力而
已。事实上，你将看到，即使在认为市场制度是个好东西的分
析中，也存在某些持续的张力。那些张力知识反映了它们所要
表述的事实。有些张力是致命的冲突，然而有些是建设性的。
在资本主义的历史上，我们一次又一次地看到如果激烈的张力
被误认为致命的矛盾冲突时，反而会产生建设性的结果。

私利及其底线

尽管在我们所研究的知识分子当中存在着分歧，我们仍然
可以找到广泛的共识。

首先一点就是关于资本主义的生产力。所有的思想家，从
伏尔泰到哈耶克，对于资本主义带来的生产力方面的提升都做
出了评价。大多数人认为这是颂扬资本主义最有说服力的一
点。对于那些维护前市场机制的保守主义者而言，如默瑟尔，

资本主义的先进生产力正是它最具威胁的一面。正因为它使得商品更加便宜，所以它很可能瓦解现有生产和分配方式，以及与之相伴的生活方式。马克思和恩格斯也同样被资本主义极好的生产力所折服。"资产阶级，"他们在《共产党宣言》中写道，"第一次证明了人类的活动可以产生什么。它创造的奇迹远胜过埃及的金字塔、罗马的引水渠和天主教堂。"不过，他们坚持认为市场是"无政府主义的"，社会主义在保持资本主义生产力的同时却可以消除资本主义的分配不均和道德上的瑕疵。韦伯、米塞斯、熊彼特和哈耶克在理论上解释了为什么社会主义不会具有同等的生产力；共产主义政权的发展历史实际上也是如此证明的。

时不时地，评论家断言市场的创新能力已经到头了：市场已经没有可以开发的机会，科技已经达到发展的极限，自然资源即将枯竭。在 19 世纪 30 年代，这是个很流行的论断，在 1972 年罗马俱乐部（关于未来学研究的国际性民间学术团体）的报告《发展的极限》中就是如此陈述的。这个观点，如同熊彼特指出的那样，是一种幻觉。自然资源会成为资本主义发展的客观限制这一观点被证明是错误的，因为资本主义历史像熊彼特观察到的那样，就是不断运用新方法找到新资源的历史。第一次工业革命的煤炭，第二次的石油，以及第三次用于核能的铀和用于硅片的砂子，这些都是说明这一观点的案例。我们也许正处在第四波资本主义工业创新浪潮——生物科技革命——的初始阶段。在每一个案例中，资本主义的历史都涉及之前毫无价值的物质被赋予新的用途。

显然，每个分析者都或多或少地将资本主义的更大生产力归结于它动员人们追求私利的能力。马克思称之为贪婪，伯克

391

和凯恩斯称之为贪欲，还有人称之为自利。哈耶克强调市场的信息传递和刺激创造新知识的功能。但同时，他也相信正是对私利的追逐才使市场得以有效地发挥这些功能。

然而，如果几乎所有学者都将资本主义更加强大的生产力归功于它驾驭私利的能力，即使那些赞同资本主义的人们也会同意追逐私利并不必然地或自动地带来对社会有利的结果。最重要的是，他们同意法律的重要性，由国家强制执行，阻止个人受到占有欲的驱使而不受法律的约束，去掠夺或控制他人。对于亚当·斯密和黑格尔来讲，由市场关系和政权力量的扩张而导致的农奴制瓦解，在限制人身控制上具有重要的道德意义。斯密，如同我们已经看到的那样，对于新世界的奴隶制保持着极大的愤怒。因为缺乏法律约束，那些被他称为"欧洲监狱的垃圾"的人们获得了胜利。伯克认为，东印度公司的新人之所以给印度文明带来浩劫，正是因为他们没有法律和继承下来的道德法则的约束。哈耶克，因为共产主义和法西斯主义压抑个人自由而对它们深恶痛绝，将自己的后半生奉献给了如何维护法律原则。尽管对政府权力充满怀疑，他从未想象过自由存在于没有政府的先进社会中的可能性。

如果一个市场社会希望成为一个文明社会，那么法律原则是不可或缺的。除了这点觉悟之外，我们所研究的很多思想家也同样希望政府至少部分地消除市场带来的非计划中的但可预见的负面效应。斯密认为劳动分工带来了负面效应，如果没有有效步骤去阻止这样的负面效应，那么将导致灾难。他有力的分析仅是这些人中的第一个而已。后续的思想家坚持认为政府在补充市场功能方面的作用，包括缓解失业，援助穷人，扩大

392

教育机会，提供国家防御和其他公共产品，如基础设施、博物馆等。

反制市场制度的必要性

那些倾向于资本主义制度的知识分子不断强调建立反制市场力量的制度的重要性。始于亚当·斯密，大多数思想家——尽管不是全部——认为市场自身能够提供激励机制以发展出利于自身正常运作的某些理想特征，如勤奋、节俭、延迟享乐和诚实。（实际上，获得财富之后也许会鼓励人们懒惰、奢侈浪费和鲁莽的行为。但是，那些沾染了这些坏习惯的人远远少于那些仍然努力追求财富的人。）这一点，正如我们所看到的，是自斯密开始赞成资本主义制度的有利道德论据之一，尽管马克思、凯恩斯和马尔库塞认为节俭和延迟享乐过分地压制了生活的享受而不利于市场发展。

393　社会政治秩序需要现有制度所不能培养的美德，这一古老观点始自亚里士多德。为了与这一传统观点保持一致，那些支持资本主义的人一直在强调反制力量的重要性。他们一次又一次地断言或隐晦地表达这样的观点，即由市场力量培育出的性格特征、美德和生活阅历是不足以实现人类繁荣的。[1]市场关系根据定义几乎就是合同关系，因为私利而缔结，也因为私利终结而随时解除。但生活不止于此——或者更精确地说，他们相信生活理应不止于此，应该是远胜于合同关系，其中就包括友谊和爱情，以及伴随它们的利他主义，私利服从于他人利益。家庭是最常见到这种关系的地方，这一点黑格尔特别强调，同时它对于斯密、伯克和其他许多思想家而言也都很重要。

家庭

对于许多人来说，家庭是市场机制之外最重要的组织单位，将私利转变为完全不一样的东西。"将家庭的财产延续下去的力量是最有价值和有趣的事实之一，正是这种力量使社会得以延续，"伯克这样写道，"它将善行嫁接在贪欲之上。"[2] 黑格尔指出在市场中谋生是家庭感情和责任最为重要的表现方式之一。熊彼特发现建立代际家族财富是刺激企业家活动的重要动力。哈耶克提出在资本主义社会，为自己的孩子提供更多机会的欲望在许多家庭决策中占据核心位置。

政权

另一反制体制是政权。我们确信许多分析家，从斯密到哈耶克，都曾强调寻求自我的行为在政治领域和市场中都有所表现，事实上这样寻求自我的行为可能成为市场有效运行的主要障碍。但正是因为政权既是市场不可或缺的，同时也受到利益集团的威胁，知识分子分析家们认为有必要至少在部分人口中培养一种真正的献身于公共利益的精神。这就是为什么斯密的《道德情操论》将最高的赞誉保留给了立法者和将军们，而不是留给谨慎的生意人。黑格尔和阿诺德赞赏致力于公共服务的行政部门，凯恩斯正是这一理想的具体体现。这就要求立法者和公务员具有公共服务意识并且能够拒绝无限扩张政府的诱惑。因此，除了对政府权力设置制度性限制之外，从斯密到哈耶克的知识分子著书立作呼吁在立法者和公务员之中培养公共服务意识，同时限制政府权力。

反对资本主义的激进分子有时认为取消这样的限制将会带来人类的解放。因此，马克思对于社会主义体制下国家的未来

394

角色没有形成理论，卢卡奇和马尔库塞也没有实现。这种设置在个人和整个人类之间的机制，并不被认为会拥有永久的重要性。

国家

我们研究的思想家中有部分人认为国家——作为一个明显的民族、文化或政治实体——是制衡市场力量的又一砝码，它强调私利以外的忠诚和责任。对于黑格尔来说，国家是一种必要的协调机制，是个人和整个人类之间的一种中间身份。韦伯认为参与世界资本主义市场是国家力量的必要前提条件。桑巴特认为市民是市场的对立面，弗莱尔则认为只有一个完整的政权才可以制衡资本主义所产生的对于国家文化完整性的威胁，但是并非所有民族主义者或民族特色的维护者们都是如此极端。许多人，像黑格尔或韦伯那样，把国家身份看作一种对市场的补充，作为不可或缺的政权制度的身份基础。[3]

文化制度

知识分子同样提出了多种文化制度，用以发展市场体制所无法培养的情感、品味和性格特点。伯克认为教堂就起到了这样的作用，而阿诺德与其他一些人则认为教堂至今仍发挥着作用。阿诺德像黑格尔和许多后来的思想家一样，认为大学可以成为文化意识的源泉，而不同于市场所自然形成的文化思想。从伏尔泰开始，他们努力把新闻世界——思想市场——看作被阿诺德称为"批评"的阵地，利用"世界上曾经出现的最佳思想"在"我们的股票概念和习惯行为之上耕耘出一片清新和自由的思想之地。"

职业协会

许多思想家认为职业协会，如工会和职业社团，也可以提供意义和方向。虽然黑格尔高兴地将封闭的、世袭的行会归为旧时代产物，他还是认可行会的综合角色，希望能够以一种更加开放的形式保留行会制度。涂尔干和一群天主教教徒以及法西斯主义者认为职业协会可以提供更为理想的身份和团结，大西洋两岸劳工运动的支持者们也是如此认为。[4]

但是，尽管许多思想家认为这种协调机制很重要，自斯密开始的各派自由主义者仍然怀疑它们是否能够成为一种独特的力量源泉。他们担心机构的力量凌驾于个人之上。这就是为什么哈耶克认为这种协会职能只有在自发形成的前提下，才是理想的。自由主义者特别担心这些机构被允许追求政治力量，害怕它们为了服务特定利益而利用政府的力量扭曲市场：这就是经济学家所谓的"寻租"。

毫无意义的选择

这些反制机构的重要性与知识分子的长期担忧是密切相关的：市场（有时与现代社会的其他力量，如科学和技术，共同发展）将我们引向拥有更多选择却毫无意义的生活。[5]这种担忧来自若干长期存在的根源。黑格尔，正如我们所看到的，重申了亚里士多德的贪欲主题——因为没有底线或毫无目的的物质欲望而产生的危险。对于亚里士多德来讲，贪欲是一种大多与商人相关联的心理倾向。在商业社会，如斯密写道，"每个人在某种意义上都成了商人"，因为毫无限制的欲望所产生的威胁也许可以通过制度来约束，但是永远不会消亡。黑格尔警告大家"否定的无限性"的危害。他害怕的是个人可能成为市场这一不断创造需求的机器的玩偶。如果没有与家庭或职业协会建立关联，没有提供独立的适度需求理念的文化框架指

396

引，个人很可能被一个接一个的商品所吸引，陷入无穷无尽的、毫无快乐的消费旋涡。和黑格尔一样，阿诺德对于自由主义将"随心所欲"奉为至高箴言的做法也是持批评态度的，因为它遮掩了一个问题：哪些事情值得去做，值得购买，值得努力。齐美尔阐述了手段胜过目的的危险性。人们因为深陷对财富的追求之中以至于忘记了财富的作用，这就是财富本身内在的危险。马尔库塞更为激进地认为市场只不过是操纵欲望的机器，以牺牲真正的幸福为代价。

与卢梭、默瑟尔或马尔库塞不同，其他思想家并不认为新需求的增长本身是有害的。伏尔泰指出了需求发展的、历史的自然属性和需求所带来的享受。包括斯密在内的大多数启蒙思想家欢迎由品味提升而产生的新需求。其实所有人——用他们各自的方式表达——担心的是新商品、新需求、新财富和新选择的出现和发展，如果没有被置于更大的规划之下，没有深思熟虑地做出选择，没有与个人所属的职业协会相联系，就不会令人满意。那些看不到在资本主义下有意义生活的可能性的知识分子，如卢卡奇和弗莱尔，则转向极权主义替代品。

对于外溢的恐惧

一个反复出现的主题，至少自伯克开始，就是对于外溢的恐惧：与市场相适应的价值观和取向将外溢到人类的其他组织形式中。伯克、黑格尔和阿诺德警告人们不要把政府简单看成另一种契约关系。还有一些人担心将那些具有市场特色的成本－收益算计带到婚姻关系中，动摇了婚姻关系，并且如同熊彼特所指出的，降低了生育率，因为未来的父母们开始计算效用时（并不总是明智地），认为养育孩子并不产生效用。对于马克思而言，市场和工厂中明显的占有和剥削关系同样存在于家庭，这是不证自明的。国家只不过是"统治阶级的执行委员会而已"。

　　至少二百年来，从默瑟尔和伯克到尤尔根·哈贝马斯，知识分子反反复复地表达着对具有市场特点的思想和行为方式渗透到所有人类关系中的担忧。[6]他们警告道，这种渗透的结果将导致人类繁荣所依赖的制度的贫化或废弃。

存在"市场价值"？

　　弗里德里希·哈耶克提出了具有挑衅性的却不无道理的观点，即并不存在市场价值这样的东西。个人在市场中完成各种使命，同时努力获得市场所提供的——金钱。这不是因为他们缺乏非金钱的目标，而是因为金钱提供了可以达到他们目标的途径。在这样的理解之下，个人将非市场环境下产生的目标带到市场中来。当然，正如我们所研究过的许多思想家解释过的那样，资本主义市场不断产生新的商品和服务，其中有些被看作崭新的需求。这些商品和服务也许与其他地方产生的目标和附属物相冲突或互补。例如，为后代提供教育的欲望依据市场所能够提供的条件，可以被转换成购买图书、请家教、置备计算机，或父母拿出特定时间来教育孩子。

　　事实上，"市场价值"这一经常被用来表明具体事物的概念，广泛覆盖了各种现象。毫无疑问，有些思想家把它当作希望通过物质积累获得社会地位这一欲望的同义词，这也正是斯密所描述的市场行为的主要动机之一。其他人用它来表达更加仔细地衡量有利和不利条件，韦伯称之为"理性"，而熊彼特把它叫作"效用思维"。对于其他人，它也是专业进步的代名

398

词，无论是因为社会地位，还是因为（如韦伯强调的）专业身份已经成为现代社会最有特色的形式之一。尽管从马克思到马尔库塞的思想家都因为资本主义社会不能提供释放创造性能量的途径而批评它，如同熊彼特指出的那样，创造力的释放成为市场活动的另一主要动机已经很长时间了，并且其重要性仍在不断加强。

正如从伏尔泰到黑格尔直至今日的理论家们所强调的那样，我们眼中的文化和教养的大部分内容，从用剪刀修饰指甲开始，都来自市场。接受文化熏陶和培育教养就是拥有品味，而大多数品味都是通过市场来实现的，不论是聆听古典和现代音乐所使用的光碟，或是阅读记载历史上曾经出现的最优秀思想的书籍，还是体验世界奇迹的生态旅游。

简而言之，市场创造需求和欲望，甚至反映其他场合所产生的需求。（在当代经济学语言中，偏好既可以是市场内生的，也可以是外生的。）令人惊讶的是，资本主义市场具有吸纳和包容相当广泛的偏好、趋势、品味和身份的能力。在纳粹德国，可口可乐广告描述了一个纳粹党突击队员参加集会后回到家喝可乐的故事。相反地，在 20 世纪 60 年代，"毛泽东装"在西方是个热门抢手货。从跑车到灵性，从十分花哨的短袖衫（一种非洲人的民族服装）到圣饼，从瓜皮帽到色情业——哪里有需求，市场就在哪里创造供给。

问题不在于谨慎地计算成本和收益——使用成本和收益概念太过局限和误导了。对个人的挑战在于，要谨慎地从市场提供的可能性中做出选择，使其成为更大的生活规划的一部分。备选方案就是成为——黑格尔认为是有可能的，马尔库塞认为是必然的——被个人欲望操纵的奴隶，对个人幸福却漠不关心。培养能够做出理性选择的人们的能力反映了那些非市场或市场以外机制的力量。这些力量试图教育我们，使我们的偏好更倾向于成为一个有价值之人所应具备的那些理念，而不是简单地获得更多市场人员成功推销给我们的极具诱惑力的商品。

399

存在非市场机制？

是的，斯密和马克思都会同意，在许多方面，将家庭、政权、大学和其他"非市场"的机制独立于商业世界以外来思考是错误的。因为市场已经深入到这些机制内部。这一过程绝非新奇：默瑟尔抱怨那些小商贩侵入家庭，并且在农村妇女中创造了一种追求消费新商品的风气。印刷、无线电、电视和互联网进一步将市场的触角深入家庭，也许已经触及我们自身。关于生育后代这样的决定，至少部分地受到孕育和培养孩子成本（包括机会成本）的影响。如果市场渗入家庭达到足够深的程度，家庭成员就会丧失为了家庭利益而牺牲个人利益的意识，很多思想家已经看到这一现象出现在家庭关系中。[7]教育也开始至少用一只眼睛关注如何向市场提供商品和服务的。同时，国家与市场交织在一起，并非仅仅是因为，如斯密和哈耶克指出的，几乎所有的团体都在寻求利用政治力量获得更多的经济私利。

这就形成了另一对紧张关系。如果非市场机制是人类在资本主义社会中繁荣发展所必不可少的，那么它们也时时刻刻在被市场力量改变着。随着生育率降低和女性进入有偿劳动的世界，家庭的形态发生了变化。职业协会和工会不得不面对那些可能摧毁自身经济基础的新产品、新市场和新的生产方式。随着对休闲时间价值判断的变化，志愿者机构出现又消亡。资本

主义的活力似乎正在威胁并侵蚀这些机制，至少有些时候这样
的感觉是准确的。

但是，旧的机制往往是被市场改变而不是被摧毁。家庭就
是活生生的例子。或者，旧机制的消亡伴随着新机制的兴起，
如同行会让位于工会和职业协会。但是，如同齐美尔指出的那
样，总趋势是个人与单一协会全面的依附关系正在被个人参与
多个协会而建立的更加独立的关系所替代，协会对于个人仅有
松散的约束力。即使这样，在历史的每个节点上，新机制替代
旧机制或者新机制比它们所替代的旧机制更加令人满意，对于
某些人来讲也是难以想象的。从默瑟尔对行会及其政治角色的
辩护到皮埃尔·布迪厄对当代法国工会及其政治影响力的辩
护，挽歌的歌词在不断变化着，但旋律依旧。[8]

社会团体和个性

针对不断出现的资本主义摧毁了社会团体的论断，我们
每个人应该如何对待？如果社会团体指的是一种包罗万象的
协会形式，那么这一论断当然是正确的，即使持完全不同观
点的思想家——从默瑟尔到马克思再到齐美尔和哈耶克——
也都会同意。但是这一过程需要一种补偿，而这是评论家们
容易忽视的。哈耶克指出社会组织的一种松散形式，即他所
谓的"大社会"，允许不同取向的人们生活在一起，并在有
限基础上合作，进而从他们的不同之处获利。整个社会就像
是一个超级大家庭，一个升级版的希腊城邦，一个传统意义
上的大村落，或者说一个具有共同信仰的大社团，构建这样
一种社会的尝试必将搁浅在一个更加复杂的社会现实的滩涂
之上。

齐美尔指出，资本主义的发展创造了更加复杂的个性形式，因为个人可以追求更为广泛而互不关联的兴趣爱好，加入多个协会但不会被某个单一协会所限制（或吞噬）。那些协会经常建立起跨境联系，这就意味着，举例来说，两位室内乐发烧友，一位在皮奥里亚，另一位在比勒陀利亚，比起他们各自的邻居他们之间可能拥有更多相同之处。在这样的环境下，个人身份更多地是由各自的兴趣和所属协会决定，每个人的圈子——至少在理论上——都是不相同的；而正因为是自愿选择，所以更有价值。正如当代哲学家约翰·格雷所描述的：

> 我们不再使用单一的社会团体成员资格或道德生活形式来定义自身。我们……是许多互不相同的、优势互相矛盾的文化和道德传统的子嗣。我们文化遗产的复杂性和矛盾性给予我们的身份一种复杂性和多元性，这并非偶然，而是至关重要的。对于我们，无论如何，用不同的方法去想象我们自身的能力，包容自相矛盾的项目和观点，接受缤纷多彩的概念和思想来丰富我们的思想和生活，是我们作为有思想生物这一身份必不可少的特征。[9]

401

此种身份带来了一种危险，会使得我们堕落到一系列毫无承诺的选择上，导致令人不满的、如黑格尔所警告的"否定的无限性"。或者，相反地，当个人选择依据单一的特征或兴趣（性别、人种、宗教、民族等）来定义自身，并宣称其他人必须照做时，企图避免市场机制所带来的选择逻辑的做法也许会引发与之相反的结果。

多元性与多样性

尽管资本主义有时因为种族主义、性别歧视和沙文主义而受到指责，即使见多识广的思想家（无论是左翼还是右翼）也意识到市场倾向于打破社会团体之间的屏障。它创造了激励不同团体的人们——作为潜在的雇主、雇员或者顾客——进行互相交流的动力。与齐美尔提出的一样，资本主义竞争创造了情感共鸣的动机，因此"完成了只有爱情才可以做得到的事情：对别人最深处愿望的预言，甚至在别人自己尚未意识到这样的愿望之前"。[10]

市场对某些文化构成了威胁，因为它使得人们更容易接触到外族文化元素，甚至觉得那些元素很有吸引力。在 18 世纪是英国制造的商品，今天则大多是美国制造的东西。但是，这样的文化交流往往是双向的。不同文化元素转换成可以销售的商品，被运往世界各地。你可以住在波士顿，开着日产汽车上班，品尝泰国风味食品，欣赏由奥地利人谱写、韩国演奏家表演的古典音乐，接受中医针灸，接受远在菲律宾的顾客服务呼叫中心的服务——这就是美国式生活。如果认为文化应该是一个整体（这是一个值得怀疑的假设），那么这样的融合——或者说是个人在市场提供的多种可能性中做出的选择的合成——就显得不真实或颓废。历史上记载着安条克的利巴尼厄斯提出的主题思想：商业应该促使人们享受地球上的各种果实。伏尔泰在为奢侈辩护时以及亚当·斯密在描述一件穷人外套的原料来源时，都曾提出这样的思想。

然而，这里也存在着一种紧张关系。因为在同一商品到处售卖的世界里，文化和社会的多元性是明显降低的。这并不一定是件坏事情。有人认为每种文化和社会都同样珍贵，即使受到其他文化和社会习俗的挑战也应该毫无改变地保留下来。这一信仰很难被理性地证明是正确合理的。不过，一个缺少了地方、区域、种族和国家特色的世界是更加贫乏的。保护文化免遭国际竞争正是法西斯主义的目标之一，这方面像汉斯·弗莱尔这样的知识分子做出了详尽的讨论。维护原有文化的成本远远大于其收益，这并非因为压制人类自由，而是因为这样做实际上将不断变化的群体生活错误地当作一个稳定且条理清晰的整体，并在此基础之上做出的集体界定。[在 20 世纪末 21 世纪初，在欧洲以外的新统一运动（new integralist movement），尤其是在伊斯兰世界，提出了类似主张，要求使用政权的力量来恢复他们声称的更有价值的文化的纯洁性，使得文化远离资本主义西方世界的影响。]其他国家和地区则更加审慎和有效地使用法律来保护商品交易和生活方式。他们认为这样的生活方式是市场竞争力量所形成的国家身份的内在特征。例如，法国人为了补贴法国农民生产"典型的"卡芒贝奶酪和维护乡村景色的荣耀而向法国人（以及欧盟成员国）征税。[11]最近，一些左翼知识分子（如尤尔根·哈贝马斯）论证道，欧洲福利国家已经成为欧洲的身份象征，因此应该受到保护，免遭国际竞争的威胁。[12]不同的国家将毫无疑问地在市场和政府的此消彼长之间继续做出各自的抉择。[13]

资本主义与平等

极少有人从资本主义促进了社会平等的角度来支持资本主义制度——我们在本书中研究的思想家都没有。那些热爱平等的人，从卢梭开始，毫无例外地对资本主义制度表示出反感。尽管资本主义消除了过去那种基于出身的不平等，然而支持市场制度的人们，至少自斯密开始，认为它不是降低了不平等程度，而是使得不平等对于整个社会来讲更加有用，使得绝大多数人可以从为大市场而生产的廉价商品中获利。那些支持在贫困中平等、反对富有但分配不均的文化并不以市场为导向。有些证据证明，社会在资本主义工业革命的早期阶段经历了不断扩大的不平等，之后则走向更大的平等。[14]这种发展路径，正如我们已经看到的，可以用人口的发展来加以解释。部分因为市场扩张在一定程度上改善了人们的生活条件，进而带来了人口增长，而人口增长的速度超过创造新工作的速度。接踵而来的不平等程度的下降也许与最终形成的出生率下降相关联。（这一"人口过渡"过程在19世纪的欧洲花费了几代人的时间，在许多处于工业化进程中的当代国家进行得更加迅猛。）这一先是不平等加剧、继而趋向平等的发展模式极有可能随着一波又一波的资本主义创新浪潮一次次地重复出现。

然而，熊彼特和哈耶克却将我们引向资本主义和不平等的另一面，不合潮流甚至是禁忌的一面。这就是经济发展在多大程度大依赖创新能力、天赋、创造力和企业家精神——这些只是经济学家所讨论的"人力资本"中的部分内容。有一种观点认为，集体繁荣有赖于最有动力和禀赋的人群获得资源的程度。在民主社会（或者也许在执着于寻找平等的学术范围内），这一论断的价值很有可能被低估了。

资本主义对人民有益？

资本主义是否对人民有益？这里，我们必须要问："和什么相比？"斯密和黑格尔认为较之此前的直接占有关系，资本主义好多了。在19世纪和20世纪的大部分历史中，人们都在寻找比资本主义更可行的替代品，最知名的就是共产主义和法西斯主义。资本主义之所以流行，如同马尔库塞认识到的那样，部分是因为这些替代制度被尝试并被证明是不可行的。但是，这并不是全部答案。经过一段时期，"普遍富裕"这一对斯密来讲商业社会的潜在利益变得越来越明显。物质财富的增加和机会的增多也许可以或者也许不可以让人们变得更加幸福（尽管有很多支持或反对的观点），但的确让人们变得更加富有。《国富论》中能够给出的物质承诺在西方已经大部分实现了，并且正在非西方世界中不均匀地扩散，这就是我们这个时代最伟大的事情。尽管时常会出现言论声称全球资本主义使得人们更加贫困，但这样的论断经不起更多经验的检验，并且曾经属于共产主义阵营或第三世界的大多数国家正在融入国际资本主义经济中来。[15]

"仓廪实而知礼节。"伏尔泰在《大世界》中表达了这样的观点。其实，物质繁荣是更高文明发展的前提，这一论断几乎是所有倡导经济发展的知识分子反复申明的。思想家如阿诺德和凯恩斯，更不用说马尔库塞，曾经疑虑过繁荣是否会被浪费在资产阶级的市侩作风里，或者被消耗在庸俗文化中。正是因为资本主义的发展，发达资本主义国家中更多的讨论焦点才从如何将人们从贫困中解放出来逐步转移到怎样对待物质繁荣。在这里，当代分析者和评论家可以进一步讨论长久以来就存在的话题，即发展经济是为了什么，以及是否存在比国民生产总值更好的衡量经济的方式——阿诺德在一个世纪前就已经提出这一问题，最近被阿玛蒂亚·森（Amartya Sen，1998年诺贝尔经济学奖获得者）再次重申。[16]

405　　资本主义的繁荣摧毁了创造它的制度基础，这一观点似乎与资本主义自身一样古老。每一次消费领域的新革命都会遇到同样的末日即将来临的警告。早在 18 世纪，约翰·卫斯理就警告道："宗教完全有必要促进勤奋和节俭，这些能够产生财富。但是随着财富的增加，骄傲、愤怒以及对多彩世界的热爱也会增强。"[17]熊彼特在 20 世纪中叶也提到制度基础正在动摇，丹尼尔·贝尔在《资本主义文化矛盾》（1976 年）中以新的形式提出同样的问题，直到最近皮埃尔·布迪厄也认为过去的制度遗产是平衡当今社会的重要基础，而资本主义正在摧毁它。我们的研究推断之一就是，如果说资本主义倾向于削弱现存的道德、权威、信任和凝聚力的话，那么它也在允许新事物不断地涌现。在这个领域，如果单单专注于毁灭而看不到创新，显然是短视的。

资本主义与犹太人

　　将资本主义与犹太人相关联，正如我们看到的，在现代欧洲的部分地区有时候是有道理的，尽管大多时候过于夸张。虽然有时这样的关联被认为是正面的（如哈耶克），但更多时候将资本主义与一个长期被诬蔑的宗教少数民族相关联是为了诋毁资本主义。事实上，这一关联是表达对于资本主义现代化不满的一种工具。在 20 世纪末，这样的关联逐渐减弱，至少在西方世界是这样。不仅是因为大家意识到种族屠杀使大多数西方世界的反犹太主义减少，同时也因为大家认识到资本主义是唯一的经济游戏，大家都希望从这个游戏中获益。但是，让许多人惊讶的是，在 21 世纪初，资本主义与犹太人关联的负面影响转移到了伊斯兰世界的许多地方。1997 年，马来西亚总理马哈蒂尔·穆罕默德在激烈的长篇演说中指责犹太人（尤其包括一名犹太人，对冲基金经理格奥尔格·索罗斯）阴谋搞乱马来西亚经济，他的指责是曾长期存在于欧洲人生活中的反犹太思想的回声。[18]四年后，在部分伊斯兰教地区出现了一波将国际资本主义的邪恶与犹太人相关联的言论，紧接着就发生了袭击纽约世贸大楼的事件。对于民主资本主义西方成功的憎恨和对于它所代表的更加开放的社会形态的反感再一次在犹太人身上找到了可以利用的依附关系。这样的认知是危险的。

总的来说，对市场和知识分子的接受与反犹太主义和其他排他性意识形态的衰弱，几乎是同时发生的。正如哈耶克指出的，因为在资本主义社会当中，民族和宗教的两端或种族的"内部"与"外部"变得越来越难以定义和区分。给"内部"人士提供特惠待遇的做法越来越不被接受。有些人认为，与某一内部团体关联度的降低是凝聚力下降的表现，而有些人则认为这是协会边界良性扩张的结果。对于屠夫、面包师和酿酒师的私利来讲，他们与我们越不一样，我们作为顾客的身份就越有吸引力。但是，我们越是认为屠夫、面包师和酿酒师的民族、人种、宗教或国籍与我们的私利无关，我们就越可能将他们纳入我们的商业交易圈子中来。

生机勃勃的张力

你也许认为在资本主义时代，当下世界与下一个世界的紧张关系已经被一种新世界自身内部的张力关系所替代（或者说是覆盖）。选择与目的，培养个性与保持赋予生命价值的感性认知，独立与团结，集体特殊性与普世利益，生产力发展与社会平等——这些就是资本主义时代的张力关系特征，我们不得不继续在生活中与之相伴。不同个人和社会关于这些张力关系的经历大相径庭，解决方式各不相同，其结果也迥异。了解这些张力关系形成的历史以及它们如何成为市场社会中人类的内在关系——同时了解对于这些关系曾经做出的最佳思考——也许可以引领我们走向更合理的批判或者更伟大的和谐。无论怎样，这些思想为我们提供了一个更加丰富多彩的思想意识路标，告诉我们曾经在哪儿，此时身在何处，以及未来将去向何方。

注　释

导读

1. Jurgen Habermas, *Legitimationsprobleme im Spakapitalismus* (Frankfurt, 1973), translated by Thomas McCarthy as *Legitimation Crisis* (Boston, 1975); Daniel Bell, *The Cultural Contradictions of Capitalism* (New York, 1976); Irving Kristol, *Two Cheers for Capitalism* (New York, 1978); Christopher Lasch, *The Culture of Narcissism: American Life in an Age of Diminishing Expectations* (New York, 1979); Alasdair MacIntyre, *After Virtue* (Notre Dame, Ind., 1981).

2. Hans Freyer, *Die Bewertung der Wirtschaft im philosophischen Denken des 19. Jahrhunderts* (Leipzig, 1921); Raymond Williams, *Culture and Society, 1780 – 1950* (New York, 1958), and *Keywords: A Vocabulary of Culture and Society* (New York, 1976).

3. See Jerry Z. Muller, " Capitalism: The Wave of the Future, " *Commentary* (December 1988), pp. 21 – 6.

4. Michael Oakeshott, review of Q. R. D. Skinner, *The Foundations of Modern Political Thought*, in *The Historical Journal*, vol. 23, no. 2 (1980), pp. 449 – 53, at p. 451.

5. 对于这些问题的进一步探究, 可参见如下文章: Dominick LaCapra, " Rethinking Intellectual History and Reading Texts, " in Dominick LaCapra and Steven Kaplan (eds.) *Modern European Intellectual History* (Ithaca, N. Y., 1982), pp. 47 – 85; Also James Tully (ed.), *Meaning and Context: Quentin Skinner and His Critics* (Princeton, N. J., 1988)。

6. As noted by StevenLukes, " The Singular and the Plural: On the Distinctive Liberalism of Isaiah Berlin, " *Social Research*, vol. 61, no. 3 (fall 1994), pp. 686 – 717, at p. 692.

7. Karl Polanyi, *The Great Transformation* (Boston, 1957), pp. 42, 69 – 70, 此书

尽管有着严重的错误和过分的夸张,但是在这一点上的阐述却尤有见地。

第一章　历史背景

1. Thomassin, *Traité du Négoce et de l'Usure* (1697), pp. 96 ff, quoted in Bernard Groethuysen, *The Bourgeois: Catholicism vs. Capitalism in Eighteenth - Century France* (New York, 1968), pp. 191 - 2.

2. Charles Davenant, "Essay upon the Probable Methods of Making a People Gainers in the Balance of Trade" (1699), in *Works*, vol. 2, p. 275; quoted in J. G. A. Pocock, *The Machiavellian Moment* (Princeton, N. J., 1975), p. 443.

3. 关于希腊城邦国家民族精神的起源和分析,参见: Paul Rahe, *Republics Ancient and Modern: Classical Republicanism and the American Revolution* (Chapel Hill, N. C., 1992), book 1。

4. Plato, *Republic*, 550.

5. See Richard Mulgan, "Liberty in Ancient Greece," in Zbigniew Pelczynski and John Gray (eds.), *Conceptions of Liberty in Political Philosophy* (London, 1984), pp. 7 - 26, esp. pp. 8 - 10; Joseph Schumpeter, *History of Economic Analysis* (New York, 1954), p. 60.

6. Aristotle, *Politics*, ed. Carnes Lord (Chicago, 1994), book 1, chapter 9, and book 7, chapter 9. See also Thomas L. Lewis, "Acquisition and Anxiety: Aristotle's Case Against the Market," *Canadian Journal of Economics*, vol. 11, no. 1, pp. 69 - 90; and Rahe, *Republics*, pp. 57 ff and esp. 88 ff.

7. See S. C. Humphreys, *Anthropology and the Greeks* (London, 1976), pp. 139 - 50; and Rahe, *Republics*, chapter 3, "The Political Economy of Hellas."

8. See Rahe, *Republics*, pp. 72 ff.

9. Paul Millett, *Lending and Borrowing in Ancient Athens* (Cambridge, 1991), pp. 206 - 7, 218 - 21.

10. Aristotle, *Politics*, book 1, chapter 9; and the useful discussion in David Harris Sacks, "The Greed of Judas: Avarice, Monopoly, and the Moral Economy in England, ca. 1350 - ca. 1600," *Journal of Medieval and Early Modern Studies*, vol. 28, no. 2 (spring 1998), pp. 263 - 307.

11. Aristotle, *Politics*, book 1, chapter 10.

12. See John W. Baldwin, *The Medieval Theories of the Just Price: Romanists, Canonists, and Theologians in the Twelfth and Thirteenth Centuries* (Philadelphia, 1959), pp. 12 – 16. 关于犹太教和基督教对待商业和经济事务态度的比较，参见：Derek J. Penslar, *Shylock's Children: Economics and Jewish Identity in Modern Europe* (Berkeley, Calif. , 2001), pp. 52 ff。

13. Quoted in Raymond de Roover, "The Scholastic Attitude Toward Trade and Entrepreneurship," *Explorations in Entrepreneurial History*, second series, vol. 1, no. 1 (fall 1963), pp. 76 – 87, at p. 76.

14. John Gilchrist, *The Church and Economic Activity in the Middle Ages* (New York, 1969), pp. 52 – 3; Baldwin, *Medieval Theories*, p. 35.

15. Gratian, *Decretum*, pt. 1, dist. 88, cap. 11.

16. Lester K. Little, *Religious Poverty and the Profit Economy in Medieval Europe* (Ithaca, N. Y. , 1978), p. 53.

17. Quoted in Jacob Viner, *Religious Thought and Economic Society* (Durham, N. C. , 1978), pp. 35 – 6.

18. Viner, *Religious Thought*, pp. 37 – 8. On Libanius of Antioch and his influence see also Jacob Viner, *The Role of Providence in the Social Order* (Princeton, N. J. , 1972), pp. 36 – 7. On the revival of Libanius' doctrine by Grotius, see Douglas A. Irwin, *Against the Tide: An Intellectual History of Free Trade* (Princeton, N. J. , 1996), pp. 15 – 7.

19. Baldwin, *Medieval Theories*, p. 8.

20. See Ernst Troeltsch, *Die Soziallehren der christlichen Kirchen und Gruppen* (Tubingen, 1922), volume 1 of his *Gesammelte Schriften* (reprinted 1965), pp. 334 – 48.

21. See Schumpeter, *History of Economic Analysis*, pp. 91 – 4; de Roover, "Scholastic Attitude," pp. 76 – 9; John F. McGovern, "The Rise of New Economic Attitudes—Economic Humanism, Economic Nationalism—During the Later Middle Ages and the Renaissance, a. d. 1200 – 1500," *Traditio*, vol. 26 (1970), pp. 217 – 54, at p. 230; Little, *Religious Poverty*, pp. 176 ff. ; Julius Kirshner, "Raymond de Roover on Scholastic Economic Thought," in Julius Kirshner (ed.), *Business, Banking, and Economic Thought in Late Medieval and Early Modern Europe* (Chicago, 1974), p. 19.

22. De Roover, "Scholastic Attitude," passim; McGovern, "Rise of New Economic Attitudes," p. 230; R. H. Tawney, *Religion and the Rise of Capitalism* (London, 1926), pp. 30 ff; Little, *Religious Poverty*, p. 181.

23. See Alasdair MacIntyre, *Whose Justice? Which Rationality?* (Notre Dame, Ind., 1988), p. 157.

24. MacIntyre, *Whose Justice?*, 162, 199, citing Aquinas, *Summa*, IIa – IIae, pp. 61 – 6.

25. De Roover, "Scholastic Attitude," p. 80.

26. On avarice as the root of the cardinal sins in Aquinas' *Summa Theologica*, see Morton Bloomfield, *The Seven Deadly Sins* (East Lansing, Mich., 1952), pp. 87 – 8.

27. Cited in de Roover, "Scholastic Attitude," p. 80; see also Viner, *Religious Thought*, pp. 35 – 8; and Schumpeter, *History of Economic Analysis*, pp. 60, 92, 99.

28. For examples, see Simon Schama, *The Embarrassment of Riches: An Interpretation of Dutch Culture in the Golden Age* (New York, 1987), pp. 329 ff; J. H. Hexter, "The Historical Method of Christopher Hill," in his *On Historians* (Cambridge, Mass., 1986), pp. 234 – 6.

29. Quoted in Stephen Innes, *Creating the Commonwealth: The Economic Culture of Puritan New England* (New York, 1995), p. 26.

30. Quoted by Max Weber, *The Protestant Ethic and the Spirit of Capitalism* (New York, 1958), p. 175 from Southey, *Life of Wesley* (2nd U. S. ed., vol. 2, p. 308).

31. Benjamin Nelson, *The Idea of Usury: From Tribal Brotherhood to Universal Otherhood*, 2nd ed. (Chicago, 1969), chapter 1.

32. Baldwin, *Medieval Theories*, pp. 33 – 7.

33. See Tawney, *Religion*, pp. 36 – 7; Dante, *Inferno*, cantos XI, XVII.

34. Little, *Religious Poverty*, pp. 178 – 80. 关于这一时期教会对于高利贷态度的变化，参见：Jacques Le Goff, *Your Money or Your Life: Economy and Religion in the Middle Ages* (New York, 1988)。

35. 在 18 世纪法国关于高利贷的诡辩，参见：Emma Rothschild, *Economic Sentiments: Adam Smith, Condorcet, and the Enlightenment* (Cambridge, Mass., 2001), p. 42。

36. Kirshner, *Business*, *Banking*, *and Economic Thought*, pp. 27 – 9; de Roover, "Money Theory prior to Adam Smith: A Revision," in Kirshner, *Business*, *Banking*, *and Economic Thought*, pp. 317 – 20.

37. See Robert S. Lopez, *The Commercial Revolution of the Middle Ages*, 950 – 1350 (New York, 1976), chapters 2 and 3; and on the broader picture, R. W. Southern, *Western Society and the Church in the Middle Ages* (Harmondsworth, England, 1970), pp. 34 – 44.

38. Quoted in Hans – Jorg Gilomen, "Wucher und Wirtschaft im Mittelalter," *Historische Zeitschrift*, vol. 250, no. 2 (1990), pp. 265 – 301, at p. 265.

39. Salo W. Baron, *A Social and Religious History of the Jews*, 18 volumes to date (New York and Philadelphia, 1952 –), vol. 4, p. 203, and vol. 9, p. 50; Le Goff, *Your Money*, pp. 9 – 10. 关于中世纪基督教神学对于犹太人借贷观点的介绍, 参见: Leon Poliakov, *Jewish Bankers and the Holy See from the Thirteenth to the Seventeenth Century* (London, 1977), pp. 13 – 35。犹太人是否应被允许从事高利放贷这一问题在教会内部向来饱受争议, 参见: Gilomen, "Wucher und Wirtschaft im Mittelalter"。

40. Little, *Religious Poverty*, pp. 34, 53.

41. Baron, *History of the Jews*, vol. 11, p. 144; Joshua Trachtenberg, *The Devil and the Jews* (New Haven, Conn., 1943), p. 193.

42. Baron, *History of the Jews*, vol. 4, pp. 120 – 1; Little, *Religious Poverty*, p. 56.

43. Little, *Religious Poverty*, p. 57.

44. Trachtenberg, *Devil and the Jews*, p. 191; and R. Po – chia Hsia, "The Usurious Jew: Economic Structure and Religious Representations in Anti – Semitic Discourse," pp. 161 – 76, in R. Po – chia Hsia and Hartmut Lehmann (eds.), *In and Out of the Ghetto: Jewish – Gentile Relations in Late Medieval and Early Modern Germany* (Cambridge, England, 1995), pp. 165 ff.

45. Baron, *History of the Jews*, vol. 4, pp. 150 – 6, 170 – 4, 223 ff.

46. Baron, *History of the Jews*, vol. 4, pp. 202 – 7; vol. 9, pp. 50 ff.

47. Fernand Braudel, *The Wheels of Commerce*, (New York, 1982), pp. 559 – 63; Charles P. Kindelberger, *A Financial History of Western Europe*, (London, 1984), pp. 41 – 3; R. H. Helmholz, "Usury and the Medieval English Church Courts," *Speculum* vol. 61/2 (1986), pp. 364 – 80; *Encyclical Letter*

of Our Holy Father by Divine Providence Pope Leo XIII on the Condition of Labor, in Oswald von Nell – Breuning, S. J. , *Reorganization of Social Economy: The Social Encyclical Developed and Explained* (New York ,1936), p. 367; Herbert Luthy , " Lending at Interest or the Competence of Theology in Economic Matters , " pp. 71 – 104 , in Herbert Luthy , *From Calvin to Rousseau: Tradition and Modernity from the Reformation to the French Revolution* (New York, 1970); John T. Noonan , Jr. , *The Scholastic Analysis of Usury* (Cambridge , Mass. ,1957) , p. 382.

48. Tawney , *Religion* , pp. 92 – 5.

49. Luthy , " Lending , " pp. 74 – 9; Tawney , *Religion* , pp. 102 – 19.

50. Schama , *Embarrassment* , pp. 337 ,330.

51. Helmholz , " Usury , " p. 380; Kindelberger , *Financial History* , p. 41.

52. See Trachtenberg , *Devil and the Jews* , pp. 191 – 2; see also Steven E. Aschheim , " ' The Jew Within ' : The Myth of ' Judaization ' in Germany , " in his *Culture and Catastrophe* (New York ,1996) , pp. 45 – 68.

53. 对于加尔文清教徒和长老会教徒的高利贷指控案例，参见：Tawney , *Religion* , pp. 209 ,232 – 3 ,252。

54. Cited in Werner Sombart , *The Jews and Modern Capitalism* (New Brunswick , N. J. ,1982) , pp. 250 – 1.

55. Tawney , *Religion* , pp. 152 – 3; Jean – Christophe Agnew , *Worlds Apart: The Market and the Theater in Anglo – American Thought* , 1550 – 1750 (Cambridge , 1986) , p. 121.

56. James Harrington , *Oceana* , p. 159 , quoted in Steve Pincus , " Neither Machiavellian Moment nor Possessive Individualism: Commercial Society and the Defenders of the English Commonwealth , " *American Historical Review* (June 1998) , pp. 705 – 36.

57. See above allbook 1 of Paul A. Rahe , *Republics*; also Stephen Holmes , *Benjamin Constant and the Making of Modern Liberalism* (New Haven , Conn. , 1984) , pp. 1 ,179.

58. MacIntyre , *Whose Justice?* p. 163.

59. Jeff A. Weintraub , " Virtue , Community , and the Sociology of Liberty: The Notion of Republican Virtue and Its Impact on Modern Western Social

Thought" (Ph. D. diss. , Berkeley, Calif. , 1979), chapter 1; J. G. A. Pocock, "Cambridge Paradigms and Scotch Philosophers," pp. 235 – 52, 235 – 6, and John Robertson, "The Scottish Enlightenment at the Limits of the Civic Tradition," pp. 137 – 178, 138 – 40, both in Istvan Hont and Michael Ignatieff (eds.), *Wealth and Virtue*: *The Shaping of Political Economy in the Scottish Enlightenment* (Cambridge, 1983); and Forrest McDonald, *Novus Ordo Seclorum*: *The Intellectual Origins of the Constitution* (Lawrence, Kans. , 1985), pp. 70 – 1.

60. 关于斯巴达人的形象，参见：Elizabeth Rawson, *The Spartan Tradition in European Thought* (Oxford, England, 1969), esp. pp. 5 – 8. On the reality of the Spartan regime, insofar as it can be reconstructed, see Rahe, *Republics*, chapter 5。

61. James Harrington, *Oceana*, p. 295, quoted in Pincus, p. 717.

62. 关于英格兰，参见：Pincus, "Neither Machiavellian Moment nor Possessive Individualism," pp. 705 – 36, esp. pp. 720 – 4; and David Harris Sacks, "The Greed of Judas," pp. 263 – 307, 尤其是结论部分。关于荷兰，参见 1662 年在荷兰首次出版的《荷兰共和国的真正利益和政治准则》[John de Witt (Pieter de la Court), *The True Interest and Political Maxims of the Republic of Holland*]。此书英文翻译版于 1746 在英格兰出版，并于 1972 年在纽约出版；on the De la Courts see Eco Haitsma Mulier, "The Language of Seventeenth – Century Republicanism in the United Provinces," in Anthony Pagden (ed.), *The Languages of Political Theory in Early – Modern Europe* (Cambridge, 1987), pp. 179 – 95. 关于在佛罗伦萨人文主义者中对待商业的友善观点，参见：Mark Jurdjevic, "Virtue, Commerce, and the Enduring Florentine Republican Moment: Reintegrating Italy into the Atlantic Republican Debate," *Journal of the History of Ideas*, vol. 62, no. 4 (2001), pp. 721 – 43, an important critique of J. G. A. Pocock's *The Machiavellian Moment* (Princeton, N. J. , 1975)。

63. See Pocock, *The Machiavellian Moment*.

64. Baldwin, *Medieval Theories*, p. 17.

65. J. H. Hexter, "Republic, Virtue, Liberty, and the Political Universe of J. G. A. Pocock," in his *On Historians* (Cambridge, Mass. , 1979), pp. 255 –

303, at 294 – 303; Pocock, "Cambridge Paradigms," pp. 240 – 50.

66. 在中世纪欧洲,关于神学的规范地位和民法的实操作用,参见: Baldwin, *Medieval Theories*, pp. 59 – 63。

67. See J. G. A. Pocock, "Virtues, Rights, and Manners: A Model for Historians of Political Thought," in Pocock, *Virtue, Commerce, and History* (Cambridge, 1985), pp. 43 – 5.

68. See F. J. C. Hearnshaw, "Introductory: The Social and Political Problems of the Sixteenth and Seventeenth Centuries," in F. J. C. Hearnshaw (ed.), *The Social and Political Ideas of Some Great Thinkers of the Sixteenth and Seventeenth Centuries* New York, 1967), pp. 9 – 41.

69. See "Meaning and Understanding in the History of Ideas," *History and Theory*, vol. 8 (1969), pp. 3 – 53; Leo Strauss, *Spinoza's Critique of Religion* [New York, 1965; reprinted Chicago, 1997 (German original, 1930)], chapter 4, "Thomas Hobbes"; Leo Strauss, *The Political Philosophy of Hobbes* (Oxford, 1936), and Leo Strauss, *Natural Right and History*, chapter on Hobbes and Locke, with Quentin Skinner, *Reason and Rhetoric in the Philosophy of Hobbes* (Cambridge, 1996), pp. 284 – 93 ("The Attack on the *Vir Civilis*") and pp. 316 – 26 ("The Science of Virtue and Vice").

70. On this theme see, among others, Pierre Manent, *An Intellectual History of Liberalism* (Princeton, N. J., 1995; French original 1987).

71. Richard Tuck, "The 'Modern' Theory of Natural Law," in Anthony Pagden (ed.), *The Languages of Political Theory in Early – Modern Europe* (Cambridge, 1987), pp. 99 – 119; p. 114 – 9.

72. Grotius, *The Rights of War and Peace*, p. 64, quoted in Tuck, "The 'Modern' Theory of Natural Law," p. 117.

73. See Richard F. Teichgraeber III, *"Free Trade" and Moral Philosophy: Rethinking the Sources of Adam Smith's Wealth of Nations* (Durham, N. C., 1986), p. 177.

74. See Richard Tuck, *Philosophy and Government*, 1572 – 1651 (Cambridge, 1993). Also see Perez Zagorin, "Hobbes Without Grotius," *History of Political Thought*, vol. 21, no. 1 (spring 2000), pp. 16 – 40.

75. Hobbes, *Leviathan*, books 3 and 4, esp. chapter 38.

76. See *The Political Philosophy of Hobbes*, pp. 113 – 6.

77. *Leviathan*, ed. Richard Tuck（Cambridge,1991）,chapter 46,pp. 470 – 1.

78. *Leviathan*, chapter 30, p. 231.

79. *Leviathan*, chapter 6, p. 42.

80. *Leviathan*, chapter 9, pp. 70 – 3.

81. *Leviathan*, chapter 16, p. 111.

82. Skinner, *Reason and Rhetoric*, pp. 163 ff.

83. On Mandeville see M. M. Goldsmith, *Private Vices, Public Benefits*：*Bernard Mandeville's Social and Political Thought*（Cambridge,1985）,and the valuable article by Russell Nieli, "Commercial Society and Christian Virtue：The Mandeville – Law Dispute," *Review of Politics*, vol. 51, no. 4（fall 1989）, pp. 581 – 611；on his influence, see E. J. Hundert, *The Enlightenment's Fable*：*Bernard Mandeville and the Discovery of Society*（Cambridge,1994）.

第二章　伏尔泰

1. See Jeremy Popkin, "Recent West German Work on the French Revolution," *Journal of Modern History*, vol. 59（December 1987）, pp. 737 – 50,at p. 749. 在记述伏尔泰生平和思想的众多书籍中，以下几本尤为重要：Peter Gay, *Voltaire's Politics*：*The Poet as Realist*（New York, 1964）; Theodore Besterman, *Voltaire*, 3rd ed. ,（Chicago, 1976）; Haydn Mason, *Voltaire*：*A Biography*（Baltimore,1981）; Also see Rene Pomeau, *D'Arouet à Voltaire*（Oxford,1985）,the first volume of the now completed five – volume *Voltaire et son temps*（Oxford,1985 – 1994）. 出于对伏尔泰的崇敬,这些作者轻描淡写了他思想和性格方面的一些不足之处。

2. See Keith Michael Baker, "On the Problem of the Ideological Origins of the French Revolution," in Dominick LaCapra and Steven Kaplan（eds. ）, *Modern European Intellectual History*（Ithaca, N. Y. , 1982）, pp. 197 – 219, at p. 217.

3. Quoted in C. B. A. Behrens, *Society, Government, and the Enlightenment*：*The Experiences of Eighteenth – Century France and Prussia*（New York, 1985）, p. 153. "知识分子"一词在法国的崛起始于德雷福斯案件（Dreyfus Affair,19 世纪 90 年代法国军事当局对军官德雷福斯的诬告案）。参

见：Dietz Bering, *Die Intellektuellen* (Frankfurt, 1978), p. 38.

4. Voltaire to d'Alembert, 1765, quoted in Peter Gay, *Voltaire's Politics*, p. 34.

5. B. Faujas de Saint Fond, *A Journey Through England and Scotland to the Hebrides in 1784*, 2 vols. (Glasgow, 1907), vol. 2, pp. 245 – 6.

6. SeeHarvey C. Mansfield, Jr. (ed.), *Selected Letters of Edmund Burke* (Chicago, 1984), p. 268.

7. 关于从贵族资助向市场导向转变的介绍, 参见：Priscilla P. Clark, *Literary France: The Making of a Culture* (Berkeley, 1987), pp. 39 – 52. 关于 18 世纪法国印刷业的发展, 参见：Robert Darnton, *The Business of Enlightenment: A Publishing History of the* Encyclopedie, *1775 – 1800* (Cambridge, Mass., 1979) and *The Literary Underground of the Old Regime* (Cambridge, Mass., 1982)。

8. See Isser Woloch, *Eighteenth – Century Europe: Tradition and Progress*, *1715 – 1789* (New York, 1982), pp. 183 – 97. J. G. A. Pocock, "Transformations in British Political Thought," *Political Science* (July 1988), pp. 160 – 78, at p. 174 – 8. Hans Ulrich Gumbrecht, Rolf Reichardt, and Thomas Schleich, "Fur eine Sozialgeschichte der Franzosischen Aufklarung," in Gumbrecht et al., *Sozialgeschichte der Aufklung in Frankreich. Teil I* (Munich, 1981), pp. 3 – 54.

9. Keith Michael Baker, "Politics and Public OpinionUnder the Old Regime: Some Reflections," in Jack R. Censer and Jeremy D. Popkin (eds.), *Press and Politics in Prerevolutionary France* (Berkeley, Calif., 1988), pp. 204 – 46, at pp. 208 – 14 and 230 – 1. 关于"公共观点"和"公共领域"的起源, 参见：Jurgen Habermas, *Strukturwandel der fentlichkeit* (Darmstadt, 1962), translated as *The Structural Transformation of the Public Sphere* (Cambridge, Mass., 1982), and Ernst Manheim, *Aufklung und fentliche Meinung: Studien zur Soziologie der fentlichkeit im 18. Jahrhundert* (Munich, 1979)。

10. 伏尔泰是因为与罗昂 (Rohan) 的一场口角才逃至英格兰的说法在勒内·波莫 (Pomeau. R.) 的《伏尔泰》(*D'Arouet à Voltaire*, pp. 201 – 2.) 得到了纠正。

11. Quentin Skinner, *The Foundations of Modern Political Thought*, 2 vols. Cambridge, 1978), vol. 2, p. 250.

12. Skinner, *Foundations*, vol. 2, pp. 241 – 54, 352.

13. Quoted in Besterman, *Voltaire*, p. 125.

14. Andre Michel Rousseau, *L'Angleterre et Voltaire*, 3 vols. continuously paginated (Oxford, 1976), *Studies on Voltaire and the Eighteenth Century*, vol. 145 – 7, pp. 109 – 11. On Fawkener see also Pomeau, *D'Arouet à Voltaire*, pp. 215 – 7.

15. 此书首次出版于伦敦,原名 *Letters Concerning the English Nation*。书中大部分内容由伏尔泰本人以英文撰写。法文版在 1734 年于伦敦出版,尽管标题页注明出版地是巴塞尔(Basel)以避开出版审查。参见: Harcourt Brown, "The composition of the *Letters Concerning the English Nation*," in W. H. Barber et al. (eds.), *The Age of Enlightenment: Studies Presented to Theodore Besterman* (Edinburgh, 1967), pp. 15 – 34。

16. 关于现代自由主义思想中利用利己主义作为对思想狂热的制衡策略,参见: Stephen Holmes, *Benjamin Constant and the Making of Modern Liberalism* (New Haven, Conn. , 1984), pp. 252 ff。关于利益可以用来制约政治野心的观点,参见: Albert O. Hirschman, *The Passions and the Interests: Political Arguments for Capitalism Before its Triumph* (Princeton, N. J. , 1976), part 1.

17. *Spectator*, no. 69, May 19, 1711; the French edition of 1722 is cited in Lanson (ed.), *Lettres Philosophiques* p. 76, n11.

18. Letter of Oct. 7, 1722, to Marquise de Bernieres, D128, p. 138, in *The Complete Works of Voltaire* (*Oeuvres complètes de Voltaire*), ed. Theodore Besterman, vol. 85 (Geneva, 1968).

19. Theodore Besterman (ed.), *Voltaire's Notebooks*, 2 vols. (Geneva, 1952) . The quotation is on p. 43, the previous one on p. 31.

20. Andrew Marvell, "The Character of Holland," in *Poetical Works* (Boston, 1857), pp. 171 – 7, quoted in Simon Schama, *The Embarrassment of Riches: An Interpretation of Dutch Culture in the Golden Age* (New York, 1987), p. 267.

21. P. G. M. Dickson, *The Financial Revolution in England: A Study in the Development of Public Credit, 1688 – 1756* (London, 1967), p. 514; Paul Mantoux, *The Industrial Revolution in the Eighteenth Century* (Chicago, 1983), p. 98.

22. Douglass C. North and Robert Paul Thomas, *The Rise of the Western World: A New Economic History* (Cambridge, 1973), p. 153.

23. JacquesDonvez, *De quoi vivait Voltaire* (Paris, 1949), p. 62.

24. Carolyn Webber and Aaron Wildavsky, *A History of Taxation and Expenditure in the Western World* (New York, 1986) , chapter 5; Fernand Braudel, *The Wheels of Commerce* (New York, 1982) , pp. 521 ff; Charles P. Kindelberger, *A Financial History of Western Europe* (London, 1984) , pp. 151 – 3.

25. Dickson, *Financial Revolution*, p. 514; Ranald C. Michie, *The London Stock Exchange*: *A History* (Oxford, 1999).

26. See John Brewer, *The Sinews of Power*: *War, Money, and the English State, 1688 – 1783* (New York, 1989) , chapter 4.

27. 关于这些来自殖民地的利润如何成为工业革命的资本,从而提供有限帮助的讨论,参见: Patrick O'Brien, "European Economic Development: The Contribution of the Periphery," *Economic History Review*, 2nd series, vol. 35, no. 1 (February, 1982) , pp. 1 – 18。

28. 关于伏尔泰参与货币投机,参见: Donvez, *De quoi*, p. 22。

29. Mantoux, *Industrial Revolution*, p. 96.

30. Dickson, *Financial Revolution*, pp. 17 ff.

31. Dickson, *Financial Revolution*, p. 495

32. Dickson, *Financial Revolution*, p. 514

33. Dickson, *Financial Revolution*, p. 156

34. See J. G. A. Pocock, *The Machiavellian Moment*: *Florentine Political Thought and the Atlantic Republican Tradition* (Princeton, N. J. , 1975) , pp. 446 – 61, 467 – 75.

35. Dickson, *Financial Revolution*, p. 515

36. Gedalia Yogev, *Diamonds and Coral*: *Anglo – Dutch Jews and Eighteenth Century Trade* (New York, 1978) , pp. 17 – 21, 55; Addison is quoted on p. 21. Harold Pollins, *Economic History of the Jews in England* (Rutherford, 1982) , pp. 54 – 60.

37. Yogev, *Diamonds*, pp. 50, 58; Dickson, *Financial Revolution*, pp. 263, 278 – 9, 98.

38. Theodore Besterman (ed.) , *Voltaire's Correspondence* (Geneva, 1953) , vol. 2, pp. 36 – 9. The best account is now in Pomeau, *D'Arouet*, pp. 201 – 2, 212, 220; 关于伏尔泰与科斯塔 (Mendes da Costa) 家族的关系,参见: Norma Perry, "La chute d'Une famille sefardie: les Mendes da Costa de Londres," *Dix – huitieme siècle*, vol. 13 (1981) , pp. 11 – 25。

39. Letter to Lord Hailes,quoted in Rousseau,*L'Angleterre et Voltaire*,pp. 688 – 9n.

40. 参见：Erich Auerbach, *Mimesis*：*The Representation of Reality in Western Literature*（Princeton,N. J. ,1953）,pp. 401 ff.

41. Much later,in his *Examen important de milord Bolingbroke*（1767）,Voltaire wrote："Today,in Rome,in London,in Paris,in all the great cities . . . All have but one god. Christians,Jews,and all the others worship him with the same ardor：that is money. "Voltaire, *Oeuvres complètes*, L. Moland（ ed. ）（Paris,1879）,vol. 26,p. 306.

42. 关于在 18 世纪上半叶英国诗歌中出现的商人成为英雄的主题,参见:John McVeagh, *Tradefull Merchants*：*The Portrayal of the Capitalist in Literature*（London,1981）,chapter 3,and,more briefly,Neil McKendrick,"'Gentlemen and Players' Revisited：The Gentlemanly Ideal, the Business Ideal, and the Professional Ideal in English Literary Culture," in Neil McKendrick and R. B. Outhwaite（ eds. ）, *Business Life and Public Policy*（ Cambridge, 1986）, pp. 98 – 136,at pp. 108 – 10。关于法国哲学家试图提升商人地位的尝试,参见:Joncourt,D'Alembert,and Diderot in the *Encyclopédie*,cited in John Lough, *The Encyclopédie*（New York,1971）,pp. 357 – 9。

43. 关于伏尔泰对待这一问题观点的后续发展,参见:"Gens de lettres" in the *Encyclopédie*,and the discussion in Robert Darnton,"Philosophers Trim the Tree of Knowledge," in Robert Darnton, *The Great Cat Massacre and Other Episodes in French Cultural History*（New York,1984）,pp. 205 – 8。关于在 18 世纪法国,"识字人"作为一个具有自我意识团体的发展,尤其是在文学方面的展现,参见:Paul Benichou,*Le sacre de L'écrivain,1750 – 1830*：*Essai sur L'avènement d'Un pouvoir spirituel laique dans la France moderne*（Paris,1973）,pp. 25 – 36。

44. See Jonathan I. Israel, *Radical Enlightenment*：*Philosophy and the Making of Modernity*（New York,2001）,p. 527.

45. Quoted in Besterman, *Voltaire*,p. 167.

46. Rousseau, *L'Angleterre et Voltaire*,pp. 137 – 8,153 – 5.

47. For other instances see Pomeau, *D'Arouet à Voltaire*, p. 146；Donvez, *De quoi*,p. 83.

48. 这一描述见于：Donvez, *De quoi*, pp. 39 – 55；Pomeau, *D'Arouet à Voltaire*,pp. 259 ff. 关于在 18 世纪欧洲彩票业的作用以及从道德角度做

出的批判,参见: Lorraine Daston, *Classical Probability in the Enlightenment* (Princeton, N. J. , 1988) , pp. 141 - 63。

49. Donvez, *De quoi*, pp. 71 - 4.

50. See Ernst Labrousse et al. , *Histoire économique et sociale de la France*, vol. 2 , (Paris, 1970) , pp. 503 - 9 ; Werner Sombart, *Luxury and Capitalism* (1913 ; reprint, Ann Arbor, Mich. , 1967) , p. 127 ; Fernand Braudel, *Capitalism and Material Life, 1400 - 1800* (New York, 1973) , pp. 156 - 91 , 236 - 9.

51. Donvez, *De quoi*, pp. 57 - 69.

52. 关于新的财富可以被持续创造出来的质疑,参见: Albert O. Hirshman, *Shifting Involvements: Private Interest and Public Action* (Princeton, N. J. , 1982) , chapter 3. 在 18 世纪的思想中,对于"奢侈"概念最为重要的检验来自 Ellen Ross, " The Debate on Luxury in Eighteenth - Century France: A Study of the Language of Opposition to Change" (unpub. Ph. D. diss. , University of Chicago, 1975) ; Simeon M. Wade Jr. , " The Idea of Luxury in Eighteenth - Century England," (unpub. Ph. D. diss. , Harvard University, 1968) ; John Sekora, *Luxury: The Concept in Western Thought, Eden to Smollett* (Baltimore, 1977) ; and Andre Morize, *L'Apologie du Luxe au XVIIIe Siècle et " Le Mondain" de Voltaire: étude critique sur " Le Mondain" et ses Sources* (1909 ; reprint, Geneva, 1970). Line references to " Le Mondain" and "Defense de Mondain" are to this edition.

53. Sekora, *Luxury*, pp. 39 - 44.

54. M. M. Goldsmith, " Liberty, Luxury, and the Pursuit of Happiness," in Anthony Pagden (ed.), *The Languages of Political Theory in Early - Modern Europe* (Cambridge, 1987) , pp. 225 - 52, at p. 236 ; M. M. Goldsmith, *Private Vices, Public Benefits: Bernard Mandeville's Social and Political Thought* (Cambridge, 1985) , p. 26.

55. David Hume, *An Enquiry Concerning the Principles of Morals* (1751) , ed. J. B. Schneewind (Indianapolis, Ind. , 1983) , pp. 73 - 4 ; Voltaire, *Philosophical Dictionary*, article " Virtue. "

56. Voltaire, *Philosophical Dictionary*, article " Morality" ; Voltaire, *Philosophie de L'histoire* (1740) , quoted in Lucien Febvre, " *Civilization*: Evolution of a Word and a Group of Ideas," in Peter Burke (ed.), *A New Kind of*

History: *From the Writings of Febvre* (New York,1973), p. 229.

57. Febvre, "*Civilization*," pp. 219 – 57.

58. "Mondain," line 14.

59. "Mondain," lines 46 – 59.

60. "Mondain," lines 40 ff; "Defense," lines 73 ff.

61. Voltaire, "Observations sur Mm. Jean Lass" (1738), in Moland ed., *Oeuvres complètes*, vol. 20, p. 363, quoted in Ross, *Debate*, p. 64.

62. *Philosophical Dictionary* (Gay translation), article "Luxury."

63. "Defense," lines 55 – 72. 这一论点在 18 世纪的更多变体形式,参见：Sombart, *Luxury and Capitalism*, pp. 113 – 5。

64. "Mondain," lines 19 – 24.

65. "Defense," lines 99 – 111.

66. "Defense," lines 35 – 45; Besterman, *Voltaire*, p. 244 n. 4.

67. Donvez, *De quoi*, pp. 131 – 40. 关于终身年金制度以及由此可能导致的骗局,参见：Kindelberger, *Financial History*, pp. 217 – 8。

68. Donvez, *De quoi*, p. 175.

69. D104, April 1722, in *Complete Works of Voltaire*, vol. 85, pp. 116 – 7. 伏尔泰似乎从新成立的公司那里获得了一份征收盐务税的美差：Pomeau, *D'Arouet à Voltaire*, pp. 146 – 7。

70. Theodore Schieder, *Friedrich der Gro: Ein Kigtum der Widersprüche* (Frankfurt am Main, 1983), pp. 285, 442.

71. See Schieder, *Friedrich*, pp. 303 – 7, 458; for a similar conclusion, see Charles Moraze, "Finance et Despotisme: Essai sur les Despostes eclaires," *Annales: économies, Sociétés, Civilisations*, vol. 3, no. 3 (1948), pp. 279 – 96.

72. See Cranston, *Philosophers and Pamphleteers*, pp. 1 – 6, 49 – 50; Gay, *Voltaire's Politics*, chapters 3, 4, 7; Holmes, *Benjamin Constant*, pp. 9, 67 – 8; Leonard Krieger, *Kings and Philosophers*, 1689 – 1789 (New York, 1970), pp. 189 – 204; Leonard Krieger, *An Essay on the Theory of Enlightened Despotism* (Chicago, 1975).

73. 这一记述主要来自曼歌德 (Wilhelm Mangold) 提供的相关资料：*Prozekten des kiglich Preuschen Hausarchivs* (Berlin, 1905), pp. i – xxxiii。

74. The classic study is Selma Stern, *The Court Jew* (Philadelphia, 1950). See

also Jonathan Israel, *European Jewry in the Age of Mercantilism*, *1550 – 1750*, 2nd ed. (Oxford, 1989), chapter 6.

75. D4359, quoted in Mason, *Voltaire*, p. 60.

76. 76. Voltaire to Darget, Feb. 20, 1751; D4389, *Complete Works of Voltaire* (Geneva, 1971), pp. 124 – 5.

77. D5714, March 10, 1754, quoted in Besterman, *Voltaire*, p. 350.

78. D104, *Correspondence*, vol. 1, pp. 146 – 7. Pomeau, *D'Arouet à Voltaire*, pp. 148 – 9. Voltaire 1773, *Correspondence*, vol. 86, p. 166.

79. See Hanna Emmrich, *Das Judentum bei Voltaire* (Breslau, 1930). 关于伏尔泰的反犹太主义思想, 参见: Peter Gay, "Voltaire's Anti – Semitism," in his *The Party of Humanity* (New York, 1971), pp. 97 – 108; and Arthur Hertzberg, *The French Enlightenment and the Jews* (New York, 1968), esp. pp. 280 – 308。

80. Voltaire, *La Bible enfin expliquée* (1776), *Oeuvres complètes*, vol. 30, quoted in Emmerich, *Judentum*, p. 142.

81. *Philosophical Dictionary*, Besterman translation, p. 144. 关于古希伯来人作为高利放贷者的更多参考资料, 见: "Etats, Gouvernements" and "Des Loix," section 1, pp. 193, 281。

82. *Essai sur les moeurs*, *Oeuvres complètes*, vol. 12, p. 159.

83. Emmerich, *Judentum*, pp. 139, 249 ff.

84. See Isaac Eisenstein Barzilay, "The Jew in the Literature of the Enlightenment," *Jewish Social Studies*, vol. 18, no. 4 (October 1956), pp. 243 – 61.

85. Emmerich, *Judentum*, p. 257; Hertzberg, *French Enlightenment*, pp. 279 – 80, 299 ff, 312 – 3. Also see Thomas J. Schlereth, *The Cosmopolitan Ideal in Enlightenment Thought* (London, 1977), and Gerd van den Heuvel, "Cosmopolite, Cosmopoli (ti)sme," in Rolf Reichardt et al., *Handbuch politisch – sozialer Grundbegriffe in Frankreich*, *1680 – 1820* (Munich, 1986), vol. 6, pp. 41 – 7; and Tzetvan Todorov, *On Human Diversity: Nationalism, Racism, and Exoticism in French Thought* (Cambridge, Mass., 1993).

86. Adam Smith, *The Theory of Moral Sentiments*, ed. A. L. Macfie and D. D. Raphael (Indianapolis, Ind., 1982), VI. i. 10, pp. 214 – 5.

第三章 亚当·斯密

1. Voltaire, *Oeuvres complètes*, ed. Beaumarchais, 70 vols. (Kehl, 1784 – 89), 21：1.71, quoted in Deidre Dawson, "Is Sympathy So Surprising? Adam Smith and French Fictions of Sympathy," *Eighteenth – Century Life*, vol. 15, nos. 1 and 2 (1991), pp. 147 – 62, at p. 147. 本章节多处引用穆勒（Jerry Z. Muller）的文章《亚当·斯密在他的和我们的世界》(*Adam Smith in His Time and Ours*：*Designing the Decent Society*, Princeton, N. J., 1995), 尽管重点和解释各有侧重。

2. See Milton L. Myers, *The Soul of Modern Economic Man*：*Ideas of Self – Interest, Thomas Hobbes to Adam Smith* (Chicago, 1983); for foreign sources see Muller, *Adam Smith*, pp. 48 – 54.

3. Josiah Tucker, *The Elements of Commerce and Theory of Taxes* (1755), quoted in T. W. Hutchison, *Before Adam Smith*：*The Emergence of Political Economy, 1662 – 1776* (Oxford, 1988), p. 230.

4. Adam Smith, *An Inquiry into the Nature and Causes of the Wealth of Nations*, ed. R. H. Campbell and A. S. Skinner, 2 vols. (The Glasgow Edition of the Works of Adam Smith, Oxford, 1976; cited hereafter as *WN*.) Introduction, 1, p. 428. Dugald Stewart, "Account of the Life and Writings of Adam Smith, L. L. D.," first published in 1794 and reprinted in Adam Smith, *Essays on Philosophical Subjects*, edited by W. P. D. Wightman and J. C. Bryce (Oxford, 1980).

5. See Leo Strauss, "On Classical Political Philosophy," in Thomas Pangle (ed.), *The Rebirth of Classical Political Rationalism*：*An Introduction to the Thought of Leo Strauss* (Chicago, 1989), pp. 49 – 62, at p. 54.

6. See Quentin Skinner, *The Foundations of Modern Political Thought*, vol. 1, *The Renaissance* (Cambridge, 1978), pp. 213 ff.

7. 关于在斯密时代教育、贵族资助和政府服务之间的联系, 参见：Robert Wuthnow, *Communities of Discourse*：*Ideology and Social Structure in the Reformation, the Enlightenment, and European Socialism* (Cambridge, Mass., 1989), pp. 254 – 64, 其总结了大量的关于这个话题的最近的研究成果。

8. Lewis Namier and John Brooke, *Charles Townshend* (London, 1964), p. 34.

9. See, for example, Sir Grey Cooper to Smith, Nov. 7, 1777, in *The Correspondence of Adam Smith*, ed. E. C. Mossner and L. S. Ross (Oxford, 1977), pp. 227 – 8.

10. John Rae, *Life of Adam Smith* (1895; reprint, New York, 1965), p. 437.

11. Duncan Forbes, "Scientific Whiggism: Adam Smith and John Millar," *Cambridge Journal*, vol. 7 (1953 – 54).

12. *WN*, V. ii. k, p. 870.

13. 关于英国经济在 16 世纪至 18 世纪中叶是如何发展成为市场经济的分析和描述, 参见: Keith Wrightson, *Earthly Necessities: Economic Lives in Early Modern Britain* (New Haven, Conn., 2000)。

14. Paul Langford, *A Polite and Commercial People: England, 1727 – 1783* (Oxford, 1989), pp. 174 – 6; R. P. Thomas and D. N. McCloskey, "Overseas Trade and Empire, 1700 – 1860," in Roderick Floud and Donald McCloskey (eds.), *Economic History of Britain Since 1700*, vol. 1 (Cambridge, 1981), p. 93; and Ralph Davis, "The Rise of Protection in England, 1689 – 1786," *Economic History Review*, 2nd ser. (1966), pp. 306 – 17, pp. 313 – 4.

15. D. E. C. Eversley, "The Home Market and Economic Growth in England, 1750 – 1780," in E. L. Jones and G. E. Mingay (eds.), *Land, Labour, and Population in the Industrial Revolution* (London, 1967), p. 255. See more generally the excellent survey by Daniel Baugh, "Poverty, Protestantism, and Political Economy: English Attitudes Toward the Poor, 1660 – 1800," in Stephen B. Baxter (ed.), *England's Rise to Greatness, 1660 – 1763* (Berkeley, Calif., 1983), pp. 63 – 108, at pp. 81 – 90.

16. Langford, *Polite*, p. 150, and Neil McKendrick, "Introduction," in Neil McKendrick, John Brewer, and J. H. Plumb, *The Birth of a Consumer Society: The Commercialization of Eighteenth – Century England* (Bloomington, Ind., 1982), pp. 9 ff.

17. Neil McKendrick, "Commercialization and the Economy," in McKendrick, Brewer, and Plumb, *Birth of a Consumer Society*, p. 23.

18. Neil McKendrick, "Home Demand and Economic Growth: A New View of the Role of Women and Children in the Industrial Revolution," in Neil McKendrick (ed.), *Historical Perspectives: Studies in English Thought and*

Society（London，1974）；Jan de Vries，"The Industrial Revolution and the Industrious Revolution，"*Journal of Economic History*，vol. 54，no. 2（June，1994），pp. 249 – 70.

19. McKendrick，"Commercialization and the Economy，" pp. 28 – 9.

20. Neil McKendrick，"Introduction，" pp. 1 – 2；Langford，*Polite*，pp. 67 ff.

21. See Nathan Rosenberg， "Adam Smith on Profits—Paradox Lost and Regained，"in Andrew S. Skinner and Thomas Wilson（eds.），*Essays on Adam Smith*（Oxford，1975），pp. 377 – 89，at pp. 388 – 9.

22. W. A. Cole，"Factors in Demand 1700 – 80，"in Floud and McCloskey（eds.），*Economic History of Britain*，p. 58；David S. Landes，*The Unbound Prometheus：Technological Change and Industrial Development in Western Europe*，*from 1750 to the Present*（Cambridge，1969），pp. 58 – 9.

23. For examples，see Istvan Hont and Michael Ignatieff，"Needs and Justice in the ' Wealth of Nations ' ，"in Istvan Hont and Michael Ignatieff（eds.），*Wealth and Virtue：The Shaping of Political Economy in the Scottish Enlightenment*（Cambridge，1983），p. 5；and Langford，*Polite*，p. 150.

24. Baugh， "Poverty，" pp. 85 – 6. See also the discussion in Rosenberg，"Adam Smith on Profits，" pp. 378 – 9.

25. *WN*，I. viii. 35 – 42，pp. 95 – 9.

26. Stewart， "Account，" p. 310. On this theme see also Duncan Forbes，"Sceptical Whiggism，Commerce，and Liberty，"in Skinner and Wilson（eds.），*Essays on Adam Smith*，pp. 179 – 201. 关于现代思想早期对于"普通生活"评价的提升，参见：Charles Taylor，*Sources of the Self*（Cambridge，Mass.，1989），pp. 211 – 8；关于基督教慈善向务实善行的转变，参见：pp. 84 – 5，258，281.

27. *WN*，I. i. 11，p. 22 – 4.

28. "It is the great multiplication of the productions of all the different arts，in consequence of the division of labour，which occasions，in a well – governed society，that universal opulence which extends itself to the lowest ranks of the people，" *WN*，I. i. 19，p. 22.

29. *WN*，I. i. 5，p. 17；关于机器发展对于生产力提升的重要性方面，参见：*WN*，II 3 – 4，p. 277。

333333333333

30. *WN*, I. iii. 1, p. 31.

31. *WN*, I. ii. 1 - 2, pp. 25 - 6.

32. *WN*, I. iv. 1, p. 37.

33. *WN*, I. ii. 4 - 5, pp. 28 - 30.

34. *WN*, I. ii. 2, p. 27.

35. Adam Smith, *The Theory of Moral Sentiments*, ed. A. L. Macfie and D. D. Raphael (The Glasgow Edition of the Works and Correspondence of Adam Smith, Oxford, 1976; rep. Indianapolis, Ind. , 1982; cited hereafter as *TMS*). VI. ii. intro. 2, p. 218; VII. ii. 3. 18, p. 305.

36. *WN*, II. iii. 28, p. 341.

37. *WN*, I. vii. 1 - 6, pp. 72 - 3.

38. *WN*, I. vii. ; I. x. a. 1, p. 116.

39. *WN*, I. vii. 15, p. 75.

40. *WN*, I viii 36, p. 96.

41. *TMS*, IV. 2. 6, p. 189.

42. *WN*, IV ii. 4, p. 454; *WN*, IV. ii. 9, p. 456.

43. *WN*, IV. ii. 10, p. 456.

44. See Nathan Rosenberg, " Some Institutional Aspects of the Wealth of Nations," *Journal of Political Economy*, vol. 18, no. 6 (1960), pp. 557 - 70; George Stigler, " Smith's Travels on the Ship of State," in Skinner and Wilson (eds.), *Essays on Adam Smith*, pp. 237 - 46; and Lionel Robbins, *The Theory of Economic Policy in English Classical Political Economy* (London, 1953), p. 56.

45. *WN*, V. i. e. , p. 755.

46. *WN*, IV. ii. 43, pp. 471 - 2

47. *WN*, I. x. c. 61, pp. 157 - 8.

48. *WN*, I. viii. 11 - 13, pp. 83 - 5.

49. *WN*, I. vii. 26 - 7, pp. 78 - 9.

50. *WN*, I. vii. 28, p. 79; I. x. c. 3 - 17, pp. 135 - 40.

51. Stigler, " Smith's Travels," 此文包含了斯密对此所作的努力尝试的描述, pp. 248 - 9。

52. *WN*, I. x. c. 27, p. 145.

53. *WN*, I. x. c. 18 – 24, pp. 141 – 4.

54. *WN*, IV. ii. 43, p. 471.

55. *WN*, I. x. c. 25, p. 144.

56. *WN*, IV. ii. 21, p. 462.

57. *WN*, IV. ii. 1, p. 452.

58. *WN*, IV. ii. 2 – 3, p. 453.

59. See Charles Wilson, "Trade, Society, and the State," in *The Cambridge Economic History of Europe*, vol. 4 (Cambridge, 1967), pp. 487 – 575, pp. 573 – 4. 关于商人思想之一以及词语使用的历史, 参见: Jacob Viner, "Economic Thought: Mercantilist Thought," in the *International Encyclopedia of the Social Sciences*。

60. *TMS*, VI. ii. 2. 3, p. 229.

61. *WN*, iii. c. 9 – 11, pp. 493 – 5.

62. *WN*, IV. iii. c, esp. pp. 60 – 6, pp. 612 – 7, and *WN*, V. iii, 92, pp. 946 – 7.

63. *WN*, IV. i. 33, pp. 448 – 9.

64. *WN*, IV. vii. c. 91 – 108, pp. 631 – 41.

65. 关于早期现代观点认为商业使得人类更加"温和"的论点, 参见: Albert O. Hirschman, *The Passions and the Interests: Political Arguments for Capitalism Before its Triumph* (Princeton, N. J., 1977), passim, and esp. pp. 56 – 66; and Albert O. Hirshman, *Rival Views of Market Society and Other Recent Essays* (New York, 1986), pp. 106 – 9。

66. *TMS*, VII. ii. 3. 15 – 16, p. 304.

67. *WN*, I. iv. 1, p. 37.

68. *WN*, I. x. c. 31, p. 146.

69. 关于美德和礼仪的区别, 参见: *TMS*, I. i. 5. pp. 6 – 7。

70. *TMS*, VI. I, pp. 212 – 7.

71. *TMS*, I. iii. 2. 1, p. 50.

72. *TMS*, I. iii. 3. 1, p. 62.

73. *TMS*, I. iii. 3. 5, p. 63.

74. *TMS*, I. iii. 3. 6, p. 63.

75. See Allan Silver, "Friendship in Commercial Society: Eighteenth – Century Social Theory and Modern Sociology," *American Journal of Sociology*, vol. 95, no. 6 (1990), pp. 1474 – 504, esp. p. 1493.

76. *TMS*, V. 2. 9, pp. 206 – 7.

77. *WN*, III. ii. 10, p. 388. See also *WN*. I. vii. 41, pp. 98 – 9.

78. *TMS*, IV. i. 8 – 9, pp. 181 – 3; for similar comments on the psychic costs of wealth, see *TMS*, I. iii. 2. 1, p. 51.

79. *TMS*, IV. 2. 6 – 8, pp. 189 – 90; similarly III. 5. 8, pp. 166 – 7 and VI. i. 1 – 14, pp. 212 – 6.

80. AdamSmith, *Lectures on Jurisprudence*, ed. R. L. Meek, D. D. Raphael, and P. G. Stein (The Glasgow Edition of the Works and Correspondence of Adam Smith, Oxford, 1978; rep. Indianapolis, Indiana, 1982), p. 239.

81. *WN*, V. i. g. 24, pp. 802 – 3.

82. *WN*, IV. v. b. 44, p. 540.

83. *WN*, V. i. a. 14, p. 697.

84. *WN*, I. i. 19, p. 22.

85. *WN*, V. i. f. 50, p. 782.

86. AdamSmith, *Lectures on Rhetoric and Belles Lettres*, ed. J. C. Bryce (The Glasgow Edition of the Works and Correspondence of Adam Smith, Oxford, 1983; rep. Indianapolis, Indiana, 1985), p. 62.

87. See Jacob Viner, " Man's Economic Status, " in his *Essays on the Intellectual History of Economics*, ed. Douglas Irwin (Princeton, N. J. , 1991), pp. 286 – 7. 关于英国上层社会对于普遍教育制度的态度, 见 p. 283。

88. 关于使用童工的经济利益驱动, 参见: McKendrick, " Home Demand and Economic Growth, " and de Vries, " The Industrial Revolution and the Industrious Revolution, " pp. 249 – 70。

89. Smith, *Lectures on Jurisprudence*, pp. 539 – 40.

90. *WN*, V. i. f. 54, p. 785.

91. *TMS*, VI. iii. 13, p. 242.

92. *TMS*, VI. 1. 13, p. 216.

93. *TMS*, VI. 1. 14, p. 216.

94. 关于对这一批评起源的唤醒和断断续续的重复提起, 参见: Allan Bloom, " Commerce and ' Culture, ' " in his *Giants and Dwarfs*: *Essays, 1960 – 1990* (New York, 1990), pp. 277 – 94.

95. *TMS*, I. iii. 2, p. 62.

96. Daniel Gordon, "On the Supposed Obsolescence of the French Enlightenment," in Daniel Gordon (ed.), *Postmodernism and the Enlightenment: New Perspectives in Eighteenth – Century French Intellectual History* (New York, 2001), pp. 201 – 21, at p. 204.

97. 对于《道德情操理论》(*The Theory of Moral Sentiments*)的最佳评论就是查尔斯(Charles L. Griswold, Jr.)的《亚当·斯密和启蒙时代的美德》(*Adam Smith and the Virtues of Enlightenment*) (Cambridge, 1999).

98. *WN*, IV. ii. 39, p. 468.

99. Walter Bagehot, "Adam Smith as a Person" (1876), reprinted in *The Works of Walter Bagehot*, 5 vols. , vol. 3, (Hartford, Conn. , 1889), pp. 269 – 306, at p. 303.

第四章　尤斯图斯·默瑟尔

1. 关于默瑟尔著作的所有参考资料均来自标准现代版的 *Justus Moser Stliche Werke. Historisch – kritische Ausgabe in 14 Bden* (Gerhard Stalling Verlag, Oldenburg/Berlin, 1943 – 1990). 以下简称为 *SW*. 所有翻译都是由我完成的。也许关于默瑟尔思想的最佳描写来自爱普斯坦因(Klaus Epstein)的《德国保守主义的起源》(*The Genesis of German Conservatism*) (Princeton, N. J. , 1966), chapter 6; 关于默瑟尔思想中与行会相关的内容, 参见: Mack Walker, *German Home Towns: Community, State, and General Estate, 1648 – 1871* (Ithaca, N. Y. , 1971)。关于默瑟尔所处的社会、经济和政治环境, 参见: Jonathan Knudsen, *Justus Mer and the German Enlightenment* (Cambridge, 1986)。关于默瑟尔政治思想的概述, 参见: Frederick C. Beiser, *Enlightenment, Revolution, and Romanticism: The Genesis of Modern German Political Thought, 1790 – 1800* (Cambridge, Mass. , 1992), pp. 288 – 302。

2. Voltaire, Introduction to chapter 2 of *Siècle de Louis XIV*.

3. In Voltaire's *Dictionnaire philosophique*, "Des Loix, section 1 ," quoted in Justus Moser, "Der jetzige Hang zu allgemeinen Gesetzen und Verordnungen ist der gemeinen Freiheit gefahrlich" (1772), in *SW* 5, pp. 22 – 7, at p. 22.

4. Mack Walker, "Rights and Functions: The Social Categories of Eighteenth – Century German Jurists and Cameralists," *Journal of Modern History* 50 (June

1978), pp. 234 – 51, at p. 243. See also the sketch of Justi's thought in Walker, *German Home Towns*, p. 161 ff.

5. Johann Gottlob Justi, *Die Grundfeste zu der Macht und Glückseligkeit der Staaten* (Konigsberg, 1760), vol. I, pp. 555 – 8, 636, quoted in Walker, *German Home Towns*, p. 169.

6. 关于政府行为的认知的兴起,参见: Marc Raeff, *The Well – Ordered Police State: Social and Institututional Change Through Law in the Germanies and Russia, 1600 – 1800* (New Haven, Conn., 1983), chapter 1, esp. pp. 39 – 42; and David F. Lindenfeld, *The Practical Imagination: The German Sciences of the State in the Nineteenth Century* (Chicago, 1997), chapter 1.

7. Justus Moser, "Der jetzige Hang," pp. 22 – 7, at pp. 23 – 4.

8. On this theme see Otto Brunner, *Land und Herrschaft*, 5th ed. (Vienna, 1965), pp. 111 – 20. Also see Robert M. Berdahl, *The Politics of the Prussian Nobility: The Development of a Conservative Ideology, 1770 – 1848* (Princeton, N. J., 1988), chapters 2 – 3.

9. 在默瑟尔年代,"爱国主义"一词经常被这样使用,在当地语汇中表示一种对于公众福利的承诺。See Rudolf Vierhaus, " 'Patriotismus' — Begriff und Realitat einer moralisch – politischen Haltung," in his *Deutschland im 18. Jahrhundert: Politische Verfassung, soziales Gefüge, geistige Bewegungen* (Gottingen, 1987), pp. 96 – 109, esp. pp. 97, 100.

10. *SW*, vol. 5, p. 22.

11. Moser, "Die Vorteile einer allgemeinen Landesuniforme, deklamiert von einem Burger," *SW*, vol. 5: 58 – 66, at p. 64; and "Uber die zu unsern Zeiten verminderte Schande der Huren und Hurkinder," *SW*, vol. 5: pp. 142 – 5, at p. 142. For an English translation of the latter essay, see Jerry Z. Muller (ed.), *Conservatism: An Anthology of Social and Political Thought from David Hume to the Present* (Princeton, N. J., 1997), pp. 70 – 3.

12. Muller, *Conservatism*, pp. 14 – 7.

13. 后续的关于在默瑟尔年代对于奥斯纳布维克的描述部分引自: Knudsen, *Justus Moser*, chapters 2 – 5。

14. See Fernand Braudel, *The Wheels of Commerce* (New York, 1982), pp. 81 – 93.

15. Runge, *Justus Mers Gewerbetheorie*, p. 45.

16. See Peter Berger, Brigitte Berger, and Hansfried Kellner, *The Homeless Mind:
Modernization and Consciousness* (New York, 1973), pp. 83 – 96. See also
Friedrich Zunkel, " Ehre, " in Otto Brunner and Werner Conze (eds.),
Geschichtliche Grundbegriffe, 2 (Stuttgart, 1975). pp. 1 – 63; and Hans
Reiner, *Die Ehre: Sichtung einer abendländischen Lebensund Sittlichkeitsform*
(Darmstadt, 1956).

17. A translation of the text of the document forms the appendix of Walker,
German Home Towns, here p. 440.

18. Walker, *German Home Towns*, p. 91.

19. Moser, " Haben die Verfasser des Reichsabschiedes von 1731 wohl getan,
dass sie viele Leute ehrlich gemacht haben, die es nicht waren?" *SW*, pp. 4,
240 – 44; Moser, " Uber die zu unsern Zeiten verminderte Schande. "

20. Moser, "Gedanken uber den westfalischen Leibeigentum, " *SW*, vol. 6, pp. 224 – 49,
p. 227.

21. Moser, " Was ist bei Verwandelung der bisherigen Erbesbesetzung mit
Leibeignen in eine freie Erbpacht zu beachten?" *SW*, vol. 7, pp. 263 – 73.

22. See, for example, Moser, " Nichts ist schadlicher als die uberhandnehmende
Ausheurung der Bauerhofe, " *SW*, Vol. 6, pp. 238 – 55, and Knudsen, *Justus
Moser*, pp. 136 – 7.

23. Knudsen, *Justus Mer*, p. 117; Moser, " Vorschlag zu einer Zettelbank, " *SW*,
vol. 5, pp. 278 – 81.

24. Knudsen, *Justus Mer*, pp. 50 – 1.

25. On the centrality of this question in eighteenth – century economic policy
see Steven L. Kaplan, *Bread, Politics, and Political Economy in the Reign of Louis
XV*, 2 vols. (The Hague, 1976).

26. Moser, "Vorschlag, wie die Teurung des Korns am besten auszuweichen, " *SW*,
vol. 5, pp. 27 – 35; in a similar vein, see " Den Verkauf der Frucht auf dem
Halme ist eher zu begunstigen als einzuschranken, " *SW*, vol. 5, pp. 103 – 6.

27. Moser's proto – romanticism is emphasized by Friedrich Meinecke, *Historism:
The Rise of a New Historical Outlook* (New York, 1972), pp. 276 ff.

28. Moser, " Gedanken, " pp. 15 – 28, and " Von dem Verfall des Handwerks in
kleinen Stadten, " *SW*, vol. 4, pp. 155 – 77.

29. Braudel, *Wheels*, pp. 297 – 349.

30. See for example Moser, "Ein sichers Mittel, das gar zu haufige Koffeetrinken abzuschaffen," *SW*, vol. 6, pp. 146 – 7.

31. 关于重商主义者反对咖啡和茶叶消费的斗争, 参见: Henri Brunschwig, *Enlightenment and Romanticism in Eighteenth – Century Prussia* (Chicago, 1974), pp. 75 – 7。

32. Moser, "Der notwendige Unterscheid zwischen dem Kaufmann und Kramer," *SW*, vol. 5, pp. 150 – 4.

33. Moser, "Die Vorteile einer allgemeinen Landesuniforme, deklamiert von einem Burger," *SW*, vol. 5, pp. 58 – 66, at 61.

34. Ssee Christopher J. Berry, *The Idea of Luxury* (Cambridge, 1994), and Albert O. Hirschman, *Shifting Involvements: Private Interest and Public Action* (Princeton, N. J., 1982), pp. 46 – 62.

35. Moser, "Klage wider die Packentrager," *SW*, vol. 4, pp. 185 – 8, at p. 187.

36. On peddlers, see Braudel, *Wheels*, pp. 75 ff.

37. Moser, "Klage," p. 188.

38. Moser, "Noch etwas gegen die Packen oder Bundtrager," *SW*, vol. 8, pp. 113 – 9, at p. 117.

39. Moser, "Noch etwas," p. 117.

40. Moser, "Klage," p. 188. 沿街小贩和流动商人入侵了家庭领域, 对此的批评和抱怨在 2 个世纪之后的另一个大陆上也有共鸣, 参见: Timothy Burke, *Lifebuoy Men, Lux Women: Commodification, Consumption, and Cleanliness in Modern Zimbabwe* (Durham, N. C., 1996), pp. 70 – 1。

41. Moser, "Das Pro und Contra der Wochenmarkte," *SW*, vol. 5, pp. 218 – 1.

42. Moser, "Urteil uber die Packentrager," *SW*, vol. 4, pp. 194 – 7.

43. 这是默瑟尔的一个核心思想, 参见: Moser's multivolume *Osnabrückische Geschichte*, his Germanic version of "the ancient constitution" explored in its French and British versions in J. G. A. Pocock, *The Ancient Constitution and the Feudal Law* (Cambridge, 1957, 1987), chapters 1 and 2。

44. Moser, "Der Bauerhof als eine Aktie betrachtet," *SW*, vol. 6, pp. 255 – 70.

45. Moser, "Von dem Einflusse der Bevolkerung durch Nebenwohner auf die Gesetzgebung," *SW*, vol. 5, pp. 11 – 22.

46. 关于在传统的社会和政治结构之外创造出大量人口,参见:Peter Kriedte, *Peasants, Landlords, and Merchant Capital: Europe and the World Economy, 1500 – 1800* (Cambridge, 1983), pp. 148 ff; 由此对欧洲中部的政策制定者产生的警示作用,参见:James van Horn Melton, *Absolutism and the Eighteenth – Century Origins of Compulsory Schooling in Prussia and Austria* (Cambridge, 1988), chapters 5 – 6, esp. pp. 119, 123 ff。

47. Runge, *Justus Mers Gewerbetheorie*, p. 23.

48. See Max Weber, *General Economic History* (New Brunswick, N. J., 1981), pp. 158 – 61; David S. Landes, *The Unbound Prometheus: Technological Change and Industrial Development in Western Europe from 1750 to the Present* (Cambridge, 1969), pp. 44 – 5; Braudel, *Wheels*, pp. 287 ff.

49. Moser, "Die Frage: Ist es gut, dass die Untertanen jährlich nach Holland gehen? Wird bejahet," *SW*, vol. 4, pp. 84 – 97.

50. Moser, "Die Frage: Ist es gut"; see also Knudsen, *Justus Mer*, chapter 5.

51. Moser, "Ist es gut," p. 94.

52. Moser, "Vorschlag, wie die gar zu starke Bevölkerung im Stifte einzuschranken," *SW*, vol. 8, pp. 299 – 300.

53. Moser, "Von dem Einflusse," pp. 20 – 1.

54. Moser, "Etwas zur Verbesserung der Armenanstalten," *SW*, vol. 4, pp. 68 – 73.

55. Moser, "Vorschlag," pp. 299 – 300.

56. Moser, "Die moralischen Vorteile der Landplagen," *SW*, vol. 5, pp. 37 – 40.

57. See Martin Greiffenhagen, *Das Dilemma des Konservatismus in Deutschland*, 2nd ed. (Munich, 1977), pp. 51 – 61.

58. Moser, "Die Vorteile einer allgemeinen Landesuniforme, deklamiert von einem Burger," pp. 58 – 66.

59. Moser, "Vorteile," p. 59.

60. Moser, "Von dem Verfall des Handwerks in kleinen Stadten," *SW*, vol. 4, pp. 155 – 77, 168 – 9.

61. Moser, "Vorteile," pp. 65 – 6.

第五章　埃德蒙·伯克

1. 关于反复出现的有倾向性的意见、争论、主题和对于保守主义的各种比喻,参见:the introduction to Jerry Z. Muller (ed.) , *Conservatism: An Anthology of Social and Political Thought from David Hume to the Present* (Princeton N. J. ,1997) . See Iain Hampsher – Monk (ed.) , *The Political Philosophy of Edmund Burke* (New York,1987) ,pp. 1 – 43; and the same author's chapter on Burke in his *A History of Modern Political Thought* (Oxford, 1992). Also see David Bromwich, *On Empire, Liberty, and Reform*, ed. David Bromwich (New Haven, Conn. ,2000).

2. 关于这一时期英格兰社会和政府情况,参见:Paul Langford, *A Polite and Commercial People: England 1727 – 1783* (Oxford,1989)。尽管有些夸张, 但是麦格弗森(C. B. Macpherson)关于伯克所珍爱的传统社会秩序"并 不简单是等级秩序,而是一种资本主义新秩序"的推断是基本正确的。 C. B. Macpherson, *Burke* (Oxford,1980) ,p. 61.

3. See Stanley Ayling, *Edmund Burke: His Life and Opinions* (London,1988) , and Conor Cruise O'Brien, *The Great Melody: A Thematic Biography of Edmund Burke* (Chicago,1992).

4. See Arthur P. I. Samuels and Arthur Warren Samuels, *The Early Life, Correspondence and Writings of the Rt. Hon. Edmund Burke LL. D.* (Cambridge, 1923) ,pp. 203 – 4.

5. See *The Reformer* of February 18,1747/8,reproduced in Samuels, *Early Life*, pp. 306 – 7,287 – 98.

6. Burke, *A Philosophical Enquiry into the Origin of Our Ideas of the Sublime and Beautiful*, ed. James T. Boulton (Notre Dame,Ind. ,1968) ,p. 53.

7. Quoted in Ayling, *Edmund Burke*, p. 20.

8. 关于伯克在辉格党中的角色作用,参见:Paul Langford, "Introduction," to Paul Langford (ed.) , *The Writings and Speeches of Edmund Burke*, volume 2, *Party, Parliament, and the American Crisis, 1766 – 1774* (Oxford,1981).

9. H. V. F. Somerset, *A Note – Book of Edmund Burke* (Cambridge,1957) ,p. 82.

10. Burke, *Thoughts on the Causes of the Present Discontents*, in *The Works of the Right Honorable Edmund Burke*, 6th ed. (Boston, 1880), p. 529. For a searching analysis, see Harvey C. Mansfield, Jr. , *Statesmanship and Party Government: A Study of Burke and Bolingbroke* (Chicago,1965).

11. *Thoughts*, p. 530; italics added.

12. *Thoughts*, p. 533; italics in original.

13. *Thoughts*, p. 530.

14. *Thoughts*, pp. 534 – 5.

15. 15. Carl B. Cone, *Burke and the Nature of Politics: The Age of the French Revolution* (Lexington, Ky., 1964), pp. 146 – 8. 现存的伯克与斯密之间的通信往来显示出彼此间的相互尊重和友情。See *The Correspondence of Adam Smith*, ed. E. C. Mossner and I. S. Ross (Oxford, 1977).

16. Burke, "Speech at the Conclusion of the Poll in Bristol, November 3, 1774," in Burke, *On Empire, Liberty and Reform*, ed. Bromwich, pp. 48 – 58, p. 55.

17. See Langford, "Introduction," p. 19.

18. See Langford, "Introduction," pp. 4 – 7.

19. Quoted in Ayling, *Edmund Burke*, p. 27.

20. See Geoffrey Carnall, "Burke as Modern Cicero," in Geoffrey Carnall and Colin Nicholson (eds.), *The Impeachment of Warren Hastings: Papers from a Bicentenary Commemoration* (Edinburgh, 1989).

21. 伯克进入议会之后,继续参与《年志》的程度至今尚不确定。See Carl B. Cone, *Burke and the Nature of Politics*, pp. 112 – 3, 121 – 2.

22. See Langford, "Introduction," p. 18, remarking on Burke's "Short Account of a Late Short Administration"; John Brewer, "Rockingham, Burke, and Whig Political Argument," *Historical Journal*, vol. 18, no. 1 (1975), pp. 188 – 201; and Rocco L. Capraro, "Typographic Politics: The Impact of Printing on the Political Life of Eighteenth – Century England, 1714 – 1772" (unpub. Ph. D. diss, Washington University, 1984).

23. Paul Langford, *A Polite and Commercial People: England, 1727 – 1783* (Oxford, 1989), p. 720.

24. Langford, *Polite*, pp. 706 – 9; Christopher Reid, *Edmund Burke and the Practice of Political Writing* (New York, 1986), p. 216.

25. See Christopher Reid, *Edmund Burke*, pp. 95 – 136.

26. See the editorial notes of P. J. Marshall, in P. J. Marshall (ed.), *The Writings and Speeches of Edmund Burke*, vol. 5 (Oxford, 1981), pp. 479 – 80.

27. J. A. W. Gunn, "Public Spirit to Public Opinion," in his *Beyond Liberty and*

Property: *The Process of Self – Recognition in Eighteenth – Century Political Thought* (Kingston, 1983), pp. 281 – 9; and "The Fourth Estate," in the same volume, p. 91.

28. Keith Michael Baker, "Public Opinion as Political Invention," in his *Inventing the French Revolution* (Cambridge, 1990), pp. 187 – 8.

29. See Arnold Gehlen, "Die offentliche Meinung" and "Die Offentlichkeit und ihr Gegenteil," in Arnold Gehlen, *Einblicke* (Arnold Gehlen Gesamtausgabe, vol. 7), ed. Karl – Siegbert Rehberg (Frankfurt am Main, 1978).

30. Burke, "Thoughts on French Affairs," in *The Writings and Speeches of Edmund Burke*, ed. L. G. Mitchell, vol. 8 (Oxford, 1989), p. 346.

31. Burke, "Thoughts on French Affairs," p. 348.

32. Burke, "Second Letter on a Regicide Peace," *Writings and Speeches*, vol. 9, p. 295.

33. Somerset, *A Note – Book of Edmund Burke*, p. 83.

34. Somerset, *A Note – Book of Edmund Burke*, p. 93.

35. Somerset, *A Note – Book of Edmund Burke*, p. 90.

36. Somerset, *A Note – Book of Edmund Burke*, p. 91.

37. Edmund Burke, *A Vindication of Natural Society*, in Ian Harris (ed.), *Burke*: *Pre – Revolutionary Writings* (Cambridge, 1993), pp. 10 – 11.

38. Burke, *Vindication*, pp. 8 – 10.

39. Lucy Sutherland, "Edmund Burke and the First Rockingham Ministry," in her *Politics and Finance in the Eighteenth Century*, ed. Aubrey Newman (London, 1984), p. 318; see also Burke, "A Short Account of a Late Short Administration" (1766), in *The Works of the Right Honorable Edmund Burke*, 6th ed. (Boston, 1880), vol. 1, pp. 265 – 8.

40. Lucy Sutherland, "The City of London in Eighteenth – Century Politics," in Sutherland, *Politics and Finance in the Eighteenth Century*, pp. 59 – 60.

41. Langford, *Polite*, pp. 706 – 10.

42. *The Reformer*, March 10, 1747/8, reprinted in Samuels, *Early Life*, p. 314.

43. Burke, "Letter to a Noble Lord," in *Writings and Speeches*, vol. 9, pp. 159 – 60.

44. R. H. Campbell and A. S. Skinner, *Adam Smith* (New York, 1982), pp. 204 – 5.

45. Burke, "Tract on the Popery Laws," in Ian Harris (ed.), *Burke : Pre - Revolutionary Writings* (Cambridge,1993) ,p. 96.

46. Burke, "Third Letter on a Regicide Peace" (1797), in *Writings and Speeches*,vol. 9 ,pp. 347 – 48.

47. Letter to Span ,1778 ,in *The Works of the Right Honorable Edmund Burke*,6th ed. (Boston,1880) ,vol. 2 ,pp. 249 – 58.

48. Letter to Harford, Cowles and Co. , May 2 , 1778 , in *The Correspondence of Edmund Burke*, vol. 3 , ed. George G. Guttridge (Cambridge, 1961), p. 442. The letter,together with the letter to Span cited above,was published jointly as *Two Letters from Mr Burke to Gentlemen in the City of Bristol*. Both may be found in Bromwich (ed.) *Edmund Burke*.

49. 关于伯克在议会中为爱尔兰争取更加自由的贸易权利的努力,参见:Carl B. Cone, *Burke and the Nature of Politics*, pp. 336 ff; and R. B. McDowell's "Introduction" to part 2 of *The Writings and Speeches of Edmund Burke*, vol. 9 (Oxford,1991) ,pp. 399 ff。

50. See the note by R. B. McDowell in R. B. McDowell (ed.) , *The Writings and Speeches of Edmund Burke*,vol. 9 (Oxford,1991) ,p. 130.

51. See the note by R. B. McDowell cited in note 50 ,above,p. 123.

52. 关于此篇文章的背景,参见:Thomas Horne, *Property Rights and Poverty : Political Argument in Britain*,*1605 – 1834*,p. 162。

53. Now available in R. B. McDowell (ed.) , *The Writings and Speeches of Edmund Burke*,vol. 9 (Oxford,1991) ,pp. 119 –45.

54. "Thoughts and Details," in *Writings and Speeches*,vol. 9 ,pp. 120 – 1.

55. See Jan de Vries, "Between Purchasing Power and the World of Goods," in John Brewer and Roy Porter (eds.) , *Consumption and the World of Goods* (London,1993) ,pp. 85 – 132,and his "The Industrial Revolution and the Industrious Revolution," *Journal of Economic History*, vol. 54 , no. 2 (June 1994),pp. 249 –70. 关于在此期间的实际工资是否上升的问题,参见: the works cited in McDowell's note to p. 122 of "Thoughts and Details."

56. Adam Smith, *The Wealth of Nations*, ed. R. H. Campbell and A. S. Skinner (Oxford,1976) IV. ii. 10 ,p. 456.

57. "Thoughts and Details," pp. 129 – 33.

58. "Thoughts and Details," p. 123.

59. "Thoughts and Details," pp. 126 – 7.

60. "Thoughts and Details," p. 133

61. "Thoughts and Details," p. 121.

62. "Thoughts and Details," p. 129.

63. "Thoughts and Details," p. 137.

64. Burke, *Reflections on the Revolution in France*, in *Writings and Speeches*, vol. 8, p. 209. Also see Donald Winch, "The Burke – Smith Problem and Late Eighteenth – Century Political and Economic Thought," *The Historical Journal*, vol. 28, no. 1 (1985), pp. 231 – 47.

65. "Thoughts and Details," p. 125.

66. Dixon Wecter, *Edmund Burke and His Kinsmen: A Study of the Statesman's Financial Integrity and Private Relationships*, University of Colorado Studies, series B, Studies in the Humanities. vol. 1, no. 1 (Boulder, 1939), pp. 24 – 7. On Burke's finances, in addition to Wecter, I have relied on Lucy Sutherland (with John A. Woods), "The East India Speculations of William Burke," in Sutherland, *Politics and Finance*, pp. 327 – 60; and Ayling, *Edmund Burke*.

67. See P. J. Marshall, "Introduction," in his *Problems of Empire: Britain and India* (London, 1968), pp. 18 – 9; and C. A. Bayly, *Indian Society and the Making of the British Empire* (Cambridge, 1990), pp. 47 – 55.

68. For the details, see Lucy Sutherland, *The East India Company in Eighteenth – Century Politics* (Oxford, 1952), pp. 188 – 9.

69. Such is the judgment of the best modern historians of the incident; see Wecter, *Edmund Burke and His Kinsmen*, p. 95, and Sutherland, "East India Speculations," p. 331.

70. Langford, *Polite*, p. 372.

71. Langford, *Polite*, p. 533.

72. Langford, *Polite*, p. 374.

73. Sutherland, *East India Company*, p. 193 and passim.

74. "Ninth Report of the Select Committee, June 25, 1783," in P. J. Marshall (ed.), *The Writings and Speeches of Edmund Burke*, vol. 5, *India: Madras and Bengal, 1774 – 1785* (Oxford, 1981), p. 202.

75. "Ninth Report," p. 226.

76. "Ninth Report," p. 232.

77. "Ninth Report," p. 242.

78. "Ninth Report," p. 223.

79. "Ninth Report," pp. 227,236.

80. "Speech on Fox's India Bill," p. 443, in P. G. Marshall (ed.), *Writings and Speeches*, vol. 5, p. 443.

81. See "Appendix C: Paul Benfield" in P. J. Marshall (ed.), *Writings and Speeches*, vol. 5.

82. *Writings and Speeches*, vol. 5, pp. 125 – 132; and see the account in O'Brien, *Great Melody*, pp. 307 – 8.

83. Sutherland, *East India Company*, pp. 398 – 400.

84. "Speech on Fox's India Bill," pp. 437 – 40.

85. See the account in O'Brien, *Great Melody*, pp. 335 – 6.

86. See James Raven, *Judging New Wealth: Popular Publishing and Responses to Commerce in England, 1750 – 1800* (Oxford, 1992), pp. 221 – 48.

87. P. J. Marshall editorial notes in Marshall (ed.), *Writings and Speeches*, vol. 5, pp. 478 – 80; and Carl B. Cone, *Burke and the Nature of Politics*, pp. 165 – 7.

88. "Speech on the Nabob of Arcot's Debts," Marshall (ed.), *Writings and Speeches*, vol. 5, pp. 516 ff.

89. "Speech on the Nabob of Arcot's Debts," p. 518.

90. "Speech on the Nabob of Arcot's Debts," p. 493.

91. "Speech on the Nabob of Arcot's Debts," p. 496; similarly, "Speech on Fox's India Bill," p. 407.

92. "Speech on the Nabob of Arcot's Debts," p. 486.

93. "Speech on the Nabob of Arcot's Debts," p. 544.

94. See note by McDowell, in *Writings and Speeches*, vol. 9, p. 552.

95. 关于在罗金厄姆辉格党的议题中,印度改革的重要性较低的内容,参见:Sutherland, *East India Company*, p. 382。

96. O'Brien, *Great Melody*, p. 304.

97. "Speech on Fox's India Bill," pp. 389 – 90.

98. "Speech on Fox's India Bill," p. 402.

99. See Morton Bloomfield, *The Seven Deadly Sins* (East Lansing, Mich. , 1952) , pp. 87 – 8.

100. " Speech on the Nabob of Arcot's Debts, " pp. 532, 536. For similar images, see p. 543.

101. Burke, *Reflections*, p. 293.

102. Florin Aftalion, *The French Revolution: An Economic Interpretation* (Cambridge, 1990) , pp. 57 – 8.

103. *Moniteur*, vol. 2 , p. 54 (Oct. 13 , 1789). See also Louis Bergeron, " National Properties, " in Francois Furet and Mona Ozouf (eds.), *A Critical Dictionary of the French Revolution* (Cambridge, Mass. , 1989) , p. 512.

104. 关于伯克在写作《感想录》时资料和信息来源,参见:F. P. Lock, *Burke's Reflections on the Revolution in France* (London , 1985) , pp. 44 – 5。

105. *Reflections*, p. 157.

106. *Reflections*, pp. 94 – 5.

107. *Reflections*, p. 201.

108. *Reflections*, p. 238.

109. *Reflections*, p. 242.

110. *Reflections*, p. 154. 其他相关"金钱工作者、高利贷放债者和犹太人"的参考资料,参见:*Reflections*, pp. 99 – 100.

111. " Third Letter on a Regicide Peace, " pp. 346 ff.

112. *Reflections*, pp. 160 – 1.

113. *Reflections*, p. 160.

114. *Reflections*, p. 162.

115. *Reflections*, p. 197.

116. *Reflections*, p. 102.

117. *Reflections*, pp. 213 , 218 , 268 – 272. See on this process Keith Michael Baker, " Inventing the French Revolution, " in his *Inventing the French Revolution: Essays on French Political Culture in the Eighteenth Century* (Cambridge , 1990).

118. *Reflections*, pp. 258 – 69.

119. *Reflections*, pp. 112 , 129 – 30.

120. *Reflections*, pp. 128 – 9.

121. 关于伯克保守主义的更详尽解释,参见:Iain Hampsher – Monk's "Introduction" to his *The Political Philosophy of Edmund Burke*; as well as the chapter on Burke in his *A History of Modern Political Thought*。

122. *Reflections*,pp. 110 – 1.

123. See Jerry Z. Muller, *Adam Smith in His Time and Ours*: *Designing the Decent Society* (Princeton,N. J.),1995,pp. 93 – 112.

124. See Muller, *Adam Smith*,pp. 113 – 30.

125. See on this theme J. G. A. Pocock, "The Political Economy of Burke's Analysis of the French Revolution" and "Virtues,Rights,and Manners: A Model for Historians of Political Thought," in Pocock, *Virtue, Commerce,and History*.

126. *Reflections*,p. 129.

127. On the Enlightenment metaphor of the "naked truth" see Hans Blumenberg, "Paradigmen zu einer Metaphorologie," *Archiv für Begriffsgeschichte*, vol. 6 (1960), pp. 7 – 142, at pp. 49 – 54; and Jean Strarobinski, *Jean – Jacques Rousseau*: *Transparency and Obstruction* (Chicago,1988).

128. There is a good analysis of this imagery in Lock, *Burke's Reflections*, pp. 127 – 8.

129. *Reflections*,p. 127.

130. 伯克关于印度的演讲中对于这一形象的使用,参见:Isaac Kramnick, *The Rage of Edmund Burke*: *Portrait of an Ambivalent Conservative* (New York,1977),pp. 134 – 42。

131. *Reflections*,pp. 128 – 9.

132. *Reflections*,p. 130.

133. *Reflections*, p. 141. The quote from Cicero in Burke's footnote is particularly revealing in this regard.

134. *Reflections*,p. 130.

135. *Reflections*,p. 130.

136. *Reflections*,p. 290. On Burke's movement from a libertarian position on church/ state issues toward a greater emphasis on the social and political role of the established church,see J. C. D. Clark, *English Society*, *1688 – 1832* (Cambridge,1985),pp. 247 – 58.

137. "Second Letter on a Regicide Peace" (1796), in *Writings and Speeches*, vol. 9, p. 291 – 2.

138. This point is also made by Christopher Reid, *Edmund Burke and the Practice of Political Writing* (New York, 1986), pp. 222 – 3.

139. *Reflections*, p. 214.

140. "Letter to a Noble Lord" (1796), in *Writings and Speeches*, vol. 9, p. 176. See similarly "Appeal from the New to the Old Whigs" (1791), in Daniel R. Ritchie (ed.), *Edmund Burke: Further Reflections on the Revolution in France* (Indianapolis, Ind., 1992), p. 182.

141. "Letter to a Noble Lord," pp. 176 – 7.

142. "Second Letter on a Regicide Peace," p. 289.

143. *Reflections*, p. 147.

144. "Appeal," p. 160.

145. "Appeal," pp. 160 – 1.

146. On Arnold, see chapter 8 below.

第六章 黑格尔

1. *Lectures on Natural Right and Political Science: The First Philosophy of Right—Heidelberg 1817 – 1818 and Additions from the Lectures of 1818 – 1819 (Transcribed by Peter Wannenmann)*, translated by J. Michael Stewart and Peter C. Hodgson (Berkeley, 1995).

2. 关于学生笔记的背景知识, 参见: The introduction by Karl – Heinz Ilting to volume 1 of Hegel, *Vorlesungen über Rechtsphilosophie, 1818 – 1831*, ed. Karl – Heinz Ilting (Stuttgart, 1974), pp. 111 ff. 关于学生笔记的讨论及其应用, 参见: Mark Tunick, *Hegel's Political Philosophy: Interpreting the Practice of Legal Punishment* (Princeton, N. J., 1992), pp. 5 – 12. The most useful for my purposes have been Hegel, *Vorlesungen über Rechtsphilosophie, 1818 – 1831. Band 3: Philosophie des Rechts nach der Vorlesungnachschrift von H. G. Hotho 1822/23*, ed. Karl – Heinz Ilting (Stuttgart, 1974), cited hereafter as "Hotho"; and Hegel, *Vorlesungen über Rechtsphilosophie 1818 – 1831. Band 4, Philosophie des Rechts nach der Vorlesungsnachschrift K. G. von Griesheims, 1824 – 1825*, ed. Karl – Heinz Ilting (Stuttgart, 1974), cited hereafter as "Griesheim"。

3. 多数认为黑格尔将国家视为"上帝在人间的征程"。实际上,他所写的是 (*PR* 258A) "*Es ist der Gang Gottes in der Welt, daβ der Staat ist*,"更准确的翻译应该是"国家的存在是上帝在人间的行为方式"。黑格尔并非将国家与上帝等同,而是认为国家实现了人类自由的某些潜在特征,而人类自由是上帝创造人类时与生俱来的,不过需要现代国家制度的历史发展才能得以实现。

4. 黑格尔对于资本主义的理解中,另一值得注意的要点来自其《精神现象学》(1807 年)中奴隶主和奴隶的对话,参见 Alexandre Kojeve 的著名翻译著作 *Introduction à la lecture de Hegel* (Paris, 1947)。《精神现象学》中反映了黑格尔如何解释现代世界的早期观点,在他学术发展的这一阶段,其思想尚未吸收政治经济学家们的任何观点,而之后他逐步认识到政经思想对于理解现代社会的本质及其哲学思想是不可或缺的。正如 Joachim Ritter 指出的一样:"在《精神现象学》中,文明社会最终成为核心;当代所有的政治、法律和精神问题被文明社会看作一个时期的突变,而这一理论正是超越了政治革命的考量范畴⋯⋯" Joachim Ritter, "Hegel and the French Revolution" (1956) in Joachim Ritter, *Hegel and the French Revolution*: *Essays on The Philosophy of Right*, trans. Richard Dien Winfield (Cambridge, Mass. , 1982), p. 68.

5. As noted by George A. Kelly, "Hegel and 'the Neutral State', " in *Hegel's Retreat from Eleusis* (Princeton, N. J. , 1978), p. 137.

6. *PR* 182A.

7. *PR* 75.

8. *PR* 15A.

9. Michael O. Hardimon, *Hegel's Social Philosophy*: *The Project of Reconciliation* (Cambridge, 1994). 关于黑格尔思想的最新文章,参见:Steven B. Smith, *Hegel's Critique of Liberalism* (Chicago, 1989); Tunick, *Hegel's Political Philosophy*; Allen W. Wood, *Hegel's Ethical Thought* (Cambridge, 1990); and Terry Pinkard, *Hegel's* Phenomenology: *The Sociality of Reason* (Cambridge, 1994). For an explicit statement of this intention, see *PR*, Preface, *Grundlinien der Philosophie des Rechts*: *G. W. H. Hegel*: *Werke in 20 Bd.* (Frankfurt am Main, 1986), pp. 26 – 7; Hegel, *Elements of the Philosophy of Right*, ed. Allen W. Wood (Cambridge, 1991), p. 22.

10. Bernard Yack, *The Longing for Total Revolution: Philosophic Sources of Social Discontent from Rousseau to Marx and Nietzsche* (Princeton, N. J. , 1986), chapters 1 and 2.

11. Rousseau, *Of the Social Contract*, book 1, chapter 7 and note thereto, in *The Social Contract and Other Later Political Writings*, edited and translated by Victor Gourevitch (Cambridge,1997), pp. 50 – 1.

12. Adam Ferguson, *An Essay on the History of Civil Society* (New Brunswick, N. J. ,1980), p. 54.

13. Ferguson, *Essay on the History of Civil Society*, p. 58

14. Ferguson, *Essay on the History of Civil Society*, pp. 180 – 3.

15. M. H. Abrams, *Natural Supernaturalism: Tradition and Revolution in Romantic Literature* (New York,1971), pp. 211 – 2; Also see Fania Oz – Salzberger, *Translating the Enlightenment: Scottish Civic Discourse in Eighteenth – Century Germany* (Oxford,1995). Schiller's critique in Yack, *Longing*, chapter 4.

16. Friedrich Schiller, *On the Aesthetic Education of Mankind in a Series of Letters*, edited and translated by ElizabethM. Wilkinson and L. A. Willoughby (Oxford, 1967), pp. 32 – 5.

17. Quoted in Elie Kedourie, *Hegel and Marx* (Oxford,1996), p. 57.

18. 关于对因劳动分工而导致的片面补偿问题的讨论,参见 Fichte 在 18 世纪 90 年代的思想:Theodore Ziolkowski, *German Romanticism and Its Institutions* (Princeton,N. J. ,1990), pp. 242 – 5。

19. Cf. Kedourie, *Hegel and Marx*, p. 32.

20. 关于黑格尔思想的最新文章,参见注释 9 提及的文章,以及:Donald R. Kelley, *The Human Measure: Social Thought in the Western Legal Tradition* (Cambridge,Mass. ,1990), p. 253。

21. Hegel, *Vorlesungen über die Philosophie der Geschichte*; English translation by Leo Rauch, *Introduction to the Philosophy of History* (Indianapolis, Ind. , 1988), pp. 21 – 2.

22. 在 PR 序言的最后章节,黑格尔称之为 "Eigensinn"。关于这一点, Kenneth Westphal 的文章中有更多讨论:"The Basic Context and Structure of Hegel's *Philosophy of Right*," in *The Cambridge Companion to Hegel*, ed. Frederick C. Beiser (Cambridge,1993), pp. 234 – 69, at p. 237;

by Pinkard, *Hegel's Phenomenology*, p. 272; as well as by Hardimon, *Hegel's Social Philosophy*, passim。

23. 关于黑格尔的家庭背景介绍，参见 John Edward Toews, *Hegelianism：The path Toward Dialectical Humanism*, *1805 – 1841* (Cambridge, 1980), pp. 13 ff; for additional detail, Horst Althaus, *Hegel und die heroischen Jahre der Philosophie* (Munich, 1992), p. 23。Previous biographies of Hegel are now superseded by Terry Pinkard, *Hegel：A Biography* (Cambridge, 2000), which appeared after this chapter was written, but presents a compatible interpretation.

24. Toews, *Hegelianism*, p. 21. See also Hans Erich Bodecker, "Die ' gebildeten Stande ' im spaten 18. und fruhen *19*. Jahrhunder：Zugehorigkeit und Abgrenzungen. Mentalitaten und Handlungspotentiale, " in Jurgen Kocka (ed.), *Bildungbürgertum im 19. Jahrhundert. Teil IV：Politscher Einflu und gesellschaftliche Formation* (1989), pp. 21 – 52.

25. Bodecker, "Die ' gebildeten Stande ', " pp. 23 – 4.

26. See James J. Sheehan, *German History*, *1770 – 1866* (Oxford, 1989), pp. 143 – 58; and Mack Walker, *German Home Towns：Community, State, and General Estate*, *1648 – 1871* (Ithaca, N. Y. , 1971), passim.

27. Sheehan, *German History*, pp. 195 – 6.

28. Mack Walker, "Rights and Functions：The Social Categories of Eighteenth – Century German Jurists and Cameralists, " *Journal of Modern History*, vol. 50, (June 1978), pp. 234 – 51; and David F. Lindenfeld, *The Practical Imagination：The German Sciences of State in the Nineteenth Century* (Chicago, 1997), chapters 1 and 2. Also see Norbert Waszek, *The Scottish Enlightenment and Hegel's Account of "Civil Society"* (Dordrecht, 1988), p. 75.

29. Walker, *German Home Towns*.

30. On Wurttemberg, Toews, *Hegelianism*, p. 17.

31. Quoted in Sheehan, *German History*, p. 305.

32. Sheehan, *German History*, p. 428.

33. Sheehan, *German History*, pp. 305 ff; Thomas Nipperdey, *Deutsche Geschichte 1800 – 1866：Bürgerwelt und starker Staat* (6. durchgesehene Auflage, Munich, 1993), pp. 31 – 49; Hans – Ulrich Wehler, *Deutsche Gesellschaftsgeschichte, Erster*

Band, *1700 - 1815* (Munich,1987) ,pp. 397 ff. On Hardenberg's commitment to economic liberalization,see especially Reinhart Koselleck, *Preun zwischen Reform und Revolution: Allgemeines Landrecht, Verwaltung und soziale Bewegung von 1791 bis 1848*, 2nd ed. (Stuttgart, 1975) , pp. 318 ff, and Barbara Vogel, *Allgemeine Gewerbefreiheit. Die Reformpolitik des preussischen Staatskanzlers Hardenberg, 1810 - 20* (Gottingen,1983).

34. Theodore Ziolkowski, *German Romanticism*,p. 290.

35. Robert M. Berdahl, *The Politics of the Prussian Nobility: The Development of a Conservative Ideology, 1770 - 1848* (Princeton,N. J. ,1988) ,pp. 164 - 76.

36. Carl Ludwig von Haller, *Restauration der Staatswissenschaft: oder Theorie des natürlich - geselligen Zustands der Chime des künstlich - bürgerlichen entgegengesetzt*,6 vols. ,1816 - 1834.

37. See the discussion in Warren Breckman, *Marx, The Young Hegelians, and the Origins of Radical Social Theory* (Cambridge, 1999) , pp. 68 - 70; Berdahl, *Politics of the Prussian Nobility*,pp. 56,158 - 9.

38. On Altenstein and his negotiations with Hegel, see *Hegel: The Letters*, translated by Clark Butler and Christiane Seiler with a commentary by Clark Butler (Bloomington,Ind. ,1984) ,pp. 377 ff.

39. See Toews, *Hegelianism*, pp. 60 ff. ; and Toews, " Transformations of Heglianism,1805 - 1846, " in *The Cambridge Companion to Hegel*,p. 384.

40. For an extended discussion see Charles Taylor, *Hegel* (Cambridge,1975) , chapter 15; for a summary, *PR 5*, *PR 29*.

41. *PR*, 341 - 60; and more generally the famous introduction to the *Vorlesungen über die Philosophie der Geschichte*; a good English translation is Leo Rauch, *Introduction to the Philosophy of History*. And see Allen W. Wood, " Editor's Introduction " to Hegel, *Elements of the Philosophy of Right*, ed. Wood (Cambridge,1991).

42. *PR* 151.

43. " Die Thatigkeit des Selbsterwerbs durch Verstand und Fleiss, und die Rechtschaffenheit in diesem Verkehr und Gebrauch des Vermogens, die Sittlichkeit in der burgerlichen Gesellschaft. " § 552 of " Der objecktive Geist. Aus der Berliner Enzykopadie, zweite und dritte Auflage (1827 und

1830）" in Hegel, *Vorlesungen über Rechtsphilosophie*, *1818 - 1831*, ed. Ilting, vol. 4 （1973）, p. 889. On Hegel's critique of Catholicism, see also Kelly, "Hegel and 'the Neutral State', " pp. 110 - 53.

44. Hegel, "Der objecktive Geist, " p. 891.

45. See Toews, *Hegelianism*, chapters 2 and 3; and Gerald N. Izenberg, *Impossible Individuality*: *Romanticism*, *Revolution*, *and the Origins of Modern Selfhood*, *1787 - 1802* （Princeton, N. J. , 1992）.

46. *PR*5.

47. *PR*, Preface, p. 12.

48. See Jerry Z. Muller, *Adam Smith in His Time and Ours*: *Designing the Decent Society* （Princeton, N. J. , 1995）.

49. See Wood, *Hegel's Ethical Thought*, pp. 33 - 4.

50. Griesheim, p. 408. In these respects, Hegel's thought is highly Aristotelian. See Jonathan Lear, *Aristotle*: *The Desire to Understand* （Cambridge, 1988）, pp. 160 - 74.

51. Wood, *Hegel's Ethical Thought*, p. 210; *PR* 132R.

52. *PR*147.

53. *PR*144.

54. *PR*149.

55. *PR*150.

56. *PR*152.

57. Steven B. Smith, " At the Crossroads: Hegel and the Ethics of *bürgerliche Gesellschaft*, " *Laval théologique et philosophique*, vol. 51, no. 2 （June 1995）, pp. 345 - 62, at pp. 353 - 4. See *PR* 260, *PR* 185, and *PR* 186, especially as expanded in Griesheim, p. 481.

58. *PR*157.

59. *PR*188.

60. See Muller, *Adam Smith in His Time and Ours*, p. 187.

61. See Smith, "At the Crossroads, " p. 355; also Mark Tunick, " Are There Natural Rights? —Hegel's Break with Kant, " in Ardis B. Collins （ed. ）, *Hegel on the Modern World* （Albany, N. Y. , 1995）, pp. 219 - 36.

62. Part 1 of *PR*, which deals with these matters, is entitled "Abstract Right. " See the excerpts in Jerry Z. Muller （ed. ）, *Conservatism*: *An Anthology of Social and Political*

Thought from David Hume to the Present (Princeton, N. J. , 1997), pp. 98 – 9.

63. *PR*185 Zusatz (Addition H).

64. *PR*33 Zusatz (Addition H) and 41 Zusatz (Addition H).

65. *PR*154.

66. *PR*124. Nisbet translation, Hegel's italics.

67. *PR*44.

68. *PR*189, and the additional remarks in Griesheim, p. 487。

69. 黑格尔阅读斯密《国富论》的时间及其影响, 参见: Waszek, *Scottish Enlightenment*, especially chapter 4。

70. See Raymond Plant, "Economic and Social Integration in Hegel's Political Philosophy," in Lawrence S. Stepelevich, *Selected Essays on G. W. F. Hegel* (Atlantic Highlands, N. J. , 1993), pp. 76 – 103, at p. 89.

71. *PR*192 and additions.

72. *PR*190 – 7, and the more extended discussions in Hotho, p. 596; and Griesheim, p. 493.

73. Griesheim, p. 490.

74. *Journal des Luxus und der Moden*, vol. 3 (1788), as quoted in Hans Erich Bodecker, "Die 'gebildeten Stande'," p. 35.

75. *PR*191, and Hotho, pp. 593 – 4. Hegel here is following the lead of Say.

76. Ilting, vol. 2, p. 643; Hotho, p. 596.

77. *PR*244 and Griesheim, p. 614.

78. *PR*207. For more on this theme see Wood, *Hegel's Ethical Thought*, pp. 243 – 6.

79. There is a good discussion of this in Waszek, *Scottish Enlightenment*, pp. 161 – 70.

80. *PR*207, and additional comments in Hotho, p. 636, and Griesheim, pp. 524 – 5, as well as the comments on *PR* 187 in Griesheim, p. 482.

81. See also the discussion in Wood, *Hegel's Ethical Thought*,, pp. 216 – 7.

82. *PR*206.

83. *PR*206; and Griesheim, pp. 521 – 2.

84. *PR*162.

85. On this see Tunick, *Hegel's Political Philosophy*, pp. 55 – 64.

86. *PR*185, and the expansions in Griesheim, pp. 475 – 7. Hegel notes Rousseau's anticipation of this line of analysis.

87. *PR*250 – 5；and Griesheim pp. 617 – 27. See also G. Heiman, "The Sources and Significance of Hegel's Corporate Doctrine," in Z. A. Pelczynski (ed.), *Hegel's Political Philosophy*：*Problems and Perspectives* (Cambridge, 1971), pp. 111 – 35. See *De la division du travail social*, "Quelques Remarques sur les Groupements professionnels," available in English in Durkheim, *The Division of Labor in Society*, translated by W. D. Halls (New York, 1997), pp. xxxi – lix. For a useful secondary discussion see Dominick LaCapra, *Emile Durkheim*：*Sociologist and Philosopher* (Chicago, 1972), pp. 211 – 24. 关于其他 20 世纪思想家类似的主题, 参见：Thomas L. Haskell, "Professionalism Versus Capitalism：R. H. Tawney, Emile Durkheim, and C. S. Peirce on the Disinterestedness of Professional Communities," in Haskell (ed.), *The Authority of Experts* (Bloomington, Ind. , 1984), pp. 189 – 225。

88. Griesheim, pp. 622 – 7.

89. Comments on *PR* 243 in Griesheim, p. 608.

90. *PR*243；246.

91. *PR*243.

92. *PR*244, and Griesheim addition.

93. *PR*224, and comments in Griesheim, pp. 608 – 9.

94. 正如几位近现代评论家所指出的那样, 黑格尔对于"Pobel" 的描述与当代词汇中的"下层阶级" 最为相近。

95. Griesheim, p. 611 – 2.

96. *PR*248.

97. *PR*239.

98. *PR*236.

99. Griesheim, p. 587.

100. Griesheim, p. 415.

101. Hotho, pp. 557 – 8.

102. *PR*163.

103. *PR*159.

104. *PR*163.

105. *PR*161 and the additions in Griesheim, pp. 428 – 9.

106. Hegel, *Lectures on Natural Right and Political Science*, p. 150.

107. *PR*169 – 70, and the additional comments in Griesheim, p. 450

108. Griesheim, p. 450.

109. *PR*178, *PR* 180, and the comments in Griesheim, pp. 557 – 8.

110. There is an excellent discussion of these matters in Shlomo Avineri, *Hegel's Theory of the Modern State* (Cambridge, 1972), chapters 9 and 10.

111. *PR*302, and Zusatz (Addition).

112. *PR*258, *PR* 323 – 4.

113. *PR*268.

114. *PR*302.

115. *PR*314 – 5. See Z. A. Pelczynski, " Political Community and Individual Freedom in Hegel's Philosophy of State," in Z. A. Pelczynski (ed.), *The State and Civil Society*: *Studies in Hegel's Political Thought* (Cambridge, 1984), pp. 55 – 76.

116. PR 291.

117. PR 294.

118. *PR*294.

119. See Lindenfeld, op. cit.

120. *PR*296.

121. Nipperdey, *Deutsche Geschichte*, p. 528.

122. Eric Voegelin, " On Hegel—A Study in Sorcery," *Studium Generale*, vol. 24 (1971), pp. 335 – 68, p. 338.

第七章　卡尔·马克思

1. Leszek Kolakowski, *Main Currents of Marxism*, (3 vols.), vol. 1, *The Founders* (New York, 1978), p. 181.

2. 关于个人生平资讯, 我大多依靠麦乐兰 (David McLellan) 的著作《卡尔·马克思: 生平及思想》(*Karl Marx*: *His Life and Thought*, New York, 1973), 同时也参照了康奴 (Auguste Cornu) 的《卡尔·马克思和弗里德里克·恩格斯》(*Karl Marx und Friedrich Engels*: *Leben und Werk*), 3 vols. (Berlin, 1954). 还可参见: Jerrold Seigel, *Marx's Fate*: *The Shape of a Life* (Princeton, N. J. , 1978). Frank E. Manuel, *A Requiem for Karl Marx* (Cambridge, Mass. , 1995)。除非另有说明, 所有马克思和恩格斯的文

章都是由苏维埃马列学院出版。

3. Cornu, *Karl Marx*, vol. 1, p. 53.

4. Cornu, *Karl Marx*, p. 54, 63n.

5. See Jacob Katz, *From Prejudice to Destruction: Anti – Semitism, 1700 – 1933* (Cambridge, Mass. ,1980), p. 171.

6. 关于这种新的生活方式的发展,参见:Hans Erich Bodecker, "Die 'gebildeten Stande' im spaten 18. und fruhen *19.* Jahrhundert: Zugehorigkeit und Abgrenzungen. Mentalitaten und Handlungspotentiale," in Jurgen Kocka (ed.), *Bildungbürgertum im 19. Jahrhundert. Teil IV: Politscher Einflu Und gesellschaftliche Formation* (1989), pp. 21 – 52, at pp. 36 – 41。

7. McLellan, *Karl Marx*, p. 15.

8. McLellan, *Karl Marx*, pp. 18 – 23.

9. Quoted in McLellan, *Karl Marx*, p. 33.

10. Marx to Engels, April 30, 1868, quoted in Manuel, *Requiem*, p. 101.

11. Seigel, *Marx's Fate*, p. 63.

12. Quoted in McLellan, *Karl Marx*, p. 105.

13. 马克思没有能力完成他的项目,这在 Seigel 的《马克思的命运》(*Marx's Fate*)一书中有详尽的记述。

14. 关于马克思反现代主义的一些思想,参见:John Gray, "The Politics of Cultural Diversity," in John Gray, *Post – Liberalism: Studies in Political Thought* (London, 1993), p. 256。

15. McLellan, *Karl Marx*, p. 42 – 8.

16. Hans – Ulrich Wehler, *Deutsche Gesellschaftsgeschichte, 2 Band, 1815 – 1845/ 49* (Munich, 1987), p. 266.

17. Werner Conze, "Proletariat, Pobel, Pauperismus," in Otto Brunner, Werner Conze, and Reinhart Kosellek (eds.), *Geschichtliche Grundbegriffe*, vol. 5, pp. 27 – 68, pp. 40, 42.

18. Quoted in Wehler, II, p. 267. 市场导向的自由主义政策导致了无产阶级产生,关于来自保守主义的批评,参见:Werner Conze, "From 'PobeL' to 'Proletariat': The Socio – Historical Preconditions of Socialism in Germany" (German original, 1954), in Georg Iggers (ed.), *The Social History of Politics* (Leamington Spa, U. K. ,1985), pp. 49 – 80, at pp. 58 ff。

19. Wehler, II, p. 289.

20. Wehler, II, p. 244; David Blackbourn, *The Long Nineteenth Century: A History of Germany, 1780 – 1918* (New York, 1997), pp. 116 – 7.

21. Wehler, II, pp. 247 – 57.

22. Jonathan Sperber, *The European Revolutions, 1848 – 1851* (Cambridge, 1994), pp. 23 – 4.

23. Sperber, *European Revolutions*, p. 23.

24. Wehler, II, p. 21; and Charles Tilly, "Demographic Origins of the European Proletariat," in Charles Tilly, *Roads from Past to Future* (Lanham, Md., 1997), pp. 293 – 383, at p. 335.

25. Wehler, II, pp. 284 – 9.

26. Engels, "Briefe aus dem Wuppertal," in *MEGA* I, 3, pp. 32 – 51, at pp. 34 – 6.

27. Engels, "Briefe aus dem Wuppertal," in *MEGA* I, 3, p. 51.

28. Sperber, *European Revolutions*, pp. 105 – 7.

29. Wehler, II, p. 280.

30. Sperber, *European Revolutions*, p. 83.

31. Hegel, *Philosophy of Right*, paragraph 261.

32. Sperber, *European Revolutions*, p. 41.

33. Marx, "Debatten uber das Holzdiebstahls – Gesetz," *MEGA* I, 1, p. 224.

34. Marx, "Debatten uber das Holzdiebstahls – Gesetz," *MEGA* I, 1, p. 230. 马克思是如此喜爱这一形象，以至于在《资本论》中再次引用: *Kritik der politischen onomie Erster Band, Hamburg*, 1872, chapter 8, "Der Arbeitstag," *MEGA* II, 6, p. 289; Karl Marx, *Capital: A Critique of Political Economy*, trans. Ben Fowkes (London, 1976), p. 400。

35. Karl Marx, "Bemerkungen uber die neueste preusische Zensurinstruktion. Von einim Rheinlander," February 1842; "Debatten uber Presfreiheit und Publikation der Landstandischen Verhandlungen" (May 5, 1842), and the subsequent articles on press censorship in *MEGA* I, 1, pp. 99 ff.

36. Marx, *Critique of Hegel's Philosophy of Right*, ed. Joseph O'Malley (Cambridge, 1972), p. 71.

37. John C. Calhoun, *Exposition and Protest* (1828), quoted in Richard Hofstadter, *The American Political Tradition* (New York, 1948), p. 81.

38. Conze, "Proletariat, Pobel, Pauperismus," pp. 48 – 56.

39. Norman Levine, "The German Historical School of Law and the Origins of Historical Materialism," *Journal of the History of Ideas*, vol. 48 (1987), pp. 431 – 50, p. 443; and McLellan, Karl Marx, pp. 107 – 7.

40. David McLellan, *Friedrich Engels* (New York, 1977), p. 22; on the work's importance in Marx's development, see also Terrell Carver, *Marx and Engels: The Intellectual Relationship* (Bloomington, Ind. , 1983), pp. 32, 36 – 8. 在其 1844 年《政治经济学手稿》中, 马克思将此列为对其思想的重要影响之一(*MEGA* I, 2, p. 326)。

41. Friedrich Engels, "Outlines of a Critique of Political Economy," in *Karl Marx – Friedrich Engels Collected Works*, vol. 3 (Moscow, 1975), pp. 418 – 43, p. 418; "Umrisse zu einer Kritik der Nationalokonomie," in *MEGA* I, 3, pp. 467 – 94, at p. 467.

42. Engels, "Outlines," p. 423; "Umrisse," p. 474.

43. Engels, "Outlines," p. 432; "Umrisse," p. 483.

44. Engels, "Outlines," p. 423; "Umrisse," p. 475.

45. Engels, "Outlines," p. 430; "Umrisse," p. 481.

46. Engels, "Outlines," pp. 434 – 5; "Umrisse," p. 485.

47. Engels, "News from Prussia" *The Northern Star*, June 29, 1844, reprinted in *Karl Marx – Friedrich Engels Collected Works*, vol. 3 (Moscow, 1975), pp. 530 – 1.

48. Engels, "Outlines," p. 441; "Umrisse," p. 491.

49. Engels, "Outlines," p. 434; "Umrisse," p. 484.

50. Engels, "Outlines," p. 435; "Umrisse," p. 485.

51. Stefi Jersch – Wenzel, "Legal Status and Emancipation," in Michael Meyer (ed.), *German – Jewish History in Modern Times*, vol. 2 (New York, 1997), p. 31.

52. Hegel, *Philosophy of Right*, paragraph 270.

53. Jersch – Wenzel, "Legal Status and Emancipation," p. 41; and the very useful discussion in Jacob Katz, *From Prejudice to Destruction* (Cambridge, Mass. , 1986), chapter 12, "The German Liberals' Image of the Jew."

54. Raphael Gross, *Carl Schmitt und die Juden* (Frankfurt, 2000), pp. 202 – 44. 关于鲍威尔后续的反犹太文章, 参见: Katz, *From Prejudice to Destruction*, pp. 214 – 8。

55. 关于在 19 世纪 30 年代的德国文化中,将犹太人等同于个人主义的内容,参见: Paul Lawrence Rose, *Revolutionary Antisemitism in Germany from Kant to Wagner* (Princeton, N. J. ,1990), part 4。

56. Bruno Bauer, *Die Judenfrage* (Braunschweig, 1843), translated by Helen Lederer as *The Jewish Problem* (Cincinnati,1958), and excerpted in Lawrence S. Stepelevich, *The Young Hegelians: An Anthology* (Cambridge,1983); and Bruno Bauer, "Die Fahigkeit der heutigen Juden und Christen frei zu werden," in Georg Herwegh (ed.), *Einundzwanzig Bogen aus der Schweiz* (Zurich,1843), pp. 56 – 71.

57. Marx, "Zur Judenfrage," *MEGA* I, 2, pp. 141 – 69, at p. 147. See Lloyd D. Easton and Kurt H. Guddat, now in Lawrence H. Simon, *Karl Marx: Selected Writings* (Indianapolis, Ind. ,1994).

58. Marx, "Zur Judenfrage," p. 149.

59. Marx, "Zur Judenfrage," p. 158.

60. *Oxford English Dictionary*, s. v. "huckster. "

61. James F. Harris, *The People Speak! Anti – Semitism and Emancipation in Nineteenth Century Bavaria* (Ann Arbor, Mich. ,1994), p. 24. See Friedrich Buchholz, *Moses und Jesus: Ueber das intellektuelle und moralische Verhaeltnis der Juden und Christen* (Berlin,1803), discussed in Steven E. Aschheim, " 'The Jew Within': The Myth of 'Judaization' in Germany," in his *Culture and Catastrophe* (New York,1996), pp. 45 – 68, at p. 48.

62. Friedrich Kluge, *Etymologisches Wterbuch der deutschen Sprache*, 17. Auflage (Berlin,1957), s. v. "*schachern.* "

63. On Jewish peddlers and petty traders, see Jersch – Wenzel, "Legal Status and Emancipation," pp. 69 – 71, 80.

64. Engels, "Umrisse zu einer Kritik der Nationalokonomie," in *MEGA* I, 3, p. 480, my translation.

65. Marx, "Zur Judenfrage," pp. 164 – 5.

66. "[I]n der jetzigen Gesellschaft finden wir das Wesen des heutigen Juden······ nicht nur als Beschranktheit des Juden, sondern als die judische Beschranktheit der Gesellschaft. " Marx, "Zur Judenfrage," p. 169.

67. Marx, "Zur Judenfrage," p. 167.

68. Marx, "Zur Judenfrage," p. 168.

69. Marx, "Zur Judenfrage," p. 166.

70. See on this topic Aschheim, "The Myth of 'Judaization' in Germany."

71. "Ein Briefwechsel von 1843," in *MEGA* I,2,p. 479, translation in *Marx – Engels Collected Works* (New York,1975), vol. 3, p. 141.

72. Marx, "Zur Kritik der Hegelschen Rechtsphilosophie: Einleitung," in *MEGA* I,2,pp. 170 – 83, at p. 180. English translation in Karl Marx, *Critique of Hegel's "Philosophy of Right*," ed. O'Malley, p. 140.

73. Marx, "Zur Kritik," p. 182; *Critique*, p. 142.

74. Marx, "Zur Kritik," pp. 181 – 3; *Critique*, pp. 140 – 2. For an excellent discussion of the proletariat in Marx's thought, see Kolakowski, *Main Currents*, vol. 1, p. 180.

75. Friedrich Engels, "Lage der arbeitenden Klasse in England," in *Marx – Engels – Werke* (Berlin,1970), vol. 2, pp. 486 – 7. My translation.

76. "[D]ie Aufgabe sei, das *Judentum der bürgerlichen Gesellschaft*, die Unmenschlichkeit der heutigen Lebenspraxis, die im *Geldsystem* ihre Spitze erhalt, aufzuheben." Karl Marx, Friedrich Engels, "Die Heilige Familie," in *Historisch – kritische Gesamtausgabe* (Berlin,1932),I,3,p. 284. Italics in original.

77. Marx, "Theorien uber den Mehrwert," in *Marx – Engels Werke* (Berlin, 1965), vol. 26, part 1, p. 364. "Nur war Mandeville naturlich unendlich kuhner und ehrlicher als die philisterhafen Apologeten der burgerlichen Gesellschaft."

78. Ibid., part III, p. 525.

79. Marx, "Comments on James Mill," 1844, in *Marx – Engels Collected Works* vol. 3, (Moscow,1975), pp. 211 – 28; pp. 219 – 20, *MEGA* IV,2, pp. 219 – 20.

80. On the romantic origins of Marx's conception of man, see Manuel, p. 175; and M. A. Abrams, *Natural Supernaturalism* (New York,1971), pp. 313 – 4 and passim. 关于多面发展, 参见: S. S. Prawer, *Karl Marx and World Literature* (Oxford,1976), pp. 107 – 14; John E. Toews, "Introduction" to Toews (ed.), *The Communist Manifesto* (Boston,1999), pp. 32 – 5。

81. Adam Muller, "Die heutige Wissenschaft der Nationalokonomie kurz und fasslich dargestellt," *Ausgewte Abhandlungen*, ed. J. Baxa (Jena,1921), p. 46;

quoted in Shlomo Avineri, *The Political and Social Thought of Karl Marx* (Cambridge,1968),pp. 55 – 6.

82. Marx and Engels, "Die deutsche Ideologie," in Karl Marx/Friedrich Engels, *Werke* (Berlin,1962), vol. 3, p. 33; Marx and Engels, *The German Ideology* in David McLellan (ed.), *Karl Marx: Selected Writings*, p. 169。

83. Marx, "Critique of the Gotha Program" (written 1875, first published in 1891), in Robert C. Tucker (ed.), *The Marx – Engels Reader*, 2nd ed. (New York,1978), p. 531.

84. "We have shown that the worker sinks to the level of a commodity, the mostmiserable commodity; that the misery of the worker is inversely proportional to the power and volume of his production; that the necessary result of competition is the accumulation of capital in a few hands and thus the recreation of monopoly in a more frightful form; and finally that. . . the entire society must disintegrate into two classes of *proprietors* and propertyless *workers.*" Marx, *onomisch – philosophische Manuskripte, Heft 1*, *MEGA* I,2, p. 363.

85. Marx, *onomisch – philosophische Manuskripte, Heft 1*, p. 365.

86. *Onomisch – philosophische Manuskripte, Heft 1*, *MEGA* I,2, p. 421.

87. Manuel, *Requiem*, p. 24, On de Brosses' work, see Frank E. Manuel, *The Eighteenth Century Confronts the Gods* (Cambridge, Mass. ,1959), pp. 184 – 209. Kant also used "fetishism" to characterize the Catholic mass, see Immauel Kant, *Religion Within the Limits of Reason* (New York,1960), book 4, part 2, section 3.

88. *Kapital, Mega* II,6, p. 103; *Capital*, p. 165.

89. 关于《共产党宣言》的背景, 参见: *The Communist Manifesto by Karl Marx and Friedrich Engels*, edited with related documents and an introduction by John E. Toews (Boston,1999)。

90. Manuel, *Requiem*, p. 171.

91. *Kapital, MEGA* II,6, pp. 465 – 6; *Capital*, pp. 617 – 18.

92. "Manifest der Kommunistischen Partei," in *Marx – Engels Werke* (Berlin, 1969), vol. 4, p. 465; my translation.

93. "[E] in Teil der Bourgeoisideologen, welcher zum theoretischen Verstandnis der ganzen geschichtlichen Bewegung sich hinaufgearbeitet haben." Marx and

Engels,"Manifest der Kommunistischen Partei," p. 472.

94. 关于马克思政治和法律观念中的浪漫主义元素, 参见: Blandine Kriegel, *Sovereigns and Despots: A Case for the State* (Princeton, N. J. , 1997; translated from the Second French edition of 1989) , pp. 133 – 43。

95. "Der Kapitalist weis, das alle Waaren, wie lumpig sie immer aussehn oder wie schlecht sie immer riechen mogen, im Glauben und in der Wahrheit Geld, innerlich vernschnittne Juden sind, und zudem wunderthatige Mittel, um aus Geld mehr Geld zu machen. " *Kapital*, *MEGA* II, 6, p. 172, my translation. Cf. *Capital*, vol. 1, trans. Ben Fowkes, p. 256.

96. "Je grosser der menschliche Antheilan eine Waare, um so grosser der Gewinn des todten Capitals. " (*MEGA* I, 2, pp. 199 and 341.)

97. Marx, "Wage – Labour and Capital," in McLellan (ed.), *Karl Marx: Selected Writings*, pp. 250, 266, original in Marx and Engels, *Werke*, 41 vol. (Berlin, 1956 ff) , 6, pp. 397 ff.

98. *Capital* (Fowkes translation) , p. 342, translation modified; *MEGA* II, 6, pp. 239 – 40.

99. "Den Trieb nach Verlangerung des Arbeitstages, den Wehrwolfheishunger fur Mehrarbeit," *MEGA* II, 6, p. 249.

100. *Capital* (Fowkes translation) , p. 346, translation modified; *MEGA* II, 6, p. 243.

101. *Capital*, p. 425; *MEGA* II, 6, pp. 309 – 10.

102. 关于马克思丝毫没有从经济学角度去阐释劳动价值论, 因此表现出分析上的不足之处, 参见: Joseph Schumpeter, *Capitalism, Socialism, and Democracy* (New York, 1950) , pp. 22 – 8。

103. Adam Smith, *An Inquiry into the Nature and Causes of the Wealth of Nations*, ed. R. H. Campbell and A. S. Skinner, 2 vols. (The Glasgow Edition of the Works of Adam Smith, Oxford, 1976) , II. ii. See the analysis of Andrew Skinner, *A System of Social Science*, pp. 364 ff, and especially Joseph Schumpeter, *History of Economic Analysis* (New York, 1954) , pp. 590 ff.

104. Mark Blaug, *Economic Theory in Retrospect*, 4th edition (Cambridge, 1985) , pp. 92 – 3.

105. Schumpeter, *History of Economic Analysis*, p. 648. For a similar conclusion

see Samuel Hollander, " Sraffa and the Interpretation of Ricardo: The Marxian Dimension," *History of Political Economy*, vol. 32, no. 2 (2000), pp. 187 – 232.

106. Schumpeter, *History*, p. 599, 486 – 7; and Anthony Brewer, "A Minor Post – Ricardian? Marx as an Economist," *History of Political Economy*, vol. 27, no. 1 (1995), pp. 111 – 45, at p. 116.

107. Marx, *The Poverty of Philosophy* (New York, 1963), pp. 49, 43, quoted in Siegel, *Marx's Fate* p. 296.

108. Blaug, *Economic Theory*, p. 242.

109. *Kapital*, *MEGA* II, 6, p. 433; *Capital*, p. 578.

110. *Kapital*, *MEGA* II, 6, p. 433; *Capital*, vol. 1, p. 578; and *Capital*, vol. 3, passim.

111. *Kapital*, *MEGA* II, 6, pp. 463, 410 ff; *Capital*, pp. 614, 548 ff.

112. *Kapital*, *MEGA* II, 6, pp. 410 ff; *Capital*, pp. 548 ff.

113. *Kapital*, *MEGA* II, 6, pp. 411, 416; *Capital*, pp. 549, 557.

114. *Kapital*, *MEGA* II, 6, pp. 384 ff; *Capital*, pp. 517 ff.

115. *Kapital*, *MEGA* II, 6, pp. 249 ff; *Capital*, pp. 353 ff.

116. *Kapital*, *MEGA* II, 6, p. 250; *Capital*, p. 355.

117. *Kapital*, *MEGA* II, 6, p. 254; *Capital*, p. 358.

118. 正如布劳格(Mark Blaug)在《经济学理论》(*Economic Theory*, p. 271)中正确指出的那样,"《资本论》中引用的统计和历史数据并不是为了验证结论的正确与否,而是为了勾勒出资本主义社会的一幅生动画卷……通过富有特色的陈述方式,它给读者留下了难以磨灭的记忆。引导人们相信其所描述的景象是资本主义制度的必然结果,由这一制度的特殊性质产生,而且只要在这一制度存在的地方就会产生相似的境况"。

119. The figure is from Asa Briggs, *The Making of Modern England, 1783 – 1867: The Age of Improvement* (New York, 1965), p. 403.

120. K. Theodore Hoppen, *The Mid – Victorian Generation, 1846 – 1886* (Oxford, 1998), p. 82.

121. *Kapital*, *MEGA* II, 6, p. 682; *Capital*, p. 929.

122. *Kapital*, *MEGA* II, 6, pp. 467 – 8; *Capital*, pp. 620 – 1.

123. Marx, *Das Kapital*, Hamburg, 1872 edition, in *MEGA* II, 6, p. 106, my translation; *Capital*, vol. 1, trans. Ben Fowkes, p. 168.

124. See E. K. Hunt and Mary Glick, "Transformation Problem," in *The New Palgrave*.

125. See the editors' introduction to Karl Marx, *Das Kapital*: *Kritik der politschen onomie*, *Erster Band*, *Hamburg 1872*, *MEGA* II, vol. 6 (Berlin, 1987), p. 20.

126. Shalom Groll and Ze'ev Orzech, "Technical Progress and Values in Marx's Theory of the Decline in the Rate of Profit: An Exegetical Approach," *History of Political Economy*, vol. 19, no. 4 (1987), pp. 591 – 613; and the same authors' "From Marx to the Okishio Theorem: A Genealogy," *History of Political Economy*, vol. 21, no. 2 (1989), pp. 253 – 72.

127. Engels in *Neue Zeit*, 1895 ["Supplement and Addendum" to *Capital*, vol. 3, trans. David Fernbach (London, 1981)], p. 1045.

128. 对此的一些当代讨论, 参见: Eugen von Bohm – Bawerk, *Karl Marx and the Close of His System*, trans. Paul Sweezy (New York, 1949; German original 1896), pp. 31 – 2。

129. See on this Blaug, *Economic Theory*, p. 250, and Seigel, *Marx's Fate*, p. 344.

130. See the chart in Hoppen, *Mid – Victorian Generation*, p. 278.

131. Hoppen, *Mid – Victorian Generation*, p. 78.

132. Hoppen, *Mid – Victorian Generation*, pp. 86 – 7.

133. 关于马克思对于人口统计学的探讨, 参见: William Petersen, "Marxism and the Population Question: Theory and Practice," in Michael S. Teitelbaum and Jay M. Winter (eds.), *Population and Resources in Western Intellectual Traditions* (Cambridge, 1988), pp. 77 – 101。

134. For an overview see Susan Cott Watkins, "The Fertility Transition: Europe and the Third World Compared," *Sociological Forum*, vol. 2, no. 4 (1987), pp. 645 – 71.

135. Hoppen, *Mid – Victorian Generation*, p. 89.

136. Hoppen, *Mid – Victorian Generation*, pp. 81 – 2.

137. Hoppen, *Mid – Victorian Generation*, pp. 95, 109.

138. 关于 1855 年和 1870 年的国内政府服务的创新, 参见: Gillian Sutherland, *Studies in the Growth of Nineteenth – Century Government* (London, 1972); Hoppen,

Mid – Victorian Generation，pp. 111 – 2；同时参见本书下一章节关于阿诺德的内容。

139. Peter Marsh，"Conscience and Conduct of Government in Nineteenth – Century Britain，" in Peter Marsh（ed.），*The Conscience of the Victorian State*（Syracuse，N. Y.，1979）.

第八章　马修·阿诺德

1. Asa Briggs，*Victorian People：A Reassessment of Persons and Themes*，*1851 – 1867*，rev. ed.（Chicago，1970），pp. 16，35 – 43，and Asa Briggs，*The Making of Modern England*，*1783 – 1867：The Age of Improvement*（New York，1965），pp. 395 – 8.

2. 除非特别注明，关于阿诺德的生平资料均来自：Park Honan，*Matthew Arnold：A Life*（Cambridge，Mass.，1983）。也可参见 Stefan Collini，*Arnold*（New York，1988），Lionel Trilling，*Matthew Arnold*（New York，1939）。

3. R. H. Super（ed.），*The Complete Prose Works of Matthew Arnold*（Ann Arbor，Mich.，1960 – 1977）. Henceforth *CPW*.

4. Harold Perkin，*The Origins of Modern English Society*，*1780 – 1880*（Toronto，1969），pp. 34 – 6，71 – 2，351 – 3.

5. Arnold，"Democracy，" in *CPW*，vol. 2，pp. 23 – 4.

6. 亚里士多德对于阿诺德的持久影响力，参见：J. Dover Wilson，"Matthew Arnold and the Educationists，" in F. J. C. Hearnshaw（ed.），*The Social and Political Ideas of Some Representative Thinkers of the Victorian Age*（New York，1933），pp. 165 – 93，at p. 169。

7. Matthew Arnold，"Heinrich Heine，" *Cornhill Magazine*（August 1863），reprinted in *CPW*，vol. 3，pp. 111 – 2.

8. Quoted in Matthew Arnold，"The Twice – Revised Code"（1862），in *CPW*，vol. 2，pp. 214 – 5.

9. Honan，*Matthew Arnold*，pp. 318 – 9；R. H. Super notes to "The Twice – Revised Code，" in *CPW*，vol. 2，p. 349.

10. Arnold，"The Twice – Revised Code，" pp. 223 – 4.

11. Arnold，"The Twice – Revised Code，" p. 226.

12. Arnold，"The Twice – Revised Code，" p. 243.

13. Arnold,"The Code Out of Danger"（1862）, in *CPW*, vol. 2, pp. 247 – 51.

14. Chris Baldick, *The Social Mission of English Criticism*, *1848 – 1932*（Oxford, 1983）, p. 34.

15. Fred G. Walcott, *The Origins of Culture and Anarchy: Matthew Arnold and Popular Education in England*（Toronto, 1970）, pp. 7 – 8.

16. Arnold,"Special Report on Certain Points Connected with Elementary Education in Germany, Switzerland, and France"（1886）, in *CPW*, vol. 11, pp. 1, 28.

17. Arnold,"The Function of Criticism at the Present Time," in *CPW*, vol. 3, p. 283.

18. Arnold,"The Function of Criticism at the Present Time," p. 268.

19. Arnold,"The Function of Criticism at the Present Time," p. 271.

20. "The Function of Criticism at the Present Time," p. 269; similarly, *Culture and Anarchy: An Essay in Political and Social Criticism*（henceforth cited as *CA*）, *CPW*, vol. 5, pp. 104 – 5.

21. Honan, *Matthew Arnold*, p. 329.

22. Arnold,"My Countryman," incorporated into *Friendship's Garland* and reprinted in *CPW*, vol. 5, p. 19.

23. *CA*, p. 92.

24. 此书是维多利亚时期文化生活中典型的"利他主义文化"代表作, 参见: Stefan Collini, *Public Moralists: Political Thought and Intellectual Life in Britain*, *1850 – 1930*（Oxford, 1991）, chapter 2。

25. *CA*, p. 92.

26. *CA*, p. 113.

27. *CA*, p. 96.

28. *CA*, p. 189.

29. *CA*, "Doing As One Likes," passim.

30. *CA*, p. 117.

31. *CA*, p. 118.

32. Arnold,"A French Eton"（1864）, in *CPW*, pp. 282 – 3.

33. *CA*, pp. 134 – 5.

34. *CA*, p. 125.

35. *CA*, pp. 97 – 8.

36. *CA*, pp. 101 – 2.

37. *CA*, pp. 186 – 7.

38. *CA*, p. 209.

39. *CA*, p. 212.

40. *CA*, pp. 211 – 3.

41. *CA*, pp. 218 – 9.

42. *CA*, p. 146.

43. On their relationship, see Ruth apRoberts, *Arnold and God* (Berkeley, 1983), pp. 165 – 70.

44. N. G. Annan, " The Intellectual Aristocracy, " in J. H. Plumb (ed.), *Studies in Social History* (London, 1955), pp. 241 – 97; T. W. Heyck, *The Transformation of Intellectual Life in Victorian England* (Chicago, 1982), p. 36; and most broadly Collini, *Public Moralists*, chapter 1.

45. Heyck, pp. 190 – 3, makes a similar point.

46. Ben Knights, *The Idea of the Clerisy in the Nineteenth Century* (Cambridge, 1978), and Stephen Prickett, " ' Hebrew ' Versus ' Hellene ' as a Principle of Literary Criticism, " in G. W. Clarke (ed.), *Recovering Hellenism; The Hellenic Inheritance and the English Imagination* (Cambridge, 1988), pp. 137 – 160.

47. Honan, *Matthew Arnold*, pp. 95 – 6.

48. See *Friendship's Garland*, a collection of essays written between " The Function of Criticism at the Present Time " and *Culture and Anarchy*, in *CPW*, vol. 5, pp. 37 ff.

49. See Arnold's essay "Democracy" (1861), in *CPW*, vol. 2.

50. Heyck, pp. 157 ff; and Christopher Harvie, "Reform and Expansion, 1854 – 1871, " in M. G. Brock and M. C. Curthoys (eds.), *History of the University of Oxford*, vol. 6, *The Nineteenth Century*, Part 1 (Oxford, 1997).

51. R. D. Anderson, *Universities and Elites in Britain Since 1800* (Cambridge, 1995), pp. 48 – 9; Heyck, op. cit. ; Sheldon Rothblatt, *Revolution of the Dons: Cambridge and Society in Victorian England* (New York, 1968); and Christopher Harvie, *The Lights of Liberalism: University Liberals and the*

Challenge of Democracy, *1860 - 1886*（London,1976）.

52. Frank M. Turner, *The Greek Heritage in Victorian Britain*（New Haven, Conn. ,1981）,pp. 427 - 30.

53. See, for example, John Stuart Mill's 1867 " Inaugural Address at St. Andrews" and the analyis thereof, in Rothblatt, *Revolution of the Dons*, pp. 248 ff.

54. Turner, *Greek Heritage*,p. 5

55. Roy Lowe, "English Elite Education in the Late Nineteenth and Early Twentieth Centuries," in Werner Conze and Jurgen Kocka（eds.）, *Bildungsbürgertum im 19. Jahrhundert*, *Teil I*（Frankfurt,1985）,pp. 147 - 62,at p. 151; R. D. Anderson, *Universities and Elites*, p. 9; Hans - Eberhard Mueller, *Bureaucracy*, *Education*, *and Monopoly*: *Civil Service Reforms in Prussia and England*（Berkeley,1984）,pp. 191 - 2.

56. Turner, *Greek Heritage*,p. 5.

57. The quote is from Samuel Finer, quoted in Richard Johnson, "Administrators in Education Before 1870: Patronage, Social Position and Role," in Gillian Sutherland（ed.）, *Studies in the Growth of Nineteenth - Century Government*（London,1972）,pp. 110 - 38,at p. 115.

58. Richard Johnson, "Administrators in Education," pp. 118 - 21.

59. Walcott, *Origins of Culture and Anarchy*,p. 27.

60. Arnold, "Special Report on Certain Points Connected with Elementary Education in Germany,Switzerland,and France"（1886）,in *CPW*,vol. 11.

61. Arnold, "Education and the State," *Pall Mall Gazette*, Dec. 11, 1865; reprinted in *CPW*,vol. 4,pp. 1 - 4.

62. See especially the 1868 "Preface" to *Schools and Universities on the Continent* in *CPW*,vol. 4,pp. 15 - 30.

63. Walcott, *Origins of Culture and Anarchy*,p. xiii.

64. Arnold,1868 "Preface" to *Schools and Universities on the Continent*,p. 30.

65. "A French Eton," *CPW*,vol. 2,p. 316.

66. "A French Eton," p. 322.

67. *CA*, p. 113; " The Bishop and the Philosopher"（1862）, *CPW*, vol. 3,p. 41.

68. Collini, *Public Moralists*, pp. 51 – 4.

69. Heyck, *Transformation*, p. 33; Collini, *Public Moralists*, pp. 52 – 3.

70. Matthew Arnold, "The Function of Criticism at the Present Time," in *CW*, vol. 1, p. 267.

第九章 韦伯、齐美尔、和桑巴特

1. Friedrich Naumann, "Kulturgeschichte und Kapitalismus," *Neue Rundschau*, XXII (1911), pp. 1337 – 48, at p. 1340, quoted in Friedrich Lenger, *Werner Sombart, 1863 – 1941: Eine Biographie* (Munich, 1994), p. 219.

2. 关于国家政府对于研究的支持以及国家引导的个人资助，参见：Bernhard vom Brocke, "Der Kaiser – Wilhelm Gesellschaft im Kaiserreich," in Rudolf Vierhaus and Berhard vom Brocke (eds.), *Forschung im Spannungsfeld von Politik und Gesellschaft: Geschichte und Struktur der Kaiser – Wilhelm – /Max – Planck – Gesellschaft* (Stuttgart, 1990)。

3. Wilhelm Hennis, *Max Weber: Essays in Reconstruction* (London, 1988), p. 59.

4. On which see Wolf Lepenies, *Between Literature and Science: The Rise of Sociology* (Cambridge, 1988), esp. chapter 13.

5. See Hartmut Pogge von Strandmann (ed.), *Walther Rathenau: Industrialist, Banker, Intellectual, and Politician* (Oxford, 1985), and Hans Dieter Hellige (ed.), *Walther Rathenau, Maximilian Harden: Briefwechsel, 1897 – 1920* (Munich, 1983). Also see Fritz Stern, "Walther Rathenau and the Vision of Modernity," in Fritz Stern, *Einstein's German World* (Princeton, N. J., 1999).

6. See the informed chapter on Tonnies in Harry Liebersohn, *Fate and Utopia in German Sociology, 1870 – 1923* (Cambridge, Mass., 1988); still useful is Arthur Mitzman, *Sociology and Estrangement: Three Sociologists of Imperial Germany* (New York, 1973).

7. See Liebersohn, *Fate and Utopia*, pp. 36 – 7.

8. Ferdinand Tonnies, *Community and Society*, trans. and ed. Charles L. Loomis (New York, 1963; German original 1887), p. 165.

9. Thomas Nipperdey, *Deutsche Geschichte: 1866 – 1918. Erster Band: Arbeitswelt und Bürgergeist* (Munich, 1990), pp. 268 – 78; David Blackbourn, *The Long*

Nineteenth Century: A History of Germany,1780 – 1918 (New York,1998), chapter 7,provides a useful overview.

10. 关于现代企业的崛起,参见:Alfred D. Chandler,Jr. , *The Visible Hand: The Managerial Revolution in American Business* (Cambridge,Mass. ,1977), and *Scale and Scope: The Dynamics of Industrial Capitalism* (Cambridge, Mass. ,1990)。

11. Jurgen Kocka, "Big Business and the Rise of Managerial Capitalism: Germany in International Comparison," in Jurgen Kocka, *Industrial Culture and Bourgeois Society: Business, Labor, and Bureaucracy in Modern Germany* (New York,1999) pp. 156 – 73, at p. 165; and Alfred D. Chandler,Jr. , "*Fin de Siècle*: Industrial Transformation," in Mikulas Teich and Roy Porter (eds.), *Fin de Siècle and Its Legacy* (Cambridge,1990),pp. 28 – 41.

12. Jurgen Kocka, "Family and Bureaucracy in German Industrial Management, 1850 – 1914: Siemens in Comparative Perspective," pp. 26 – 50, in his *Industrial Culture and Bourgeois Society*,p. 36.

13. Kocka, "Family and Bureaucracy," pp. 26 – 50,and "Big Business and the Rise of Managerial Capitalism," in his *Industrial Culture and Bourgeois Society*.

14. Blackbourn, *The Long Nineteenth Century*,p. 324.

15. In Eduard Bernstein, *The Assumptions of Socialism and the Tasks of Social Democracy* [Die Voraussetzungen des Sozialismus und die Aufgaben der Sozialdemokratie(1901)].

16. Friedrich Engels, "Supplement and Addendum to Volume 3 of *Capital*," in Karl Marx, *Capital: Volume* 3, trans. David Fernbach (London, 1981),p. 1045.

17. On Weber's family background, see Guenther Roth, "Weber and the Would – Be Englishman: Anglophilia and Family History," in Hartmut Lehmann and Guenther Roth (eds.), *Weber's Protestant Ethic: Origins, Evidence,Contexts* (Cambridge,1993),pp. 83 – 120.

18. Max Weber,"Der Nationalstaat und die Volkswirtschafts politik" (1895), in Wolfgang J. Mommsen, (ed.), *Max Weber Gesamtausgabe*, I, 4, 2. Halbband (Tubingen, 1993), pp. 543 – 74, at p. 558. In English translation,"The Nation State and Economic Policy" (1895), the essay

appears in Peter Lassman and Ronald Speirs (eds.) , *Weber: Political Writings* (Cambridge, 1994) , pp. 1 – 28.

19. 关于他的一些广为人知的达尔文主义观点，参见: Weber, "Der Nationalstaat und die Volkswirtschaftspolitik," pp. 558 – 60。关于 19 世纪晚期德国以及其他主要国家出现的帝国主义社会化的达尔文主义现象，参见: Heinz Gollwitzer, *Europe in the Age of Imperialism, 1880 – 1914* (New York, 1969)。

20. Wolfgang J. Mommsen, *Max Weber and German Politics* (Chicago, 1984) , pp. 72 – 3. 韦伯曾一度认为市场竞争首先是温柔、和平的，之后将是大国之间更为激烈的角斗。

21. Mommsen, *Max Weber and German Politics*, pp. 91 ff; on the groups arrayed against a dynamic capitalist economy, see also Max Weber, "Capitalism and Rural Society in Germany" (1906) , in Hans Gerth and C. Wright Mills (eds.) , *From Max Weber* (New York, 1946) , pp. 363 – 85.

22. See, for example, Weber, " Die burgerliche Entwicklung Deutschlands" (1897) , in Wolfgang J. Mommsen (ed.) , *Max Weber Gesamtausgabe*, I, 4, 2. Halbband, pp. 810 – 8, at p. 816.

23. 关于法国，参见: Herman Lebovics, *True France: The Wars over Cultural Identity, 1900 – 1945* (Ithaca, N. Y. , 1992) , chapter 1; 关于德国，参见: George L. Mosse, *The Crisis of German Ideology* (New York, 1981)。

24. Knut Borchardt, "Einleitung," to Borchardt and Cornelia Meyer – Stoll, *Max Weber Gesamtausgabe*, I/5, Halbbd. 1 (Tubingen, 1999) , pp. 1 – 114, at p. 45. 这一预测由主流经济学家施穆勒(Gustav Schmoller)提出。

25. Knut Borchardt, "Einleitung," pp. 1 – 17.

26. Borchardt, "Einleitung," pp. 25 ff, and Eric Hobsbawm, *The Age of Empire, 1875 – 1914* (New York, 1987) , pp. 36 – 46.

27. Borchardt, "Einleitung," pp. 26 ff.

28. Quoted in Borchardt, "Einleitung," p. 27.

29. Schaffle, quoted in Borchardt, "Einleitung," p. 41.

30. Borchardt, "Einleitung," p. 36.

31. On the role of Jews, see Werner E. Mosse, *Jews in the German Economy: The German – Jewish Economic Elite, 1820 – 1935* (Oxford, 1987) , pp. 380 ff.

32. See the classic study by Peter Pulzer, *The Rise of Political Anti - Semitism in Germany and Austria* (Oxford,1964; rev. ed. Cambridge,Mass. ,1988).

33. Cited in James Retallack, "Conservatives and Antisemites in Baden and Saxony," *German History* (1999),vol. 17,no. 4,pp. 507 - 26,p. 516 n28.

34. Borchardt, "Einleitung," p. 86.

35. Editors' introduction to Weber, "Die Borse: I. Zweck und ausere Organisation der Borsen," pp. 127 - 33 in Borchardt (ed.), *Max Weber Gesamtausgabe*,I,5,Halbband I.

36. "Diskussionsbeitrag in der Debatte uber das allgemeine Programm des Nationalsozialen Vereins," in Wolfgang J. Mommsen (ed.), *Max Weber Gesamtausgabe*,I,4,2. Halbband (Tubingen,1993),pp. 620 - 1.

37. Max Weber, "[Rezension von:] Was heiβt Christlich - Sozial? Gesammelte Aufsätze von Fr Naumann" (1894),reprinted in Mommsen (ed.),*Max Weber Gesamtausgabe*,I,4,pp. 350 - 61,at pp. 354 - 5.

38. Max Weber, "Die Borse: I," reprinted in Knut Borchardt (ed.), *Max Weber Gesamtausgabe*,I,5,1,pp. 135 - 74,and "Die Borse: II," reprinted in *Max Weber Gesamtausgabe*,I,5,2. Halbband (Tubingen,2000) pp. 630 - 55.

39. "Borse: I," pp. 139 - 40.

40. Ibid,pp. 148 - 9.

41. Weber, "Die Borse: II," pp. 651 - 5.

42. Max Weber, "Vorbermerkung," in *Gesammelte Aufsätze zur Religionssoziologie I* (Tubingen, 1988), p. 4; Max Weber, *The Protestant Ethic and the Spirit of Capitalism*,trans. Talcott Parsons (New York,1958),p. 17.

43. Weber, "Die protestantische Ethik und der Geist des Kapitalismus," in *Gesammelte Aufsze*,p. 41; translation from Weber, *Protestant Ethic*,p. 56.

44. *The Protestant Ethic and the Spirit of Capitalism*,p. 21. Later,Weber coined the term "Zweckrationalitat" (instrumental rationality) to describe this. Max Weber,*Economy and Society*, ed. Guenther Roth and Claus Wittich,2 vols. (Berkeley, 1978), Max Weber, *Wirtschaft und Gesellschaft*, 4th ed. (Tubingen, 1956), p. 43. See Lawrence A. Scaff, *Fleeing the Iron Cage: Culture, Politics, and Modernity in the Thought of Max Weber* (Berkeley,1989), p. 33. 关于韦伯著作中对于"理性"不同含义的阐述,参见:Rogers

Brubaker, *The Limits of Rationality*: *An Essay on the Social and Moral Thought of Max Weber* (London,1984)。

45. Weber, *Economy and Society*, Guenther Roth and Claus Wittich ed. , (Berkeley,1978) ,pp. 956 – 1005.

46. Max Weber, " Science as a Vocation," in Gerth and Mills (eds.), *From Max Weber*, p. 139; *Gesammelte Aufsze zur Wissenschaftslehre* (Tubingen, 1922) ,p. 449.

47. *The Protestant Ethic and the Spirit of Capitalism*,p. 53.

48. See Wolfgang J. Mommsen, " The Alternative to Marx: Dynamic Capitalism instead of Bureaucratic Socialism," in Wolfgang J. Mommsen, *The Age of Bureaucracy*: *Perspectives on the Political Sociology of Max Weber* (New York 1974) ,pp. 47 – 71; and " Capitalism and Socialism: Weber's Dialogue with Marx," in Wolfgang J. Mommsen, *The Political and Social Theory of Max Weber* (Chicago,1989) ,pp. 53 – 73.

49. " Der Sozialismus" (1918), in Max Weber, *Gesammelte Aufsätze zur Soziologie und Sozialpolitik*,pp. 492 – 518, at pp. 498 – 9. 这篇文章原本是韦伯作为访问教授针对在维也纳的奥匈帝国军官们所写,为了帮助反对社会主义革命带来的威胁。See the " Editorischer Bericht" to " Der Sozialismus," in *Max Weber Gesamtausgabe*,I,15, ed. Wolfgang J. Mommsen (Tubingen,1984) ,pp. 597 – 8.

50. " Der Sozialismus" (1918) ,pp. 508 – 16.

51. *The Protestant Ethic and the Spirit of Capitalism*,p. 180.

52. *Briefwechsel zwishen Wilhelm Dilthey und dem Graf Paul Yorck v. Wartenburg* (Halle,1923) , p. 254, quoted and placed into context in Klaus Christian Kohnke, *Der junge Simmel in Theoriebeziehungen und sozialen Bewegungen* (Frankfurt,1996) ,p. 116.

53. On these see Kohnke, *Der junge Simmel*,part 3.

54. This is the topic of one of Simmel's best – known essays, " The Stranger," in *The Sociology of Georg Simmel*, ed. and trans. Kurt H. Wolff (New York, 1964) ,pp. 402 – 8; original in Georg Simmel, *Soziologie* (Leipzig, 1908; 3rd ed. 1923) ,pp. 509 – 12.

55. Cf. Paul Nolte, *Die Ordnung der deutschen Gesellschaft*: *Selbstentwurf und*

Selbstbeschreibung im 20. Jahrhundert（Munich,2000）,p. 56.

56. On Simmel's ongoing relevance, see Klaus Lichtblau, *Georg Simmel* （Frankfurt,1997）,p. 14. 此书可能是截至目前关于齐美尔著作最好的研究成果之一。

57. Kohnke, *Der junge Simmel*, p. 172.

58. Georg Simmel, *Philosophie des Geldes*（*Georg Simmel Gesamtausgabe*）, vol. 6 （Frankfurt,1989）,cited hereafter as *PdG*; Georg Simmel, *The Philosophy of Money*, 2nd ed. , ed. David Frisby（New York, 1990）, cited hereafter as *PM*.

59. *PdG*, pp. 612 - 6; *PM*, pp. 443 - 6. For an earlier formulation, Georg Simmel,"Das Geld in der modernen Kultur"（1896）, in Heinz - Jurgen Dahme and Otthein Rammstedt（eds. ）, *Georg Simmel: Schriften zur Soziologie* （Frankfurt,1983）,pp. 78 - 94, at pp. 90 - 1, translated as "Money in Modern Culture," in David Frisby and Mike Featherstone（eds. ）, *Simmel on Culture* （London,1997）,pp. 243 - 55, at pp. 252 - 3.

60. *PdG*, pp. 595 - 6; *PM*, p. 432.

61. "Soziologie der Konkurrenz," in Dahme and Rammstedt（eds. ）, *Georg Simmel*, p. 177; Georg Simmel, "Conflict," in *Conflict and the Web of Group Affiliations*, trans. Kurt H. Wolff and Reinhard Bendix（New York,1955）, pp. 61 - 2.

62. Simmel, "Das Geld in der modernen Kultur," pp. 80 - 2; "Money and Modern Culture," pp. 244 - 6.

63. *PM*, pp. 342 - 4.

64. 关于女权运动,参见: Ute Frevert, *Women in German History: From Bourgeois Emancipation to Sexual Liberation*（New York,1989）,pp. 113 - 30。

65. See"Der Frauenkongress und die Sozialdemokratie," *Die Zukunft*, vol. 17 （1896）, pp. 80 - 4, now in Heinz - Jurgen Dahme and Klaus Christian Kohnke（eds. ）, *Georg Simmel: Schriften zur Philosophie und Soziologie der Geschlechter*（Frankfurt, 1985）, pp. 133 - 8; translated as "The Women's Congress and Social Democracy," in Frisby and Featherstone, *Simmel on Culture*, pp. 270 - 4; then Simmel, "Tendencies in German Life and Thought Since 1870," *The International Monthly*（1905）,vol. 5, reprinted in

David Frisby (ed.), *Georg Simmel*: *Critical Assessments*, 3 vols. (New York, 1994), vol. 1, pp. 5 – 27, at pp. 16 – 20; *PdG*, p. 644, and *PM*, p. 464; and most fully in "Die Kreuzung socialer Kreise," in Simmel, *Soziologie*, 3rd ed. (Munich, 1923; 1st ed., 1908), pp. 335 – 8, translated by Reinhard Bendix as "The Web of Group – Affiliations" in Georg Simmel, *Conflict and the Web of Group – Affiliations* (New York, 1955), pp. 179 – 84.

66. Simmel, "Tendencies" and "Der Frauenkongress und die Sozia l – demokratie."

67. 关于齐美尔思想中这一元素的分析,参见:Lichtblau, *Georg Simmel*, pp. 31 – 8。

68. "Das Individuum, dasan mehreren solcher Kreise theil hat, gleichsam in ihrem Schnittpunkt steht, wird den Gegensatz ihrer Richtungen in sich fuhlen." *Georg Simmel Gesamtausgabe* (Frankfurt, 1989; hereafter cited as *GSG*) 4, 354, quoted in Kohnke, *Der junge Simmel*, p. 324.

69. *PM*, pp. 342 – 4.

70. *GSG* 4, 380; Kohnke, *Der junge Simmel*, pp. 327 – 8. 齐美尔对于分析的兴趣受到德国传统社会心理学的影响,认为社会信息对于个人身份归属产生影响,参见:Kohnke, *Der junge Simmel*, pp. 337 ff。

71. Georg Simmel, "Der Begriff und die Tragodie der Kultur," in Simmel, *Philosphische Kultur* (Leipzig, 1911), trans. Mark Ritter and David Frisby as "The Concept and Tragedy of Culture," in David Frisby and Mike Featherstone (eds.), *Simmel on Culture* (London, 1977); *PdG*, pp. 591 – 616; *PM*, pp. 446 – 70.

72. *PdG*, pp. 651 – 4; *PM*, pp. 468 – 70.

73. *PdG*, pp. 552 – 6; *PM*, pp. 400 – 4.

74. *PM*, pp. 212 – 3.

75. *PM*, pp. 228 – 32, 481 – 3.

76. See Gianfranco Poggi, *Money and the Modern Mind*: *Georg Simmel's Philosophy of Money* (Berkeley, 1993).

77. Georg Simmel, "Tendencies in German Life and Thought since 1870," p. 6; similarly *PM*, p. 482.

78. A point rightly made by Poggi, *Money and the Modern Mind*, p. 54.

79. For information on Sombart I have relied largely on the very thorough biography by Friedrich Lenger, *Werner Sombart, 1863 – 1941 : Eine Biographie* (Munich, 1994).

80. Quoted in Lenger, *Werner Sombart*, pp. 137 – 40.

81. Werner Sombart, *Die deutsche Volkswirtschaft* (1903), p. 129, quoted in Lenger, *Werner Sombart*, p. 189.

82. Werner Sombart, *Die Juden und das Wirtschaftsleben* (Munich, 1911), translated by Mordechai Epstein as *The Jews and Modern Capitalism* (1913 ; reprinted New Brunswick, N. J. , 1982).

83. Sombart, *Die Juden und das Wirtschaftsleben*, pp. 242 – 9, 403 – 27 ; *The Jews and Modern Capitalism*, pp. 213 – 21, 323 – 44.

84. Sombart, *Die Juden*, p. 330 ; *The Jews and Modern Capitalism*, p. 275.

85. 关于企业家与从事贸易者的区别，参见：Sombart, *Die Juden und das Wirtschaftsleben*, pp. 189 – 97, 332 – 3 ; *The Jews and Modern Capitalism*, pp. 160 – 8, 227 – 8。

86. See Jeffrey Herf, *Reactionary Modernism : Technology, Culture, and Politics in Weimar and the Third Reich* (Cambridge, 1984), p. 136.

87. Lujo Brentano, *Der Wirtschaftende Mensch in der Geschichte : Gesammelte Reden und Aufsze* (Leipzig, 1923), "Judentum und Kapitalismus," pp. 426 – 90. See also the excursus on "Handel, Puritanismus, Judentum und Kapitalismus," in Brentano, *Die Anfge des modernen Kapitalismus* (Munich, 1916 ; first published 1913).

88. Quoted in Lenger, *Werner Sombart*, p. 448, n43. Weber's work on "the Protestant ethic and the spirit of capitalism" may have been stimulated by his dissatisfaction with Sombart's earlier treatment of the subject, on which see Hartmut Lehmann, "The Rise of Capitalism : Weber Versus Sombart," in Hartmut Lehmann and Guenther Roth, *Weber's Protestant Ethic : Origins, Evidence, Contexts* (Cambridge, 1993), pp. 195 – 210, at p. 198.

89. 这种财阀资本主义对于犹太人的反犹太情绪并非局限在德国。For British cases see Jay P. Corrin, *G. K. Chesterton and Hilaire Belloc : The Battle Against Modernity* (Athens, Ohio, 1981), and with caution, Bryan Cheyette, *Constructions of "The Jew" in English Literature and Society* (Cambridge,

1993）, chapter 5.

90. Lenger, *Werner Sombart*, p. 210 and 452, n108. On Fritsch as the *Altmeister* of National Socialism, see George L. Mosse, *The Crisis of German Ideology: Intellectual Origins of the Third Reich* (New York, 1964), p. 112. 关于犹太人对于桑巴特文章的接受程度，参见：Lenger and Derek J. Penslar, *Shylock's Children* (Berkeley, 2001), chapter 4。

91. Letter of August 28, 1914, quoted in Mommsen, *Max Weber and German Politics*, pp. 190 – 1.

92. Mommsen, *Max Weber and German Politics*, pp. 192 – 4.

93. Georg Simmel, "Deutschlands innere Wandlung" (November 1914), and "Die Krisis der Kultur" (January 1916), both in his *Der Krieg und die geistigen Entscheidungen* (Munich, 1917), p. 59.

94. Simmel, *Der Krieg*, p. 64.

95. Simmel, *Der Krieg*, pp. 11 – 2, 61.

96. Werner Sombart, *Hdler und Helden: Patriotische Besinnungen* (Munich, 1915), pp. 64, 14, quoted in Fritz Ringer, *The Decline of the German Mandarins: The German Academic Community, 1890 – 1933* (Cambridge, Mass., 1969), pp. 184 – 5. Also see Lenger, *Werner Sombart*, pp. 245 – 52, and in Hermann Lubbe, *Politische Philosophie in Deutschland* (Munich, 1974), pp. 210 – 4.

97. Sombart, *Hdler und Helden*, p. 65, quoted in Ringer, *Decline of the German Mandarins*, pp. 187 – 8.

98. Sombart, *Hedler und Helden*, pp. 125, 143. Quoted in Lenger, *Werner Sombart*, pp. 247 – 8.

99. Lenger, *Sombart*, pp. 250 – 1.

第十章　卢卡奇和弗莱尔

1. 关于卢卡奇、他的家庭及其背景，多处参考了他的个人回忆录：Georg Lukacs, *Gelebtes Denken*, ed. Istvan Eorsi (Frankfurt, 1981), as well as the English version, *Record of a Life: An Autobiographical Sketch* (London, 1983); Lee Congdon, *The Young Lukács* (Chapel Hill, N. C., 1983); Arpad Kadarkay, *Georg Lukács: Life, Thought, and Politics* (Cambridge, Mass., 1991);

and Mary Gluck, *Georg Lukács and His Generation,1900 – 1918* (Cambridge, Mass. ,1985). On Lukacs' father, see also William O. McCagg, Jr. , *Jewish Nobles and Geniuses in Modern Hungary* (Boulder,Colo. ,1972) ,p. 106。

2. 关于这一反资本主义感知的产生,参见: Gregor von Rezzori, *Memoiren eines Antisemiten* (Munich,1979) , translated as *Memoirs of an Anti – semite* (New York,1985)。

3. Michael K. Silber, " A Jewish Minority in a Backward Economy:An Introduction," in Michael K. Silber, *Jews in the Hungarian Economy,1760 – 1945* (Jerusalem,1992) ,pp. 3 – 22,此书对于犹太人在匈牙利经济和社会中扮演的角色提供了全面而又精练的阐述。同时可参见: Gluck, *Georg Lukács and His Generation*, and at greater length in McCagg, *Jewish Nobles and Geniuses*, and McCagg, *A History of Habsburg Jews,1670 – 1918* (Bloomington,Ind. ,1989) ,chapters 8 and 11.

4. Lukacs, *Record of a Life*,pp. 144 – 5. 关于布达佩斯城市的总体状况,参见: John Lukacs, *Budapest 1900: A Historical Portrait of a City and Its Culture* (New York,1988).

5. Bela Balazs, *Almodó ifjuság* (Dreams of Youth) (Budapest,1976) ,pp. 84 – 5,quoted in Gluck, *Georg Lukács and His Generation*,p. 70.

6. See Gluck, *Georg Lukács and His Generation*,p. 78;关于德国犹太人常见的行为方式,参见: Hannah Arendt, " Introduction," to Walter Benjamin, *Illuminations* (London,1970) ,pp. 26 – 7。关于欧洲犹太人对于高雅文化的喜爱,参见: George L. Mosse, *German Jews Beyond Judaism* (Cincinnati, 1985)。尽管这种喜爱在欧洲犹太人中间尤为强烈,但并非局限于此。For other examples see Carl E. Schorske, " The Transformation of the Garden," in Carl E. Schorske, *Fin – de – Siècle Vienna:Politics and Culture* (New York,1980).

7. Gluck, *Georg Lukács and His Generation*,p. 79.

8. Lukacs, *Gelebtes Denken*,pp. 242 – 3; *Record of a Life*,p. 146.

9. Gluck, *Georg Lukács and His Generation*,pp. 55 – 7; John Lukacs, *Budapest 1900*,pp. 108 – 36,187 – 96.

10. Silber, " A Jewish Minority," p. 21.

11. Gluck, *Georg Lukács and His Generation*,57 – 62; John Lukacs, *Budapest*

1900, p. 89 - 91.

12. Gluck, *Georg Lukács and His Generation*, 8 - 9, 23 - 5.

13. See especially Georg von Lukacs, "Zur Soziologie des modernen Dramas," *Archiv für Sozialwissenschaft und Sozialpolitik*, vol. 38 (1914), pp. 303 - 45, 662 - 706, and the analysis in Andrew Arato and Paul Breines, *The Young Lukács and the Origins of Western Marxism* (New York, 1979), pp. 15 ff.

14. Georg von Lukacs, "Zum Wesen und zur Methode der Kultursoziologie," *Archiv für Sozialwissenschaft und Sozialpolitik*, vol. 39 (1915), pp. 216 - 22, cites *Gemeinschaft und Gesellschaft* and *Die Philosophie des Geldes* as the most significant works for the sociology of culture. On the influence of Simmel's *Philosophy of Money* on Lukacs, see David Frisby, " Introduction to the Translation," in Georg Simmel, *The Philosophy of Money* (London, 1990), pp. 15 - 21.

15. See the "Curriculum Vitae," which Lukacs submitted to the University of Heidelberg in May 1918, first published in *Text + Kritik*, No. 39/40 (1973), p. 5, and in translation in Judith Marcus and Zoltan Tar (eds.), *Georg Lukács: Selected Correspondence, 1902 - 1920* (New York, 1986), pp. 284 - 8.

16. 这一在卢卡奇的著作中反复出现的主题首度出现在他 1913 年的杂文《美学文化》的同名匈牙利文版本中。参见: Gyorgy Markus, "Life and Soul: The Young Lukacs and the Problem of Culture," in Agnes Heller (ed.), *Lukács Reappraised* (New York, 1983), pp. 1 - 26。

17. Lukacs, *Gelebtes Denken*, p. 75; *Record*, pp. 48 - 9.

18. Letter of Simmel to Lukacs, July 22, 1909, in Marcus and Tar (eds.), *Georg Lukács: Selected Correspondence, 1902 - 1920*, p. 93. 尽管许多评论家注意到了齐美尔对卢卡奇的影响，还是有一些人认为齐美尔也吸收了卢卡奇更加悲观的分析观点。See for instance Kurt Lenk, " Das tragische Bewustsein in der deutschen Soziologie," *Kner Zeitschrift für Soziologie und Sozialspychologie*, vol. 16, no. 2 (1964), pp. 257 - 87, and similarly Congdon, *The Young Lukács*, p. 25. Michael Lowy, *Georg Lukács—From Romanticism to Bolshevism* (London, 1979), p. 96, 在这篇文章中, 卢卡奇反对齐美尔对于资本主义社会妥协。

19. Georg Lukacs, *Theory of the Novel* (Cambridge, Mass. ,1971) , p. 64 , quoted in Martin Jay, *Marxism and Totality*: *The Adventures of a Concept from Lukács to Habermas* (Berkeley,1984) , p. 95.

20. Lukacs, *Gelebtes Denken*, pp. 254 – 5; *Record of a Life*, pp. 153 – 4; see also Lowy, *Georg Lukács*, pp. 111 – 2.

21. Lukacs, *Gelebtes Denken*, p. 257; *Record of a Life*, p. 156; and Kadarkay, *Georg Lukács*, pp. 156 – 8.

22. 关于战争对于社会的影响的描述,参见: Roger Chickering, *Imperial Germany and the Great War*, *1914 – 1918* (Cambridge,1998)。

23. See Lowy, *Georg Lukács*, p. 123

24. Quoted in Kadarkay, *Georg Lukács*, p. 208.

25. 关于在匈牙利出现的苏维埃独裁统治,参见: Rudolf L. Tokes, *Béla Kun and the Hungarian Soviet Republic* (New York,1967). On Lukacs' role, see Kadarkay, *Georg Lukács*, chapter 9, and Congdon, *The Young Lukács*, chapter 6。

26. Lukacs, *Gelebtes Denken*, p. 96; *Record of a Life*, p. 60.

27. Kadarkay, *Georg Lukács*, p. 212.

28. On which see Thomas Sakmyster, *Hungary's Admiral on Horseback*: *Miklos Horthy*, *1918 – 1944* (Boulder, Colo. ,1994).

29. See Andrew Janos, *The Politics of Backwardness in Hungary*, *1825 – 1945* (Princeton, N. J. ,1982) , pp. 201 – 6.

30. Kadarkay, *Georg Lukács*, pp. 237 – 8.

31. See, Jerry Z. Muller, " Communism, Anti – Semitism, and the Jews," *Commentary* (August 1988) , pp. 28 – 39; as well as the essays by Ivan T. Berend in Randolph L. Braham and Attila Pok (eds.) , *The Holocaust in Hungary Fifty Years Later* (New York,1997). On the centrality of the theme in Hitler's speeches and worldview, see Ian Kershaw, *Hitler*, *1889 – 1936*: *Hubris* (New York,1999) , pp. 23 – 4. On the permeation of this theme into American military intelligence, see Joseph Bendersky, *The " Jewish Threat"*: *Anti – Semitic Politics of the U. S. Army* (New York,2000).

32. See Francois Furet, *The Passing of an Illusion*: *The Idea of Communism in the Twentieth Century* (Chicago,2000) , chapters 2 and 3.

33. See Franz Borkenau, *World Communism* (1939; reprint Ann Arbor, Mich. , 1962), chapter 9.

34. Charles S. Maier, *Recasting Bourgeois Europe: Stabilization in France, Germany, and Italy in the Decade After World War I* (Princeton, N. J. ,1975).

35. On the NEP see Martin Malia, *The Soviet Tragedy: A History of Socialism in Russia, 1917 – 1991* (New York, 1994), chapter 5.

36. Georg Lukacs, *History and Class Consciousness: Studies in Marxist Dialectics* trans. Rodney Livingstone (Cambridge, Mass. , 1971), hereafter cited as *HCC*, pp. 88 – 9; Georg Lukacs, *Geschichte und Klassenbewusein*, hereafter cited as *GK*, following the pagination in Georg Lukacs, *Werke* (Neuwied, 1962), Band II, pp. 262 – 3; On Taylorism and European – bred sciences of work during this period, see Anson Rabinbach, *The Human Motor: Energy, Fatigue and the Origins of Modernity* (New York, 1990), chapters 9 and 10.

37. *HCC*, p. 89; *GK*, pp. 263 – 4.

38. *HCC*, p. 157; *GK*, p. 340.

39. *HCC*, pp. 181, 54; *GK*, pp. 367, 227.

40. *HCC*, p. 7; *GK*, p. 178.

41. *HCC*, p. 103, *GK*, p. 279.

42. *HCC*, pp. 109 – 10; *GK*, p. 286.

43. *HCC*, p. 91; *GK*, p. 265.

44. *HCC*, p. 95; *GK*, p. 272.

45. 关于安东尼奥（Antonio Gramsci, 1891 – 1937）的思想，参见：Leszek Kolakowski, *Main Currents of Marxism. Volume 3 , The Breakdown* (New York, 1978), chapter 6。

46. *HCC*, p. 27; *GK*, p. 199.

47. *HCC*, p. 69; *GK*, pp. 244 – 5.

48. *HCC*, p. 13; *GK*, p. 186.

49. *HCC*, pp. 20 – 1; *GK*, p. 194.

50. *HCC*, p. 21; *GK*, p. 195.

51. *HCC*, p. 51 – 3; *GK*, p. 223 – 5.

52. See Kolakowski, *Main Currents of Marxism*, vol. 3; George Lichtheim, *Lukács* (London, 1970), pp. 50 – 1; and Bernard Yack, *The Longing for Total*

Revolution（Princeton, N. J. ,1986）, pp. 286 ff.

53. *HCC*, p. 76 ; *GK*, p. 252.

54. *HCC*, p. 74 ; *GK*, p. 249.

55. *HCC*, p. 75 , *GK*, pp. 250 – 1.

56. *HCC*, pp. 79 – 80; *GK*, p. 253.

57. *HCC*, p. 41 , *GK*, p. 212.

58. *HCC*, p. 208 , *GK*, p. 397.

59. *HCC*, pp. 315 – 6; *GK*, pp. 493 – 4.

60. *HCC*, p. 319; *GK*, pp. 496 – 7.

61. HansFreyer, *Theorie des gegenwtigen Zeitalters*（Stuttgart,1955）, p. 127. 关于弗莱尔及其著作的记述和分析多引自：Jerry Z. Muller, *The Other God That Failed: Hans Freyer and the Deradicalization of German Conservatism*（Princeton, N. J. ,1987）。与本章相关联的更多关于弗莱尔的文章,参见：Rolf Peter Sieferle, *Die Konservative Revolution: Fünf biographische Skizzen*（Frankfurt,1995）, pp. 164 – 97。

62. SeeFritz Stern, *The Politics of Cultural Despair: A Study in the Rise of the Germanic Ideology*（Berkeley, 1961）, and George L. Mosse, *The Crisis of German Ideology*（New York,1964）.

63. Hans Freyer, *Die Bewertung der Wirtschaft im philosophischen Denken des 19. Jahrhunderts*（Leipzig,1921）.

64. Hans Freyer, *Theorie des objektiven Geistes: Eine Einleitung in die Kulturphilosophie*（Leipzig,1923）, translated from the second German edition of 1928 by Steven Grosby as *Theory of Objective Mind: An Introduction to the Philosophy of Culture*（Athens, Ohio, 1998）; "Zur Philosophie der Technik," *Blter für deutsche Philosophie*, vol. 3（1929 – 30）, pp. 192 – 201; *Der Staat*（Leipzig,1926）; Hans Freyer, *Soziologie als Wirklichkeitswissenschaft*（Leipzig,1930）; *Einleitung in die Soziologie*（Leipzig,1931）.

65. Hans Freyer, *Ants: Grundlegung einer Ethik des bewuen Lebens*（Jena,1918）, and *Prometheus: Ideen zur Philosophie der Kultur*（Jena,1923）.

66. On the tradition of German historicism, see Friedrich Meinecke, *Die Enstehung des Historismus*（Berlin,1936）; Hans – Georg Gadamer, *Truth and Method*（New York,1982）, pp. 153 – 203; Georg G. Iggers, *The German*

Conception of History (rev. ed. , Middleton, Conn. , 1983), chapter 1 , passim. On Herder see the classic essay by Isaiah Berlin, "Herder and the Enlightenment," in Berlin, *Vico and Herder*: *Two Studies in the History of Ideas* (New York,1976).

67. Johannes (Hans) Freyer, *Geschichte der Geschichte der Philosophie im achtzehnten Jahrhundert*,in *Beitre zur Kultur - und Universalgeschichte*,gen. ed. Karl Lamprecht, vol. 16 (Leipzig,1912) ,pp. 150 – 1 ,42.

68. Freyer,*Ants*,pp. 90 ff.

69. Freyer,*Prometheus*,p. 78.

70. Freyer,*Prometheus*,pp. 80 ,82.

71. Martin Heidegger, *Sein und Zeit* (1927; 9th ed. , Tubingen, 1963), pp. 382 – 7.

72. Walter Goetz,*Das Wesen der deutschen Kultur* (Darmstadt,1919) ,p. 3.

73. Theodore Litt,*Individuum und Gemeinschaft*,3rd ed. (Leipzig,1926) ,p. 382.

74. Freyer,*Prometheus*,p. 107.

75. Freyer,*Prometheus*,p. 57.

76. Freyer,*Der Staat*,pp. 174 – 5.

77. Freyer,*Prometheus*,pp. 55 – 6.

78. Freyer,"Zur Philosophie der Technik," p. 201 ; similarly,the conclusion of *Die Bewertung der Wirtschaft*. On the attitude of Freyer and other intellectuals of the Weimar right toward technology, see Jeffrey Herf, *Reactionary Modernism*: *Technology*, *Culture*, *and Politics in Weimar and the Third Reich* (Cambridge,1984).

79. Freyer,*Der Staat*,pp. 140 – 3.

80. Freyer,*Der Staat*,pp. 142 – 3.

81. Freyer,*Der Staat*,pp. 144 – 9.

82. Freyer,*Der Staat*,pp. 112 ,145.

83. Freyer,*Der Staat*,pp. 37 – 8.

84. Freyer,*Theorie*,pp. 90 – 1 ; Freyer,*Prometheus*,pp. 4 – 5.

85. Freyer,*Der Staat*,p. 99.

86. Freyer,*Prometheus*,p. 4.

87. Freyer,*Der Staat*,p. 105.

88. Freyer, *Der Staat*, pp. 128, 175.

89. Harold James, "Economic Reasons for the Collapse of the Weimar Republic," in Ian Kershaw (ed.), *Weimar: Why Did German Democracy Fail?* (New York, 1990), pp. 30 – 57; and Knut Borchardt, "Constraint and Room for Manoeuvre in the Great Depression of the Early Thirties: Toward a Revision of the Received Historical Picture" and "Economic Causes of the Collapse of the Weimar Republic," both in Kurt Borchardt, *Perspectives on Modern German Economic History and Policy* (Cambridge, 1991), pp. 143 – 83.

90. Hans Freyer, *Revolution von rechts* (Jena, 1931), pp. 26 – 33.

91. Freyer, *Revolution*, pp. 23, 58 – 60. See Jerry Z. Muller, "Carl Schmitt, Hans Freyer, and the Radical Conservative Critique of Liberal Democracy in the Weimar Republic," *History of Political Thought*, Vd. 12, no. 4 (Winter 1991), pp. 695 – 715.

92. Freyer, *Revolution*, pp. 43 – 4, 69.

93. Freyer, *Revolution*, pp. 54 – 5, 61.

94. Freyer, *Revolution*, pp. 47 – 9.

95. Freyer, *Revolution*, pp. 64 – 72.

96. 关于弗莱尔的职业生涯及其始自 1933 年的思想历程，参见：Muller, *The Other God That Failed*, chapters 6 through 10。

97. Interview with *New Left Review*, originally published in 1971 and quoted here from the reprint in Lukacs, *Record of a Life*, p. 181.

第十一章 熊彼特

1. Preface to Joseph A. Schumpeter, *Capitalism, Socialism, and Democracy*, 1st ed. (New York, 1942), pp. ix – x. Henceforth cited as *CSD*.

2. See Richard Swedberg, *Schumpeter: A Biography* (Princeton, N. J. , 1991); Robert Loring Allen, *Opening Doors: The Life and Work of Joseph Schumpeter*, 2 vols. (New Brunswick, N. J. ; 1991); and Wolfgang F. Stolper, *Joseph Alois Schumpeter: The Public Life of a Private Man* (Princeton, N. J. , 1994).

3. Regis A. Factor, *Guide to the Archiv fur Sozialwissenschaft und Sozialpolitik Group, 1904 – 1933: A History and Comprehensive Bibliography* (New York, 1988).

4. See Joseph Schumpeter, *History of Economic Analysis* (New York, 1954), pp. 409 – 11. Also see Fritz Redlich, " Unternehmer – forschung und Weltanschauung," *Kyklos*, vol. 8 (1955), pp. 277 – 300; and Enrico Santarelli and Enzo Pesciarelli, " The Emergence of a Vision: The Development of Schumpeter's Theory of Entrepreneurship," *History of Political Economy*, vol. 22, no. 4 (1990), pp. 677 – 96.

5. Schumpeter, *History*, p. 789 n13.

6. Friedrich von Wieser, *Recht und Macht* (1910), and his contribution, "Theorie der gesellschaftlichen Wirtschaft," to Max Weber's *Grundri der Sozialonomik* (1914), cited by Jurgen Osterhammel, "Joseph A. Schumpeter und das Nichtokonomische in der Okonomie," *Kner Zeitschrift für Soziologie und Sozialpsychologie*, vol. 39, no. 1 (1987), pp. 40 – 58, at pp. 52 – 3.

7. " Die sozialen Klassen im ethnisch homogen Milieu," *Archiv für Sozialwissenschaft und Sozialpolitik*, vol. 57 (1927), pp. 1 – 67; translation, "Social Classes in an Ethnically Homogeneous Environment," now in Joseph A. Schumpeter, *The Economics and Sociology of Capitalism*, ed. Richard Swedberg (Princeton, N. J. , 1991), pp. 231 – 2.

8. See the chapter " Friedrich Nietzsche" by Werner J. Dannhauser, in Leo Strauss and Joseph Cropsey (eds.), *History of Political Thought* (Chicago, 1963, and subsequent editions). Henning Ottmann (ed.), *Nietzsche – Handbuch* (Stuttgart, 2000). 此书是介绍尼采学术的较好的入门读物。

9. Joseph A. Schumpeter, *Das Wesen und der Hauptinhalt der Nationalonomie* (Leipzig, 1908), pp. 615, 618.

10. See Schumpeter's comments on Adam Smith in *History of Economic Analysis*, p. 186.

11. See Redlich, " Unternehmerforschung und Weltanschauung"; Also see Israel M. Kirzner, *Discovery and the Capitalist Process* (Chicago, 1985), chapter 1. 关于19世纪德语经济学家中对于企业家的关注及其作用的研究,参见: Erich Streissler, " The Influence of German and Austrian Economics on Joseph A. Schumpeter," in Yuichi Shionoya and Mark Perlman (eds.), *Schumpeter in the History of Ideas* (Ann Arbor, Mich. , 1994), pp. 13 – 38, esp. pp. 15 – 22, 34 – 5。For a useful overview, Mark Blaug, " The Concept

of Entrepreneurship in the History of Economics," in Blaug, *Not Only an Economist* (*Cheltenham* , *England* ,1997) , pp. 95 – 113.

12. Joseph A. Schumpeter, *The Theory of Economic Development* (New Brunswick, N. J. ,1983) , p. 66.

13. Schumpeter, *Theory*, p. 86.

14. Joseph A. Schumpeter, "[D] er Schopferkraft und Herrschgewalt des Fuhrers," in *Theorie der wirtschaftlichen Entwicklung* (Leipzig, 1912 ; first published Vienna, June 1911) (hereafter cited as *TWE*) , p. 304. "领袖的 创造力"首次出现在 1934 年的英文翻译中, Schumpeter, *Theory*, p. 147。

15. *TWE*, p. 285 ; *Theory*, p. 133.

16. Schumpeter, *Theory*, p. 133.

17. Schumpeter, *Theory*, pp. 92 – 3. See Nathan Rosenberg, " Joseph Schumpeter: Radical Economist," in Yuichi Sihionoyo and Mark Perlman (eds.) , *Schumpeter in the History of Ideas* (Ann Arbor, Mich. ,1994).

18. Schumpeter, *History*, p. 409.

19. *TWE*, pp. 542 – 6. In the preface to the English translation of 1934, Schumpeter refers to " the theory of cultural evolution, which in important points presents striking analogies with the economic theory of this book. " *Theory*, p. lxiii.

20. *TWE*, pp. 542 – 5.

21. 尽管这篇文章出版于 1927 年, 它却根植于第一次世界大战前。熊彼 特在序言中告诉我们, 这一理论是他在 1910～1911 年在大学讲座时逐 渐形成, 并在之后纽约哥伦比亚大学作为访问教授的三年授课期间得 以发展。

22. Schumpeter, "Social Classes," p. 274.

23. Schumpeter, "Social Classes," pp. 276 – 7.

24. 这是尼采著作的常见主题思想之一, 参见: *On the Genealogy of Morality*.

25. *TWE*, pp. 534 ff.

26. See Schumpeter's essay on Pareto in Joseph A. Schumpeter, *Ten Great Economists from Marx to Keynes* (New York, 1951).

27. Vilfredo Pareto, *The Rise and Fall of Elites: An Application of Theoretical Sociology* (New Brunswick, N. J. ,1991 ; Italian original published in 1901) ,

pp. 39 – 40.

28. Pareto, *Rise and Fall*, p. 50.

29. 这些行为是为了与常常担任政府高官的维也纳经济学者们的传统保持一致。See William Johnston, *The Austrian Mind : An Intellectual and Social History, 1848 – 1938* (Berkeley, 1972), pp. 48 and 70, and chapter 4.

30. See the letters of Schumpeter to Graf Otto Harrach, a member of the Austrian House of Lords, written from 1916 to 1918, in Joseph A. Schumpeter, *Politische Reden*, ed. Christian Seidl and Wolfgang F. Stolper (Tubingen, 1992), pp. 359 – 76.

31. See Barbara Jelavich, *Modern Austria : Empire and Republic, 1800 – 1986* (Cambridge, 1987), pp. 144 – 5; Paul Silverman, "Law and Economics in Interwar Vienna : Kelsen, Mises, and the Regeneration of Austrian Liberalism" (Ph. D. diss. , University of Chicago, 1984), introduction and chapter 1; and Malachi H. Hacohen, *Karl Popper : The Formative Years, 1902 – 1945* (Cambridge, 2000).

32. An analysis affirmed retroactively by Frederick Hertz, *The Economic Problems of the Danubian States : A Study of Economic Nationalism* (1947; reprint New York, 1970). Also see John W. Mason, *The Dissolution of the Austro – Hungarian Empire, 1867 – 1918*, 2nd ed. (London, 1997), chapter 4.

33. See *Capitalism, Socialism, and Democracy*. 正如熊彼特所指出的,这一认知早在保守派对于启蒙运动的批判中就已经出现了。

34. Helmut Gruber, *Red Vienna : Experiment in Working – Class Culture, 1919 – 1934* (New York, 1991), pp. 18 – 20. Jelavich, *Modern Austria*, pp. 164 – 5. See also Rudolf Gerlich, *Die gescheiterte Alternative. Sozialisierung in terreich nach dem Ersten Weltkrieg* (Vienna, 1980), p. 99.

35. Christian Seidl, "The Bauer – Schumpeter Controversy on Socialization," *History of Economic Ideas* vol. 2, (1994), pp. 41 – 69, at p. 69. Gottfried Haberler, "Joseph Alois Schumpeter 1883 – 1950," *Quarterly Journal of Economics*, vol. 64 (August 1950), reprinted in John Cunningham Wood (ed.), *J. A. Schumpeter : Critical Assessments*, 4 vols. (London, 1991), vol. 1, p. 93.

36. See for example "Der Sozialismus" (1918), in Max Weber, *Gesammelte*

Aufsze zur Soziologie und Sozialpolitik（Turbingen,1924）,pp. 492 – 518,and Weber's posthumously published *Economy and Society*,ed. Guenther Roth and Claus Wittich（Berkeley,1978）,pp. 82 – 113.

37. See Friedrich A. Hayek （ ed. ）, *Collectivist Economic Planning* （London, 1935）. See also David Ramsey Steele, *From Marx to Mises: Post – Capitalist Society and the Challenge of Economic Calculation* （La Salle, Ill. , 1992）, and chapter 13 below.

38. Peter L. Berger, *Redeeming Laughter: The Comic Dimension of Human Experience*（New York,1997）,p. 41.

39. Joseph Schumpeter, "Sozialistische Moglichkeiten von heute," *Archiv für Sozialwissenschaft und Sozialpolitik*, vol. 48 （ 1920 – 21 ）, pp. 305 – 60. Reprinted in his *Aufsze zur onomischen Theorie*（Turbingen,1952）.

40. Schumpeter,"Sozialistische Moglichkeiten," pp. 310 – 1.

41. Schumpeter,"Sozialistische Moglichkeiten," p. 308.

42. Schumpeter,"Sozialistische Moglichkeiten," p. 336.

43. Schumpeter,"Sozialistische Moglichkeiten," pp. 312 – 9.

44. Schumpeter,"Sozialistische Moglichkeiten," p. 323.

45. Schumpeter,"Sozialistische Moglichkeiten," pp. 343 – 6.

46. Schumpeter,"Sozialistische Moglichkeiten," pp. 348 – 9.

47. "Unternehmerfunktion und Arbeiterinteresse," in Joseph A. Schumpeter, *Aufsze zur Wirtschaftspolitik*, ed. and introduced by Wolfgang F. Stolper and Christian Seidl（Tubingen,1985）.

48. Joseph Schumpeter, "The Instability of Capitalism," published in the*Economic Journal* 38 （1928）, pp. 361 – 86; reprinted in Joseph A. Schumpeter, *Essays on Entrepreneurs,Innovations,Business Cycles,and the Evolution of Capitalism*,ed. Richard V. Clemence（New Brunswick,N. J. ,1989）.

49. 熊彼特这一时期生活的很多细节至今不为人知。目前能够找到的资料参见：Stolper,*Joseph Alois Schumpeter*,chapter 21。

50. See the articles collected in Joseph A. Schumpeter,*Aufsze zur Wirtschaftspolitik*, and pp. 36 – 43 of the introduction; as well as Joseph A. Schumpeter, *Business Cycles: A Theoretical,Historical,and Statistical Analysis of the Capitalist Process*（New York,1939）,2 vols. continuously paginated,pp. 714 – 6.

51. Schumpeter, *Business Cycles*, pp. 708 – 10.

52. David M. Kennedy, *Freedom from Fear: The American People in Depression and War, 1929 – 1945* (New York, 1999), pp. 20 – 3.

53. Rudolf Hilferding, *Das Finanzkapital* (Vienna, 1910); see also the discussion on Simmel and Weber in chapter 9. Adolf Berle and Gardiner Means, *The Modern Corporation and Private Property* (New York, 1932).

54. Kennedy, *Freedom from Fear*, pp. 120 – 1.

55. See Eugen Weber, *Peasants into Frenchmen: The Modernization of Rural France, 1870 – 1914* (Stanford, Cal. , 1976), chapter 11; Simon Szreter, *Fertility, Class, and Gender in Britain, 1860 – 1940* (Cambridge, 1996); Ute Frevert, *Women in German History: From Bourgeois Emancipation to Sexual Liberation* (New York, 1989; German original 1986), pp. 186 ff; John Gillis, Louise A. Tilly, and David Levine (eds.), *The European Experience of Declining Fertility, 1850 – 1970* (Cambridge, Mass. , 1992); Janet Farrell Brodie, *Contraception and Abortion in Nineteenth – Century America* (Ithaca, N. Y. , 1994); on Mensinga and the diaphragm, see Paul Weindling, *Health, Race, and German Politics Between National Unification and Nazism, 1870 – 1945* (Cambridge, 1989), p. 264; Kennedy, *Freedom from Fear*, p. 28. On the marketing of spermicidal douches, see Andrea Tone, " Contraceptive Consumers: Gender and the Political Economy of Birth Control in the 1930s," *Journal of Social History*, vol. 29, no. 3 (June 1996), pp. 485 – 506.

56. 关于在英格兰的论战, 参见: Szreter, *Fertility, Class, and Gender in Britain*, and Richard Solway, *Demography and Degeneration: Eugenics and the Declining Birthrate in Twentieth – Century Britain* (Chapel Hill, N. C. , 1995); 关于在德国的论战, 参见: Weindling, *Health, Race, and German Politics*, pp. 241 – 69, 以及 Atina Grossman, *Reforming Sex* (New York, 1995)。

57. Kennedy, *Freedom from Fear*, pp. 86 – 7.

58. Kennedy, *Freedom from Fear*, p. 163.

59. Kennedy, *Freedom from Fear*, pp. 122 – 3. Joan Robinson, *Introduction to the Theory of Employment* (New York, 1937), quoted in John A. Garraty, *The Great Depression* (New York, 1986), p. 135. For Keynes ' stagnationist views, see Robert Skidelsky, *John Maynard Keynes*, vol. 2 , *The Economist as*

Saviour, 1920 – 1937 (London, 1992), pp. 608 – 9.

60. Quoted in Kennedy, *Freedom from Fear*, p. 373.

61. Kennedy, *Freedom from Fear*, pp. 374 – 5. On Hansen see also Theodore Rosenof, *Economics in the Long Run : New Deal Theorists and Their Legacies, 1933 – 1993* (Chapel Hill, N. C. , 1997), chapter 5.

62. Kennedy, *Freedom from Fear*, p. 151.

63. Kennedy, *Freedom from Fear*, pp. 227 – 42 , 276.

64. Kennedy, *Freedom from Fear*, pp. 275 – 80.

65. Kennedy, *Freedom from Fear*, p. 282.

66. Kennedy, *Freedom from Fear*, p. 352.

67. Kennedy, *Freedom from Fear*, p. 353.

68. Schumpeter, *Business Cycles*, hereafter cited as *BC*.

69. *BC*, pp. 995 – 6 , 1026.

70. *BC*, pp. 992 – 3.

71. *BC*, pp. 994 – 5.

72. *BC*, pp. 1039 – 41. Kennedy, *Freedom from Fear*, pp. 284 , 351 , and 376.

73. *BC*, pp. 1044 , 1039.

74. *BC*, p. 1044. 他在第二版《资本主义、社会主义和民主》一书的前言中重申：他相信"眼下关于垄断的大多数讨论……只不过是毫无事实基础的极端思想认知。"(p. x).

75. *CSD*, p. 101. 正如麦克因(Neil McInnes)指出的,熊彼特摧毁了反托拉斯主义的逻辑基础,但是并没有颠覆它：Neil McInnes, "Wrong for Superior Reasons," *The National Interest* (Spring 1995), pp. 85 – 97, at p. 94。

76. *BC*, p. 1038 ; chapter 14 , *BC*.

77. *BC*, pp. 1046 – 50.

78. Schumpeter, "Sombarts Dritter Band," *Schmollers Jahrbuch*, vol. 51, no. 3 (1927), pp. 349 – 69; reprinted in Bernhard vom Brocke (ed.), *Sombarts "Moderner Kapitalismus" : Materialien zur Kritik und Rezeption* (Munich, 1987), pp. 196 – 219; esp. p. 207.

79. D. M. Wright, "Schumpeter and Keynes," *Weltwirtschaftliches Archiv*, vol. 65 (1950), pp. 195 – 6, reprinted in Wood (ed.), *J. A. Schumpeter : Critical Assessments*, vol. 1, pp. 26 – 36, at p. 36; McInnes, "Wrong for Superior

Reasons. "

80. As Schumpeter noted in the preface to *CSD*, 1st ed. , pp. ix – x.

81. 总的来说,那些与熊彼特一样具有维也纳背景的学者更容易领悟到书中带有讽刺意味的论调。参见:Fritz Machlup, "Capitalism and Its Future Appraised by Two Liberal Economists, " *American Economic Review*, vol. 33 (1943), pp. 301 – 20, at p. 302; Similarly Haberler, "Joseph Alois Schumpeter, " p. 84。

82. *CSD*, p. 6.

83. *CSD*, p. 16.

84. *CSD*, pp. 46 – 7.

85. *CSD*, p. 55.

86. *CSD*, p. 67.

87. *CSD*, p. 117.

88. *CSD*, p. 116.

89. *CSD*, pp. 117 – 8.

90. *CSD*, pp. 124 – 5.

91. *CSD*, pp. 73 – 4.

92. *CSD*, pp. 123 – 4.

93. *CSD*, p. 127.

94. *CSD*, p. 127.

95. *CSD*, pp. 126 – 7.

96. *CSD*, p. 129.

97. *CSD*, p. 172.

98. *CSD*, pp. 201, 198.

99. *CSD*, p. 375.

100. *CSD*, p. 127.

101. An argument that Schumpeter had put forth in his article "Unternehmer, " *Handwterbuch der Staatswissenschaften*, 4th ed. (Jena, 1928), vol. 8, pp. 476 – 87.

102. *CSD*, pp. 157 – 62,熊彼特关于民主趋势的观点,参见: " The Falling Birth Rate, " part of his 1941 Lowell Lectures, in Schumpeter, *The Economics and Sociology of Capitalism*, ed. Swedberg, pp. 372 – 80。

103. *CSD*, pp. 127 – 9.

104. *CSD*, pp. 153 – 5.

105. *CSD*, pp. 154, 311 n4.

106. *CSD*, p. 145.

107. *CSD*, p. 147.

108. *CSD*, pp. 154 – 5.

109. *CSD*, pp. 147, 151.

110. *CSD*, p. 153.

111. *CSD*, p. 144.

112. *CSD*, pp. 150 – 1.

113. *CSD*, p. 156.

第十二章 从凯恩斯到马尔库塞

1. Robert Skidelsky, *John Maynard Keynes*, volume 2, *The Economist as Saviour, 1920 – 1937* (London, 1992), p. 237.

2. Keynes, *The Economic Consequences of the Peace* (New York, 1920), quoted in Skidelsky, *John Maynard Keynes*, volume 2, p. 234.

3. John Maynard Keynes, *The General Theory of Employment, Interest, and Money* (1936), in *The Collected Writings of John Maynard Keynes* (London, 1973), p. 376.

4. Keynes, *General Theory*, p. 365 – 6.

5. Keynes, *General Theory*, p. 369.

6. Keynes, *General Theory*, p. 370.

7. 关于凯恩斯对于犹太人的观点, 参见: Skidelsky, *John Maynard Keynes*, volume 2, pp. 238 – 9。

8. Keynes, *General Theory*, pp. 371 – 2.

9. Skidelsky, *John Maynard Keynes*, vol. 2, p. 236.

10. Skidelsky, *John Maynard Keynes*, vol. 2, p. 368

11. Skidelsky, *John Maynard Keynes*, vol. 2, p. 374.

12. Skidelsky, *John Maynard Keynes*, vol. 2, p. 237.

13. Skidelsky, *John Maynard Keynes*, vol. 2, p. 238

14. Georg Simmel, *The Philosophy of Money*, 2nd ed., ed. David Frisby (New York, 1990), pp. 212 – 13.

15. Keynes, *General Theory*, p. 373. See also Robert Skidelsky, " Keynes," in

D. D. Raphael, Donald Winch, and Robert Skidelsky, *Three Great Economists* (Oxford, 1997), p. 315.

16. Keynes, *General Theory*, p. 379.

17. Keynes, *General Theory*, p. 380.

18. John Maynard Keynes, "Economic Possibilities for Our Grandchildren" (1930), in his *Essays in Persuasion* (New York, 1932), p. 373.

19. Eric Hobsbawm, *The Age of Extremes: A History of the World, 1914 – 1991* (New York, 1994), pp. 257 ff, 此书提供了这一时期经济和社会的简要概述。

20. Mark Mazower, *Dark Continent: Europe's Twentieth Century* (New York, 1999), p. 305.

21. Mazower, *Dark Continent*, p. 304.

22. Mazower, *Dark Continent*, p. 307.

23. Robert Evenson, *The Green Revolution* (即将出版)。

24. Hobsbawm, *Age of Extremes*, p. 275.

25. 经济发展大部分归功于战后规划；Hobsbawm, *Age of Extremes*, pp. 272 – 3. 关于战后法国规划, 参见: Richard F. Kuisel, *Capitalism and the State in Modern France* (Cambridge, 1981), chapters 8 and 9; and Peter Hall, *Governing the Economy: The Politics of State Intervention in Britain and France* (Oxford, 1986), chapters 6 and 7。关于 20 世纪 50 ~ 60 年代的政治和经济关系, 参见: A. J. Nicholls, *The Bonn Republic: West German Democracy, 1945 – 1990* (London, 1997), chapter 5。

26. Otto Kirchheimer, "The Waning Opposition in Parliamentary Regimes," *Social Research*, vol. 24 (Summer, 1957), pp. 127 – 56.

27. 这一词汇首度出现在爱德华·希尔斯 (Edward Shils) 的 "The End of Ideology" *Encounter*, vol. 5 (November 1955), pp. 52 – 8, 随后在丹尼尔·贝尔的杂文集 *The End of Ideology: On the Exhaustion of Political Ideas in the Fifties* (New York, 1960; rev. ed. 1962) 出版后, 被广泛接受。

28. Joseph Schumpeter, *Capitalism, Socialism, and Democracy*, 1st ed. (New York, 1942), p. 144.

29. 有关马尔库塞的生平简历和学术历程的信息来自柏瑞·卡兹 (Barry Katz) 的 *Herbert Marcuse and the Art of Liberation: An Intellectual Biography*

（London,1982），以及道格拉斯·凯尔勒的 *Herbert Marcuse and the Crisis of Marxism*（Berkeley,Calif. ,1984）。关于马尔库塞与法兰克福社会研究学院的关系，参见马丁·简（Martin Jay）的 *The Dialectical Imagination: A History of the Frankfurt School and the Institute of Historical Research,1923 – 1950*（Boston, 1973）; Rolf Wiggershaus, *The Frankfurt School: Its History, Theories, and Political Significance*（Cambridge, Mass. , 1994）; Clemens, Albrecht, et al. , *Die intellektuelle Gründung der Bundesrepublik: Eine Wirkungsgeschicthe der Frankfurter Schule*（Frankfurt,1999）。这两本书提供了更多的信息和辩证观点。

30. Katz, *Herbert Marcuse*, pp. 46 ff.

31. Jurgen Habermas, "Gesprach mit Herbert Marcuse"（1977）, in Jurgen Habermas, *Philosophisch – politische Profile*（Frankfurt,1981）, p. 268.

32. See chapter 6 of this volume.

33. Herbert Marcuse, "Zur Auseinandersetzung mit Hans Freyers 'Soziologie als Wirklichkeitswissenschaft' , " *Philosophische Hefte*, vol. 3（1931）, pp. 83 – 91.

34. "Neue Quellen zur Grundlegung des historischen Materialismus," *Die Gesellschaft*（Berlin, 1932）, vol. 9, part 2, pp. 136 – 74, translated as "The Foundations of Historical Materialism," in Herbert Marcuse, *Studies in Critical Philosophy*（Boston,1973）.

35. Wiggershaus, *The Frankfurt School*, pp. 12 – 3.

36. On this episode see Lionel Robbins, *Autobiography of an Economist*（London 1971）, p. 139, and Stephen Kresge and Leif Wenar（eds.）, *Hayek on Hayek: An Autobiographical Dialogue*（Chicago, 1994）, p. 85; as well as Wiggershaus, *The Frankfurt School*, p. 110.

37. Wiggershaus, *The Frankfurt School*, pp. 145 – 6.

38. Wiggershaus, *The Frankfurt School*, pp. 249 – 50, 261 – 5, 298 ff. On Marcuse's service in the Office of War Information and then in the OSS see Douglas Kellner, "Introduction," in Herbert Marcuse, *Technology, War, and Fascism: Collected Papers of Herbert Marcuse, Vol.* 1（London,1998）, pp. 15 ff, and Barry Katz, *Foreign Intelligence: Research and Analysis in the Office of Strategic Services 1942 – 1945*（Cambridge,Mass. ,1989）.

39. For one of Marcuse's earliest statements of this thesis, see his "Der Kampf

gegen den Liberalismus in der totalitaren Staatsauffassung," *Zeitschrift für Sozialforschung*, *vol*. 3, no. 1 (1934), pp. 161 – 95; translated as "The Struggle Against Liberalism in the Totalitarian View of the State," in Herbert Marcuse, *Negations*: *Essays in Critical Theory* (Boston, 1968), pp. 3 – 42.

40. See on this Jay, *Dialectical Imagination*, chapters 3 and 4, and Wiggershaus, *The Frankfurt School*, chapter 3.

41. Herbert Marcuse, "State and Individual under National Socialism" (1942), first published in Marcuse, *Technology*, *War*, *and Fascism*, pp. 67 – 92, at p. 84.

42. Marcuse, "State and Individual," pp. 85 – 6.

43. Marcuse, "State and Individual," p. 92.

44. H. Stuart Hughes, *The Sea Change*: *The Migration of Social Thought*, *1930 – 1965* (New York, 1975), p. 175.

45. Marcuse letter to Horkheimer, April 6, 1946, published in translation in Marcuse, *Technology*, *War*, *and Fascism*, pp. 250 – 1.

46. Herbert Marcuse, "33 Theses" (1947), published in translation in *Technology*, *War*, *and Fascism*, pp. 215 – 27.

47. Marcuse, "33 Theses," pp. 226 – 7.

48. Marcuse, "33 Theses," p. 221.

49. Philip Rieff, *Freud*: *The Mind of the Moralist* (Chicago, 1959; 3rd ed., 1979, with a new epilogue), p. 220.

50. Erich Fromm, *The Sane Society* (New York, 1955).

51. Lionel Trilling, "Freud and Literature," in Trilling, *The Liberal Imagination* (New York, 1950), and *Freud and the Crisis of Our Culture* (Boston, 1955).

52. Rieff, *Freud*, pp. 34 – 5.

53. Herbert Marcuse, *Eros and Civilization*: *A Philosophical Inquiry into Freud* (Boston, 1955) (hereafter cited as *EC*), p. 8

54. *EC*, pp. 12 – 3.

55. *EC*, pp. 35 – 45.

56. *EC*, p. 36.

57. *EC*, pp. 92 – 3.

58. *EC*, pp. 129 – 31, 201.

59. *EC*, pp. 201 – 2.

60. *EC*, p. 152.

61. *EC*, pp. 171, 195.

62. Friedrich Schiller, *On the Aesthetic Education of Mankind in a Series of Letters* edited and translated by Elizabeth M. Wilkinson and L. A. Willoughby (Oxford, 1967), pp. 32 – 5. Quoted by Marcuse in a slightly different translation in *EC*, p. 186.

63. *EC*, pp. 208 – 11.

64. *EC*, p. 48.

65. *EC*, pp. 223 – 4.

66. *EC*, p. 104.

67. *EC*, p. 100.

68. *EC*, p. 102.

69. Herbert Marcuse, *One – Dimensional Man*: *Studies in the Ideology of Advanced Industrial Society* (Boston, 1964, hereafter cited as *ODM*), p. 12.

70. *ODM*, p. xiv.

71. *ODM*, pp. 11 – 12.

72. *ODM*, pp. 7, 42.

73. *ODM*, pp. x – xi.

74. *ODM*, pp. 232 – 4.

75. *ODM*, pp. 4 – 5.

76. *ODM*, pp. 7 – 8. 马尔库塞对于黑格尔的理解, 参见他的 *Reason and Revolution*: *Hegel and the Rise of Social Theory* (New York, 1941)。

77. 相关分析参见: Michael Walzer, *The Company of Critics*, "Herbert Marcuse's America," (New York, 1988), pp. 170 – 90。

78. *ODM*, pp. 73 – 6. For a similar analysis, see Allan Bloom, *The Closing of the American Mind* (New York, 1987), pp. 132 – 7.

79. *ODM*, pp. xiv, 23.

80. *ODM*, p. 242.

81. *ODM*, p. 49.

82. Marcuse, "33 Theses," p. 221.

83. *ODM*, p. 145. For Marcuse's view of the Soviet Union, see his *Soviet Marxism*: *A Critical Analysis* (New York, 1958).

84. *ODM*, pp. 24 – 7.

85. *ODM*, pp. 28 – 31.

86. *ODM*, pp. 32 – 8.

87. Herbert Marcuse, "The Affirmative Character of Culture" (1937), in Marcuse, *Negations*, pp. 98 – 9.

88. *ODM*, p. 59.

89. *ODM*, pp. 59 – 64.

90. *ODM*, p. 61.

91. *ODM*, pp. 144 – 69.

92. *ODM*, p. 2.

93. *ODM*, p. 39.

94. *ODM*, pp. 151 – 7.

95. *ODM*, pp. 242 – 3.

96. *ODM*, p. 257.

97. *ODM*, p. 222.

98. *ODM*, p. 256.

99. Jurgen Habermas (ed.), *Antworten auf Herbert Marcuse* (Frankfurt, 1968); Paul Breines (ed.), *Critical Interruptions: New Left Perspectives on Herbert Marcuse* (New York, 1970).

100. Herbert Marcuse, *An Essay on Liberation* (Boston, 1969), pp. 51, 21, 33.

101. Marcuse, *Essay on Liberation*, pp. 57, 61.

102. Albrecht, et al., *Die intellektuelle Gründung*, p. 346.

103. See the letter of Adorno to Marcuse of May 5, 1969, quoting Horkheimer, in Marcuse/Adorno, "Correspondence on the German Student Movement," edited and introduced by Esther Leslie, *New Left Review*, no. 233 (January – February 1999), p. 127.

104. *Horkheimer Gesammelte Schriften*, vol. 14, p. 444, quoted in Albrecht, et al., *Die intellektuelle Gründung*, p. 323.

105. David Bromwich, "Scholarship as Social Action," in Alvin Kernan (ed.), *What's Happened to the Humanities?* (Princeton, N. J., 1997), pp. 220 – 44; See also Peter Novick, *That Noble Dream: The "Objectivity Question" and the American Historical Profession* (Cambridge, 1988),

pp. 427 ff.

106. Bromwich, "Scholarship as Social Action," pp. 220 – 44.

107. Walter Goodman, "Sociologists to the Barricades," *New York Times*, August 19,2000,p. 17; and the title essay of Irving Louis Horowitz, *The Decomposition of Sociology* (New York,1994).

108. Mary Britton King, "Make Love, Not Work: New Management Theory and the Social Self," *Radical History Review*,no. 76 (Winter 2000),pp. 15 – 24,at p. 18.

109. See David Brooks, *Bobos in Paradise: The New Upper Class and How They Got There* (New York,2000),pp. 48 – 51,103 – 17,and passim.

110. Joseph Schumpeter, *The Theory of Economic Development* (New Brunswick, N. J. ,1983),pp. 92 – 3. 德文译著第二版出现在 1934 年。

111. Alasdair MacIntyre, *Herbert Marcuse: An Exposition and a Polemic* (New York,1970),p. 40.

112. *ODM*,p. 251.

113. See Marcuse's 1977 interview with Jurgen Habermas and Heinz Lubasz,in Jurgen Habermas, "Gesprach mit Herbert Marcuse" (1977),in Habermas, *Philosophischpolitische Profile*,pp. 287,290,295.

第十三章　弗里德里希·哈耶克

1. 哈耶克的主要著作缩写如下:*Road = The Road to Serfdom* (Chicago, 1944; reprinted with a new preface 1976). *CL = The Constitution of Liberty* (Chicago,1960). *LLL,1 = Law, Legislation, and Liberty*,volume 1,*Rules and Order* (Chicago,1973). *LLL,2 = Law, Legislation, and Liberty*, volume 2, *The Mirage of Social Justice* (Chicago,1976). *LLL,3 = Law, Legislation, and Liberty*,volume 3, *The Political Order of a Free People* (Chicago,1979). *Hayek on Hayek = Hayek on Hayek: An Autobiographical Dialogue*, ed. Stephen Kresge and Leif Wenar (Chicago,1994)。

2. *CL*,p. vi.

3. 在这方面,他与他朋友卡尔·波普的"构想中的大都市社会"理念有许多共通之处。The phrase comes from Malachi H. Hacohen, *Karl Popper: The Formative Years,1902 – 1945* (Cambridge,2000),p. 308.

4. *Hayek on Hayek*, p. 48.

5. *Hayek on Hayek*, p. 68.

6. See Wieser's 1901 rectoral address at the University of Prague, "Ueber die gesellschaftlichen Gewalten" (1901), reprinted in Friedrich von Wieser, *Gesammelte Abhandlungen* (Tubingen, 1929), ed. Friedrich A. von Hayek, p. 375; and Friedrich Freiherr von Wieser, *Das Gesetz der Macht* (Vienna, 1926), pp. 486 – 97; and Erich Streissler, "The Austrian School of Economics," p. 35, and Streissler, "Arma Virumque Cano: Friedrich von Wieser, the Bard as Economist" (1985), reprinted in Stephen Littlechild (ed.), *Austrian Economics*, 3 vols. (Aldershot, 1990), vol. 1, pp. 72 – 95, at p. 75.

7. Erich Streissler, "Arma Virumque Cano," vol. 1, pp. 72 – 95, at p. 85.

8. See Steven Beller, *Vienna and the Jews: A Cultural History* (Cambridge, 1989), p. 187. 我对于维也纳文化中犹太人角色的许多讨论和认知都要感谢贝勒(Beller)的这本很有见地的著作。

9. 当年轻的哈耶克被迫参加弥撒时,他们的世俗一面从其惊愕的表情中一览无遗:*Hayek on Hayek*, pp. 40 – 1。

10. Hacohen, *Karl Popper*, p. 39.

11. See Barbara Jelavich, *Modern Austria: Empire and Republic, 1800 – 1986*, (Cambridge, 1987), pp. 144 – 5; Paul Silverman, "Law and Economics in Interwar Vienna: Kelsen, Mises, and the Regeneration of Austrian Liberalism" (Ph. D. diss. , University of Chicago, 1984), introduction and chapter 1; and Malachi Hacohen, "Karl Popper, Jewish Identity, and 'Central European Culture,' " *Journal of Modern History*, vol. 71, no. 1 (March 1999), pp. 105 – 49.

12. Beller, *Vienna and the Jews*, p. 183.

13. Beller, *Vienna and the Jews*, p. 34.

14. See Marsha Rosenblitt, *The Jews of Vienna, 1867 – 1914* (Albany, N. Y. , 1983), chapters 2 and 3; and Beller, *Vienna and the Jews*, passim.

15. Derek J. Penslar, *Shylock's Children: Economics and Jewish Identity in Modern Europe* (Berkeley, 2001), chapter 4.

16. Ernest Gellner, *Language and Solitude: Wittgenstein, Malinowski, and the Habsburg Dilemma* (Cambridge, 1998), pp. 12, 85, 11.

17. Gellner, *Language and Solitude*, p. 35.

18. For an overview see Fritz Weber, "Hauptprobleme der wirtschaftlichen und sozialen Entwicklung Osterreichs in der Zwischenkriegzeit," in Franz Kadrnoska (ed.), *Aufbruch und Untergang: terreichsche Kultur zwischen 1918 und 1938* (Vienna, 1981), pp. 593 – 621.

19. Frederick Hertz, *The Economic Problems of the Danubian States: A Study of Economic Nationalism* (1947; rep. New York, 1970).

20. *Hayek on Hayek*, p. 53. Hans Jorg Hennecke, *Friedrich August von Hayek: Die Tradition der Freiheit* (Dusseldorf, 2000), p. 42.

21. Hacohen, *Karl Popper*, p. 294.

22. Hacohen, *Karl Popper*, pp. 296 – 7.

23. Adam Wandruszka, "Deutschliberale and deutschnationale Stromungen," in Norbert Leser (ed.), *Das geistige Leben Wiens* (Vienna, 1981), pp. 28 – 33.

24. 关于基督教和教会选区, 参见: John Boyer, *Political Radicalism in Late Imperial Vienna: Origins of the Christian Social Movement, 1848 – 1897* (Chicago, 1981), and John Boyer, *Culture and Political Crisis in Vienna: Christian Socialism in Power, 1897 – 1918* (Chicago, 1995)。

25. Quoted in Alfred Diament, *Austrian Catholics and the Social Question, 1918 – 1933* (Gainesville, Fla. , 1959), p. 23.

26. Boyer, *Political Radicalism in Late Imperial Vienna*. On Christian Social anti – Semitism see also Beller, pp. 193 – 201.

27. Quoted in Anton Staudinger, "Christlichsoziale Judenpolitik in der Grundungsphase der osterreichischen Republik," *Jahrbuch für Zeitgeschichte 1978* (Vienna, 1979), pp. 11 – 48, at p. 17. On antisemitism of the Christian Socials after 1918, see Peter Pulzer, *The Rise of Political Anti – Semitism in Germany and Austria*, rev. ed. (Cambridge, Mass. , 1988), pp. 309 – 12.

28. *Arbeiterwille*, July 14, 1920, p. 1, "Die Christlichsozialen und die Bauernbundler fur die judischen Borsianer," quoted in Dieter A. Binder, "Der ' reiche Jude': Zur sozialdemokratischen Kapitalismuskritik und zu deren antisemitischen Feindbildern in der Ersten Republik," *Geschichte und Gegenwart*, no. 1 (1985), pp. 43 – 53, at p. 51.

29. Binder, "Der ' reiche Jude'," passim, and Helmut Gruber, *Red Vienna*:

Experiment in Working - Class Culture, *1919 - 1934* (New York, 1991), pp. 26 - 7, and the works cited in p. 195, n74.

30. See Andrew C. Janos, *The Politics of Backwardness in Hungary*, *1825 - 1945* (Princeton, N. J. , 1982).

31. Wieser, *Das Gesetz der Macht*. Schumpeter, *History of Economic Analysis*, p. 848.

32. Wieser, *Das Gesetz der Macht*, pp. 368 - 9.

33. Wieser, *Das Gesetz der Macht*, pp. 373 - 4.

34. Beller, *Vienna and the Jews*, p. 12.

35. See Erika Weinzierl, "Hochschulleben und Hochschulpolitik zwischen den Kriegen," in Norbert Leser (ed.) *Das geistige Leben Wiens* (Vienna, 1981), pp. 72 - 85, and her "Historical Commentary on the Period," *The Collected Works of Eric Voegelin*, vol. 4, *The Authoritarian State* (Columbia, Mo. 1999), pp. 11 - 2; and Brigitte L. Fenz, "*Deutscher Abstammung und Muttersprache*": *terreichische Hochschulpolitik in der Ersten Republik* (Vienna, 1990).

36. Earlene Craver, "The Emigration of the Austrian Economists," *History of Political Economy*, vol. 18, no. 1 (1986), pp. 1 - 32, at p. 7.

37. *Hayek on Hayek*, p. 54.

38. *Hayek on Hayek*, , p. 59.

39. *Hayek on Hayek*, pp. 57 - 59.

40. Hennecke, *Friedrich August von Hayek*, p. 33.

41. Hennecke, *Friedrich August von Hayek*, p. 203.

42. Craver, "Emigration," p. 5. For later examples of Mises' fanaticism, see Hennecke, *Friedrich August von Hayek*, p. 223.

43. Craver, "Emigration," p. 19.

44. Beller, *Vienna and the Jews*, p. 20.

45. T. W. MacCallum, *The Vienna That's Not in the Baedeker* (Munich, 1929), translated from the original German book written by Ludwig Hirschfeld, *Was nicht im Baedeker steht*: *Wien und Budapest* (Munich, 1927), pp. 54 - 5.

46. *Hayek on Hayek*, pp. 61 - 2. 哈耶克这个名字事实上通常是个犹太人的名字,由希伯来语"Hayim"衍生而来,加以德语中表示热爱的尾缀。Dietz Bering, *The Stigma of Names*: *Antisemitism in German Daily Life*, *1812 -*

1933（Ann Arbor, Mich. , 1992）, p. 284.

47. *Road*, pp. 140, 139.

48. *CL*, p. 81.

49. *CL*, p. 80.

50. John Stuart Mill, *On Liberty*, ed. Gertrude Himmelfarb（New York, 1974）, pp. 129, 131.

51. See the essays "Ueber die gesellschaftlichen Gewalten"（1901）and "Arma virumque cano"（1907）; both are reprinted in Friedrich von Wieser, *Gesammelte Abhandlungen*（Tubingen, 1929）, ed. Friedrich A. von Hayek. See also Wieser, *Theorie der gesellschaftlichen Wirtschaft*（Tubingen, 1914）, and Wieser, *Das Gesetz der Macht*.

52. Ludwig von Mises, *Die Gemeinwirtschaft: Untersuchungen über den Sozialismus*（Jena, 1922）, p. 202; translated by J. Kahane as *Socialism: An Economic and Sociological Analysis*（Indianapolis, Ind. , 1981）, p. 188. The original wording reads "stets nur Sache der wenigen, der Fuhrer. " 关于此书对于哈耶克的影响，参见他在 1981 年出版的英文版"序言"。

53. *Road*, p. 6.

54. *Road*, pp. 4 – 5, 116 – 7, 209.

55. *Road*, p. 118.

56. In a 1963 lecture, "The Economics of the 1920s as Seen from Vienna, " published in Peter G. Klein（ed. ）*The Fortunes of Liberalism: The Collected Works of F. A. Hayek*, vol. 4（Chicago, 1992）, pp. 19 – 39, at pp. 27 – 9.

57. *CL*, p. 343.

58. Charles A. Gulick, *Austria from Habsburg to Hitler*, vol. 1, *Labor's Workshop of Democracy*, 2 vols. , （Berkeley, 1948）, pp. 439 – 45.

59. Gulick, *Austria from Habsburg to Hitler*, vol. 1, p. 448n.

60. Gulick, *Austria from Habsburg to Hitler*, vol. 1, pp. 492 – 3.

61. In Hayek, *Das Mieterschutzproblem. Nationalonomische Betrachtungen. Vortrag gehalten in der National onomischen Gesellschaft in Wien am 18 Dezember, 1928, Bibliothek für Volkswirtschaft und Politik*, no. 2（Vienna, 1929）. The piece was republished with minor changes as Friedrich von Hayek, "Wirkungen der Mietzinsbeschrankungen, " *Schriften des Vereins für Sozialpolitik*, vol. 182

（1931），pp. 253 – 70. An English translation of the 1929 version was published as "Austria：The Repercussions of Rent Restrictions，" in Hayek et al.，*Verdict on Rent Control*（London，1972）.

62. Lionel Robbins，*The Autobiography of an Economist*（London，1971）.

63. Arthur Marwick，"Middle Opinion in the Thirties：Planning，Progress and Political 'Agreement'，" *English Historical Review*（April 1964），pp. 285 – 98.

64. *Hayek on Hayek*，p. 66.

65. F. A. von Hayek，*Collectivist Economic Planning*：*Critical Studies on the Possibilities of Socialism*（London，1935）. 参见他在就职演说中对于计划的批评："The Trend of Economic Thinking"（1933），reprinted in *The Collected Works of F. A. Hayek*，vol. 3（Chicago，1991），pp. 17 – 34，at pp. 32 – 4。

66. V. I. Lenin，*State and Revolution*（1917），in Lenin，*Collected Works*（Moscow，1960），vol. 25，pp. 478 – 9，quoted in David Ramsay Steele，*From Marx to Mises*：*Post – Capitalist Society and the Challenge of Economic Calculation*（La Salle，Ill.，1992），pp. 68 – 9.

67. See Steele，*From Marx to Mises*，pp. 69 ff；Martin Malia，*The Soviet Tragedy*：*A History of Socialism in Russia，1917 – 1991*（New York，1994），chapter 4.

68. Steele，*From Marx to Mises*，pp. 124 ff.

69. 关于历史上在米塞斯之前的对于社会主义的批判，参见：Richard M. Ebeling，"Economic Calculation Under Socialism：Ludwig von Mises and His Predecessors，" pp. 56 – 101，in Jeffrey M. Herbener，*The Meaning of Ludwig von Mises*（Norwell，Mass.，1993）. 在 20 世纪 20 年代，一些奥地利社会主义者对于社会主义制度下经济计量的争论，参见：Gunther K. Chaloupek，"The Austrian Debate on Economic Calculation in a Socialist Economy，" *History of Political Economy*，vol. 22，no. 4（1990），pp. 671 – 5。关于争论内容的重要性，参见：Karen I. Vaughn，"Economic Calculation under Socialism：The Austrian Contribution，" *Economic Inquiry*，vol. 18（October 1980），pp. 535 – 54，reprinted in *Austrian Economics*，vol. 3，pp. 332 – 51；Bruce Caldwell，"Hayek and Socialism，" *Journal of Economic Literature*，vol. 35（December 1997），pp. 1856 – 90。在哈耶克的政治思想发展过程中，社会主义争论部分最为有用的内容，参见：Jeremy Shearmur，*Hayek and After*：*Hayekian Liberalism as a Research Programme*（London，1996），chapter 2。

70. Ludwig von Mises, "Economic Calculation in the Socialist Commonwealth" (1920), in Hayek (ed.), *Collectivist Economic Planning*, p. 126.

71. Mises, "Economic Calculation," pp. 96, 116.

72. Erich Streissler, "The Intellectual and Political Impact of the Austrian School of Economics," *History of European Ideas*, vol. 9, no. 2 (1988), pp. 191 – 204, reprinted in *Austrian Economics*, vol. 1, pp. 24 – 37, at p. 28. 这里的页码指再版版本。

73. Mises, "Economic Calculation," pp. 97 – 111.

74. Mises, "Economic Calculation," pp. 121 – 2.

75. Hayek, "The Present State of the Debate," in *Collectivist Economic Planning*, pp. 203 – 6.

76. Hayek, "The Nature and History of the Problem," in *Collectivist Economic Planning*, pp. 7 – 8.

77. Hayek, "Economics and Knowledge," 1937 and reprinted in Hayek, *Individualism and Economic Order* (Chicago, 1948), p. 50.

78. "Economics and Knowledge," and "The Uses of Knowledge in Society," first published in 1945 in the *American Economic Review*, vol. 35, no. 4, pp. 519 – 30 and reprinted in Chiaki Nishiyama and Kurt R. Leube (eds.), *The Essence of Hayek* (Stanford, Calif., 1984).

79. Hayek, "The Uses of Knowledge."

80. "The Meaning of Competition" (1946), in Hayek, *Individualism and Economic Order* (Chicago, 1948), p. 97.

81. Hayek, "Competition as a Discovery Procedure," in *New Studies in Philosophy, Politics, and the History of Ideas* (Chicago, 1978), p. 180; also reprinted in *The Essence of Hayek*. See also the earlier "The Meaning of Competition" (1946), in Hayek, *Individualism and Economic Order* (Chicago, 1948).

82. Hayek, "The Meaning of Competition," (1946), in Hayek, *Individualism and Economic Order* (Chicago, 1948), and "Competition as a Discovery Procedure," in *New Studies in Philosophy, Politics, and the History of Ideas* (Chicago, 1978), also reprinted in *The Essence of Hayek*.

83. *LLL*, 3, p. 75.

84. Hayek, "Competition as a Discovery Procedure," p. 189.

85. *LLL*,3 , pp. 76 - 7.

86. SeeYvon Quinious, "Hayek, les Limites d'Un Defi," *Actuel Marx*, no. 1 (1989) , p. 83 , quoted in Alain de Benoist, " Hayek: A Critique," *Telos*, no. 110 (Winter 1998) , pp. 71 - 104 , at p. 85. 即使认为这篇文章并不十分公正,它亦是一篇很有思想的文章。

87. *CL*, p. 35.

88. *LLL*,1 , pp. 56 - 7.

89. *Road*, p. 92; repeated with slight variation in *LLL*,I , pp. 186 - 7.

90. Friedrich Hayek, " Freedom and the Economic System," *Contemporary Review*, April 1938, pp. 434 - 42 , reprinted in Bruce Caldwell (ed.) , *Socialism and War: The Collected Works of F. A. Hayek*, vol. 10 (Chicago, 1997) , to which page numbers refer; p. 183. Similarly, *Road*, p. 58.

91. *Road*, p. 77.

92. Hayek, " Freedom and the Economic System," pp. 184 - 5. Repeated with slightlydifferent phrasing in *Road*, p. 69.

93. Hennecke, *Friedrich August von Hayek*, p. 230.

94. 也有一种论调认为这一动机是为了后来将哈耶克排除在芝加哥经济学院之外,参见:Alan Ebenstein, *Friedrich Hayek: A Biography* (New York, 2001) , p. 174。

95. John U. Nef, *Search for Meaning: The Autobiography of a Nonconformist* (Washington, D. C. , 1973) , pp. 237 - 8; John Raybould, *Hayek: A Commemorative Album* (London,1998) , p. 67; *Hayek on Hayek*, pp. 125 - 8, 143.

96. Hennecke, *Friedrich August von Hayek*, p. 329.

97. *CL*, p. 11.

98. *CL*, pp. 141 - 2.

99. *Road*, pp. 36 - 39; *LLL*,I , pp. 108 - 9.

100. *CL*, p. 156.

101. *CL*, pp. 257 - 8. Similarly, *Road*, pp. 120 - 1; *LLL*,3 , pp. 41 ,44 ,61 - 2.

102. *CL*, pp. 220 ff.

103. *CL*, pp. 257 - 8.

104. *CL*, pp. 257 - 9

105. *CL*, pp. 253 – 6.

106. *CL*, p. 256.

107. *LLL*, 2, p. 66.

108. *LLL*, p. 3. "伟大社会"一词就哈耶克使用的含义来看,似乎引自亚当·斯密的《国富论》, I , viii, 57。"部落社会"一词来自他的朋友卡尔·波普(Karl Popper)的文章: *The Open Society and Its Enemies*, 2 vols. (Princeton, 1966; first published in 1945), vol. 1, pp. 173 ff。

109. *LLL*, 2, pp. 111, 133 – 4.

110. *LLL*, 2, p. 76.

111. *CL*, pp. 94 – 5; *LLL*, 2, p. 70.

112. *LLL*, 2, p. 88 – 90.

113. *LLL*, 2, pp. 148 – 9.

114. *LLL*, 2, pp. 88 – 9.

115. *CL*, pp. 89 – 92; *LLL*, 2, pp. 84 – 5.

116. *CL*, p. 282.

117. *CL*, p. 266; *LLL*, 2, p. 67.

118. *CL*, p. 266; *LLL*, 3, p. 90.

119. *CL*, p. 270; *LLL*, 3, p. 144.

120. *CL*, p. 283.

121. *CL*, pp. 270, 280 – 2; see also *LLL*, 3, p. 94.

122. *CL*, pp. 331 – 2.

123. *CL*, pp. 50 – 1.

124. *CL*, pp. 106, 115.

125. *LLL*, 3, pp. 4 – 5.

126. *LLL*, 3, pp. 106 ff.

127. Hayek, *The Denationalization of Money* (London, 1976).

128. Hayek, " The Intellectuals and Socialism " (1949), reprinted in Bruce Caldwell (ed.), *The Collected Works of F. A. Hayek*, vol. 10, *Socialism and War* (Chicago, 1997), pp. 229 – 37, 222, 224, 225.

129. *CL*, p. 112.

130. *CL*, p. 114.

131. *CL*, p. 115.

132. Hayek, "The Intellectuals and Socialism," pp. 229 – 37; Hayek, *CL*, pp. 112 ff.

133. *Hayek on Hayek*, p. 155. Mises had held a similar view; see Mises, *Socialism*, pp. 460 – 1.

134. See for example the critical reviews of *The Constitution of Liberty* written by Lionel Robbins, "Hayek on Liberty," *Economica* (February 1961), pp. 66 – 81; by Jacob Viner, "Hayek on Freedom and Coercion," *Southern Economic Journal*, vol. 27 (January 1961), pp. 230 – 6; by F. H. Knight, "Laissez Faire: Pro and Con," *Journal of Political Economy*, vol. 75 (October 1967), pp. 782 – 95 [all reprinted in J. C. Wood and Ronald N. Woods (eds.), *Friedrich A. Hayek: Critical Assessments*, vol. 2 (London, 1991)]; and Raymond Aron, "La Definition liberale de la Liberte" (1961), in his *études politiques* (Paris, 1972), reprinted in Pierre Manent (ed.) *Les Libéraux*, 2 vols., vol. 2 (Paris, 1986), pp. 467 – 88.

135. Quoted in Neil McInnes, "The Road Not Taken: Hayek's Slippery Slope to Serfdom," *The National Interest* (Spring 1998), pp. 56 – 66, at p. 59.

136. R. M. Hartwell, *A History of the Mont Pélerin Society* (Indianapolis, Ind., 1995); *Hayek on Hayek*, p. 133.

137. Daniel Yergin and Joseph Stanislaw, *The Commanding Heights: The Battle Between Government and the Marketplace That Is Remaking the Modern World* (New York, 1998), pp. 98 – 101; see also R. Cockett, *Thinking the Unthinkable: Thin k – Tanks and the Economic Counter – Revolution, 1931 – 1983* (London, 1994), and Dennis Kavanagh, *Thatcherism and British Politics: The End of Consensus* (New York, 1987).

138. Yergin and Stanislaw, *Commanding Heights*, p. 106.

139. Samuel Brittan, *The Economic Consequences of Democracy* (London, 1977), pp. 142 – 6, and A. Glynn and R. Sutcliffe, *British Capitalism* (London, 1973).

140. Eric Hobsbawm, *The Age of Extremes: A History of the World, 1914 – 1991* (New York, 1995), pp. 282 – 5.

141. Mark Mazower, *Dark Continent: Europe's Twentieth Century* (New York, 1999), p. 329.

142. Yergin and Stanislaw, *Commanding Heights*, p. 62.

143. Yergin and Stanislaw, *Commanding Heights*, p. 96.

144. Robert Skidelsky, *The Road from Serfdom: The Economic and Political Consequences of the End of Communism* (New York, 1995), p. 93.

145. Skidelsky, *Road from Serfdom*, p. 93.

146. Yergin and Stanislaw, *Commanding Heights*, p. 92; and Hartwell, *A History of the Mont Pélerin Society*, p. 199.

147. Yergin and Stanislaw, *Commanding Heights*, p. 104.

148. Yergin and Stanislaw, *Commanding Heights*, pp. 112 – 3.

149. See Rowland Evans and Robert Novak, *The Reagan Revolution* (New York, 1981), p. 229; and Martin Anderson, *Revolution* (New York, 1988), p. 164.

150. Martin Anderson, *The Power of Ideas in the Making of Economic Policy* (Palo Alto, Calif., 1987), quoted in Hartwell, *A History of the Mount Pélerin Society*.

151. For some suggestive comments on this phenomenon, see David Frum, *How We Got Here* (New York, 2000), pp. 328 ff.

152. On which see Janos Kornai, *The Socialist System: The Political Economy of Communism* (Princeton, N. J., 1992), pp. 127 – 30, who declares (p. 476) that "[l]ooking back after fifty years one can conclude that Hayek was right on every point in the debate."

153. See Charles S. Maier, *Dissolution: The Crisis of Communism and the End of East Germany* (Princeton, N. J., 1997), pp. 83 – 96; Skidelsky, *The Road from Serfdom*, pp. 104 – 8。关于社会主义经济创新的失败，参见：Hobsbawm, *The Age of Extremes*, chapter 13。

154. See Andrzej Walicki, "Liberalism in Poland," *Critical Review*, vol. 2, no. 2 (Winter, 1988), and Timothy Garton Ash, *Magic Lantern: The Revolution of '89* (New York, 1990).

155. Yergin and Stanislaw, *Commanding Heights*, pp. 270 – 1.

156. *ILL*, I, pp. 39 – 46.

157. *CL*, chapter 4.

158. See on this Hennecke, *Friedrich August von Hayek*, p. 386, and Emma

Rothschild, *Economic Sentiments*: *Adam Smith*, *Condorcet*, *and the Enlightenment* (Cambridge, Mass. ,2001) ,pp. 146 – 53.

159. On the conservative element of Hayek's thought, see Chadran Kukathas, *Hayek and Modern Liberalism* (Oxford,1989) ,pp. 174 ff.

160. SeeAlain de Benoist, "Hayek: A Critique," p. 90; and Richard Epstein, "Hayekian Socialism," *Maryland Law Review*,vol. 58 (1999) ,pp. 271 ff.

161. *CL*, chapter 4; and *LLL*,3 ,p. 155 ff. John Gray, *Hayek on Liberty*,2nd. ed. (Oxford,1986) ,p. 59.

162. Jeffrey Friedman, "Hayek's Political Philosophy and Economics," *Critical Review*,vol. 11 ,no. 1 (1997) ,pp. 1 – 10 ,at pp. 6 – 7.

163. See for example *CL*, pp. 61 ff; and Hayek, *The Fatal Conceit* (Chicago, 1988) ,pp. 135 – 40. 这本书的内容,我未敢过多引用,因为它有多少是哈耶克本人撰写的在学术界一直存有争议。

164. See De Benoist, "Hayek: A Critique," p. 92. For similar criticisms by James Buchanan and Stefan Bohm, see Hennecke, *Friedrich August von Hayek*, p. 374.

165. Hennecke, *Friedrich August von Hayek*,pp. 346 – 7.

166. The last two criticisms stem from Aron, "La Definition liberale de la Liberte."

167. 这一观点为诸位评论家所赞同,包括:Andrew Gamble, *Hayek: The Iron Cage of Liberty* (Boulder, Colo. ,1996) ,p. 106; Kukathas, *Hayek and Modern Liberalism* p. 189; and Ronald Kley, *Hayek's Social and Political Thought* (Oxford,1994) ,pp. 169 ff。

结 论

1. 关于这一主题的最新发展,参见:Amartya Sen, "Social Choice and Individual Behavior," in his *Development as Freedom* (New York,1999) , pp. 249 – 81。

2. Edmund Burke, "Reflections on the Revolution in France," in *The Writings and Speeches of Edmund Burke*,vol. 8 (Oxford,1989) ,p. 102.

3. See Bernard Yack, "The Myth of the Civic Nation," *Critical Review*,vol. 10 , no. 2 (spring 1996) ,pp. 193 – 211.

6

4. 关于这种执着的所谓的美德, 参见: Norman Birnbaum, *After Progress: European Socialism and American Social Reform in the Twentieth Century* (New York, 2001)。

5. See Ralf Dahrendorf, *Life Chances* (Chicago, 1979).

6. See especially Jurgen Habermas, *Legitimation Crisis* (Boston, 1975; German original Frankfurt, 1973), parts 1 and 2; and Jurgen Habermas, *Theory of Communicative Action*, vol. 2; *Lifeworld and System: A Critique of Functionalist Reason* (Boston, 1987; German original 1981).

7. Jan de Vries, "The Industrial Revolution and the Industrious Revolution," *Journal of Economic History*, vol. 54, no. 2 (June 1994), pp. 249 – 70, at p. 265.

8. Pierre Bourdieu, "Neo – liberalism, the Utopia of Unlimited Exploitation," in his *Acts of Resistance: Against the Tyranny of the Market* (New York, 1998), pp. 94 – 105.

9. John Gray, "The Politics of Cultural Diversity," in Gray, *PostK-Liberalism: Studies in Political Thought* (London, 1993), pp. 262 – 3.

10. Georg Simmel, " Conflict " in *Conflict and the Web of Group Affiliations*, trans. Kurt H. Wolff and Reinhard Bendix (New York, 1955), pp. 61 – 2.

11. Thomas L. Friedman, *The Lexus and the Olive Tree: Understanding Globalization*, expanded edition (New York, 2000), pp. 298 ff.

12. Jurgen Habermas, " Warum braucht Europa eine Verfassung? Nur als politsches Gemeinwesen kann der Kontinent seine in Gefahr geratene Kultur und Lebensform verteidigen," *Die Zeit*, June 28, 2001, p. 7.

13. 关于支持市场体制和福利国家的更多当代观点, 参见: Wolfgang Streeck, " Wohlfahrstaat und Markt als moralische Einrichtungen: Ein Kommentar," in Karl Ulrich Mayer (ed.), *Die Beste aller Welten Marktliberalismus versus Wohlfahrstaat* (Frankfurt, 2001), pp. 135 – 67。

14. SeeSimon Kuznets in " Economic Growth and Income Inequality," *American Economic Review*, vol. 45 (1955), pp. 1 – 28; Also see Peter H. Lindert and Jeffrey G. Williamson, " Growth, Equalilty, and History," *Explorations in Economic History*, vol. 22 (1985), pp. 341 – 77.

15. 这本著作在法国畅销榜排行中占据了一年时间, 售出超百万册, 即:

Viviane Forrester, *L'horreur économique* (Paris,1996)。 for a critique see Alain Minc, *La mondialisation heureuse* (Paris, 1997). On the resilience of anticapitalism in French political culture, see Philippe Maniere, *L'Aveuglement francis* (Paris, 1998). For a wide - ranging and thoughtful account of "globalization," see Friedman, *The Lexus and the Olive Tree.*

16. Amartya Sen, "Poverty as Capability Deprivation," in his *Development as Freedom* (New York,1999), pp. 87 - 110.

17. Quoted by Max Weber, *The Protestant Ethic and the Spirit of Capitalism*, p. 175, from Southey, *Life of Wesley* (2nd U. S. , vol. 2, p. 308).

18. See Friedman, *The Lexus and the Olive Tree*, p. 245, and Michael T. Kaufman, *Soros: The Life and Times of a Messianic Billionaire* (New York, 2002), pp. 299 - 301.

致　谢

众多学者慷慨地阅读此书的各个章节以及大量的手稿，并做出了点评。对于他们的帮助，在此我要表示感谢，他们是：Yehoshua Arieli，Steven Beller，Peter Boettke，David Bromwich，John PatrickDiggins，Daniel Gordon，Jeffrey Herf，Mark Lilla，Jamesvan Horn Melton，Robert Schneider，Fritz Stern，Mack Walker，Elise Kimerling Wirtschafter 和 Michael Zöller。Stephen Whitfield 不仅阅读了整部手稿，事实上他还帮忙修改了每一页，这体现着我们的学术友谊，我十分感激。Eli Muller 阅读了大部分的手稿，还在编辑方面提出了深刻的建议。Steven Aschheim，Peter L. Berger，Peter Berkowitz，David Landes，Rainer Lepsius，Virgil Nemoianu，Melvin Richter，James Sheehan 和 Noam Zion 在整个过程中给予了我鼓励。我也感谢普林斯顿大学出版社的朋友 Peter Dougherty，他持续鼓励我并给我提出意见。我的朋友 Eliot Cohen 为我做了宣传，并且在很多主题上启发了我的思维。我很感谢 Larry Poos，他向我介绍了人口统计学的历史，并作为美国天主教大学历史系的院长推动了此项研究的进行。系里的同事创造了一个学术探索的良好环境，能让我将教学和研究结合起来，促成两方面的发展。近三十年过去了，我依然对 Gerald Izenberg 心存感激，他曾激励我投入思想史的研究。

这个研究项目得到了美国天主教大学、林德和哈里·布雷德利基金会、约翰·欧林基金会的资助。2001 年夏季，在环境宜人的意大利贝拉吉奥洛克菲勒基金会（Rockefeller Foundation）学习中心，我对此书的手稿进行了重大修改，Philippe Manière、Manuel Pastor、Peter Schuck、Alan Taylor 给我提出了宝贵的意见。

我衷心感谢诺夫出版社的 Carol Brown Janeway 参与这个项目，从初稿到成书，从想法到投入市场，她一直在指导这个项目。同时，我也要对其诺夫出版社的同事们表示感谢，特别是 Stephanie Koven Katz 和此书的制作编辑 Kathleen Fridella。我也很感激 Susanna Sturgis，她对手稿进行了出色的编辑。

此书要献给我的孩子们：伊莱（Eli）、萨拉（Sara）和塞菲（Seffy）。写书的一个原因是希望能够指导他们今后在资本主义社会取得成功。此书耗时很长，这样的一个好处是现在他们都长大了，足以阅读这本书了。他们不仅成了经济学家所说的"耐用消费品"，给我带来的快乐比金钱能买到的快乐更加长久，而且在本书出版的后期，他们还成为生产要素。感谢我们的朋友 Roy Pinchot，他从思想和道德方面指导了我的孩子们，使他们解除疑惑。我对我的祖母、父母以及兄弟姐妹都怀着感激之情，尤其是我的兄弟 Michael，他在我想说大话空话的时候提醒我要直言不讳。我的妻子 Sharon 不仅是孩子们的母亲，她还是我的第一位读者和编辑，实际上她阅读和修改了这本书的每一个章节。我衷心感谢她所做的一切。

我很感激我的作品得以在以下场合展示：天主教大学的历史系讨论会、约翰·霍普金斯大学欧洲历史研讨会、乔治城大学德国历史研讨会、乔治·梅森大学公共选择中心和卡普兰政治经济研讨会、马里兰大学欧洲历史研讨会、华盛顿地区德国历史研讨、波士顿大学举办的第一届历史社会大会，以及由 João Carlos Espada 组织、在葡萄牙阿拉比达举行的"多元主义与相对主义"大会。我对那些邀请我参与这些场合，以及给我提出建议和批评的人表示衷心感谢。

　　这个项目之前酝酿了很长时间，我从之前的书和很多文章中间接地吸取了一些思想，采用了一些文字。这里我遵循了维尔纳（Vilna）的 Rabbi Meir 的格言（Peter L. Berger 的《赎回笑声》（*Redeeming Laughter*）中引用并改字）——"如果一个作家不能从自己那里借用，那么他又能从谁那里借呢?"我也特别借用了如下文献的内容：1988 年 8 月《评论》（*Commentary*）中的文章《共产主义、反闪族语和犹太人》；《中欧历史》（*Central European History*）1990 年 6/9 月第 23 期的文章《贾斯特·摩塞尔与现代资本主义早期的保守批评》；《批判性评论：一个政治和社会跨学科期刊》（*Critical Review: An Interdisciplinary Journal of Politics and Society*）1999 年第 13 期的文章《资本主义、社会主义和讽刺：大局中理解熊彼特》；以及《社会》2000 年 7/8 月第 37 期的文章《多元主义和市场》。

索 引

"mercantile system" (Smith), 69–70,
374
merchants, 89, 100, 145, 180, 186,
374, 396
Aristotle on, 5
Arnold on, 222
Christian views of 6–8, 12–3
intellectuals as, 25
Justi on, 85
Möser on, 94, 96–7
Smith on, 61, 67–73
Tönnies on, 230
Voltaire on 36–7
Metternich, Klemens von, 148
middle class, see bourgeoisie
Mill, John Stuart, 109, 321
Millar, John, 131
Mises, Ludwig von, 289, 296, 348–9,
356, 358–9, 363–4, 382, 391
"Economic Calculation in the
Socialist Commonwealth," 363
Socialism, 358
moneylending, 8–13, 126, 167, 184,
189
as parasitic, 13
Voltaire and, 38, 43–4
monopoly 68–9, 71, 301, 304, 306,
309, 343
government, 370
unions as, 375
Mont Pélerin Society, 378, 382
Montesquieu, Baron de, 132
Möser, Justus, xvi, 84–103, 105, 112,
141, 159, 172, 230, 278, 281, 314,
352, 390, 396–7, 399–400
Müller, Adam, 148, 190

Nabob of Arcot, see Nawab of the
Karnatic
nabobs, 122–3
Napoleon Bonaparte, 130, 146
National Industrial Recovery Act,
305
National Recovery Administration,
303

National-Social Union, 238
National Socialism, 187, 255, 258,
276, 279, 284–8, 302, 326–8, 331,
336, 343, 347, 356, 358–9, 367–9,
378, 386, 398
National Union for Social Justice,
304
nationalism, 230, 233, 256, 258, 262,
264, 277–8, 285, 295, 348, 351,
353–4, 394
natural jurisprudence, 17
"natural price" (Smith), 63–4
Naumann, Friedrich, 229, 238–9
Nawab of the Karnatic (Nabob of
Arcot), 123, 125
Nazism, see National Socialism
Necker, Jacques, 20
needs, 84, 96–8, 154, 156–9, 186, 319,
335–7, 341, 385, 397–8
see also imagination; wants
"negative infinity" (Hegel), 158–9,
337, 396, 401
"neoliberalism," 325, 378
Neurath, Otto, 363
New Deal, 297, 302–6, 308, 312, 369
New Economic Policy, 269
New Left, 331, 341–4, 347
Newton, Isaac, 37
Nicholas V, 10
Nietzsche, Friedrich, 290–1, 293–4,
314, 316, 345, 358–9
Genealogy of Morality, 290
Nixon, Richard, 280

Oakeshott, Michael, xiii
Office of Strategic Services, 329–30
"Ordo-Liberalism," 369
Organization of Economic
Cooperation and Development
(OECD), 380
Oxford University, 210–11, 223–4,
227

pacifism, 310
Packard, Vance, 337

图书在版编目（CIP）数据

市场与大师：西方思想如何看待资本主义／（美）
穆勒（Muller, J. Z. ）著；佘晓成，芦画泽译．
--北京：社会科学文献出版社，2016.1（2018.9 重印）
ISBN 978 - 7 - 5097 - 8114 - 2

Ⅰ.①市… Ⅱ.①穆… ②佘… ③芦… Ⅲ.①资本
主义 - 研究 - 西方国家 Ⅳ.①D091.5

中国版本图书馆 CIP 数据核字（2015）第 320079 号

市场与大师

——西方思想如何看待资本主义

著　　者／〔美〕杰瑞·穆勒
译　　者／佘晓成　芦画泽

出 版 人／谢寿光
项目统筹／段其刚　董风云
责任编辑／张金勇　周方茹

出　　版／社会科学文献出版社·甲骨文工作室（010）59366551
　　　　　　地址：北京市北三环中路甲 29 号院华龙大厦　邮编：100029
　　　　　　网址：www.ssap.com.cn
发　　行／市场营销中心（010）59367081　59367018
印　　装／三河市东方印刷有限公司

规　　格／开本：889mm × 1194mm　1/32
　　　　　　印张：19.5　字数：454 千字
版　　次／2016 年 1 月第 1 版　2018 年 9 月第 3 次印刷
书　　号／ISBN 978 - 7 - 5097 - 8114 - 2
著作权合同
登 记 号／图字 01 - 2013 - 1782 号
定　　价／79.00 元

本书如有印装质量问题，请与读者服务中心（010 - 59367028）联系